O Diário dos Beatles

Um retrato profundo da maior banda de todos os tempos

Barry Miles

O Diário dos Beatles

Um retrato profundo da maior
banda de todos os tempos

Tradução:
Cláudia Coelho

MADRAS®

Publicado originalmente em inglês sob o título *The Beatles a diary – an intimate day by day history by Barry Miles* por Omnibus Press.
© 2007, Omnibus Press.
Direitos de edição e tradução para todos os países de língua portuguesa.
Tradução autorizada do inglês.
Nota do editor internacional: Todo esforço foi feito para traçar os detentores dos direitos autorais das fotos deste livro; no entanto, um ou dois foram inacessíveis. Ficaríamos gratos se os fotógrafos interessados entrassem em contato.
© 2013, Madras Editora Ltda.

Editor:
Wagner Veneziani Costa

Produção e Capa:
Equipe Técnica Madras

Tradução:
Cláudia Coelho

Revisão da Tradução:
Luciana Lorenzetti

Revisão:
Jane Pessoa
Silvia Massimini Felix

Dados Internacionais de Catalogação na Publicação (CIP)
(Câmara Brasileira do Livro, SP, Brasil)

Miles, Barry
O diário dos Beatles: um retrato profundo da maior banda de todos os tempos / Barry Miles; tradução Cláudia Coelho. – São Paulo : Madras, 2013.
Título original: The Beatles a diary – an intimate day by day history.

ISBN 978-85-370-0614-6
2ed
1. Beatles 2. Músicos de rock – Inglaterra – Biografia I. Título.

10-06924   CDD-782.42166092

Índices para catálogo sistemático:
1. Músicos de rock : Inglaterra : Biografia e obra

É proibida a reprodução total ou parcial desta obra, de qualquer forma ou por qualquer meio eletrônico, mecânico, inclusive por meio de processos xerográficos, incluindo ainda o uso da internet, sem a permissão expressa da Madras Editora, na pessoa de seu editor (Lei nº 9.610, de 19.2.98).

Todos os direitos desta edição, em língua portuguesa, reservados pela

MADRAS EDITORA LTDA.
Rua Paulo Gonçalves, 88 – Santana
CEP: 02403-020 – São Paulo/SP
Caixa Postal: 12183 — CEP: 02013-970
Tel.: (11) 2281-5555– Fax: (11) 2959-3090
www.madras.com.br

Introdução

Os Beatles foram a única banda de sua geração a abranger a década inteira, estreando profissionalmente em 1960, quando foram para Hamburgo, na Alemanha, e saindo de cena em 1970, quando Paul abriu um processo para dissolver a parceria. Outros, como The Shadows, perduraram, mas foram grupos dos anos de 1950 que conseguiram se manter no cenário musical indefinidamente.

Os Beatles não só refletiram as grandes mudanças na sociedade ao longo da década, como também foram os catalisadores das mesmas. Juntaram-se na época de "How Much Is That Doggie In The Window?" e "The Deadwood Stage", e se profissionalizaram quando "Three Little Girls Sitting In The Back Seat", do The Avons, e "Tell Laura I Love Her", de Ricky Valence, eram os *hits* do momento. Quando os Beatles se separaram, Jimi Hendrix, The Doors, Brian Jones, dos Rolling Stones, e Syd Barrett, do Pink Floyd, já haviam surgido e desaparecido. Os Beatles foram, além de precursores, sobreviventes.

Foram pioneiros, entrando na cena musical quando a BBC detinha o monopólio do rádio e as gigantes da indústria fonográfica, EMI e Decca, dominavam as paradas. Antes dos Beatles seria difícil para um norte-americano se lembrar do nome de um cantor ou de um grupo britânico, porém, depois dos Beatles, eles passaram a ocupar um lugar de destaque nas paradas americanas. O quarteto de Liverpool também abriu caminho para os Rolling Stones, The Who, The Kinks, The Yardbirds, The Animals, Herman's Hermits e tantas outras bandas que constituíram a "Invasão Britânica".

A música pop, antes da "era do rock", era considerada parte do *show business*, e para os mandachuvas da EMI havia pouca diferença entre os Beatles e Alma Cogan. O formato do grupo ficava entre o *music hall* e a MTV, participando de shows de variedades, acompanhando sapateadores, malabaristas e comediantes – embora não haja nenhum registro do quarteto tocando durante a *performance* de um cãozinho amestrado. É improvável que o Oasis chegasse a cogitar dividir o palco em um programa de TV com um fantoche, mas os Beatles o fizeram. Os músicos pop eram considerados artistas de shows de variedades e, nas páginas que se seguem, os Beatles podem ser vistos nos programas *Saturday Night At The London Palladium* e *Mike and Bernie Winters' Big Night Out*, nos quais, além de participarem de esquetes humorísticas com Arthur Askey, Bruce Forsyth, Morecambe e Wise, e outros intérpretes do mesmo gênero, também tocavam músicas de seus últimos compactos. (Na verdade, como a música pop acabou se tornando um artigo um tanto padronizado, novas bandas fizeram praticamente a mesma coisa na década de 1990. Mas, na época de ouro do "rock", era uma questão de honra para o Led Zepellin não aparecer na TV, fosse o programa que fosse.)

Os shows ao vivo tinham uma importância maior para os Beatles que para os músicos atuais, pois era assim que ganhavam dinheiro – pelo menos no início da carreira. Os *royalties* que recebiam da EMI eram tão irrisórios que a maior vantagem de se ter uma música nas paradas era a possibilidade de cobrar mais pelas apresentações ao vivo. Ninguém esperava ganhar muito dinheiro com a venda de discos, mas, estando nas paradas, seria possível lucrar tocando na temporada de verão de um resort à beira-mar ou em algum concorrido Auto de Natal. Tudo isso os Beatles fizeram, mesmo após seu sucesso inicial.

Obviamente, tudo isso mudaria. Na realidade, venderam tantos álbuns que conseguiram enriquecer mesmo recebendo menos de um centavo por disco e, quando chegou a hora de renovar o contrato com a EMI, tiveram sua desforra, conseguindo o acordo a que tinham direito.

O volume de trabalho era absurdo: mais de 800 horas no palco em Hamburgo, e 275 shows somente no The Cavern Club, em Liverpool. Além disso, Brian Epstein, a fim de experimentar novos mercados, preparou uma agenda de compromissos que incluía: escolas de renome, bailes de debutantes, três semanas no Olympia de Paris e no Carnegie Hall, em Nova York. Brian estava decidido a apresentá-los como uma banda de qualidade. Observando a cronologia dos Beatles, é fascinante ver que diferentes tipos de bandas faziam parte da programação dos shows dessa fase, especialmente no começo. No The Cavern, no início um jazz club, eles normalmente não dividiam o palco com as *traditional jazz bands*. Ao mesmo tempo que os Beatles começavam sua trajetória, o *trad jazz* vivia um momento de popularidade, um negócio peculiar, que pouco lembrava suas supostas origens na Nova Orleans dos anos de 1920. Nessa época, todos os primeiros intérpretes de jazz já haviam morrido ou tinham entre 70 e 80 anos, aproximadamente. Acker Bill apresentava-se com seu chapéu-coco e colete listrado; e The Temperance Seven, elegantes e refinados, no melhor estilo da década de 1920, pouco deviam às bandas de Nova Orleans. Estes eram os rivais dos Beatles. Admitamos, não foi uma batalha acirrada, pois a energia e a confiança em seu talento e em sua música ajudaram os futuros *Fab Four* a desbancar seus concorrentes um a um, primeiramente em Hamburgo, depois em Liverpool, em Londres, e, finalmente, no resto do mundo.

Por que os Beatles, e não Rory Storm and the Hurricanes, que tinham contado com Ringo Starr na sua formação? A resposta está no extraordinário talento deles como compositores. O encontro de Lennon e McCartney foi um lance de sorte, pois, além de serem fanáticos por rock'n'roll, ambos já compunham. Havia química entre eles e, juntos, produziram uma obra extraordinária. Os Beatles gravaram 184 canções (algumas de autoria de George), sem as quais não teriam alcançado tamanha fama internacional. Dada sua origem, é notável que tenham conseguido ser compositores, mas o que os tornou insuperáveis foi a forma como encararam o trabalho, empenhando-se para que cada álbum ou compacto fosse diferente, não se acomodando com formatos preestabelecidos, como o blues ou as tradicionais levadas pop; ao contrário, testavam harmonias, ritmos, mudavam andamentos e até acrescentavam estruturas melódicas totalmente novas. As músicas simplesmente brotavam, não havendo necessidade de incluir as músicas dos compactos nos álbuns para preencher espaço. Atualmente, são necessários três anos ou até mais para a produção de um álbum de uma grande banda ou cantor. Entretanto, os Beatles, a mais famosa banda do mundo, conseguiram lançar 12 álbuns inéditos entre 1963 e 1970, inclusive um duplo, além de aproximadamente 30 *non-album tracks*, com faixas não incluídas nos álbuns oficiais, que trazem alguns de seus melhores e mais apaixonantes *singles*. Surpreendentemente, o terceiro membro da trupe, George Harrison, também evoluiu como letrista. Para seu desapontamento, Frank Sinatra sempre apresentava "Something" como "uma composição de Lennon e McCartney", e George só recebeu o devido crédito depois da dissolução da banda. Até Ringo escreveu a pitoresca "Octopus's Garden", mas suas melhores criações vieram depois: "It Don't Come Easy" e "Back Off Boogaloo".

Eles foram os criadores da categoria cantor-compositor, acelerando a derrocada do Brill Building e de sua equipe de compositores comerciais. Antes dos Beatles era raro um artista executar suas próprias canções. Elvis nunca escreveu uma música. Depois dos Beatles, era considerado um sinal de limitação não cantar seu próprio material. Como definiu Jerry Lee Lewis, um dos primeiros músicos de rock'n'roll, ao se referir ao desaparecimento de Bobby Vee, Bobby Darin, Bobbie Vinton e todos os outros "Bobbies", enquanto os Beatles limpavam o terreno: "Graças a Deus eles cortaram o mal pela raiz".

Eles também revolucionaram as turnês musicais. Antes dos Beatles, não havia shows em estádios, porém depois de terem lotado o Shea Stadium, com capacidade para 55 mil pessoas, o maior público de rock já reunido em um único evento naquela época, esse tipo de show tornou-se padrão para artistas de primeira grandeza. Os Beatles fizeram sua turnê pelos Estados Unidos com dois *roadies* e um motorista, tocando em estádios de hockey e beisebol, usando os amplificadores que estivessem à mão e sem caixas de retorno. Os grupos modernos viajam com uma *entourage* de 150 pessoas, utilizando monitores de palco mais potentes que todo o equipamento que os Beatles tinham à disposição para um estádio inteiro. Novamente, foram os Beatles que abriram o caminho.

Como se não bastasse, durante os anos da Beatlemania, com turnês e gravações sem fim, ainda encontraram tempo para fazer dois longas-metragens, várias apresentações ao vivo no rádio e na TV, e concederam, em um dia, mais entrevistas à imprensa que qualquer *superstar* de hoje em um ano. De qualquer maneira, ainda conseguiram lidar com o fato de serem as pessoas mais famosas e requisitadas de todo o planeta.

Nenhuma outra banda evoluiu tanto. Teria sido mais fácil se aposentar ou se acomodar na posição de celebridades após a Beatlemania, mas, a despeito disso, os quatro *Moptops*, alusão ao famoso "corte de cabelo Beatle", transformaram-se nos príncipes do rock psicodélico, dando início a uma fase completamente nova, com uma abordagem musical totalmente diferente, arrancando a música pop definitivamente dos compositores comerciais da Denmark Street e do Tin Pan Alley, elevando-a à esfera da arte. O álbum *Revolver* foi um marco, repleto de músicas elaboradas de forma magnífica, utilizando técnicas experimentais de gravação, às quais os outros grupos tentavam ter acesso por meio dos diretores de estúdio do quarteto. Era difícil imaginar como conseguiriam se superar. Todos ansiavam pelo que viria a seguir.

Sgt Pepper foi o primeiro álbum conceitual – o primeiro a trazer as letras impressas na contracapa (outro golpe na Denmark Street) – e, musicalmente, deixou todos estupefatos. Ele traz a emblemática "A Day In The Life", e sua capa foi parodiada e copiada ao longo dos anos. Foi, em seu sentido mais eclético, a "obra-prima" dos Beatles, demonstrando que dominavam sua arte.

Sem dúvida, as drogas contribuíram para essa transformação e, como o LSD e a maconha eram ilegais, foi atribuído aos Beatles o papel de porta-vozes da nova cultura das drogas: assinaram e patrocinaram a "publicidade pró-maconha", veiculada no *The Times*; gravaram músicas psicodélicas e vanguardistas, boicotadas pela BBC; e deram entrevistas a jornais de prestígio sobre o consumo de LSD. E, é claro, também foram presos. Ao abandonarem sua marca registrada – *The Fab Fours* –, os queridinhos do país se tornaram um prato cheio para os esquadrões antidrogas.

Toda essa pressão teve um preço. Estavam exaustos, esgotados e consumindo drogas demais. John, talvez, tenha sido o que mais sentiu os efeitos dessa fase. Assim, mais uma vez espelharam os anseios da geração dos anos de 1960 e lhe mostraram um novo rumo, ao se envolverem com Maharishi Mahesh Yogi, uma espécie de guru da meditação. Talvez esse envolvimento tivesse sido apenas um flerte passageiro, caso Brian Epstein não tivesse morrido enquanto os Beatles estavam em um dos retiros de meditação de Maharishi, cujas palavras os ajudaram a lidar com a perda. No ano seguinte, partiram para a Índia – John e George não tinham a mínima ideia se ou quando voltariam.

Não chegaram a se tornar iogues, mas esse período de sobriedade forçada no *Ashram* inspirou a criatividade do quarteto, tendo como resultado várias canções, muitas das quais fazem parte do álbum duplo *White Album* e do álbum *Abbey Road*.

Por fim, tudo acabou: Ringo e George deixaram temporariamente a banda. Depois, foi a vez de John anunciar sua saída, embora essa não tenha sido divulgada publicamente. Paul, cansado de esperar por uma definição do grupo, resolveu impulsionar sua carreira solo lançando um álbum, que trazia um *press release* revelando o fim dos Beatles. A imprensa, confusa, achou que ele era o Beatle que havia abandonado o grupo, mas a verdade logo veio à tona e, na busca de um culpado, escolheram Yoko Ono que, com certeza, teve sua parcela de responsabilidade. No estúdio, ela ficava o tempo todo ao lado de John, atrapalhando a união de que o grupo anteriormente gozava, algo que as mulheres ou namoradas dos outros integrantes não fizeram – algo que John teria contestado veementemente caso qualquer uma delas o tivesse feito. Mas a banda havia escolhido seu caminho. Havia se separado. Era um casamento à beira do divórcio, e, como a maioria dos divórcios, foi amargo, especialmente por atrair a atenção da mídia. Com tanto dinheiro em jogo, era óbvio que conflitos surgiriam, um deles causado por Allen Klein, último "empresário" da banda, que, posteriormente, foi preso por fraude financeira.

Os Beatles tornaram-se ícones, como a Torre Eiffel é para Paris; o Big Ben para Londres; o Empire State Building para Nova York; da mesma forma como um curta-metragem dos discursos de Hitler nos remete ao início da Segunda Guerra Mundial. Como ícones dos anos de 1960, temos Harold Wilson, fumando seu cachimbo; Christine Keeler, sentada com as pernas abertas em sua famosa cadeira; e também os Beatles, empunhando suas guitarras em algum palco distante, com o franjão caindo sobre a testa, e fãs enlouquecidas, aos berros, encobrindo suas vozes. A última grande banda em preto e branco.

Miles

Agradecimentos

Conheci os Beatles em 1965: George e John na festa de aniversário de 39 anos de Allen Ginsberg, em Londres; Paul na casa de Peter Asher; e Ringo em uma sessão de gravação em Abbey Road. Fundei a empresa Miles Asher and Dunbar Limited (M.A.D Ltd) e abri a Indica Books and Gallery, tendo John Dunbar e Peter Ascher como parceiros. Nessa época, Paul estava morando com os Ashers e logo se envolveu com o projeto: não só colocando as prateleiras e rebocando as paredes, como também fazendo o *design* e cuidando da impressão do papel de embrulho. Yoko encontrou-se com John pela primeira vez na Indica Gallery, em sua primeira exposição na Europa, em 1966.

Nesse mesmo ano, também fui um dos fundadores do jornal *underground International Times* (IT) e, novamente, Paul foi o primeiro Beatle a participar do projeto, sugerindo que o entrevistássemos como chamariz para conseguirmos contratos de publicidade com as gravadoras; e ele estava certo. Essa foi minha primeira entrevista. Depois, foi a vez de George, Mick Jagger, e então se seguiram anos e anos de jornalismo musical. Paul e John sempre vinham nos visitar na Indica e, sempre que possível, eu acompanhava as sessões de gravação em Abbey Road, principalmente na época de *Sgt Pepper*. Quando os Beatles abriram a Apple, Paul me convidou para ser diretor da Zapple, um selo de música experimental da Apple, com o qual John e Yoko se envolveram sobremaneira. Em 1969, fiz uma longa entrevista com os dois, que durou dois dias e foi publicada na revista *Oz*, outra publicação *underground*.

Ao longo desses anos, reuni todo o material que encontrava sobre a banda, principalmente notas e matérias de jornal, que são a base deste livro. Além disso, fiz uma biblioteca onde reuni todos os livros sobre os Beatles e trivialidades sobre a banda, certo de que algum dia isso me seria útil. Bem, esse dia chegou. Enquanto elaborávamos o livro, todos os meses eram lançados um ou dois livros dos Beatles, ou seja, um livro a cada três semanas. Reuni informações contidas em mais de 350 livros, apesar de vários serem praticamente uma mera coleção de fotos e, na realidade, apenas 150 foram realmente úteis. Por fim, selecionei aproximadamente uma dezena de livros como fonte de referência, pois eram os que eu frequentemente tirava da estante para consulta. Sem sombra de dúvida, o primeiro que merece ser citado é *The Complete Beatles Chronicle*, de Mark Lewisohn, London: Pyramid, 1992, uma leitura indispensável para os que desejam conhecer todos os detalhes sobre as sessões de gravação da banda. Outra obra fundamental é *The Beatles At The BEEB*, de Kevin Howlett, que narra a carreira dos Beatles na rádio, London: BBC, 1982.

As informações sobre a infância e adolescência dos Beatles, incluindo endereço das residências e escolas, foram retiradas de *The Beatles*, de Hunter Davies (London, Heinemann, 1968, revisto e atualizado várias vezes desde o lançamento), e a revista *The Beatles Book Monthly*, edições 1 – 77 (agosto de 1963 a dezembro de 1969) foi outra fonte valiosa de informações.

The Lives Of John Lennon, de Albert Goldman, é de longe o melhor livro sobre fatos relacionados à vida de John Lennon (como, por exemplo, o nome da primeira escola, ano de admissão, etc.), apesar de não transmitir uma imagem positiva do Beatle. Após a morte de John, aproximadamente cem livros foram lançados em "homenagem" à sua obra, os quais não serão citados aqui. As seguintes publicações foram utilizadas na elaboração desta cronologia: Baird, Julia; Giuliano, Geoffrey. *John Lennon, My Brother*. London: Grafton, 1988; Os editores de *Rolling Stone: The Ballad Of John And Yoko*. London: Michael Joseph, 1982; Fawcett, Anthony. *John Lennon One Day At A Time*. New York: Grove, 1976; Harry, Bill. *The Book Of Lennon*. London: Aurum, 1984; Herzogenrath, Wulf e Hansen, Dorothee (Eds.). *John Lennon. Drawings Performances Films*. Stuttgart: Cantz Verlag, 1995; Lennon, Cynthia. *A Twist Of Lennon*. London: Star, 1978 (versão revista e atualizada publicada na revista *Hello! Magazine*); Lennon, Pauline. *Daddy Come Home*. London: Harper Collins, 1990; Miles, Barry (Ed.). *John Lennon In His Own Words*. London: Omnibus Press, 1980; Peebles, Andy. *The Lennon Tapes*. London: BBC, 1981; Sheff, David. *The Playboy Interviews With John Lennon*. London: NEL, 1982; Shotton, Pete; Schaffner, Nicholas. *John Lennon In My Life*. London: Coronet, 1983; Wenner, Jan (Ed.). *Lennon Remembers*. Harmondsworth: Penguin, 1973.

Em minha pesquisa sobre Paul, usei os três livros escritos

por seu irmão Michael McCartney: *Mike Mac's White and Blacks*. London: Aurum, 1986; *Remember, The Recollections and Photographs of Michael McCartney*. London: Merehurst, 1992 e *Thank U Very Much, Mike McCartney's Family Album*. London: Arthur Baker, 1981. Também foram retirados alguns dados dos seguintes livros: Benson, Ross. *Paul McCartney, Behind The Myth*. London: Victor Gollancz, 1992; Coleman, Ray. *McCartney, Yesterday and Today*. London: Boxtree, 1995; Du Noyer, Paul. *The Paul McCartney World Tour*. London: MPL/EMAP, 1989; Elson, Howard. *McCartney, Songwriter*. London: W. H. Allen, 1986; Flippo, Chet. *McCartney, The Biography*. London: Sidgwick & Jackson, 1988; Gambaccini, Paul. *Paul McCartney In His Own Words*. London: Omnibus Press, 1976; Giuliano, Geoffrey. *Blackbird, the Life and Times of Paul McCartney*. New York: Dutton, 1991; Harry, Bill. *The McCartney File*. London: Virgin, 1986; Salewicz, Chris. *McCartney: The Biography*. London: Macdonald, 1986; Schwartz, Francie. *Body Count*. San Francisco, Straight Arrow, 1972; Welch, Chris. *Paul McCartney, the Definite Biography*. London: Proteus, 1984; e *Club Sandwich*, a revista do fã-clube de Paul.

As informações sobre George foram retiradas de sua autobiografia: Harrison, George. *I Me Mine*. New York: Simon & Schuster, 1980, e dos seguintes livros: Giuliano, Geoffrey. *Dark Horse*. London: Bloomsbury, 1989; e Taylor, Derek. *As Time Goes By, Living In The Sixties*. San Francisco: Straight Arrow, 1973.

Conferi a precisão das informações de meus arquivos sobre Ringo, principalmente datas e endereços, usando como base Clayson, Alan. *Ringo Starr, Straight Man or Joker?*. London: Sidgwick & Jackson, 1991.

Apesar de considerar a discografia publicada por Harry Castleman e Walter Podrazik, *All Together Now*, de 1976, a mais completa e precisa de todas as que consultei, também retirei dados dos seguintes livros: Campbell, Collin; Murphy Allan. *Things We Said Today: The Complete Lyrics and a Concordance to the Beatles' Songs 1962 - 1970*. Ann Arbor, Michigan: Pierian Press, 1980; Carr, Roy; Tyler, Tony. *The Beatles An Illustrated Record*. London: Tribune, 1978; Dowlding, William. *Beatlesongs*. New York: Simon & Schuster, 1989; Guzek, Arno. *Beatles Discography*. Hvidovre: Denmark, 1976; McGeary, Mitchell. *The Beatles Discography*. Olympia, Washington: Ticket To Ride, 1975; Reinhart, Charles. *You Can't Do That! Beatles Bootlegs & Novelty Records*. Ann Arbor, Michigan: Pierian Press, 1981; Russell, Jeff. *The Beatles: Album File and Complete Discography*. Poole, Dorset: Blandford, 1982; Stannard, Neville. *The Long And Winding Road, A History of The Beatles On Record*. London: Virgin, 1982; Turner, Steve. *A Hard Day's Write, The Stories Behind Every Beatles Songs*. London: Carlton, 1994; Wallgren, Mark. *The Beatles On Record*. New York: Simon & Schuster, 1982; Wiener, Allen. *The Beatles: The Ultimate Recording Guide*. London: Aurum, 1993; e Greenwald, Ted. *The Beatles For The Record*. Knutsford, Cheshire: Stafford Pemberton Publishing, 1981.

Acredito que a primeira cronologia a relatar o dia a dia dos Beatles foi Schultheiss, Tom. *A Day In The Life: The Beatles Day-By-Day, 1960 – 1970*. Ann Arbor, Michigan: Pierian Press, 1980. Desde então, muitas outras foram publicadas e todas me foram úteis na elaboração deste livro, especialmente: *Beatles Diary for 1965*. Glasgow: Beat Publications, 1964; *Beatles Press Book*. London: Apple Records, 1969; Benson, Harry. *The Beatles In The Beginning*. Edinburgh: Mainstream, 1993; Bunt, Jan Van De. *The Beatles Concerted Efforts*. The Netherlands, 1979; Fulpen, H.V. *The Beatles, An Ilustrated Diary*. London: Plexus, 1982; Lewisohn, Mark. *The Beatles Live!* London: Pavilion, 1986 e Pawlowski, Gareth. *How They Became The Beatles*. London: Macdonald, 1990. A fonte de muitos dos livros listados foi a cronologia das duas biografias escritas por George Tremlett, *The John Lennon Story*. London: Futura, 1976, e *The Paul McCartney Story*, London: Futura, 1975, sem deixar de citar o utilíssimo livro de Ray Coleman: *John Lennon*. London: Futura, 1985.

Usei em minha pesquisa todos os livros lançados sobre as turnês da banda e sobre shows específicos. Segue a lista de alguns deles:

Para as temporadas em Hamburgo: Williams, Allan. *The Man Who Gave The Beatles Away*. London: Coronet, 1976; Jürgs, Michael, Ziemann, Hans Heinrich e Meyer, Dietmar. *Das Album Der Beatles*. Hamburg: Stern, 1981; Rehwagen, Thomas; Schimidt, Thorsten. *Mach Schau! Die Beatles In Hamburg*. Braunschweig: EinfallReich, 1992; Zint, Günter. *Grobe Freiheit 39*. Munich: Wilhelm Heyne Verlag, 1987; e Vollmer, Jürgen. *Rock'n'Roll Times*. New York: Google Plex, 1981.

Há dois livros imprescindíveis sobre Liverpool: Thompson, Phil. *The Best Of Cellars, the Story of the World Famous Cavern Club*. Liverpool: Bluecoat, 1994, e Harry, Bill (Ed.). *Mersey Beat, The Beginnings of The Beatles*. London: Omnibus Press, 1977 (que contém cópias de artigos da revista *Mersey Beat*). Não posso deixar de mencionar, Evans, Mike; Jones, Ron. *In The Footsteps of The Beatles*. Liverpool: Merseyside Council guidebook, 1981, outra publicação fundamental.

Informações sobre a turnê dos Beatles na Suécia estão disponíveis

AGRADECIMENTOS

em: *The Beatles in Sweden*. London: City Magazines, 1963. O livro mais lido sobre a turnê dos Beatles na Austrália e na Nova Zelândia é o de Glenn Baker, *The Beatles Down Under, the 1964 Australia and New Zealand Tour*. Glebe: Wild and Wooley, 1982, que traz tantos fatos e anedotas sobre a banda que deixarão qualquer um de queixo caído. Muito foi escrito sobre as turnês dos Beatles nos Estados Unidos. Utilizei, em particular, as informações de *26 Days That Rocked The World*. Los Angeles: O'Brien, 1978, uma coletânea de artigos publicados em jornais sobre a primeira turnê dos Beatles, além de alguns dados da revista lançada por Leach, Sam, *The Beatles On Broadway*. Manchester: World Distribution, 1964, uma bela lembrança sobre a primeira turnê dos Beatles aos Estados Unidos; Cosham, Ralph. *The Beatles At Carnegie Hall*. London: Panther Pictorial, 1964; Freeman Robert. *The Beatles In America*. London: Daily Mirror Publications, 1964; Freeman Robert. *Yesterday, Photographs of The Beatles*. London: Weidenfeld & Nicolson, 1983; Rayl, A. J. S. *Beatles '64. A Hard Day's Night In America*. London: Sidgwick & Jackson, 1989; Harrison, George [repórter do jornal *Liverpool Echo*]. *Around The World With The Beatles*. Liverpool: Liverpool: Echo, 1964, e Bicknell, Alf; Marsh, Gary. *Baby You Can Drive My Car*. [s.l.]: Number 9 Books, 1989, foi a fonte dos nomes de alguns dos hotéis onde os Beatles ficaram hospedados.

Há poucos livros publicados sobre a Apple, e os mais úteis na elaboração deste livro foram: Di-Lello, Richard. *The Longest Cocktail Party*. London: Charisma, 1972; Martin, George. *Summer of Love, The Making of Sgt Pepper*. London: Macmillan, 1994; McCabe, Peter; Schonfeld, Robert. *Apple To The Core, the Unmaking of The Beatles*. London: Martin Brian & O'Keeffe, 1972 e Taylor, Alistair. *Yesterday, The Beatles Remembered*. London: Sidgwick & Jackson, 1988.

Para colher informações sobre os três filmes dos Beatles consultei as seguintes fontes: Dellar Fred. *NME Guide to Rock Cinema*. London: Hamlyn, 1981; Yule, Andrew. *The Man Who "Framed" The Beatles, A Biography of Richard Lester*. New York: Donald Fine, 1994; Matahira, Toru. *Beatles Movie Catalog*. Japan: 1979 e Cott, Jonathan; Dalton, David. *The Beatles Get Back*. London: Apple, 1969.

Não posso deixar de citar: Black, Johnny, *The Beatles Complete*. London: HMV, 1988; Blake, John. *All You Needed Was Love*. London: Hamlyn, 1981; Braun, Michael. *Love Me Do! The Beatles Progress*. Harmondsworth: Penguin, 1964; Brown, Peter; Gaines, Steven. *The Love You Make*. London: Macmillan, 1983; Castleman, Harry; Podrazik, Walter. *The Beatles Again?*. Ann Harbor, Michigan Pierian Press, 1977; Castleman, Harry & Podrazik, Walter. *The End Of The Beatles?*. Ann Arbor, Michigan: Pierian Press, 1985; Friede, Goldie et al. *The Beatles A To Z*. New York: Methuen, 1980; Harry, Bill. *The Ultimate Beatles Encyclopedia*. London: Virgin, 1992; Hoffmann, Dezo. *With The Beatles*. London: Omnibus Press, 1982; Schreuders, Piet; Smith, Adams. *The Beatles London*. London: Hamlyn, 1994; Miles, Barry (Ed.). *Beatles In Their Own Words*. London: W. H. Allen, 1978; Schaffner, Nicholas. *The British Invasion*. New York: McGraw Hill, 1982; Schaffner, Nicholas. *The Beatles Forever*. New York: McGraw Hill, 1977; Southall, Brian. *Abbey Road, The Story of the World's Most Famous Recording Studios*. Cambridge: Stevens, 1982; Taylor, Derek. *It Was Twenty Years Ago Today*. London: Bantam, 1987.

Por fim, gostaria de incluir alguns sites da internet, que provavelmente não estarão mais ativos, mas qualquer ferramenta de busca poderá direcioná-lo a sites com links para as informações contidas neles:

Home Page de Dave Haber: http://www.davidhaber.com/

Home page oficial de rec.music.beatles: http://groups.google.com.br/group/rec.music.beatles/topics?lnk=rgr

Página da Troni sobre os Beatles: http://nobile.wirtschaft.tuilmenau.de/~weigmann/beatles.html

Página de Alan Braverman sobre os Beatles: http://turtle.ncsa.uiuc.edu/alan/beatles.html

Página de Mike Markowski sobre os Beatles: http://www.eecis.udel.edu/~markowski/beatles/

Página de Aaron Gill sobre Paul McCartney: http://www.halcyon.com/marieg/paul.html

Home Page de Paul McCartney em Harald Gernhardt: http://131.188.139.62:8080/hyplan/gernhard/macca.html; ou http://groups.google.com.br/group/rec.music.beatles/

Por ser esta a página de agradecimentos, gostaria de expressar minha gratidão à minha assistente Polly Timberlake, não só por ter trabalhado durante horas a fio na preparação deste livro, mas, principalmente, por ter aceitado a grande responsabilidade entregue a nós por Chris Charlesworth e Bob Wise, da Omnibus Press.

John: "Conheci Paul e perguntei,

Então veio George, depois, Ringo.
Não passávamos de uma banda que

Suc

'Quer fazer parte da minha **banda**?"'

conseguiu um grande, **extraordinário** esso Isso é tudo".

1934-59

1934
18 de fevereiro
– Nasce Yoko Ono em Tóquio, no Japão.
19 de setembro
– Nasce Brian Epstein em Liverpool, na Inglaterra.
1938
3 de dezembro
– Julia Stanley casa-se com Alfred Lennon.
1939
10 de setembro
– Nasce Cynthia Powell em Blackpool, em Lancashire.
15 de setembro
– Mimi, tia de John, casa-se com George Smith.
1940
23 de junho
– Nasce Stuart Sutcliffe em Edimburgo, na Escócia.
7 de julho
– Nasce Richard Starkey, que viria a ser conhecido como Ringo Starr, em Madryn Street, n. 9, em Liverpool 8, Dingle.
9 de outubro
– Nasce John Winston Lennon no Oxford Street Maternity Hospital, em Liverpool, filho de Alfred e Julia Lennon, nascida Stanley. Ao contrário de outros relatos, não houve nenhum ataque aéreo alemão contra Liverpool naquela noite. O último havia ocorrido na madrugada de 22 de setembro e o seguinte ocorreria em 16 de outubro, quando as regiões de Walton e Everton foram atingidas, resultando na morte de 30 pessoas. John morava com a mãe, a tia Mimi e os avós em Newcastle Road, n. 9, em Liverpool 15. O pai, marinheiro, estava constantemente viajando.
1941
15 de abril
– James McCartney casa-se com Mary Mohin em Liverpool, e passam a viver em um quarto mobiliado em Sunbury Road, em Anfield.
1942
18 de junho
– Nasce no Walton Hospital, em Liverpool, James Paul McCartney. Filho do vendedor de algodão James McCartney e da parteira Mary Patricia McCartney, nascida Mohan. Por ter trabalhado como enfermeira-chefe no hospital, Mary teve direito a um leito na ala particular. O emprego de Jim na fábrica de aviões Napiers, classificado como esforço de guerra, deu condições ao casal de mudar-se para uma pequena casa na rua Broadway, n. 92, em Wallasey, na margem oposta do rio Mersey.
24 de setembro
– Nasce Linda Louise Eastman em Scarsdale, Nova York.
1943
24 de fevereiro
– (Não no dia 25, segundo várias publicações.) Nasce George Harrison, às 23h42. Filho da francesa Louise Harrison, balconista de uma loja de Liverpool, e Harold Hargreaves Harrison, motorista de ônibus desde 1937, que anteriormente trabalhara, durante dez anos, como membro da tripulação da White Star Line, de Liverpool. George foi o quarto e último filho do casal e cresceu em um sobradinho geminado de tijolo aparente, na rua Arnold Grove, n. 12, em Wavertree, Liverpool 15.
1944
– Julia Lennon conhece outro homem, John Dykins.
Janeiro
– A família McCartney muda-se para uma casa em Roach Avenue, em Knowsley Estate, em Liverpool.
1945
17 de março
– Nasce Patricia Boyd.
12 de novembro
– John vai pela primeira vez para a escola, a Mosspits County Primary School, em Mosspits Lane.

Paul McCartney, com 6 anos, e Michael, seu irmão mais novo. Página seguinte: John Lennon na escola primária.

Freddie Lennon

Freddie Lennon era tripulante em navios de passageiros e encontrava-se em Nova York quando a guerra eclodiu. Transferido para o Liberty Boat, foi rebaixado da função de chefe dos garçons para a de ajudante. Propositalmente, não se apresentou para o embarque e acabou passando três meses na prisão. Com isso, os cheques para Julia pararam de ser enviados, sendo este um dos prováveis motivos do fim do casamento. Quando George, marido de tia Mimi, voltou da guerra, o casal mudou-se para "Mendips", e Mimi sugeriu à Júlia que ela e o pequeno John fossem morar em uma casinha que pertencia a George em Alberton Road, n. 120A, em Woolton. E assim o fizeram. Julia achava que o marido tinha desistido tanto do casamento quanto da Marinha. Livre do olhar atento dos pais, ela passou a sair quase todas as noites, deixando, com frequência, o pequeno John sozinho em casa.

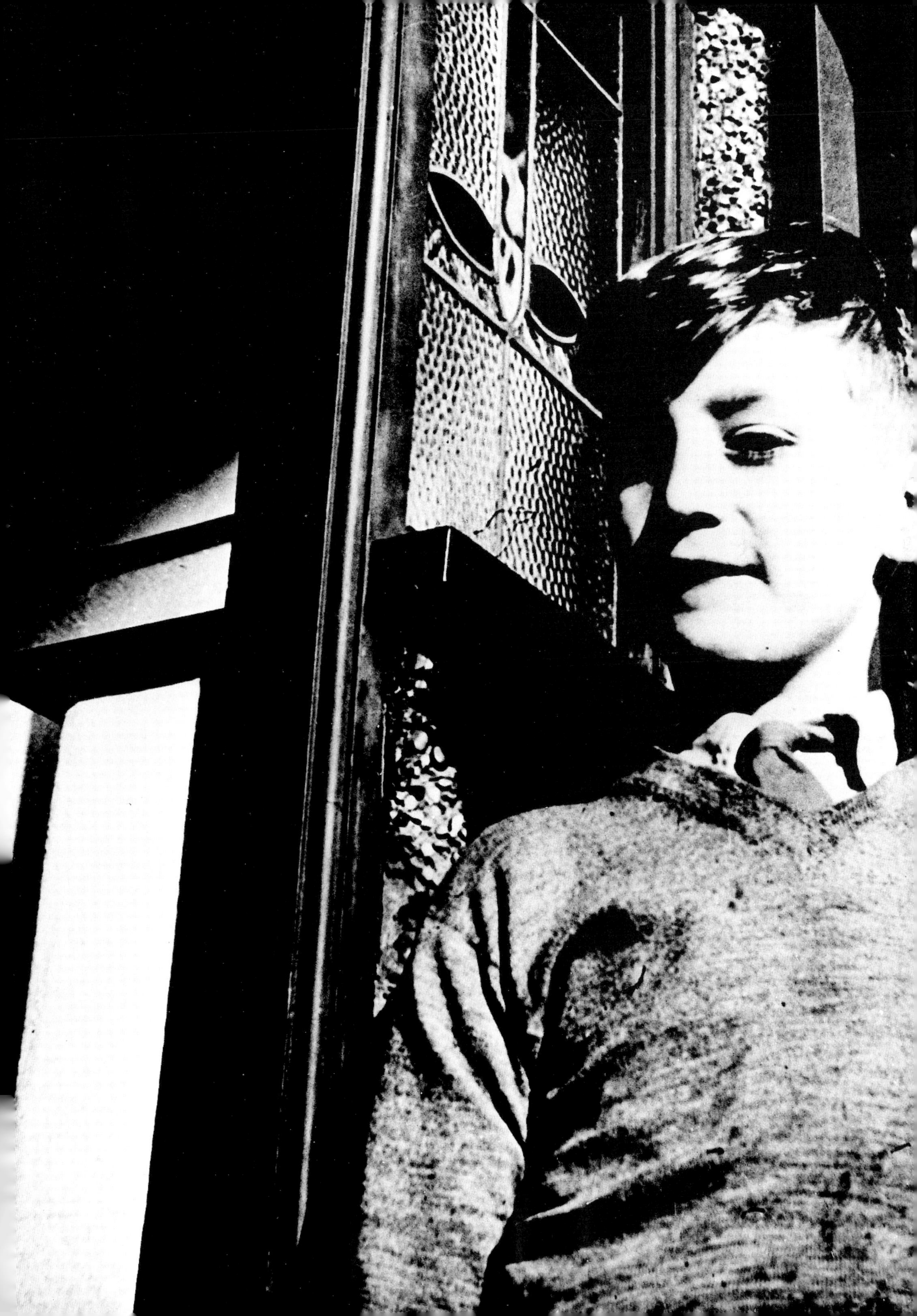

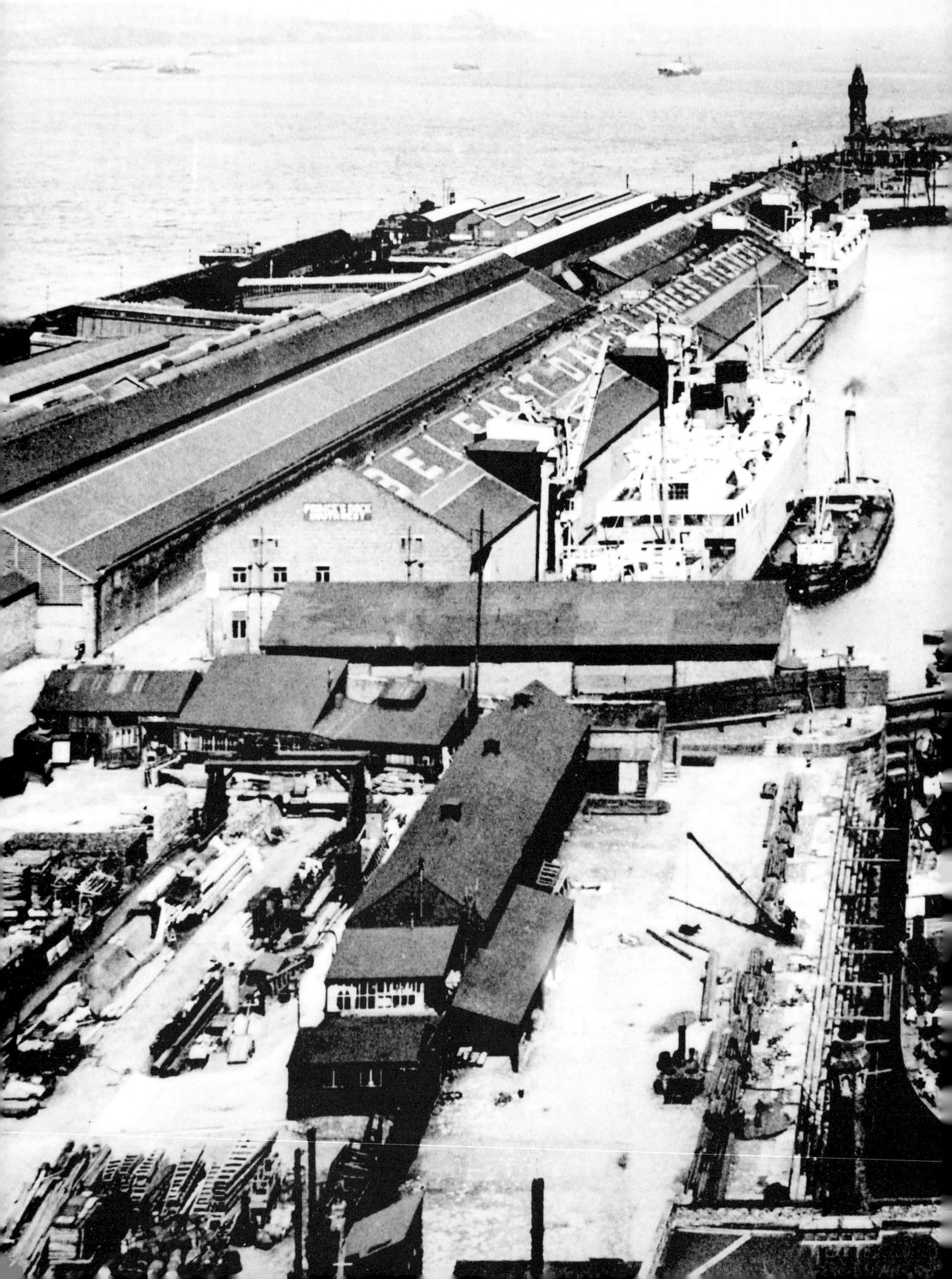

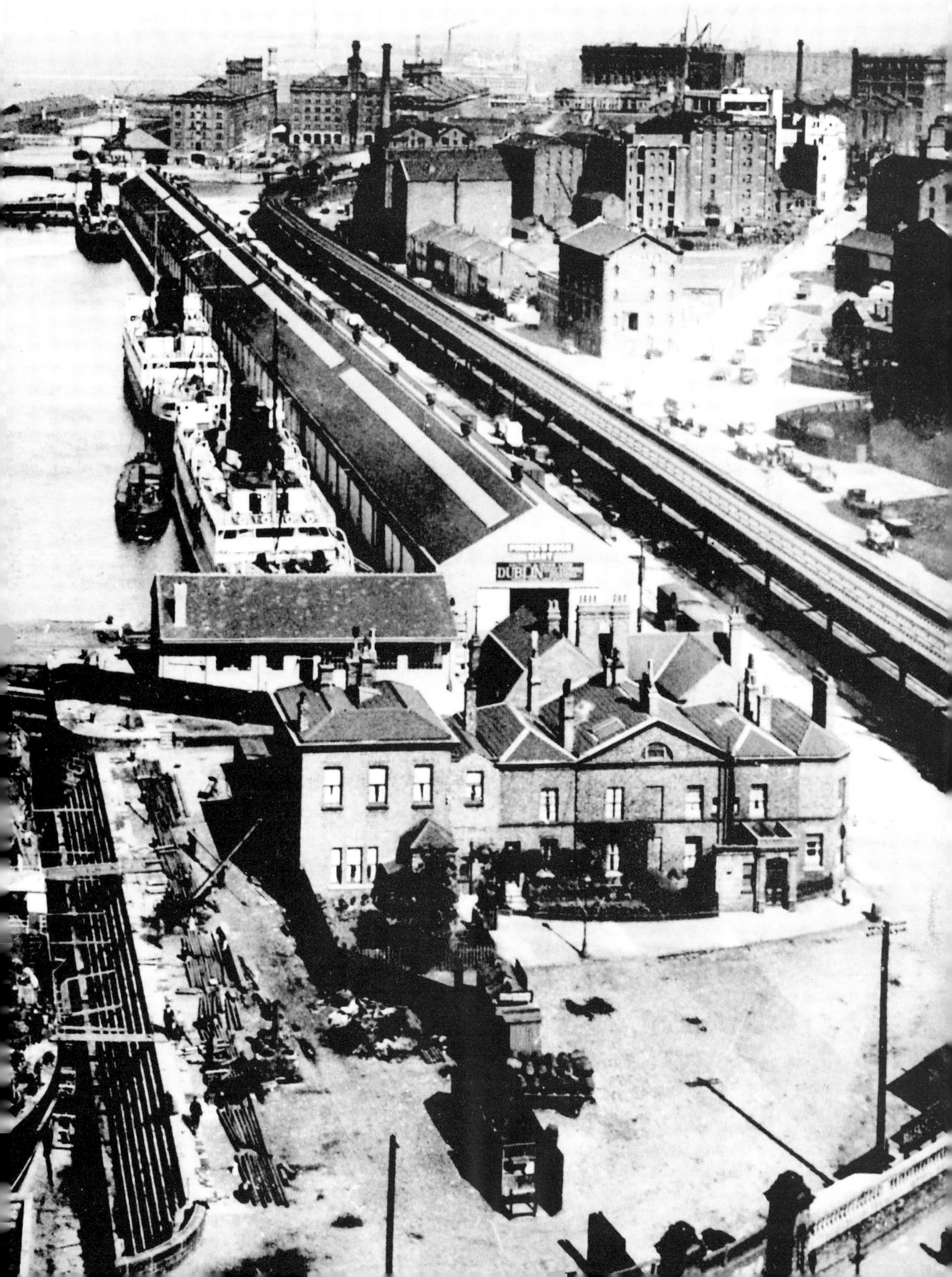
DUBLIN

1946
Março
– Freddie Lennon e John Dykins têm uma briga quando Julia anuncia que viverá com Dykins. Eles passam a morar juntos em Blomfield Road, n.1, em Liverpool 18. Como o padrasto de John não quer criá-lo por não ser seu filho, ele vai morar com tia Mimi e tio George em "Mendips", em Menlove Avenue, n. 251, em Liverpool 25.

5 de abril
– Nasce Jane Asher, em Londres.
– John é expulso da escola por mau comportamento. Ele tem, então, 5 anos e meio.
– John é matriculado na Dovedale Road Primary School.

4 de agosto
– Nasce Maureen Cox, em Liverpool.
– Os McCartney mudam-se para um apartamento térreo em Sir Thomas White Gardens, no centro de Liverpool e, pouco depois, alugam uma casa popular em Western Avenue, n. 72, em Speke.

1947
Setembro
– Paul ingressa em Stockton Wood Road Primary School, em Speke.

1948
Setembro
– George é matriculado na Dovedale Road Primary School, onde John Lennon ainda estudava. Entretanto, por estar três anos à frente de George, nunca se encontraram.

1949
– A família de George muda-se para um novo sobradinho popular na Upton Green, n. 25, em Speke. Imóvel que haviam esperado durante 18 anos, desde o nascimento da filha mais velha, Louise.

1952
– Paul e sua família passam a morar em Ardwick Road, n.12, em Speke.
Setembro
– John começa a estudar na Quarry Bank High School.

1953
Junho
– Tio George, marido de Mimi, morre vítima de hemorragia. Como ele e John eram muito próximos, sua morte o chocou profundamente.
Setembro
– Paul ingressa no Liverpool Institute, a mais conceituada escola para adolescentes, exclusivamente masculina, a qual incluía juízes da Alta Corte, políticos e até um ganhador do Prêmio Nobel em sua lista de ex-alunos. Somente aqueles que conseguissem resultados excepcionais no exame de admissão no ensino secundário, ou seja, os mais

Quarry Bank
Quarry Bank, uma escola para adolescentes, exclusivamente masculina, tinha um notável histórico acadêmico que incluía vários chefes de gabinete. Os professores trajavam becas pretas e a disciplina era rígida. A escola foi um desafio para John, como ele mesmo lembra em seu primeiro dia: "Olhei para as centenas de garotos a minha volta e pensei: 'Meu Deus, vou ter de me impor perante esse bando e acabei de passar por isso em Dovedale'". Suas notas pioravam paulatinamente e, de acordo com seu boletim do terceiro ano, John era: "Um aluno irrecuperável, o palhaço da turma que prejudica o desempenho dos outros colegas. Seu boletim é um ultraje". Com frequência, era chamado à diretoria para a palmatória.

A criação de John
Quando Freedie retornou a Liverpool, levou seu filho de cinco anos para passar férias em Blackpool. Freedie planejava emigrar para a Nova Zelândia junto com o amigo que o hospedara e queria levar John consigo. Após algumas semanas, Julia foi buscar John e Freedie a chamou para acompanhá-los; entretanto, ela recusou o convite. A única coisa que queria é estar com John. O pequeno, então, teve de decidir com quem ficaria e, obviamente, escolheu a mãe. Porém, Julia não tinha intenção de criá-lo e o confiou aos cuidados de tia Mimi e tio George, dessa vez para sempre.

brilhantes alunos de Liverpool, eram admitidos na escola. Apesar da distância entre Speke e o instituto, Paul aceita a vaga oferecida.

1954
Setembro

– George também entra no Liverpool Institute, e Paul estava um ano à sua frente. George relata: "Eu demorava uma hora, das 16h às 17h, para chegar em casa e foi numa dessas viagens de ônibus que conheci Paul McCartney. Usávamos o mesmo uniforme e íamos para o mesmo destino, então começamos a passar o tempo juntos no trajeto de volta.

> Sua **mãe** era **parteira** e ele tinha um **trompete**".

1955

– A família de Paul muda-se para Forthlin Road, em Allerton, em Liverpool 18.

Setembro

– Por causa das notas baixas, John cursa a turma mais fraca, e, no final do ano letivo, é classificado em 20º lugar entre os alunos de sua classe. O último dos últimos.

1956
Setembro

– O sr. Pobjoy assume a direção de Quarry Bank e percebe que o baixo desempenho de John é reflexo de problemas pessoais e que, na realidade, ele tem grande potencial.

31 de outubro

– Mary Patricia McCartney morre de câncer de mama aos 47 anos. A partir de então, Jim McCartney tem de conciliar a criação de Paul e Michael com seu trabalho de período integral.

1957

– A mãe de George compra um violão para ele de um garoto da escola por 3 libras. Logo se torna claro que ele precisa de um instrumento melhor, então sua mãe economiza nas despesas da casa até poder comprar uma guitarra modelo *cut-away neck*, por 30 libras.

Verão

– George, seu irmão Pete e Arthur Kelly, colega de escola de Pete, formam o The Rebels e se apresentam no British Legion Club, em Speke. Como nenhuma das outras bandas incluídas na programação compareceu, o grupo teve de tocar a noite inteira.

George: "Lembro-me de que The Rebels tinham um baixo *tea chest*, um baixo improvisado feito com um caixote de madeira, e um de meus irmãos tocava um violão que não tinha o fundo e custara 5 *shillings*. Fora isso, estava tudo bem. Éramos apenas meu irmão, alguns amigos e eu. Tentei controlar a banda, mas eles não estavam nem aí.

> **Achamos** que tínhamos **tocado** muito **bem**, assim como outras **quatro milhões** de **bandas**".

No dia seguinte, a caminho da escola, George conta a Paul sobre a apresentação. Depois disso, Paul e George passam a treinar acordes na sala de estar da família Harrison.

George: "Paul era realmente muito bom nos acordes mais complexos. Pouco depois, começamos a tocar 'música de verdade', canções como 'Don't You Rock Me Daddy-O' e 'Besame Mucho'. Apesar da timidez de Paul, sua voz me surpreendeu. Cantávamos no meio da sala de estar, por onde toda a família passava e Paul não se sentia à vontade de cantar sobre amor perto de meu pai. Éramos, provavelmente, um espetáculo a parte. Aposto que todos se seguravam para não gargalhar".

Paul: "Conheci George muito antes de John e dos outros. Todos eles eram de Woolton, a área chique da cidade, e nós éramos de Allerton, a região da classe operária. George e eu aprendemos a tocar guitarra juntos e, apesar de ele ser mais novo, nos tornamos bem próximos. Na verdade, nossa diferença era de apenas nove meses, mesmo assim sempre o considerei meu amiguinho. Mas ele era muito bom, especialmente quando tocava 'Raunchy', uma música que todos adorávamos. Tocar tão bem quanto ele, era o passaporte para ingressar em qualquer banda".

Março

– Inspirados por Lonnie Donegan e empolgados com "Heartbreak Hotel" de Elvis Presley, John e seu colega de escola, Pete Shotton, formam The Blackjacks, um grupo de *skiffle*, a resposta inglesa ao rock'n' roll. John tocava uma guitarra que comprara por 17 libras na "Hessy's Music Shop", em Stanley Street, "garantida contra rachaduras".

George Harrison, aos 12 anos, com seu primeiro violão.

Usava, somente, quatro cordas e acordes de banjo, ensinados por sua mãe, enquanto Pete manejava a *washboard*, tábua de lavar roupas, usada como instrumento de percussão. Pouco depois, com a entrada de Bill Smith, no baixo *tea chest*, The Blackjacks passaram a ter a formação tradicional de uma banda de *skiffle*.

Maio
– John era uma pessoa difícil, um líder que gostava de discutir, e, consequentemente, a formação da banda logo se modificou. Como todos eram alunos da Quarry Bank High School, The Blackjacks mudaram o nome do grupo para The Quarrymen, cuja formação inicial contava com: John no vocal e na guitarra, Eric Griffiths na guitarra, Colin Hanton na bateria, Len Garry no baixo *tea-chest*, Pete Shotton na *washboard*, e Rod Davis no banjo.

24 de maio
– Primeira apresentação do Quarrymen:

John: "Nossa primeira apresentação foi em Rose Street, nas comemorações do *Empire Day*. A festa acontecia na rua, e todos participavam.

Tocamos no alto de um **caminhão**, sem receber **nenhum cachê**".

9 de junho
– The Quarrymen inscrevem-se para o teste do programa de talentos *TV Star Search*, apresentado por Carroll Levis, mais conhecido como "Mr Star Maker", ABC TV. Os grupos tocavam para o público presente no Empire Theatre, em Liverpool, e o vencedor apresentava-se na TV. Era uma forma econômica de produzir um programa de variedades. Infelizmente, The Quarrymen foi derrotado pelo The Sunnyside Skiffle, de Speke, cujo líder da banda e vocalista, o anão Nicky Cuff,

literalmente, tinha de subir no caixote de madeira para poder tocar o baixo *tea chest*.

22 de junho
– The Quarrymen apresentam-se em uma festa ao ar livre em Roseberry Street, no aniversário dos 750 anos da emancipação, concedida pelo rei John, que transformou Liverpool em município livre. Tocaram no topo de um caminhão de carvão. Os cabos de força passavam pela janela da frente da casa n. 76.

2 de julho
– John e seu amigo Nigel Whalley inscrevem-se na lista do seguro-desemprego de marinheiros no escritório da Marinha Mercante, em Pier Head. Telefonam para tia Mimi que, temendo que John seguisse os passos do pai, lhe ordena que volte para casa imediatamente.

6 de julho
– Paul: "Eu o conheci em uma festa em uma igreja de Woolton. Eu era um garoto gordinho e, quando ele apoiou o braço em meu ombro, percebi que estava bêbado. Naquela época, tínhamos em torno de 15 anos, e apesar de suas costeletas, nos tornamos amigos".

John: "No dia em que conheci Paul, cantei 'Be-Bop-A-Lula' pela primeira vez no palco. Há uma foto em que estou vestindo uma camisa xadrez, cantando 'Be-Bop-A-Lula', com uma pequena guitarra acústica".

Paul: "Ivy Vaughan, um colega de escola, disse, 'Venha assistir a este grupo, eles são bárbaros'. Costumávamos ir à festa de Woolton juntos, vestindo sensacionais jaquetas listradas, com lapelas azuis-claras, tecido rajado... Muito chique!... Assisti ao show e adorei – era uma banda jovem que não tocava música de dança de salão. Não havia dúvida de que John era o líder – tinha uma guitarra acústica e cabelo escovinha com um pequeno topete. Ele não sabia as letras das músicas. Obviamente, só havia escutado

os discos e não os comprara, mas realmente me impressionou. Eu o conheci nos bastidores, no salão da igreja, peguei sua guitarra (tive de virá-la ao contrário por ser canhoto) e toquei 'Twenty Flight Rock'. Todos ficaram impressionados, pois eu sabia a letra toda; alguém começou a tocar piano, outra pessoa a cantar "Long Tall Sally" e, então, perguntaram se eu queria fazer parte da banda".

John: "Logo depois, começamos a apresentar grandes sucessos como 'Twenty Flight Rock' – o que foi realmente engraçado, pois éramos uma banda de *skiffle*. 'Let's Have A Party' era meu melhor número".

Tia Mimi: "Quando Paul veio a Mendips pela primeira vez, ele calçava sapatos com fivela, algo que John nunca vira".

29 de julho
– Paul e seu irmão Michael vão para o Campo de Escoteiros de Hathersage, em Derbyshire.

7 de agosto
– *The Cavern*. Com as bandas de *skiffle*: Ron McKay, Dark Town e The Deltones. Naquela época, o The Cavern era um bar de jazz e o *skiffle* era considerado uma vertente do jazz e, portanto, aceito. O show fora divulgado como uma *"Skiffle Session"*. The Quarrymen começou a apresentação com "Come Go With Me", o que estava dentro do programado, mas John "detonou" a noite partindo para "Hound Dog", seguida de "Blue Suede Shoes". No mesmo instante, Alan Sytner, dono do The Cavern, enviou um recado para o palco: "Parem com esse maldito rock!".

Apesar do convite para ingressar na banda, Paul não pode participar da estreia de John no The Cavern, pois estava no campo de escoteiros com seu irmão Michael.

Verão
– Paul, George e suas guitarras viajaram de carona até a costa sul.

George: "Quando eu tinha 14 anos, Paul e eu resolvemos fazer uma viagem de férias, pegando carona até Paignton, em Devon. Nós nos divertimos muito, mas o dinheiro acabou e não tínhamos onde ficar. Paul sugeriu que dormíssemos na praia, mas areia é tão dura quanto concreto, especialmente quando você deita sobre ela durante toda uma noite".

Setembro
– Os McCartney vão para o campo de férias Butlin, em Filey, Yorkshire, onde Paul e Michael participam do *The People*, "Concurso Nacional de Talentos", apresentando-se como The McCartney Brothers. Tocam "Bye Bye Love", de The Everly Brothers, e "Long Tall Sally", de Little Richard, mas, como ambos tem menos de 16 anos, não se classificam. É a primeira vez que Paul pisa em um palco.
– John ingressa na Liverpool Art School.

18 de outubro
– *Conservative Club, New Clubmoor Hall, em Liverpool.* Paul tocou com The Quarrymen pela primeira vez.
Paul: "Aquela noite foi um desastre, meus dedos ficaram pegajosos e arruinei o solo de 'Guitar Boogie Shuffle', um dos mais fáceis de executar.

Depois disso, resolvi nunca fazer os solos de guitarra da banda".

Outono
– Paul e John começam a tocar guitarra juntos. Paul: "Nunca ensaiavam dentro da casa de Mimi. Quando não íamos até a casa de Julia, ensaiavam na varanda envidraçada de Mimi. John me contou que a tia o proibira de tocar dentro de casa desde o primeiro dia em que lá apareceu com uma guitarra. Mas ele não se importava. Gostava de ouvir os vidros e ajulejos da varanda reverberando o som".

No fim do ano, começam a compor juntos.
John: "Quando Paul e eu começamos a escrever canções, compúnhamos em Lá, pois achávamos que esse era o tom de todas as músicas de Buddy Holly.

Holly era um dos melhores, uma fonte de inspiração.

Mais tarde, descobri que, na realidade, ele tocava em Dó, além de usar outras notas, mas já era tarde. Na realidade, já não nos importávamos mais. Nossas músicas ficavam boas em Lá, portanto continuamos a tocá-las dessa forma. Claro que aprendemos a tocar em todos os tons – Dó, Ré, Sol, Fá, mas evitávamos Si bemol e outros acordes semelhantes, pois eles não nos agradavam".

7 de novembro
– *Wilson Hall, em Garston.* Um famoso ponto de encontro dos valentões *teddy boys*, onde The Quarrymen apresentou-se quatro vezes nos *"Rhythm Nights"*, os bailes de quinta-feira organizados por Charlie Mac.

16 de novembro
– *Stanley Abattoir Social Club, em Liverpool.* Boa acústica.

23 de novembro
– *New Clubmoor Hall, Conservative Club, em Liverpool.* Nessa fase a banda era formada por: John, guitarra e vocal; Paul, guitarra e vocal; Eric Griffiths, guitarra; Colin Hanton, bateria; e Len Garry, baixo *tea chest*.
– No final do ano, Nigel Whalley, o empresário da banda, pede demissão por conta de uma tuberculose, e Rod Davis, que tocava banjo, também abandona o grupo.

7 de dezembro
– *Wilson Hall, Garston, em Liverpool.* Um baile de sábado à noite.
– George assiste ao Quarrymen pela primeira vez.
George: "Já havia sido convidado várias vezes por Paul para assisti-los, mas não sei exatamente por quê, nunca achei tempo. Lembro-me de ter ficado muito impressionado com John – as costeletas fartas e as roupas na última moda *teddy boy*.

Ele era tremendamente sarcástico desde o primeiro dia em que o conheci, mas nunca me deixei abater por seus comentários.

Os Quarrymen no palco, no Festival da Vila Walton, em 06 de julho de 1957 – dia em que John encontrou-se pela primeira vez com Paul.

Woolton Parish Church
Garden Fete
and
Crowning of Rose Queen
Saturday, July 6th, 1957

To be opened at 3p.m. by Dr. Thelwall Jones

PROCESSION AT 2p.m.

LIVERPOOL POLICE DOGS DISPLAY
FANCY DRESS PARADE
SIDESHOWS   REFRESHMENTS
BAND OF THE CHESHIRE YEOMANRY
THE QUARRY MEN SKIFFLE GROUP

ADULTS 6d., CHILDREN 3d.   OR BY PROGRAMME

GRAND DANCE

at 8p.m. in the Church Hall
GEORGE EDWARDS' BAND
THE QUARRY MEN SKIFFLE GROUP

Tickets 2/-

De certa forma, acho que aquele temperamento insolente era uma maneira de mostrar a diferença entre homens e garotos. Porém, nunca me senti intimidado por ele. Toda vez que ele tentava me agredir, eu revidava na mesma moeda".

1958

10 de janeiro
– *New Clubmoor Hall, em Garston, Liverpool.*

24 de janeiro
– *The Cavern* (noite), com The Merseysippi Jazz Band. A banda dos rapazes de Liverpool é apresentada como "The Quarrymen Skiffle Group". Essa é a estreia de Paul no The Cavern.

6 de fevereiro
– *Wilson Hall, em Garston, Liverpool.* Após o show, John acompanhou Paul e George durante parte do caminho de volta para casa.

Paul: "O ônibus que pegamos estava quase vazio. George recostou-se silenciosamente em um dos bancos, pegou sua guitarra e começou a tocar 'Raunchy'. Alguns dias depois, perguntei a John, 'O que você acha de George?', e ele pensou um pouco e respondeu,

'É, cara, ele seria ótimo'.
E assim aconteceu.
George estava dentro e nós seguindo nosso destino".

– Agora, a formação do Quarrymen é: John, Paul, George, Len Garry, Eric Griffiths e, eventualmente, John "Duff" Lowe, no piano.

Paul: "Durante algum tempo, tivemos um pianista chamado Duff, mas seu pai não o deixava ficar fora de casa até tarde. Ele começava a tocar e, de repente, desaparecia no meio de um número; tinha, simplesmente, ido embora".

15 de dezembro
– Julia, mãe de John, morre atropelada em um ponto de ônibus por um policial que dirigia em alta velocidade, pois estava atrasado para o trabalho.

Paul: "Quando penso na morte de Julia, a única coisa que consigo imaginar é a palavra TRAGÉDIA escrita em letras garrafais. A única forma que pude encontrar de ajudar John foi mostrar-lhe que o compreendia, pois, de certa forma, havia passado pela mesma situação. Nada podia ser dito que aplacasse a dor como num passe de mágica.

É uma dor tão profunda que não pode ser expressa em palavras".

A morte de Julia abalou John profundamente. Seu desempenho na faculdade de artes – que já era fraco – piorou; além disso, praticamente, perdeu o interesse pela banda. The Quarrymen fez pouquíssimos shows em 1958.

13 de março
– *The Morgue Skiffle Cellar, em Broadgreen, Liverpool.* A primeira de várias apresentações nesse *nightclub* ilegal localizado na adega de uma mansão vitoriana. O local seria interditado pela polícia um mês depois.

Verão
– Paul e George viajam de carona novamente, o destino dessa vez é o País de Gales.

George: "Ficamos sem dinheiro mais uma vez e Paul teve a ideia de dormirmos na cela de uma delegacia. O policial disse que não poderíamos ficar lá e sugeriu que dormíssemos na arquibancada do estádio de futebol. Com grande dificuldade escalamos os muros que circundavam o estádio e, com dificuldade ainda maior, conseguimos dormir nas arquibancadas de concreto. Ao amanhecer, acordei e vi o vigia em pé, à nossa frente, 'O que vocês estão fazendo em meu estádio?', perguntou. 'Doooooooooormindo', grunhiu Paul.
Ele não precisou repetir duas vezes".

'Bem, estávamos!'

– No verão, John marca uma gravação do Quarrymen, em um pequeno estúdio, nos fundos de uma casa na rua Kensington, n. 53, em Liverpool. Percy Phillips gravaria os dois lados do disco por 17 *shillings* e 6 *pence*. Somente um compacto foi prensado e a fita da gravação foi destruída 24 horas depois. A banda gravou, no lado A, "That'll Be The Day", de Buddy Holly, com John no vocal e, no lado B, "In Spite Of All Danger", uma canção romântica de Paul e George (até onde se sabe, a única composta pelos dois). Participaram da gravação John, Paul, George e John "Duff" Lowe.

20 de dezembro
– The Quarrymen toca na festa de casamento do irmão de George, Harry, com Irene McCann, em Speke.
– No final do ano, The Quarrymen é desclassificado em um teste para a ABC Television, em Manchester.

1959

1º de janeiro
– *Wilson Hall, em Garston, Liverpool. Speke Bus Depot Social Club.* O pai de George era presidente do clube e, obviamente, The Quarrymen foi a banda contratada da noite.

24 de janeiro
– *Woolton Village Club, em Woolton, Liverpool.*

Verão
– The Quarrymen estava fazendo tão poucos shows que George resolve tocar em outros grupos, principalmente com The Les Stewart Quartet.

29 de agosto
– *Casbah Coffee Club, em West Derby, Liverpool.* A banda The Les Stewart Quartet (com George, na guitarra) é contratada para tocar na abertura da nova casa noturna de Mona Best, instalada no porão de sua casa. Entretanto, houve uma terrível briga entre Les Stewart e o baixista Ken Brown, que abandonou a banda e perguntou a George se ele conhecia alguém para substituí-lo;

John e Paul foram chamados. The Quarrymen fez o show de inauguração, além de se apresentar nas noites de sábados, durante sete semanas consecutivas. A formação do Quarrymen para esses shows se reduziu a John, Paul, George e Ken Brown. Não havia baterista, mas, como eles mesmos sempre diziam aos promotores de eventos, "o ritmo está nas guitarras".

5 de setembro
– *Casbah Coffee Club, em West Derby, Liverpool.*

12 de setembro
– *Casbah Coffee Club, em West Derby, Liverpool.*

19 de setembro
– *Casbah Coffee Club, em West Derby, Liverpool.*

26 de setembro
– *Casbah Coffee Club, em West Derby, Liverpool.*

3 de outubro
– *Casbah Coffee Club, em West Derby, Liverpool.*

10 de outubro
– *Casbah Coffee Club, em West Derby, Liverpool.*

Ken Brown deixa a banda e, esta, o Casbah por causa de um desentendimento quanto ao cachê. Paul não fica nada satisfeito quando Mona Best paga a Ken Brown 15 *shillings*, apesar de este não ter tocado no show daquela noite por estar gripado. Os futuros Beatles se unem e deixam o clube.

Meados de outubro
– O grupo muda seu nome para Johnny and The Moondogs para participar de outro teste para o *TV Star Search*, de Carroll Levis, no Empire Theatre, em 11, 18 e 25 de outubro. A banda faz apenas uma apresentação e se classifica para as eliminatórias, que são realizadas no mesmo local, entre os dias 26 e 31, quando se apresentam duas vezes e se classificam para a etapa final.

15 de novembro
– *Hippodrome Theatre, em Ardwick, Manchester.* Final do *TV Star Search*. Caso se classificassem, conseguiriam chegar ao show de TV por seu próprio esforço. Infelizmente, como não tinham onde se hospedar, e a votação era baseada em um "palmômetro", que media a intensidade das palmas da plateia, enquanto os grupos faziam uma rápida reapresentação, The Moondogs perderam aquilo que mereciam, pois já haviam partido para Liverpool e não estavam no teatro para receber os aplausos.

17 de novembro
– A segunda exposição John Moores é realizada na Walker Gallery, em Liverpool. Stuart Sutcliffe, amigo de John da faculdade de artes, inscreve para a mostra o que restara de uma tela de grandes proporções intitulada *Summer Painting*. Inicialmente, eram dois painéis impressionistas de 1,80m x 1,20m, com várias camadas de areia e cera. Um deles desapareceu quando Stuart foi expulso de seu apartamento em Percy Street, mas seu amigo, Rod Murray, ajudou-o a levar a outra metade para a exposição. Seu trabalho, claramente influenciado por Peter Lanyon, pintor expressionista britânico, que fazia parte da comissão julgadora, além de ser selecionado para a mostra, foi adquirido por 65 libras pelo próprio John Moores, ao final da exposição, em janeiro.

1960

17 de janeiro
– Após o término da Exposição John Moores, John convence Stuart de que ele deveria usar o vultoso prêmio que recebera para comprar um contrabaixo e se juntar ao Johnny and the Moondogs. Stuart adquire um baixo Hofner President, mais pelo visual do que pela qualidade, já que não sabia tocá-lo.

23 de abril
– John e Paul viajam de carona até Caversham, em Berkshire, no sul da Inglaterra, para se hospedarem na casa de Bett Robbins, a prima mais velha de Paul, que, junto com o marido, dirigia o pub The Fox and Hounds. Anteriormente, ambos haviam feito parte dos Redcoats, famosa equipe de entretenimento das colônias de férias Butlin; portanto, Mike tinha certa experiência com *show business*, pois participara de programas de rádio e de entrevistas em jornais locais – Paul e John adoravam ouvir suas histórias. Os dois músicos trabalhavam no balcão do pub durante a semana e, aos sábados à noite, apresentavam-se como "The Nerk Twins". Sentavam-se nas altas banquetas do bar, empunhando seus violões e abriam a noite com "The World Is Waiting For The Sunrise", um antigo sucesso nas colônias de férias Butlin, depois,

Lee Marvin, Robert Keith e Marlon Brando em O Selvagem.

Royston Ellis

Royston Ellis, poeta "beat" londrino de 19 anos, autor de *Jyving To Gyp: A Sequence of Poems* (publicado pela Scorpion Press, em Londres, em 1959), foi convidado a participar de um recital na Universidade de Liverpool. Ao conhecer os Beatles, convenceu-os a tocar durante sua leitura de poemas no Jacaranda. Naquela época, recitais literários acompanhados de um grupo de jazz haviam se tornado populares nos Estados Unidos, com Jack Kerouac, Kenneth Patchen e Lawrence Ferlinghetti, e no Reino Unido, com Christopher Logue. Após a apresentação, Ellis convidou John e Stuart para irem à sua residência, em Gambier Terrace. Nessa ocasião, mostrou-lhes como desatarraxar um inalador Vick para inalar benzedrina. Anos depois, Ellis apresentou a John outra droga, que o inspirou a compor "Polythene" Pam.

George, Stuart Sutcliffe e John posam para Astrid Kirchherr no Der Dom Park, em Hamburgo, em outubro de 1960.

davam sequência ao show com seu repertório habitual.

24 de abril
– *The Fox and Hounds, em Caversham*. Última apresentação da dupla The Nerk Twins, antes de voltarem para Liverpool.

Maio
– John convida Allan Williams para ser o empresário dos Moondogs. Ele era o dono do Jacaranda Coffee Bar, em Slater Street, um ponto de encontro das bandas de Liverpool como Rory Storm & The Hurricanes, Derry Wilkie & The Seniors e outras. O bar apresentava shows ao vivo no minúsculo porão convertido em uma acanhada pista de dança. The Royal Caribbean Steel Band, amigos de Williams, era a banda da casa. Williams não ficou muito impressionado com The Moondogs, mas concordou em ser seu empresário.

A banda não estava satisfeita com seu nome e, certa noite, no apartamento de Stuart, em Gambier Street, ele e John pensaram em um novo nome, inspirados no filme *O Selvagem*, estrelado por Marlon Brando. Fala de Lee Marvin para Marlon Brando: "Você sabe que sinto sua falta. Desde que a gangue se separou, sinto sua falta". "Vocês sentiram falta dele?", perguntou para a gangue.
"Claro!", respondem.
Lee Marvin: "Todos sentimos sua falta", disse apontando para as garotas.

> "As **beetles** sentiram sua falta, **todas** as beetles sentiram **sua falta**. **Vamos lá,** Johnny, **você** e eu...".

Stuart sugeriu o nome "The Beetles", pelo duplo sentido da palavra, garotas motociclistas ou besouro, assim como o nome da banda Buddy Holly and The Crickets, críquete, o jogo e *crickets*, grilos. John, então, decidiu trocar o "e" por um "a" para criar um trocadilho com a palavra "beat", batida, ritmo.

Allan Williams não gostou do nome e sugeriu "Long John and The Silver Beatles". Cogitou-se, também, em "The Silver Beats", "Silver Beetles" e "Beatals".

5 de maio
– Por intermédio de Cass, do grupo Cass and The Cassanovas, Allan Williams consegue um baterista para o grupo, Tommy Moore, e permite que eles ensaiem no Jacaranda em troca de ajudarem no bar. Eventualmente, substituíam a banda The Royal Caribbean Steel Band, quando esta tirava a noite de folga.

10 de maio
– *Wyvern Social Club*. Procurando por bandas que aceitassem tocar por um cachê baixo, Larry Parnes, promotor de eventos de Londres, foi a Liverpool, para selecionar uma banda para acompanhar Billy Furry em sua turnê pelo norte da Inglaterra e da Escócia (Billy Furry era de Liverpool). O próprio Furry participou dos testes, assim como todos os grupos promissores de Liverpool. John retirou "Long John" do nome e a banda apresentou-se no teste como "The Silver Beatles".
O baterista Johnny "Hutch" Hutchinson do Cass and The Cassanovas substituiu Toomy Moore, que chegou atrasado. Larry Parnes achou que o grupo, à exceção de Tommy, tinha potencial e, após alguns dias, entrou em contato com Williams com uma proposta.

14 de maio
– *Lathom Hall, em Liverpool*. A banda, agora com o nome The Silver Beats, apresenta-se no show promovido por Brian Kelly ("Beekay"). A programação também incluía: Cliff Roberts & The Rockers, The Deltones e King Size Taylor & The Dominoes. Os Silver Beats não tinham sido anunciados como uma das atrações da noite, mas tocaram alguns números durante o intervalo, enquanto Brian Kelly os observava. Ele os contratou para se apresentar no sábado seguinte.

18 de maio
– A banda recebe uma proposta para acompanhar Johnny Gentle durante sua turnê de nove dias pela Escócia. Decidem, então, adotar nomes artísticos: Paul seria Paul Ramon; George, Carl Harrison (um tributo a Carl Perkins, compositor de "Blue Suede Shoes"); e Stu, Stuart Stael (em homenagem a um famoso pintor da época). O nome do quinteto seria The Silver Beatles. Tommy e George conseguiram dispensa do trabalho, John e Stuart faltaram às aulas, e Paul conseguiu convencer seu pai de que a viagem seria uma boa oportunidade para estudar para os exames de admissão no ensino superior.

20 de maio
– *Town Hall, em Alloa, Clackmannanshire* (turnê Johnny Gentle).

21 de maio
– *Northern Meeting Ballroom, Inverness*. "The Beat Ballad Show", com Ronnie Watt e The Chekkers Rock Dance Band. Enquanto as bandas de rock agitavam o público no salão superior, Lindsay Ross e seu grupo, The Famous Broadcasting Band, embalavam os casais ao som de ritmos tradicionais, no salão inferior (turnê Johnny Gentle). Enquanto isso, Brian Kelly anunciava a banda como atração da noite no Lathom Hall, em Liverpool, mas eles simplesmente não haviam se dado ao trabalho de informá-lo que estariam em turnê e não poderiam comparecer.

23 de maio
– *Dalrymple Hall, Aberdeen*. Johnny Gentle bate o carro a caminho do show. Tommy Moore sofre uma concussão, perde vários dentes e tem de ser levado ao hospital. Todavia, o gerente do *Dalrymple Hall* achou um absurdo a banda se apresentar sem um baterista e foi até o hospital – entrou como um furacão, arrancou Tommy de seu leito e o levou para o show (turnê Johnny Gentle).

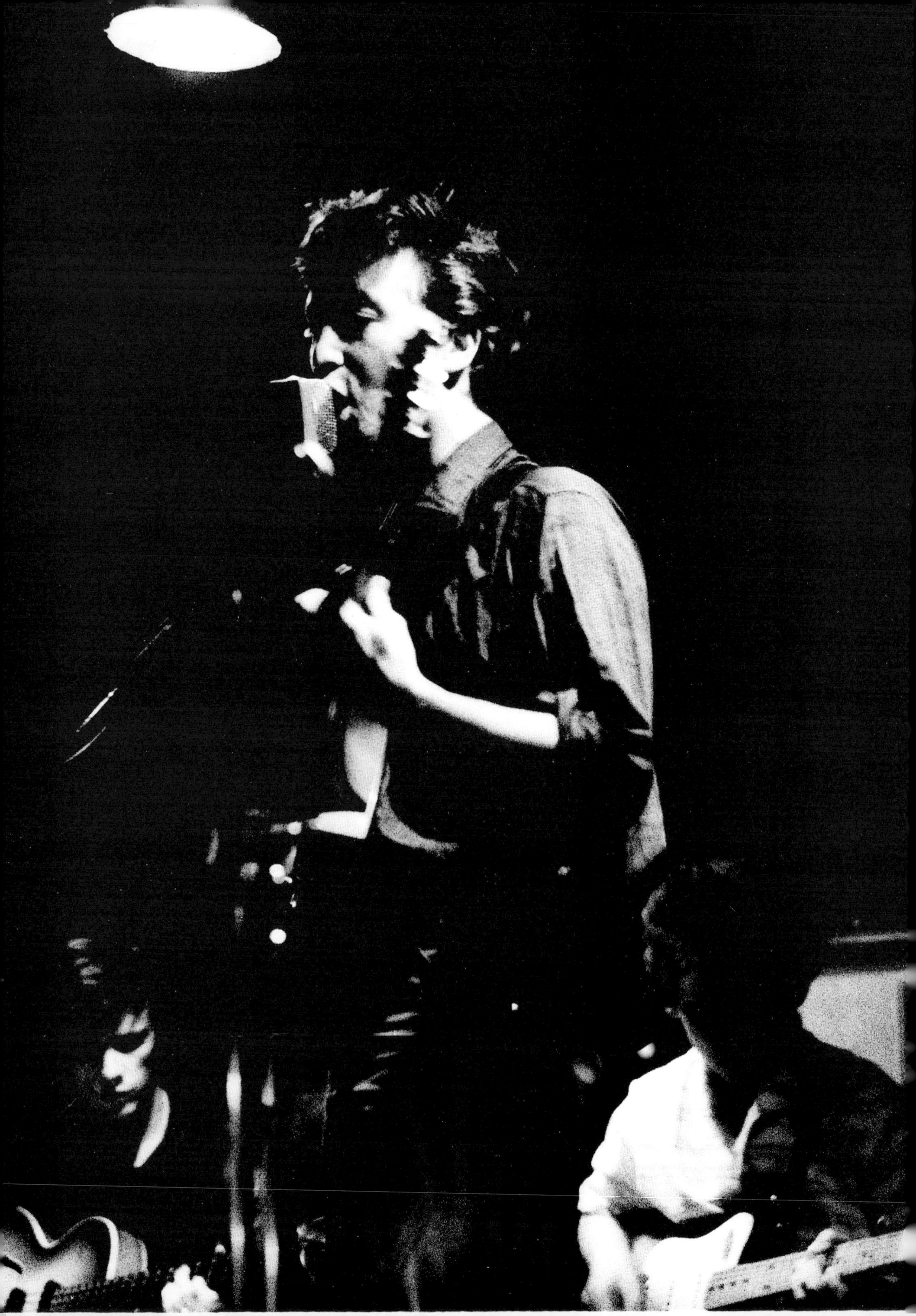

25 de maio
– *St Thomas' Hall, em Deith, Banffshire* (turnê Johnny Gentle).
26 de maio
– *Town Hall, em Forres, Morayshire* (turnê Johnny Gentle).
Como a turnê não estava indo bem, The Silver Beetles tiveram de fugir do hotel The Royal Station sem pagar a conta.
27 de maio
– *Regal Ballroom, em Nairne, Nairnshire* (turnê Johnny Gentle).
28 de maio
– *Rescue Hall, em Peterhead, Aberdeenshire* (último show da turnê Johnny Gentle).
29 de maio
– The Silver Beetles voltam para Liverpool cansados, exaustos e tão pobres quanto antes, mas haviam conseguido um trunfo – pôr o pé na estrada pela primeira vez como uma banda de rock'n'roll.
30 de maio
– *Jacaranda Coffee Bar, em Liverpool*. Allan Williams contrata The Silver Beetles para tocar nas noites de segunda-feira (caso não tivessem nenhum outro compromisso agendado), substituindo a banda The Royal Caribbean Steel Band. O cachê era Coca-Cola e torradas com feijão.
2 de junho
– *The Institute, em Neston, Wirral*. Evento promovido por Les Dodd, da Paramount Enterprises, e organizado por Williams, enquanto os rapazes estavam em turnê pela Escócia. Esse foi o primeiro dos shows apresentados nas noites de quinta-feira, nesse violento ponto de encontro. Durante uma das apresentações dos Silver Beetles, um rapaz de 16 anos foi espancado quase até a morte.
4 de junho
– *Grosvenor Ballroom, em Liscard*. "The Big Beat Nights", outro evento promovido por Les Dodd. Os "bailes selvagens" de sábado, eram, ainda, mais turbulentos que os shows no Institute.

6 de junho
– *Grosvenor Ballroom, Liscard*. Um show especial no feriado de pentecostes, ao som de jazz e rock. Pela primeira vez, The Silver Beatles dividiram o palco com Gerry and The Pacemakers.
9 de junho
– *The Institute, em Neston, Wirral*.
11 de junho
– *The Grosvenor Ballroom, em Liscard*. Outro sábado tumultuado. A banda estava sem baterista, desde que Tommy Moore se demitira, cansado dos comentários espirituosos de John e da pressão da namorada para conseguir um "emprego decente". John perguntou à plateia se alguém sabia tocar bateria e "Ronnie", o bêbado e sorridente líder de uma gang local de *teddy boys*, subiu ao palco e sentou-se à bateria de Moore – cujo crediário ainda estava sendo pago. Apesar de ser óbvio que Ronnie nunca havia tocado bateria, ninguém se atreveu a tirá-lo dali. Durante o intervalo, John telefonou para Allan Williams, que foi até o Grosvenor livrá-los dessa enrascada.
13 de junho
– *The Jacaranda*. Essa foi a última apresentação de Tommy Moore com o grupo, antes de voltar ao seu emprego de operador de empilhadeiras na empresa Garston. Agora, The Silver Beatles eram uma banda *beat*, sem baterista.
16 de junho
– *The Institute, em Neston, Wirral*.
18 de junho
– *The Grosvenor Ballroom, em Liscard*.
23 de junho
– *The Institute, em Neston, Wirral*.
25 de junho
– *The Grosvenor Ballroom, em Liscard*.
30 de junho
– *The Institute, em Neston, Wirral*.
Julho
– Sem baterista, nada restou ao Silver Beatles (o novo nome da banda), a não ser tocar no bar de *striptease* de Williams. No início de julho, Allan Williams e seu amigo "lorde Woodbine" abriram um bar de *striptease* ilegal, o New Cabaret

Página anterior: John, no palco em Hamburgo com Stuart (à esquerda) e George, outubro de 1960. Abaixo: Stuart, George, John e Tony Sheridan no palco em Hamburgo.

Artists Club, em Upper Parliament Street. Williams ofereceu à banda um cachê de 10 *shillings* por noite para tocarem durante o show da *stripper* Janice.

Paul: "John, George, Stu e eu costumávamos tocar em um bar de *striptease* em Upper Parliament Street, acompanhando a *stripper* Janice. Naquela época usávamos paletós lilás claro... roxos ou qualquer coisa do gênero. Bem, nós ficávamos atrás de Janice e, obviamente, olhávamos para ela... a plateia olhava para ela, todos olhavam para ela, isso era normal. No final de sua *performance*, ela simplesmente se virava e... Bem, éramos apenas jovens que nunca tinham visto nada igual e ficávamos vermelhos de vergonha... quatro rapazes vermelhos de vergonha.

Um dia, Janice nos mostrou algumas partituras para que as tocássemos em seu número – uma parte de Beethoven, outra de Spanish Fire Dance – e então dissemos,

'Desculpe, mas não sabemos ler partituras, podemos tocar 'The Harry Lime Cha-Cha', com nossos arranjos e...

em vez de Beethoven podemos tocar 'Moonglow' ou 'September Song' – a escolha é sua... Ah! E, em vez de 'Sabre Dance', tocaremos 'Ramrod'. E foi isso que aconteceu e ela ficou bem satisfeita. O clube de *striptease* não foi um capítulo importante de nossas vidas, mas foi interessante".

– De acordo com Williams, eles fizeram duas apresentações por noite durante uma semana, com Paul na bateria.

2 de julho
– The Grosvenor Ballroom, em Liscard. Durante uma visita a Liverpool em um fim de semana de folga, Johnny Gentle foi ao Jacaranda para encontrar sua antiga banda. Williams disse-lhe que eles estavam se apresentando no *The Grosvenor Ballroom* e o cantor e seu pai foram até lá. Gentle subiu no palco e cantou algumas músicas com os rapazes.

7 de julho
– The Institute, em Wirral.

9 de julho
– The Grosvenor Ballroom, em Liscard.

16 de julho
– The Grosvenor Ballroom, em Liscard.

23 de julho
– The Grosvenor Ballroom, em Liscard.

30 de julho
– The Grosvenor Ballroom, em Liscard. O aspirante a baterista Norman Chapman trabalhava em frente ao Jacaranda como moldureiro e ensaiava em seu escritório à noite, após os funcionários irem embora. Numa noite, ouvindo o som da bateria, Alan Williams foi até a loja de Chapman e o convenceu a tocar com The Silver Beatles. Após participar de três shows da banda no The Grosvenor, Chapman foi convocado a prestar dois anos de serviço militar.

– No final de julho, The Grosvenor havia se tornado um local tão violento que moradores da vizinhança prestaram queixa ao proprietário da casa, o Conselho Administrativo de Wallasey. Como resultado, o restante da temporada de shows foi cancelado e, em seu lugar, voltaram os antigos bailes de dança de salão.

Foi em uma briga dos valentões *teddy boys* no *Grosvenor* que Stuart Sutcliffe apanhou até ficar inconsciente e foi salvo por Pete Best e John Lennon. Os ferimentos sofridos provavelmente causaram o coágulo no cérebro que, posteriormente, o levaria à morte.

2 de agosto
– Os negócios iam tão bem para Bruno Koschmider no *Kaiserkeller*, seu clube de música em Hamburgo, que ele decidiu reverter seu bar de *striptease*, próximo ao *Kaiserkeller*, em um clube de música. Ele escreveu para Allan Williams, perguntando se ele não poderia indicar uma banda para tocar na nova casa e Williams convidou The Silver Beatles, contanto que conseguissem um baterista.

6 de agosto
– Como as apresentações de sábado no *Grosvenor* haviam sido canceladas, a trupe foi ao *Casbah Coffee Club* de Mona Best. Pete, filho de Mona, com uma bateria novinha em folha, tocava com o trio The Blackjacks, que estava se separando. Os Beatles, sem perda de tempo, perguntaram a Pete se ele não gostaria de tocar com eles em Hamburgo. O teste foi marcado para o sábado seguinte.

12 de agosto
– John, Paul e George participaram do teste de Pete para ser o baterista da banda e ir para Hamburgo. Como Pete era a única esperança de conseguirem um baterista e, consequentemente, o contrato, ele passou no teste. O grupo mudou seu nome para The Beatles, pouco

---

A Conexão Hamburgo

The Royal Caribbean Steel Band aceitou um convite para se apresentar em um clube de Hamburgo no final de junho; certa noite, sem informar Allan Williams, o dono do Jacaranda, simplesmente a banda não apareceu para tocar. Pouco depois, os músicos, entusiasmados, escreveram para Williams dizendo que havia um mercado muito bom para bandas britânicas em Hamburgo e insistiram para que ele fosse até lá. Williams, sempre a procura de novas oportunidades, foi para Hamburgo com seu amigo lorde Woodbine, onde conheceu Bruno Koschmider, dono do Kaiserkeller. Como contratar bandas de rock'n'roll americanas era muito caro, Koschminder ficou maravilhado ao saber que poderia contratar grupos de rock britânicos a um custo mais baixo. No final de julho, Williams enviou a Hamburgo um dos grupos que empresariava, o Derry & The Seniors, para uma temporada no Kaiserkeller.

antes de partirem para a temporada em Hamburgo.

Pete Best: "Há alguns anos, costumava acompanhar várias bandas no The Casbah, em Heyman's Green, além de tocar com o trio The Blackjacks. Os Beatles se apresentavam no bar e foi lá que os conheci. Estavam fazendo um teste para baterista no Wyvern Club (hoje conhecido como Blue Angel), em Seel Street, e me convidaram para participar. Precisavam desesperadamente de um baterista, pois partiriam para a Alemanha em poucos dias.

Eles me convidaram para fazer parte do grupo e, dois dias depois, estávamos em Hamburgo...".

16 de agosto
– Os Beatles, Allan Williams e sua mulher, acompanhada do irmão e lorde Woodbine, partem de Liverpool rumo a Hamburgo na velha perua Austin, de Williams. Pararam em Londres para pegar mais um passageiro, o austríaco Herr Steiner, que trabalhava no bar Heaven & Hell, em Old Compton Street, e serviria de intérprete de Koschminder. A próxima parada da trupe seria em Harwick, para pegar a balsa para Hook, na Holanda.

17 de agosto
– Os Beatles e "companhia" chegam a Hamburgo no começo da noite.
– O contrato entre Alan Williams, da Jacaranda Enterprises, e Bruno Koschminder é assinado, de acordo

Entulhada com o equipamento dos Beatles, a perua de Allan Williams, uma Austin verde e creme, é içada até ser colocada a bordo da balsa de Harwick a Hook, na Holanda, a caminho de Hamburgo, em 16 de agosto de 1960. Na página seguinte: Os Beatles param a viagem, a fim de posar para uma foto em frente do memorial dos mortos da Segunda Guerra, em Arnhem. Da esquerda para a direita: Allan Williams; sua mulher, Beryl, seu amigo "lorde Woodbine"; Stuart Sutcliffe; Paul; George e Pete Best. John permaneceu na van.

com o qual a banda The Beatles, com cinco integrantes, receberia 30 marcos por dia de trabalho.

O grupo começou a se apresentar imediatamente no clube Indra, em Grosse Freiheit, n. 58. Deveriam tocar sete noites por semana, das 20h às 21h; das 22h às 23h; das 23h às 24h; e da 1h às 2h. Aos sábados faziam a primeira apresentação das 19h às 20h; depois tocavam das 21h às 22h; das 22h às 23h; das 24h à 1h; e da 1h às 3h. Aos domingos, começavam à tarde, apresentando-se das 17h às 18h; das 18h30 às 19h30; das 20h às 21h; das 21h30 às 22h30; das 23h às 24h; e das 24h30 à 1h30.

Paul:
"Você aumenta **tanto** o giro **motor**, que depois é só largar e **deixar ir**.

Em Hamburgo, normalmente, nos apresentávamos durante oito horas por dia! Tocando tanto assim, no mínimo, você descobre novas harmonias. Portanto, tentávamos nunca repetir nenhuma música, mesmo quando ficávamos no palco durante oito horas. Essa era nossa meta, pois de outra forma enlouqueceríamos. Assim, aprendemos milhões de canções, apesar de algumas se resumirem a meia hora de 'Dum-da-dum-da-dum-da-dum'! Para nos divertir, anunciávamos, bem alto, uma música cujo título os alemães não entendessem, como 'Knickers'. Por fim, acabamos montando um repertório e tanto".

George: "Quando pensamos em tudo que vivemos, chegamos à conclusão de que as raízes de nossa música estão na Alemanha. Foi onde aprendemos a tocar por horas a fio, sem perder o ritmo, mesmo que estivéssemos a ponto de não mais sentir os braços e as pernas.

Claro que somos de Liverpool, onde há centenas de grupos R & B, *Rhythm & Blues,* mas não nos ouvirão alardeando que somos uma banda típica de Liverpool, simplesmente, por ser uma forma fácil de explicar nosso estilo".

Antes de Hamburgo, apenas John e Paul faziam os vocais, contudo, por causa das apresentações de até oito horas, George teve de compartilhar a tarefa. Portanto, quando voltaram a Liverpool, a banda contava com três vocalistas.

'Hamburgo **delira**, batendo os pés e **gritando**', mas música **é mais** do que **isso**. Foi nosso **trabalho**, em vários palcos alemães, que definiu nosso **ritmo**".

Paul: "Hamburgo foi um bom aprendizado sobre como divulgar a banda – assim que alguns estudantes apareciam na porta do clube, começávamos a tocar alguma música que os atraísse. Quanto maior o público, maior o cachê. Essa casa chamava-se Indra – Índia, em alemão. Ficávamos de olho nas outras bandas e, quando eles tocavam algo interessante, acrescentávamos ao nosso repertório, assim que eles fossem embora de Hamburgo. Bem, é assim que funciona, não é? Gostávamos de ouvir Tony Sheridan, ele era um pouco mais velho e tocava blues bem melancólicos".

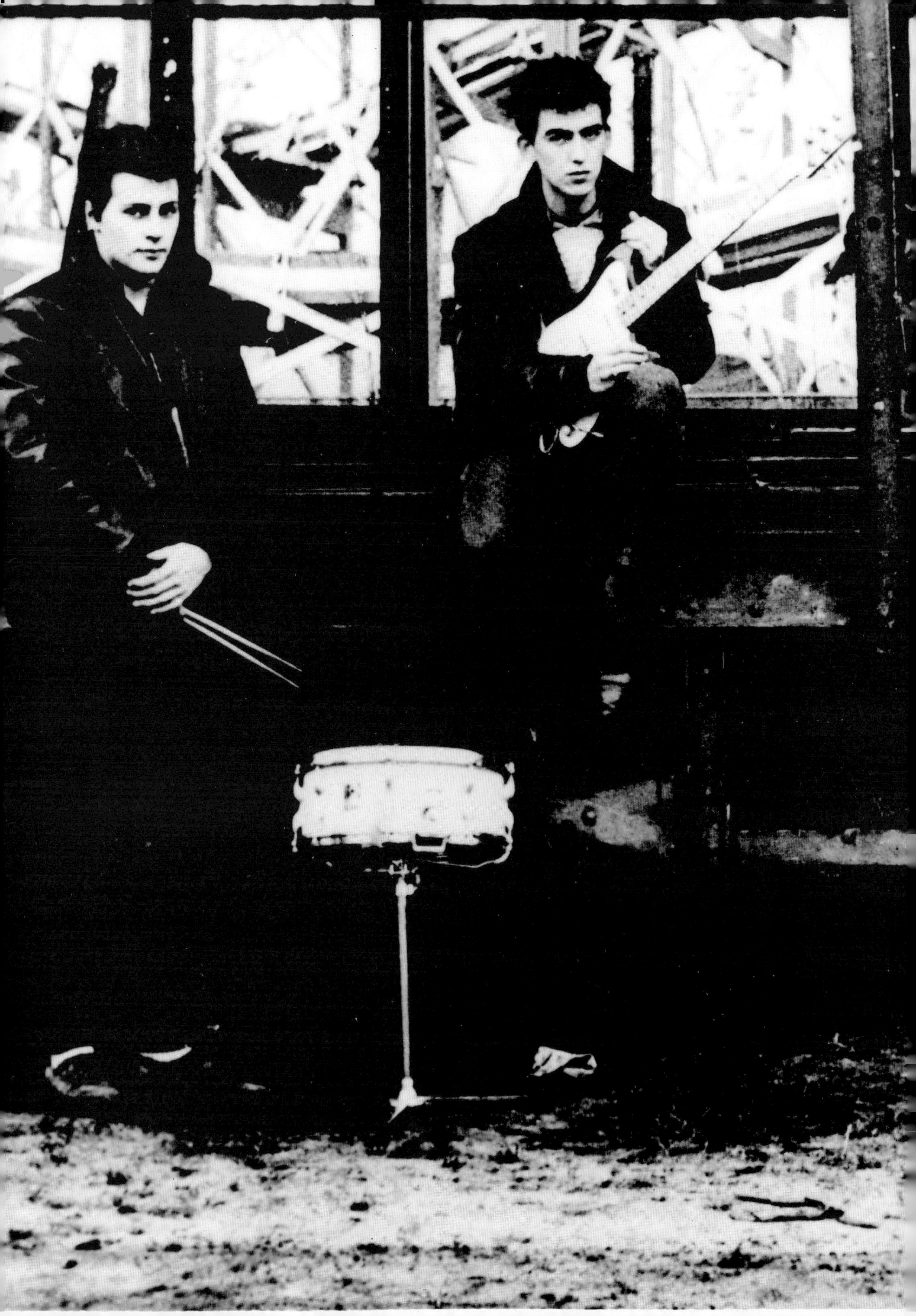

A mais famosa imagem dos Beatles no começo da carreira: Pete Best, George, John, Paul e Stuart Sutcliffe em um parque de diversões, o der Dom, em Hamburgo. Foto de Astrid Kirchherr.

Os Beatles com suas jaquetas de couro, em Hamburgo. Paul no piano, Pete Best na bateria, Stuart Sutcliffe no baixo Hofner President, George na guitarra Futurama III e John na sua primeira guitarra Rickenbacker.

Os Beatles se dão bem com Tony Sheridan e seu grupo, The Jets. Paul e Iain Hines, o tecladista da banda, costumavam sair com duas garçonetes de Hamburgo. A garota de Paul chamava-se Liane. Iain: **"Todas as noites, depois de tocarmos, Liane nos apanhava em seu pequeno Volkswagen e íamos a seu apartamento para tomar café e ouvir música. Enquanto ela preparava hambúrgueres e café, Paul e eu curtíamos Elvis e The Everly Brothers".** Ela ia buscá-los no bar por volta das 4h.

Quando os Beatles chegaram ao Indra estavam completamente sem dinheiro. Rosa, a faxineira, deu-lhes alguns marcos para que pudessem comer bolinhos de batata, sucrilhos e canja de galinha no Harold's café, em frente ao clube. Ela também lavava suas camisas e meias, dava-lhes chocolate e, durante algum tempo, Paul morou na casinha que ela tinha nas docas.

Rosa: **"Lembro-me de quando Paul tocava guitarra no telhado de casa. As pessoas gritavam em alemão, mas ele não as entendia. Estivadores corpulentos apareciam só para escutá-lo. Era bem interessante. Eles não eram uma plateia fácil e não entendiam o que Paul tocava, mas gostavam dele".**

Os Beatles se instalaram em dois cômodos nos fundos do Bambi-Filmkunsttheater, um cinema desativado, cujos banheiros usavam para se lavar. Como não havia cozinha, costumavam ir ao British Sailors' Society, onde Mr. Hawk, o gerente, dava-lhes sucrilho e leite.

1 – 30 de setembro
– Indra Club, em Grosse Freiheit, Hamburgo.

Paul: **"Nossa primeira temporada em Hamburgo durou quatro meses e meio. A cidade lembra Blackpool, um centro turístico da Inglaterra (pesquisado) só que maior, com casas de *striptease* em vez de museus de cera; milhares de clubes de *striptease*, bares e espeluncas para encontros casuais, não muito pitorescos. Não foi nada fácil, mas curtimos essa época de loucuras. O cachê não era fabuloso, as acomodações não eram boas e tínhamos de tocar por horas e horas".**

1– 3 de outubro
– Indra, em Grosse Freiheit, Hamburgo.

4 de outubro
– Em virtude da pressão policial causada principalmente por reclamações de uma senhorinha que morava na parte de cima do Indra, Bruno Koschmider para de usar o clube para shows de música e traz de volta as *strippers*. Então, após 48 dias apresentando-se no Indra, os Beatles vão para uma casa muito maior, o Kaiserkeller, em Grosse Freiheit, n. 36. Eles dividem o palco com a banda Rory Storm & The Hurricanes, que chegara a Hamburgo três dias antes, após uma temporada de shows na colônia de férias Butlin. Ringo Starr era o baterista.

10 de outubro
– Allan Williams volta para Hamburgo para ver como as coisas estão. Uma vez que o palco do Kaiserkeller era muito maior que o do Indra, os Beatles em cena mais pareciam bonecos. Koschmider reclamava e Williams berrava, "Rapazes, façam um show!", incentivando-os a se movimentar. Koschminder, que não falava uma palavra em inglês, começou também a berrar: "*Mach schau*!" (Façam o show!), o que se tornou uma "senha"; todas as vezes que a banda diminuía o ritmo ou parecia cansada, Koschminder gritava "*Mach schau!*".

O show deles se transforma: primeiramente John, depois os outros começam a jogar os microfones e os instrumentos pelo palco, além de fumarem, beberem e, algumas vezes, até brigarem durante os shows. Em uma das apresentações, John apareceu vestindo somente uma cueca com o assento de um vaso sanitário ao redor do pescoço. Eles pintavam suásticas em antigos capacetes do exército alemão, imitavam o famoso "passo de ganso" dos nazistas, cumprimentavam a plateia com a saudação ilegal de Hitler e gritavam:

"Batam palmas, nazistas desgraçados".

O público adorava. Insultar a clientela deu tão certo que mais e mais pessoas vinham assistir aos shows. Durante grande parte do tempo, os rapazes – à exceção de Pete – estavam bêbados ou sob o efeito de benzedrina, a única forma de conseguirem dar conta das duas últimas apresentações da noite. O público, que era realmente barra-pesada, oferecia-lhes engradados de cerveja e preludin; e não seria nada sensato recusar esses "presentes". Os Beatles e os Rory Storm fizeram uma aposta para ver qual banda seria a primeira a destruir o palco do Kaiserkeller, que já estava em péssimas condições. O Rory Storm ganhou a disputa durante uma *performance* animada de "Blue Suede Shoes" e, Koschminder, indignado, multou o grupo em 65 marcos pelo estrago.

15 de outubro
– O contrato dos Beatles é renovado até 31 de dezembro. Koschminder estava ganhando um bom dinheiro com a banda.

Basicamente, o público era composto de gangues da pesada, pessoas ligadas à indústria do sexo, roqueiros, motoqueiros e marinheiros. Então, um dia, atraído pelo som de Rory & The Hurricanes, Klaus Voorman, um estudante de arte, entrou no clube. Ele era um "exi" – um existencialista, inimigo jurado dos roqueiros e motoqueiros, e sentiu-se um pouco apreensivo de entrar em território hostil, mas, ao assistir aos Beatles, ficou tão empolgado que voltou ao clube no dia seguinte com sua namorada, a fotógrafa Astrid Kirchherr. Ela viria a se tornar a companheira de Stuart e tiraria algumas das mais famosas fotos dos Beatles no início de carreira. Stu era considerado o mais atraente membro da banda, mas ainda não sabia tocar o baixo, preferindo fazer pose com seu jeito melancólico, o que causou um grande mal-estar entre o grupo. Paul falou com John, e ambos falaram com Stuart. John sentia-se dividido entre a amizade e o desejo de que o grupo fizesse sucesso e sabia que Paul estava certo – enquanto Stuart fosse o baixista, nunca seriam uma banda de qualidade.

Paul: "O problema era que Stu não sabia tocar baixo. Tínhamos que cortá-lo das fotos, pois estava em Fá sustenido, enquanto todos os outros estavam em Sol. Em uma de nossas apresentações em Hamburgo, Stu e eu brigamos, praticamente nos 'agarramos pelos colarinhos', sem conseguirmos nos soltar um do outro.

> O que me preocupava era a **qualidade musical**, queria que evoluíssemos **musicalmente**, mas isso **não** acontecia. **Pete Best** também era um problema".

16 de outubro
– Walter Eymond, vocalista e baixista do Hurricanes, faz uma gravação amadora de "Summertime" no Akustik, um pequeno estúdio perto da estação de trem, onde mensagens para a família e para os amigos podiam ser gravadas em discos de 78 rotações. O nome artístico de Eymond era Lou Walters, mas todos o chamavam de Wally. A banda convidada foi composta por Ringo, também do Hurricanes; John, Paul e George, dos Beatles. Stuart só pode assisti-los; portanto, essa foi a primeira vez que John, Paul, Ringo e George, os futuros Fab Four, tocaram juntos em um disco. Wally e Ringo também gravaram "Fever" e "September Song". Nove cópias de "Summertime" em 78 rotações foram prensadas, mas apenas uma sobreviveu.

1º-30 de novembro
– *Kaisekeller, em Grosse Freiheit, Hamburgo.*

Paul: "Certa noite, tocamos no Top Ten Club e todos os clientes do Kaiserkeller foram nos assistir. Como o Top Ten era um clube muito melhor, decidimos aceitar a proposta do empresário para nos apresentarmos lá. Obviamente, Koschminder, do Kaiserkeller, não gostou da ideia. Logo, quando na véspera de nossa última apresentação queimamos, acidentalmente, um pedaço de um cordão que pendia de uma velha parede de pedra no corredor do bar. Ele não hesitou em chamar a polícia. 'Muito obrigado, mas podem ir embora. Não queremos que

John em Hamburgo.

incendeiem nossas casas'. Isso foi realmente, engraçado, pois mesmo se tivéssemos galões de gasolina não poderíamos ter incendiado o bar – ele era feito de pedra.

Foi publicada uma matéria sobre o grupo em uma revista alemã. Não entendi uma palavra, mas havia uma grande foto da banda na página central. No mesmo artigo havia uma foto de um negro sul-africano derrubando uma floresta. Até hoje não sei o que aquilo tem a ver conosco, mas suponho que deva ter algum significado".

1º de novembro
– Bruno Koschminder cancela o contrato com os Beatles. O aviso-prévio dizia: "Por meio deste, eu, abaixo-assinado, notifico o sr. George Harrison e a Banda os Beatles que a partir do dia 30 de novembro de 1960 não se apresentarão mais no Kaiserkeller. Esta notificação é dirigida aos supramencionados por ordem judicial das autoridades públicas que descobriram que o senhor George Harrison tem apenas 17 anos de idade".

21 de novembro
– George é deportado da Alemanha por ser jovem demais para trabalhar em *nightclubs*.

22 de novembro
– Apesar da perda de seu guitarrista principal, os Beatles têm de continuar tocando no Kaiserkeller até o final do aviso-prévio. A banda se apresentava nos seguintes horários: das 19h30 às 21h, das 21h30 às 23h, das 23h30 à 1h, da 1h30 às 2h30: dez horas no palco, sete dias por semana.

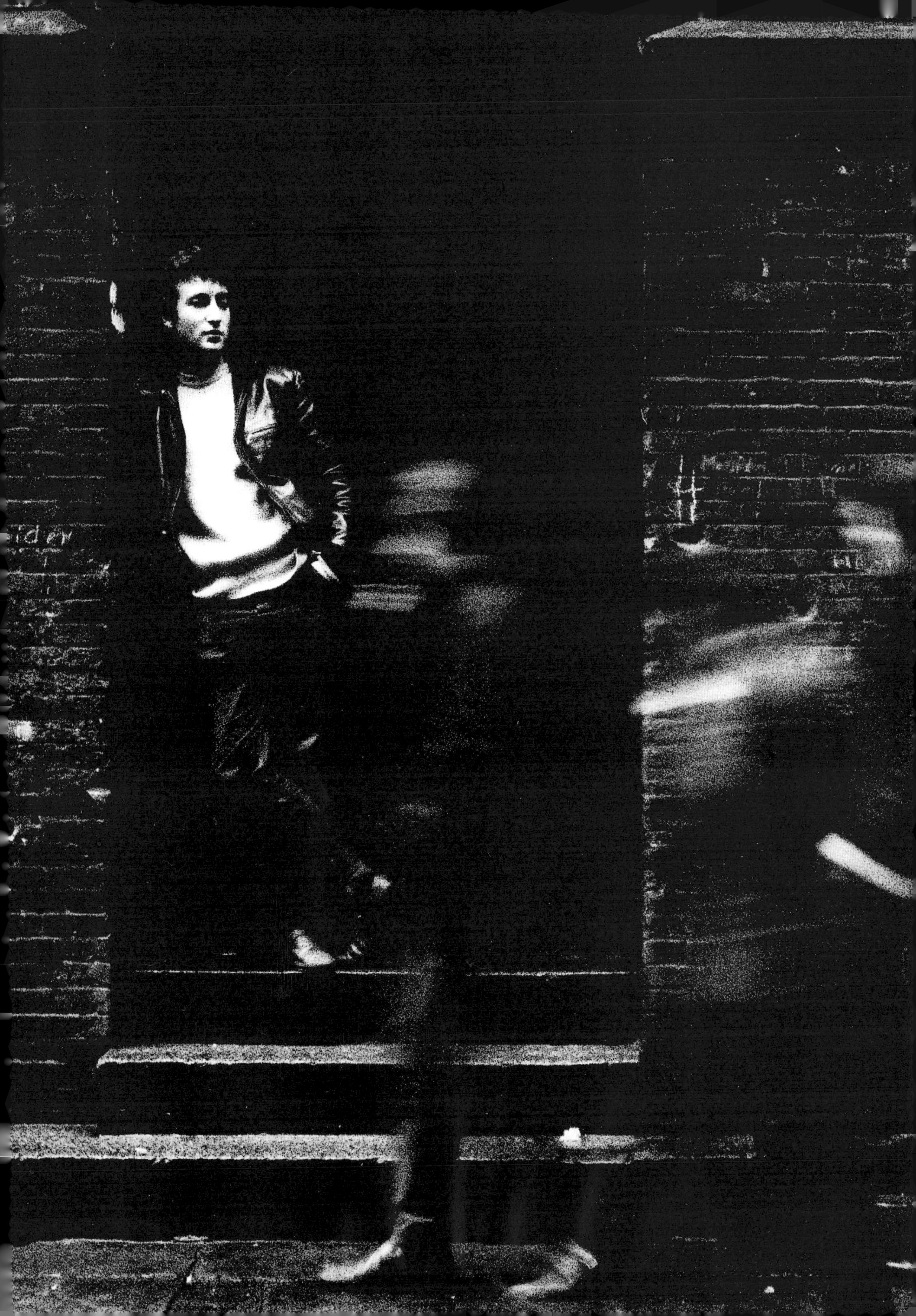

29 de novembro
– Durante a mudança para o sótão do Top Ten, Pete e Paul vão ao cinema Bambi-Filmkunsttheater buscar o restante de suas roupas, e, acidentalmente, incendiaram o quarto, pois, como estava escuro, colocam fogo em um preservativo para poder enxergar melhor. Apesar de não ter ocorrido nenhum grande dano, além de uma marca na parede, Koschminder presta queixa. Como consequência, os dois Beatles são presos e deportados por incêndio criminoso.

Peter Eckhorn: "Eles estavam trabalhando no Kaiserkeller, mas, como não gostavam do local, me procuraram e perguntaram se não teria trabalho para eles no Top Ten. Para mostrar do que eram capazes, tocaram algumas músicas. Gostei deles e disse que lhes daria emprego. Porém, antes que pudesse contratá-los, os donos do Kaiserkeller prestaram queixa à polícia contra os rapazes, dizendo que haviam tentado colocar fogo no clube! Claro que não era verdade, mas a queixa teve o resultado desejado: os Beatles foram deportados e demoraram sete meses para poder voltar a Hamburgo, quando tocaram no clube durante três meses e fizeram bastante sucesso, não tanto pela qualidade musical, praticamente a mesma de outras bandas, mas por sua personalidade. Nenhum deles sobressaía – todos eram adorados".

30 de novembro
– Os Beatles fazem um acordo verbal com Peter Eckron para uma temporada no Top Ten Club em abril, contanto que eles resolvessem os problemas da banda com a imigração.

Acima, os Beatles no Top Ten Club.
Na página anterior: John na porta de entrada de uma casa em Hamburgo, em 1960. Essa foto viria a ser utilizada em um álbum de clássicos do rock em feveiro de 1975.

– Tony Sheridan, Iain Hines e os Beatles fazem uma *jam session* no Top Ten, cujo ponto alto é uma versão de "What'd I Say", que dura 70 minutos.

Neil Aspinall

Quando Brian Kelly marcou 36 shows da banda em três meses, os Beatles decidiram contratar um roadie permanente. Neil Aspinall era um estudante de contabilidade, que morava com os pais de Pete e os auxiliara a administrar o Casbah Club, enquanto Pete esteve em Hamburgo. Quando os rapazes voltaram de Hamburgo, Neil os ajudou carregando o equipamento nos shows no Litherland Town Hall e no Casbah, a fim de conseguir um extra em seu salário de 50 shillings por semana. Os Beatles, então, convidaram-no para ser o roadie da banda. Ele abandonou os estudos, comprou uma perua Commer por 80 libras, começou a trabalhar com eles e nunca mais parou.

Neil nasceu em 13 de outubro de 1941 em Prestatyn, para onde sua mãe fora levada durante os ataques alemães a Liverpool. Na época, seu pai estava na Marinha. Em 1942, com o final dos bombardeios, a família retornou a Liverpool. Neil estudou em West Derby School, passou no exame para admissão no ensino secundário e ingressou no Liverpool Institute, onde teve aulas de arte e inglês com Paul. Apesar de George ser um ano mais novo, logo se conheceram.

Neil: "George e eu nos conhecemos atrás dos abrigos antiaéreos. Um dia, um cara com uma grande cabeleira desgrenhada e uma voz arfante pediu uma tragada do meu Woodbine. Era uma das primeiras vezes que fumávamos. Tossimos à beça, mas foi delicioso. Depois disso, nós três fizemos várias coisas ridículas juntos. Quando chegou a hora dos exames para o ensino superior, o GCE, John Lennon já fazia parte de nossa gangue, os 'Mad Lad'. Ele estava no primeiro período letivo do Liverpool College Institute, de onde se podia avistar o pátio de nossa escola e, na hora do almoço, normalmente nos reuníamos em alguma cafeteria".

Neil prestou nove GCEs, passando em todas as provas, exceto em francês. Ele continuou estudando no Institute até se empregar em uma firma de contabilidade, onde trabalhou até ser contratado pelos Beatles em dezembro de 1960.

1º de dezembro
– Paul e Pete chegam à Inglaterra, depois de terem sido deportados da Alemanha.

10 de dezembro
– John volta de trem para a Inglaterra e Stuart resolve ficar em Hamburgo com Astrid, o que foi extremamente oportuno para a banda, pois não precisavam mais se preocupar com sua demissão.

15 de dezembro
– Quatro dias depois de ter chegado à Inglaterra, sem um tostão e deprimido, John entra em contato com Paul, George e Pete.

17 de dezembro
– *Casbah Coffee Club, em West Derby, Liverpool*. Como Stuart ainda estava em Hamburgo, Pete Best chama Chas Newby, antigo guitarrista base do Blackjacks, para tocar baixo.

24 de dezembro
– *Grosvenor Ballroom, em Liscard*. Com Derry & The Seniors. Os bailes de rock do clube recomeçam, agora sob a supervisão da Wallasey Corporation.

27 de dezembro
– *Litherland Town Hall*. Show "Welcome Home", agendado por Bob Wooler e Brian Kelly (que já havia perdoado os rapazes por não terem aparecido para tocar no evento de 21 de maio). Os Beatles, anunciados como "vindos diretamente de Hamburgo", apresentam-se como na Alemanha, enlouquecendo a plateia jovem. Em seguida, Brian Kelly os contrata para 36 shows com o cachê entre 6 a 8 libras por apresentação – valor nunca antes conseguido por nenhum agente.

John: "Tocamos durante algum tempo pelos clubes de Liverpool, sem conseguir nada, procurávamos um trabalho. Os outros músicos sempre nos diziam, 'Vai dar tudo certo, vocês vão acabar arrumando alguma coisa'. Aí, fomos para Hamburgo.

E quando voltamos, éramos o máximo. Imagine só, 70% do público achavam que éramos uma famosa banda alemã, mas não dávamos a mínima... Até as pessoas de Liverpool não sabiam que éramos de lá. Pensavam que éramos de Hamburgo. E ainda diziam, 'Nossa, como eles falam bem inglês!'. Claro que sim, éramos ingleses. Essa foi a primeira vez que fomos aplaudidos".

31 de dezembro
– *Casbah Coffee Club, em West Derby, Liverpool*. Última apresentação de Chas Newby com os Beatles antes de voltar para a faculdade.

1961

Janeiro
– Como Chas Newby volta para a faculdade, a banda fica sem baixista. John tenta convencer George a assumir o baixo, mas ele se recusa veementemente. Resta a Paul, que já havia tocado como guitarra base e tecladista, incumbir-se da tarefa. Ele monta um instrumento com uma guitarra modelo Solid 7 e três cordas de piano. O resultado não é muito satisfatório, mas, ainda assim, soa melhor que Stuart.
– Após o show *"Welcome Home"*, Bob Wooler começou a promover o grupo, incentivando outros agentes a fazer o mesmo. Normalmente, Wooler era o apresentador dos shows, tornando-os o mais emocionante possível. A banda entrava no palco ao som de *"William Tell Overture"* ou começava a tocar antes que as cortinas se abrissem. As garotas berravam, corriam até o palco, principalmente por causa de Pete Best que, em uma ocasião, foi carregado para a plateia. Era o início da Beatlemania.

5 de janeiro
– Litherland Town Hall. O primeiro compromisso da banda marcado por Brian Kelly (Beekay). Ringo Starr, que acabara de retornar de Hamburgo, estava na plateia.

6 de janeiro
– St John's Hall, em Bootle, Lancashire.

7 de janeiro
– Aintree Institute, em Liverpool.
– Lathom Hall, em Seaforth, Liverpool. (ambos os eventos foram promovidos por Brian Kelly).

13 de janeiro
– Aintree Institute, em Liverpool.

14 de janeiro
– Aintree Institute, em Liverpool.

15 de janeiro
– Casbah Coffee Club, em West Derby, Liverpool.

18 de janeiro
– Aintree Institute, em Liverpool.

19 de janeiro
– Alexandra Hall, em Crosby, Liverpool.

20 de janeiro
– Lathom Hall, em Seaforth.

21 de janeiro
– Lathom Hall, em Seaforth.
– Aintree Institute, em Liverpool.

25 de janeiro
– Hambleton Hall, em Huyton, Liverpool. Com Derry & The Seniors e Faron & The Tempest Tornadoes.

26 de janeiro
– Litherland Town Hall.

27 de janeiro
– Aintree Institute, em Liverpool.

28 de janeiro
– Lathom Hall, em Seaforth.
– Aintree Institute, em Liverpool.

29 de janeiro
– Casbah Coffee Club, em West Derby, Liverpool.

30 de janeiro
– Lathom Hall, em Seaforth.

1º de fevereiro
– Hambleton Hall, em Huyton, Liverpool.

2 de fevereiro
– Litherland Town Hall.

3 de fevereiro
– St John's Hall, em Bootle, Lancashire.

4 de fevereiro
– Lathom Hall, em Seaforth.

5 de fevereiro
– Blair Hall, em Walton, Liverpool.

6 de fevereiro
– Lathom Hall, em Seaforth.

7 de fevereiro
– Merseyside Civil Services Club, em Liverpool.

8 de fevereiro
– Aintree Institute, em Liverpool.
– Hambleton Hall, em Huyton, Liverpool.

9 de fevereiro
– The Cavern (horário do almoço).

10 de fevereiro
– Aintree Institute, em Liverpool.
– Lathom Hall, em Seaforth.

11 de fevereiro
– Lathom Hall, em Seaforth.
– Cassanova Club, Sampson & Barlow's New Ballroom, em Liverpool. Primeiro compromisso da banda organizado pelo agente Sam Leach.

12 de fevereiro
– Casbah Coffee Club, em West Derby, Liverpool.

14 de fevereiro
– Cassanova Club, Sampson & Barlow's New Ballroom, em Liverpool.
– Litherland Town Hall. Um especial do Dia dos Namorados com os Beatles e Ray & The Del Renas, acompanhados por Joan. Paul cantou "Wooden Heart", de Elvis, usando um coração de cetim vermelho com

---

The Cavern

Em 9 de fevereiro, foi a primeira vez que a banda se apresentou com o nome The Beatles, no The Cavern. O nome do clube ficaria para sempre associado ao da banda. Como o show seria no horário do almoço e não havia sido anunciado, George chegou vestindo jeans, o que era proibido no clube. Felizmente, um dos leões de chácara, Paddy Delaney, sabia que ele era um dos integrantes da banda. Apesar de pequeno – um salão com três arcos, cuja distância entre eles era de apenas cinco cadeiras – e abafado, era um dos poucos clubes onde não havia brigas na plateia, sempre lotada. John tocara pela primeira vez no The Cavern em agosto de 1957, com The Quarrymen, sua banda de *skiffle*, ritmo considerado uma vertente do jazz.

George no The Cavern com sua nova guitarra Gretsch.

o nome da banda no paletó. O coração foi rifado e, quando a vencedora foi receber seu prêmio e um beijo de Paul, o palco foi invadido por fãs tão histéricas que a banda teve de ser resgatada por leões de chácara.

15 de fevereiro
– Aintree Institute, em Liverpool.
– Hambleton Hall, em Huyton, Liverpool.

16 de fevereiro
– Cassanova Club, Sampson & Barlow's New Ballroom, em Liverpool.
– Litherland Town Hall.

17 de fevereiro
– St John's Hall, em Tuebrook, Liverpool. Mona Best, mãe de Pete Best, promove esse show, além de várias outras apresentações nessa fase da banda. Acreditava-se que ela tinha planos de ser empresária do grupo.

18 de fevereiro
– Aintree Institute, em Liverpool.

19 de fevereiro
– Casbah Coffee Club, em West Derby, Liverpool.

21 de fevereiro
– The Cavern (horário do almoço).
– Cassanova Club, Sampson & Barlow's New Ballroom, em Liverpool.
– Litherland Town Hall.

22 de fevereiro
– Aintree Institute, em Liverpool.
– Hambleton Hall, em Huyton, Liverpool.

24 de fevereiro
– Grosvenor Ballroom, em Liscard.

25 de fevereiro
– Aintree Institute, em Liverpool.
– Lathom Hall, em Seaforth.

26 de fevereiro
– Casbah Coffee Club, em West Derby, Liverpool.

28 de fevereiro
– The Cavern (horário do almoço).
– Cassanova Club, Sampson & Barlow's New Ballroom, em Liverpool.
– Litherland Town Hall.
– No final de fevereiro, Stuart Sutcliffe volta a Liverpool para visitar os pais, mas parte depois de duas semanas.

1º de março
– Aintree Institute, em Liverpool.

2 de março
– Litherland Town Hall.
– Alan Williams, da Jacaranda Enterprises, e Peter Eckhron, dono do Top Ten Club, em Hamburgo, assinam um contrato para uma turnê dos Beatles. A banda deveria tocar sete dias por semana e cada integrante receberia 40 marcos por noite. A comissão de Williams foi de 10 libras por semana, deduzidas do salário dos Beatles e depositadas em seu nome no Commerz Bank, em Hamburgo. Os shows eram à noite, de segunda à sexta, das 19h às 2h; aos sábados, das 19h às 3h; e aos domingos, das 18h à 1h. De acordo com o contrato, após cada hora de apresentação, haveria um intervalo de pelo menos 15 minutos.

3 de março
– St John's Hall, em Bootle, Lancashire.

4 de março
– Aintree Institute, em Liverpool.

Ringo com Rory Storm and The Hurricanes no Butlins, em Skegness. Da esquerda para a direita: Bobby Thompson, Ringo, Rory Storm, um redcoat do Butlin e Johnny Guitar.

5 de março
– *Casbah Coffee Club*, em West Derby, Liverpool.
6 de março
– *The Cavern* (horário do almoço).
– *The Liverpool Jazz Society* (que viria a se chamar Old Iron Door Club). Com Gerry & The Pacemakers, Rory Storm & The Hurricanes, The Big Three, Derry & The Seniors, e Kingsize Taylor & The Dominoes.
7 de março
– *Cassanova Club, Sampson & Barlow's New Ballroom, em Liverpool.* Com Derry & The Seniors.
8 de março
– *The Cavern* (horário do almoço).
– *Aintree Institute, em Liverpool.*
– *Hambleton Hall, em Huyton, Liverpool.* Com Rory Storm & The Hurricanes e Derry & The Seniors.
10 de março
– *The Cavern* (horário do almoço).
– *Grosvenor Ballroom, em Liscard.*
– *St John's Hall, em Tuebrook, Liverpool.*
11 de março
– *Aintree Institute, em Liverpool.*
– *Liverpool Jazz Society (Old Iron Door Club).* O audacioso agente Sam Leach organiza um show de 12 horas de duração chamado "An All Night Rock Ball". Além dos Beatles, apresentam-se Rory Storm & The Hurricanes, Gerry & The Pacemakers, The Remo Four, Kingsize Taylor & The Dominoes, The Big Three, Dale Roberts & The Jaywalkers, Derry & The Seniors, Ray & The Del Renas, The Pressmen, Johnny Rocco & The Jets, e Faron & The Tempest Tornadoes.
12 de março
– *Casbah Coffee Club*, em West Derby, Liverpool.
– *Cassanova Club, Sampson & Barlow's New Ballroom, em Liverpool.* Com Kingsize Taylor & The Dominoes.
13 de março
– *The Cavern* (horário do almoço).
– *Liverpool Jazz Society, Old Iron Door Club.* Com Kingsize Taylor & The Dominoes.

Paul no the Cavern com seu primeiro "baixo violino".

14 de março
– *The Cavern* (horário do almoço).
15 de março
– *The Cavern* (horário do almoço).
– *Liverpool Jazz Society* (tarde). Uma tarde ao som de rock das 12h às 17h, chamada "Swinging Lunchtime Rock Session", com Gerry & The Pacemakers, Rory Storm & The Wild Ones e os Beatles, que se apresentam logo após o show no *Cavern Club*.

– Stuart Sutcliffe viaja para Hamburgo, voltando para sua namorada, Astrid Kirchherr, e para o State College of Art, onde estudava pintura.
16 de março
– *The Cavern* (horário do almoço).
17 de março
– *Mossway Hall, em Croxteth.*
– *Liverpool Jazz Society, Old Iron Door Club.*
19 de março
– *Casbah Coffee Club*, em West Derby, Liverpool.

Paul e seu "baixo violino"

Paul: "Fui a Hamburgo com uma Rosetti Solid 7 vermelha, uma porcaria de guitarra, mas era bonita. Stuart Sutcliffe estava deixando a banda, pois queria ficar em Hamburgo, portanto precisávamos de um baixista. Então, fui escolhido para substituí-lo, ou melhor, obrigado a fazê-lo. Stuart me emprestou seu instrumento, então larguei o piano e voltei para a linha de frente e, sendo canhoto, tocava o baixo ao contrário. Mas consegui me adaptar.
Comprei meu "baixo violino" Hofner na loja Steinway, no centro da cidade. Lembro-me que passeava por lá e, de repente, vi esse baixo que não era muito caro, custava em torno de 30 libras. Meu pai insistia para que nunca fizéssemos dívidas, pois não éramos ricos. O que não era verdade para John e George, sempre endividados: John comprou uma guitarra Club 40, e George, uma Futurama, cópia da Fender. Mais tarde, George teria guitarras Gretsch e John, Rickenbackers. Eles não se importavam em comprar a crediário, mas eu não me atrevia, portanto, comprei uma guitarra barata e acabei me apaixonando por ela.

20 de março
– *The Cavern* (horário do almoço).
– *Hambleton Hall, em Huyton, Liverpool.* Com The Rockin' Ravens.
21 de março
– *The Cavern* (noite). Uma noite para "Blue Genes e seus convidados", com os Beatles, The Remo Four e Dale Roberts & The Jaywalkers. É a primeira apresentação dos Beatles à noite em seu novo reduto, The Cavern Club.
22 de março
– *The Cavern* (horário do almoço).
24 de março
– *The Cavern* (horário do almoço).
26 de março
– *Casbah Coffee Club, em West Derby, Liverpool.*
27 de março
– Os Beatles viajam a Hamburgo de trem, para sua temporada no Top Ten. Cada integrante receberia 35 marcos por dia, com direito a hospedagem: o sótão no quarto andar do clube.
1 – 30 de abril
– *Top Ten Club, em Reeperbahn, Hamburgo.*
1º de abril
– Os Beatles iniciam sua temporada de três meses no Top Ten Club, em Reeperbahn 136; um clube quase do mesmo tamanho que o *Kaiserkeller*, com aproximadamente 24 mesinhas, dispostas ao redor de uma pista de dança em frente do palco. Apresentaram-se no Top Ten de 1º de abril a 1º de julho, tocando durante sete horas nos dias de semana e oito horas nos finais de semana, com intervalos de 15 minutos a cada hora de show. Primeiramente, se alternavam com The Jaybirds e, depois, com Rory Storm & The Hurricanes. Mark Lewisohn calcula que passaram 503 horas no palco, ao longo de 92 noites.

Em Hamburgo, reencontraram-se com Stuart Sutcliffe, que retornara para lá duas semanas antes. A decisão de Stuart de não continuar com a banda era definitiva. Durante essa temporada, Astrid o vestiu em couro preto. Os Beatles gostaram tanto do figurino que pediram a um alfaiate em Reeperbahn que o copiasse para eles. Ela também penteou o cabelo de Stu para a frente, para que ele ficasse com o mesmo visual de seus amigos "exi". Entretanto, o corte só seria copiado pelos Beatles tempos depois.

1 – 30 de junho
– *Top Ten Club, em Reeperbahn, Hamburgo.*
– A namorada de John, Cynthia Powell, e a de Paul, Dot Rohne, ambas de Liverpool, vão visitá-los em Hamburgo. John e Cynthia hospedam-se na casa de Astrid, enquanto Paul e Dot ficam na casa de Rosa, nas docas. John e Paul deram de presente para as namoradas saias de couro preto, para que ficassem parecidas com Brigitte Bardot.

22 de junho
– *Colégio Friedrich-Ebert-Halle, em Hamburgo-Harburg.* Os Beatles, com Paul no baixo, foram a banda convidada para tocar com Tony Sheridan, em uma sessão de gravação para o maestro e produtor alemão Bert Kaempfert, a qual Stuart Sutcliffe apenas assistiu. As sessões estenderam-se por três dias. Todavia, como o equipamento de som consistia em apenas um gravador portátil colocado no palco de uma escola infantil, cuja acústica era excelente, a gravação não foi tão dispendiosa em termos de tempo e dinheiro quanto teria sido em um estúdio.

O quarteto gravou quatro faixas com Sheridan: "My Bonnie Lies Over The Ocean", "When The Saints Go Marching In", "Why (Can't You Love Me Again)", "Nobody's Child" e depois duas de sua autoria: "Ain't She Sweet", com John no vocal, e "Cry For A Shadow", música instrumental creditada a John Lennon e George Harrison.

O compacto "My Bonnie" e "The Saints" foi lançado em junho na Alemanha pela Polydor (24 673), onde a banda era chamada "The Beat Brothers", pois a palavra "Beatles" rimava com "Peedles", gíria alemã para genitália masculina. Bert Kaempfert gravou as músicas como produtor independente e autorizou o uso das fitas pela Polydor.

24 de junho
– *Studio Rahlstedt, em Hamburgo.* Gravação de outra faixa com Tony Sheridan: "Take Out Some Insurance On Me Baby", de Jimmy Reed.

28 de junho
– John e George assinam um contrato cedendo os direitos de "Cry For A Shadow" para Bert Kaempfert.

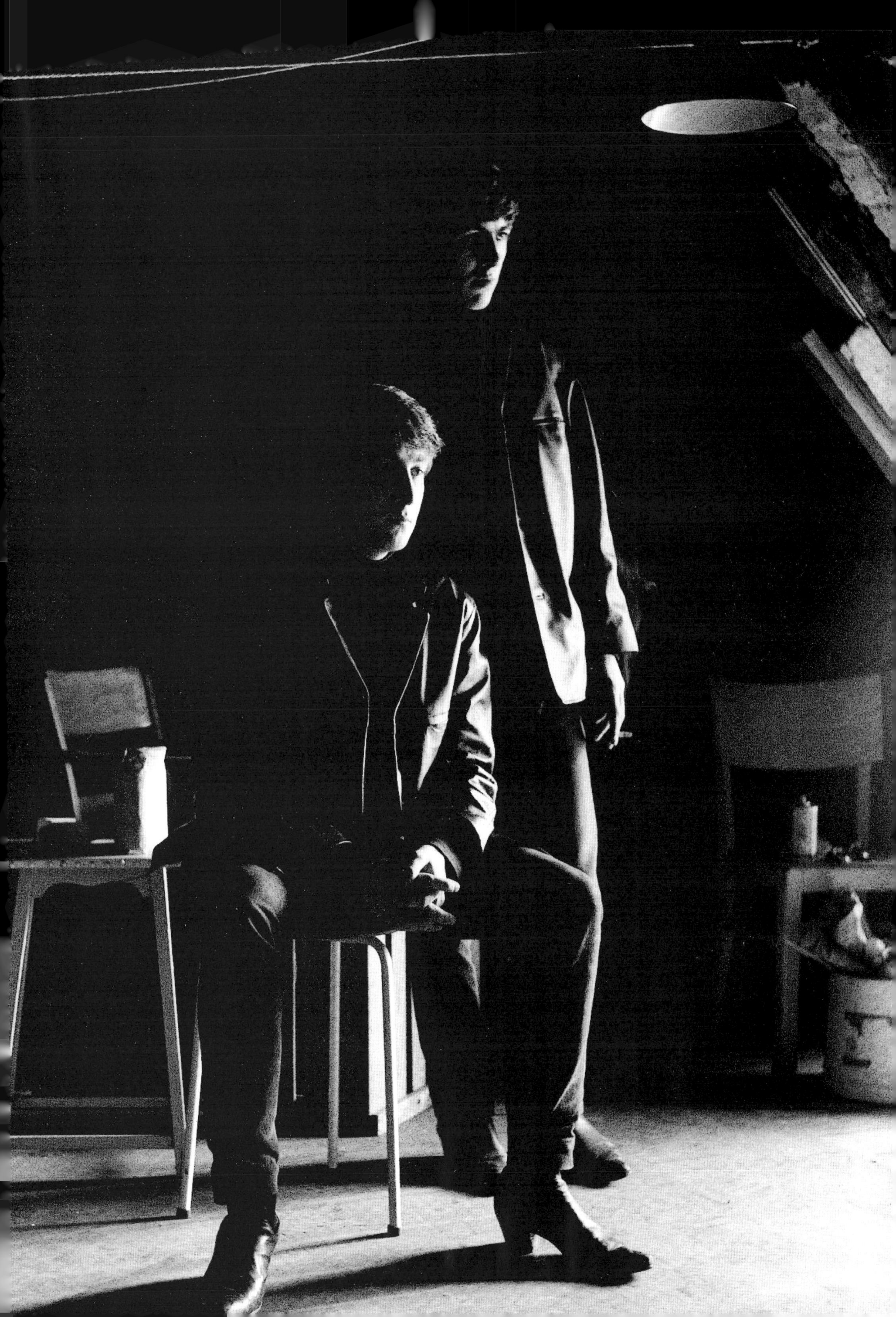

2 de julho
– Depois da temporada em Hamburgo, a trupe volta a Liverpool, à exceção de Stuart, que abandona definitivamente a banda para ficar em Hamburgo com Astrid e estudar no State College of Art.

3 de julho
– Os Beatles chegam a Liverpool.

6 de julho
– Bill Harry publica o primeiro número de seu jornal quinzenal, o *Mersey Beat*, trazendo um texto divertido de John Lennon sobre a origem dúbia do nome "The Beatles": "Era uma vez, três garotinhos, que tinham como nome de batismo John, George e Paul. Ficaram amigos, porque gostavam de ter amigos. E, quando estavam juntos, pensavam, mas por que estamos juntos? Então, de repente, plantaram guitarras e colheram barulho. Mas, por incrível que pareça, ninguém ficou interessado, muito menos os três garotinhos. Lo-o-o-o-go descobriram um quarto garotinho, Stuart Sutcliffe, ainda mais novinho, que estava sempre por perto, e então lhe disseram, 'Ei, garotinho, compre um baixo, e você se dará bem', e foi o que ele fez – mas ele não se deu bem, pois não sabia tocá-lo. Então, esperaram até que ele aprendesse. Entretanto, a banda ainda não tinha batida, e um velhinho gentil disse, 'Ei, vocês não tem bateria!, 'Oh! Não temos bateria!', exclamaram. E vários bateristas, assim como vieram, se foram.

E, de súbito, na Escócia, em uma turnê com Johnny Gentle, o grupo (chamado os Beatles) percebeu que a qualidade de seu som não era boa, pois eles não tinham amplificadores e, então, conseguiram alguns. Muitos começaram a perguntar, 'O que são os Beatles? Por que Beatles? Argh, Beatles? De onde vem esse nome?' Calma, vamos contar para vocês. Foi uma visão – um homem surgiu em uma torta flamejante e disse, 'A partir de hoje, vocês serão Beatles, com a letra 'A'. 'Obrigado,

Na página anterior: A imagem dos Beatles modificou-se em Hamburgo, sob a influência de Astrid; John e George no sótão da casa de Astrid.
Acima: Stuart Sutcliffe.

meu Senhor', responderam agradecidos.

Em seguida, apareceu um homem com uma barba bem aparada e perguntou, 'Vocês iriam para Hamburgo tocar rock da pesada para a plebe em troca de dinheiro?', e dissemos, 'Tocaríamos qualquer coisa por dinheiro'.

Mas, antes de irmos, tínhamos de 'plantar' um baterista, e 'plantamos' um em West Derby, no clube chamado Some Casbah, e seu nome: Pete Best. E dissemos, 'Olá, Pete. Vamos para a Alemanha?!', e ele respondeu, 'Claro!'. Zuuuuuuuuuuuum. Após alguns meses, Peter e Paul (conhecido como McArtrey, filho de Jim McArtrey) atearam fogo em um Kino (cinema), e a polícia alemã disse, 'Beatles, malvados!, vocês têm de ir para casa e tocar fogo nos cinemas ingleses'. Zuuuuuuuuuuum, metade do grupo. Mas, mesmo antes disso, a Gestapo já havia enviado meu amiguinho, George Harrison, para casa, pois ele tinha apenas 12 anos e era muito jovem para votar na Alemanha. Entretanto, após dois meses na Inglaterra, ele já tinha 18 anos, e o pessoal da Gestapo disse, 'Você já pode ir para Hamburgo'. E, já de volta à Vila de Liverpool, encontramos várias bandas, que tocavam vestindo ternos cinza, e Jim nos perguntou, 'Por que vocês não usam ternos cinza?' e, respondemos, 'Porque não gostamos deles, Jim'. Depois de tocarmos em alguns clubes, todos exclamaram, 'Voltem para a Alemanha!'.

Então, nós zuuuuuuuuuuuuuum. Stuart partiu. Zuum, zuum John, de Woolton; George, de Speke; Peter e Paul zuum zuum. Todos se foram. Obrigado, frequentadores de clubes. Assinado, John e George (que amigos são)."

13 de julho
– St John's Hall, em Tuebrook, Liverpool.

14 de julho
– The Cavern (horário do almoço).
– The Cavern (noite). "Welcome Home Night". Com Ian & The Zodiacs e The White Eagles Jazz Band.

15 de julho
– Holyoake Hall, em Wavertree, Liverpool.

16 de julho
– Blair Hall, em Walton, Liverpool.

17 de julho
– The Cavern (horário do almoço).
– Litherland Town Hall.

19 de julho
– The Cavern (horário do almoço).
– The Cavern (noite). Com The Remo Four e The Pressmen.

20 de julho
– St John's Hall, em Tuebrook, Liverpool.
– O segundo número do *Mersey Beat* trazia uma foto dos Beatles na capa e um artigo sobre as sessões de gravação com Tony Sheridan. Brian Epstein encomendou 144 exemplares do jornal para sua loja de discos, NEMS.

21 de julho
– The Cavern (horário do almoço).
– Aintree Institute, em Liverpool. Com Cy & The Cimarrons.

22 de julho
– Holyoake Hall, em Wavertree, Liverpool.

George no palco do The Cavern.

23 de julho
– Blair Hall, em Walton, Liverpool.
24 de julho
– Litherland Town Hall.
25 de julho
– The Cavern (horário do almoço).
– The Cavern (noite). Uma noite para "Blue Genes e seus convidados", com os Beatles, The Remo Four e Gerry & The Pacemakers.
26 de julho
– The Cavern (noite). Com Johnny Sandon & The Searchers e The Four Jays.
27 de julho
– The Cavern (horário do almoço).
– St John's Hall, em Tuebrook, Liverpool. Com The Big Three, Cass & The Cassanovas e os Beatles, acompanhando Cilla White. Mais tarde, Brian Epstein daria um toque mais sensual ao nome da cantora mudando-o para Cilla Black.
28 de julho
– Aintree Institute, em Liverpool.
29 de julho
– Blair Hall, em Walton, Liverpool.
30 de julho
– Blair Hall, em Walton, Liverpool.
31 de julho
– The Cavern (horário do almoço).
– Litherland Town Hall.
2 de agosto
– The Cavern (horário do almoço).
– The Cavern (noite). Com Karl Kerry & The Cruisers e Dale Roberts & The Jaywalkers.
3 de agosto
– Brian Epstein, da NEMS, inaugura sua coluna "Stop the World. And Listen to Everything In It", como crítico musical do *Mersey Beat*.
4 de agosto
– The Cavern (horário do almoço).
– Aintree Institute, em Liverpool.
5 de agosto
– The Cavern (noite). Uma noite inteira ao som dos Beatles, The Cimmerons, The Panama Jazz Band, The Mike Cotten Jazz Band, The Kenny Ball Jazzmen e The Remo Four.
6 de agosto
– Casbah Coffee Club, em West Derby, Liverpool.
7 de agosto
– Litherland Town Hall.
8 de agosto
– The Cavern (horário do almoço).
9 de agosto
– The Cavern (noite).
10 de agosto
– The Cavern (horário do almoço).
– St John's Hall, em Tuebrook, Liverpool.
11 de agosto
– The Cavern (noite). Com Alan Elsdon's Jazz Band.
12 de agosto
– Aintree Institute, em Liverpool.
13 de agosto
– Casbah Coffee Club, em West Derby, Liverpool.
14 de agosto
– The Cavern (horário do almoço).
16 de agosto
– The Cavern (noite). Com The Pressmen.
17 de agosto
– St John's Hall, em Tuebrook, Liverpool. Com The Big Three. Johnny Gustafson, o baixista do The Big Three, toca com os Beatles nessa noite.
– Pela primeira vez, cartas de fãs do Beatles são publicadas no *Mersey Beat*.
18 de agosto
– The Cavern (horário do almoço).
– Aintree Institute, em Liverpool.
19 de agosto
– Aintree Institute, em Liverpool.
20 de agosto
– Hambleton Hall, em Huyton, Liverpool.

21 de agosto
– The Cavern (horário do almoço).
23 de agosto
– The Cavern (horário do almoço).
– The Cavern (noite). Com The Rockin' Blackcats e Kingsize Taylor & The Dominoes.
24 de agosto
– St John's Hall, em Tuebrook, Liverpool.
25 de agosto
– The Cavern (horário do almoço).
– M.V. Royal Iris, River Mersey. "Riverboat Shuffle". Com Acker Bilk e sua banda, Paramount Jazz Band. O primeiro baile a bordo do Royal Iris promovido pelo proprietário do The Cavern, Ray McFall, que fechara o clube devido ao evento. O Royal Iris foi um marco de Liverpool durante 40 anos, conhecido como "Fish & Chip Boat", e foi palco de bailes e cruzeiros, além de vários shows dos Beatles. Foi desativado em janeiro de 1991.
26 de agosto
– Aintree Institute, em Liverpool.
27 de agosto
– Casbah Coffee Club, em West Derby, Liverpool.
28 de agosto
– The Cavern (horário do almoço).
29 de agosto
– The Cavern (horário do almoço).
30 de agosto
– The Cavern (noite). Com The Strangers.

31 de agosto
– St John's Hall, em Tuebrook, Liverpool.
– O Mersey Beat anuncia a criação do primeiro fã-clube dos "Beatles", com Bernard Boyd como presidente; Jennifer Dawes, tesoureira; e Maureen O'Shea, secretária. "O clube será inaugurado oficialmente em setembro..."
Setembro
– O compacto duplo My Bonnie, com Tony Sheridan e The Beat Brothers, foi lançado na Alemanha pela Polydor:
Lado A: "My Bonnie" e "Why";
Lado B: "Cry For A Shadow" e "The Saints".
1º de setembro
– The Cavern (horário do almoço). Com Karl Terry & The Cruisers.
– The Cavern (noite). Com Dizzy Burton's Jazz Band.
2 de setembro
– Aintree Institute, em Liverpool.
3 de setembro
– Hambleton Hall, em Huyton, Liverpool.
6 de setembro
– The Cavern (noite). Com Johnny Sandon & The Searchers e Ian & The Zodiacs.
7 de setembro
– The Cavern (horário do almoço).
8 de setembro
– St John's Hall, em Tuebrook, Liverpool.

9 de setembro
– Aintree Institute, em Liverpool.
10 de setembro
– Casbah Coffee Club, em West Derby, Liverpool.
11 de setembro
– The Cavern (horário do almoço).
13 de setembro
– The Cavern (horário do almoço).
– The Cavern (noite). Com The Remo Four e The Pressmen.
14 de setembro
– Litherland Town Hall.
– Lançamento da coluna de John Lennon "Around and About" no Mersey Beat sob o pseudônimo Beatcomber.
15 de setembro
– The Cavern (horário do almoço).
– Grosvenor Ballroom, em Liscard.
– Village Hall, em Knotty Ash, Liverpool. Segundo show da noite, promovido por Mona Best, mãe de Pete Best, que ainda estava interessada em ser empresária da banda.
16 de setembro
– Aintree Institute, em Liverpool.
17 de setembro
– Hambleton Hall, em Huyton, Liverpool.
19 de setembro
– The Cavern (tarde).
20 de setembro
– The Cavern (noite). Com Karl Terry & The Cruisers e Ian & The Zodiacs.
21 de setembro
– The Cavern (horário do almoço).

Como surgiu o "corte de cabelo Beatles"

John: "Paris sempre foi um modelo de romantismo para os ingleses, não é? Apaixonei-me mais por Paris do que por Hamburgo. Foi onde passei meu aniversário de 21 anos, com Paul em 1961..."
Em Paris, Paul e John visitaram Jürgen Vollmer, um amigo dos clubes de Reeperbahn, em Hamburgo, que havia se mudado para a Cidade Luz, para estudar fotografia. Ele usava o cabelo penteado para a frente, moda entre os jovens franceses, estilo que lhe fora apresentado por Astrid Kirchherr que cortara o cabelo de Stuart Sutcliffe desse modo quando estavam todos em Hamburgo. John e Paul resolveram copiar Jürgen e pediram a ele que lhes fizesse o mesmo corte. Jürgen Vollmer: "E, assim, eles ganharam seu primeiro corte Beatle em meu quarto de hotel, na margem esquerda do Sena".
Paul: "Jürgen estava em Paris durante nossa viagem e lhe pedimos, 'Por favor, corte nosso cabelo como o seu'. E foi o que ele fez, mas o nosso ficou diferente do dele, o corte dele não era um autêntico 'Beatle', mas o nosso se encaixou perfeitamente no estilo da banda. Nós, na realidade, não o inventamos, apesar de todos pensarem que sim. Não nos cansávamos de repetir, 'Ei, esse estilo é usado por milhões de pessoas nas escolas de arte. Somos apenas sua vitrine'.
Astrid vira o penteado em um filme de Jean Cocteau de 1959, O Testamento de Orfeu, no qual Jean Marais, o ator favorito do diretor, penteou seu cabelo para a frente, para representar Édipo. Esta é a verdadeira origem do famoso corte Beatle.
Tia Mimi contou ao Liverpool Echo que se lembrava de quando John fora a Paris, "vender seus quadros" e disse que algum francês deve ter um Lennon original em sua parede, sem ter a menor ideia disso.

– *Litherland Town Hall*. Com Gerry & The Pacemakers e Rory Storm & The Hurricanes.

22 de setembro
– *Village Hall, em Knotty Ash, Liverpool*.

23 de setembro
– *Aintree Institute, em Liverpool*.

24 de setembro
– *Casbah Coffee Club, em West Derby, Liverpool*.

25 de setembro
– *The Cavern* (horário do almoço).

27 de setembro
– *The Cavern* (horário do almoço).
– *The Cavern* (noite). Com Gerry & The Pacemakers e Mark Peters & The Cyclones.

28 de setembro
– *Litherland Town Hall*.

29 de setembro
– *The Cavern* (horário do almoço).
– *Village Hall, em Knotty Ash, Liverpool*.

30 de setembro
– John e Paul viajam de carona para Paris.

9 de outubro
– John comemora seu aniversário de 21 anos com Paul em Paris.

15 de outubro
– *Albany Cinema, em Northway* (horário do almoço). Show beneficente em prol do Corpo de Ambulâncias de St John, promovido por Jim Getty (de quem John comprara sua primeira guitarra). Dezesseis bandas se apresentaram em um espetáculo de três horas comandado pelo comediante local Ken Dodd. Os Beatles fecharam o evento com uma apresentação de dez minutos.
– *Hambleton Hall, em Huyton, Liverpool*.

16 de outubro
– *The Cavern* (horário do almoço).

17 de outubro
– *David Lewis Club, em Liverpool*. Show promovido pelo recém-formado fã-clube dos Beatles.

18 de outubro
– *The Cavern* (horário do almoço).
– *The Cavern* (noite). Com Ian & The Zodiacs e The Four Jays.

19 de outubro
– *Litherland Town Hall*. Com Gerry & The Pacemakers e Karl Terry & The Cruisers. Na metade do show, Os Beatles e The Pacemakers resolvem formar uma "superbanda", com a seguinte formação: George, guitarra; Paul, guitarra base; John, piano; Pete Best e Freddy Marsden, bateria; Les Maguire, saxofone; Les Chadwick, baixo; Gerry Marsden, guitarra e vocal; Karl Terry, vocal. Tocam, entre outras músicas, "Whole Lotta Shakin' Goin' On", "What'd I Say?", "Red Sails In The Sunset" e "Hit The Road Jack".

20 de outubro
– *The Cavern* (horário do almoço).
– *Village Hall, em Knotty Ash, Liverpool*.

21 de outubro
– *The Cavern*. Uma noite inteira ao som de The Beatles, The Panama Jazz Band, The Remo Four, Gerry & The Pacemakers, The Yorkshire Jazz Band e The Collegians Jazz Band.

22 de outubro
– *Casbah Coffee Club, em West Derby, Liverpool*.

24 de outubro
– *The Cavern* (horário do almoço).

25 de outubro
– *The Cavern* (noite). Com Gerry & The Pacemakers e The Strangers.

26 de outubro
– *The Cavern* (horário do almoço).

27 de outubro
– *Village Hall, em Knotty Ash, Liverpool*.

28 de outubro
– *Aintree Institute, em Liverpool*.
– Esse foi o dia memorável em que Raymond Jones entrou na loja de Brian Epstein, a NMES, e pediu o compacto dos Beatles *My Bonnie*. Na época, o disco havia sido lançado apenas na Alemanha, creditado a "Tony Sheridan e The Beat Brothers", em vez de aos Beatles. Por essa razão, Brian Epstein levou um tempo para localizar o compacto.

29 de outubro
– *Hambleton Hall, em Huyton, Liverpool*.

30 de outubro
– *The Cavern* (horário do almoço).
– Duas garotas entram na loja de Brian Epstein procurando por *My Bonnie*. Então, Brian consulta a lista de lançamentos das distribuidoras de discos importados em busca do compacto desconhecido. Como Brian, além de ter vendido 144 exemplares do *Mersey Beat* em sua loja, escrevia uma coluna para o jornal, era praticamente impossível que não soubesse quem eram os Beatles, que já haviam inclusive saído na capa do jornal.

31 de outubro
– *Litherland Town Hall*.

1º de novembro
– *The Cavern* (horário do almoço).
– *The Cavern* (noite). Com The Strangers e Gerry & The Pacemakers.

3 de novembro
– *The Cavern* (horário do almoço).

4 de novembro
– *The Cavern* (noite). Com The Collegians Jazz Band.

7 de novembro
– *The Cavern* (horário do almoço).
– *Merseyside Civil Service Club*.
– *The Cavern* (noite). Outra noite para "Blue Genes e seus convidados", com os Beatles, Gerry & The Pacemakers e The Strangers.

8 de novembro
– *The Cavern* (noite). Com The Remo Four e Ian & The Zodiacs.

9 de novembro
– *The Cavern* (horário do almoço). Brian Epstein, vestindo um terno risca de giz, e Alistair Taylor, seu assistente, vão ao The Cavern pela primeira vez. O DJ Bob Wooler anuncia pelo microfone: "Hoje temos alguém muito importante na plateia".
O fato de o proprietário de uma loja de discos ser considerado famoso mostrava quão provinciana Liverpool era.
Brian estava intrigado com toda a publicidade ao redor dos Beatles, principalmente no jornal *Mersey Beat*, e resolveu ver o porquê de tanto estardalhaço. A partir de então,

começou a frequentar o clube regularmente, sempre reservando um tempo para conversar com os rapazes.

George: "No início ele conversava sobre o disco que as pessoas estavam procurando e, então, voltou várias vezes para bater papo.

Não sabíamos muito sobre ele, mas ele parecia bastante interessado na banda, além de um pouco perplexo.

Parecia que tinha algo a nos dizer, mas não conseguia. Apenas nos observava. Certo dia, levou-nos até sua loja para que a conhecêssemos. Ele nos pareceu bem constrangido com a situação".

– Última apresentação dos Beatles em *Litherland Town Hall*.

10 de novembro
– Tower Ballroom, em New Brighton, Wallasey. Com Rory Storm & The Hurricanes, Gerry & The Pacemakers, The Remo Four, Kingsize Taylor & The Dominoes. O primeiro show do festival Operation Big Beat, produzido por Sam Leach. Os Beatles fizeram duas apresentações, a primeira às 20h e a segunda às 23h. No intervalo entre as duas ainda tocaram em outro show, em Knotty Ash.
– Village Hall Knotty Ash.

11 de novembro
– Aintree Institute, em Liverpool. Para comemorar o sucesso do primeiro Operation Big Beat, Sam Leach deu uma festa que começou às altas horas da noite no Liverpool Jazz Centre, à qual todos os Beatles compareceram.

12 de novembro
– Hambleton Hall, em Huyton, Liverpool.

13 de novembro
– The Cavern (horário do almoço).

14 de novembro
– Merseyside Civil Service Club.

– The Cavern. Uma noite para "Blue Genes e seus convidados", com os Beatles, The Remo Four e Gerry & The Pacemakers.

15 de novembro
– The Cavern (horário do almoço).
– The Cavern (noite). Com The Four Jays e Johnny Sandon & The Searchers.

17 de novembro
– The Cavern (horário do almoço).
– Village Hall Knotty Ash.

18 de novembro
– The Cavern (noite). Com The White Eagles Jazz Band.

19 de novembro
– Casbah Coffee Club, em West Derby, Liverpool.

21 de novembro
– The Cavern (horário do almoço).
– Merseyside Civil Service Club.

22 de novembro
– The Cavern (noite). Com Gerry & The Pacemakers e Earl Preston & The TT's.

23 de novembro
– The Cavern (horário do almoço).

24 de novembro
– Casbah Coffee Club, em West Derby, Liverpool.
– The Tower Ballroom, em New Brighton, Wallasey. Com Rory Storm & The Hurricanes, Gerry & The Pacemakers, The Remo Four, Earl Preston & The Tempest Tornadoes e Faron Young & The Flamingos. Este foi o segundo Operation Big Beat, de Sam Leach, com duas atrações surpresa: Emile Ford, que cantou com Rory Storm & The Hurricanes, e Davy Jones, que apresentou duas músicas acompanhado pelos Beatles.

ONE WEEK TO GO FOR
OPERATION BIG BEAT
TOWER BALLROOM,
NEW BRIGHTON.
FRIDAY, NOVEMBER 10, 7.30-1 A.M.
Merseyside's Top 5 Bands Starring
THE BEATLES
(By kind permission of Mrs. Best)
RORY STORM & THE HURRICANES
GERRY & THE PACEMAKERS
THE REMO FOUR (After 11 p.m.)
KINGSIZE TAYLOR & THE DOMINOES
Two licensed bars (until 11.30 p.m.). Buffet. Late transport (Liverpool, Wirral and Cheshire). Transport details from Agencies and Crown Coachways. Tickets 5/- from Rushworth's, Lewis's, Crane's, Nems, Top-Hat, Hessy's, Strother's, Tower and Mersey Beat. Details in to-day's "Mersey Beat."

26 de novembro
– Hambleton Hall, em Huyton, Liverpool.
27 de novembro
– The Cavern (horário do almoço).
28 de novembro
– Merseyside Civil Service Club.
29 de novembro
– The Cavern (horário do almoço).
– The Cavern (noite). Com Ian & The Zodiacs e The Remo Four.
1º de dezembro
– The Cavern (horário do almoço).
– The Tower Ballroom, em New Brighton, Wallasey. Outro Operation Big Beat, de Sam Leach, com a apresentação de seis bandas, sendo os Beatles a atração principal da noite.
2 de dezembro
– The Cavern (noite). Com The Zenith Six Jazz Band.
3 de dezembro
– Casbah Coffee Club, em West Derby, Liverpool.
– A primeira reunião entre The Beatles e Brian Epstein para discutir sua participação como empresário da banda acontece no escritório de Epstein, na NEMS. Paul atrasou-se, pois estava tomando banho e, assim que a trupe se reuniu, foram a uma lanchonete, para que Brian lhes apresentasse sua proposta.
George: "Finalmente, ele começou a falar sobre tornar-se nosso empresário. Na realidade, nunca havíamos recebido uma proposta como aquela, mas ele foi honesto ao dizer que não sabia como empresariar um grupo como o nosso. Ele deu a entender que gostaria que embarcássemos nessa viagem com ele".
Brian: "Eles tinham um grande magnetismo. Gostava da forma como trabalhavam e o entusiasmo que demonstravam em cada uma de suas apresentações... e eram eles mesmos que faziam a coisa acontecer. Cada um tinha uma característica que poderia ser explorada comercialmente. Bastava trazer isso à tona. Eram personalidades diferentes, mas eram, obviamente, parte de um todo.

Honestamente, eu estava **empolgado** com **o potencial da banda,** contando que **algumas** coisas fossem **mudadas".**

Os Beatles estavam indecisos e resolveram pensar sobre o assunto. Mesmo assim marcaram uma segunda reunião.
5 de dezembro
– The Cavern (horário do almoço).
6 de dezembro
– The Cavern (noite). Com The Remo Four e The Strangers.

Ringo, antes de juntar-se à banda, no New Brighton Tower Ballroom, com George.

– Segunda reunião dos Beatles com Brian Epstein. John foi o porta-voz do grupo, que aceitou a proposta de Brian, mas nada foi colocado no papel.
8 de dezembro
– The Cavern (horário do almoço). Além de seu tradicional show da hora de almoço, os Beatles acompanham Davy Jones, também incluído na programação por Jay McFall.
– The Tower Ballroom, em New Brighton, Wallasey. Com Danny Williams e Davy Jones, a atração da noite, que contou, mais uma vez, com os Beatles para acompanhá-lo.
9 de dezembro
– Palais Ballroom, em Aldershot. Com Ivor Jay e The Jaywalkers. O primeiro show promovido por Sam Leach no sul Inglaterra foi um desastre. Por não ser conhecido na região, o jornal local negou-se a aceitar seu cheque para publicar um anúncio do show e, como ele não quis lhes dar seu número de telefone, a propaganda não foi veiculada. Os Beatles chegaram a um salão vazio, pois ninguém sabia

Brian Epstein

Por fim, os Beatles e Brian Epstein chegaram a um acordo informal, desde que Brian lhes conseguisse um contrato com uma gravadora. Ele também se comprometeu a cancelar o compromisso do grupo com Bert Kaempfert, em Hamburgo. Brian estudara arte dramática em RADA, a Academia Real de Arte Dramática, e tinha ideias muito definidas sobre *performance* de palco. Os rapazes não deveriam comer, beber ou brigar no palco, nem xingar o público. Brian queria que fossem pontuais e preparassem suas apresentações. Seu maior desafio foi fazê-los trocar as jaquetas de couro preto por ternos de bom corte. Eles presumiram que Brian sabia o que estava fazendo e decidiram acatar suas sugestões.
John: "Estávamos vivendo uma ilusão até ele surgir. Não tínhamos a mínima ideia do que fazíamos no palco. Ver os roteiros dos shows no papel fez de nós profissionais. Ele estava tentando melhorar nossa imagem, pois disse que sem isso jamais nos apresentaríamos em lugares sofisticados. Disse, também, que jeans não eram particularmente elegantes e que talvez devêssemos vestir outro tipo de calças, mas não queria que tivéssemos um estilo careta. Respeitava nossa individualidade. Em contrapartida, respeitávamos sua opinião. Paramos de comer enroladinhos de queijo e sanduíches de geleia no palco. Prestávamos mais atenção à nossa *performance* e fazíamos o possível para ser pontuais. Além disso, começamos a nos vestir melhor – passamos a usar ternos em vez de roupas surradas".

que "A Batalha das Bandas" estava acontecendo. Uma rápida corrida pelos cafés locais oferecendo ingressos gratuitos para o show conseguiu atrair 18 pessoas.
Como os rapazes não tinham onde se hospedar, dirigiram até Londres para visitar o Blue Gardenia, um clube no Soho, dirigido pelo velho amigo Brian Cassar, antigo integrante do Cass e The Cassanovas. Fizeram uma *jam session* (sem George) para um público ainda menor que o de Aldershot.

10 de dezembro
– *Hambleton Hall, em Huyton, Liverpool.*

11 de dezembro
– *The Cavern* (horário do almoço).

13 de dezembro
– *The Cavern* (horário do almoço).
– *The Cavern* (noite). Com Gerry & The Pacemakers e The Four Jays. Brian Epstein usou sua influência como dono de uma importante distribuidora de discos para convencer Mike Smith, diretor de repertório da gravadora Decca, a assistir aos Beatles no The Cavern. Após ouvi-los, ele concordou em marcar um teste em Londres.

15 de dezembro
– *The Cavern* (horário do almoço).
– *The Tower Ballroom, em New Brighton, Wallasey.* Com The Big Three e Cass & The Cassanovas, com nova formação.
– Os Beatles fecham um contrato com Brian Epstein como empresário do grupo. Os quatro integrantes colocaram sua assinatura sobre quatro dos cinco selos de 6 *pence* colados ao documento, para que este tivesse valor legal, segundo as exigências da época. Brian, então, informou-os que não assinaria o contrato, para que o grupo não se sentisse preso a ele. Portanto, pediram a Alistair Taylor que servisse de testemunha da decisão de Brian. Uma vez que o acordo original estipulava que Brian conseguiria um contrato para gravação de um álbum, o que ainda não havia feito, sua decisão de não assinar o contrato não foi nenhuma surpresa.

16 de dezembro
– *The Cavern* (noite). Com The White Eagles Jazz Band.

17 de dezembro
– *Casbah Coffee Club, em West Derby, Liverpool.*

18 de dezembro
– *The Cavern* (horário do almoço).

19 de dezembro
– *The Cavern* (horário do almoço).

20 de dezembro
– *The Cavern* (noite). Com The Strangers e Mark Peter & The Cyclones.

21 de dezembro
– *The Cavern* (horário do almoço).

23 de dezembro
– *The Cavern* (noite). Uma noite inteira ao som de Beatles, The Micky Ashman Jazz Band, The Remo Four, Gerry & The Pacemakers, The Saints Jazz Band e The Searchers.

26 de dezembro
– *The Tower Ballroom, em New Brighton, Wallasey.* Um grande baile no feriado nacional de 26 de dezembro, o "Boxing Day". Com os Beatles (anunciados como "The Beetles"), Rory Storm & The Hurricanes e Tony Osborne & His Band.

27 de dezembro
– *The Cavern* (noite). "A Festa de Natal dos Beatles", com Gerry & The Pacemakers e Kingsize Taylor & The Dominoes.

29 de dezembro
– *The Cavern* (noite). Com Yorkshire Jazz Band.

30 de dezembro
– *The Cavern* (noite). Com The White Eagles Jazz Band.

1962

1º de janeiro
– Os Beatles fazem um teste para Mike Smith, diretor de repertório da Decca Records, no estúdio da gravadora em Broadhurst Gardens, em West Hampstead, no norte de Londres. A banda e Aspinall, o *roadie*, chegaram a Londres a bordo de uma perua entulhada de equipamentos de som, após terem viajado durante dez horas, sob uma terrível nevasca, na véspera de Ano-Novo. Tonny Meehan, antigo baterista do The Shadows, que havia se juntado a Decca como produtor no ano anterior, estava na técnica, e a banda ficou impressionada ao conhecê-lo. Os Beatles estavam nervosos e Mike Smith estava atrasado, por causa de uma noitada. Quando Smith viu o estado dos amplificadores dos rapazes, insistiu para que usassem o equipamento do estúdio, apesar de não estarem familiarizados com ele. O grupo gravou 15 músicas escolhidas por Brian Epstein. Às 11h começaram o teste, que terminou cerca de uma hora depois. Para mostrar sua versatilidade, tocaram uma seleção de canções antigas, algumas composições próprias e alguns sucessos das paradas: "Like Dreamers Do" (de Lennon e McCartney); "Money (That's What I Want)"; "Till There Was You"; "The Sheik Of Araby"; "To Know Her Is To Love Her"; "Take Good Care Of My Baby"; "Memphis, Tennessee"; "Sure To Fall (In Love With You)"; "Hello Little Girl" (de Lennon e McCartney); "Three Cool Cats"; "Crying, Waiting, Hoping"; "Love Of The Loved" (de Lennon e McCartney); "September In The Rain"; "Besame Mucho" e "Searchin".
Smith disse que daria uma resposta a Epstein e praticamente os colocou para fora do estúdio, pois estava atrasado para outro compromisso com Brian Poole e The Tremeloes. Ele parecera empolgado e o grupo foi embora bem otimista. Os Beatles e Brian Epstein hospedaram-se no Royal Hotel, cuja diária custava 27 xelins por noite, com café da manhã, e comemoraram com rum e uísque com coca-cola. Mike Smith prensou várias cópias em acetato para mostrá-las a Dick Rowe, seu chefe e diretor da área de música "pop" do departamento de repertório, quando este voltasse dos Estados Unidos. Todavia, Rowe não aprovou o grupo, fazendo uma declaração que se tornaria notória: "Sr. Epstein, grupos de rock estão saindo de moda. O senhor deveria continuar vendendo discos em Liverpool" e, por fim, disse que guitarras elétricas estavam "por fora". Rowe ficou conhecido como "o homem que rejeitou os Beatles", mas, rapidamente, reparou seu erro contratando os Rolling Stones – a conselho de George Harrison.

3 de janeiro
– *The Cavern* (horário do almoço).
– *The Cavern (noite)*. Com Johnny Sandon & The Searchers e Kingsize Taylor & The Dominoes.

4 de janeiro
– Uma enquete realizada com 5 mil leitores do jornal *Mersey Beat* elege os Beatles a banda mais popular de Liverpool, seguida de Gerry & The Pacemakers.

5 de janeiro
– *The Cavern* (horário do almoço).
– O compacto *My Bonnie/The Saints*, com Tony Sheridan e os Beatles (agora com o nome correto), é lançado no Reino Unido pela gravadora Polydor (NH 66833). Essa foi uma jogada promocional de Epstein, que com isso poderia anunciar os Beatles como "Artistas da Polydor" nos cartazes e propagandas da banda, apesar das poucas chances de o disco chegar às paradas.

> Abaixo: John, Paul, George... e Pete, em uma das primeiras sessões de foto, em Liverpool. Na página seguinte: Pete Best, com Paul e John, no The Cavern.

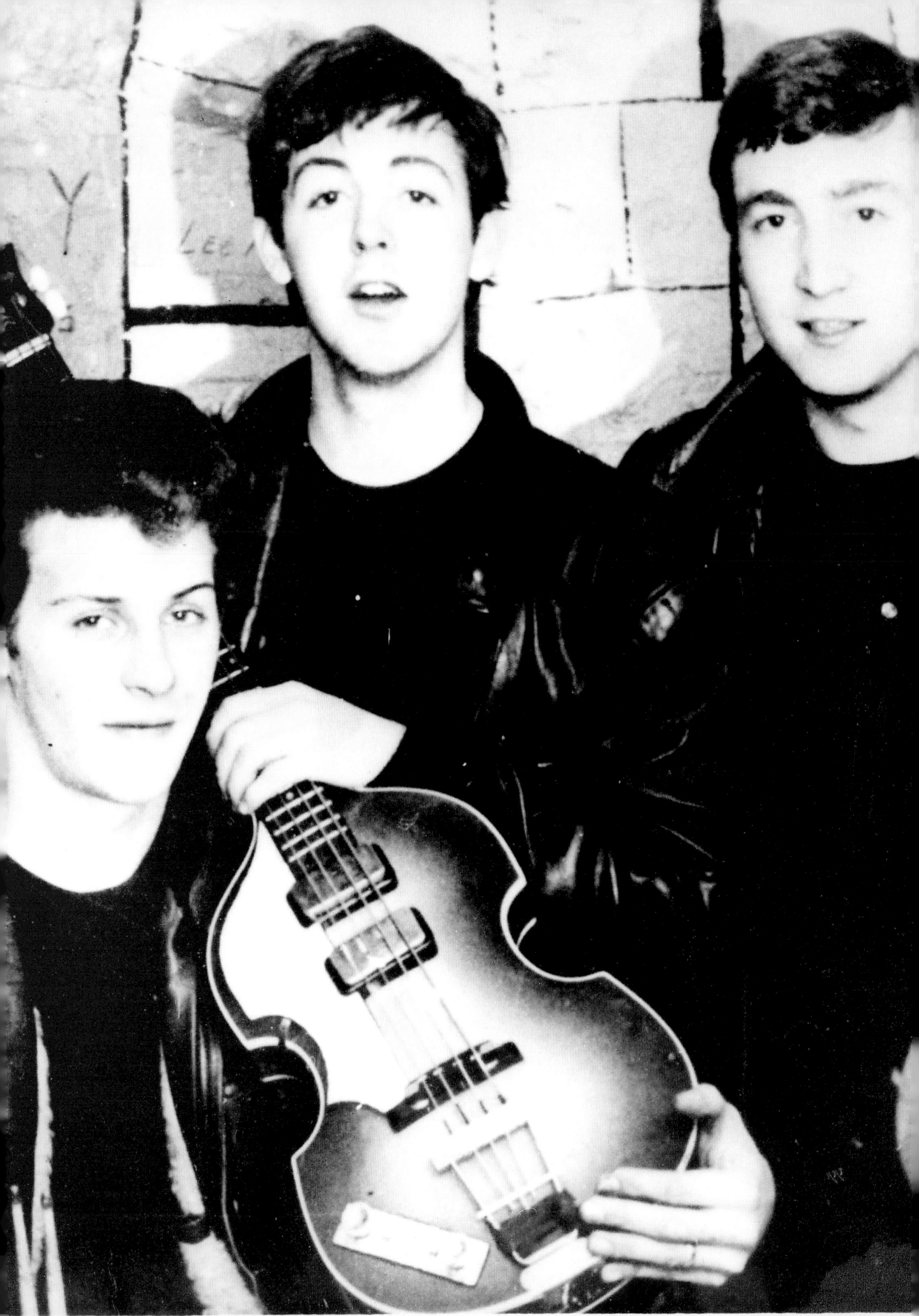

George, no The Cavern.

6 de janeiro
– *The Cavern* (noite). Com The Collegians Jazz Band.
7 de janeiro
– *Casbah Coffee Club, em West Derby, Liverpool.*
9 de janeiro
– *The Cavern* (horário do almoço).
10 de janeiro
– *The Cavern* (noite). Com Gerry & The Pacemakers.
11 de janeiro
– *The Cavern* (horário do almoço).
12 de janeiro
– *The Cavern* (noite). Com The Mike Cotten Jazzmen.
– *Tower Ballroom, em New Brighton, Wallasey.* Com Mel Turner (O Rei do Twist) & The Bandits, Rory Storm & The Hurricanes e The Strangers. Como a banda Screaming Lord Sutch & His Horde of Savages não compareceu, os Beatles se apresentaram às 23h30, horário nobre da noite.
13 de janeiro
– *Hambleton Hall, em Huyton.* Última apresentação dos Beatles nesta casa de shows.
14 de janeiro
– *Casbah Coffee Club, em West Derby, Liverpool.*
15 de janeiro
– *The Cavern* (horário do almoço).
17 de janeiro
– *The Cavern* (horário do almoço).
– *The Cavern* (noite). Com Ian & The Zodiacs e The Remo Four.
19 de janeiro
– *The Cavern* (horário do almoço).
– *Tower Ballroom, em New Brighton, Wallasey.*
20 de janeiro
– *The Cavern* (noite). Com The Yorkshire Jazz Band.
21 de janeiro
– *Casbah Coffee Club, em West Derby, Liverpool.*
22 de janeiro
– *The Cavern* (horário do almoço). O primeiro de cinco shows com uma hora de duração em vez de duas, organizados pelo The Cavern a título de experiência, cuja entrada custava 1 *shilling* (5 *pence*).
– *The Kingsway Club, em Southport.* (pesquisado)
24 de janeiro
– *The Cavern* (horário do almoço).
– *The Cavern* (noite). Com The Four Jays e Gerry & The Pacemakers.
– Naquela tarde, os Beatles assinaram o contrato com Brian Epstein como empresário, no escritório da NEMS, tendo como testemunha Alistair Taylor. Entretanto, quando chegou sua vez, Brian, por precaução, não assinou o documento. Sua comissão seria de 25% sobre o lucro bruto dos shows e os Beatles dividiriam o restante em quatro partes, depois de deduzidas as despesas. Brian sempre receberia mais do que qualquer um deles e passou a ganhar mais ainda quando as despesas da banda aumentaram. Naquela época, a comissão dos empresários era normalmente de 10%.
26 de janeiro
– *The Cavern* (horário do almoço).
– *The Cavern* (noite). Com The Yorshire Jazz Band.
– *Tower Ballroom, em New Brighton, Wallasey.*
27 de janeiro
– *Aintree Institute, em Liverpool.* Essa é a última vez que os Beatles tocam em um evento promovido por Brian "Beekay" Kelly. Brian Epstein se sentiu desrespeitado quando a banda recebeu o cachê de 15 libras com dinheiro trocado, em notas miúdas e amassadas, e garantiu que eles nunca mais trabalhariam para "Beekay".
– O jornal *Liverpool Echo* publica um artigo sobre o teste dos Beatles na Decca, escrito por Tony Barrow, que mais tarde se tornaria assessor de imprensa da banda.
28 de janeiro
– *Casbah Coffee Club, em West Derby, Liverpool.*

29 de janeiro
– *The Kingsway Club, em Southport.*
30 de janeiro
– *The Cavern* (horário do almoço).
31 de Janeiro
– *The Cavern* (noite). Com The Remo Four e Kingsize Taylor & The Dominoes.
1º de fevereiro
– *The Cavern* (horário do almoço).
– *Thistle Café, em West Kirby.* Com Steve Day & The Drifters. O evento é anunciado como The Grand Opening of The Beatle Club, pelo qual Brian Epstein recebe sua primeira comissão como empresário da banda. Essa é a única vez que os Beatles tocam na casa.
2 de fevereiro
– *Oasis Club, em Manchester.* Com The Allan Dent Jazz Band e Tony Smith's Jazzmen. Primeiro show dos Beatles produzido profissionalmente fora de Liverpool.
3 de fevereiro
– *The Cavern* (noite). Com The Saints Jazz Band e Gerry & The Pacemakers.
4 de fevereiro
– *Casbah Coffee Club, em West Derby, Liverpool.*
5 de fevereiro
– *The Cavern* (horário do almoço).
– *The Kingsway Club, em Southport.* Com The Quiet Ones. Pete Best estava doente e não poderia se apresentar, e, como The Rory Storm & The Hurricanes não tinham nenhum show agendado naquele dia, a banda chamou Ringo para substituir seu baterista nos dois shows daquela noite.
7 de fevereiro
– *The Cavern* (horário do almoço).
– *The Cavern* (noite). Com Dale Roberts & The Jaywalkers e Gerry & The Pacemakers.
8 de fevereiro
– Brian vai até a loja His Master's Voice, da EMI, em Oxford Street, n. 363, em Londres, cujo gerente era seu amigo Bob Boast, para passar para acetato as fitas do teste da Decca. Jim Foy, operador de corte, ao ouvir o material, ficou impressionado com a *performance* do grupo e, quando Brian lhe contou que John e Paul compuseram algumas das músicas, Jim sugeriu a Brian que falasse com Sid Coleman, diretor da editora Ardmore e Beechwood, também do grupo EMI, cujos escritórios ficavam no último andar. Coleman veio a publicar duas canções de John e Paul, "Love Me Do" e "P. S. I Love You", cujos direitos atualmente pertencem a Paul McCartney e são as únicas dos Beatles que fazem parte do catálogo da editora musical MPL.
Foi Coleman quem aconselhou Brian a procurar George Martin, o diretor de repertório do selo Parlophone, também da EMI.
9 de fevereiro
– *The Cavern* (horário do almoço).
– *The Cavern* (noite). Com Gerry & The Pacemakers e The Collegians Jazz Band.
– *Technical College Hall, em Birkenhead.* Essa foi a primeira das três apresentações consecutivas que os Beatles fizeram nas noites de sexta-feira no "Tech".
10 de fevereiro
– *Youth Club, St Paul's Presbyterian Church Hall, em Tranmere, Birkenhead.*
11 de fevereiro
– *Casbah Coffee Club, em West Derby, Liverpool.*
12 de fevereiro
– Os Beatles fazem um teste com Peter Pilbeam, produtor dos programas para o público adolescente da rádio BBC, gravados no norte da Inglaterra. Eles apresentaram quatro músicas, sendo duas com Paul no vocal: "Like Dreamers Do", composição própria, e "Till There Was You", de Peggy Lee; e duas com John: "Hello Little Girl", composição própria, e "Memphis, Tennessee", de Chuck Berry. Pilbeam gostou de John, mas não de Paul.

> "Uma banda **diferente**, não tão **rock'n'roll** como a **maioria**, com uma batida mais **folk**, e uma vontade enorme de **tocar**".

As gravações para o programa *Teenagers' Turn* foram marcadas para 7 de março, que seria a primeira apresentação do grupo na rádio.
13 de fevereiro
– *The Cavern* (horário do almoço).
14 de fevereiro
– *The Cavern* (noite). Com Johnny Sandon & The Searchers e The Strangers.
15 de fevereiro
– *The Cavern* (horário do almoço).
– *Tower Ballroom, em New Brighton, Wallasey.* Com Terry Lightfoot e sua New Orleans Jazz Band. O show foi anunciado como "Pre-Panto Ball", pois antecedia o "Panto Ball", espetáculo de variedades que seria apresentado na noite seguinte no Tower Ballroom. Foi um sucesso de público, atraindo 3.500 pessoas.
16 de fevereiro
– *Technical College Hall, em Birkenhead.*
– *Tower Ballroom, em New Brighton, Wallasey.*
17 de fevereiro
– *The Cavern* (noite). Com Cyril Preston's Excelsior Jazz Band e The Zenith Six Jazz Band.
18 de fevereiro
– *Casbah Coffee Club, em West Derby, Liverpool.*
19 de fevereiro
– *The Cavern* (horário do almoço).
20 de fevereiro
– Os Beatles recebem um contrato da BBC, de Manchester, para gravar o programa de rádio *Teenagers' Turn*, em 7 de março.

– *Floral Hall, em Southport.* A Rock 'n' Trad Spectacular, com os Beatles, Gerry & The Pacemakers, Rory Storm & The Hurricanes e The Chris Hamilton Jazzmen. A melhor casa de shows agendada por Brian Epstein até então.
– Brian Epstein escreve para Bert Kaempfert em Hamburgo, pedindo-lhe que libere a banda do contrato assinado em maio de 1961.

21 de fevereiro
– *The Cavern* (horário do almoço).
– *The Cavern* (noite). Com Ken Dallas & The Silhouettes e Steve Day & The Drifters.

23 de fevereiro
– *The Cavern* (horário do almoço).
– *Tower Ballroom, em New Brighton, Wallasey.* Show às 21h e às 22h45.
– Entre os shows no Tower, o grupo ainda teve tempo de fazer uma apresentação de 30 minutos em outro local.

24 de fevereiro
– *YMCA, em Wirral.* O público fica tão entediado com as longas intervenções entre as músicas, que o grupo acaba saindo do palco sob vaias.
– *The Cavern.* Uma noite inteira ao som dos Beatles, The Red River Jazzmen, Tony Smith's Jazz Band, Ken Sim's Jazz Band, Gerry & The Pacemakers e Ken Dallas & The Silhouettes.

26 de fevereiro
– *The Kingsway Club, em Southport.*

27 de fevereiro
– *The Cavern* (horário do almoço).

28 de fevereiro
– *The Cavern* (noite). Com Gerry & The Pacemakers e The Searchers.

1º de março
– *The Cavern* (horário do almoço).
– *Storyville Jazz Club, em Liverpool.*

2 de março
– *St John's Hall, em Bootle, em Lancashire.*
– *Tower Ballroom, em New Brighton, Wallasey.* Uma noite de rock'n'roll anunciada como "Mad March Rock Ball", com os Beatles, Johnny Sandon's Searchers e The Tenabeats.

3 de março
– *The Cavern* (noite). Com Jim McHarg's Storeyville Jazzmen.
– Bert Kaempfert concorda com o pedido de Brian Epstein e libera os Beatles de seu contrato, contanto que a banda concorde em gravar para a Polydor durante sua temporada de primavera, em Hamburgo.

4 de março
– *Casbah Coffee Club, em West Derby, Liverpool.*

5 de março
– *The Cavern* (horário do almoço).
– *The Kingsway Club, em Southport.*

6 de março
– *The Cavern* (noite). Uma noite para "Blue Genes e seus convidados", com os Beatles e Gerry & The Pacemakers.

7 de março
– O grupo viaja para o Playhouse Theatre, em Manchester, para gravar sua participação no *Teenagers' Turn – Here We Go,* da rádio BBC Light Programme. Tocaram três músicas para a plateia de adolescentes: "Dream Baby (How Long Must I Dream)", "Memphis, Tennessee" e "Please Mister Postman".

8 de março
– *Storyville Jazz Club, em Liverpool.*
– A BBC Light Programme transmite a apresentação dos Beatles no *Teenagers' Turn – Here We Go.*

9 de março
– *The Cavern* (horário do almoço).
– *The Cavern* (noite). Com The Saints Jazz Band.

10 de março
– *Youth Club, St Paul's Presbyterian Church Hall, em Tranmere, Birkenhead.* Além dos Beatles, a programação da noite incluía The Country Four com Brian Newman.

11 de março
– *Casbah Coffee Club, em West Derby, Liverpool.*

12 de março
– *The Cavern* (horário do almoço).

13 de março
– *The Cavern* (horário do almoço).

14 de março
– *The Cavern* (noite). Com Gerry & The Pacemakers e Clay Ellis & The Raiders.

15 de março
– *The Cavern* (horário do almoço).
– *Storyville Jazz Club, Liverpool.*

A recusa de Pete Best em adotar o corte Beatle afastou-o dos outros integrantes.

16 de março
– *The Cavern* (noite). Com The Collegians Jazz Band.
17 de março
– *Village Hall, em Knotty Ash.* Uma noite de Gala Rock, no dia de St Patrick, com os Beatles e Rory Storm & The Hurricanes. Após o show, o agente Sam Leach ofereceu uma festa memorável para comemorar seu noivado, que se estendeu até a tarde do dia seguinte.
18 de março
– *Casbah Coffee Club, em West Derby, Liverpool.*
19 de março
– *The Kingsway Club, em Southport.*
20 de março
– *The Cavern* (noite). Uma noite para "Blue Genes e seus convidados", com os Beatles, The Remo Four, The Zodiacs e Johnny Sandon.
21 de março
– *The Cavern* (horário do almoço).
22 de março
– *The Cavern* (noite). Com Peppy & The New York Twisters.
23 de março
– *The Cavern* (horário do almoço).
– *The Cavern* (noite). Com Pete Hartigan's Jazzmen e Gerry & The Pacemakers.
24 de março
– *Heswall Jazz Club, Barnston Women's Institute, em Heswall, Wirral.* Com The Pasadena Jazzmen. Nesse elegante evento, os Beatles se apresentam vestindo ternos.
25 de março
– *Casbah Coffee Club, em West Derby, Liverpool.*
26 de março
– *The Cavern* (horário do almoço).
28 de março
– *The Cavern* (horário do almoço).
– *The Cavern* (noite). Com Gerry & The Pacemakers e The Remo Four com Johnny Sandon.
29 de março
– *Odd Spot Club, em Liverpool.* Com The Mersey Beats.

30 de março
– *The Cavern* (horário do almoço).
– *The Cavern* (noite). Com The Dallas Jazz Band.
31 de março
– *Subscription Rooms, em Stroud, Gloucestershire.* Com The Rebel Rousers. Aviso à clientela: "Por ordem das autoridades, não é permitida a entrada de *teddy boys*, e as damas não devem usar salto agulha".
1º de abril
– *Casbah Coffee Club, em West Derby, Liverpool.*

Abaixo: Stuart Sutcliffe. Na página seguinte: George, John e Paul, em frente da casa de Paul, em Liverpool.

2 de abril
– *The Cavern* (horário do almoço).
– *Liverpool Pavillion, em Liverpool.* Com The Royal Show Band, de Waterford, considerada uma das melhores bandas da Irlanda.
4 de abril
– *The Cavern* (horário do almoço).
– *The Cavern* (noite). Com The Searchers e Earl Preston & The TTs.
5 de abril
– *The Cavern* (noite). Show organizado pelo fã-clube dos Beatles, chamado "Os Beatles tocam para seus fãs ou uma noite com John, Paul, George e Pete", apresentado por Bob Wooler. A programação também incluía The Four Jays. Na primeira parte do show, os Beatles se apresentaram como em Hamburgo, com jaquetas de couro preto e, na segunda, com terno e gravata, "no melhor estilo Epstein". O ingresso dava direito a uma foto da banda.
6 de abril
– *The Cavern* (horário do almoço).
– *Tower Ballroom, em New Brighton, Wallasey.* Os Beatles (cujo nome estava escrito "Beetles" no cartaz) foram a banda contratada para acompanhar Emile Ford & The Checkmates. Gerry & The Pacemakers, Howey Casey & The Seniors, Rory Storm & The Hurricanes, The Big Three e The Original King Twisters também fizeram parte da programação, tudo por apenas 6 *shillings*.
7 de abril
– *The Cavern* (noite). Com The Saints Jazz Band. Divulgado como "O Show de Despedida dos Beatles" antes de sua partida para Hamburgo.
– *Casbah Coffee Club, em West Derby, Liverpool.* Como George estava doente, não participou das duas apresentações dessa noite.
10 de abril
– Stuart Sutcliffe, que permanecera em Hamburgo, é levado às pressas para o hospital com hemorragia cerebral; entretanto, não consegue chegar a tempo de ser socorrido e

morre na ambulância. Ele tinha 22 anos.
11 de abril
– Os Beatles, à exceção de George, partem do *Ringway Airport*, em Manchester, com destino a Hamburgo.
13-30 de abril
– *Star-Club, em Grosse-Freiheit, Hamburgo.* Os Beatles fazem uma temporada de sete semanas no Star-Club, que termina em 31 de maio. Nesse período, tiveram apenas um dia de folga, em 20 de abril, quando o clube ficou fechado por causa do feriado de Sexta-Feira Santa. Durante as duas primeiras semanas, dividiram o palco com Gene Vincent.
Assim o *Mersey Beat* descreveu o clube:
"Há dois bares, um para bebidas, e outro para música e dança no andar superior. Há uma pequena 'base giratória' no balcão em forma de 'U'. Entre o térreo e o balcão há uma armação de treliça, de onde pendem lanternas, criando uma atmosfera sugestiva e intimista."
23 de abril
– O compacto *My Bonnie/The Saints*, com Tony Sheridan e The Beat Brothers (vulgo The Beatles), é lançado no Estados Unidos pela Decca (31382).
1-31 de maio
– *Star-Club, em Grosse Freiheit, Hamburgo.*
9 de maio
– George Martin encontra-se com Brian Epstein em Abbey Road, como sugerido por Sid Coleman, da editora Ardmore & Bleechwood, da EMI. Empolgado com as fitas do teste da Decca, Martin ofereceu a Brian um contrato de gravação, sem ao menos ter visto uma apresentação da banda. A documentação foi preparada e assinada por Brian. A próxima etapa seria um teste com George em Abbey Road e, caso ele gostasse do grupo, o contrato também seria assinado pela EMI, para que este tivesse valor legal. O primeiro compromisso dos Beatles em Abbey Road foi marcado para 6 de junho. Brian enviou um telegrama para Hamburgo: "Parabéns, rapazes! A EMI pede sessão de gravação. Favor ensaiar novo material!".
28 de maio
– Os Beatles abrem o Festival "Rockin' – Twist 62" do Star-Club, com Gene Vincent, eleito Rei do Rock de 1961 nos Estados Unidos, Davy Jones, Tony Sheridan, The Batchelors, Tanya Day, Roy Young, Tex Roberg e as bandas de Rock'n'Twist: os Beatles, The Graduates, Gerry & The Pacemakers, The Starlioners, e Roy & Tony's Star Inc. De 28 de maio a 11 de junho.
6 de junho
– *Abbey Road.* Os Beatles gravam quatro músicas no estúdio 3: "Besame Mucho", "Love Me Do", "P. S. I Love You" e "Ask me Why". A sessão foi produzida por Ron Richards. George Martin não estava presente, e só apareceu depois que Norman Smith, o engenheiro

de som, escutou a primeira composição de Lennon e McCartney e pediu ao operador de som que o chamasse. Martin percebeu o potencial do grupo, mas não gostou de Pete Best e sugeriu que usassem outro baterista para as gravações. George Martin exigiu que a gravadora assinasse o contrato. Os Beatles estavam finalmente na EMI.
George Martin: **"Se houver algo com que não estejam satisfeitos, é só falar"**.
George Harrison:

"Bem, para começo de conversa, não gostei de sua gravata!".

9 de junho
– *The Cavern* (noite). "The Beatles' Welcome Home Show". O primeiro show dos Beatles após a temporada de dois meses em Hamburgo, com The Red River Jazzmen, The Spidermen, The Four Jays e Ken Dallas & The Silhouettes. Novecentos fãs se espremeram dentro do The Cavern, quebrando o recorde de público da casa.
11 de junho
– O grupo grava outra apresentação para o *Teenagers' Turn – Here We Go*, da BBC Light Programme FM, no *Playhouse Theatre*, em Manchester. Tocam "Ask Me Why", "Besame Mucho" e "A Picture Of You".
12 de junho
– *The Cavern* (horário do almoço).
– *The Cavern* (noite). A banda é a única atração da noite.
13 de junho
– *The Cavern* (horário do almoço).
– *The Cavern* (noite). Com The Dakotas e The Dennisons.
15 de junho
– *The Cavern* (horário do almoço).
– *The Cavern* (noite). Com Group One e The Spidermen.
– A participação dos Beatles no *Teenagers' Turn – Here We Go*

é transmitida pela BBC Light Programme.
16 de junho
– *The Cavern* (noite). Com Tony Smith's Jazzmen.
19 de junho
– *The Cavern* (horário do almoço).
– *The Cavern* (noite). Com The Mersey Beats e The Swinging Blue Genes.
20 de junho
– *The Cavern* (horário do almoço).
– *The Cavern* (noite). Com The Sorrals e Kingsize Taylor & The Dominoes.
21 de junho
– *Tower Ballroom*, em New Brighton, Wallasey. Bruce Channel foi o astro da noite, apresentando-se com a banda Delbert McLinton e The

Paul, em Liverpool, com seu pai, Jim, e seu irmão, Mike.

Barons. A programação também incluiu Howie Casey & The Seniors, The Big Three e The Four Jays.
22 de junho
– *The Cavern* (horário do almoço).
– *The Cavern* (noite). Com Clay Ellis & The Raiders e The Olympics.
23 de junho
– *The Victory Memorial Hall*, em Northwich, Cheshire.
– Brian Epstein abre a produtora NEMS Enterprises Limited, a fim de cuidar dos negócios dos Beatles.

24 de junho
– Casbah Coffee Club, em West Derby, Liverpool. Último show dos Beatles no clube de Mona Best.
25 de junho
– The Cavern (horário do almoço).
– Plaza Ballroom, St Helens, em Lancashire. "Big Beat Bargain Night", uma noite de rock com os Beatles e The Big Tree.
27 de junho
– The Cavern (horário do almoço).
– The Cavern (noite). Com The Swinging Blue Genes.
28 de junho
– Majestic Ballroom, em Birkenhead. "O mais luxuoso salão de bailes de Merseyside". Esse foi o primeiro compromisso dos Beatles com a Top Rank Organisation, na época a maior empresa de entretenimento do Reino Unido.
29 de junho
– The Cavern (horário do almoço).
– Tower Ballroom, em New Brighton, Wallasey. Terceiro show do "Operation Big Beat", cinco horas e meia de puro Rock'n'Twist.
30 de junho
– Heswall Jazz Club do Barnston Women's Institute, em Heswall, Wirral. Com The Big Tree.
1º de julho
– The Cavern (noite). Com Gene Vincent & Sounds Incorporated. Foi feita uma gravação pirata de "What'd I Say" na voz de Gene Vincent. Diz-se que os Beatles estavam tocando com Sounds Incorporated, porém há controvérsias.
2 de julho
– Plaza Ballroom, em St Helens, Lancashire.
3 de julho
– The Cavern (horário do almoço).
4 de julho
– The Cavern (noite). Com Group One e The Spidermen.
5 de julho
– Majestic Ballroom, em Birkenhead.

6 de julho
– M.V. Royal Iris, Rio Mersey. Segundo "Riverboat Shuffle" promovido pelo The Cavern. Além dos Beatles, o baile também contou com a participação da Acker Bilk's Paramount Jazz Band.
7 de julho
– Golf Club Dance, Hulme Hall, em Port Sunlight, Birkenhead.
8 de julho
– The Cavern (noite). Com The Swinging Blue Genes e Tony Smith's Jazzmen.
9 de julho
– Plaza Ballroom, em St Helens, Lancashire.
10 de julho
– The Cavern (horário do almoço).
11 de julho
– The Cavern (noite). Com The Statesmen and The Morockans.
12 de julho
– The Cavern (horário do almoço).
– Majestic Ballroom, em Birkenhead.

13 de julho
– Tower Ballroom, em New Brighton, Wallasey.
14 de julho
– Regent Dansett, em Rhyl, Wales. Com The Strangers.
15 de julho
– The Cavern (noite). Com The Saints Jazz Band, The Swinging Blue Genes e The Four Jays.
16 de julho
– The Cavern (horário do almoço).
– Plaza Ballroom, em St Helens, Lancashire.
17 de julho
– McIlroy's Ballroom, em Swindon.
18 de julho
– The Cavern (horário do almoço).
– The Cavern (noite). Com Ken Dallas & The Silhouettes e The Spidermen.
19 de julho
– Majestic Ballroom, em Birkenhead.
20 de julho
– The Cavern (horário do almoço).
– The Bell Hall, em Warrington.
21 de julho
– Tower Ballroom, em New Brighton, Wallasey.

Abaixo: Gerry e The Pacemakers.

22 de julho
– *The Cavern* (noite). Com The Swinging Blue Genes, The Red River Jazzmen e Ken Dallas & The Silhouettes.
23 de julho
– *The Kingsway Club, em Southport.*
24 de julho
– *The Cavern* (horário do almoço).
25 de julho
– *The Cavern* (horário do almoço). Com Gerry & The Pacemakers.
– *The Cavern* (noite). Com The Dakotas, Ian & The Zodiacs e The Dennisons.
– *Cabaret Club, em Liverpool.* Uma tentativa frustrada de Brian Epstein de incluir os Beatles no circuito das *lounge bands,* que tocavam música ambiente em bares e restaurantes. O público odiou os Beatles, e os Beatles odiaram o público.
26 de julho
– *Cambridge Hall, em Southport.* Uma produção da NEMS Enterprises. Os Beatles acompanharam Joe Brown & The Bruvvers, a atração da noite. (pesquisado)
27 de julho
– *Tower Ballroom, em New Brighton, Wallasey.* Os Beatles novamente acompanharam Joe Brown & The Bruvvers. A programação também incluiu The Statesmen, The Big Three, The Four Jays e Steve Day & The Drifters. Outra produção da NEMS Enterprises.
28 de julho
– *The Cavern* (noite). Com The Red River Jazzmen e Dee Fenton & The Silhouettes.
– *Majestic Ballroom, em Birkenhead, Cheshire.* Com The Swinging Blue Genes e Billy Kramer & The Coasters.
30 de julho
– *The Cavern* (horário do almoço).
– *Blue Penguin Club, em St John's Hall, em Bootle, Lancashire.* Com The Mersey Beats e The Sensational Sinners.
1º de agosto
– *The Cavern* (horário do almoço).

– *The Cavern* (noite). Com Gerry & The Pacemakers e The Mersey Beats.
3 de agosto
– *Grafton Ballroom, em Liverpool.* "Holiday Spetacular!!", o primeiro show de rock realizado nesse salão de baile, com os Beatles, The Big Three e Gerry & The Pacemakers.
4 de agosto
– *Victoria Hall, em Higher Bebington, Wirral.*
5 de agosto
– *The Cavern* (noite). Com The Saints Jazz Band e The Swinging Blue Genes.
7 de agosto
– *The Cavern* (horário do almoço).
– *The Cavern* (noite). Com Wayne Stevens & The Vikings, Ken Dallas & The Silhouettes e The Swinging Blue Genes.
8 de agosto
– *Co-op Ballroom, em Doncaster.*
9 de agosto
– *The Cavern* (horário do almoço).

Abaixo: Ringo entra na banda. Ao contrário de Pete Best, ele não tinha nenhuma objeção ao corte Beatle.

10 de agosto
– *M.V. Royal Iris, Rio Mersey.* Terceiro "Riverboat Shuffle". Com Johnny Kidd & The Pirates e The Dakotas.
11 de agosto
– *Odd Spot Club, em Liverpool.*
12 de agosto
– *The Cavern* (noite). Com The Swinging Blue Genes e The Red River Jazzmen.
13 de agosto
– *The Cavern* (horário do almoço).
– *Majestic Ballroom, em Crewe.* "The Biggest Rock Since Blackpool Rock". Uma "noite selvagem" de muito rock'n'roll.
15 de agosto
– *The Cavern* (horário do almoço).
– *The Cavern* (noite). Essa é a última *performance* de Pete Best com a banda, antes de ser sumariamente demitido.
– John Lennon telefona para Ringo Starr que estava no final de uma temporada com Rory Storm & The Hurricanes na colônia de férias Butlins, em Skegness. John diz que ele está prestes a se tornar o próximo baterista da banda, algo sobre o qual Ringo e os Beatles já haviam confabulado.

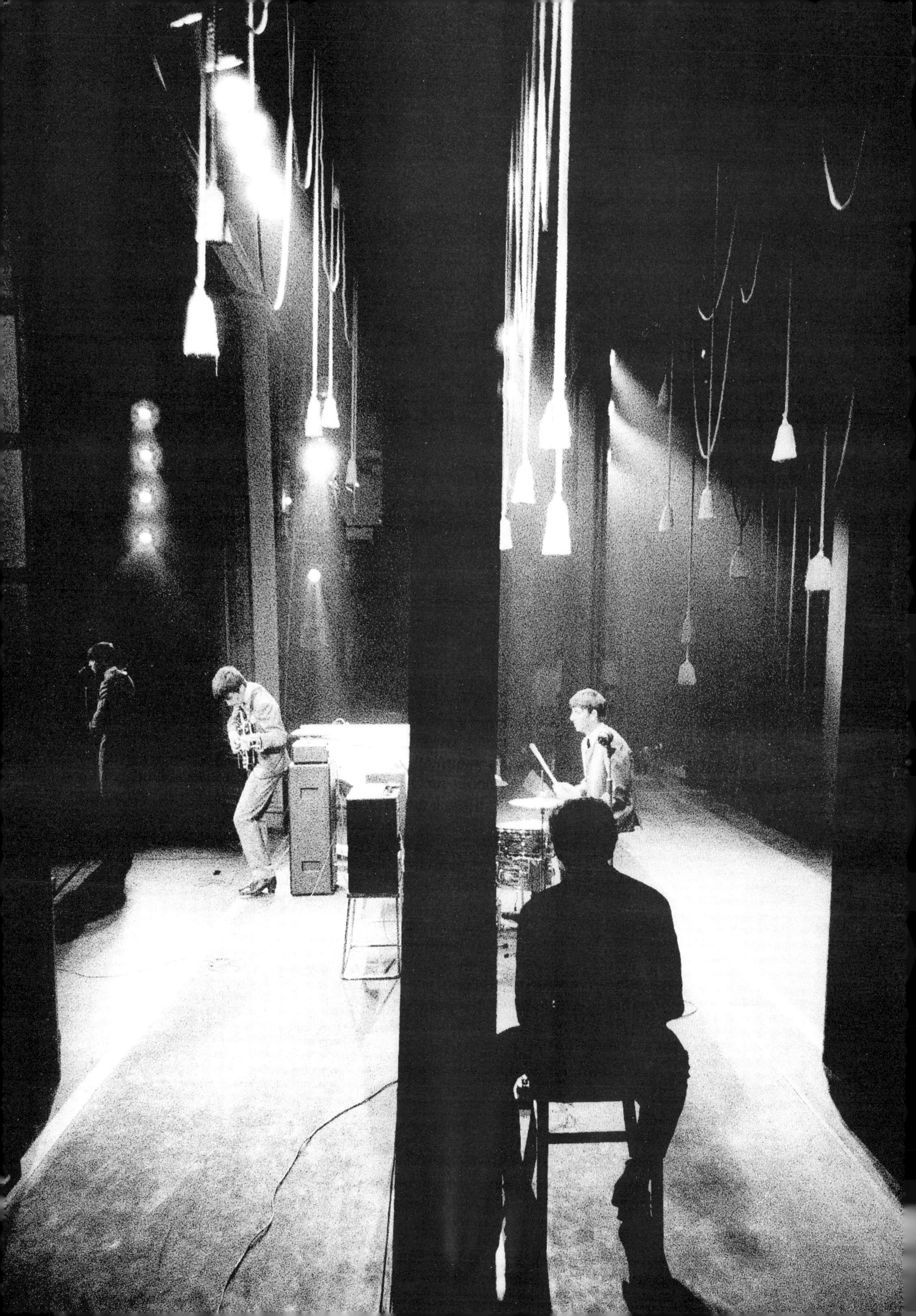

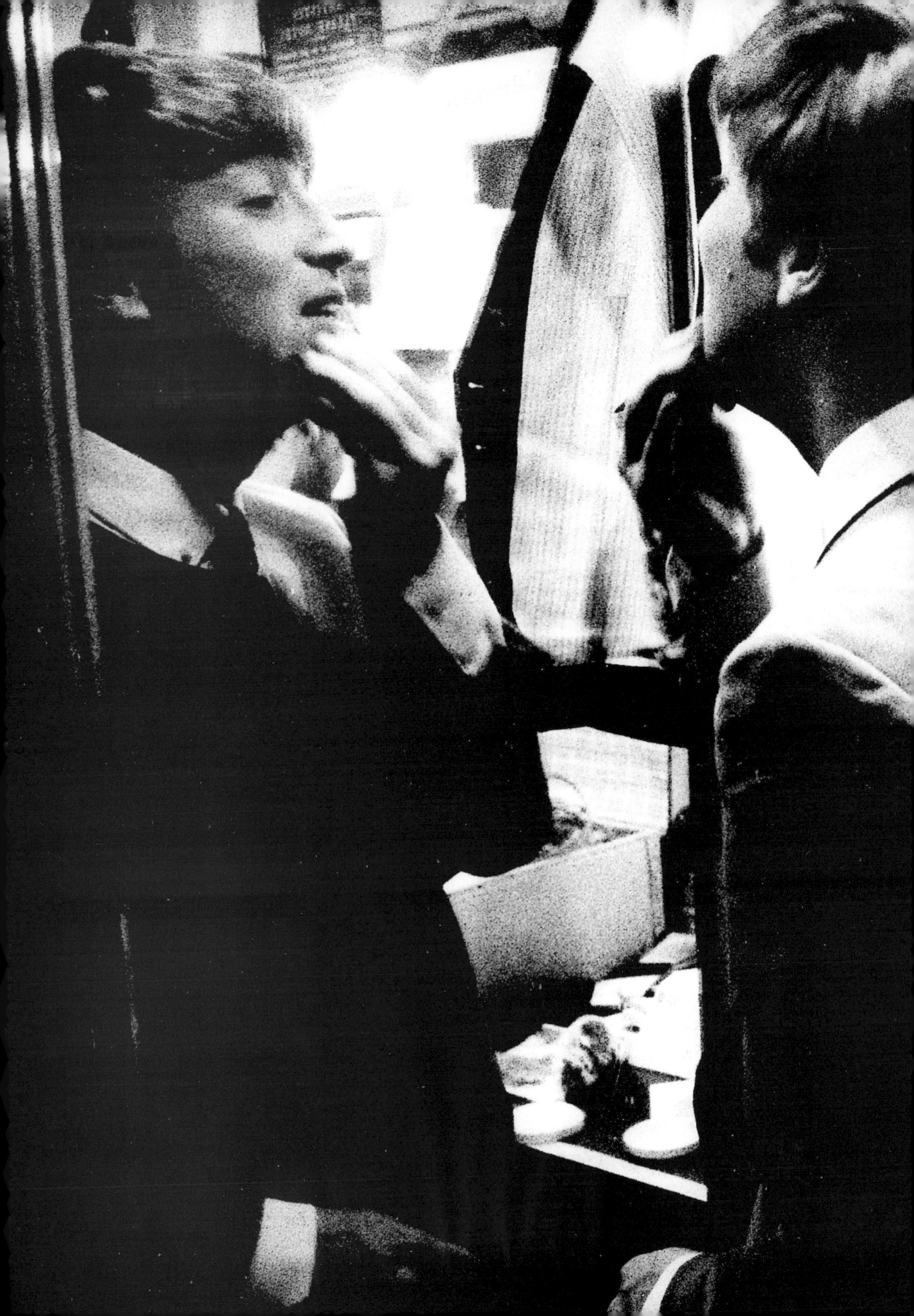

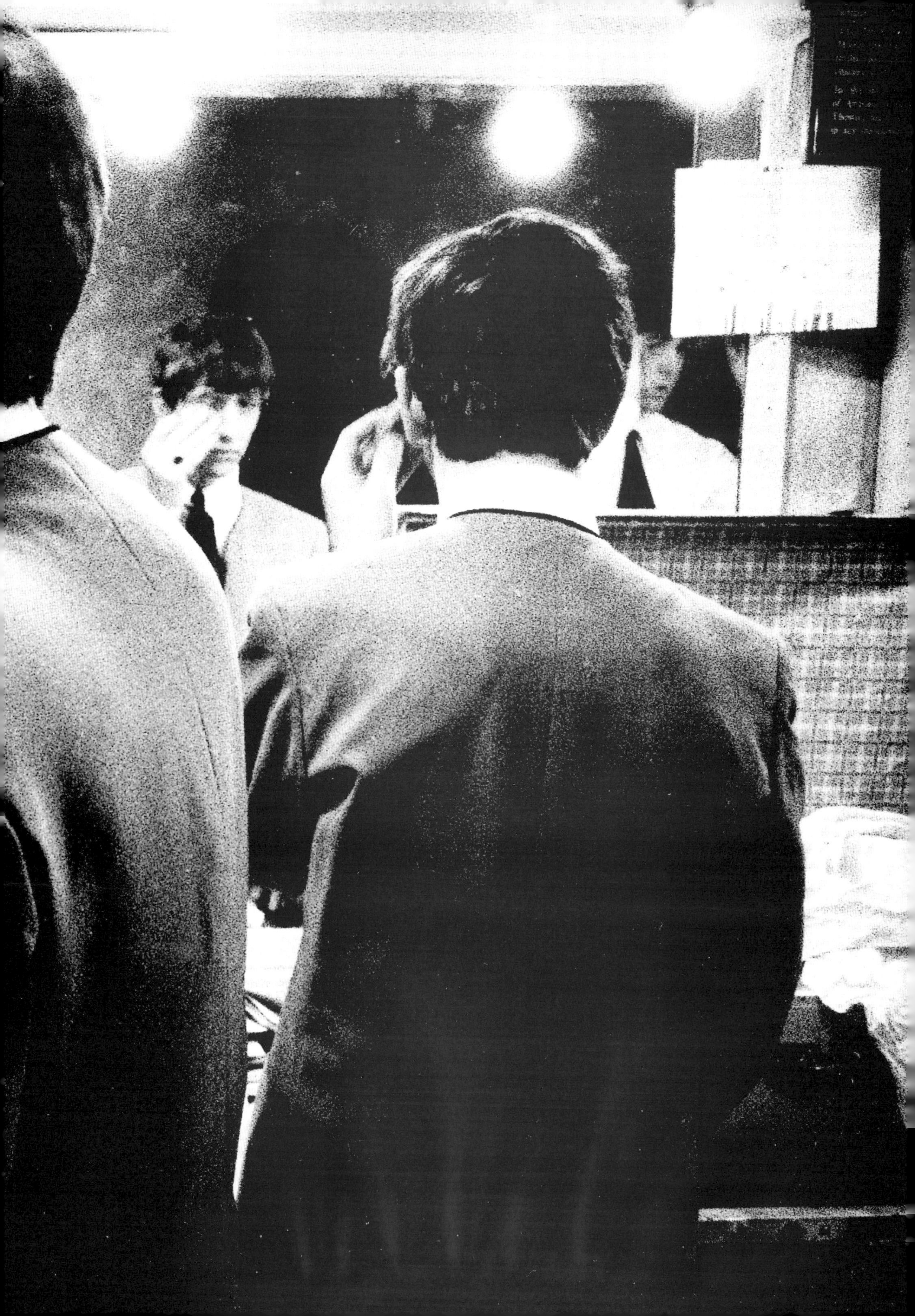

16 de agosto
– John, Paul e George pedem a Brian que dispense Pete. Neil Aspinal, *roadie* dos Beatles, e Pete, além de serem muito amigos, moravam juntos. Neil, descontente com a decisão da banda, decidiu pedir demissão, mas Pete insistiu para que não o fizesse.
De acordo com a declaração oficial da banda:

> "Pete e a banda chegaram a um **consenso**. Não houve **discussões** ou **contratempos**, foi uma decisão totalmente **amigável**".

Eles achavam que Pete não se encaixava na imagem que queriam imprimir à banda: era muito temperamental e se recusava a adotar o característico corte Beatle.
Em 1963, Pete Best deu sua versão da história: "**Em nossa terceira temporada em Hamburgo, fomos a primeira banda a tocar no recém-inaugurado The Star Club. Enquanto estávamos lá, recebemos um telegrama nos informando que conseguíramos um contrato com a Parlophone e, pouco antes de o primeiro álbum ser lançado, me disseram que teria de deixar o grupo. Fiquei totalmente surpreso. Não havia nada que sugerisse que isso estava por acontecer e eu nem ao menos tive a chance de conversar com o restante do grupo**".
– *Riverpark Ballroom, em Chester.* Nessa noite, Johnny "Hutch" Hutchinson, baterista do The Big Three, toca no lugar de Pete.

17 de agosto
– *Majestic Ballroom, em Birkenhead.*
– *Tower Ballroom, em New Brighton, Wallasey.* "Hutch" Hutchinson apresentou-se novamente com os Beatles, apesar de sua própria banda ter um show nessa noite e ter sido obrigada a procurar alguém para substituí-lo.

18 de agosto
– *Horticulture Society Dance, em Hulme Hall, Port Sunlight, Birkenhead.* Com The Four Jays. Essa é a estreia de Ringo nos Beatles. A banda ensaiou durante duas horas antes da apresentação das 22h.

19 de agosto
– *The Cavern* (noite). Com The Zenith Six Jazz Band, The Swinging Blue Genes e Peppy & The New York Twisters. Essa é a estreia de Ringo com os Beatles no The Cavern. Pete tinha várias fãs que, desgostosas com sua demissão, atacaram os rapazes assim que eles entraram no clube. George ficou com um olho roxo.

20 de agosto
– *Majestic Ballroom, em Crewe.*

22 de agosto
– *The Cavern* (horário do almoço). A TV Granada filmou o grupo tocando "Some Other Guy" e "Kansas City/Hey-Hey-Hey-Hey!", para o programa *Know The North*, que seria exibido em 7 de novembro; entretanto, o filme nunca foi ao ar. O vídeo da filmagem foi salvo, mas o áudio de "Kansas City" se perdeu.
– *The Cavern* (noite). Com Gerry & The Pacemakers e Dee Fenton & The Silhouettes.

23 de agosto
– *Riverpark Ballroom, em Chester.*
– John e Cynthia casam-se no cartório Mount Pleasant, tendo Paul como padrinho. George, Brian Epstein, Tony e Marjorie, irmão e cunhada de Cynthia, são os únicos convidados. A mal-humorada tia Mimi boicotou a cerimônia. Uma britadeira do lado de fora fazia tanto barulho que mal podia se ouvir o que o juiz dizia, o que irritou a todos. Após o evento, Brian os levou ao Reece's Cafe para um almoço, cujo *menu* incluía frango assado, guarnições e salada de frutas para sobremesa. Como o restaurante não servia bebidas alcoólicas, brindaram com água. Brian concordou que o casal se mudasse para o pequeno apartamento de solteiro que mantinha perto da faculdade de

> *Abaixo: Apesar do alto grau de miopia, John se recusava a usar óculos em público. Durante toda a Beatlemania, nunca conseguiu ver o frenesi do público com nitidez. Na página seguinte: Paul e John na casa de Paul, em Liverpool.*

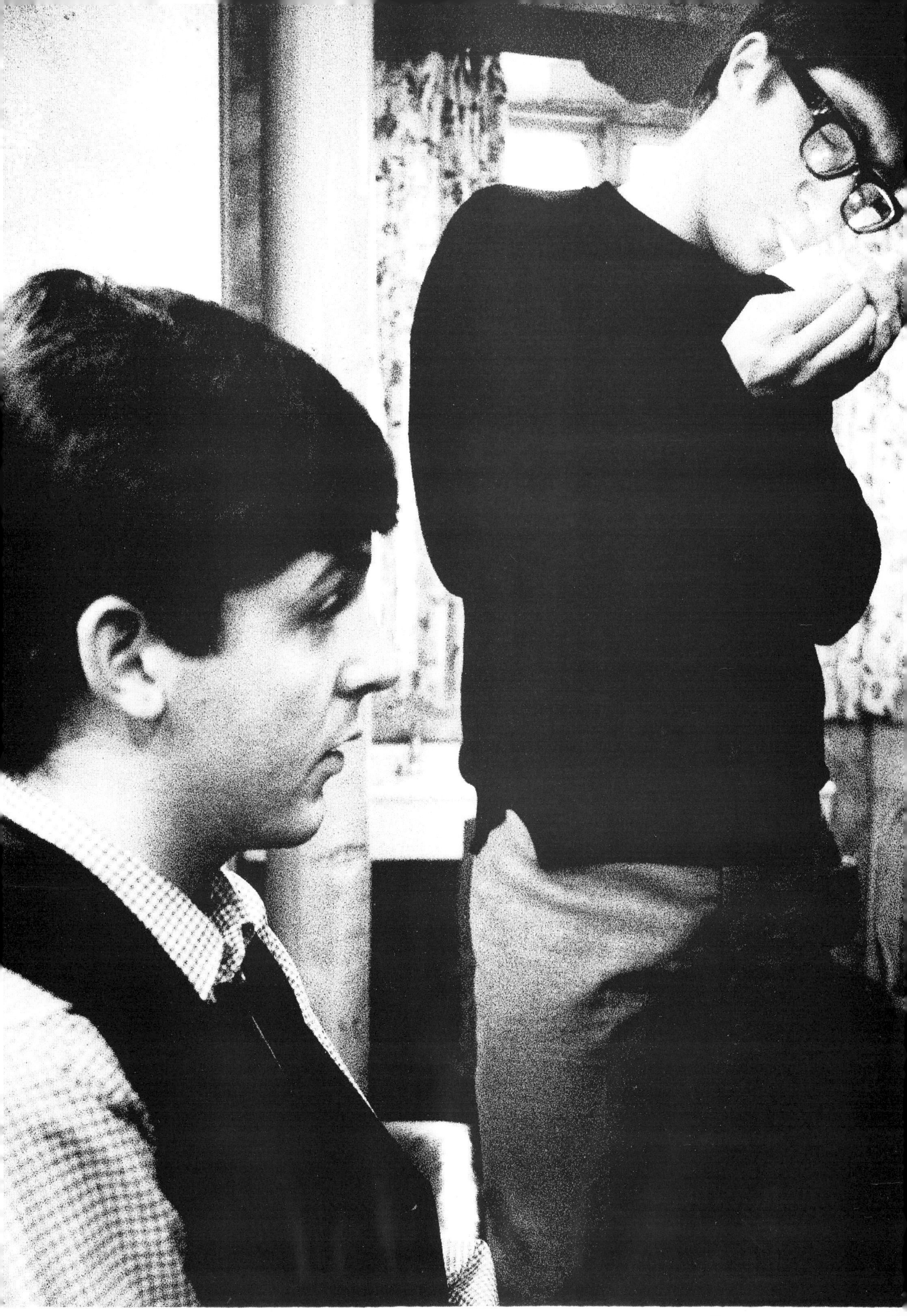

artes (como Cynthia estava grávida, John seguiu os bons costumes da época e casou-se com ela). John passou a noite de núpcias no palco.
– O *Mersey Beat* divulga a nova formação dos Beatles.

24 de agosto
– *The Cavern* (horário do almoço).
– *Majestic Ballroom, em Birkenhead, Wirral.*

25 de agosto
– *Marine Hall Ballroom,* em Fleetwood, Lancashire.

26 de agosto
– *The Cavern* (noite). Com Mike Berry & The Phantoms, The Red River Jazzmen e The Swinging Blue Genes.

28 de agosto
– *The Cavern* (noite). Com The Swinging Blue Genes e Gerry Levine & The Avengers.

29 de agosto
– *Flora Hall Ballroom,* em Morecambe.

30 de agosto
– *The Cavern* (horário do almoço).
– *Riverpark Ballroom, em Chester.* Com Gerry & The Pacemakers, apresentado por Bob Wooler.

31 de agosto
– *Town Hall,* em Lydney, Gloucestershire.

1º de setembro
– *Subscription Rooms,* em Stroud, Gloucestershire.

2 de setembro
– *The Cavern* (noite). Com Kingsize Taylor & The Dominoes e The Zenith Six Jazz Band.

3 de setembro
– *The Cavern* (horário do almoço).
– *Queen's Hall, em Widnes, Cheshire.* Com Billy Kramer & The Coasters, Rory Storm & The Hurricanes e Sonny Kaye & The Reds. A primeira das três apresentações que os Beatles fizeram nas noites de segunda-feira.

4 de setembro
– *Abbey Road.* Os Beatles vão de avião de Liverpool a Londres, onde se hospedam em um pequeno hotel em Chelsea. Neil Aspinall levou o equipamento da banda e os esperou no estúdio. Eles ensaiaram até as 17h e George Martin os levou ao seu restaurante italiano favorito para jantar e se conhecerem melhor. Gravaram "Love Me Do" várias vezes e, muito a contragosto, "How Do You Do It". As lentes do fotográfo Dezo Hoffmann registraram o evento para a posteridade.

5 de setembro
– *The Cavern* (noite). Com The Dennisons e Gus Travis & The Midnighters.

6 de setembro
– *The Cavern* (horário do almoço).
– *Rialto Ballroom,* em Liverpool. Com Rory Storm & The Hurricanes, The Big Three e The Mersey Beats.

7 de setembro
– *Newton Dancing School, Village Hall,* em Irby, Heswall, em Wirral.

8 de setembro
– *YMCA,* em Birkenhead.
– *Majestic Ballroom, em Birkenhead.*

9 de setembro
– *The Cavern* (noite). Com Cyril Preston's Jazz Band acompanhada de Clinton Ford e Billy Kramer & The Coasters.

10 de setembro
– *The Cavern* (horário do almoço).
– *Queen's Hall, em Widnes, Cheshire.* A segunda das três apresentações que os Beatles fizeram nas noites de segunda-feira. Com participações de Geoff Stacey & The Wanderers e Rory Storm & The Hurricanes.

11 de setembro
– *Abbey Road.* A banda grava "Love Me Do", "P. S. I Love You" e "Please Please Me" com o baterista do estúdio, Andy White. Ringo tocou pandeiro e maracas. Essa foi a versão de "Love Me Do" usada no primeiro compacto, apesar de as primeiras cópias prensadas terem sido feitas com Ringo na bateria, na sessão de 4 de setembro. A diferença entre as duas é mínima.

12 de setembro
– *The Cavern* (noite). Com Freddie & The Dreamers, The Spidermen, Group One e a cantora de 16 anos Simone Jackson, que se apresentou acompanhada pelos Beatles.

13 de setembro
– *The Cavern* (horário do almoço).
– *Riverpark Ballroom, em Chester.*

14 de setembro
– *Tower Ballroom, em New Brighton, Wallasey.* Quinto show do "Operation Big Beat", de Sam Leach. Com Rory Storm & The Hurricanes, Gerry & The Pacemakers e Billy Kramer & The Coasters.

15 de setembro
– *The Victory Memorial Hall,* em Northwich, Cheshire.

16 de setembro
– *The Cavern* (noite). Com The Red River Jazzmen e Gerry & The Pacemakers.

17 de setembro
– *The Cavern* (horário do almoço).
– *Queen's Hall, em Widnes, Cheshire.* A última das três apresentações que os Beatles fizeram nas noites de segunda-feira, com apresentações de Billy Kramer & The Coasters e The Vikings.

19 de setembro
– *The Cavern* (noite). Com The Dakotas e The Big Three.

20 de setembro
– *The Cavern* (horário do almoço).

21 de setembro
– *Tower Ballroom, em New Brighton, Wallasey.* Com Rory Storm & The Hurricanes.

22 de setembro
– *Majestic Ballroom, em Birkenhead.*

23 de setembro
– *The Cavern* (noite). Com The Saints Jazz Band e Kingsize Taylor & The Dominoes.

25 de setembro
– *Heswall Jazz Club, Barnston Women's Institute,* em Heswall, Wirral. Com Gerry & The Pacemakers.

26 de setembro
– *The Cavern* (horário do almoço).

– *The Cavern* (noite). Com The Spidermen e Kingsize Taylor & The Dominoes.

28 de setembro
– *The Cavern* (horário do almoço).
– "A Grand River Cruise". Mais um show a bordo do *M.V. Royal Iris*, com Lee Castle & The Barons e Freddy (The Teddy) Fowell.

29 de setembro
– *Oasis Club, em Manchester.*

30 de setembro
– *The Cavern* (noite). Com The Red River Jazzmen e Clay Ellis & The Raiders.

1º de outubro
– O grupo assina um segundo contrato com Brian Epstein, que vigorou por cinco anos, garantido a ele uma comissão de 25% sobre o lucro bruto.

2 de outubro
– *The Cavern* (horário do almoço).

3 de outubro
– *The Cavern* (noite). Com The Echoes e Billy Kramer & The Dakotas.

4 de outubro
– *The Cavern* (horário do almoço).

5 de outubro
– O compacto *Love Me Do/P.S. I Love You*, foi lançado no Reino Unido pelo selo Parlophone (45R4949). Há rumores de que Brian Epstein teria comprado 10 mil cópias do compacto para a NEMS, sua cadeia de loja de discos, pois sabia que essa era a quantidade de discos que teriam de ser vendidos para que a banda chegasse às "20 mais das paradas".
– A Radio Luxembourg toca o compacto.

6 de outubro
– Os Beatles chegam à Dawson's Music Shop, em Widnes, às 16h para uma sessão de autógrafos do compacto *Love Me Do*.
– *Horticultural Society Dance, Hulme Hall, em Port Sunlight, Birkenhead.*

7 de outubro
– *The Cavern* (noite). Com The Swinging Blue Genes, The Red River Jazzmen e Ian & The Zodiacs.

8 de outubro
– Os Beatles dão uma entrevista no programa da EMI *The Friday Spetacular*, apresentado na Radio Luxembourg. No show da rádio os novos lançamentos da gravadora eram tocados para um público de 100 pessoas, na sede da EMI em Manchester Square, em Londres. A plateia dançava, aplaudia e, em seguida, os artistas eram entrevistados. As duas faixas do novo compacto foram tocadas.

9 de outubro
– Os Beatles visitam os escritórios do jornal de música *Record Mirror*, a fim de divulgar seu trabalho.

10 de outubro
– *The Cavern (horário do almoço).*
– *The Cavern (noite).* Com Ken Dallas & The Silhouettes e The Four Jays.

11 de outubro
– *Rialto Ballroom, em Liverpool.*

12 de outubro
– *The Cavern* (horário do almoço).
– *Tower Ballroom, em New Brighton, Wallasey.* Um show de cinco horas e meia de duração, produzido pela NEMS. Os Beatles tocaram logo após Little Richard, o astro da noite. Na programação também estavam incluídos The Big Three, Billy Kramer & The Coasters, Pete MacLaine & The Dakotas, The Four Jays, Lee Curtis & The All Stars (com Pete Best na bateria), The Mersey Beats, Rory Storm & The Hurricanes, Guy Travis & The Midnighters e The Undertakers. O show foi um grande sucesso.

"Esses Beatles são **fabulosos**. Se não os tivesse visto, nunca diria que são **brancos.** Eles tocam com autêntica **alma negra.**"

– A Radio Luxembourg transmite o programa da EMI, *The Friday Spetacular*, com a entrevista e as músicas do novo compacto dos Beatles.

13 de outubro
– *The Cavern (noite).* Com The Zenith Six Jazz Band, Group One e The Dennisons.

15 de outubro
– *Majestic Ballroom, em Birkenhead.*

16 de outubro
– *La Scala Ballroom, em Runcorn, Cheshire.* Com The Chants.

17 de outubro
– *The Cavern* (horário do almoço). Com Johnny Sandon & The Remo Four.
– *The Cavern* (noite). Com Johnny Sandon & The Remo Four, Group One e The Swinging Blue Genes.
– Entre os dois shows no The Cavern, o quarteto se apresenta ao vivo no programa *People and Places*, da TV Granada, em Manchester, cantando "Some Other Guy" e "Love Me Do". Essa é sua estreia na TV.

19 de outubro
– *The Cavern* (horário do almoço).

20 de Outubro
– *Majestic Ballroom, em Hull.*

21 de outubro
– *The Cavern* (noite). Com The Fourmost e The Red River Jazzmen.

22 de outubro
– *Queen's Hall, em Widness.* Com Lee Curtis & The All Stars, The Mersey Beats e The Chants.

25 de outubro
– A banda grava "Love Me Do", "A Taste of Honey", e "P. S. I Love You" para o programa *Here We Go*, da BBC Light Programme, nos estúdios da emissora, em Manchester.

26 de outubro
– *The Cavern* (horário do almoço).
– *Public Hall, em Preston.* Com Mike Berry, The Outlaws e The Syd Munson Orchestra. O show foi organizado pelo clube "Preston Grasshoppers Rugby Football Club".

– A apresentação dos Beatles no *Here We Go* é transmitida pela BBC Light Programme.
– "Love Me Do" chega ao 49º lugar da parada de sucessos da revista *New Musical Express, NME*.

Paul: "Quer saber quando percebemos que estávamos fazendo sucesso? Foi quando 'Love Me Do' entrou nas paradas.

Essa foi a música que nos mostrou o caminho a trilhar".

27 de outubro
– *Hulme Hall, em Port Sunlight, Birkenhead*.
– Antes dessa apresentação, os Beatles deram uma entrevista a um grupo de garotos de Wirral para o programa *Sunday Spin*, transmitido para os pacientes dos hospitais Cleaver e Clatterbridge pelo circuito interno de rádio.

28 de outubro
– *Liverpool Empire*. Os Beatles fazem a abertura para Little Richard, a atração da noite. Um show pop da NEMS Enterprises, com apresentações de várias bandas: Craig Douglas (acompanhado pelos Beatles), Jet Harris (antigo baixista do The Shadows) & The Jetblacks, Kenny Lynch, The Breakaways e Sounds Incorporated. Brian tentara contratar Sam Cooke como "convidado surpresa", mas ele não estava disponível.
– A entrevista dos Beatles para o *Sunday Spin* é transmitida nos hospitais.

29 de outubro
– Os Beatles gravam sua segunda apresentação no *People and Places*, da TV Granada, em Manchester. Tocam "Love Me Do" e "A Taste Of Honey".

30 de outubro
– Os Beatles pegam um avião para Hamburgo para uma temporada de 14 dias no Star-Club. Lá dividiriam o palco com Little Richard.

1-14 de novembro
– *Star-Club, em Grosse Freiheit, Hamburgo*. Com Little Richard.

2 de novembro
– A segunda apresentação dos Beatles no *People and Places*, da TV Granada, vai ao ar.

15 de novembro
– A banda parte de avião de Hamburgo para Londres.

16 de novembro
– Os Beatles gravam a segunda participação no programa *The Friday Spetacular* da EMI, transmitido pela Radio Luxembourg. Entre as apresentações das duas faixas de seu compacto, foram entrevistados no palco da sede da gravadora, enquanto o público dançava e aplaudia.

17 de novembro
– *Matrix Hall, em Coventry*. Com The Mark Allen Group e Lee Teri, considerada por eles uma apresentação medíocre.

18 de novembro
– *The Cavern* (noite). Um show de boas-vindas com The Mersey Beats e The Pete Hartigan Jazz Band.

19 de novembro
– *The Cavern* (horário do almoço).
– *Smethwick Baths, em Smethwick, Staffordshire*.
– *Adelphi Ballroom, em West Bromwich*. Três shows no mesmo dia.

20 de novembro
– *Floral Hall, em Southport*. Duas apresentações.

21 de novembro
– *The Cavern* (horário do almoço).
– *The Cavern* (noite). Com Johnny Templar & The Hi Cats e Ian & The Zodiacs.

22 de novembro
– *The Cavern* (horário do almoço).
– *Majestic Ballroom, em Birkenhead*.

23 de novembro
– *St James's Church Hall, em Gloucester Terrace, em Londres*. Os Beatles fazem um teste para Ronnie Lane, responsável pela programação de entretenimento da BBC TV. Apresentaram-se durante dez minutos e, após quatro dias, Brian Epstein recebeu uma carta informando que o grupo não fora aprovado.
– *Tower Ballroom, em New Brighton, Wallasey*. "12th Annual Lancashire and Cheshire Art's (sic) Ball", baile beneficente em prol de uma associação de ajuda a crianças carentes. Com The Llew Hird Jazz Band, Billy Kramer & The Coasters e a banda escocesa The Pipes and Drums.
– A segunda participação dos Beatles no *The Friday Spetacular*, da Radio Luxembourg, vai ao ar.

24 de novembro
– *Royal Lido Ballroom, em Prestatyn, País de Gales*.

25 de novembro
– *The Cavern* (noite). Com The Zenith Six Jazz Band, The Fourmost e The Swinging Blue Genes.

26 de novembro
– *Abbey Road*. O quarteto grava "Tip Of My Tongue", "Ask Me Why" e "Please Please Me". George Martin gostou do resultado e disse ao grupo que "Please Please Me" chegaria ao topo das paradas, mas "Tip Of My Tongue" não foi lançada.

27 de novembro
– O grupo grava "Love Me Do", "Twist and Shout" e "P. S. I Love You" para o programa *Talent Spot*, da BBC Light Programme, no BBC Paris Studio, em Lower Regent Street.

28 de novembro
– *The Cavern* (noite). Com Johnny Sandon & The Remo Four e Dee Young & The Pontiacs.
– "The Young Idea Dance", um show para os funcionários da loja de departamentos Lewis, em Liverpool, que foi realizado no 527 Club, no último andar da loja.

29 de novembro
– *Majestic Ballroom, em Birkenhead*.

30 de novembro
– *The Cavern* (horário do almoço). Com The Dakotas.

– Town Hall, em Earlstown, em Newton-le-Willows, Lancashire. "The Big Beat Show".
1º de dezembro
– The Victory Memorial Hall, em Northwich, Cheshire.
– Tower Ballroom, em New Brighton, Wallasey.
2 de dezembro
– Embassy Cinema, em Peterborough. Os Beatles não se saem bem em nenhuma das duas apresentações no show de Frank Ifield. A programação também incluía Susan Cope, The Tommy Wallis & Beryl Xylophone Team, The Lana Sisters e The Tod Taylor Four.
3 de dezembro
– A banda apresenta-se no programa *Discs-a-Go-Go*, transmitido ao vivo do estúdio da emissora TWW, (Television Wales and West), em Bristol.
4 de dezembro
– Os Beatles cantam "Love Me Do", "P. S. I Love You" e "Twist and Shout" no programa infantil apresentado por Gary Marshall, *Tuesday Rendezvous*, exibido ao vivo do estúdio da emissora Associated-Rediffusion's Kingsway, em Londres.
– A participação da banda no *Talent Spot* é transmitida pela BBC Light Programme.
5 de dezembro
– The Cavern (horário do almoço).
– The Cavern (noite). Com Gerry & The Pacemakers, Johnny Sandon & The Remo Four e The Statesmen.
6 de dezembro
– Club Django, no Queen's Hotel, em Southport.
7 de dezembro
– The Cavern (horário do almoço).
– Tower Ballroom, em New Brighton, Wallasey.
8 de dezembro
– Oasis Club, em Manchester.
9 de dezembro
– The Cavern (noite). Com The Fourmost, The Swinging Blue Genes e The Zenith Six Jazz Band. George Martin assistiu a esse show para verificar a possibilidade de gravar um álbum ao vivo no The Cavern.
10 de dezembro
– The Cavern (horário do almoço).
11 de dezembro
– La Scala Ballroom, em Runcorn, Cheshire. Com Johnny Sandon & The Remo Four e The Mersey Beats.
12 de dezembro
– The Cavern (horário do almoço).
– The Cavern (noite). Com The Fourmost, The Mersey Beats, Robin Hall e Jimmy MacGregor.
13 de dezembro
– Corn Exchange, em Bedford. Com Robin Hall e Jimmy MacGregor.
14 de dezembro
– Music Hall, em Shrewsbury.
15 de dezembro
– Majestic Ballroom, em Birkenhead. À meia-noite, após o show da casa, segue-se a apresentação dos ganhadores do prêmio *Mersey Beat*. Os Beatles são eleitos a banda mais popular pelo segundo ano consecutivo e encerram a cerimônia às 4h.
16 de dezembro
– The Cavern (noite). Com The Fourmost, The Swinging Blue Genes, Gerry & The Pacemakers e Red River Jazzmen.
17 de dezembro
– O quarteto se apresenta ao vivo no programa *People and Places*, da TV Granada.
18-31 de dezembro
– Star-Club, em Grosse Freiheit, Hamburgo. Essa foi a quinta e última temporada dos Beatles na Alemanha, que havia sido agendada antes de seu sucesso nas paradas e do faturamento crescente com os shows.
27 de dezembro
– "Love Me Do" chega ao 17º lugar na parada das "50 mais" da *UK Record Retailer*, sua melhor posição até então.
31 de dezembro
– Star-Club. Ted "Kingsize" Taylor grava a última apresentação dos Beatles na casa. Tempos depois, as 30 canções foram lançadas em um disco não autorizado.

Os garotos de Liverpool a bordo de um rebocador e a um passo do sucesso.

1963

1º de janeiro
– Com o fim das apresentações no Star-Club, em Hamburgo, os Beatles voltam para Londres.

2 de janeiro
– O grupo pega um voo de Londres para Edimburgo, na Escócia, onde Neil Aspinall os espera com sua perua. Porém, o avião foi desviado para Aberdeen e, como as estradas estavam bloqueadas por causa da neve acumulada, a banda precisou cancelar o primeiro show no Longmore Hall, em Keith. Por não terem nenhum compromisso até a noite seguinte, John resolveu pegar um voo e voltar para Liverpool.

3 de janeiro
– John volta para a Escócia.
– *Two Red Shoes Ballroom*, em Elgin, Morayshire.

4 de janeiro
– *Town Hall*, em Dingwall, Ross and Cromarty.

5 de janeiro
– *Museum Hall*, em Bridge of Allan, Stirlingshire.

6 de janeiro
– *Beach Ballroom*, em Aberdeen.

8 de janeiro
– Os Beatles se apresentam ao vivo no programa Round-Up da Scottish TV. O show, apresentado por Paul Young e Morag Hood, foi gravado no The Theatre Royal, em Glasgow, e transmitido localmente. O quarteto dublou "Please Please Me".

10 de janeiro
– *Grafton Rooms,* em Liverpool. Os Beatles são a atração principal do show, que contava com a participação de cinco bandas.

11 de janeiro
– The Cavern *(horário do almoço).* Com Kingsize Taylor & The Dominoes.
– *Plaza Ballroom*, em Old Hill, Staffordshire.

– O compacto *Please Please Me/ Ask Me Why* foi lançado no Reino Unido pela Parlaphone (45-R 4983).
– Os Beatles se apresentam no programa *Thank Your Lucky Stars*, da ABC TV, tocando "Please Please Me".

12 de janeiro
– *Invicta Ballroom*, em Chatham, Kent.

13 de janeiro
– *Alpha TV Studios*, em Birmingham. Os Beatles gravam outra participação no *Thank Your Lucky Stars*, da ABC TV. A banda fechou a primeira parte do show dublando "Please Please Me".

14 de janeiro
– *Wolverham Welfare Association Dance*, no Civic Hall, em Wirral.

16 de janeiro
– *Granada TV Centre*, em Manchester. Ensaio do quarteto para uma apresentação ao vivo no programa *People and Places*, exibida no mesmo dia.
– *Playhouse Theatre*, em Manchester. Ensaio para o programa *Here We Go*, da BBC Radio.
– Apresentação da banda no *People and Places*, da Granada TV, dublando "Please Please Me" e "Ask Me Why".
– *Playhouse Theatre*, em Manchester. Gravação das músicas que seriam apresentadas no *Here We Go*: "Chains", "Please Please Me", "Ask Me Why" e "Three Cool Cats", que foi excluída da edição final do programa.

17 de janeiro
– *The Cavern*.
– *Majestic Ballroom*, Birkenhead.
– "Please Please Me" chega às paradas.

18 de janeiro
– *Floral Ballroom*, em Morecombe, Lancashire.

Acima: O inconfundível logotipo dos Beatles com o "T" alongado, criado no início de 1963.

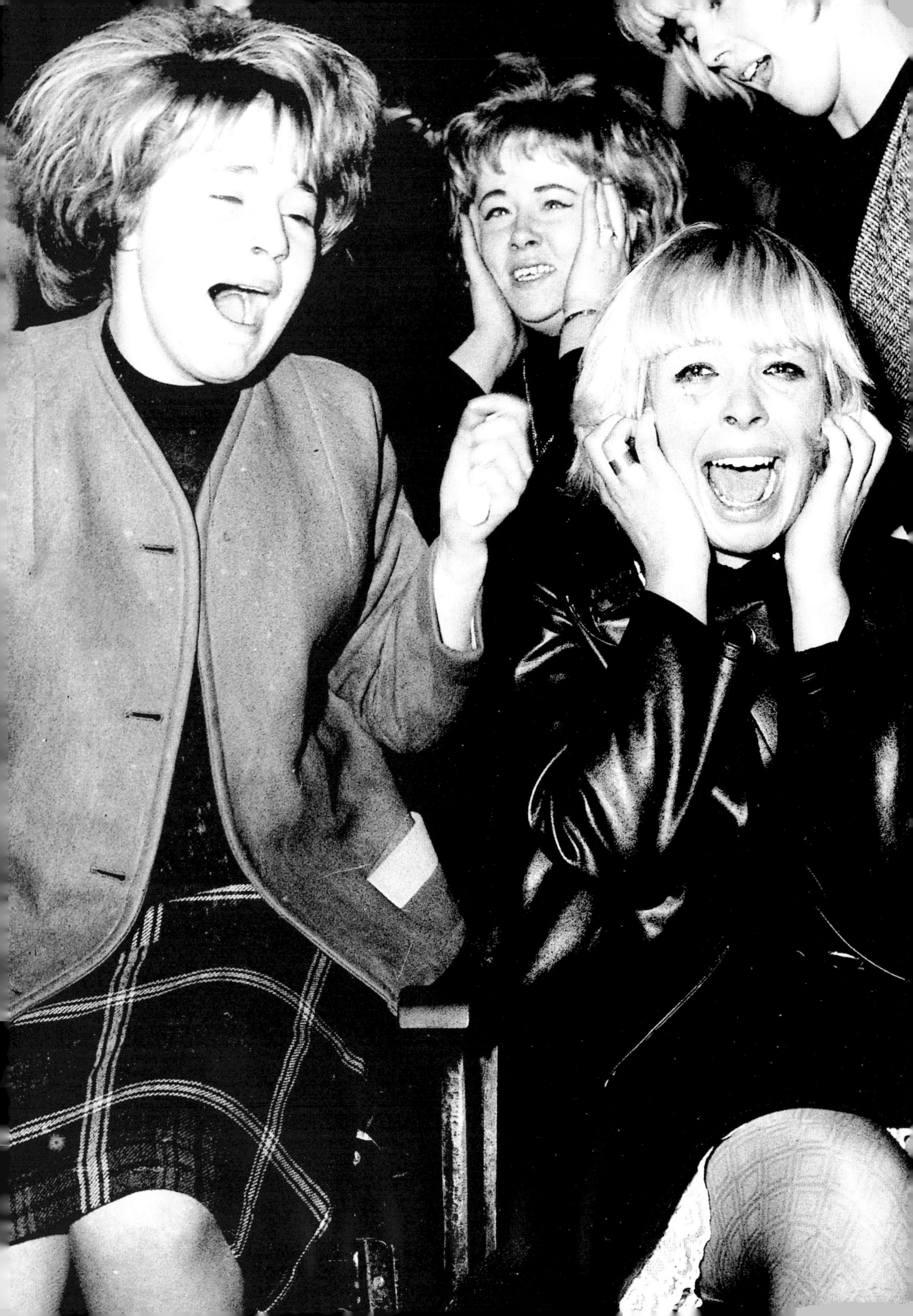

Mal Evans nos bastidores como segurança dos Beatles.

— Neil Aspinall, o *roadie* da banda, está gripado e é substituído por Les Hurst, *roadie* de Gerry & The Pacemakers.

19 de janeiro
— *Town Hall Ballroom, em Whitchurch, Shropshire*. Neil é novamente substituído por Les Hurst.
— O programa *Thank Your Lucky Star* é televisionado.

20 de janeiro
— *The Cavern*. Com Pete Hartigan's Jazzmen, The Dennisons, The Mersey Beats e The Swinging Blue Genes. Neil, que estava com febre, carregou o equipamento dos Beatles, mas explicou a Brian que não poderia levá-los a Londres no dia seguinte. Por sorte, topou nas escadas com Mal Evans, que trabalhava na casa, e perguntou, **"Mal, você pode me substituir e levar os rapazes para Londres?"**.
Mal concordou. Antes de trabalhar no The Cavern, ele era técnico de telefonia e após o almoço costumava dar uma passada no clube, no caminho de volta para o trabalho. Depois de algum tempo, começou a frequentar o The Cavern à noite, onde conheceu George Harrison. Certa ocasião, saíram juntos do clube e Mal o convidou para ouvir alguns discos em sua casa. O Beatle sugeriu a Mal que trabalhasse como segurança no The Cavern, pois assim ele ouviria as músicas e ainda ganharia um "extra". Apesar de ser um homem corpulento, com 1,85 metro de altura e a aparência de um leão de chácara, Mal era gentil e educado.

21 de janeiro
— *EMI House, em Londres*. Os Beatles gravam uma participação no programa da Radio Luxembourg, Friday Spetacular, no qual eram tocados os lançamentos recentes da EMI. O show foi apresentado por Shaw Taylor e Muriel Young, para uma plateia de cem adolescentes, que, além de ouvirem "Please Please Me" e "Ask Me Why", assistiram a uma entrevista com os Beatles.
— Os Beatles assinam um contrato com a gravadora Vee Jay Records, dos Estados Unidos.

22 de janeiro
— *BBC Paris Studio, em Londres*. Os Beatles deram uma entrevista ao vivo para o programa de rádio Pop Inn, a fim de promoverem seu novo compacto *Please Please Me*.
— *Playhouse Theatre, em Londres*. Ensaio para a primeira participação da banda no *Saturday Club*, programa de rádio de música pop, da BBC, apresentado por Brian Matthew. Os Beatles gravaram "Some Other Guy", "Love Me Do", "Please Please Me", "Keep Your Hands Off My Baby" e "Beautiful Dreamer".
— *BBC Paris Studio, em Londres*. Gravação para o programa *The Talent Spot*, da BBC Light Programme, apresentado por Gary Marshal. Os Beatles tocaram "Please Please Me", "Ask Me Why" e "Some Other Guy", para o público presente no estúdio.

23 de janeiro
— *The Cavern* (noite). Com The Fourmost, Ken Dallas & The Silhouettes e Freddie Starr & The Midnighters.

24 de janeiro
— Tarde de autógrafos na NEMS Records. Além de assinarem os

Mal Evans

Em uma noite gelada em 23 de janeiro, os Beatles voltavam para Liverpool quando o para-brisa de sua perua foi estilhaçado. Mal Evans, o *roadie* substituto, teve de continuar a viagem sem o vidro, e os Beatles, congelados, ficaram no banco traseiro um por cima do outro.
John Lennon contou a Neil Aspinall sobre o ocorrido: "Você tinha de estar lá. Mal colocou um saco de papel na cabeça, com uma abertura para os olhos. Nós fizemos a mesma coisa. Estávamos congelando. O para-brisa se estilhaçou e Mal, com um soco, terminou de quebrar o resto do vidro para que a viagem continuasse. Foi terrível. Ele parecia um ladrão de bancos".
No dia seguinte, o grupo tinha uma apresentação na hora do almoço e outra à noite, fora da cidade. Mal apareceu na casa de Neil com a perua em perfeito estado. "Nunca soubemos como ele conseguiu consertá-la com tanta rapidez e nunca tocávamos no assunto, mas era algo de que sempre lembrávamos. Dez a zero para Mal. Ele poderia, simplesmente, ter deixado a perua para que outra pessoa a consertasse", comentou Neil. Em virtude de sua eficiência, Mal acompanhou os Beatles durante toda a década de 1960.

discos, os Beatles fizeram uma breve apresentação acústica para os fãs que estavam na loja de Brian.
– *Assembly Hall, em Mold, País de Gales*.

25 de janeiro
– *Co-operative Hall, em Darwen*. Os Beatles são a atração principal do show organizado por jovens da Igreja Batista local, que também contou com a apresentação das bandas The Electones, The Mike Taylor Combo e The Mustangs, com Ricky Day.
– A participação dos Beatles no *Here We Go*, apresentada por Ray Peters, vai ao ar pela BBC.
– O Friday Spetacular, da Radio Luxembourg, foi transmitido.
26 de janeiro
– *El Rio Club, em Macclesfield, Cheshire*. Com Wayne Fontana & The Jets.
– *King's Hall, em Stoke-on-Trent, Staffordshire*. John e Paul começam a compor "Misery", para a cantora Helen Shapiro, que estava nos bastidores.
– A primeira participação dos Beatles no *Saturday Club* é transmitida pela BBC.

27 de janeiro
– *Three Coins Club, em Manchester*.
28 de janeiro
– *Majestic Ballroom, em Newcastle upon Tyne*.
29 de janeiro
– O programa *The **Talent Spot*** da BBC foi ao ar.
30 de janeiro
– ***The Cavern*** (noite). Com Johnny Sandon & The Remo Four e The Dakotas.
31 de janeiro
– *The Cavern* (horário do almoço).
– *Majestic Ballroom, em Birkenhead*. Duas apresentações.
1º de fevereiro
– *Assembly Rooms, em Tamworth, Staffordshire*.
– *Maney Hall, em Sutton Coldfield, Warwickshire*.
2 de fevereiro
– *Gaumont Cinema, em Bradford*. Primeira apresentação da turnê nacional de Helen Shapiro. Os

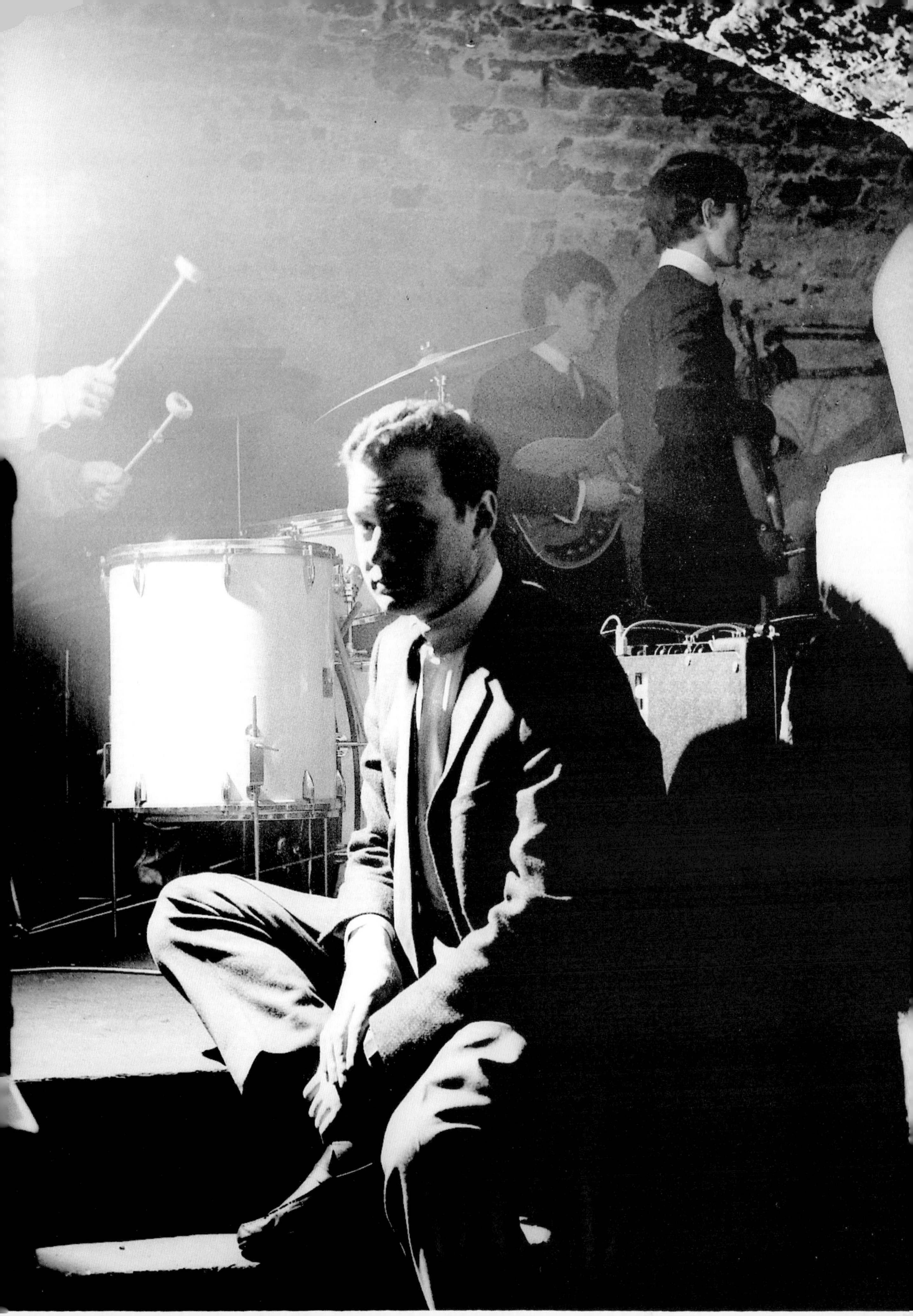

Beatles são os últimos da lista. A abertura do show foi feita por The Red Price Band, seguidos de The Honeys, do apresentador Dave Allene e dos Beatles. A primeira parte do show foi encerrada por Dave Allen e Danny Williams. The Red Price Band abriu a segunda metade do show, seguidos de The Krestrels e Kenny Lynch e, finalmente, Dave Allen apresentou a atração da noite, a cantora Helen Shapiro, de 16 anos. Os Beatles usaram ternos cor de vinho com lapelas de veludo, desenhados por Paul, e os cabelos penteados para frente, no melhor "estilo francês".

– Eles cantaram "Chains", "Keep Your Hand Off My Baby", "A Taste Of Honey" e "Please Please Me".

John: "Não nos importamos com nossa *performance* de palco. Nós simplesmente **'rimos do nada'.** Um, dois, três, vamos rir do nada! Quando estivermos em turnê com Helen Shapiro, não sei o que faremos. Acho que vou me deitar no palco como **Al Jolson**".

– John e Paul terminam de compor "Misery" no ônibus da turnê, mas o empresário de Helen não se deu ao trabalho de lhe mostrar a canção. Entretanto, Kenny Lynch interessou-se pela música e teve o privilégio de ser o primeiro cantor a gravar uma composição de Lennon e McCartney. Foi, também, durante uma viagem de ônibus que John e Paul tiveram a ideia de correr até o microfone, balançando a cabeça, cantando, "Whooooooo!", apesar de "She Loves You" ainda não ter sido lançada.

Na página anterior: Brian Epstein no The Cavern. Abaixo: John preferia guitarras Rickenbacker tanto no estúdio quanto no palco.

– "Please Please Me" alcança o 16º lugar na parada do jornal *Music Week*.

3 de fevereiro
– The Cavern (noite). Uma "maratona" de oito horas de Blues com The Fourmost, The Dominoes, The Hollies, Earl Preston & The TT's, The Merseybeats, The Swinging Blue Genes e The Roadrunners.

4 de fevereiro
– The Cavern (última apresentação da banda no horário do almoço).

5 de fevereiro
– Gaumont Cinema, em Doncaster (turnê Helen Shapiro).

6 fevereiro
– Granada Cinema, em Bedford (turnê Helen Shapiro).

7 de fevereiro
– Regal Cinema, em Wakefield (turnê Helen Shapiro).

8 de fevereiro
– ABC Cinema, em Carlisle, atualmente parte do condado de Cumbria (turnê Helen Shapiro).

9 de fevereiro
– Empire Theatre, em Sunderland. (turnê Helen Shapiro)

11 de fevereiro
– Abbey Road. As dez músicas inéditas do álbum *Please Please Me* foram gravadas em uma única sessão de dez horas (as outras quatro faixas que fariam parte do disco já haviam sido lançadas em compactos). George Martin selecionou o repertório, usando canções da época do The Cavern, a fim de recriar a atmosfera dos shows ao vivo.

Northern Songs

A editora Northern Songs Limited foi criada para deter os direitos autorais das canções de John e Paul que, ingenuamente, pensaram que seriam donos de 100% da empresa. Entretanto, o cantor Dick James e seu contador, Charles Silver, apropriaram-se de 51%, restando a John e Paul 20% para cada um, e 10% para Brian. Dick James e Charles Silver sempre tinham o voto decisório. Dessa forma, com um investimento insignificante, ambos acabaram se tornando multimilionários.

Paul: "Havíamos tocado as músicas durante **meses** a fio antes de gravá-las. Entramos no estúdio às 10h e começamos. Gravávamos um número, tomávamos uma **xícara de chá**, relaxávamos, gravávamos outro número, fazíamos alguns *overdubs*, ou seja, acrescentávamos novos vocais a faixas já gravadas... trabalhávamos como se estivéssemos no palco. Por volta das 22h, tínhamos gravado **dez canções.** Saímos do estúdio cambaleando, com John segurando nas mãos pastilhas para garganta".

Outro camarim, antes de outro show, diante de outro público, que não consegue ouvir uma palavra que os Beatles cantam ou uma nota que tocam.

12 de fevereiro
– Azena Ballroom, em Sheffield.
– Astoria Ballroom, em Oldham.
13 de fevereiro
– Majestic Ballroom, em Hull.
14 de fevereiro
– Locarno Ballroom, em Liverpool. Baile de St Valentine's Day, dia dos namorados.
15 de fevereiro
– Ritz Ballroom, em King's Heath, Birmingham.
16 de fevereiro
– Carfax Assembly Rooms, em Oxford.
17 de fevereiro
– Teddington Studio Centre, em Middlesex. Os Beatles gravam "Please Please Me" para uma apresentação no *Thank Your Lucky Stars,* da ABC TV.
18 de fevereiro
– Queen's Hall, em Widness. Os Beatles fizeram dois shows promovidos por Brian Epstein.
19 de fevereiro
– The Cavern (noite). Com Lee Curtis & The All Stars, The Pathfinders e Freddie Starr & The Midnighters. A fila para o show começou a se formar dois dias antes da apresentação. Bob Wooler, DJ da casa, anunciou no palco que "Please Please Me" chegara ao primeiro lugar na parada da revista *New Musical Express, NME.* É bem provável que essa tenha sido a última vez que os Beatles se encontraram com Pete Best. Logo após o show, partiram de carro para Londres.
20 de fevereiro
– Primeira apresentação do grupo ao vivo na rádio. Os Beatles participaram do programa *Parade of The Pops,* da BBC Light Programme, comandado por Denny Piercy, cantando "Love Me Do" e "Please Please Me".
– St James Street Swimming Baths, em Doncaster.

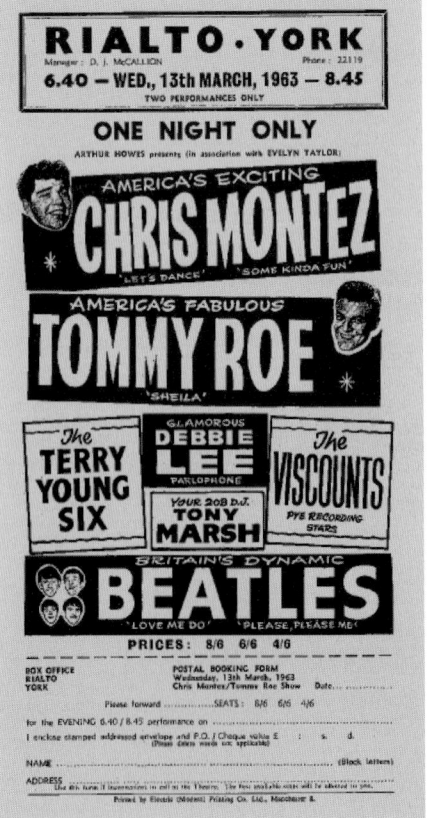

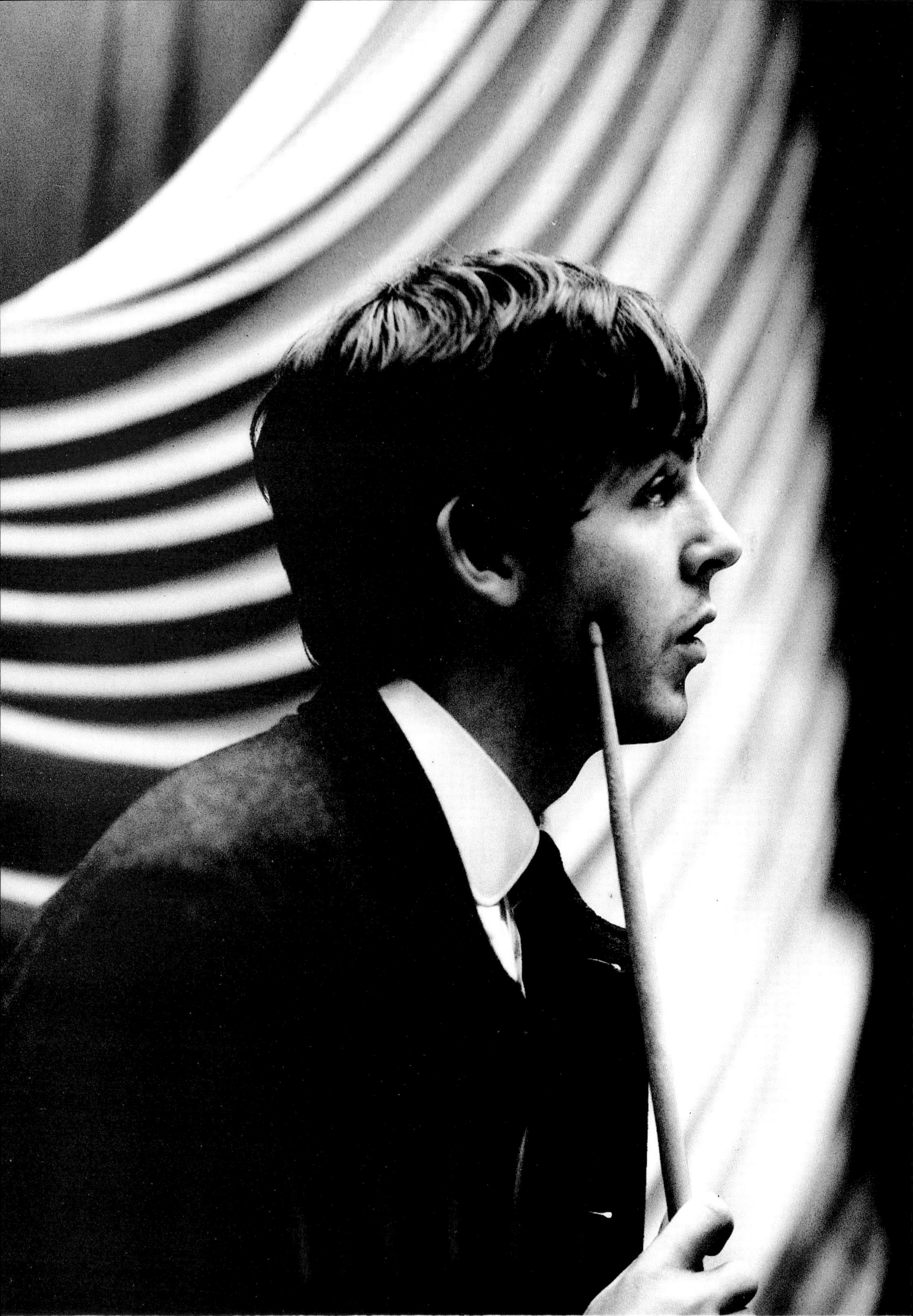

21 de fevereiro
– *Majestic Ballroom, em Birkenhead.* Os Beatles fazem dois shows.
22 de fevereiro
– *Oasis Club, Manchester.*
23 de fevereiro
– *Granada Cinema, Mansfield, em Nottinghamshire* (turnê Helen Shapiro).
– "Please Please Me" alcança o primeiro lugar na parada da revista *Disc*.
– A apresentação dos Beatles em *Thank Your Lucky Star* é exibida pela ABC Television.
24 de fevereiro
– *Coventry Theatre, em Coventry* (turnê Helen Shapiro).
25 de fevereiro
– *Casino Ballroom, em Leigh, Lancashire.* "Showdance", evento produzido pela NEMS Enterprises de Brian Epstein.
– O compacto *Please Please Me*/*Ask Me Why* é lançado nos Estados Unidos pela Vee Jay (VJ 498).
26 de fevereiro
– *Gaumont Cinema, em Tauton, Somerset.* Como Helen Shapiro estava resfriada, a atração da noite ficou por conta de Danny Williams. O show contou também com a presença de Billie Davis.
27 de fevereiro
– *Rialto Theatre, em York* (turnê Helen Shapiro, ainda sem a apresentação da artista).
28 de fevereiro
– *Granada Cinema, em Shrewsbury* (Helen Shapiro voltou ao palco).
– No ônibus a caminho do show, John e Paul escrevem "From Me To You", que faria parte do próximo compacto da banda.
1º de março
– *Odeon Cinema, em Southport* (turnê Helen Shapiro).
2 de março
– *City Hall, em Sheffield* (turnê Helen Shapiro).
– *Didsbury Studio Centre, em Manchester.* Após a segunda participação no show de Shapiro, os Beatles se encontram com Brian Epstein para uma entrevista ao vivo no *talk show* noturno *ABC At Large*, da ABC TV, apresentado por David Hamilton. Um breve vídeo de "Please Please Me" é exibido.
3 de março
– *Gaumont Cinema, em Hanley, Staffordshire.* Esse é o último show da turnê de Helen Shapiro. Os Beatles, agora, são a atração principal da primeira parte do show.
4 de março
– *Plaza Ballroom, em St Helens.*
5 de março
– *Abbey Road.* O grupo grava "From Me To You".
6 de março
– *Playhouse Theatre, em Manchester.* Os Beatles gravam outra apresentação para o Here We Go, da BBC Light Programme, na qual cantam "Misery", "Do You Want To Know A Secret" e "Please Please Me".
7 de março
– *Elizabethan Ballroom, em Nottingham.* Com Gerry & The Pacemakers, The Big Three e Billy J. Kramer com a banda The Dakotas. Brian Epstein, promotor do evento, era o empresário de todas as bandas. Esse foi o primeiro dos seis shows do "Mersey Beat Showcase", promovido pela NEMS. Os artistas, acompanhados de 80 fãs pagantes, eram levados de ônibus a diversas cidades do país. Bob Wooler, DJ do The Cavern, foi o apresentador.
8 de março
– *The Royal Hall, Harrogate.*
9 de março
– *Granada Cinema, East Ham, London* (turnê Roe e Montez). Essa é a segunda vez que os Beatles se apresentam em uma turnê. Na primeira noite, fizeram uma apresentação de arrasar e foram aclamados os astros do show. Seu repertório incluiu: "Love Me Do", "Misery", "A Taste Of Honey", "Do You Want To Know A Secret", "Please Please Me" e "I Saw Her Standing There".
10 de março
– *Hippodrome Theatre, em Birmingham.* (turnê Roe e Montez)
11 de março
– *EMI House, em Londres.* Os Beatles gravaram sua última entrevista para o *Friday Spetacular*, da Radio Luxembourg.
12 de março
– *Granada Cinema, em Bedford* (turnê Roe e Montez). John estava de cama e não pôde tocar nessa noite. George e Paul assumiram os vocais.
– Os Beatles participaram do *Here We Go*, da BBC Light Programme, apresentado por Ray Peters.
13 de março
– *Abbey Road.* Gravação da gaita da faixa "Thank You Girl".
– *Rialto Theatre, em York.* (turnê Roe e Montez). John ainda estava de cama com uma gripe forte.
14 de março
– *Gaumont Cinema, em Wolverhampton.* (turnê Roe e Montez, sem a participação de John).
15 de março
– *Colston Hall, em Bristol.* (turnê Roe e Montez). John estava de volta ao palco e participou das duas apresentações do grupo.
16 de março
– *Broadcasting House, em Londres.* Os Beatles participaram ao vivo do *Saturday Club*, da BBC Light Programme, apresentado por Brian Matthew. A banda tocou "I Saw Her Standing There", "Misery", "Too Much Monkey Business", "I'm Talking About You", "Please Please Me" e "The Hippy, Hippy Shake".
– *City Hall, em Sheffield.* (turnê Roe e Montez)
17 de março
– *Embassy Cinema, em Peterborough.* (turnê Roe e Montez)
18 de março
– *Regal Cinema, em Gloucester.* (turnê Roe e Montez)

19 de março
– Regal Cinema, em Cambridge (turnê Roe e Montez).
20 de março
– ABC Cinema, em Romford (turnê Roe e Montez).
21 de março
– BBC Piccadilly Studios, em Londres. A banda grava "Misery", "Do You Want To Know A Secret" e "Please Please Me" para o programa *On The Scene*, da BBC Light Programme.
– ABC Cinema, em West Croydon (turnê Roe e Montez).
22 de março
– Gaumont Cinema, em Doncaster (turnê Roe e Montez).

– O álbum *Please Please Me* é lançado no Reino Unido pela Parlophone, versão mono (PMC 1202) e versão estéreo (PCS 3042).
Lado A: "I Saw Her Standing There", "Misery", "Anna (Go To Him)", "Chains", "Boys", "Ask Me Why", "Please Please Me";

Os Beatles em ação na festa de lançamento do álbum Please Please Me, *no escritório da EMI, em 5 de abril.*

Julian Lennon

Somente três dias após o nascimento de seu filho, John visitou Cynthia e o bebê. Cynthia revelou: "Anos depois, John declarou em uma entrevista para a revista *Playboy* algo que me magoou profundamente, 'Julian foi fruto de uma garrafa de uísque numa noite de sábado'. Nessa época, John e Yoko já estavam juntos, mesmo assim, Julian e eu nos sentimos ofendidos. Foi uma afirmação tão falsa. Tenho certeza de que John apenas disse aquilo para impressionar quem o estava entrevistando, mas isso ainda dói. Para começo de conversa, nem mesmo bebíamos uísque naquela época, mas o pior foi o fato de ele ter, de certa forma, negado nosso amor. Estávamos apaixonados e muito felizes – Julian, realmente, foi gerado com muito amor".

Lado B: "Love Me Do", "P. S. I Love You", "Baby It's You", "Do You Want to Know A Secret", "A Taste Of Honey", "There's A Place", "Twist And Shout".

23 de março
– City Hall, em Newcastle upon Tyne (turnê Roe e Montez).

24 de março
– Empire Theatre, em Liverpool (turnê Roe e Montez).

25 de março
– Os Beatles passam o dia sendo fotografados e filmados por Dezo Hoffmann.

26 de março
– Granada Cinema, em Mansfield (turnê Roe e Montez).

27 de março
– ABC Cinema, em Northampton (turnê Roe e Montez).

28 de março
– ABC Cinema, em Exeter (turnê Roe e Montez).
– A gravação dos Beatles para o *On The Scene*, foi ao ar pela BBC Light Programme.

29 de março
– Odeon Cinema, em Lewisham, Londres (turnê Roe e Montez).

30 de março
– Guildhall, em Portsmouth (turnê Roe e Montez).

31 de março
– De Montfort Hall, em Leicester. (última noite da turnê Roe e Montez)

1º de abril
– BBC Piccadilly Studios, em Londres. O quarteto gravou duas apresentações para o programa *Side by Side*, da BBC Light Programme, comandado por John Dunn. A cada semana, a banda contratada do programa, The Karl Denver Trio, apresentava um grupo convidado. Os Beatles abriram o primeiro show, cantando "Side By Side", com The Karl Denver Trio e, depois, apresentaram músicas de seu repertório: "I Saw Her Standing There", "Do You Want To Know A Secret", "Baby It's You", "Please Please Me", "From Me To You" e "Misery". No segundo show cantaram novamente "Side By Side", com The Karl Denver Trio, seguindo com seu repertório: "From Me To You", "Long Tall Sally", "A Taste Of Honey", "Chains", "Thank You Girl" e "Boys".

3 de abril
– Playhouse Theatre da BBC, em Londres. Gravação para o programa *Easy Beat*, da Rádio BBC, apresentado por Brian Matthew para uma plateia de adolescentes. Os Beatles tocaram "Please Please Me", "Misery" e "From Me To You".

4 de abril
– BBC Paris Studio, em Londres. Gravam sua terceira apresentação no *Side By Side*. Os Beatles cantam

Jane Asher

Durante os ensaios no Royal Albert Hall, em 18 de abril, os Beatles conheceram Jane Asher, de 17 anos, no Green Room. Ela estava escrevendo um artigo sobre a banda para a revista *Radio Times*, e posou como uma fã alucinada para o fotógrafo da BBC. Depois da apresentação, ela acompanhou a banda ao Royal Court Hotel, onde eles estavam hospedados. Em seguida, foram ao apartamento de Chris Hutchins, jornalista da revista *New Musical Express*, *NME*, em King's Road. Nessa noite Jane e Paul começaram um relacionamento que duraria até 1968.

"Too Much Monkey Business", "Love Me Do", "Boys", "I'll Be On My Way" e "From Me To You". A BBC ainda tinha duas fitas do quarteto tocando a música tema do programa com The Karl Denver Trio.
– *Roxburgh Hall, na escola Stowe School, em Bucks.* Após a gravação do *Side by Side,* os Beatles fizeram um show vespertino na tradicional escola para rapazes Stowe School. Os meninos sentaram-se em fileiras ordenadas e não houve nenhum tumulto.

5 de abril
– *EMI House, em Londres.* Durante a cerimônia de premiação do primeiro disco de prata do quarteto pelo compacto *Please Please Me*, o grupo dá um show exclusivo para os executivos da EMI.
– *Swimming Baths, em Leyton, Londres.*

6 de abril
– *Pavilion Gardens Ballroom, em Buxton, Derbyshire.*

7 de abril
– *Savoy Ballroom, em Portsmouth.*
– A participação dos Beatles no *Easy Beat* vai ao ar pela BBC.

8 de abril
– Às 6h nasce John Charles Julian Lennon, filho de John e Cynthia.

9 de abril
– *BBC Paris Studio, em Londres.* O grupo dá uma entrevista ao vivo no programa *Pop Inn,* transmitido no horário do almoço pela BBC Light Programme. Na ocasião tocaram seu novo *single* "From Me To You".
– *Wembley Studios,* da emissora Associated-Rediffusion. A banda apresenta-se ao vivo no programa infantil *Tuesday Rendezvous,* dublando "From Me To You" e "Please Please Me".
– *The Ballroom, no Gaumont State Cinema, em Kilburn, Londres.*

10 de abril
– *Majestic Ballroom, em Birkenhead.*

11 de abril
– *Co-operative Hall, em Middleton, Lancashire.*
– O compacto *From Me To You/Thank You Girl* é lançado no Reino Unido pela Parlophone (R 5015).

12 de abril
– *The Cavern.* Especial do feriado de Sexta-Feira Santa. Uma maratona de oito horas de Rhythm & Blues, com The Fourmost, The Dennisons, The Nomads, The Panthers, Faron's Flamingoes, The Flintstones, The Roadrunners e Group One.

13 de abril
– *Studio E, Lime Grove Studios, em Londres.* Após ensaiar durante horas, o grupo grava sua apresentação para o programa *The 625 Show,* da BBC TV, no qual tocaram "From Me To You", "Thank You Girl", fechando o programa com "Please Please Me", com a participação de todo o elenco.
– Em uma festa oferecida pelo guitarrista Bruce Welch, do Shadows, em sua casa em North Harrow, os Beatles encontram-se pela primeira vez com Cliff Richard.

14 de abril
– *Studio Centre, da ABC Television, em Teddington.* Os Beatles dublam "From Me To You" para o *Thank Your Lucky Stars.*
– Nessa noite, os Beatles assistem aos Rolling Stones no Crawdaddy Club, no Station Hotel, em Richmond. Entraram no clube vestindo longos casacos de camurça e chapéus, iguais aos que usavam em Hamburgo, a fim de criarem uma imagem intimidadora. Jagger depois descreveu-os como "o monstro de quatro cabeças".

15 de abril
– *Riverside Dancing Club, no Bridge Hotel, em Tenbury Wells, Worcestershire.*
– A entrevista dos Beatles no *Friday Spetacular* é transmitida pela Radio Luxembourg.

16 de abril
– *Granada TV Centre, em Manchester.* Os Beatles dublam "From Me To You" para uma apresentação ao vivo no *Scene At 6.30.*
– No mesmo horário, A BBC exibe o programa *The 625 Show.*

17 de abril
– *Majestic Ballroom, em Luton.*

18 de abril
– *Royal Albert Hall, em Londres.* Com Del Shannon, The Springfields, Lance Percival, Rolf Harris, The Vernon Girls, Kenny Lynch, Shane Fenton & The Fentones e George Melly. O show tinha duas partes, e a segunda foi transmitida ao vivo pela Rádio BBC, no programa *Swinging Sound '63.* Na primeira parte, os Beatles tocaram "Please Please Me" e "Misery" e, na segunda, "Twist and Shout" e "From Me To You". O show terminou com uma apresentação de todo o elenco, cantando "Mack The Knife", de Kurt Weill, enquanto as luzes diminuniam gradualmente.
– Os Rolling Stones ganham dos Beatles ingressos na primeira fila e passe livre para os bastidores de seu show. Após a apresentação, Brian Jones, guitarrista dos Stones, e seu empresário Giorgio Gomelsky ajudaram Mal Evans e Neil Aspinall a levar o equipamento dos Beatles até a perua. Alguns fãs acharam que Brian era um dos Beatles e o cercaram para pedir autógrafos, o que o deixou inebriado. Gomelsky gravou na memória a imagem de Brian indo embora, descendo os grandes degraus nos fundos do prédio, em estado de torpor, dizendo

> **"Isso** é o que eu quero, **Giorgio.** Isso é o que sempre **quero!"**

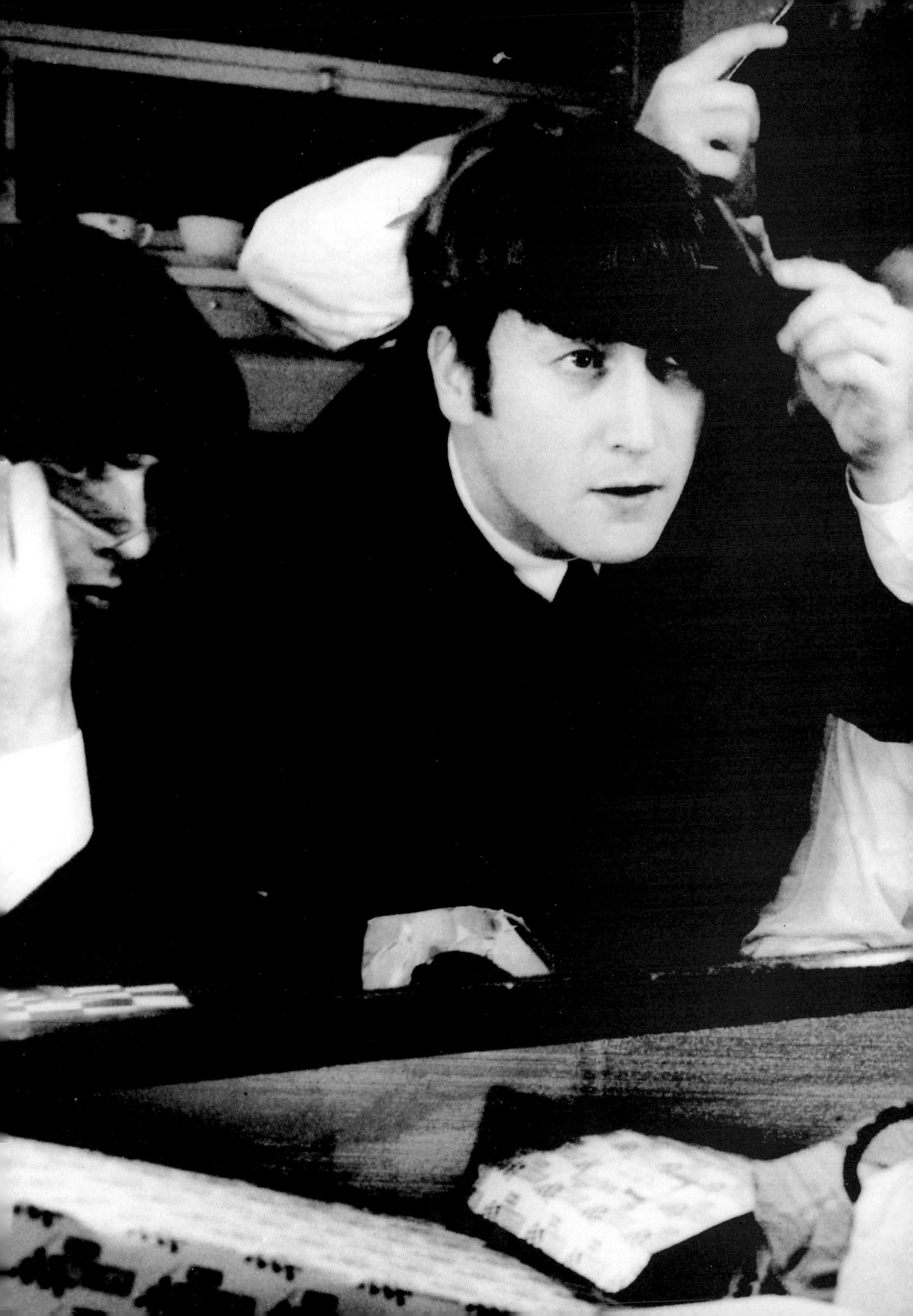

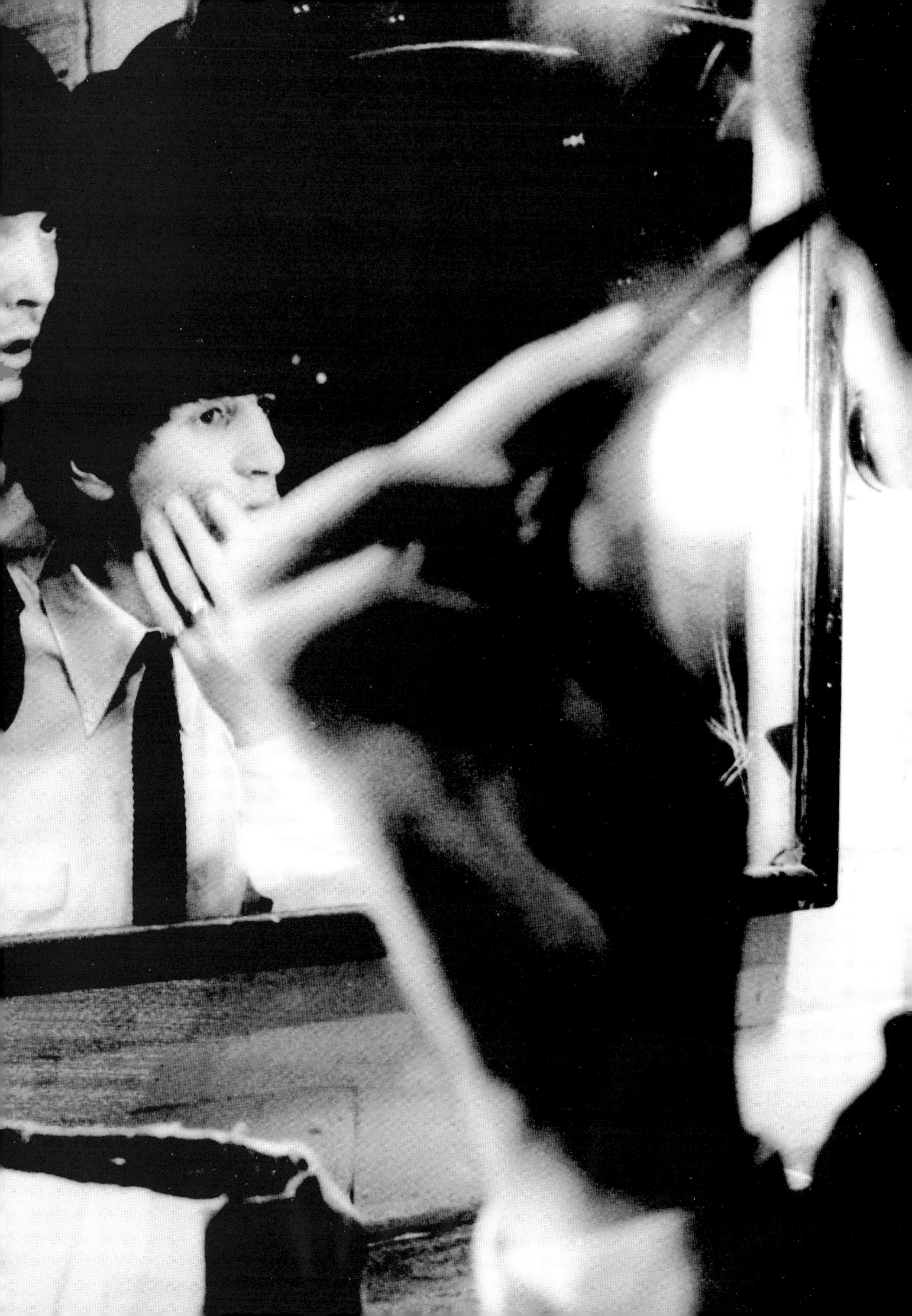

19 de abril
– *King's Hall, em Stoke-on Trent.* Esse foi o segundo "Mersey Beat Showcase" promovido por Brian Epstein.
20 de abril
– *Ballroom, em Mersey View Pleasure Grounds, em Frodsham, Cheshire.*
21 de abril
– *Empire Pool, em Wembley. All Star Concert.* Show da entrega dos prêmios da New Musical Express 1962-63, cujas atrações principais foram Cliff Richard e The Shadows. Como a votação havia sido feita em 1962, os Beatles não receberam nenhum prêmio, mesmo assim foram convidados para participar do show, em razão dos seus dois compactos que haviam alcançado o primeiro lugar nas paradas. A banda tocou "Please Please Me", "From Me To You", "Twist and Shout" e "Long Tall Sally", para uma plateia de 10 mil espectadores.
– *Pigalle Club, em Piccadilly, Londres.* Com Dave Antony e The Druids.
– A BBC Light Programme transmite o primeiro *Side by Side* gravado pelo grupo.
23 de abril
– *Floral Hall, em Southport.*
24 de abril
– *Majestic Ballroom, em Finsbury Park, Londres.* Outro show do Mersey Beat Showcase, promovido por Brian Epstein, com Gerry & The Pacemakers, Billy J. Kramer e The Big Three, para um público de 2 mil pessoas.
25 de abril
– *Ballroom, no centro de artes Fairfield Halls, em Croydon.* Outra apresentação do Mersey Beat Showcase, com Gerry & The Pacemakers, Billy J. Kramer e The Big Three.
26 de abril
– *Music Hall, Shrewsbury.*
27 de abril
– *The Victory Memorial Hall, em Northwich, Cheshire.*

28 de abril
– George, Paul e Ringo viajam para Santa Cruz de Tenerife, nas Ilhas Canárias, onde passam 12 dias de férias.
– Com todas as despesas pagas por Brian, John e o empresário partem em férias para Torremolinos, na Espanha.

Cynthia e o recém-nascido Julian ficam sozinhos em Liverpool.
11 de maio
– *Imperial Ballroom, em Nelson.* O show tem um público recorde de 2 mil pessoas.
12 de maio
– *Alpha TV Studios, em Birmingham.* Mais uma gravação para o *Thank Your Lucky Stars,* no qual a banda dubla "From Me To You" e "I Saw Her Standing There".
– A segunda participação da banda no *Side By Side* vai ao ar pela BBC Light Programme.
14 de maio
– *Rink Ballroom, em Sunderland.*
15 de maio
– *Royal Theatre, em Chester.*
16 de maio
– *Television Theatre, em Londres.* Segunda apresentação da banda ao vivo transmitida pela BBC TV nacional. Os Beatles participaram do

As férias de John e Brian

John relatou: "Estava em férias com Brian Epstein na Espanha, e o boato de que estávamos tendo um caso se espalhou. Bem, na realidade, foi quase um caso, mas não chegou a tanto, pois nunca se consumou. Entretanto, foi uma relação bem intensa. Foi meu primeiro contato com um homossexual que eu sabia que era homossexual... Costumávamos sentar em um café em Torremolinos, observar os rapazes e, então, eu perguntava, 'Você gosta daquele lá? E deste aqui?'. Estava me divertindo bastante com a experiência, sempre pensando como um escritor: 'Nossa! Estou vivenciando tudo isso'". Durante esse período, John compôs "Bad To Me", para Billy J. Kramer, um dos artistas de Brian.

programa infantil *Pops and Lenny*, dividindo o palco com o famoso boneco Lenny The Lion, com a banda The Raindrops e com a cantora Patsy Ann Noble. Os Beatles cantaram "From Me To You" com Lenny The Lion, uma versão reduzida de "Please Plese Me", e com o restante do elenco fecharam o show com "After You've Gone".
17 de maio
– Grosvenor Rooms, em Norwich.
18 de maio
– Adelphi Cinema, em Slough. O quarteto parte para mais uma turnê com Gerry & The Pacemakers, Tony Marsh, Erkey Grant, Ian Crawford, The Terry Young Six, Daiv Macbeth e Louise Cordet. Roy Orbison, o astro da turnê, foi rapidamente relegado a segundo plano. O repertório da banda incluía: "Some Other Guy", "Do You Want To Know A Secret", "Love Me Do", "From Me To You", "Please Please Me", "I Saw Her Standing There" e "Twist & Shout".
– O programa *Thank Your Lucky Stars* com os Beatles é exibido pela ABC TV.
19 de maio
– Gaumont Cinema, em Hanley, Staffordshire (turnê Roy Orbison).
20 de maio
– Gaumont Cinema, em Southampton (turnê Roy Orbison).
21 de maio
– Playhouse Theatre, em Londres. Gravação do *Saturday Club*, da BBC Light Programme. A banda é entrevistada pelo apresentador Brian Matthew e cantam "I Saw Her Standing There", "Do You Want To Know A Secret", "Boys", "Long Tall Sally", "From Me To You" e "Money (That's What I Want)".
– Gravam também uma apresentação para o novo programa de rádio *Steppin' Out*, no qual tocam "Please Please Me", "I Saw Her Standing There", "Roll Over Beethoven", "Thank You Girl" e "From Me To You", para a plateia presente no estúdio.

Acima: Os Beatles no palco do Majestic Ballroom, em Birkenhead. Em breve, shows em que o público podia se aproximar do palco e tocá-los seriam parte do passado. Abaixo: John e Ringo com Roy Orbison.

22 de maio
– Gaumont Cinema, em Ipswich (turnê Roy Orbison).
23 de maio
– Odeon Cinema, em Nottingham (turnê Roy Orbison).
24 de maio
– Studio Two, no Aeolian Hall, em Londres. Os Beatles fazem a primeira gravação para seu programa de rádio *Pop Go The Beatles*, que seria transmitido pela BBC Light Programme. O programa começou e terminou com uma versão "rock" da música "Pop Goes The Weasel", tocada pelos Beatles e pela banda convidada, The Lorne Gibson Trio. O quarteto apresentou "From Me To You", "Everybody's Trying To Be My Baby", "Do You Want To Know A Secret", "You Really Got A Hold On Me", "Misery" e "The Hippy Hippy Shake", e participou de vários esquetes com o apresentador Lee Peters.
– Granada Cinema, em Walthamstow, em Londres (turnê Roy Orbison).
– May 25 City Hall, em Sheffield (turnê Roy Orbison).
– Os Beatles se apresentam no *Saturday Club*, da BBC Light Programme.
26 de maio
– Empire Theatre, em Liverpool (turnê Roy Orbison).
27 de maio
– Capitol Cinema, em Cardiff (turnê Roy Orbison).

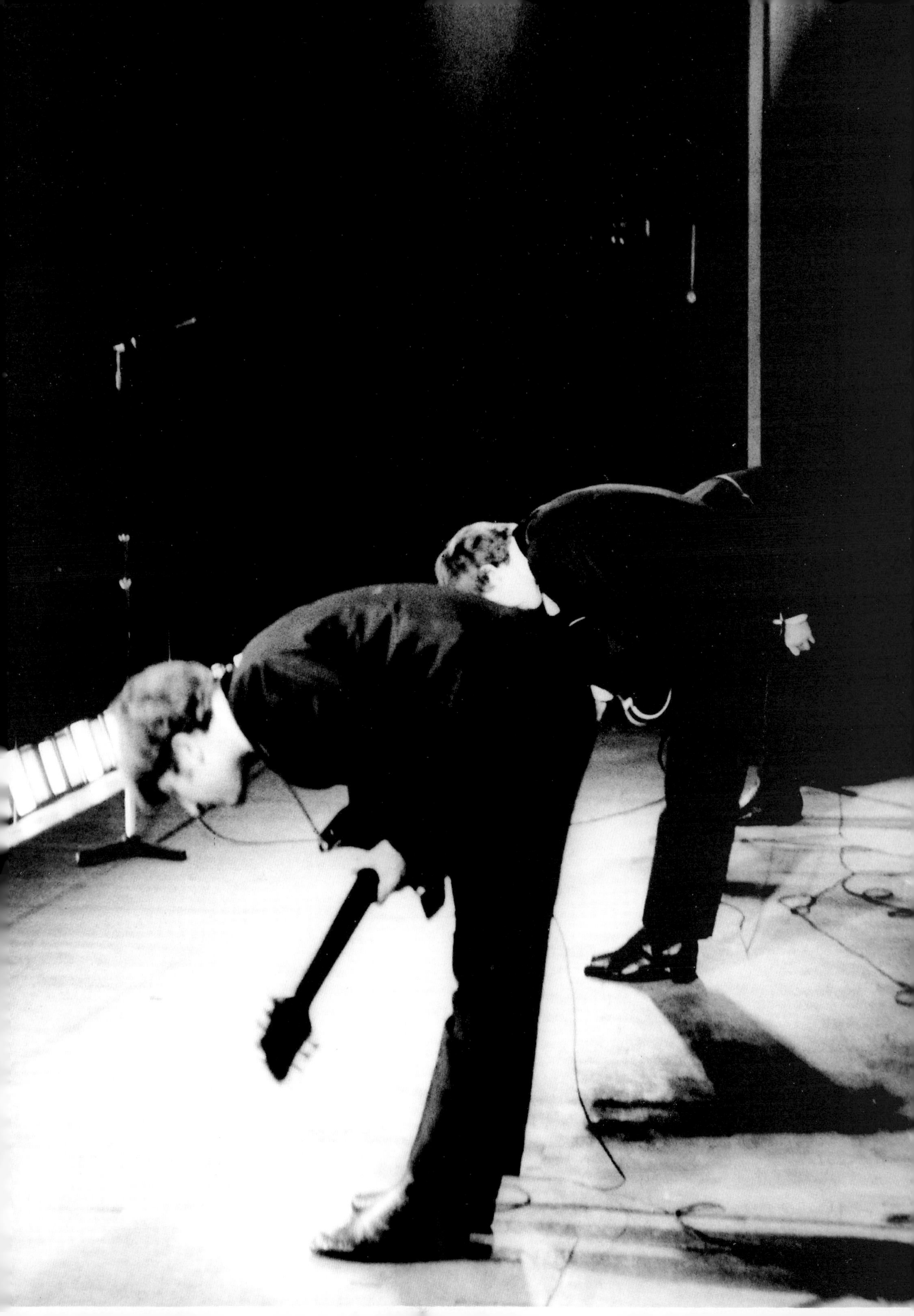

– O compacto *From Me To You/ Thank You Girl* é lançado nos Estados Unidos pela Vee Jay (VJ 522).
28 de maio
– *Gaumont Cinema, em Worcester* (turnê Roy Orbison).
29 de maio
– *Rialto Theatre, em York.* (turnê Roy Orbison)
30 de maio
– *Odeon Cinema, em Manchester* (turnê Roy Orbison).
31 de maio
– *Odeon Cinema, em Southend-on-Sea* (turnê Roy Orbison).
1º de junho
– *BBC Paris Studio, em Londres*. Os Beatles gravam o segundo e terceiro programas da série *Pop Go The Beatles*. No segundo, cantam "Too Much Monkey Business", "I Got To Find My Baby", "Youngblood", "Baby It's You", "Till There Was You" e "Love Me Do", contando com a presença de The Countrymen como banda convidada. No terceiro, apresentam "A Shot of Rhythm And Blues", "Memphis, Tennessee", "A Taste Of Honey" e "Sure To Fall (In Love With You)", com Carter-Lewis & The Southerners como convidados.
– *Granada Cinema, em Tooting, Londres* (turnê Roy Orbison).
2 de junho
– *Hippodrome Theatre, em Brighton* (turnê Roy Orbison).
3 de junho
– *Granada Cinema, em Woolwich, Londres* (turnê Roy Orbison).

Na página anterior: Apesar do sucesso alcançado, os Beatles mantiveram-se humildes, curvando-se diante do público ao final de cada canção.
Acima: Os Beatles em ação, em Birkenhead.

– A apresentação dos Beatles no *Steppin' Out* é transmitida pela BBC Radio.
4 de junho
– *Town Hall, em Birmingham* (turnê Roy Orbison).
– O primeiro *Pop Go The Beatles* é transmitido pela BBC Light Programme.
5 de junho
– *Odeon Cinema, em Leeds* (turnê Roy Orbison). Como as colegiais de Leeds se revezavam dia e noite na fila para comprar os ingressos do show, elas ficaram visivelmente "fora do ar" nos poucos dias que antecederam o evento.
7 de junho
– *Odeon Cinema, em Glasgow* (turnê Roy Orbison).
8 de junho
– *City Hall, em Newcastle upon Tyne* (turnê Roy Orbison).
9 de junho
– *King George's Hall, em Blackburn* (último show da turnê de Roy Orbison).
10 de junho
– *The Pavilion, em Bath*. Com The Colin Anthony Combo e Chet & The Triumphs.
11 de junho
– A BBC Light Programme transmite o segundo programa da série *Pop Go The Beatles*.
12 de junho
– *Grafton Rooms, em Liverpool*. Por ser esse um show beneficente em prol da NSPCC, uma associação de ajuda à criança e ao adolescente, os Beatles não cobram cachê.

O incidente com Bob Wooler

Na festa de aniversário de 21 anos de Paul, o velho amigo da banda, Bob Wooler, fez comentários maldosos sobre a viagem de John e Brian à Espanha. John, que estava bêbado e agressivo, avançou sobre Bob Wooler e o socou. "Ele me chamou de bicha e, então, acertei suas costelas", declarou John. Depois de bater em Bob Wooler, John agrediu uma mulher que estava próxima a eles. Quando Billy J. Kramer tentou intervir, John gritou, "Você é um nada, Kramer, e nós estamos no topo". Brian Epstein levou Bob Wooler ao hospital para tratar de seu olho e verificar se havia alguma costela quebrada.
John comentou: "A primeira cobertura nacional dos Beatles foi minha briga com Bob Wooler durante a festa de aniversário de Paul, pois ele havia insinuado que eu era homossexual. Talvez eu temesse no fundo ser um homossexual, por isso bati nele daquela forma, é difícil entender o que aconteceu. Estava muito bêbado e o espanquei. Poderia, realmente, ter matado alguém e isso me assustou... O incidente saiu na última página do *Daily Mirror*...".

13 de junho
– *Palace Theatre Club, em Stockport.*
– *Southern Sporting Club, em Manchester.*
14 de junho
– *Tower Ballroom, em Wallasey.* Mais um Mersey Beat Showcase, promovido por Brian Epstein.
15 de junho
– *City Hall, em Salisbury.*
16 de junho
– *Odeon Cinema, em Romford.* Último show do Mersey Beat Showcase apresentado por Vic Sutcliffe, com Billy J. Kramer & The Dakotas, The Vikings com Michael London e Gerry & The Pacemakers.
17 de junho
– *BBC Maida Vale Studios, em Londres.* Gravação do quarto programa da série *Pop Go The Beatles,* com The Bachelors como banda convidada. O quarteto de Liverpool gravou "I Saw Her Standing There", "Anna (Go To Him)", "Boys", "Chains", "P. S. I Love You" e "Twist and Shout".

Acima: George e seu pai, Harry.

Dezo Hoffmann fotografou a gravação e então fez uma sessão de fotos com os rapazes no meio de Delaware Road; logo depois a banda voltou para Liverpool.
18 de junho
– Para a festa do aniversário de 21 anos de Paul, uma tenda é montada no jardim da casa da Tia Jin, em Dinas Lane, n. 147, em Huyton.
– A BBC Light Programme levou ao ar o terceiro programa da série *Pop Go The Beatles.*
19 de junho
– *Playhouse Theatre, em Londres.* Gravação da segunda participação da banda no *Easy Beat,* da Radio BBC. Os Beatles cantaram "Some Other Guy", "A Taste Of Honey", "Thank You Girl" e "From Me To You" para uma plateia que berrava alucinadamente.
20 de junho
– Obedecendo a ordens de Brian Epstein, John envia um telegrama para Bob Wooler, que dizia:

"Desculpe-me, Bob. Fiquei extremamente chocado com o que fiz. Que mais posso dizer?".

– A produtora Beatles Limited é criada.
21 de junho
– *Odeon Cinema, em Guildford.*
22 de junho
– *Television Theatre, em Londres.* John participa como jurado do programa *Juke Box Jury,* da BBC TV. Além dele, o júri era composto por Katie Boyle, Bruce Prochnik e Caroline Maudling. Os *singles* apresentados no programa podiam ser aprovados ou desaprovados pelo júri. O Beatle desaprovou todas as canções.
– Logo em seguida, ele foi para o Heliporto Battersea, de onde partiria para o País de Gales para se encontrar com o restante da banda. O helicóptero, fretado especialmente para ele, pousou no campo de futebol do *Pennypound,* em Abergavenny.
– *Ballroom, em Town Hall, em Abergavenny.* Quando Paul, George e Ringo chegam a Abergavenny na perua do grupo, dirigida por Neil Aspinell, são recepcionados com uma cerimônia oficial, da qual

Os Beatles em cena no Regal Cinema, em Cambridge.

fazem parte o prefeito e o vereador J. F. Thurston, com suas respectivas esposas.

Após o show, o grupo distribuiu autógrafos ao valor de 3 *pence* cada, cuja renda foi revertida em benefício do comitê local da *Freedom From Hunger Campaign*, associação de combate à fome.

23 de junho
– *Alpha TV Studios, em Birmingham*. Gravação do *Summer Spin* – A "versão verão" de *Thank Your Lucky Star*, apresentada por Pete Murray. O show foi uma celebração ao *Mersey Beat*, ritmo característico de Liverpool. Os Beatles dublaram "From Me To You" e "I Saw Her Standing There".
– A participação dos Beatles no *Easy Beat* vai ao ar.

24 de junho
– *Playhouse Theatre, em Londres*. Outra gravação para o *Saturday Club*, da Rádio BBC, apresentado por Brian Matthew. Os Beatles cantaram "I Got To Find My Baby", "Memphis, Tennessee", "Money (That's What I Want)", "Till There Was You", "From Me To You" e "Roll Over Beethoven".

25 de junho
– *Astoria Ballroom, em Middlesbrough*.
– O quarto *Pop Go The Beatles* vai ao ar pela BBC Light Programme.

26 de junho
– *Majestic Ballroom, em Newcastle upon Tyne*. Antes da apresentação da noite, Paul e John compuseram "She Loves You" no quarto do hotel.

27 de junho
– Billy J. Kramer grava "Bad To Me" e "I Call Your Name", de John Lennon. Paul comparece à gravação para acompanhar a edição das músicas.

28 de junho
– *Queen's Hall, em Leeds*. Show com Acker Bilk e sua Paramount Jazz Band assistido por 3.200 espectadores.

29 de junho
– Mais uma participação dos Beatles no *Saturday Club* da BBC Light Programme.
– A apresentação dos Beatles no *Summer Spin*, o especial sobre Mersey Beat, é transmitida pela ABC TV. O *Juke Box Jury*, da BBC TV, com a participação de John como jurado, vai ao ar no mesmo horário, gerando um embate entre as emissoras.

30 de junho
– *ABC Cinema, em Great Yarmouth*. O primeiro de uma série de dez shows semanais em Great Yarmouth, no litoral da Inglaterra. O grupo

tocou: "Some Other Guy", "Thank You Girl", "Do You Want To Know A Secret", "Misery", "A Taste Of Honey", "I Saw Her Standing There", "Love Me Do", "From Me To You", "Baby It's You", "Please Please Me" e "Twist And Shout".

1º de julho
– *Abbey Road*. Os Beatles gravam seu próximo compacto *She Loves You/I'll Get You*.

2 de julho
– *Maida Vale Studios, em Londres*. Gravação do primeiro de 11 novos shows da série *Pop Go The Beatles*, dessa vez apresentado por Rodney Burke. O quarteto cantou: "That's All Right (Mama)", "Carol", "Soldier Of Love (Lay Down Your Arms)", "Lend Me Your Comb", "Clarabella" e "There's A Place". Duffy Power & The Graham Bond Quartet foram os primeiros convidados do programa.

3 de julho
– *Playhouse Theatre*. Ensaio e gravação do programa *The Beat Show*, da BBC Light Programme, apresentado por Gay Byrne. Além dos Beatles, participaram do show a orquestra NDO *(Northern Dance Orchestra)* e The Trad Lads. O quarteto tocou "From Me To You", "A Taste Of Honey" e "Twist and Shout".

4 de julho
– *The Beat Show* é transmitido pela BBC Light Programme
– Os Beatles, acompanhados por Peter, irmão de Jane Asher, assistem aos Rolling Stones no *Scene Club*, no Soho.

5 de julho
– *Plaza Ballroom, em Old Hill, Dudley*. Com Denny & The Diplomats.

6 de julho
– *Northwich Carnival, em Verdin Park*. Os Beatles participaram do desfile de carnaval da cidade e Paul coroou a rainha do evento.
– *The Victory Memorial Hall, em Northwich*.

7 de julho
– *ABC Theatre, em Blackpool*.

8 de julho
– *Winter Gardens, em Margate*. O repertório do show incluiu: "Roll Over Beethoven", "Thank You Girl", "Chains", "Please Please Me", "A Taste Of Honey", "I Saw Her Standing There", "Baby It's You", "From Me To You" e "Twist And Shout".

9 de julho
– *Winter Gardens, em Margate*.

10 de julho
– *Aeolian Hall, em Londres*. Gravação de outros dois shows do *Pop Go The Beatles*. No sexto programa, apresentaram: "Sweet Little Sixteen", "A Taste Of Honey", "Nothin' Shakin' (But The Leaves On The Trees)", "Love Me Do", "Lonesome Tears", "In My Eyes" e "So How Come (Nobody Loves Me)". A banda convidada foi Carter-Lewis & The Southerners.
No sétimo programa cantaram: "Memphis, Tennessee", "Do You Want To Know A Secret", "Till There Was You", "Matchbox", "Please Mr Postman" e "The Hippy Hippy Shake". The Searchers foram os convidados do show. Após as gravações, voltaram para Margate, prontos para a primeira sessão da noite.
– *Winter Gardens, Margate*.

11 de julho
– *Winter Gardens, Margate*.

12 de julho
– *Winter Gardens, Margate*.
– O compacto duplo *Twist And Shout* é lançado no Reino Unido pela Parlophone (GEP 8882), somente em versão mono.
Lado A: "Twist And Shout", "A Taste Of Honey";
Lado B: "Do You Want To Know A Secret", "There's A Place".

13 de julho
– *Winter Gardens, Margate*.

14 de julho
– *ABC Theatre, em Blackpool*.

15 de julho
– Paul é autuado por excesso de velocidade, porém não compareceu à Corte dos Magistrados de Birkenhead para pagar a multa de 17 libras.

16 de julho
– *BBC Paris Studio, em Londres*. O oitavo, nono e décimo programas do *Pop Go The Beatles* são gravados em uma longa sessão. No oitavo show, tocaram: "I'm Gonna Sit Right Down And Cry (Over You)", "Crying, Waiting, Hoping", "Kansas City/Hey– Hey– Hey!", "To Know Her Is To Love Her", "The Honeymoon Song" e "Twist and Shout", tendo The Swinging Blue Jeans como convidados.

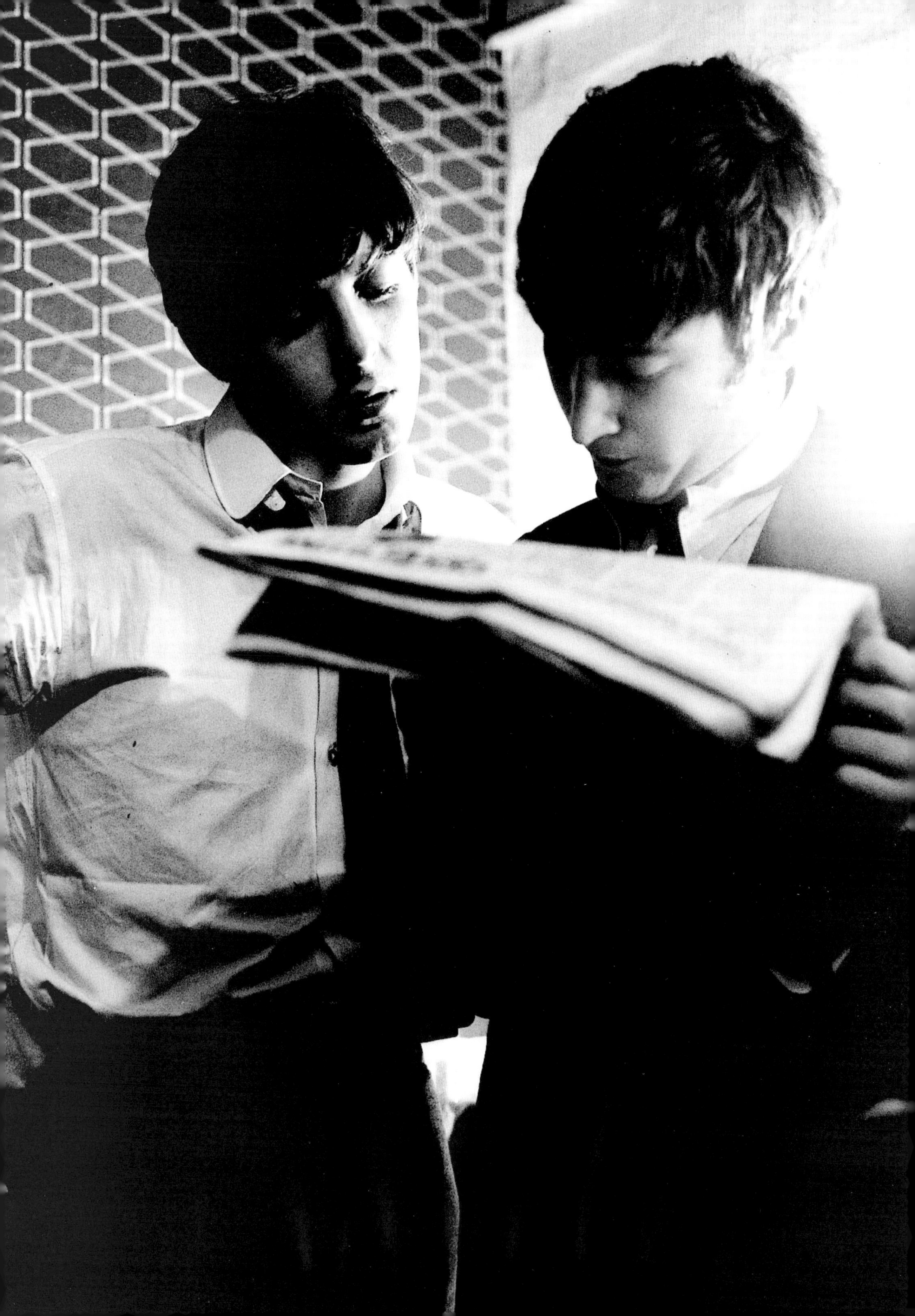

STA

Ringo é escoltado na saída do Gaumont Cinema, em Bournemouth, durante a temporada de verão de 1963.

No nono, apresentaram: "Long Tall Sally", "Please Please Me", "She Loves You", "You Really Got A Hold On Me", "I'll Get You" e "I Got A Woman". The Hollies foram os astros convidados.

No décimo, o repertório incluiu: "She Loves You", "Words Of Love", "Glad All Over", "I Just Don't Understand", "(There's A) Devil in Her Heart" e "Slow Down". Russ Sainty & The Nu-Notes foram os convidados do programa.

17 de julho
– *Playhouse Theatre, em Londres.* Gravação do programa *Easy Beat*, da BBC Light Programme. Os Beatles apresentaram quatro números para o fiel público adolescente: "I Saw Her Standing There", "A Shot of Rhythm and Blues", "There's A Place" e "Twist And Shout".

18 de julho
– *Abbey Road.* Os Beatles ensaiam parte do material de seu segundo álbum: "You Really Got A Hold On Me", "Money (That's What I Want)", "(There's A) Devil In Her Heart" e "Till There Was You".

19 de julho
– *Ritz Ballroom, em Rhyl.*

20 de julho
– *Ritz Ballroom, em Rhyl.* Após o show, a banda voltou para Liverpool

21 de julho
– *Queen's Theatre, em Blackpool.* Antes do show, 4 mil fãs bloqueiam as ruas de Blackpool, em uma amostra do que seria a Beatlemania. Don Haworth, da BBC TV de Manchester, reuniu-se com os Beatles a fim de discutir a possibilidade de eles participarem de um documentário de meia hora sobre a banda e sobre a cena musical de Liverpool. Como se mostraram interessados, Don Haworth deu início ao projeto.
– *O Easy Beat* gravado em 17 de julho foi ao ar pela BBC Light Programme.

22 de julho
– *Odeon Cinema, em Weston-super-Mare.* O primeiro de seis shows no *Odeon.* Dezo Hoffman passou o dia com o grupo na praia de Bream Down, onde os fotografou vestindo trajes de banho vitorianos e passeando em burricos, além de fazer um filme amador dos rapazes brincando na praia. Dezo Hoffman falou sobre a experiência:

"Tive a ideia de alugar cabines de praia, **roupas de banho** antigas, etc. Eles adoraram usar aqueles trajes **bobos**. John continuou vestido com o seu maiô no hotel, muito após o **término da sessão**".

No caminho de volta, pararam em uma pista de kart.

23 de julho
– *Odeon Cinema, em Weston-super-Mare.*
– O *Pop Go The Beatles* foi transmitido pela BBC Light Programme.

24 de julho
– *Odeon Cinema, em Weston-super-Mare.*

25 de julho
– *Odeon Cinema, em Weston-super-Mare.*

26 de julho
– *Odeon Cinema, em Weston-super-Mare.*
– O álbum *Introducing The Beatles* é lançado nos Estados Unidos pela Vee Jay versão mono (VJLP 1062) e versão estéreo (SR 1062).
Lado A: "I Saw Her Standing There", "Misery", "Anna (Go To Him)", "Chains", "Boys", "Love Me Do";
Lado B: "P. S. I Love You", "Baby It's You", "Do You Want To Know A Secret", "A Taste Of Honey", "There's A Place", "Twist And Shout".

27 de julho
– *Odeon Cinema, em Weston-super-Mare.*

28 de julho
– *ABC Cinema, Great Yarmouth.*

30 de julho
– *Abbey Road.* Durante a manhã, a banda gravou "Please Mister Postman" e "It Won't Be Long".
– *Playhouse Theatre, London.* Duas gravações para programas da BBC Light Programme. Primeiramente, uma entrevista com Phil Tate para o quadro "Pop Chat", do programa *Non Stop Pop*, e, depois, uma sessão de músicas para o *Saturday Club*, que incluiu "Long Tall Sally", "She Loves You", "Glad All Over", "Twist and Shout", "You Really Got A Hold On Me" e "I'll Get You".
– À noite, os Beatles voltam para *Abbey Road* para mais uma sessão de gravação. Trabalham "Till There Was You", "Roll Over Beethoven", "It Won't Be Long" e "All My Loving".
– O programa *Pop Go The Beatles* é transmitido pela BBC Light Programme.

31 de julho
– *Imperial Ballroom, em Nelson.*

1º de agosto
– *Playhouse Theatre, em Manchester.* Gravação de mais dois programas do *Pop Go The Beatles*, da BBC Light Programme. Para o 11º programa, os Beatles gravaram "Ooh! My Soul", "Don't Ever Change", "Twist And Shout", "She Loves You", "Anna (Go To Him)" e "A Shot Of Rhythm & Blues". Os músicos convidados foram Cyril Davie e sua banda Rhythm & Blues All-Stars, acompanhados de Long John Baldry. No 12º programa, os convidados foram Brian Poole & The Tremeloes. Os Beatles apresentaram "From Me To You", "I'll Get You", "Money (That's What I Want)", "There's A Place", "Honey Don't" e "Roll Over Beethoven"
– O primeiro número da revista *The Beatles Book* é publicado com a colaboração de Brian Epstein.

2 de agosto
– *Grafton Rooms, em Liverpool.*
3 de agosto
– *The Cavern*. Última apresentação dos Beatles na casa. Os ingressos esgotaram-se meia hora após terem sido colocados à venda.
4 de agosto
– *Queen's Theatre, Blackpool*. Os Beatles têm de subir no andaime da construção vizinha para poder entrar no teatro por um alçapão no telhado, pois os fãs haviam bloqueado as entradas.
5 de agosto
– *Urmston Show*. Realizado em uma marquise gigante, o show em comemoração a um feriado nacional é apresentado por Davis Hamilton. Os Beatles foram a atração principal da programação, que incluiu outras bandas, entre elas Brian Poole & The Tremeloes.
6 de agosto
– *Springfield Ballroom, St Saviour, Jersey.*
– Os Beatles relaxam andando de kart e nadando. Foi em Channel Islands que John encontrou-se novamente com o escritor Royston Ellis que lhe mostrou como se drogar com polietileno.
7 de agosto
– *Springfield Ballroom, St Saviour, Jersey.*
8 de agosto
– *Auditorium, em Candie Gardens, Guernsey*. Os Beatles vão para Guernsey em um avião para 12 passageiros.
9 de agosto
– *Springfield Ballroom, St Saviour, Jersey.*

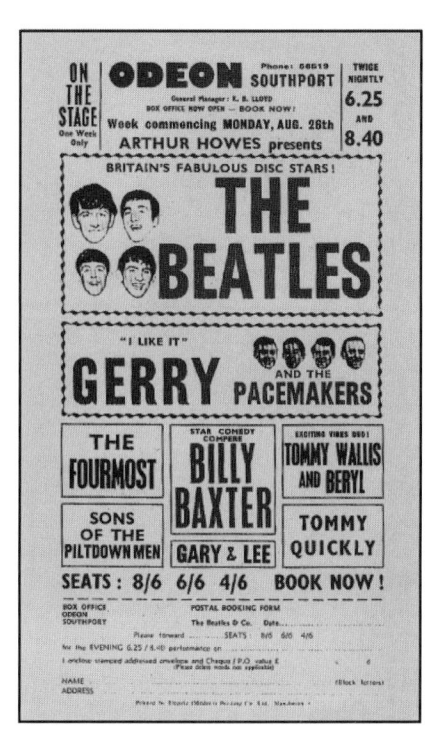

10 de agosto
– *Springfield Ballroom, St Saviour, Jersey.*
11 de agosto
– *ABC Theatre, Blackpool.*
– Mal Evans estava à espera do quarteto em sua perua, quando eles chegaram ao aeroporto de Manchester, vindos de Channel Islands. Era seu primeiro dia trabalhando em período integral para a trupe, pois, em virtude da pressão do trabalho e da necessidade de um segurança pessoal, Brian pediu a Mal que trabalhasse não só como *roadie*, mas também como guarda-costas do grupo.
12 de agosto
– *Odeon Cinema, Llandudno*. A primeira das seis noites da temporada dos Beatles nessa cidade litorânea, onde apresentaram dois shows por noite.
13 de agosto
– *Odeon Cinema, Llandudno*. Após a segunda apresentação do dia, o grupo voltou para Liverpool.
14 de agosto
– *Granada TV Centre, em Manchester*. Durante a manhã, os Beatles gravaram "Twist and Shout" e "She Loves You" para o programa *Scene*. "Twist and Shout" foi exibida nessa mesma noite.
– *Odeon Cinema, Llandudno.*
15 de agosto
– *Odeon Cinema, Llandudno.*
16 de agosto
– *Odeon Cinema, Llandudno.*
17 de agosto
– *Odeon Cinema, Llandudno.*
18 de agosto
– *Alpha TV Studios, em Birmingham*. O grupo participou de uma gravação para a "versão verão" do Lucky Stars, da ABC TV, apresentado por Pete Murray, dublando as canções de seu próximo compacto "She Loves You" e "I'll Get You".
– *Princess Theatre, em Devon*.
19 de agosto
– *Gaumont Cinema, em Bournemouth*. Com Billy J. Kramer & The Dakotas e Tommy Quickly. Mais uma vez a banda foi a contratada da casa para uma temporada de verão.
– Entre os dois shows da noite, os Beatles deram uma festa em seu camarim para comemorar o aniversário de 20 anos de Billy J. Kramer.
– A Granada TV exibiu os Beatles cantando "She Loves You" no programa *Scene*.
20 de agosto
– *Gaumont Cinema, em Bournemouth.*
21 de agosto
– *Gaumont Cinema, em Bournemouth.*
22 de agosto
– Enquanto estavam em Bournemouth, os Beatles se hospedaram

A capa do álbum With The Beatles

Robert Freeman: "Sugeri uma foto em preto e branco... Os rapazes gostaram da ideia e, então, marcamos a sessão de fotos para as 12h do dia seguinte, no restaurante do hotel. Um foco de luz natural incidia pelas grandes janelas do salão e as cortinas de veludo marrom, presas por braçadeiras, serviam como perfeito pano de fundo... Decidimos usar as malhas de gola olímpica pretas que vestiam no palco, para manter a foto despretensiosa". Ringo ficou no canto inferior, à direita, pois fora o último a entrar na banda. Ele precisou ficar ajoelhado em uma banqueta para ficar à vontade e na posição certa para a foto. Freeman recebeu 75 libras pela capa, em vez das 25 originalmente oferecidas pela EMI.

no Palace Court Hotel, onde Robert Freeman fez a famosa foto em preto e branco para o álbum *With The Beatles*. Provavelmente a sessão de fotos foi feita nesse dia.
– Após o almoço, o quarteto e Robert Freeman foram até os estúdios da Southern ITV Centre, em Southampton. Os Beatles dublaram "She Loves You" para o programa *Day By Day*, que foi ao ar no mesmo dia.

23 de agosto
– Gaumont Cinema, em Bournemouth.
– O compacto *She Loves You/I'll Get You* é lançado no Reino Unido pela Parlophone (R 5055). A procura havia sido tão grande que a EMI fizera mais de 250 mil cópias para o lançamento oficial do disco.

24 de agosto
– Gaumont Cinema, em Bournemouth.
– A gravação da banda, feita em 30 de julho para o *Saturday Club*, com o apresentador Brian Matthew, é transmitida pela BBC Light Programme, e a participação dos Beatles no *Lucky Stars* – versão verão é exibida pela ABC TV.

25 de agosto
– ABC Theatre, em Blackpool.

26 de agosto
– Odeon Cinema, em Southport, no litoral da Inglaterra. Com Garry & The Pacemakers, The Foremost, Billy Baxter, Tommy Quickly, Tommy Wallis e Beryl, Garry & Lee e The Sons of the Piltdown Men. Os Beatles, novamente, são a banda da casa durante uma semana. O repertório do quarteto incluía: "Roll Over Beethoven", "Thank You Girl", "Chains", "A Taste Of Honey", "She Loves You", "Baby It's You", "From Me To You", "Boys", "I Saw Her Standing There" e "Twist And Shout".
– Paul é autuado por excesso de velocidade pela terceira vez no ano. É multado em 31 libras e teve sua licença de motorista cassada por 12 meses.

27 de agosto
– Odeon Cinema, em Southport.
– Os Beatles são filmados tocando "Twist And Shout" e "She Loves You" no palco do *The Little Theatre*, em Southport, para o documentário da BBC TV Manchester, dirigido por Don Haworth. Após uma troca de roupas, simulando uma mudança de ambiente, tocaram "Love Me Do". Para criar a atmosfera de um show, foram usadas cenas do público gravadas na noite anterior. No "documentário" foram usadas as

Os Beatles e o cantor Billy J. Kramer, também de Liverpool, carregam a cantora Susan Maugham no lado de fora do Savoy Hotel, em Londres, em 10 de setembro.

Os Rolling Stones

Na tarde de 10 de setembro, Andrew Oldham, empresário dos Rolling Stones e antigo relações-públicas dos Beatles, estava caminhando em Jermyn Street, em Londres, quando um táxi parou ao seu lado, esperando o semáforo abrir. A janela foi aberta e uma voz com sotaque de Liverpool disse, "Entre, Andy". Ele parara de trabalhar com os Beatles havia poucos meses. No táxi, encontravam-se John e Paul, que voltavam do almoço. Sabendo que os Beatles gostavam dos Rolling Stones, Andrew lhes contou que estava procurando uma música para eles gravarem. Imediatamente, John e Paul sugeriram que ele escutasse uma canção que haviam acabado de compor, chamada "I Wanna Be Your Man", e que achavam que iria combinar com o estilo dos Stones. Andrew estava a caminho do clube Studio 51, de Ken Coyler, em Great Newport Street, no Soho, onde se encontraria com os Stones, e John e Paul disseram que poderiam acompanhá-lo. Lá chegando, os dois Beatles pegaram as guitarras de Brian e Keith e começaram a tocar a música. Havia apenas um problema: faltava ligação entre as estrofes. Após uma rápida conversa com os Stones, John e Paul disseram-lhes que, se realmente tivessem gostado da música, eles a terminariam. Entraram, então, em uma sala próxima e voltaram após alguns minutos. "Esqueceram alguma coisa?", perguntou Bill Wyman. "Não", respondeu Paul, "acabamos de fazer a ligação. Ficou boa?" Esse foi o primeiro sucesso dos Rolling Stones a chegar à parada das 20 mais.

gravações comerciais das músicas, cujo resultado final ficou tão próximo da realidade quanto o filme *A Hard Day's Night – Os Reis do Iê-iê-iê*.
– O 11º programa do *Pop Go The Beatles* vai ao ar pela BBC Light Programme.

28 de agosto
– *Odeon Cinema, em Southport.*
– Como parte do documentário *The Mersey Sound*, de Haworth, os Beatles são entrevistados nos estúdios da BBC, em Manchester, e também filmados como se estivessem nos bastidores se preparando para um show e esperando nas coxias com seus instrumentos.

29 de agosto
– *Odeon Cinema, em Southport.*
– Os Beatles simulam uma chegada a um aeroporto para o "documentário" de Haworth e também pegam uma balsa que ligava as regiões de Pier Head e Wallasey, em Liverpool, onde se encontraram com fãs e distribuíram autógrafos.

30 de agosto
– *Odeon Cinema, em Southport.*
– Ringo é filmado para uma cena do filme de Don Howorth, abrindo caminho entre figurantes, do lado de fora da casa onde passara sua infância, em Admiral Grove, n. 10, em Dingle.
– "Pop Chat", o quadro de entrevistas do programa *Non Stop Pop*, é exibido pela BBC Light Programme.

31 de agosto
– *Odeon Cinema, em Southport.* Último show em Southport.

1º de setembro
– *Didsbury Studio Centre, da ABC TV, em Manchester*. O grupo gravava uma participação no programa de variedades *Big Night Out*, apresentado pelos comediantes Mike e

Bernie Winters. Dublaram "From Me To You", "She Loves You" e "Twist And Shout" para uma plateia de 600 espectadores. O programa foi exibido em 7 de setembro.

3 de setembro
– *Aeolian Hall, em Londres*. Gravação dos últimos três programas da série *Pop Go The Beatles*, apresentados por Rodney Burke. Para o 13º show gravaram: "Too Much Monkey Business", "Love Me Do", "She Loves You", "Till There Was You", "I'll Get You" e "The Hippy Hippy Shake"; contaram com Johnny Kidd & The Pirates como a banda convidada. No 14º programa, tocaram "Chains", "You Really Got A Hold On Me", "Misery", "A Taste Of Honey" (que fez parte do 13º programa), "Lucille" e "From Me To You", tendo como convidados The Marauders. No 15º e último show, apresentaram "She Loves You", "Ask Me Why", "(There's A) Devil In Her Heart", "I Saw Her Standing There", "Sure To Fall (In Love With You)" e "Twist and Shout", com a participação de Tony Rivers & The Castaways.
– O 12º *Pop Go The Beatles* foi transmitido pela BBC Light Programme.

4 de setembro
– *Gaumont Cinema, em Worcester*.

5 de setembro
– *Gaumont Cinema, em Taunton*.

6 de setembro
– *Odeon Cinema, em Luton*.
– O compacto duplo *The Beatles' Hits* foi lançado no Reino Unido pela Parlophone, somente na versão mono (GEP 8880).
Lado A: "From Me To You", "Thank You Girl";
Lado B: "Please Please Me", "Love Me Do".

7 de setembro
– *Playhouse Theatre, em Londres.* Ensaio e gravação da edição do quinto aniversário do programa *Saturday Club*, da BBC Light Programme. Os Beatles apresentaram: "I Saw Her Standing There", "Memphis Tennessee", "Happy Birthday Saturday Club", composta por John especialmente para a ocasião, "I'll Get You", "She Loves You" e "Lucille".
Após a gravação, Paul deu uma entrevista a Rosemary Hart da série *A World Of Sound*, da rádio BBC Home Service.
– *Fairfield Hall, em Croydon*.
– "She Loves You" chega ao topo das paradas no Reino Unido e mantém a posição por sete semanas.
– A participação dos rapazes de Liverpool no *Big Night Out*, de Mike e Bernie Winters, foi exibida pela ABC TV.

8 de setembro
– *ABC Theatre, Blackpool*.

10 de setembro
– John e Paul participam do almoço oferecido pela instituição beneficente *Variety Club of Great Britain*, no *Savoy Hotel*, onde recebem o prêmio "Top Vocal Group of The Year".
– A BBC Light Programme levou ao ar o 13º *Pop Go The Beatles*.

11 de setembro
– *Abbey Road*. A banda continua a trabalhar no álbum *With The Beatles*. Começaram com "I Wanna Be Your Man" (que, na opinião de Paul, foi criada apenas para promover Ringo), "Little Child", "All I've Got To Do" e "Not A Second Time". Por fim, gravaram alguns *takes* de "Don't Bother Me", composta por George Harrison.

12 de setembro
– *Abbey Road*. Às vésperas da turnê na Austrália, os Beatles gravam três diferentes chamadas para os shows que realizariam naquele país, que seriam usadas especialmente por Bob Rogers, importante DJ da rádio 2SM, de Sidney. Além disso, fizeram outra chamada que poderia ser usada por qualquer emissora. Em seguida, continuaram a trabalhar "Hold Me Tight", "Don't Bother Me", "Little Child" e "I Wanna Be Your Man".

13 de setembro
– *Public Hall, em Preston*.
– *Imperial Ballroom, em Nelson, Lancashire*. Após o show em Preston, Paul viaja para Nelson, para participar como jurado do concurso de beleza "Miss Imperial 1963", uma das atrações do baile "Young Ones Ball", promovido anualmente pelo jornal local *The Nelson Leader*.

14 de setembro
– Entrevista coletiva nos escritórios da NEMS, em Liverpool.
– *The Victory Memorial Hall, em Northwich*.

15 de setembro
– *Royal Albert Hall, em Londres*. Baile anual Great Pop Prom, promovido pelas revistas *Valentine*, *Marilyn* e *Roxy* em prol da Printer's Pension Corporation. Além dos Beatles, outras 11 bandas participaram do evento, apresentado por Alan Freeman. Após o show, o quarteto fez uma sessão de fotos com os Rolling Stones, que também haviam participado do show, nas escadarias dos fundos do salão.

Paul: "Estávamos em pé nas escadarias atrás do Albert Hall com os Rolling Stones, vestindo nosso novo figurino, calças alinhadas, gola olímpica e pensamos, 'É isso aí – Londres! O Albert Hall!, Nos sentimos como Deuses!".

– O compacto *She Loves You/I'll Get You* foi lançado nos Estados Unidos pela Swan (4152).

16 de setembro
– Os Beatles tomam rumos diferentes durante as férias. John

e Cynthia vão para Paris, onde se encontrariam com Brian Epstein. George e seu irmão Peter vão para os Estados Unidos visitar sua irmã, Louise, em Benton, Illinois.
– Paul, Jane, Ringo e Maureen vão para a Grécia:

Paul: "Costumávamos ir à Grécia, pois era um lugar onde ninguém nos reconhecia. Onde quer que fôssemos, Alemanha, Itália, sul da França, ouvíamos, 'Olha lá, os Beatles!', e começávamos a correr. Então, íamos para a Grécia. Mas acabamos sendo reconhecidos lá também e chegamos à seguinte conclusão, 'Nossa, isso é um caminho sem volta'. E aí você percebe que ou cai fora ou aceita que isso é a fama, isso é o que acontece quando se é famoso, isso é ser uma celebridade, e então decidimos, 'Bem, é melhor aprendermos a conviver com a realidade sem nos importarmos muito com ela'".

Ringo: "Eu costumava nadar bastante durante o dia, enquanto Paul se divertia esquiando no mar. À noite, tocávamos com The Trio Athenia, uma banda local. Antes de nós aparecermos, eles não tocavam 'pop', mas agora vão poder praticar usando parte de nossos dez maiores sucessos".

17 de setembro
– A BBC Light Programme exibe o 14º programa *Pop Go The Beatles*.
24 de setembro
– A BBC Light Programme leva ao ar o último *Pop Go The Beatles*.
2 de outubro
– Paul e Ringo pegam um voo para a Inglaterra, com escalas em Zurich e Frankfurt. John, Cynthia e Brian pegam um voo direto de Paris.
3 de outubro
– *Abbey Road*. Ringo grava o vocal de "I Wanna Be Your Man" e John e Paul, o de "Little Child".
– George volta dos Estados Unidos a tempo de se reunir com a banda para a entrevista com Michael Colley para o programa *The Public Ear*, da BBC Light Programme.
– Ringo dirigiu até Southend, em Essex, para assistir ao show de The Everly Brothers, Bo Didley e The Rolling Stones, no *Odeon Cinema*.

4 de outubro
– *Associated-Rediffusion's Studios, no Television House, em Londres*. Gravação da primeira apresentação dos Beatles no programa *Ready, Steady, Go!* Dublaram ao vivo "Twist and Shout", "I'll Get You" e "She Loves You", e foram entrevistados por Keith Fordyce e Dusty Springfield.
5 de outubro
– *Carnegie Hall, em Glasgow*. A primeira de três apresentações na Escócia.
– O especial de quinto aniversário do programa *Saturday Club* é exibido pela BBC Light Programme.
6 de outubro
– *Carlton Theatre, em Kirkaldy*. Três mil fãs lotam o teatro nas duas apresentações da noite.
7 de outubro
– *Caird Hall, Dundee*.

O começo da beatlemania

No dia 13 de outubro, os fãs da banda bloquearam a Argyll Street e depois se espalharam pela Great Marlborough Street, interrompendo o tráfego na região do London Palladium. Enquanto isso, dentro do teatro, a plateia gritava tanto que John chegou a berrar, "Calem a boca!". As manifestações dos fãs inspiraram os jornais do dia seguinte a criarem o termo "beatlemania". A cobertura do evento também foi feita pela ITV, que a exibiu em seu noticiário noturno.

Acima: Uma fã agarra George no palco em Estocolmo, em 26 de outubro.
Na página seguinte: London Airport, em 23 de outubro.

9 de outubro
– *BBC Paris Studio, em Londres.* O quarteto grava "She Loves You" para o programa humorístico *The Ken Dodd Show*, da BBC Light Programme.
– O "documentário" *The Mersey Sound*, de Don Haworth, produzido pela BBC é exibido e aclamado pelo público.

11 de outubro
– *Ballroom, em Trentham.*

12 de outubro
– Os Beatles ensaiam para sua apresentação no show de TV *Sunday Night At The London Palladium*, que seria realizado no dia seguinte.

13 de outubro
– *London Paladium.* Os Beatles são os astros principais do show de Val Parnell, *Sunday Night At The London Palladium*, transmitido ao vivo pela ATV para 15 milhões de espectadores. Eles cantaram "From Me To You", "I'll Get You", "She Loves You" e "Twist and Shout", tocaram com os outros artistas convidados, incluindo Brook Benton e Des O'Connor, e despediram-se do público com Bruce Forsyth, o apresentador do show, no tradicional palco giratório.

14 de outubro
– A imprensa divulga o surgimento da beatlemania, com manchetes sobre a apresentação da banda no *Sunday Night At The London Palladium* e as cenas de histeria das fãs.

15 de outubro
– *Floral Hall, Southport.*
– Divulga-se que os Beatles haviam sido convidados para se apresentar no famoso show de variedades *Royal Variety Show, no Prince of Wales Theatre.*

16 de outubro
– *Playhouse Theatre, em Londres.* Gravação da última apresentação da banda no *Easy Beat*, da BBC Light Programme, na qual tocaram "I Saw Her Standing There", "Love Me Do", "Please Please Me", "From Me To You" e "She Loves You".
– Os Beatles conversam sobre sua participação no *Royal Variety Show* durante uma entrevista dada a Peter Woods, do programa *Radio Newsreel*, da BBC Light Programme.

17 de outubro
– *Abbey Road.* Os Beatles gravam os dois lados de seu próximo compacto: "I Want To Hold Your Hands" e "This Boy" – usando pela primeira vez a nova mesa de gravação com quatro canais da EMI. O equipamento do estúdio era muito antiquado e não é de surpreender que estivessem instalando mesas com quatro canais, enquanto os estúdios nos Estados Unidos, como o Atlantic Records, já utilizavam mesas com oito canais, desde os anos de 1950.
– Os Beatles também ensaiam "You Really Got A Hold On Me" e gravam um compacto com uma mensagem de Natal para os membros de seu fã-clube, chamado "The Beatles's Christmas Record".
– Quando Paul vai buscar a ganhadora do concurso "Why I Like The Beatles" para almoçar, fãs

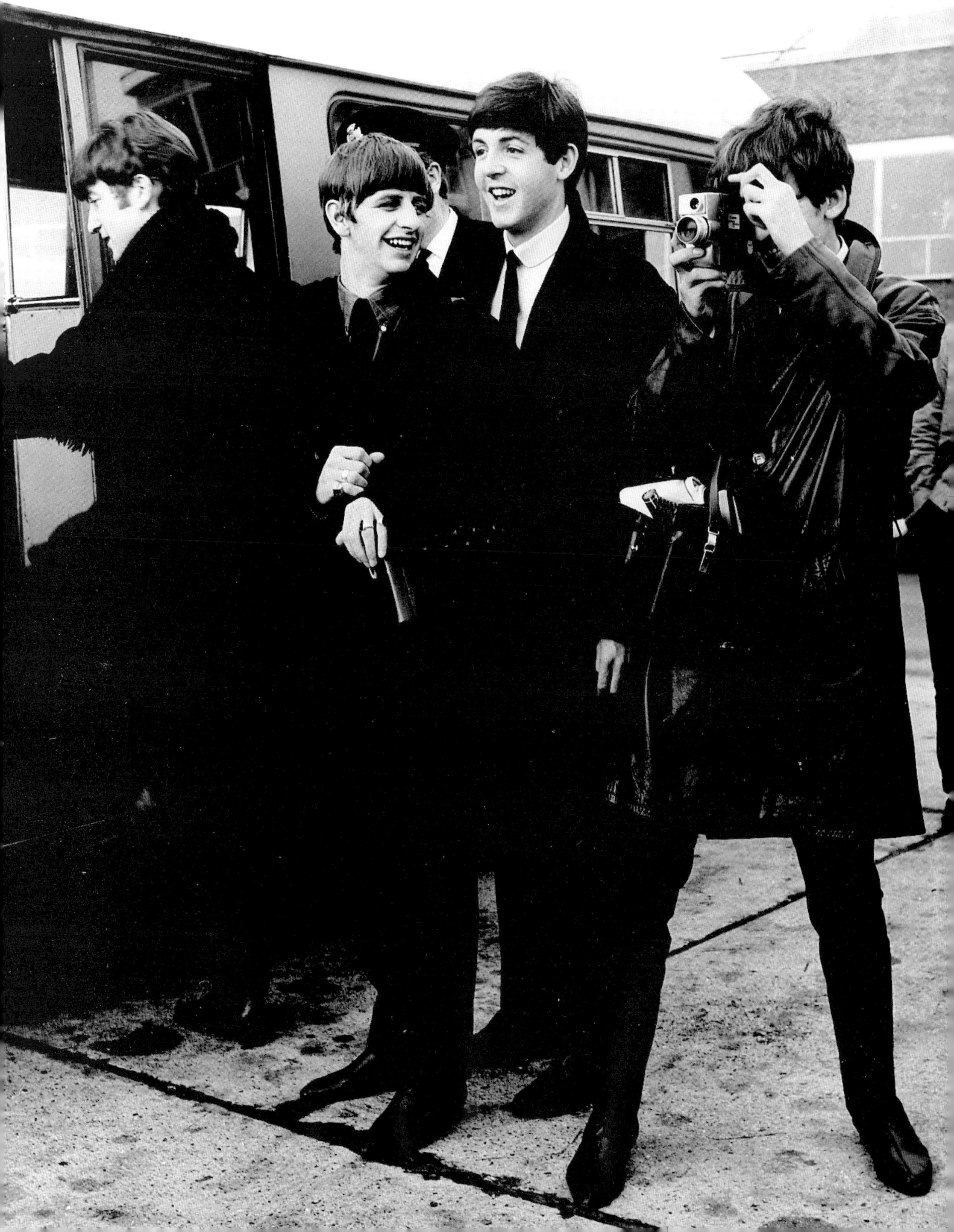

bloqueiam a Bond Street. A competição do concurso fora patrocinada por uma revista local.

18 de outubro
– *Granada Television Centre, em Manchester*. Os Beatles dublam "She Loves You" para o *Scene at 6.30*, que seria televisionado naquela mesma noite.

19 de outubro
– *Pavilion Gardens Ballroom, em Buxton*.

20 de outubro
– *Alpha TV Studios, em Birmingham*. Os Beatles são a atração principal do *Thank Your Lucky Stars*, da ABC TV. Dublaram "All My Loving", "Money (That's What I Want)" e "She Loves You", enquanto 3 mil fãs aglomeravam-se nas ruas e tentavam invadir o estúdio.
– A última apresentação dos Beatles no *Easy Beat* vai ao ar pela BBC Light Programme.

23 de outubro
– *Abbey Road*. Os Beatles finalizam "I Wanna Be Your Man", a faixa de Ringo do novo álbum.

– Nessa tarde, pegam um voo da BEA, com destino ao Stockholm International Airport, em Arlanda. Ao chegarem, depararam com fãs histéricas, uma cena incomum na Suécia. Buquês de flores vinham de todas as direções, enquanto a banda posava para fotos na pista do aeroporto. Centenas de garotas faltaram às aulas para recepcionar os rapazes de Liverpool. A imprensa descreveu o evento como "A Batalha no Aeroporto de Estocolmo". Na estação de rádio local, Sveriges Radio, o DJ Klas Burling (a versão sueca de Brian Matthew), só tocava as músicas dos Beatles.
A polícia conseguiu escoltar o grupo até o Hotel Continental, onde mais garotas esperavam do lado de fora. Muitos fãs conseguiram entrar na suíte dos Beatles e a festa rolou solta noite adentro.

24 de outubro
– Os Beatles participam de uma caótica coletiva de imprensa. Em seguida, protegidos por seguranças por causa da multidão de fãs, tentaram fazer um breve tour pela cidade, mas acabaram sendo levados (ironicamente) a um pub em estilo inglês.
– *Karlaplansstudion, em Estocolmo*. Os Beatles, sem qualquer ensaio, chegaram ao estúdio para uma apresentação ao vivo e uma entrevista para o show de rádio de Klas Burling, Pop'63, da Sveriges Radio. Essa edição do programa foi chamada *The Beatles pupgrupp fran Liverpool pa besök i Stockholm* (Os Beatles, a banda pop de Liverpool, visita Estocolmo). Os Beatles tocaram sete músicas bem animadas: "I Saw Her Standing There", "From Me To You", "Money (That's What I Want)", "Roll Over Beethoven", "You Really Got A Hold On Me", 'She Loves You" e "Twist And Shout". A banda sueca Hasse Rosen & The Norseman também participou do programa.
Nessa noite visitaram o Nalen, o mais importante salão de baile para adolescentes. Coincidentemente, como era o 75º aniversário do Nalen, todas as celebridades locais estavam presentes.

Ringo: "Um pouco mais elegante que o The Cavern".

George: "Sinto que aqui também há vibração. Sabe, você sempre percebe quando as pessoas têm energia".

25 de outubro
– *Nya Aulan, em Karlstad*. Com a banda local The Phantoms. O show é realizado no salão de bailes de uma escola de ensino médio, e o grupo faz dois shows tocando o repertório básico da turnê: "Long Tall Sally", "Please Please Me", "I Saw Her Standing There", "From Me To You", "A Taste of Honey", "Chains", "Boys", "She Loves You" e "Twist and Shout". Assim como na Inglaterra, a apresentação da banda mal pôde ser ouvida por causa dos gritos da plateia.

26 de outubro
– *Kungliga Tennishallen, em Estocolmo*. Joey Dee & The Starlighters foram anunciados como a atração principal do show, seguidos dos Beatles o que, com certeza, não coincidia com a opinião do público.
– *Thank Your Lucky Stars*, da ABC TV, apresenta pela primeira vez na TV "All My Loving" e "Money (That's What I Want)".

27 de outubro
– *Cirkus, em Gothenburg*. Além de um show vespertino, os Beatles fazem duas apresentações à noite.

28 de outubro
– *Waidele record shop, em Boras*. A banda passa meia hora na loja autografando discos.
– *Borashallen, em Boras*.

29 de outubro
– *Sporthallen, em Eskilstuna*. Com Jerry Williams, The Violents, Trio Me' Bumba, The Telstars e Mona Skarström.

30 de outubro
– *Narren-teatern, em Estocolmo*. Os Beatles gravaram uma apresentação para o programa *Drop In*, da Sveriges TV, diante da plateia presente em um pequeno teatro, no parque de diversões Grona Lund. Klas Burling, o apresentador do show, convenceu os Beatles a tocarem quatro números em vez de dois, que incluíram "She Loves You", "Twist And Shout", "Long Tall Sally" e "I Saw Her Standing There". O grupo Gals & The Pals e a jovem cantora Lill-Babs, que apareceu em várias fotos com os Beatles, também fizeram parte da programação.

31 de outubro
– Os Beatles voltaram para Londres, em um voo da SAS (Scandinavian Airlines System), onde centenas de adolecentes os aguardavam para dar boas-vindas no telhado do Queens's Building, no Heathrow Airport. Coincidentemente, Ed Sullivan, que passava pelo aeroporto na mesma hora, presenciou a cena e ficou tão impressionado que resolveu convidá-los para seu show, apesar de ainda serem praticamente desconhecidos nos Estados Unidos.

1º de novembro
– *Odeon Cinema, em Cheltenham*. Primeira noite da turnê de outono dos Beatles. Com The Rhythm & Blues Quartet, The Vernons Girls, The Brook Brothers, Peter Jay & The Jaywalkers, The Krestrels. Frank Berry foi o apresentador. O repertório básico da turnê incluía: "I Saw Her Standing There", "From Me To You", "All My Loving", "You Really Got A Hold On Me", "Roll Over Beethoven", "Boys", "Till There Was You", "She Loves You", "Money (That's What I Want)" e "Twist And Shout".
– O compacto duplo *The Beatles* (n. 1) foi lançado no Reino Unido, somente em versão mono, pela Parlophone (GEP 8883).
Lado A: "I Saw Her Standing There", "Misery";
Lado B: "Anna (Go To Him); "Chains".
– A música "I Wanna Be Your Man", dos Rolling Stones, composta por Lennon & McCartney, é lançada em compacto no Reino Unido pela Decca (F 11764).

2 de novembro
– *City Hall, em Sheffield*. Turnê de outono.

3 de novembro
– *Odeon Cinema, em Leeds*. Turnê de outono.
– Os Beatles participaram do programa *The Ken Dodd Show*, transmitido pela BBC Light Programme.
– A entrevista dos Beatles no programa *The Public Ear* foi ao ar pela BBC Light Programme.

4 de novembro
– *Prince of Wales Theatre, Londres*. Royal Command Performance, show de gala beneficente com a presença da rainha-mãe e da princesa Margaret, acompanhada pelo lorde Snowdon.
Bernard Delfont arriscou-se ao convidar os Beatles, pois membros mais conservadores da elite britânica poderiam se sentir ofendidos ao ver o quarteto participar do show de variedades, *Royal Variety Performance*, com artistas mais tradicionais. Os Beatles foram o sétimo grupo a se apresentar, mas, com certeza, foram a atração da noite. A programação incluía: Marlene Dietrich, Max Bygraves, Harry Secombe, Buddy Greco, Wilfred Bramble & Harry H. Corbett, Charlie Drake, Michael Flanders & Donald Swann, Joe Loss & His Orchestra, Susan Maughan, Nadia Nerina, Luis Alberto Del Parana & Los Paraguayos, Tommy Steele, Eric Sykes & Hattie Jacques, The Clark Brothers, Francis Brunn, The Billy Petch Dancers, Pinky & Perky e The Prince of Wales Theatre Orchestra.

5 de novembro
– Uma equipe da Associated-Rediffusion TV filma os Beatles sentados no banco de trás de um carro enquanto passeavam por Londres. As cenas fariam parte do documentário *The Beatles and Beatlemania*, que seria exibido no programa de atualidades *This Week*.
– *Adelphi Cinema, em Slough*. Turnê de outono. Sob a vigilância de 30 policiais preparados para enfrentar a multidão, Ringo comandou uma *jam session* com George

---

"Chacoalhem suas joias"

Para o show de variedades de 4 de novembro, o The Royal Variety Show, os Beatles vestiram novos e elegantes ternos pretos: decote em "V", gravatas pretas e camisas tão brancas que ofuscavam a vista. As cortinas se abriram e eles começaram a tocar "From Me To You". A plateia não reagiu. Continuaram a apresentação com "She Loves You" e Paul anunciou que tocariam uma canção do musical *The Music Man*: "Essa música também foi gravada pela nossa cantora americana favorita – Sophie Tucker", ele riu e eles cantaram "Till There Was You". John, então, introduziu "Twist and Shout" com seu famoso comentário: "Os que estão nos lugares mais baratos, podem bater palmas. Os outros, por favor, chacoalhem as jóias". Durante os ensaios John dissera "chacoalhem a porcaria de suas jóias", o que deixara Brian Epstein bastante apreensivo. Os artistas não podiam bisar, mas os aplausos foram tão entusiasmados e duraram tanto tempo que Dickie Henderson teve de esperar para anunciar a próxima atração. Após o show, os Beatles foram apresentados à rainha-mãe, que lhes perguntou onde seria o próximo show. Quando lhe disseram que a próxima apresentação seria em Slough, um subúrbio pobre de Londres, ela respondeu, "Ah, bem perto de nós (querendo dizer que o castelo de Windsor ficava só a três quilômetros de Slough). A rainha-mãe comentaria, tempos depois, que os achara "bem intrigantes".

"Dublin foi fantástica. As fãs realmente enlouqueceram. Garotas desmaiavam no meio da multidão e eram carregadas por ajudantes até seus lugares. Fora do teatro, foi o maior tumulto, carros tombados, a polícia prendendo várias pessoas. Dentro, a gritaria e o delírio das fãs eram inacreditáveis."
Publicado pelo jornal de música Record Mirror, *por Peter Jay, em 7 de novembro*

e vários integrantes do Jaywalkers antes do show.
– *ABC Cinema, Northampton.* Turnê de outono.
7 de novembro
– Os Beatles pegam um voo para Dublin. Ao chegarem na Irlanda deram uma entrevista a Frank Hall, do programa de televisão *In Town* da Radio Telefis Eireann. Estavam acompanhados do roteirista Alun Owen, que ficou com eles durante três dias, tomando notas para o filme que pretendiam fazer. Naquela época, ainda não haviam decidido se o filme seria baseado em fatos reais ou ficção, nem sabiam qual seria seu nome. O filme veio a ser uma ficção, mas tão baseada em fatos reais que mais parecia um documentário.
"O mais importante é conhecer os Beatles, entender o que os faz agir dessa forma. E, também, saber o que causa essa reação na multidão.", declarou Alun Owen
– *Adelphi Cinema, em Dublin.* Turnê de outono.
8 de novembro
– Os Beatles são entrevistados por Jimmy Robinson, da emissora Ulster TV, perto da fronteira da Irlanda. A entrevista foi exibida no mesmo dia na edição noturna do noticiário *Ulster News.*
– *Broadcasting House, Belfast.* Gravação da entrevista dada pelos Beatles a Sally Ogleum, exibida nessa mesma noite no programa *Six Ten.*
9 de novembro
– *Granada Cinema, em East Ham, Londres.* Turnê de outono. A multidão fora do cinema era tamanha que, quando os Beatles pediram que sua refeição fosse entregue no teatro, a polícia teve de escoltar o entregador e o quarteto ficou observando pela janela, enquanto ele atravessava a rua e a multidão.
10 de novembro
– *Hippodrome Theatre, em Birmingham.* Turnê de outono.

– *The Royal Variety Show* é transmitido pela ATV e pela BBC Light Programme.
11 de novembro
– O programa *The Beatles pupgrupp fran Liverpool pa besök i Stockholm*, gravado na Suécia, foi ao ar pela Sveriges Radio.
12 de novembro
– Paul foi diagnosticado com gastroenterite e o show no *Portsmouth Guildhall* teve de ser adiado para 3 de dezembro.
– O grupo foi entrevistado no *Guildhall* por Jeremy James para o programa *Day By Day*, da Southern TV, que seria transmitido naquela mesma noite.
– O programa *South Today*, da BBC TV, exibe uma entrevista da banda com John Johnston, gravada no hotel The Royal Beach, em Southsea, onde estavam hospedados.
13 de novembro
– *Westward TV Studios, em Plymouth.* Os Beatles são entrevistados por Stuart Hutchison para o *More Over,*

John, Ringo e Paul com Harry Secombe, Tommy Steele e Marlene Dietrich nos ensaios para o Royal Variety Show, em 4 de novembro.

Dad, um programa local direcionado ao público adolescente. Havia tantos fãs bloqueando as ruas de acesso ao estúdio, que um caminho alternativo, passando por túneis interligados, teve de ser criado para que o grupo pudesse chegar ao estúdio.
– *ABC Cinema, em Plymouth.* Turnê de outono.
14 de novembro
– *ABC Cinema, em Exeter.* Turnê de outono.
15 de novembro
– *Colston Hall, em Bristol.* Turnê de outono.
16 de novembro
– *Winter Gardens, em Bournemouth.* Turnê de outono. As três grandes emissoras rivais americanas – NBC,

CBS e ABC – tiveram permissão para gravar a histeria do público e parte do show. Paul e John deram uma entrevista a John Darsa, da CBS. O fotógrafo Terence Spencer, da revista *Life*, e seu assistente foram ao hotel *Branksome Towers*, nos arredores de Bournemouth, sendo rapidamente aceitos no restrito círculo dos Beatles. Brian Epstein estava particularmente entusiasmado com a publicidade que a revista *Life* poderia proporcionar. Entretanto, os Beatles não apareceram para tirar a foto que teria sido a capa da edição de 31 de janeiro de 1964. Em seu lugar, Geraldine Chaplin foi fotografada.
– A entrevista da banda para o programa *Move Over, Dad* vai ao ar pela Southern TV.

À direita: Ringo com Eric Morecombe, em 2 de dezembro. Abaixo: Os Beatles erguendo seu colega de Liverpool, o comediante Ken Dodd, em Manchester, em 25 de novembro.

17 de novembro
– *Coventry Theatre, em Coventry.* Turnê de outono.

18 de novembro
– *EMI House, em Londres.* Os Beatles receberam discos de prata do presidente da EMI, *sir* Joseph Lockwood, pelos álbuns *Please Please Me* e *With The Beatles*, que ainda não havia sido lançado. Também recebem um compacto duplo de prata, de George Martin, por *Twist And Shout*, e outros dois discos de prata de Gerald Marks, editor da revista *Discs*, pelo compacto duplo *Twist and Shout* e pelo *single She Loves You*. Após a cerimônia, houve um *coquetel*, seguido de um almoço formal na sala da diretoria para os executivos da empresa e seus convidados.

19 de novembro
– *Gaumont Cinema, em Wolverhampton.* Turnê de outono.

20 de novembro
– *ABC Cinema, em Manchester.* Turnê de outono. Nos bastidores do cinema, encontravam-se as novas equipes da Pathé News, da Granada TV e da BBC Radio. A primeira equipe filmou alguns *takes* do show, para exibi-los como parte dos noticiários da Pathé nos cinemas do Reino Unido, com o nome *The Beatles Como To Town*. A. equipe da Granada gravou a mesma parte do show, além de fazer uma entrevista com a banda sobre sua futura turnê pelos Estados Unidos. Michael Barton, da BBC North Home Service, gravou uma rápida entrevista de dois minutos com todos os integrantes do grupo, transmitida no mesmo dia no programa *Voice Of The North*, da BBC North Home Service e, em seguida, uma exclusiva com George Harrison sobre a cena rock de Liverpool e Hamburgo, que iria ao ar no programa *Wacker, Mach Schau*, também pela BBC North Home Service.

21 de novembro
– *ABC Cinema, em Carlisle.* Turnê de outono.
– A entrevista de Paul no programa *The World Of Sound* foi transmitida pela BBC Home Service.

22 de novembro
– *Globe Cinema, em Stockton-on-Tees.* Turnê de outono.
– O álbum *With The Beatles* é lançado no Reino Unido pela Parlophone, nas versões mono (PMC 1206) e estéreo (PCS 3045).
Lado A: "It Won't Be Long", "All I've Got To Do", "All My Loving", "Don't Bother Me", "Little Child", "Till There Was You", "Please Mister Postman";
Lado B: "Roll Over Beethoven", "You Really Got A Hold On Me", "I Wanna Be Your Man", "(There's A) Devil In My Heart", "Not A Second Time", "Money (That's What I Want)".

23 de novembro
– *City Hall, Newcastle upon Tyne.* Turnê de outono.

24 de novembro
– *ABC Cinema, em Hull.* Turnê de outono.

25 de novembro
– *Granada TV Centre, em Manchester.* Os Beatles dublam "I Want To Hold Your Hand" e "This Boy"; com Ken Dodd, foram entrevistados por Gay Byrne para os programas *Granada's Scene e Late Scene Extra*.

26 de novembro
– *Regal Cinema, Cambridge.* Turnê de outono.
– Jean Goodman faz uma entrevista com os Beatles no camarim da banda, que seria exibida no programa de TV *East At Six Ten*, exibido pela BBC local.

27 de novembro
– *Rialto Theatre, em York.* Turnê de outono. Houve uma pane elétrica e as cortinas tiveram de ser operadas manualmente.
– A BBC North Home Service transmite a entrevista com George para o programa *Wacker, Mach Schau*.
– A TV Granada exibe o programa *Late Scene Extra*, no qual os Beatles dublam "I Want To Hold Your Hand".

28 de novembro
– *ABC Cinema, em Lincoln.* Turnê de outono. Por causa de uma forte dor de ouvido, Ringo tem de interromper o ensaio para ir ao hospital fazer uma lavagem; mesmo assim, consegue voltar ao teatro a tempo do show.

29 de novembro
– *ABC Cinema, em Huddersfield.* Turnê de outono. Entre as duas apresentações da noite, cada um dos Beatles é entrevistado por Gorden Kaye, para o programa *Music Box*, um show de rádio exibido nos hospitais da região.
– O compacto simples "I Want To Hold Your Hand"/"This Boy" foi lançado no Reino Unido pela Parlophone (R 5084). Mais de um milhão de discos foram vendidos antecipadamente, fato inédito no país.

30 de novembro
– *Empire Theatre, em Sunderland.* Turnê de outono.

1º de dezembro
– *De Montfort Hall, em Leicester.* Turnê de outono.

2 de dezembro
– *Elstree Studio Centre, em Borehamwood.* Gravação para o programa *Morecambe and Wise Show*, da Associated-Rediffusion. A banda cantou "This Boy", "All My Loving" e "I Want To Hold Your Hand" para uma pequena plateia presente no estúdio, além de participarem de esquetes com Eric e Ernie. O rapazes de Liverpool e os dois humoristas, vestidos com paletós listrados, fecharam o show cantando "Moonlight Bay".
– *The Ballroom, no Grosvenor House Hotel, em Park Lane, Londres.* Os Beatles participaram de um evento em prol de uma associação de ajuda a pacientes com paralisia cerebral. Um show estilo cabaré, com a plateia vestida a rigor e vários números de variedades.

3 de dezembro
– *Guildhall, em Portsmouth.* Turnê de outono. Apresentação do show que havia sido adiado em novembro em razão da gastroenterite de Paul.

7 de dezembro
– *Empire Theatre, em Liverpool.* A banda compõe o júri da edição especial do programa *Juke Box*, da BBC TV, apresentado para uma plateia de 2.500 membros do fã-clube dos Beatles, *Northern Area Fan Club*. Como de costume, David Jacobs foi o apresentador do show. As músicas podiam ser classificadas como aprovadas ou desaprovadas. Os números apresentados foram:
"I Could Write a Book", do grupo de Liverpool, The Chants.
John: "É inebriante. Fantástico. É isso aí".
Paul: "Há pouco tempo conversei com The Chants sobre o disco. Eles disseram que era poderoso. E é mesmo".
Ringo: "Vou comprá-lo".
George: "É fantástico. Com apenas alguns instrumentos, criaram um hit".
David Jacobs: "Será que não estão exagerando?".
Aprovado por unanimidade.
"Kiss Me Quick", de Elvis Presley.
Paul: "Não gosto das canções de Elvis, mas gosto de sua voz. Essa música me lembra Blackpool, em um dia ensolarado".
Ringo: "Nos últimos dois anos, Elvis vem perdendo o vigor".
George: "Se ele vai regravar antigos sucessos, por que não 'My Baby Left Me?', que chegaria ao topo das paradas.

"**Elvis** é bárbaro, mas suas músicas, um **lixo**".

John: "Será um sucesso. Adoro aqueles chapéus nos quais vem escrito "Kiss Me Quick".
Aprovado por unanimidade.
"Hippy Hippy Shake", de Swinging Blue Jeans.

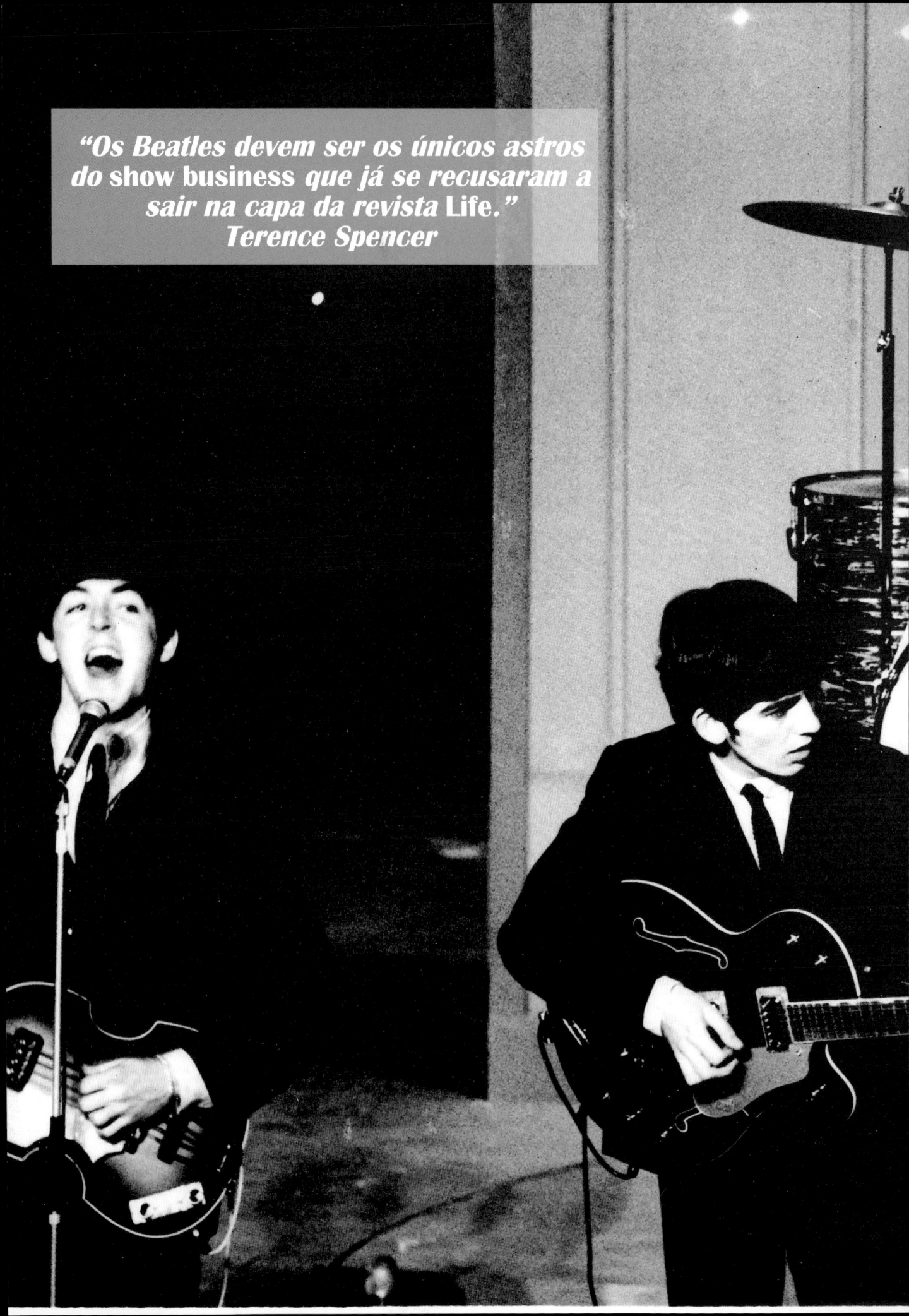

> *"Os Beatles devem ser os únicos astros do show business que já se recusaram a sair na capa da revista Life."*
> **Terence Spencer**

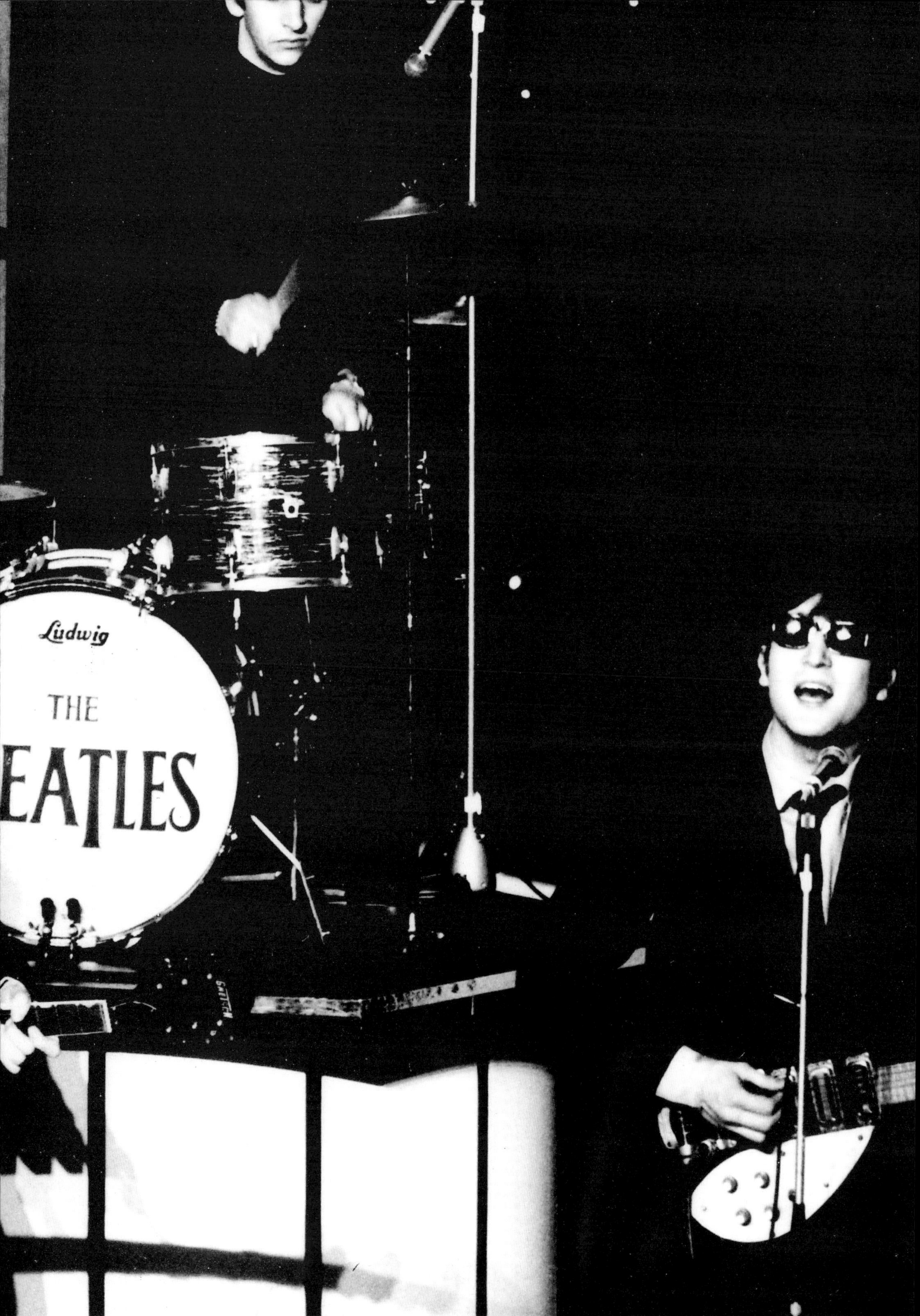
Ludwig
THE
EATLES

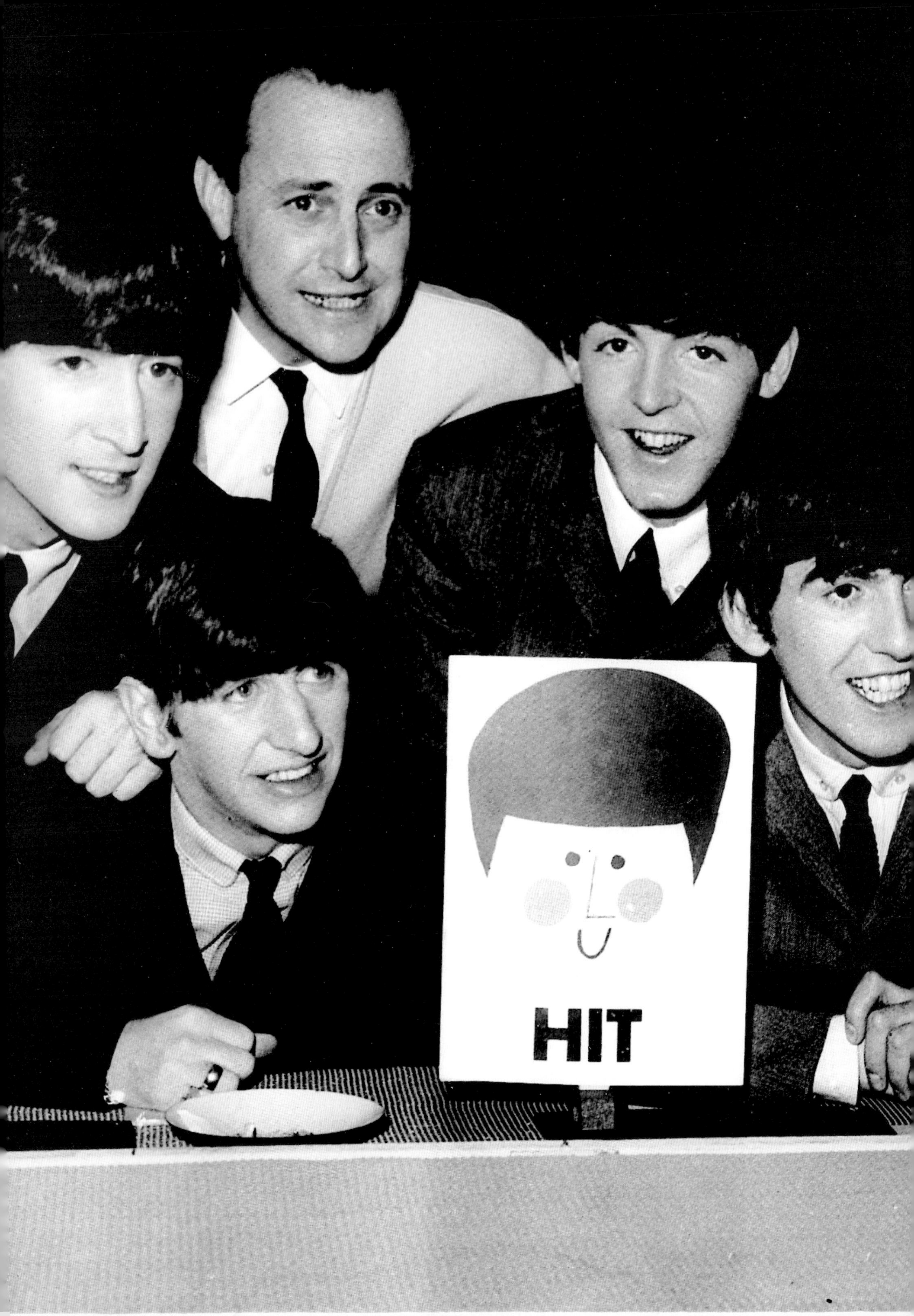
HIT

Ringo: "Bom, mas não tanto quanto a versão original de Chan Romero".
George: "É uma canção popular em Liverpool, tanto que costumávamos tocá-la. Poderia ser um hit".
John: "Esses rapazes quase chegaram a estourar. Também gosto da versão de Bill Harry!".
Paul: "Pouco me importa a versão de Chan Romero. Ninguém se lembra dela. A música é como se fosse um lançamento".
Aprovado por unanimidade.
"Did You Have A Happy Birthday?", de Paul Anka.
Ringo: "Não é meu gosto. Nunca comprei nenhum de seus discos".
George: "Razoável. Mas eu nunca o compraria. O fraseado da guitarra é parecido com o do último disco de Cliff Richard".
John: "A melodia é agradável, mas não gosto das toadas rápidas".
Paul: "Eu bem que gostei".
Desaprovado por unanimidade.
"The Nitty Gritty Song", de Shirley Ellis.
John: "Gostei".
Paul: "Gosto desse tipo de disco, mas este não me diz nada".
Ringo: "Todos gostamos desse tipo de música, mas essa não será um sucesso".
George: "Não será um sucesso na Inglaterra. Ainda não nos acostumamos com esse tipo de música".
David Jacobs: "Você quer dizer que os adolescentes britânicos são mais atrasados que os americanos?".
George: "Já faz tempo que curtimos esse tipo de música, mas ela ainda não pegou de verdade".
Desaprovado por unanimidade.
"I Can't Stop Talking About You", de Steve e Eydie.

Paul: "Esta é uma canção que todos vão assoviar".

Ringo: "Na realidade, é ela que leva o duo".
George: "Esta música chegaria facilmente na parada das 20 mais. Eles estão tão à vontade".
John: "Eles estão à vontade porque estão atrasando um pouco o andamento. Não gosto disso".
Aprovado por três dos Beatles.
"Do you Really Love Me?", de Billy Fury.
Desaprovado por unanimidade.
"There, I've Said It Again", de Bobby Vinton.
George: "Interessante, mas não acho que o público vai comprá-la".
John: "É só escolher uma velha canção que todos vão gravá-la novamente".
Paul: "Na verdade, os adolescentes não querem velhas canções de volta".
Ringo: "Música agradável, especialmente se você estiver acompanhado à noite em algum bar".
Desaprovado por unanimidade
"Love Hit Me", de The Orchids.

Na página anterior: Os Beatles com David Jacobs durante a edição especial de Juke Box, em 7 de dezembro.
Abaixo: Sessão de fotos no teatro Lewisham, em Londres, em 8 de dezembro.

John: "Um grande plágio. Uma pitada de The Crystals com as Ronettes".
Paul: "É boa para um disco inglês".
Ringo: "Vai vender algumas, mas não muitas cópias".
George: "Prefiro ver os grupos britânicos se inspirarem em The Crystals que em outras bandas".
Desaprovado por três dos Beatles. Em seguida, descobriu-se que a banda The Orchids estava na plateia.
John: "Um truque sujo".
"I Think Of You", de The Merseybeats.
[Não houve tempo para os comentários, somente para a votação – aprovado por unanimidade].
– Após as apresentações, o fã-clube foi presenteado com um show especial, It's The Beatles! A banda de Liverpool tocou "From Me To You", "I Saw Her Standing There", "All My Loving", "Roll Over Beethoven", "Boys", "Till There Was You", "She Loves You", "This Boy", "I Want To Hold Your Hand", "Money (That's What I Want)", "Twist And Shout" e "From Me To You".
– Depois do show, A BBC Light Programme gravou uma entrevista de dois minutos com a banda, que seria exibida no especial de Natal, Top Pops of 1963.

A multidão que recepcionou os Beatles no Wimbledon Palais, em Londres, em 14 de dezembro.

– Finalmente, protegidos por uma barreira de policiais, saíram às pressas rumo ao Odeon Cinema, a poucas quadras do estúdio.
– *Odeon Cinema, em Liverpool.* Turnê de outono.

8 de dezembro
– *Odeon Cinema, Lewrisham, em Londres.* Turnê de outono.

9 de dezembro
– *Odeon Cinema, em Southend-on-Sea.* Turnê de outono. Uma equipe jornalística da BBC TV entrevistou o grupo em seu camarim.

10 de dezembro
– *Gaumont Cinema, em Doncaster.* Turnê de outono. Nos bastidores, os Beatles são entrevistados pelo repórter de rádio australiano Dibbs Mather, para a BBC Transcription Service, responsável pela programação de rádio das afiliadas internacionais. (pesquisado)

11 de dezembro
– *Futurist Theatre, em Scarborough.* Turnê de outono.

12 de dezembro
– *Odeon Theatre, em Nottingham.* Turnê de outono.

13 de dezembro
– *Gaumont Cinema, em Southampton.* Último show da turnê de outono.

14 de dezembro
– *Wimbledon Palais.* Show vespertino dedicado ao fã-clube da banda, *Southern Area Fan Club*. Após a apresentação, os Beatles sentaram-se no bar do Palais e cumprimentaram os 3 mil membros do fã-clube. A maioria esperou pacientemente, em fila, por sua vez, mas algumas garotas desmaiaram. A sessão de autógrafos, no entanto, teve de ser interrompida, pois a fila tornou-se muito longa. Mesmo assim, algumas garotas conseguiram tocar o cabelo ou beijar a mão dos integrantes do grupo.
Durante o show, os gritos dos fãs abafavam completamente o som da banda. Preocupados com a possibilidade de a plateia vir a danificar o palco, os administradores do *Palais* o cercaram com grades de ferros. John, imediatamente, soltou a seguinte piada,

"Se empurrarem com mais força, vão acabar virando batata frita".

15 de dezembro
– *Alpha TV Studios, em Birmingham.* Gravação de um especial de *Thank Your Lucky Stars*, da ABC TV, homenageando as bandas de Liverpool. Além de dublarem "I Want To Hold Your Hand", "All My Loving", "Twist and Shout" e "She Loves You", os Beatles receberam dois discos de ouro.
– Um *flexi-disc*, pequeno disco de plástico com mensagens bem-humoradas de cada um dos integrantes da banda, é distribuído para os 28 mil membros de seu fã-clube.

17 de dezembro
– *Playhouse Theatre, em Londres.* A banda gravou a edição de Natal do Saturday Club, da BBC Light Programme. Tocaram "All My Loving", "This Boy", "I Want To Hold Your Hand", 'Till There Was You", "Roll Over Beethoven" e "She Loves You". Então, fizeram uma uma paródia cantando o mais recente sucesso de Dora Bryan, "All I Want For Christmas Is A Beatle" ("Tudo que desejo neste Natal é um Beatle"), cantando "All I Want For Christmas Is A Bottle", trocando "Beatle" por "Bottle" (garrafa). Em seguida, apresentaram "The Chrimble Medley", um *pot-pourri* de meio minuto, com "Love Me Do", "Please Please Me", "From Me To You", "I Want To Hold Your Hand" e a canção de Natal, "Rudolph The Red-Nosed Reindeer".

18 de dezembro
– *BBC Paris Studio, em Londres.* Gravação do especial de duas horas

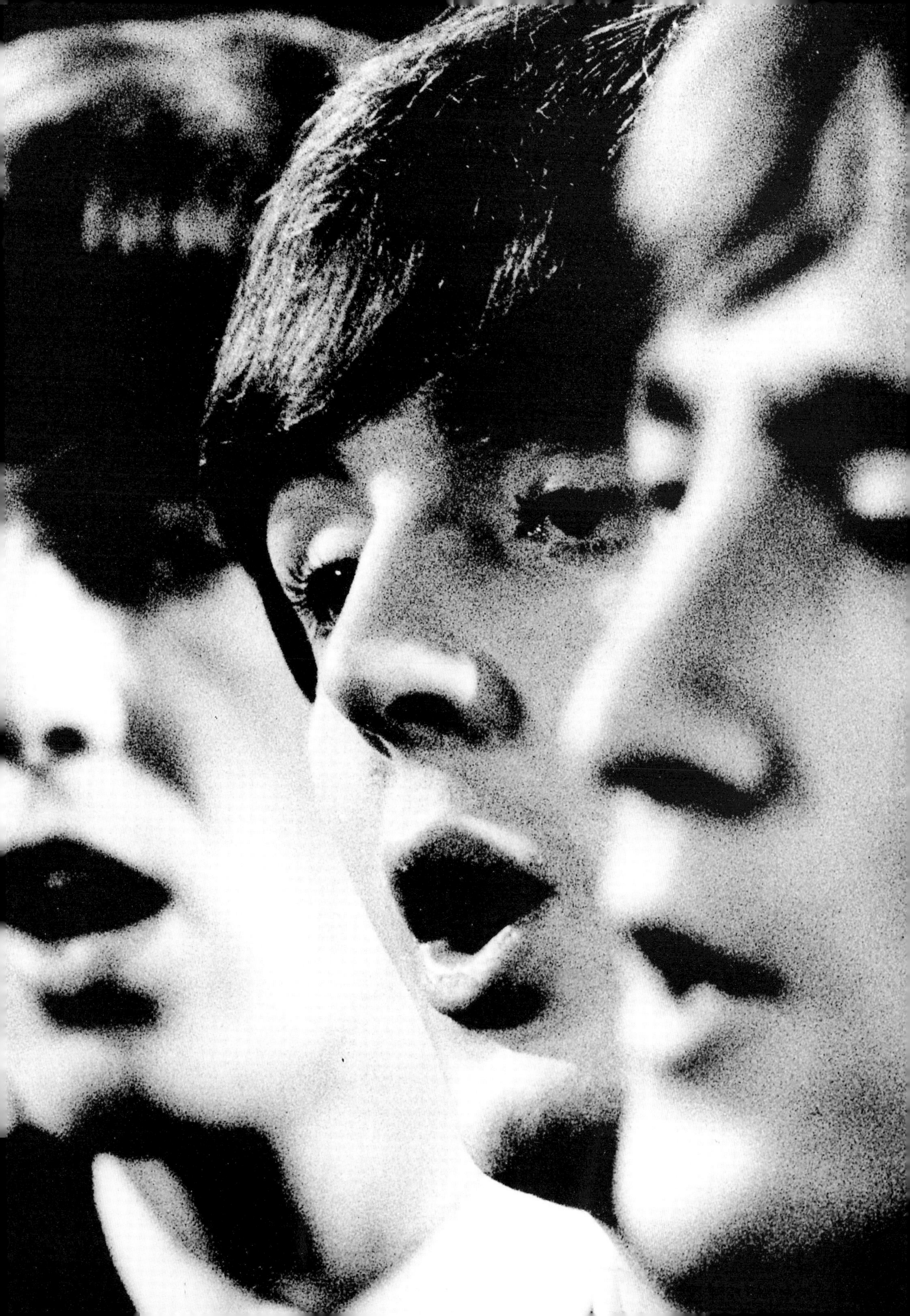

Os Beatles com Cilla Black, The Searchers e Billy J. Kramer & The Dakotas no especial do Thank Your Lucky Star *em homenagem ao som de Liverpool, em 15 de dezembro.*

From Us To You, da BBC Light Programme, para o feriado nacional de 26 de dezembro, o "Boxing Day". Como música tema, os Beatles gravaram uma versão de "From Me To You", chamada "From Us To You", que seria tocada na abertura e no final do programa, apresentado por Rolf Harris. A lista de convidados incluía Susan Maugham, Jeanie Lambe, Kenny Lynch, Joe Brown & The Bruvvers, The Kenny Salmon Seven e Alan Edson's Jazzband, com de Mick Emery. Os Beatles e Rolf Harris cantaram juntos uma versão de "Tie Me Kangaroo Down, Sport", e o quarteto apresentou "She Loves You", "All My Loving", "Roll Over Beethoven", "Till There Was You", "Boys", "Money (That's What I Want)", "I Saw Her Standing There" e "I Want To Hold Your Hand".

21 de dezembro
– *Gaumont Cinema, em Bradford*. A primeira prévia do espetáculo de fim de ano da banda, *The Beatles' Christmas Show*, incluiu apenas parte do repertório, sem o figurino e os quadros humorísticos. Chris Charlesworth, que se tornaria um compositor, assistiu ao show com seu pai.

"Havia pouquíssimos rapazes na plateia... praticamente só haviam garotas que gritavam como loucas. Rolf Harris, o apresentador, teve de entrar no palco dez minutos antes que a banda abrisse o show, pois, diferentemente de outros grupos, eles usavam seu próprio equipamento, que tinha de ser montado atrás das cortinas. Os gritos eram tantos que Harris mal podia ser ouvido, mas ele provocou a situação, fazendo desenhos do quarteto em um bloco de papel, colocado em um cavalete. Os Beatles apresentaram-se somente por 25 minutos e também mal podiam ser ouvidos. **Não consegui ouvir uma nota** que cantaram ou tocaram, apesar de estar bem próximo do palco, na frente de Paul. Apesar de tudo, foi a experiência mais impressionante de minha vida... uma experiência incrível. No dia seguinte, a única coisa que conseguia pensar era em comprar uma guitarra".

22 de dezembro
– Empire Theatre, em Liverpool. Segunda prévia do The Beatles' Christmas Show.

23 de dezembro
– A série semanal It's The Beatles, com programas de 15 minutos de duração, que seriam apresentados durante 15 semanas por Peter Carven, começa a ser transmitida pela Radio Luxembourg.

24 de dezembro
– Astoria Cinema, no Finsbury Park, em Londres. Com The Barron Knights & Duke D'Mond, Tommy Quickly, The Fourmost, Billy J. Kramer & The Dakotas, Cilla Black e Rolf Harris. Foram 16 noites de apresentação, com dois shows por noite, sendo que o último foi realizado em 11 de janeiro de 1964. A temporada

atraiu um público de aproximadamente 100 mil espectadores.

25 de dezembro
– Os Beatles voltam a Liverpool.

26 de dezembro
– Os Beatles pegam um voo de Liverpool para Londres.
– *Astoria Cinema, em Finsbury Park, Londres. The Beatles' Christmas Show*.
– *From Us To You*, o especial de duas horas gravado pelos Beatles para o "Boxing Day", vai ao ar pela BBC Light Programme.
– O compacto simples *I Want To Hold Your Hand/I Saw Her Standing There* é lançado nos Estados Unidos pela gravadora Capitol (5112).

27 de dezembro
– *Astoria Cinema, em Finsbury Park, em Londres. The Beatles' Christmas Show.*

28 de dezembro
– *Astoria Cinema, em Finsbury Park, em Londres. The Beatles' Christmas Show.*

30 de dezembro
– *Astoria Cinema, em Finsbury Park, em Londres. The Beatles' Christmas Show.*

31 de dezembro
– *Astoria Cinema, em Finsbury Park, em Londres. The Beatles' Christmas Show.* (Nesta noite apenas um show foi apresentado, por causa das comemorações de fim de ano.)

Os Beatles fantasiados para um quadro no seu programa de Natal.

The Beatle's Christmas Show

Peter Yolland criou um espetáculo infantil. O show começava com um filme acelerado, usando imagens de filmes antigos, enquanto uma voz anunciava: "Por terra, por mar, por ar, chegam as estrelas do *The Beatles's Christmas Show...*". As cortinas se abriam e um enorme helicóptero de papelão pousava no palco. Conforme o elenco "descia" do helicóptero, Rolf Harris, o apresentador, no papel de coletor de bilhetes, apresentava cada um dos "passageiros". Obviamente, os Beatles eram os últimos a saírem, carregando malas B.E.A(tles) e usando óculos.

Em um dos números, um *spot* iluminava quatro homens vestidos de branco, no palco totalmente às escuras. Três deles fugiam, e, então, o narrador, imitando uma recente propaganda de pasta de dente, dizia: "Três em cada quatro dentistas...". E John Lennon, o dentista que restara, completava a frase, "... Sobra um dentista!". Esse era o nível do roteiro, e os Beatles estavam extremamente frustrados com o resultado.

Tommy Quickly jogava bolas de neve feitas de lã na plateia e a banda The Fourmost cantava uma versão da canção de natal "White Christmas", parodiando os Beatles, invertendo uma das guitarras, assim como Paul fazia.

Em "Que noite incrível!", um quadro escrito por Peter e Ireland Cutter, criadores da maior parte do material de *O Gordo e o Magro*, John fazia o papel de *sir* John Jasper, um vilão com bigode enrolado, chapéu alto e chicote, que atirava Ermyntrude, a patética heroína, representada por George, nos trilhos de um trem, o "Beeching Express", uma "homenagem" ao ministro dos Transportes, Richard Beeching, responsável pelo fechamento de várias linhas de trem. Ringo dançava pelo palco, jogando flocos de neve de papel sobre todos, antes de George ser salvo pela providencial chegada do Destemido Paul, o sinaleiro.

A entrada dos Beatles era finalmente anunciada pelo rufar dos bumbos de Ringo. Eles apresentavam "Roll Over Beethoven", "All My Loving", "This Boy", "I Wanna Be Your Man", "She Loves You", "Till There Was You", "I Want To Hold Your Hand", "Money (That's What I Want)" e, como sempre, fechavam o show com "Twist And Shout", com John no vocal. Houve 30 apresentações desse show.

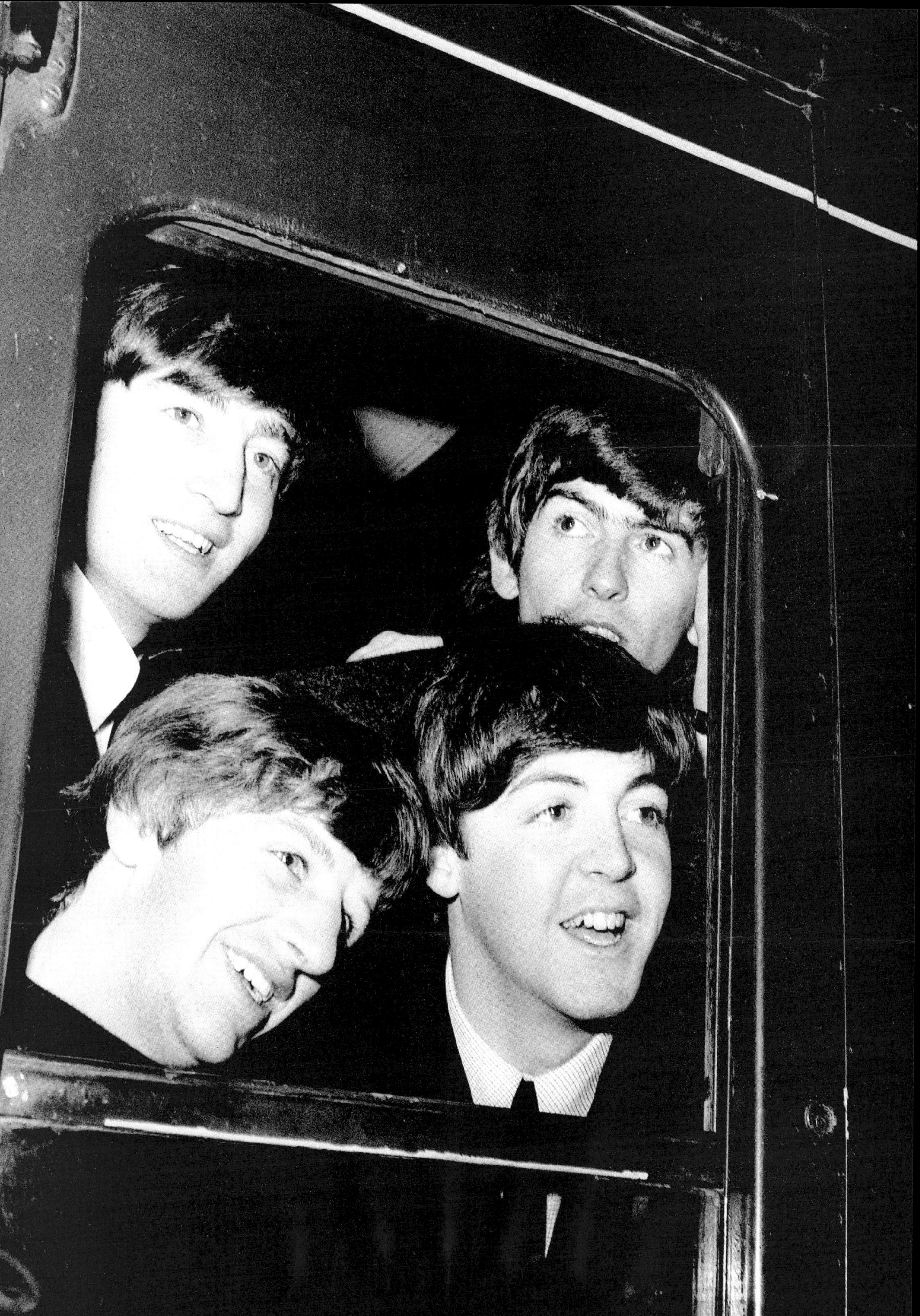

1964

1º de janeiro
– Astoria Cinema, em Finsbury Park, Londres. Os Beatles continuam a temporada do *The Beatles' Christmas Show*.
– Um vídeo da BBC com os Beatles cantando "She Loves You" é exibido no programa de TV *The Jack Paar Show*, sendo esta a primeira vez que o público americano assistiu a uma gravação da banda. A BBC vendera o vídeo, o que deixou Brian Epstein irritado, pois a emissora estava interferindo em sua meticulosa estratégia de marketing.

2 de janeiro
– Astoria Cinema, em Finsbury Park, Londres. *The Beatles' Christmas Show*.

3 de janeiro
– Astoria Cinema, em Finsbury Park, Londres. *The Beatles' Christmas Show*.

4 de janeiro
– Astoria Cinema, em Finsbury Park, Londres. *The Beatles' Christmas Show*.

5 de janeiro
– George e Ringo gravam uma entrevista para o programa *The Public Ear* da BBC Light Programme, em seu apartamento em Green Street.
– Astoria Cinema, em Finsbury Park, Londres. *The Beatles' Christmas Show*.

6 de janeiro
– Astoria Cinema, em Finsbury Park, Londres. *The Beatles' Christmas Show*.
– Em seguida, os Beatles vão a Talk Of The Town, uma casa de shows em Charing Cross Road, para assistir a Alma Cogan. Infelizmente, chegam atrasados e perdem a apresentação.

7 de janeiro
– Playhouse Theatre, em Londres. Os Beatles gravam várias músicas para o *Saturday Club*, incluindo "All My Loving", "Money (That's What I Want)", "The Hippy Hippy Shake", "I Want To Hold Your Hand", "Roll Over Beethoven", "Johnny B. Goode" e "I Wanna Be Your Man".
– Astoria Cinema, em Finsbury Park, Londres. *The Beatles' Christmas Show*.

8 de janeiro
– Astoria Cinema, em Finsbury Park, Londres. *The Beatles' Christmas Show*.

9 de janeiro
– Astoria Cinema, em Finsbury Park, Londres. *The Beatles' Christmas Show*.

10 de janeiro
– Astoria Cinema, em Finsbury Park, Londres. *The Beatles' Christmas Show*.

11 de janeiro
– Astoria Cinema, em Finsbury Park, Londres. Última apresentação do *The Beatles' Christmas Show*.
– "I Want To Hold Your Hand" atinge o 80º lugar na parada da revista americana *Cashbox*, uma das três mais importantes da época.

**Acima: Alma Cogan.
À direita: Os Beatles com Bruce Forsyth, no London Palladium.**

12 de janeiro
– *London Palladium*. Os Beatles, Alma Cogan e Dave Allen participaram do show de variedades da emissora ATV, *Val Parnell's Sunday Night At The London Paladium*, apresentado por Bruce Forsyth. A banda tocou "I Want To Hold Your Hand", "This Boy", "All My Loving", "Money (That's What I Want)" e "Twist And Shout". Como de costume, os Beatles e os outros astros do show despediram-se do público no tradicional palco giratório. Esse foi o primeiro encontro dos rapazes com Alma Cogan, que os convidou para ir ao seu apartamento, em Stafford Court, Kensington High Street, onde morava com a mãe e a irmã mais nova. O quarteto chegou bem antes da cantora, pois tiveram de sair rapidamente do teatro em seu Austin Princess, enquanto ela se trocava em seu camarim. Felizmente, a irmã de Alma estava lá para recebê-los.
– A entrevista de George e Ringo no programa *Public Ear* é transmitida pela BBC Light Programme.

13 de janeiro
– O compacto *I Want To Hold Your Hand/I Saw Her Standing There* é lançado nos Estados Unidos pela gravadora Capitol (5112), entrando direto nas paradas de sucesso.

14 de janeiro
– Às 17h15, o avião Comet 4B parte de Londres com a comitiva dos Beatles rumo ao aeroporto Le Bouget, na época o principal de Paris, para uma turnê de três semanas no L'Olympia de Paris. A bordo, encontravam-se John, Paul, George, Brian Epstein, Mal Evans e assessores de imprensa, mas Ringo, impedido de voar de Liverpool para Londres por causa de um nevoeiro, não os acompanhou. O tempo também estava encoberto em Londres, mas ao entardecer a neblina já se dissipara e o aeroporto foi reaberto. Além do luxuoso Austin Princess da banda, 60 fãs e a imprensa os esperavam no aeroporto. Outro grupo de fãs lotava o *lobby* do George V Hotel. À noite, o diretor do L'Olympia, Bruno Coquatrix, e o representante da Odeon, a gravadora francesa da banda, foram visitá-los no hotel.
John e Paul dividiram a mesma suíte, pois haviam se comprometido a escrever seis músicas para o filme que a banda iria estrelar, uma para Billy J. Kramer e outra para Tommy Quickly. Como tinham um piano no quarto, começaram a trabalhar assim que chegaram, enquanto George curtia a noite no Club Eve.

15 de janeiro
– John e Paul, como de hábito, acordaram por volta do meio-dia, tomaram um tradicional café da manhã inglês com suco de laranja, sucrilhos, ovos mexidos e chá. Em seguida, foram passear no Champs Elysées, onde fotógrafos e turistas começaram a se aglomerar e os dois músicos tiveram de ser levados de carro de volta ao hotel, antes que as coisas fugissem ao controle. Ringo chegou no voo das 17h. À noite,

Os Beatles se apresentando no Sunday Night At The London Palladium.

participaram de um ensaio geral aberto ao público no Cyrano Theatre, em Versalhes, com todos os artistas que se apresentariam no show do L'Olympia: Trini Lopez, Sylvie Vartan e uma companhia de teatro de variedades que tinha um malabarista em sua trupe. Lopez fechou a primeira parte do show e Sylvie Vartan apresentou-se antes dos Beatles, uma posição nada invejável. O show começou às 21h e terminou depois da meia-noite. As fãs francesas dançavam nos corredores da plateia e gritavam sem parar "*Les Bea-tles!, Les Bea-tles!, Les Bea-tles!*". Como na França eles atraíram mais a plateia masculina do que a feminina, poucas meninas gritavam durante os shows e, portanto, podia-se, realmente, ouvi-los tocar. No dia seguinte, a imprensa noticiou cada passo dado pela banda.

– Em Nova York, o DJ Scott Muni divulga que recebera mais de 12 mil inscrições para o fã-clube dos Beatles.

17 de janeiro
– *L'Olympia de Paris.* Todos os ingressos para a matinê foram comprados por fãs da banda; entretanto, a plateia da noite era formada por parisienses mais velhos e bem-vestidos, curiosos por saber qual o motivo de tanto alvoroço. Como o cabeamento da antiga casa de shows não suportava os potentes amplificadores da banda, os fusíveis queimaram três vezes durante o espetáculo, e Mal correu para o palco, a fim de reparar o equipamento de som, para que os Beatles pudessem, pelos menos, terminar a apresentação. A plateia não gritou como de costume, mas gostaram do quarteto, pois batiam palmas ao ritmo da música.

George: "Sentimos falta dos gritos, mas o público é fantástico. Que venha a América".

O público era bem-comportado, entretanto nos bastidores a confusão era geral. Os câmeras estavam em todo lugar e quando um fotógrafo francês, querendo tirar fotos exclusivas, teve sua entrada proibida, houve tamanho tumulto que a briga foi parar no palco.
De um pulo, George saiu de onde estava para evitar que sua guitarra fosse danificada pelos bandalheiros, e Paul parou de cantar, pedindo a todos que se acalmassem. Policiais chegaram, aumentando a confusão. A partir de então, ninguém teve permissão para ficar nos bastidores.
O L'Olympia era, de certa forma, uma preparação para o *Carnegie Hall.* A estratégia de Epstein era apresentar sua banda nas mais renomadas casas de show. O L'Olympia era a melhor casa de espetáculos da França, onde, nas noites de estreia, o público se vestia a rigor – um

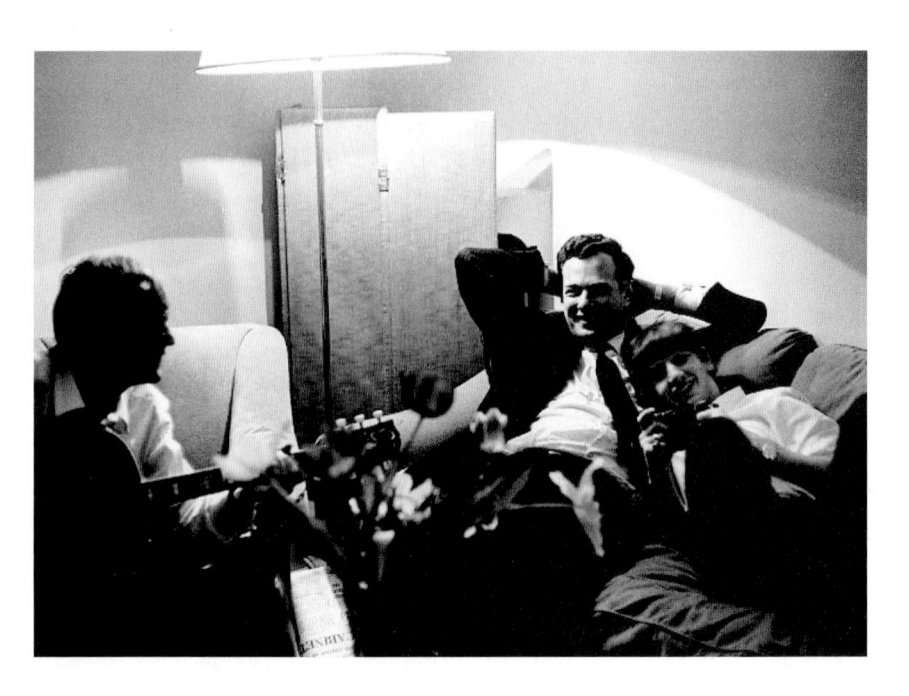

Acima: John e Ringo com Brian Epstein no George V, em Paris.
Na página seguinte: Visita a Champs Elysées, em 15 de janeiro, um dia antes da estreia no L'Olympia.

Primeiro lugar nos Estados Unidos

Na noite de 17 de janeiro, os Beatles receberam um telefonema informando-os de que "I Wanna Hold Your Hand" chegara ao topo das paradas americanas, apenas três semanas após seu lançamento. O *roadie* Mal Evans contou que a banda enlouqueceu: "Eles sempre agem assim quando algo muito bom acontece – parecem um bando de crianças, pulando de satisfação. Paul subiu nas minhas costas para fazer 'cavalinho'. Era a melhor coisa que podia ter lhes acontecido. E quem poderia dizer o contrário? Aos poucos, eles foram se acalmando, pediram mais bebidas e sentaram-se para desfrutar o momento. Foi uma noite fantástica para todos. Fiquei maravilhado..." Os Beatles comemoraram até às 5h".
Naquela época, o Reino Unido era considerado uma terra improdutiva em termos musicais pelo mercado norte-americano, mas os rapazes de Liverpool mudaram esse cenário, abrindo espaço para uma avalanche de bandas britânicas; estas transformaram para sempre a música popular americana, acabando com a tradição das composições do velho Brill-Building e do Tin-Pan-Alley, mostrando que o pop pode ser mais que mero "entretenimento". Mesmo assim, até hoje, apenas alguns grupos britânicos conseguiram entrar nas paradas de sucesso nos Estados Unidos. Junto com a crescente onda da beatlemania, vieram os processos legais, que sempre envolvem o *show business*. De acordo com a revista *Billboard*: "Os Beatles, atualmente a mais importante propriedade das gravadoras do país, estão se tornando o foco de uma enxurrada de processos. O grupo de rock inglês possuiu vários álbuns e compactos lançados por três gravadoras – a Capitol, a Vee Jay e a Swan, que estão entrando com ações umas contra as outras". Distribuidoras de todo o país recebiam telegramas das gravadoras ameaçando processá-las caso continuassem a vender discos das concorrentes.
Enquanto isso, o fã-clube dos Beatles, WABC, recebia entre 2 a 3 mil cartas por dia, e a revista *Cashbox* previa: "Não demorará muito para que qualquer banda, cujos músicos tenham cabelo comprido, seja procurada pelas gravadoras americanas".

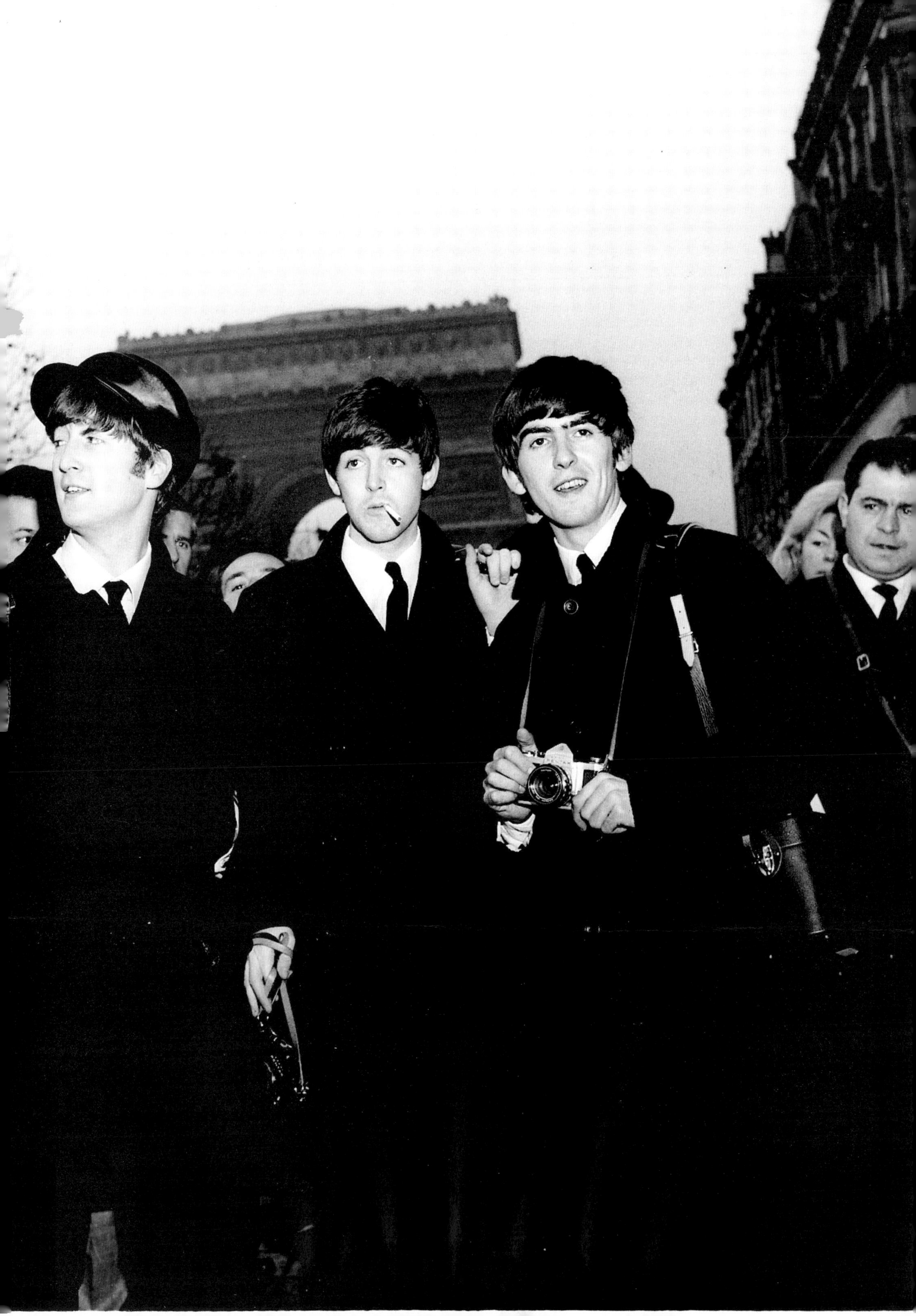

verdadeiro desfile de peles e diamantes. Era um belo teatro clássico, com decoração luxuosa; entretanto os camarins eram minúsculos e o L'Olympia nunca vira nada parecido com a beatlemania: algumas pessoas com ingressos na mão foram proibidas de entrar no teatro, ao passo que outras encontraram seus lugares tomados. Foi um verdadeiro caos. Policiais armados cercaram o teatro, segurando um cordão de fãs que gritava *"Beat-les, Beat-les, Beat-les!"*. Quando o grupo deixou o palco, houve até troca de socos. Como já era de esperar, o nacionalismo exacerbado dos franceses ficou evidente pelos artigos publicados na imprensa no dia seguinte, apesar de o jornal *France Soir* ter insinuado que os ídolos pop franceses, provavelmente, estariam enciumados, porque nunca antes o público batera palmas com tanto entusiasmo, acompanhando o ritmo das músicas.

18 de janeiro
– L'Olympia de Paris.

19 de janeiro
– L'Olympia de Paris. Três apresentações no mesmo dia. A matinê é transmitida ao vivo no programa *Musicorama*, pela emissora de rádio Europe-I. Os Beatles cantaram: "From Me To You", "This Boy", "I Want To Hold Your Hand", "She Loves You" e "Twist and Shout".

20 de janeiro
– L'Olympia de Paris.
– A rádio Europe-I transmite uma entrevista com os Beatles.
– O álbum *Meet The Beatles* é lançado pela Capitol (ST 2047). Lado A: "I Want To Hold Your Hand", "I Saw Her Standing There", "This Boy", "It Won't Be Long", "All I've Got To Do", "All My Loving"; Lado B: "Don't Bother Me", "Little Child", "Till There Was You", "Hold Me Tight", "I Wanna Be Your Man", "Not A Second Time".

22 de janeiro
– L'Olympia de Paris.

23 de janeiro
– L'Olympia de Paris.

24 de janeiro
– L'Olympia de Paris.
– Os Beatles gravam uma entrevista para a American Forces Network (AFN), a rede de rádio e TV do Exército americano, em seu estúdio, em Paris.

25 de janeiro
– L'Olympia de Paris.
– A AFN transmite a entrevista com os Beatles no programa *Weekend World*. "I Want To Hold Your Hand" pulou do 43º lugar na parada da revista *Cashbox* para o primeiro lugar. Na *Bilboard*, saiu da 45ª posição para a terceira.

A empresa aérea British European Airways, a atual BA, colocou seu logotipo junto com o nome da banda na bagagem de mão dos Beatles.

Os Beatles em alemão

A gravadora Electrola Gesellschaft, a EMI da Alemanha, insistiu que os Beatles não venderiam muitos discos naquele país, a não ser que cantassem em alemão. Os rapazes acharam isso uma grande tolice, assim como George Martin, que só concordou com a proposta para não dar à Electrola nenhum motivo para não se empenharem para vender os compactos da banda. George Martin conseguiu convencer Paul e John a regravarem "She Loves You" e "I Want To Hold Your Hand" em alemão. A gravadora alemã contratou uma pessoa para traduzir as letras e estar presente durante as gravações, de forma que a pronúncia dos rapazes não soasse tão artificial. Em 27 de janeiro, George Martin compareceu ao estúdio no horário marcado para a gravação, mas os rapazes não. Após uma hora de espera – o que não era incomum –, Martin telefonou para o George V Hotel e Neil Aspinall disse que eles haviam pedido para avisá-lo que não iriam à gravação, "Estou indo até aí para dizer-lhes exatamente o que acho disso", respondeu George, furioso. Pouco depois, invadiu a sala de estar da suíte dos Beatles e deparou com uma cena saída diretamente de Alice no País das Maravilhas: "John, Paul, George, Ringo, Neil Aspinall e seu assistente, Mal Evans, estavam sentados ao redor de uma grande mesa, e Jane Asher, como Alice, com seus longos cabelos dourados, servia-lhes chá. Logo que entrei, todo o elenco desapareceu, correndo em todas as direções, escondendo-se atrás dos sofás, das almofadas, do piano... 'Seus desgraçados!', esbravejei, 'pouco me importa se vocês vão ou não gravar o disco, o que, realmente importa é a sua grosseria!'", disse George.

26 de janeiro
– *L'Olympia de Paris.*
27 de janeiro
– O compacto *My Bonie/The Saints*, de Tony Sheridan & The Beatles, é lançado nos Estados Unidos pela gravadora MGM (K13213).
– O álbum *Introducing The Beatles* é lançado nos Estados Unidos pelo selo Vee Jay (VJLP 1062).
Lado A: "I Saw Her Standing There", "Misery", "Anna (Go To Him)", "Chains", "Boys", "Ask Me Why";
Lado B: "Please Please, Me", "Baby It's You", "Do You Want To Know A Secret", "A Taste Of Honey", "There's A Place", "Twist And Shout".
28 de janeiro
– No seu segundo dia de folga em Paris, John e George pegam um voo para Londres, onde George janta com Phil Spector e as Ronettes.
29 de janeiro
– John e George voltam para Paris, pela manhã.
– Os Beatles gravam "Can't Buy Me Love" e versões em alemão de "I Want To Hold Your Hand" e "She Loves You", no Pathé Marconi Studio, da gravadora Odeon, em Paris.
– *L'Olympia de Paris.*
– O compacto *Do You Want To Know A Secret/Bad To Me*, de Billy J. Kramer & The Dakotas, com composições de Lennon & MacCartney, é lançado nos Estados Unidos pela gravadora Liberty (55667).
30 de janeiro
– *L'Olympia de Paris.*
– O compacto *Please Please Me/From Me To You* é lançado nos Estados Unidos pela Vee Jay (VJ 581).
31 de janeiro
– *L'Olympia de Paris.*
– A música *Sweet Georgia Brown*, gravada em Hamburgo em maio de 1961 por Tony Sheridan & The Beatles, é lançada em compacto no Reino Unido pela Polydor (NH 52906). A segunda faixa do disco foi criada por Sheridan em 1963.
1º de fevereiro
– *L'Olympia de Paris.*
2 de fevereiro
– *L'Olympia de Paris.*
3 de fevereiro
– Os Beatles vão à embaixada americana em Paris para solicitar visto de trabalho.
– *L'Olympia de Paris.*
4 de fevereiro
– *L'Olympia de Paris.*
5 de fevereiro
– Os Beatles voltam para Londres e no aeroporto concedem a habitual entrevista coletiva.
7 de fevereiro
– O compacto duplo *All My Loving* é lançado no Reino Unido pelo selo Parlophone (GEP 8891).
Lado A: "All My Loving", "Ask Me Why";
Lado B: "Money (That's What I Want)", "P. S. I Love You".
– Os Beatles partem no voo 101 da Pan Am para Nova York, onde 3 mil fãs os esperavam no aeroporto JFK. A trupe era formada por Paul, Ringo, George, John e Cynthia, Neil Aspinall, Mal Evans, o relações-públicas Brian Sommerville, Brian Epstein e o produtor musical Phil Spector. Os rapazes estavam, particularmente, calados. Ringo desabafou com George Harrison (coincidências à parte), repórter do jornal *Liverpool Post*:

"Eles já têm **tudo** o que querem, será que **vão nos querer** também?".

Aos poucos, foram voltando para a sala e, envergonhados, desculparam-se. Dois dias depois, a primeira cópia da versão alemã das canções foi prensada. Não havia motivo para preocupação. Ed Sullivan já recebera 50 mil pedidos de ingressos para seu show, que só tinha 728 lugares disponíveis e vários fãs já os esperavam no aeroporto JFK desde a tarde anterior. O Boeing 707, que trazia os Beatles, aterrissou às 13h20 em um cenário jamais visto: um céu limpo de inverno, 5 mil fãs, na sua maioria colegiais que faltaram à escola, dispostas em quatro fileiras que lotavam o topo do terminal de desembarque, acenavam com faixas e cartazes com os dizeres "Amamos os Beatles".

"Nunca presenciamos uma **recepção** como esta. **Nunca**. Nem mesmo para **reis e rainhas**."
Funcionário do aeroporto JFK.

Além das adolescentes histéricas, 200 repórteres e fotógrafos da rádio, da televisão, das revistas e dos jornais os esperavam.
Os Beatles, primeiramente, pensaram que o avião do presidente estava prestes a pousar e, de repente, perceberam que na verdade todos esperavam por eles.
Durante dias, as estações de rádio vinham incitando as fãs ao frenesi, até que Murray the K, da rádio 1010 WINS, divulgou os supostos detalhes sigilosos da companhia aérea: a hora de chegada e o número do voo. Informações que foram rapidamente transmitidas pelas concorrentes WABC e WMCA.
Mais de 100 jornalistas, todos berrando ao mesmo tempo, os esperavam na saída do setor de imigração e os flashes eram tantos que os cegavam, "Então isto é a América... Todos aqui parecem completamente loucos", disse Ringo.
– O cenário no Plaza, o mais luxuoso hotel de Nova York, era caótico: um cordão de policiais, junto com 20 guardas da polícia montada, continham centenas de fãs que recitavam continuamente, como uma espécie de mantra,

Ringo: "Então **isto** é a América... Todos aqui parecem **completamente loucos**".

Paul: "O que **nós** podemos oferecer a um país como a América? Sei que nosso disco está no topo das **paradas**, mas isso não significa que, **necessariamente**, vão gostar de **nós**, não é verdade?".

"Nós os amamos, Beat-les, nós os **amamooooos sim!** Nós os **amamos,** Beat-les, amamos **até o fim!**",

Durante o ensaio da banda para o show de Ed Sullivan, em Nova York, Neil Aspinall substituiu George, que estava de cama por causa de uma dor de garganta.

intercalado com gritos de "Queremos os Beatles!". Naquela noite, vários convidados visitaram os rapazes na suíte presidencial, incluindo as Ronettes, o DJ Murray the K e a irmã de George, Louise, que morava em Illinois, mas fora até Nova York para vê-lo.

– Os Beatles deram uma entrevista por telefone a Brian Matthew, da BBC de Londres, que iria ao ar no dia seguinte, no *Saturday Club*. Em seguida, leram algumas das mensagens de suas fãs: 100 mil cartas os esperavam quando chegaram a Nova York.

8 de fevereiro

– Os Beatles têm outra entrevista coletiva no Baroque Room, no Plaza. Em seguida, John, Paul e Ringo fazem uma sessão de fotos no Central Park, onde são seguidos por 400 garotas. Por causa de uma infecção na garganta, George fica no hotel, sob os cuidados de sua irmã, Louise Caldwell.

Às 13h30, os Beatles são levados de limusine até os estúdios da CBS, na 53rd Street, para uma passagem de som. No caminho, uma multidão de fãs enlouquecidas jogaram-se sobre o carro; foi necessária a ajuda da polícia montada para que conseguissem chegar a seu destino. Cinquenta e dois policiais e dez guardas da polícia montada faziam a segurança dos estúdios, onde tiveram de preencher os formulários do AFRA, o sindicato dos artistas. Neil Aspinall assumiu o lugar de George na marcação de palco para o show ao vivo do dia seguinte. A equipe do estúdio ficou surpresa quando os Beatles pediram para ouvir o *playback* do ensaio, pois

A caminho de Nova York

Tom Wolfe escreveu sobre a chegada dos Beatles no *New York Herald Tribune*, em seu estilo característico, atento aos detalhes do evento:
(Na realidade, Paul, George e Ringo partiram em uma limusine; John, em outra e Brian pegou um táxi.)
"Os Beatles deixaram o aeroporto em quatro limusines cadillac, um em cada uma delas, rumo ao Plaza Hotel, em Manhattan. Logo, um grupo de cinco garotos em um Ford azul-claro pôs-se a segui-los na autoestrada e, conforme ultrapassavam cada um dos Beatles, um dos rapazes, debruçado na janela de trás, acenava com um cobertor vermelho.
Em seguida, foi a vez de um conversível branco com a palavra BEETLES escrita na poeira, em ambos os lados do carro. Um carro de polícia, com a sirene tocando e as luzes de alerta ligadas, o seguia, mas os jovens, uma garota na direção e dois rapazes no banco traseiro, acenaram para cada um dos Beatles antes de saírem da estrada, enquanto os policiais gesticulavam.
Mas o terceiro carro conseguiu acompanhar a banda por todo o caminho. Uma bela morena, que dizia chamar-se Caroline Reynolds, estudante do Wellesley College, em New Canaan, Connecticut, pagou dez dólares a um motorista de táxi para seguir a banda até o centro da cidade. Ela passou por cada um dos Beatles, com um sorriso maroto, até que alcançou a 'limo' de George Harrison em um semáforo no cruzamento da Third Avenue com a 63rd Street.
'Como se faz para conhecer um Beatle?', perguntou a garota pela janela.
'Você diz 'oi'', respondeu Harrison, também, pela janela.
'Oi!', disse ela, 'Oito estudantes de Wellesley estão vindo para cá'. Então, o semáforo abriu e os Beatles foram embora.

nenhum outro grupo jamais fizera tal exigência. A banda foi entrevistada pelas Ronettes.

À noite, John, Paul, Ringo e George Martin jantaram com executivos da Capitol Records no restaurante 21. Na segunda limusine, Brian Sommerville, o relações-públicas da banda, comentou, 'Você viu só aquilo, George?'. Harrison olhou para o conversível com as letras escritas na poeira e respondeu, 'Eles escreveram Beatles errado'.

Os Beatles comeram costeletas de porco e os executivos da Capitol, faisão. Paul também pediu crepe suzette. De volta ao hotel, ficaram escutando rádio até tarde da noite.

– Pela manhã, a entrevista por telefone dos Beatles com Brian Matthew é transmitida no *Saturday Club*, da BBC Light Programme.

9 de fevereiro

– *Studio 50, West 53rd Street.* Durante toda a manhã, os Beatles ensaiam para o *Ed Sullivan Show*. À tarde, eles gravam músicas para outro *Ed Sullivan Show*, que seria levado ao ar depois que deixassem o país. Este seria o terceiro show da banda – o primeiro seria exibido ao vivo naquela noite e o segundo seria transmitido ao vivo da Flórida, em 16 de fevereiro. Para a "terceira" apresentação eles gravaram: "Twist And Shout", "Please Please Me" e "I Want To Hold Your Hand". O público que participou da gravação do terceiro show foi diferente do que compareceu à transmissão ao vivo naquela noite, que também contou com a participação de Gordon e Sheila MacRae e The Cab Calloway Orchestra.

Os Beatles abriram o show às 20h com "All My Loving", "Till There Was You" e "She Loves You", em seguida houve uma pausa comercial do analgésico Anadin, e outros convidados de Ed se apresentaram – Georgia Brown & Oliver Kidds, Frank Gorshin, Tessie O'Shea. Após outro intervalo comercial, agora dos cigarros Kent, os Beatles fecharam o show com "I Saw Her Standing There" e "I Want To Hold Your Hand". Foram 13 minutos e meio de televisão que mudaram a cara da música popular americana. De acordo com a pesquisa Nielsen, 73.700.000 pessoas assistiram aos Beatles no *Ed Sullivan Show*, um recorde de audiência não só do programa, como da história da TV.

Meia hora antes de subir ao palco, Brian Sommerville entregou-lhes um telegrama: "Parabéns pela participação no *Ed Sullivan Show* e pela visita aos Estados Unidos. Esperamos que o programa seja um sucesso e a sua estada no país agradável. Lembranças ao sr. Sullivan. Atenciosamente, Elvis & The Colonel". George leu o telegrama e perguntou com a maior cara de pau, "Quem é esse tal de Elvis?".

Após o programa, Murray the K levou os Beatles ao Playboy Club; mas George não pode acompanhá-los, pois ainda estava com dor de garganta.

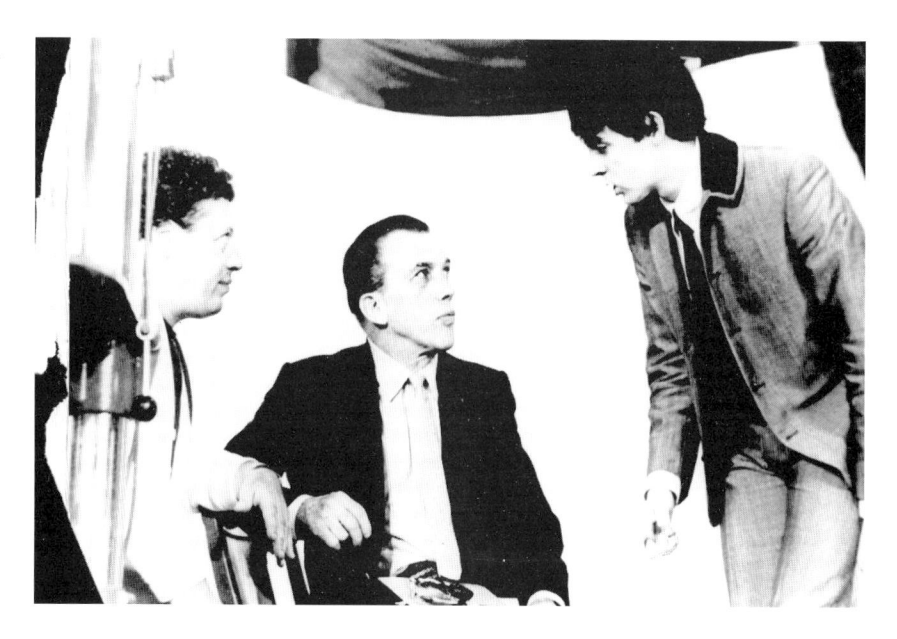

Acima: Paul e Ed Sullivan. Abaixo, à direita: Ringo na discoteca Peppermint Lounge.

Paul: "As coelhinhas são ainda mais encantadoras do que nós".
Protegidos por uma escolta policial, aventuraram-se a caminhar algumas quadras até a 59th Street, onde foram rapidamente levados ao bar do clube para jantar. Mais tarde, foram à discoteca Peppermint Lounge, o berço do twist, onde Ringo brilhou dançando com uma jovem chamada Geri Miller ao som dos Beatles. Os rapazes foram embora às 4h.

10 de fevereiro

– Os Beatles têm o dia tomado por uma série de entrevistas à imprensa e reuniões. Durante uma solenidade, o presidente da Capitol Records, Alan Livingstone, entrega à banda dois discos de ouro, um pela venda de 1 milhão de cópias de "I Want To Hold Your Hand" e outro pelas vendas do álbum *Meet The Beatles* que somaram 1 milhão de dólares. À noite visitaram vários *nightclubs*, voltando ao hotel, novamente, às 4h.

11 de fevereiro

– Uma tempestade de neve atinge a costa leste e todos os voos são cancelados; portanto, para que os Beatles pudessem ir a Washington D.C., foi acrescentado ao trem da Pennsylvania Railroad, o King George, um antigo vagão-leito que fazia parte da linha Richmond, Fredericksburg and Potomac. Quando chegaram à estação, a imprensa havia lotado o vagão e, a cada parada, os câmeras se espremiam do lado de fora das janelas.

Dois mil fãs enfrentaram 20 centímetros de neve para dar-lhes as boas-vindas na Union Station, em Washington, onde a banda participou de uma coletiva de imprensa. Em seguida, visitaram a WWDC, a primeira estação de rádio americana a tocar um disco dos Beatles, onde foram entrevistados pelo DJ Carroll James, que lhes perguntou sobre suas influências musicais:

John: "Johnny, o ceguinho".
Carroll James: "Johnny, o ceguinho?".

Acima: John faz troça com o fotógrafo, e Paul diverte-se com uma peruca Beatle na discoteca Peppermint Lounge.

John: "Ah, sim. Ele tocava com Arthur, o surdinho".
Carroll James: "John, dizem que você é o líder...".
John: "Carroll, por acaso, estou te xingando?!".
Carroll James: "Salvo os Estados Unidos e a Inglaterra, quais países você mais gostou de conhecer?".
John: "Salvo os Estados Unidos e a Inglaterra, O que resta?".

O incidente na Embaixada

Após o show de 11 de fevereiro, lady Ormsby-Gore ofereceu uma recepção na Embaixada Britânica. Houve um baile a rigor em prol da associação de proteção à criança, National Association for Prevention of Cruelty to Children, e, ao final, foi pedido aos Beatles que entregassem os prêmios da rifa. A comunidade britânica, debutantes e aristocratas arrogantes, tiveram um comportamento lamentável, e uma mulher chegou a cortar uma mecha do cabelo de Ringo, bem atrás da orelha esquerda. John afastou todos os que pediam autógrafos reclamando, "Essa gente não tem a mínima educação" e, agarrando Ringo pelo braço disse, "Estou indo". Ringo o acalmou e, então, entregaram os prêmios e partiram. A banda exigiu que Brian nunca mais os expusesse a esse tipo de situação.

O grupo se hospedou no Shoreham Hotel, ocupando todo o sétimo andar, cujo acesso foi bloqueado aos fãs. Uma família de hóspedes negou-se a deixar seu quarto; portanto, a administração do hotel cortou o aquecimento central, a água quente e a eletricidade, alegando falha elétrica. A família, contrariada, acabou se mudando para outro quarto.

Aproximadamente 8 mil fãs, em sua maioria garotas, assistiram ao show no Washington Coliseum, sob a proteção de 362 policiais, sendo que um deles usou balas de revólver como protetores de ouvido, por causa da altura do som. Os Beatles tocaram: "Roll Over Beethoven", "From Me To You", "I Saw Her Standing There", "This Boy", "All My Loving", "I Wanna Be Your Man", "Please Please Me", "Till There Was You", "She Loves You", "I Want To Hold Your Hand", "Twist And Shout" e "Long Tall Sally". Além do quarteto de Liverpool, também fizeram parte do show The Chiffons e Tommy Roe.

Paul: "O mais **emocionante** até hoje".

12 de fevereiro
– Os Beatles pegam o trem de volta para Nova York. A viagem durou duas horas, mas, quando lá chegaram, sua limusine não estava na estação, pois, em virtude do feriado da comemoração do nascimento de Abraham Lincoln, as escolas estavam fechadas e 10 mil fãs os aguardavam, bloqueando as ruas ao redor de Penn Station. Eles foram levados para o hotel às escondidas em táxis comuns, onde fizeram a barba, tomaram banho, vestiram-se e saíram clandestinamente, usando o elevador dos fundos e escapando pela cozinha. Seu destino era o Carnegie Hall, a poucas quadras do hotel – a mais famosa casa de espetáculos do país, onde fariam duas apresentações de 25 minutos. Enquanto The Briarwoods, uma banda de *folk'n'roll*, aquecia a plateia, nos bastidores os Beatles receberam um disco de ouro da Swan Records pela vendagem de um milhão de cópias de "She Loves You", além da visita de Shirley Bassey.

– Nevava em Nova York e, após o show, o promotor de eventos Sid Bernstein levou Brian para fora do teatro e ofereceu-lhe 25 mil dólares, além de uma doação de 5 mil dólares para a fundação britânica de combate ao câncer, por uma apresentação da banda no Madison Square Garden que marcariam para dali a poucos dias. Sid garantiu que os ingressos se esgotariam na hora, mas Brian respondeu, **"Quem sabe numa próxima vez"**.

Nessa noite, a última que os Beatles passaram em Nova York, saíram do Plaza à 1h30 e foram ao Headliner Club, em seguida, ao café Improvisation, em Greenwich Village. Voltaram para o hotel ao amanhecer e encontraram um repórter do lado de fora que ainda estava à sua espera. Ele lhes perguntou se tinham tido uma noite tranquila.

Paul: "Não. Encontramos **Stella Stevens, Tuesday Weld e Jill Haworth** – que não são o que se chamaria de garotas tranquilas".

– A Granada Television exibe *Yeah, Yeah, Yeah! – The Beatles in New York*, um documentário sobre a recente visita dos Beatles a Nova York, produzido pelos cineastas Maysles Brothers.

13 de fevereiro
– O voo da National Airlines parte de Nova York às 13h30 e chega a

(THE *Morning* KANSAS CITY STAR)

The Kansas City Times

★ ★ ★ KANSAS CITY, FRIDAY, SEPTEMBER 18, 1964—

Police Hold Tide of Beatlemania

[ADDITIONAL STORIES AND PICTURES ON PAGES 3, 9 AND 20.]

By Robert K. Sanford
(A Member of The Star's Staff)

WHEN the announcer said, "The Beatles!" and the four British singers bounced onto the stage a concerted scream rose in Municipal Stadium and hundreds of flashbulbs lit the park like harsh fireflies.

The scream tore on and on. The performers, jolly and jaunty, sounded some practice guitar chords, said "Ha" and "Hi" into the microphones and abruptly ripped into a tune called "Twist and Shout."

The scream, from an audience of 20,230, reached frightening intensity. A man smoking a cigar in the front row put his hands over his ears and puffed.

The Beatles played for 31 minutes, 12 songs perhaps, and only as they left did the screaming die, sinking into a mournful moan.

"They are gone, gone," a girl said. "I'll never see them again."

And so the night of the Beatles, the biggest entertainment promotion in the area in the memory of many of the teen-agers who attended, came and passed.

Physically, it was accomplished rather efficiently, with a line of 100 policemen separating the crowd from the bandstand. No one was hurt. There were no crushing stampedes, no ugly incidents.

Many Seats Empty

The crowd did not fill the 41,000 seats arranged for the event, but it was a sizable crowd in any estimate, one of the four or five biggest crowds to see the Beatles on their American tour.

The spectators were from several states, and their ears were directed and their property and limbs protected by about 350 police in the stadium area.

The spectators were admonished several times previous to the Beatles' appearance to stay in their seats or the show would be stopped. By and large they did. Only at the end, when the Beatles were rushed from the field in a black limousine, did a section of several hundred teen-age girls rush to the line of policemen. They yelled goodbye and waved.

One of the quartet raised a hand in farewell in the back window of the car as it sped away. Then the girls began to cry.

Finley Loses Money

Charles O. Finley, owner of the Kansas City Athletics and the man who brought the Beatles here for $150,000, lost money. He did not make a public appearance at the show. His manager, Pat Friday, gave a check for $25,000 to Children's Mercy hospital although no profit was made on the venture.

An Athletics official said ticket sales of about 28,000 were needed to break even. The gate was estimated at something more than $100,000, but considerably short of the $150,000.

Finley said he was delighted with the performance and that he considered the behavior of Kansas City teen-agers indeed commendable. He praised the work of the police and of U. M. K. C. and Rockhurst college students who acted as ushers.

So, concerning the physical aspects—the security, the traffic, the crowds—all went well. Reason prevailed.

Some Worn Out

But the event left some of the Beatle followers emotionally torn. As the crowds left the park, fully 10 minutes after all the shouting, there were groups of exhausted girls still seated in the playing field area and the stands. They were crying.

Why?

"Because they (the B's) just left and didn't say anything," a girl explained, rubbing her eyes. "Now they are gone forever."

"Ah, they'll be back again," a policeman said.

"What do you care?" the girl wept. "You were down in front there and you didn't care and I was way back here and I couldn't even get close to them…"

"Now wait a minute, honey," he said. "It's not my fault."

Then he walked away.

Ear Stoppers Needed

Many of the policemen who manned the barricade in front of the blaring loudspeakers put cotton in their ears. For others not so well prepared, the sound of the mass scream —a fearful sound because it seems out of control—will linger, not gently, in their memory.

The Beatle music, the incessant beat and the hard blare of electric guitars pushed to volume limits, can be heard on jukeboxes in a hundred thousand joints and drugstores. The scream had no volume control.

Scarlett Peterson, 14, Topeka, sat on the front row with no shoes and wore a button that said, "I Love Paul." (That's Paul McCartney. The others are Ringo Starr, George Harrison and John Lennon).

Why the button?

"Because Paul is left-handed like me and plays bass guitar and has brown eyes and black hair."

With blue-tipped fingernails she pushed back a lock of her blond hair.

"You'll have to get out of our seats, girls," a woman said. "These are our seats."

Scarlett and her friends walked off, unoffended.

A girl with a legitimate front-row seat was Tina Mitchell, 15, of 7205 Flora avenue, president of the Leabets (Beatles spelled inside-out), the Kansas City fan club. She thought the show was grand and she had grand news.

A friend with her, Vicki Mucie, 14, of 3545 Warwick boulevard, had come into ownership of a cigarette butt that Paul reportedly had smoked at the afternoon press conference downtown.

What was she going to do with it?

"I'm going to frame it along with a jelly bean that John stepped on in Denver when I saw them there."

It was a yellow jelly bean and the cigarette butt was filter-tipped.

Yes, jelly beans were thrown at the Beatles in their Kansas City performance, too. Why? Because the Beatles love jelly beans, silly.

There were stories of great sacrifice and effort among the followers. Mary Jo Berger, 15, Edwardsville, Ill., carried a sign which she tried to show to the Beatles and was told to go back to her seat.

The sign said:
"You're the greatest
"Charlie O.
"For you got us
"Dear Ringo.
"I wish I may
"I wish I might
"Get to talk to
"Him tonight."

One of Mary Jo's friends from Edwardsville chose to walk out of the stadium with one shoe on and one shoe off. Why?

"Because sometime when they were singing I suddenly found my shoe in my hand."

The Beatles left the stadium at 9:15 o'clock. At 11:13 o'clock their airplane left the ground at Municipal Air Terminal on the way to Dallas.

Most of the time before they left they spent in the plane, passengers in the world of aviation, where, experts tell us, as in all of life, the noise level is increasing every year.

BEATLEMANIA IN KANSAS CITY—Appeared thus last night as 20,208 screaming spectators—most of them teen-age girls—cheered their idols during a 31-minute performance at the Municipal Stadium. Many of the girls were weeping when the performance was over. Four other acts took up the rest of the 2-hour show.

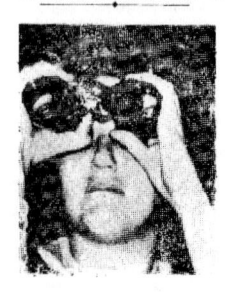

The Seattle Daily Times

SEATTLE, WASHINGTON,
SATURDAY, AUGUST 22, 1964.

BEATLEMANIA ANALYZED
Frightening, Says Child Expert

By DR. BERNARD SAIBEL

The experience of being with 14,000 teen-agers to see the Beatles is unbelievable and frightening.

And, believe me, it is not at all funny, as I first thought when I accepted this assignment.

THE HYSTERIA and loss of control go far beyond the impact of the music. Many of those present became frantic, hostile, uncontrolled, screaming, unrecognizable beings.

If this is possible — and it is — parents and adults have a lot to account for to allow this to go on.

This is not simply a release, as I at first thought it would be, but a very destructive process in which adults allow the children to be involved — allowing the children a mad, erotic world of their own without the reassuring safeguards of protection from themselves.

THE EXTERNALS are terrifying. Normally recognizable girls behaved as if possessed by some demonic urge, defying in emotional ecstacy the restraints which authorities try to place on them.

The hysteria is from the girls and when you ask them what it is all about, all they can say is: "I love them."

Some, restrained from getting up on the stage after the Beatles left, asked me to touch the drums for them.

THERE ARE A LOT of things you can say about why the Beatles attract the teen-age crowd.

The music is loud, primitive, insistent, strongly rhythmic and releases in a disguised way (can it be called sublimation?) the all too tenuously controlled, newly acquired physical impulses of the teen-ager.

Mix this up with the phenomena of mass hypnosis, contagious hysteria and the blissful feeling of being mixed up in an all-embracing, orgiastic experience and every kid can become "Lord of the Flies" or the Beatles.

What is it all about? Why do the kids scream, faint, gyrate and in general look like a primeval, protoplasmic upheaval and go into ecstatic convulsions when certain identifiable and expected trade-marks come forth such as "Oh, yeah!" a twist of the hips or the thrusting out of an electric guitar?

WELL, THIS MUSIC (and the bizarre, gnome-like, fairy-tale characters who play it) belongs to the kids and is their own—different, they think, from anything that belongs to the adult world.

Besides, kids, like the other separate and distinct parts of humanity, are competitive. If there is a youngster who can scream loudly, there is one who can scream louder.

If there is one who belongs to the cognoscenti (those in the know), there is one who is more sensitive and more appreciative of this art than any of the others. And to prove it, she faints and all can see how much more affected she is, because she has to be carried out on a stretcher — a martyr, a victim of her capacity for deep understanding and overwhelming emotion.

REGARDLESS OF the causes or reasons for the behavior of these youngsters last night, it had the impact of an unholy bedlam, the like of which I have never seen. It caused me to feel that such should not be allowed again, if only for the good of the youngsters.

It was an orgy for teenagers.

Limousine Besieged

DR. BERNARD SAIBEL, lower center, SURROUNDED BY SCENES OF FRENZY
Child-guidance expert wore look of concern.

MOB SCENE: Teen-agers swarmed on and around the Beatles' limousine yesterday afternoon as the automobile entered the Edgewater Inn a few minutes after their arrival in Seattle. Several girls flung themselves onto the car and pounded on the windows.

Acima: O quarteto com o boxeador Cassius Clay, que se tornaria conhecido como Muhammad Ali, durante treino em Miami.
Abaixo: Ringo em Miami

Miami às 16h, onde 7 mil fãs enlouquecidas os esperavam, instigadas pelas rádios concorrentes WFUN e WQAM, que divulgaram a hora da chegada do voo. Entretanto, os Beatles saíram do avião e escaparam na limusine que os esperava, indo diretamente para o Deauville Hotel, em Miami Beach. Foram escoltados por três limusines pretas e batedores em motocicletas, que davam guarda à frente e atrás dos carros. Os 12 quilômetros que separavam o aeroporto do centro da cidade foram percorridos em tempo recorde; a comitiva passava por faróis vermelhos, entrava na contramão, e as fãs, ao longo das ruas, gritavam e acenavam.

– Murray the K os acompanhou, além de dividir os aposentos com George, uma suíte com três quartos, protegida por seguranças da agência Pinkerton. (George ficara irritado e nunca conseguiu entender como o abusado DJ de Nova York conseguiu acompanhá-los por toda a viagem.) À noite, foram à discoteca Mau Mau Lounge, onde assistiram à banda The Coasters e dançaram "Mashed Potato". Murray the K levou-os para ver Hank Ballard e The Midnighters em outra discoteca, o Miami Peppermint Lounge, onde foram cercados por caçadores de autógrafos, tendo de ir rapidamente embora.

– Atendendo a milhares de pedidos, a Granada TV reprisa o documentário *Yeah, Yeah, Yeah! – The Beatles In New York*, dos irmãos Maysles.

14 de fevereiro
– O dia repleto de atividades: um breve ensaio para o *Ed Sullivan Show*; uma sessão de fotos para a revista *Life* na piscina da casa de um executivo da Capitol Records; e um passeio por Miami Harbour, em um luxuoso barco, oferecido por um tal de Bernard Castro. Dois repórteres, escondidos a bordo, foram encontrados e o barco voltou à costa, para que pudessem ser expulsos. O segurança particular dos rapazes, o sargento Buddy Bresner, levou-os até sua casa para que pudessem conhecer sua mulher e seus filhos – Dottie, Barry, Andy e Jeri –, e lhes preparou uma típica refeição americana: rosbife, vagem, batatas assadas, ervilhas, salada e um enorme bolo gelado de morango. À noite, ficaram no hotel e assistiram aos shows nos *nightclubs* do hotel: os comediantes Don Rickells e Myron

Cohen e a cantora Carol Lawrance. Não jantaram, pois o farto almoço na casa de Bresner os deixara mais do que satisfeitos.

15 de fevereiro
– Vestindo calções de banho, os Beatles ensaiam no Napoleon Room do hotel. Às 14h, fizeram o ensaio de figurino para o *Ed Sullivan Show* para uma plateia de 2.500 pessoas, muitas das quais haviam esperado em fila fora do estúdio desde as primeiras horas da manhã. Em seguida, a banda passa o restante do dia pescando.
– A ABC TV transmite a entrevista dada pela banda por telefone a Dick Clark, apresentador do programa *American Bandstand*.

16 de Fevereiro
– O *Ed Sullivan Show* foi gravado no próprio Deauville Hotel. A CBS distribuiu 3.500 ingressos, entretanto a lotação do local era de 2.600 lugares. A polícia teve de enfrentar o tumulto causado pelos fãs, que, mesmo com ingressos perfeitamente válidos nas mãos, tiveram sua entrada proibida. O quarteto tocou: "She Loves You", "This Boy", "All My Loving", "I Saw Her Standing There", "From Me To You" e "I Want To Hold Your Hand". Os boxeadores Joe Louis e Sonny Linston estavam na plateia. A atriz, cantora e dançarina Mitzi Gaynor foi a atração principal do programa, mas os 70 milhões de espectadores que estavam assistindo ao show queriam, na realidade, ver os Beatles. Maurice Landsberg, o proprietário do hotel, ofereceu uma pequena festa para os artistas e os técnicos do programa. Um jantar *self-service* com lagosta, carne, frango e peixe.

17 de fevereiro
– Os Beatles esquiam na água pela primeira vez.
– A música "I Wanna Be Your Man", dos Rolling Stones, de autoria de Lennon & MacCartney, é lançada em compacto nos Estados Unidos pela gravadora London (9641).

18 de fevereiro
– Em seu dia de folga, os Beatles, provavelmente instigados por Paul, quiseram visitar Cassius Clay, no ginásio de treinamento onde ele estava se preparando para a revanche contra o campeão Sonny Liston. Os fotógrafos enlouqueceram quando o ex-campeão dos pesos-pesados, Cassius Clay, levantou Ringo como se este fosse leve como um pluma.
– Participaram de um churrasco nos jardins da casa de um milionário, onde comeram os maiores filés que já haviam visto na vida e, ainda, pilotaram lanchas de corrida pela primeira vez. À noite, foram a um *drive-in* assistir ao filme *Seresteiro de Acapulco*, estrelando Elvis Presley.

Acima: Peter e Gordon.
À direita: O trem do filme A Hard Day's Night *– Os Reis do lê-lê-lê, passa pela cidade de Tauton, onde Paul cumprimenta uma senhora, fã da banda, em 2 de março.*

21 de fevereiro
– O grupo pega um voo de Miami para Londres, com escala em Nova York.

22 de fevereiro
– Os Beatles chegam em Londres às 8h10 em meio a uma tumultuada recepção de boas-vindas. Concederam uma entrevista coletiva no salão Kingsford-Smith no aeroporto, que, posteriormente, foi exibida pela BBC TV no programa esportivo *Grandstand*. Informações sobre a volta da banda também foram transmitidas nos noticiários das rádios e outros programas.

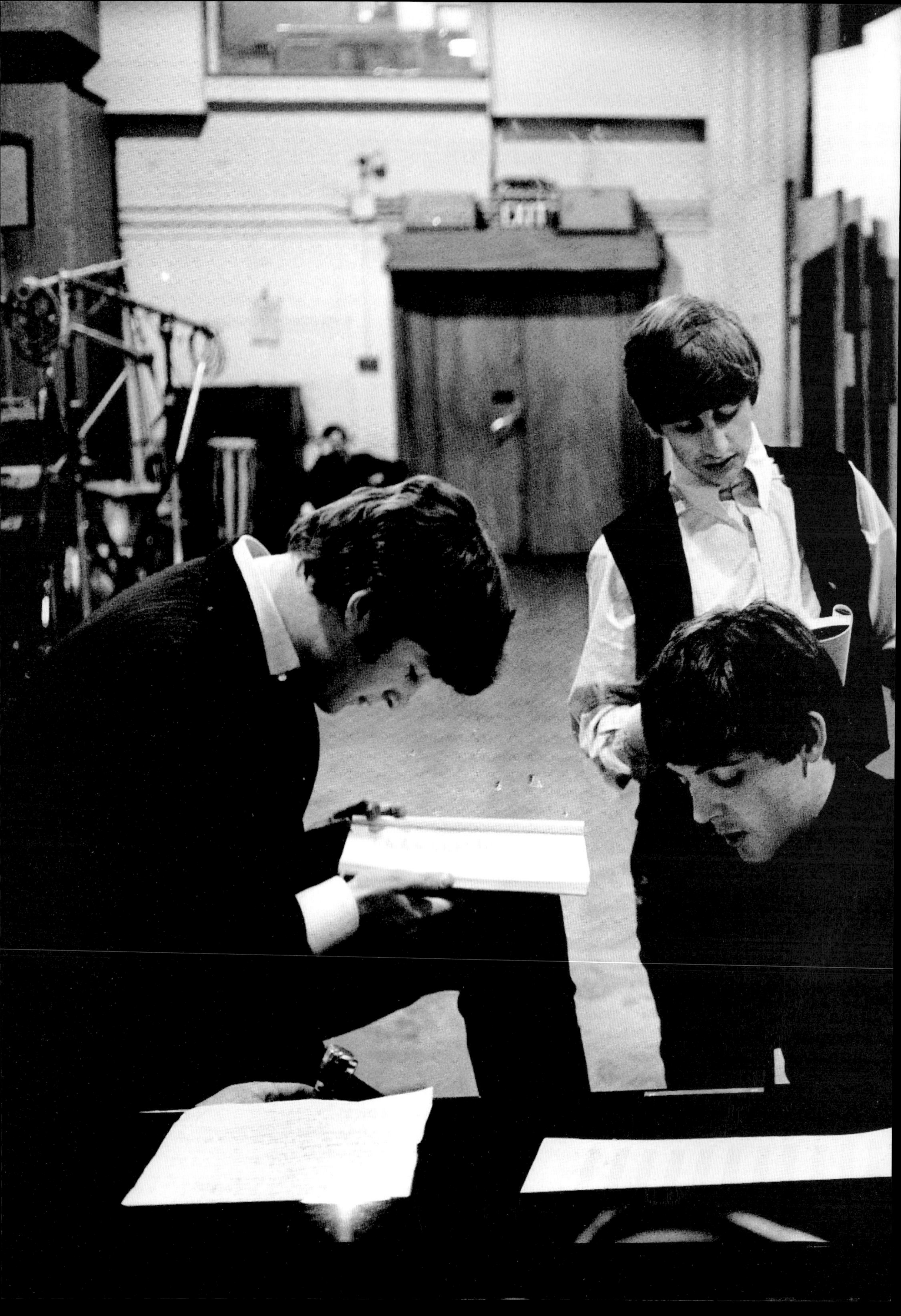
EXIT

Gravação no estúdio 2 em Abbey Road, em fevereiro de 1964.

À noite, Paul vai a Canterburry assistir à *performance* de Jane Asher em *The Jew of Malta*.

23 de fevereiro
– *Teddington Studio Centre, da ABC TV*. Sem terem tido um dia de folga para adaptarem-se ao fuso horário, os Beatles gravam uma participação no show de variedades *Big Night Out*, de Mike & Bernie Winters, para o público presente no estúdio. Participaram de vários esquetes, incluindo um passeio pelo rio Tâmisa, que também foi filmado pela emissora de TV ITN, e apresentado em seu boletim jornalístico na mesma noite. A banda dublou "All My Loving", "I Wanna Be Your Man", "Till There Was You", "Please Mister Postman", Money (That's What I Want)" e "I Want To Hold Your Hand". Em seguida, foram a uma festa no apartamento de Alma Cogan, em Kensington, que se estendeu noite adentro.
– A terceira apresentação dos Beatles no *Ed Sullivan Show* vai ao ar.

24 de fevereiro
– Ringo vai a Liverpool visitar a família.

25 de fevereiro
– Ringo pega o primeiro voo de Liverpool para Londres, a fim de participar de uma sessão de gravação.
– *Abbey Road*. A banda finaliza "Can't Buy Me Love", grava "You Can't Do That" e começa a trabalhar em "And I Love Her", de Paul, e "I Should Have Known Better", de John.
– No seu aniversário de 21 anos, George recebe 52 malotes do correio, com 30 mil cartões, além de milhares de chaves comemorativas do 21º aniversário, presente tradicional no Reino Unido. Duas fãs lhe enviaram uma porta, para que ele descobrisse qual das chaves a abriria.

26 de fevereiro
– *Abbey Road*. Outro ensaio de "And I Love Her" e "I Should Have Known Better".

27 de fevereiro
– *Abbey Road*. A música de Paul, "And I Love Her", fica pronta. A banda ainda gravou "Tell Me Why" e "If I Fell", ambas de John.

28 de fevereiro
– *BBC Studios, em Picadilly, n. 201*. Os Beatles gravam a segunda edição do especial *From Us To You*, para a BBC Light Programme, que iria ao ar no feriado de 18 de maio, o "Whit Monday". O grupo é entrevistado pelo DJ Alan ("Fluff") Freeman e grava "You Can't Do That", "Roll Over Beethoven", "Till There Was You", "I Wanna Be Your Man", "Please Mister Postman",

Abaixo: os Beatles no set de filmagem de A Hard Days Night.

"All My Loving", "This Boy" e "Can't Buy Me Love", além de sua própria versão da música tema do show *From Me To You*, com a qual abririam e fechariam o programa.
– O compacto *A Word Without Love*, de Peter & Gordon, é lançado no Reino Unido, pelo selo Columbia (DB 7225). A música foi composta por John e Paul, para o irmão de Jane Ascher, que acabara de assinar um contrato com a EMI.

> Jane Ascher: "A canção foi criada, certa noite, quando Paul e John estavam em nossa casa. Mas, na realidade, eles só a haviam começado, no entanto, Peter e Gordon logo de **cara adoraram** a música e, então, os rapazes resolveram terminá-la".

– O compacto *Why/Cry For A Shadow* foi lançado no Reino Unido pela Polydor (NH 52-275).
Lado A: Tony Sheridan & The Beatles;
Lado B: The Beatles.

29 de fevereiro
– O programa *Mike and Bernie Winter's Big Night Out* com os Beatles, que no dia da gravação estavam exaustos em razão da diferença

de fuso-horário, é exibido pela ABC TV.

1º de março
– *Abbey Road*. "I'm Happy Just To Dance With You" é criada para George, que, na época, ainda não compunha. Em seguida gravam "Long Tall Sally", com Paul tocando no melhor estilo Little Richard, e "I Call Your Name".

2 de março
– Os Beatles começam as filmagens de *A Hard Day's Night*, filme dirigido por Richard Lester com roteiro de Alun Owen. Os trabalhos começaram às 8h30, em Paddington Station, e o quarteto se filiou ao Equity, sindicato dos atores, minutos antes de subir a bordo do trem. Durante a primeira semana, as cenas foram rodadas em um trem, especialmente preparado para o filme, que faria uma viagem de ida e volta de Paddington até Minehead, cobrindo aproximadamente 3.750 quilômetros em seis dias. Por causa da multidão de fãs presente no primeiro dia, a banda embarcou no trem em Action Station, para evitar o tumulto em Paddington. Havia um vagão restaurante especial para os Beatles e a equipe de filmagem, mas durante os intervalos de 40 minutos, em vez de comer e ficar andando de um lado para outro do trem, os músicos preferiam ficar sentados tranquilamente.
A filmagem começava às 8h30, o que era um problema para os rapazes, que não estavam acostumados a levantar cedo. Então, recebiam o roteiro e, como todos tinham participações iguais, havia poucos diálogos para ser decorados. No interior do trem, as falas eram gravadas usando microfones colocados dentro da camisa, mas, mesmo assim, várias cenas tiveram de ser refeitas, pois o volume não era suficientemente alto. Uma das atrizes que participou das filmagens no primeiro dia foi Pattie Boyd, com quem George imediatamente fez amizade.
– O compacto *Twist and Shout/There's A Place* é lançado nos Estados Unidos pelo selo independente Tollie (9001).

3 de março
– Filmagem das cenas no interior do trem, entre Londres e Minehead.

4 de março
– Filmagem das cenas no interior do trem, entre Londres e Minehead.

5 de março
– Filmagem das cenas no interior do trem, entre Londres e Minehead.
– Os Beatles tomam alguns *drinques* com o escritor Jeffrey Archer, no Vincent's, um clube exclusivamente masculino em Oxford. Em seguida, participam de um jantar no Brasenose College, também em Oxford, organizado por Archer para angariar fundos para a Oxfam, instituição de caridade.
– O compacto *Komm, Gib Mir Deine Hand/Sie Liebt Dich* é lançado na Alemanha pela Odeon (22671).

6 de março
– Filmagem das cenas no interior do trem, entre Londres e Minehead.

9 de março
– Filmagem das cenas no interior do trem, entre Londres e Newton Abbot, em Devon. Este foi o último dia das filmagens da viagem de trem.

10 de março
– Filmagem no pub The Turk's Head, em Twickenham, Londres.
– À noite, os rapazes vão para o apartamento de Brian Epstein para visitar Tony Sheridan.

11 de março
– Filmagem em Twickenham Studios. A banda dublou "I Should Have Known Better" em uma imitação da perua do guarda do trem. Os técnicos do estúdio estavam fazendo a maior bagunça, tanto que, em determinado momento, Richard Lester teve de interromper a filmagem, pois os técnicos começaram a chacoalhar o cenário no ritmo da música dos Beatles.

12 de março
– *Twickenham Studios*. Filmagem da sequência de cenas no quarto de hotel.

13 de março
– A cena final do filme é rodada em um helicóptero, no Gatwick Airport.

16 de março
– *Twickenham Studios*. Ringo filma a cena do bar.
– Ringo é eleito vice-presidente do grêmio da faculdade de direito da Universidade de Leeds.
– George e Brian Epstein assistem à gravação de Cilla Black para o *Saturday Club* da BBC.
– O compacto *Can't Buy Me Love/You Can't Do That* é lançado nos Estados Unidos pela Capitol (5150).

17 de março
– Filmagem no Les Ambassadeurs Club.
– John dá uma entrevista a Jack de Manio, do programa *Today* da BBC Home Service, para promover seu futuro livro *In His Own Write*.

NEMS Enterprises

No dia 9 de março, a empresa de Brian Epstein, a NEMS Enterprises Limited, mudou sua sede de Liverpool para o quinto andar de um edifício em Argyll Street, em Sutherland House, Londres. O escritório de assessoria de imprensa e relações-públicas, anteriormente localizado em Mommouth Street, n. 13, em Londres, também se mudou para a nova sede. Em comunicado à imprensa, em 2 de março, a empresa divulgou o nome de seus diretores: J. Alistair Taylor, diretor geral; J. B. Montgomery, diretor financeiro; Tony Barrow, diretor de imprensa; Brian Sommerville, assessor de imprensa pessoal dos Beatles; Wendy Hanson, assistente particular de Brian Epstein.
Nessa época, a NEMS empresariava os Beatles, Gerry & The Pacemakers, Billy J. Kramer, The Dakotas, Cilla Black, The Fourmost, Tommy Quickly, Sounds Incorporated e The Remo Four. Brian enviou uma carta para sua equipe, dizendo: "Primeiramente, como nossa empresa é muito visada pelo público, é de extrema importância que tenhamos a melhor 'imagem'. Com isso, quero dizer que todos os visitantes devem ser tratados com a máxima cortesia. O trabalho deve ser executado de forma tranquila e eficiente, sem agitação. E, acima de tudo, as salas devem estar sempre limpas e organizadas".

18 de março
– Filmagem no Twickenham Studios.
– No set de filmagem, os rapazes gravam uma participação para o *Public Ear*, da BBC Light Programme, na qual entrevistam uns aos outros.
– A entrevista de John no *Today* vai ao ar pela BBC.

19 de março
– São entregues os prêmios da 12ª edição do *Annual Show Business Awards,* do *Variety Club of Great Britain*, durante um almoço oferecido no Dorchester Hotel. O primeiro-ministro Harrold Wilson, líder da oposição na câmara, entregou o prêmio "Personalidade do Show Business de 1963" para os Beatles e, estrategicamente, tirou uma foto com a banda. John chamou seu prêmio, uma placa em forma de coração, de *"purple heart"* (coração roxo), uma alusão à medalha, de mesmo nome, dada pelo Exército americano aos oficiais feridos em batalha.
– Pela manhã, os Beatles participam das filmagens no Twickenham Studios, para onde retornam logo após o almoço. À noite, gravaram sua primeira participação no programa de TV *Top Of The Pops*, da BBC, dublando "Can't Buy Me Love" e "You Can't Do That".
– Não se consegue chegar a um consenso sobre o nome do filme. "Beatlemania" foi rejeitado, assim como "Moving On", "Travelling On", "Let's Go" e "Who Was That Little Old Man?", sugestão de Paul. Finalmente Ringo cria *A Hard Day's Night*. Quando, após um dia de trabalho exaustivo, ele soltou a seguinte frase: **"Boy, this has been a hard day's night!"** ("Nossa, essa foi a noite de um dia difícil"), na mesma hora, todos compraram a ideia.

20 de março
– Filmagem no Twickenham Studios.
– Ringo é entrevistado por Peter Nobel do programa *Movie-Go-Round*, da BBC.
– No final da tarde, os Beatles vão de carro para a sede da Associated Reddifusion, em Londres, onde participam ao vivo do programa *Ready, Steady, Go!*, dublando "It Won't Be Long", "You Can't Do That" e "Can't Buy Me Love". Além de cantar, foram entrevistados por Cathy McGowan e participaram de alguns quadros humorísticos.
– À meia-noite, George leva Hayley Mills para assistir à sessão beneficiente do filme *Charade*, no Regal Cinema, em Henley-on-Thames.
– O compacto *Can't Buy Me Love/ You Can't Do That* é lançado no Reino Unido pela Parlophone (R5114).

22 de março
– O programa *Public Ear*, no qual os Beatles entrevistam uns aos outros, foi transmitido pela BBC Light Programme.

Hotel The Dorchester, 19 de março: *O primeiro ministro Harold Wilson, cujo distrito eleitoral encontrava-se em Liverpool, logo percebeu que ser fotografado com os Beatles poderia lhe render excelente publicidade.*

In His Own Write

In His Own Write, escrito por John Lennon, foi publicado pela editora Jonathan Cape. John contou: "Certo dia, um jornalista que estava rondando os Beatles se aproximou de mim e acabei lhe mostrando meu material, e ele disse, 'Escreva um livro', e foi assim que nasceu o primeiro, depois veio o segundo e, então, não pensei mais nisso". Para promover o livro, John apareceu ao vivo no programa *Tonight*, da BBC, transmitido diretamente do Lime Grove Studios. Ele foi entrevistado por Kenneth Allsop e leu trechos do livro que já tinham sido publicados anteriormente em sua coluna no *Mersey Beat*, sob o pseudônimo de "Beatcomber".

Em uma tentativa frustrada de afastar as fãs, Paul se disfarçou para as filmagens de A Hard Day's Night, *em Paddington Station.*

23 de março
– Início das filmagens no Scala Theatre, em Charlotte Street, Londres, as quais se estenderam por toda a semana.
– *Empire Ballroom, em Leicester Square, Londres*. Os Beatles recebem o prêmio Carl-Award por Excelência Musical 1963, das mãos do duque de Edimburgo, durante a cerimônia anual de entrega dos prêmios de dança Carl-Alan Ballroom Dancing Awards. O evento foi transmitido ao vivo pela BBC.
– O compacto *Do You Want To Know A Secret/Thank You Girl* é lançado nos Estados Unidos pela Vee Jay (VJ 587).
– O compacto duplo *The Beatles* é lançado nos Estados Unidos pela Vee Jay (VJEP 1-903).
Lado A: "Misery", "A Taste Of Honey";
Lado B: "Ask Me Why", "Anna (Go To Him)".
– Compactos duplos não eram normalmente lançados nos Estados Unidos; porém, como a Vee Jay só detinha os direitos de poucas canções dos Beatles, elas eram lançadas pela gravadora em todos os formatos possíveis.

24 de março
– Filmagens no Scala Theatre, em Charlotte Street, Londres.

– John dá uma entrevista à revista *Dateline London*, uma publicação internacional da BBC para promover seu livro.

25 de março
– Filmagens no Scala Theatre, em Charlotte Street, Londres
– A apresentação dos Beatles no *Top Of The Pops* é exibida pela BBC.

26 de março
– Filmagens no Scala Theatre, em Charlotte Street, Londres.

27 de março
– John, Cynthia, George e Patti passam o feriado da páscoa em Dromolan Castle, em County Clare, na Irlanda. Ringo viaja para Woburn Abbey, como convidado do lorde Rudolph Russell, filho do duque de Bedford, e Paul fica em Londres.
– A imprensa divulgou que os compactos dos Beatles ocupavam os seis primeiros lugares nas paradas australianas.

30 de março
– A música "Bad To Me", de Billy J. Kramer & The Dakotas, de autoria de Lennon e McCartney, é lançada em compacto nos Estados pela gravadora Imperial (66027).
– O especial dos Beatles para o feriado de *Whit Monday*, *From Us To You*, é transmitido pela BBC Light Programme.

31 de março
– Filmagem de um concerto ao vivo no *Scala Theatre*, em Charlotte Street, Londres, para o filme *A Hard Day's Night*. A banda dublou "Tell Me Why", "And I Love Her", "I Should Have Known Better" e "She Loves You". Phil Collins, então com 13 anos, era uma das 350 crianças pagas para participar como figurantes no filme.
– À noite, os rapazes gravaram uma apresentação para o *Saturday Club*, da BBC Light Programme, no qual tocaram "Everybody's Trying To Be My Baby", "I Call Your Name", "I Got A Woman", "You Can't Do That", "Can't Buy Me Love", "Sure To Fall (In Love With You)" e "Long Tall Sally".
– John fala sobre seu novo livro em entrevista a Brian Matthew, do programa *A Slice Of Life,* da BBC Home Service.

1º de abril
– Filmagens no Scala Theatre, em Charlotte Street, Londres.
– Depois de 17 anos, John reencontra seu pai, Freddie Lennon, nos escritórios da NEMS, em Londres. Ringo e George também estavam presentes à visita, que não durou mais de 20 minutos.
– Paul vai ao *Walton Hospital* visitar um parente.

2 de abril
– Filmagens no Scala Theatre, em Charlotte Street, Londres

3 de abril
– Filmagem no Twickenham Studios.
– Os Beatles participam do programa *Star Parade*, da emissora Tyne Trees Television, respondendo a perguntas dos espectadores.

4 de abril
– Na parada "Hot 100" da revista *Billboard* da semana de 4 de abril, os Beatles ocupam 12 posições, incluindo os cinco primeiros lugares – um feito sem precedentes. "Can't Buy Me Love" é a campeã, seguida por "Twist And Shout" (2), "She Loves You" (3), "I Want To Hold Your Hand" (4), "Please Please, Me" (5), "I Saw Her Standing There" (31), "From Me To You" (41), "Do You Want To Know A Secret" (46), "All My Loving" (58), "You Can't Do That" (65), "Roll Over Beethoven" (68) e "Thank You Girl" (79). Na semana seguinte, outros dois compactos entram na parada – "There's A Place" (74) e "Love Me Do" (81)
– A mais recente participação dos Beatles no *Saturday Club* é transmitida pela BBC Light Programme.
5 de abril
– Filmagem da cena da perseguição das fãs na estação de trem Marylebone Railway Station.
6 de abril
– Filmagem em Twickenham Studios.
7 de abril
– Filmagem em Twickenham Studios.
9 de abril
– Ringo filma a cena em que sozinho caminha na estradinha às margens do rio Tâmisa, em Kew.
– A participação dos Beatles no *Star Parade* é exibida pela Tyne Trees Television.
10 de abril
– Filmagem em Twickenham Studios.
– O álbum *The Beatles' Second Album* é lançado nos Estados Unidos pela Capitol (ST 2080).
Lado A: "Roll Over Beethoven", "Thank You Girl", "You Really Got A Hold On Me", "Devil In The Heart", "Money (That's What I Want)", "You Can't Do That".
Lado B: "Long Tall Sally", "I Call Your Name", "Please Mister Postman", "I'll Get You", "She Loves You".

12 de abril
– Filmagem na Marylebone Railway Station. Por ser domingo, a estação estava fechada ao público.
13 de abril
– Filmagem em Twickenham Studios.
14 de abril
– Filmagem em Twickenham Studios.
15 de abril
– Filmagens externas no Scala Theatre, em Charlotte Street, Londres.
– Paul é entrevistado por David Frost, apresentador do show *A Degree of Frost*, da BBC1 TV.

Paul: "Quando George Martin estava escrevendo a partitura de 'A Hard Day's Night' (para a trilha sonora instrumental do filme), perguntou, 'Que nota é esta, John?', e cantou, 'It's been a hard day's night and I've been work– ? É a sétima? Work – innnngggg?'.
'Não, não é nada disso', respondeu John.
'Então é workinnnggg?', perguntou Martin, cantando a sexta nota.
'Não', replicou John.
'Bem, acho que ela deve estar em algum lugar entre as duas!', disse Harrison.
'É isso aí, coloque exatamente isso no papel', completou John. Isso é o que eu adoro! Isso é o que torna fazer música interessante!".

16 de abril
– Filmagem da cena da perseguição policial em Notting Hill Gate.
– *Abbey Road*. Gravação da música tema do filme "A Hard Day's Night".
17 de abril
– Filmagem em Les Ambassadeurs Club.
– O quarteto é entrevistado por Ed Sullivan nos jardins do clube, durante um dos intervalos da filmagem.
– *A Hard Day's Night* é divulgado como o título do primeiro filme dos Beatles.
18 de abril
– A banda passa a manhã em Twickenham Studios.
– À tarde, participam de um ensaio para o especial de TV *Around The Beatles* da emissora Rediffusion, no The Hall Of Remembrance, em Flood Street, Chelsea.
– A participação dos Beatles no show *The Morecambe and Wise Show* vai ao ar pela emissora ATV (gravado em 2 de dezembro de 1963).
19 de abril
– IBC Studios, em Portland Place. Gravação das músicas que seriam dubladas no especial *Around The Beatles*: "Twist And Shout", "Roll Over Beethoven", "I Wanna Be Your Man", "Long Tall Sally", "Can't Buy Me Love" e um *pot-pourri* de grandes sucessos, incluindo: "Love Me Do", "Please Please Me", "From Me To You", "She Loves You", I Want To Hold Your Hand" e "Shout!".
– O apartamento de George e Ringo em Green Street, Knightsbridge, é assaltado.
20 de abril
– Paul filma uma cena solo na Jack Billings TV Dance School, em Notting Hill, que foi cortada na edição final do filme.
21 de abril
– Segundo dia da gravação de Paul na Jack Billings TV Dance School.
22 de abril
– Filmagens em locações externas: na casa de shows Hammersmith Odeon e nos bairros de Notting Hill e Shepherd's Bush.

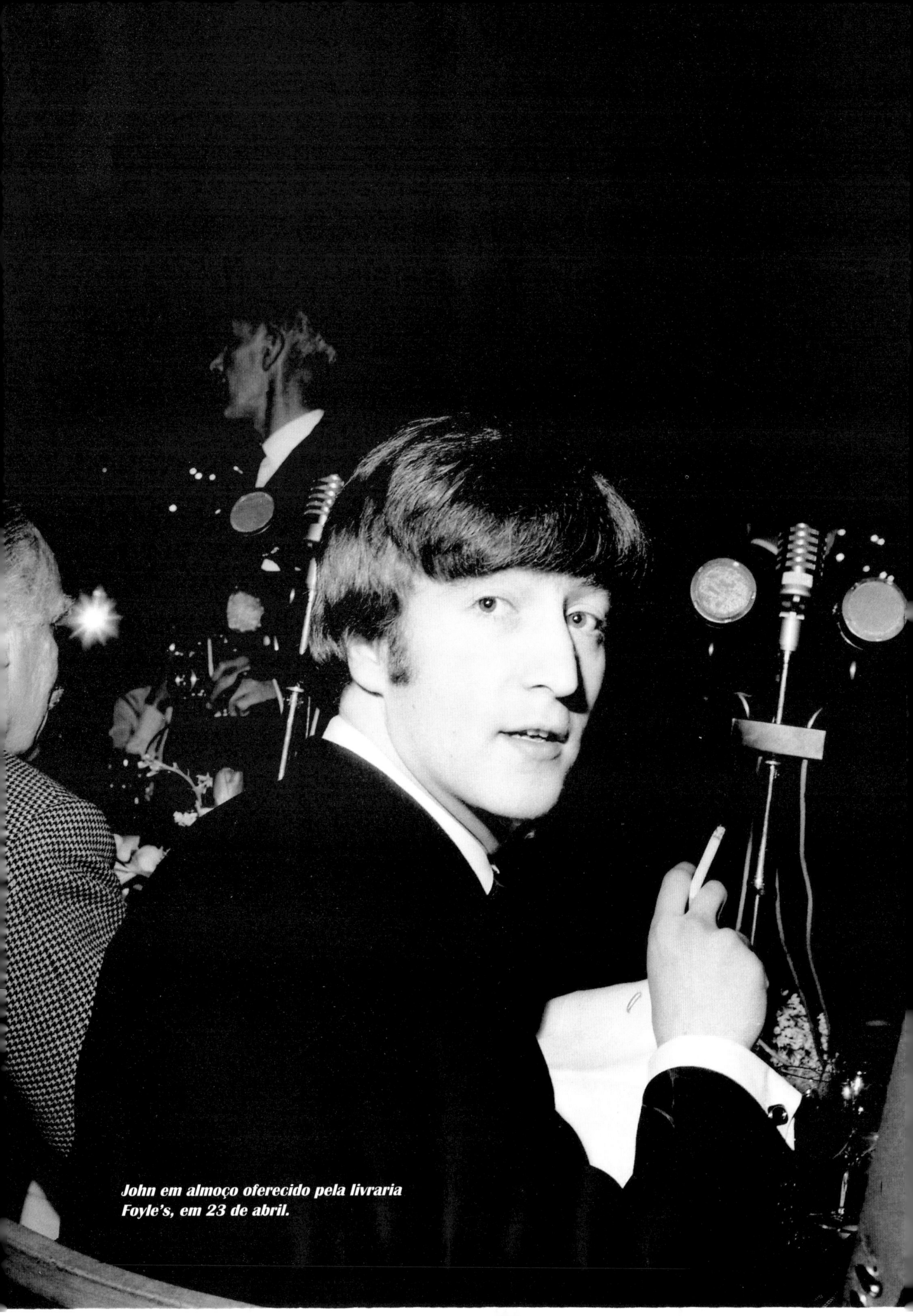

John em almoço oferecido pela livraria Foyle's, em 23 de abril.

Filmagem de um show para Hard Day's Night, *no palco do Scala Cinema.*

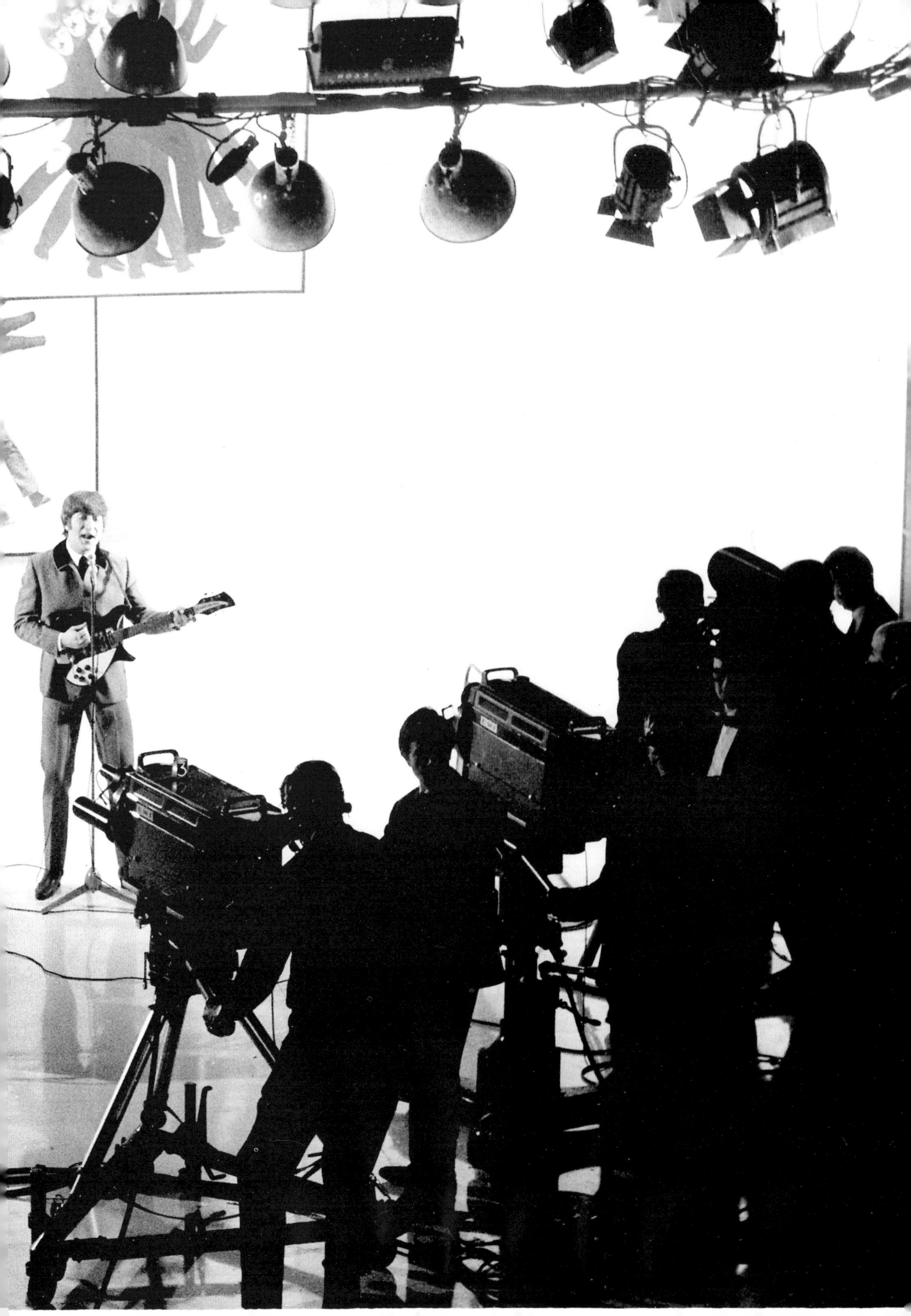

– Os Beatles participam de um um coquetel para a imprensa, organizado pelo alto comissário da Austrália, *sir* Eric Harrison, na Australia House. Mesmo sob a chuva, fãs aglomeram-se em torno do edifício e todos os 700 convidados do evento brigam por um autógrafo.

Paul: "Nossa! Então é assim que vai ser na Austrália?".

Os quatro rapazes são então levados para um gabinete particular onde havia um enorme mapa da Austrália inteiramente feito de maçãs. Ringo pega uma delas, come-a e diz ao embaixador, "Meu amigo, 'tá' boa demais!". Cada integrante da banda recebe uma cesta com duas garrafas de champanhe australiano e latas com frutas. "E a tão famosa cerveja australiana? Onde está?", pergunta John. *Sir* Eric fica cada vez mais e mais irritado com a atitude deles.

23 de abril

– Filmagem no parque de esportes Thornbury Playing Fields, em Isleworth, Middlesex.

– John só participa das filmagens pela manhã, para ir a um almoço em sua homenagem, oferecido pela renomada livraria Foyle's, no Dorchester Hotel. Osbert Lancaster foi o anfitrião do evento, cujos convidados incluíam: Arthur Askey, Harry Secombe, Millicent Martin, Joan Littlewood, Helen Shapiro, Marty Wilde, Yehudi Menuhin, Victor Silvester, Mary Quant e o cartunista Giles. Brian Epstein também estava presente, mas, curiosamente, nenhum dos outros Beatles compareceu à recepção. Christina Foyle ficou extremente frustrada quando o tão esperado discurso de John limitou-se às seguintes palavras: "Muito obrigado e que Deus os abençoe".

24 de abril

– A cena em que Ringo imita *sir* Walter Raleigh, colocando sua capa sobre uma poça para que uma senhorita não sujasse seus sapatos, é rodada em West Ealing. Como era o último dia das filmagens, os Beatles, toda a equipe e Murray the K, que viera visitá-los, foram ao pub Turk's Head, próximo ao estúdio, onde comes e bebes os esperavam em um salão reservado.

25 de abril

– O grupo participa dos ensaios para o especial *Around The Beatles*, realizado em The Hall of Remembrance, em Flood Street, Chelsea.

26 de abril

– Os Beatles são a atração principal do All Star Concert, o show de entrega dos prêmios da *New Musical Express*, 1963-64, realizado no Empire Pool, em Wembley. Dez mil fãs

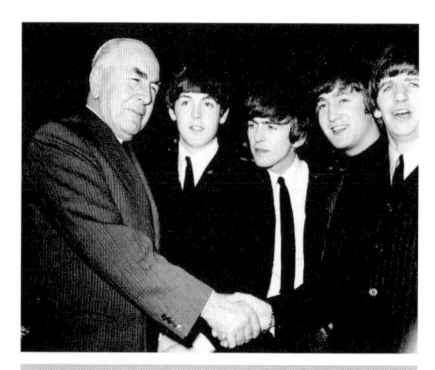

Acima: Com sir Eric Harrison, o alto-comissário da Austrália, em 22 de abril.
Abaixo: Filmagem da cena de Shakespeare para Around The Beatles, em 28 de abril.
No alto, à direita: Sessão de fotos no museu de cera Madame Tussauds com suas respectivas estátuas, em 29 de abril.

"**Nunca** houve uma recepção como aquela na Austrália House e espero que jamais haja outra. Acredito que vocês vão dizer que sou antiquado, mas aqueles fotógrafos se excederam, subiram nas cadeiras e, ao entramos em um gabinete, lá estavam eles enfiando suas câmeras pelas janelas e batendo nos vidros..."
Sir Eric Harrison

foram assistir à banda receber os prêmios das mãos do astro Roger Moore e cantar "She Loves You", "You Can't Do That", "Twist And Shout", "Long Tall Sally" e "Can't Buy Me Love".

27 de abril

– Os Beatles fazem o ensaio de figurino do especial *Around The Beatles*, para o público presente

nos estúdios da Rediffusion, em Wembley.
– O compacto *Love Me Do/P. S. I Love You* é lançado nos Estados Unidos pelo selo Tollie (9008).
– A música "A World Without Love", com Peter & Gordon, de autoria de Lennon & McCartney, é lançada em compacto nos Estados Unidos pela Capitol (5175).
– O compacto *Why/Cry For A Shadow* é lançado nos Estados Unidos pela MGM (K 13227)
Lado A: Tony Sheridan & The Beatles;
Lado B: The Beatles.
– O livro de John, *In His Own Write*, é publicado nos Estados Unidos.
– A NEMS Enterprises aumenta o capital social da empresa para 10 mil ações, no valor de 1 libra cada. Brian deu a cada um dos Beatles 250 ações.

28 de abril
– O especial *Around The Beatles* é gravado no estúdio da Reddifusion, em Wembley. Além das músicas já gravadas, o grupo representou a primeira cena do quinto ato da peça *Sonho de Uma Noite de Verão*, de William Shakespeare. John interpretou a jovem Tisbe; Paul, o jovem Píramo; George, *Moonshine*, e Ringo, o Leão. Paul, no futuro, daria o nome de Tisbe a seu gato.

29 de abril
– *ABC Cinema, em Edimburgo*. A banda passa a noite no Roman Camp Hotel, em Callander, Perthshire.
– Os Beatles dão uma entrevista para a rádio BBC da Escócia, que foi ar no programa *Scottish News*.

30 de abril
– À tarde, o grupo é entrevistado pela BBC TV da Escócia, para o noticiário *Six Ten*. Em seguida, vão para o Theatre Royal, em Glasgow, gravar uma entrevista para o programa *Roundabout*, da STV.
– À noite, fazem dois shows no *Odeon Cinema,* em Glasgow.

1º de maio
– Os Beatles vão de carro para o Paris Studio da BBC, em West End, Londres, para gravar a terceira edição do especial *From Us To You*, da BBC Light Programme, apresentado por Alan Freeman. A banda tocou: "I Saw Her Standing There", "Kansas City/Hey– Hey– Hey– Hey", "I Forgot To Remember To Forget", "You Can't Do That", "Sure To Fall (In Love With You)", "Can't Buy Me Love", "Matchbox" e "Honey Don't".

2 de maio
– John, Cynthia, George e Patti vão passar as férias em Honolulu, entretanto o assédio da imprensa é tamanho, que têm de pegar um voo para Papete, no Tahiti. "Por que já estão indo embora do Hawai?", perguntou um repórter a John, que imediatamente, retrucou,

"Por que não nos deixam em paz? **Você** gostaria de estar sempre com um microfone **na cara**, enquanto estivesse em férias?".

Então perguntaram a George, "Quanto tempo planeja ficar no Tahiti?", e ele respondeu, "Uma hora".
– Paul, Jane, Ringo e Maureen vão para St Thomas, nas Ilhas Virgens, usando nomes falsos: Paul era Mr. Manning; Jane, Miss Ashcroft; Ringo, Mr. Stone, e Maureen, Miss Cockroft. Partiram do Luton Airport, em Londres, rumo a Paris, onde pegaram outro voo para Lisboa, passando a noite no Ritz Hotel.
– Inauguração da exposição dos quadros de Stuart Sutcliffe, na Walker Art Gallery, em Liverpool.

3 de maio
– Paul, Jane, Ringo e Maureen partem de Lisboa rumo a Porto Rico e, de lá, finalmente, para as Ilhas Virgens – uma rota um tanto tortuosa, planejada para evitar a imprensa.
Em St Thomas, alugam um iate com tripulação: o capitão Bolyard e Peggy, sua esposa.

Paul: **O cenário das ilhas era fantástico. Realmente sentimos que estávamos em outro mundo. Lembro-me de ter pego o pequeno bote a remo para pescar com um arpão velho e desajeitado – suficientemente grande para apanhar baleias. Então saí do bote, mergulhei e comecei a procurar os peixes. Havia muitos peixinhos no fundo, quando, de repente, vi algumas barracudas. Tubarões em miniatura. Criaturas terríveis. Podemos perturbar outros peixes, mas não as barracudas, elas devem ser evitadas. Tentei afastá-las, mas não consegui. Então foi pernas pra que te quero – ou melhor, braços pra que te quero!!! Era impossível me ver no meio daquela agitação. Claro que não apanhei nada nessa viagem".**

Paul caminhou descalço pela praia e espinhos entraram em seus pés. Ficou tempo demais no sol e teve queimaduras terríveis. O grupo nadou e pegou grandes conchas (ainda com o caramujo). Desembarcaram na praia Little Dix Bay, em Virgin Gorda, nas Ilhas Virgens Britânicas, e passaram a noite dançando ao som de uma banda calypso. No hotel, assistiram ao filme *Uma Vez Por Semana*, com James Garner.

5 de maio
– A STV exibe a entrevista gravada com os Beatles em Glasgow.

6 de Maio
– O especial *Around The Beatles* vai ao ar pela Rediffusion TV.

8 de maio
– A música "One And One is Two", com The Strangers e Mike Shannon, composta por de Lennon & McCartney, é lançada em compacto no Reino Unido pela gravadora Phillips (BF 1335).

10 de maio
– A apresentação dos Beatles no All Star Concert, da *New Musical Express*, no Empire Pool, em Wembley foi exibida pela ABC Television como um especial chamado *Big Beat '64*.
11 de maio
– O compacto duplo *Four By The Beatles* foi lançado nos Estados Unidos pela Capitol (EAP 2121).
Lado A: "Roll Over Beethoven", "All My Loving";
Lado B: "This Boy", "Please Mister Postman".
18 de maio
– A entrevista de Paul no programa *A Degree Of Frost* é exibida pela BBC1.
– A terceira edição do especial *From Us To You* é transmitida pela BBC Light Programme.

Paul e Jane Asher a bordo do iate Happy Days, perto das Ilhas Virgens.

Paul: "Aquele lugar tinha uma atmosfera especial que me inspirava a compor à noite. Algumas das canções que escrevi foram gravadas quando voltamos: 'The Things We Said Today', 'Always and Only' e 'It's For You'... À noite, a lua iluminava tudo ao redor. Podia-se olhar o mar e, realmente, ver o fundo. O ar era fresco, tudo era claro e límpido. **Fabuloso! Só conseguia pensar em colocar as ideias no papel para usar como material para minhas músicas. Que maravilha aquela paisagem tropical!** Pouco depois, decidi comprar uma guitarra barata para me manter em forma. Mas não a levei quando fui embora; dei-a a Peggy, como uma pequena recordação. Daria muito trabalho carregá-la comigo durante todo o caminho de volta para minha querida Inglaterra".

21 de maio
– O compacto *Sie Liebt Dich/Komm, Gib Mir Deine Hand* é lançado nos Estados Unidos pela gravadora Swan (4182).
24 de maio
– A entrevista dos Beatles com Ed Sullivan e cenas do grupo dublando "You Can't Do That", para o filme *A Hard Day's Night*, são televisionados. Entretanto, o vídeo não é incluído na edição final do filme.
26 de maio
– Após as férias, John e George voltam a Liverpool.
27 de maio
– John e George comparecem à festa de aniversário de Cilla Black, oferecida por Brian Epstein em seu apartamento em Londres. Em seguida, vão ao London Palladium assistir a um show da aniversariante.
– Paul, Jane, Ringo e Maureen voltam de férias.
29 de maio
– Paul assiste a uma sessão de gravação de Billy J. Kramer, pois queria vê-lo trabalhar na canção "From A Window".
– O compacto *Ain't She Sweet/If You Love Me Baby* foi lançado no Reino Unido pela Polydor (NH 52-317).
Lado A: The Beatles;
Lado B: Tony Sheridan & The Beatles.
– A música "Nobody I Know", de Peter & Gordon, composta por Paul McCartney, é lançada no Reino Unido pela Columbia (DB 7292).
30 de maio
– Os Beatles participam de uma entrevista coletiva sobre sua turnê mundial nos escritórios da NEMS, em Londres, organizada pelo novo assessor de imprensa da banda, Derek Taylor.
31 de maio
– *Prince of Wales Theatre*, em Londres. Duas apresentaçoes do show *Pop's Alive*, produzido por Brian Epstein, com os Beatles, Kenny Lynch, Cliff Bennett & The Rebel Rousers, The Vernons Girls, The Lorne Gibson Trio, The Chants e The Harlems. O rapazes de Liverpool tocaram "Can't Buy Me Love", "All My Loving", "This Boy", "Roll Over Beethoven", "Till There Was You", "Twist And Shout" e "Long Tall Sally".
Antes do show, Ringo recebeu a bateria Ludwig que comprara na loja *Drum City* e custara 350 libras.
Junho
– Pouco antes de sair em turnê, Paul compra um Aston Martin DB5 azul metálico.
1º de junho
– *Abbey Road*. Os Beatles ensaiam três canções para o álbum *A Hard Day's Night*: "Matchbox", "I'll

Cry Instead" e "Slow Down". Carl Perkins, o compositor de "Matchbox", estava no estúdio. Seu trabalho tivera tamanha influência sobre George Harrison que este adotara o pseudônimo Carl Harrison durante a turnê de Johnny Gentle.
– O compacto *Sweet Georgia Brown/Take Out Some Insurance On Me Baby*, de Tony Sheridan & The Beatles foi lançado nos Estados Unidos pela gravadora Atco (6302).
2 de junho
– *Abbey Road*. Gravação das músicas "Any Time At All", de John, e "Things We Said Today", de Paul.
– No estúdio, o grupo dá uma entrevista a Bob Rogers da emissora de TV australiana ATN7.
– Paul e Jane assistem ao show de Cilla Black, no *London Palladium*.
3 de junho
– Pela manhã, Ringo passa mal durante a sessão de fotos em Barnes para a revista americana *The Saturday Evening Post* e é levado ao University College Hospital, onde é diagnosticado com amigdalite aguda e faringite, necessitando de repouso total.
– À noite, cada um dos Beatles preparou uma fita demo para divulgação de seus trabalhos solo: George gravou "You'll Know What To Do" (que não foi lançada), Paul, "It's For You", para Cilla Black e John, "No

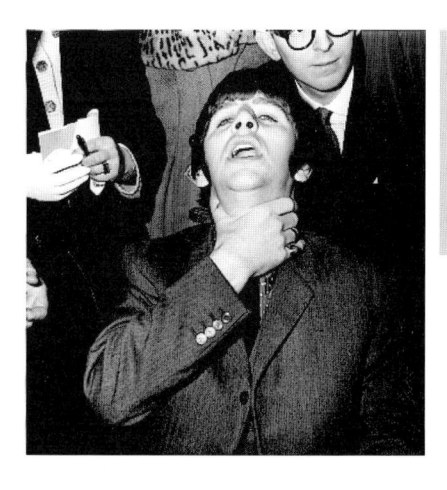

Abaixo, à esquerda: A caminho de Copenhagen, com Jimmy Nicol, substituto temporário de Ringo. À esquerda: Ringo mostra por que não pôde acompanhar os Beatles em sua turnê.

Reply", que deu à Tommy Quickly, antes que os Beatles a usassem.
4 de junho
– "Big" Bill Corbett, o chofer da banda, leva John, Paul, George e Jimmy Nicol no Austin Princess ao Heathrow Airport para embarcarem para a Dinamarca. Os quatro foram imediatamente levados a bordo antes dos outros passageiros e deram autógrafos para o comandante e sua equipe. Mais de 6 mil fãs os esperavam no aeroporto de Copenhagen, sendo que a maior parte dos gritos vinha de garotos e não de meninas. Quando os Beatles chegaram ao Royal Hotel, os fãs tentaram invadi-lo, e a multidão de 10 mil pessoas paralisou o centro de Copenhagen. A aglomeração foi controlada pela polícia dinamarquesa com a ajuda de fuzileiros da guarda britânica.
Por causa de Jimmy Nicol, o substituto de Ringo, a banda precisava ensaiar o repertório do show, e Mal Evans descobriu uma nova forma de fazê-los lembrar a ordem das músicas: grudou a lista com fita adesiva em suas guitarras.
Antes das duas apresentações que fariam na casa de shows KB Hallen, receberam a visita do embaixador britânico. Quatro mil e quatrocentos fãs lotaram cada um dos shows. No primeiro, a banda tocou: "I Want To Hold Your Hand", "I Saw Her Standing There", "You Can't Do That", "All My Loving", "She Loves You", "Till There Was You", "Roll Over Beethoven', "Can't Buy Me Love", This Boy" e "Long Tall Sally'. A ordem das duas primeiras músicas foi alterada no segundo show e permaneceu assim até o final da turnê. "I Wanna Be Your Man", de Ringo, não foi incluída

Jimmy Nicol

Como os Beatles estavam prestes a sair em turnê, precisavam encontrar um substituto para Ringo imediatamente. George Martin sugeriu o nome de Jimmy Nicol que, de uma hora para outra, se tornou um membro temporário da mais famosa banda do mundo. Os Beatles cancelaram uma sessão de gravação em Abbey Road, a fim de usarem o estúdio para ensaiar com Jimmy Nicol.

Jimmy: "Eu estava tirando uma soneca depois do almoço quando o telefone tocou. Era da EMI. Eles queriam saber se eu podia ir ao estúdio ensaiar com os Beatles. Duas horas depois de ter chegado a Abbey Road, me falaram para fazer as malas, pois estávamos partindo para a Dinamarca".

John: "Quando chegamos a uma cidade, **nós a conquistamos**, não perdermos tempo. Há fotos minhas me *arrastando* em Amsterdã, *ajoelhado*, saindo de casas de prostituição, e as pessoas me cumprimentando, 'Bom dia, John...'. A polícia me escoltava nesses lugares, pois não queriam nenhum **grande escândalo**".

no repertório. Houve um grande tumulto ao final do segundo show e um vaso de flores foi jogado no apresentador, quando este anunciou que a banda não voltaria ao palco.
– Quando retornaram ao Royal Hotel, os Beatles comeram *smorrebroadsseddel*, um sanduíche com diversos tipos de recheio, e Paul enviou a Ringo um telegrama:

"Não pensamos que fôssemos sentir tanto sua falta. Fique bom logo".

5 de junho
– A banda chega ao Schiphol Airport, em Amsterdã, às 13h, e foram presenteados com ramalhetes de flores e os tradicionais chapéus holandeses. Após a costumeira coletiva de imprensa, foram para Hillegom, uma cidade a aproximadamente 42 quilômetros de Amsterdã, para ensaiar e gravar um programa para a VARA TV, no Café-Restaurant Treslong. Dublaram "Twist And Shout", "All My Loving", "Roll Over Beethoven", "Long Tall Sally", "She Loves You" e "Can't Buy Me Love", mas, antes que pudessem terminar o último número, foram atacados por fãs, em sua maioria garotos. Mal Evans, Derek Taylor e Neil Aspinall fizeram todo o possível para tirar os Beatles de lá, mas, por fim, Neil fez um sinal para que o grupo saísse do local. John, Paul e George correram para um lugar seguro e abandonaram Jimmy Nicol, que continuou sozinho tocando a música.

Abaixo: George, Paul e John no aeroporto em Sidney.

Após o show daquela noite, passearam pelo Walletjes, o bairro da luz vermelha, em Amsterdã.
– A canção "Like Dreamers Do", da banda The Applejacks, composição de Lennon e McCartney, é lançada em compacto no Reino Unido pela Decca (F11916).

6 de junho
– Em virtude da grande publicidade que cercou o passeio dos Beatles pelos canais de Amsterdã em um barco de turismo envidraçado, alguns fãs jogaram-se no canal e a polícia teve de intervir, chegando a usar de violência para tirá-los da água. Quinze mil policiais, inclusive os que estavam de licença, foram recrutados para cuidar da segurança da excursão da banda, assistida por 50 mil fãs.
– Os Beatles apresentam-se no Exhibition Hall, em Blokker, distante 58 quilômetros de Amsterdã, para onde viajaram até o teatro em dois Cadillacs brancos, acompanhados por batedores em motocicletas,

A chegada dos Beatles a Sidney

Em 11 de junho, os Beatles pegaram um voo para Sidney, que parou para reabastecimento no aeroporto de Darwin, às 2h35, onde 400 fãs esperavam para, pelo menos, darem uma olhadela no grupo. Os rapazes passaram pela alfândega e (pela) imigração e encontraram-se com a imprensa, e, John, com seu sarcarmo natural, ironizou o sotaque dos jornalistas. Chovia torrencialmente e estava muito frio no Mascot International Airport, em Sidney, mesmo assim, 2 mil fãs os esperavam para desejar umas "úmidas" boas-vindas. Os Beatles foram levados na carroceria aberta de um caminhão de leite para que a multidão pudesse vê-los, e, ao chegarem ao Sheridan Hotel, em Potty Point, estavam encharcados. No caminho para o hotel, uma mulher totalmente molhada atirou seu filho de 6 anos, que sofria de retardo mental, dentro da carroceria do caminhão, dizendo, "Agarre-o, Paul!". Paul, tentando se equilibrar enquanto o caminhão chacoalhava, conseguiu segurar a criança apavorada, "Que Deus o abençoe!", berrou a mãe. "Ele é adorável! Maravilhoso!", gritou Paul, "Agora pode pegá-lo." A mulher correu atrás do caminhão, até que o motorista a viu e diminuiu a velocidade. Ela tomou o filho nos braços, beijou-o e, chorando, disse, "Ele está melhor! Ele está melhor!".
Quando os Beatles registraram-se no hotel, a bagagem ainda não havia chegado do aeroporto, mas Paul e John tinham consigo algumas roupas secas. George foi até a varanda do quarto acenar para os fãs, apenas com uma toalha de banho amarrada ao redor da cintura.
Após terem se enxugado e se aquecido, foram diretamente para uma série de entrevistas, coletivas de imprensa, sessões de fotos e reuniões com representantes do governo local.
A emissora Adelaide Television transmitiu a entrevista dos Beatles com o astro do entretenimento Ernie Sigley, em Sidney.

que curiosamente tinham um *sidecar* (um acoplamento lateral para mais um passageiro). Entre os dois shows da noite, conseguiram descansar um pouco em seu camarim, mas, sem querer, magoaram o hospitaleiro povo de Blokker. A banda era esperada para uma recepção em um restaurante local, que fora organizada pelo governo da cidade, e para uma visita a um tradicional vilarejo holandês. Ninguém os havia informado sobre a programação e, enquanto todos os esperavam, os rapazes dormiam tranquilamente em seu camarim.

Os fãs ficaram particularmente exaltados, sobretudo porque a maioria era composta de rapazes.

Paul: "Chegamos a pensar que eles perderiam o controle, mas ninguém causou nenhum problema".

7 de junho
– O voo da BEA de Londres para Hong Kong, com saída prevista do Heathrow Airport, às 10h15, sofre um atraso de uma hora, para que os Beatles tivessem tempo de fazer a conexão do voo vindo de Amsterdã, o que causou reações da imprensa britânica. O avião parou para reabastecer em Zurich, Beirute, Karachi, Calcutá e Bangkok. Em Beirute, a polícia jogou espuma contra incêndio nas centenas de fãs que invadiram a pista de pouso. Em Karachi, Paul tentou comprar alguns *souvenirs* no aeroporto, mas, apesar de serem 2h, fãs enlouquecidas apareceram do nada e ele teve de voltar para o avião. No terminal em Calcutá, o quarteto conseguiu tomar tranquilamente uma xícara de chá, às 6h. Entretanto, em Bangkok, aproximadamente mil fãs, a maioria vestindo uniformes escolares, invadiram o aeroporto gritando, "Beatles, venham aqui!". Eles desceram a rampa do avião para dar autógrafos e serem beijados pelas fãs. De volta ao avião, John e Paul tiveram uma guerra de travesseiros que foi filmada por Mayo Hunter, câmera da Australian TV e exibida no programa *The Seven Network*.

8 de junho
– Os Beatles chegam ao Kai Tak Airport, em Hong Kong, e são imediatamente levados ao 15º andar do President Hotel, em Kowloon, sem passar pelas formalidades da imigração e da alfândega. Paul e Neil encomendam alguns dos famosos ternos de Hong Kong feitos em 24 horas. À noite, os Beatles deveriam comparecer à eleição da Miss Hong Kong, que aconteceria no hotel, mas estavam exaustos por causa da viagem e do fuso horário. Quando eles disseram que não iriam comparecer, tantas pessoas começaram a chorar que John fez uma rápida aparição no Convention Hall, onde cumprimentou as concorrentes e as elogiou pela beleza asiática.

Acima: Ringo e Brian Epstein partindo de Londres rumo à Austrália.

A recepção em Adelaide

Os Beatles foram de Sidney para Adelaide em um avião fretado da Ansett ANA, chegando ao seu destino às 11h57. De acordo com as estimativas da polícia, 200 mil pessoas os esperaram ao longo dos 16 quilômetros entre o aeroporto e o centro da cidade para vê-los passar em seus carros. Pelo menos 30 mil fãs bloquearam a área ao redor da prefeitura, onde a banda encontrou-se com o prefeito Irwin e com os vereadores e seus familiares, que os presentearam com dois coalas de pelúcia. "Por onde passarmos, em qualquer lugar do mundo, nunca esqueceremos como fomos recebidos em Adelaide", disse John. Onde quer que estivessem, lá estava o DJ Bob Francis da rádio 5DN, de Adelaide, a entrevistá-los, até mesmo na varanda da prefeitura. Ele reservou uma suíte ao lado da dos Beatles no Southern Australia Hotel, na qual instalou uma linha exclusiva para transmitir boletins sobre a banda a seus ouvintes de hora em hora.

George: "O melhor voo que me lembro de ter feito foi para Hong Kong. Levou muitas horas e a tripulação dizia, 'Retornem aos seus assentos. Estamos chegando a Hong Kong'. E eu pensava, 'Não é possível'. Tínhamos ficado sentados no chão, tomando Preludin por umas 30 horas, portanto parecia que havíamos entrado no avião há apenas dez minutos. Em todas as viagens tomávamos estimulantes, pois era o que nos mantinha em pé. Bebíamos uísque com Coca-Cola com qualquer um que aparecesse, mesmo que fosse o próprio demônio e, ainda por cima, o elogiávamos".

9 de junho
– *Princess Theatre*, em Kowloon, Hong Kong. Com The Maori Hi-Five. Os Beatles fizeram dois shows, mas, como o promotor de eventos chinês cobrou preços exorbitantes pelos ingressos, a plateia não estava lotada, e muitos dos milhares de fãs que os receberam no aeroporto não puderam assisti-los, pois um ingresso custava o equivalente ao salário de uma semana. Com receio de que pudesse ser muito perigoso, a banda não fez nenhum passeio turístico.

11 de junho
– Ringo recebe alta do University College Hospital, em Londres.

12 de junho
– Ringo e Brian Epstein pegam um voo de Londres para a Austrália, com escalas em São Francisco, Honolulu e Fiji. Como o Beatle esquecera o passaporte, houve um atraso na partida, mas ele acabou embarcando mesmo sem seu documento. Ringo subiu as escadas do avião ao lado da atriz Vivien Leigh e Brian a apresentou a ele, mas o baterista não tinha a mínima ideia de quem era ela. Finalmente, seu passaporte foi levado ao aeroporto e enviado em outro voo para ser-lhe entregue durante a escala em São Francisco.
– *Centennial Hall*, em Adelaide. Dois shows com Sounds Incorporated, Johnny Devlin, Johnny Chester e The Phantoms, apresentado por Alan Field. Mais de 50 mil pessoas reservaram ingressos para os quatro shows na casa de espetáculos com lotação de 3 mil lugares. O repertório foi o mesmo da Dinamarca e da Holanda: "I Saw Her Standing There", "I Want To Hold Your Hand", "You Can't Do That", "All My Loving", "She Loves You", "Till There Was You", "Roll Over Beethoven", "Can't Buy Me Love", "This Boy" e "Long Tall Sally".
Nessa noite, os Beatles deram uma festa particular em sua suíte, ignorando o grande evento que a sociedade australiana organizara em sua homenagem, em Adelaide Hills.

13 de junho
– À tarde, Ringo chega a São Francisco e participa de uma coletiva de imprensa, enquanto muda de voo. A entrevista transformou-se em um verdadeiro caos, pois os jornalistas se engalfinhavam para conseguir autógrafos, e Ringo foi levado às pressas para o voo da Quantas com destino a Sidney. Quatro mil fãs estavam acampados perto do South Australia Hotel, em Adelaide, quando os Beatles acordaram pouco depois do meio-dia. Antes do show, o quarteto teve um breve

No canto superior esquerdo da foto, pode-se ver três Beatles acenando para a multidão, Melbourne.

encontro com os organizadores de seu fã-clube.
– *Centennial Hall*, em Adelaide. Dois shows da banda.
– Os Beatles fazem uma festa íntima em sua suíte.

14 de junho
– Ringo chega a Sidney, recepcionado, como de costume, pela gritaria dos fãs enlouquecidos e pelo alvoroço dos repórteres. Durante a inevitável entrevista coletiva, Ringo falou sobre seus anéis e seu *drinque* favorito, "Agora bebo uísque americano em vez de escocês", e disse: **"Ouvi dizer que aqui há uma ponte ou algo do gênero. Ninguém nunca me diz nada, apenas batem à porta e me arrancam da cama para ver rios, esse tipo de coisas. Até agora estou adorando. Vocês também não gostariam de sair do avião e se deparar com tudo isso?"**. Perguntaram-lhe se ele já havia cortado o cabelo, **"Claro, caso contrário ele iria até os calcanhares"**, respondeu, sem muitas palavras.

Depois de ficarem 90 minutos em Sidney, Ringo e Brian pegaram um voo para Melbourne, onde a multidão se aglomerava, esperando os outros Beatles, que chegariam cinco horas depois. Quando Brian e Ringo chegaram ao Southern Cross Hotel, 3 mil fãs aguardavam do lado de fora. O inspetor de polícia Mike Patterson decidiu enfrentar o tumulto, colocou Ringo em seus ombros e abriu caminho pelo povo. Infelizmente, ele tropeçou e Ringo voou para os braços das fãs ansiosas. Patterson, rapidamente, conseguiu puxá-lo e levá-lo para dentro do hotel. Ringo estava branco como cera, **"Uma bebida, por favor. Essa foi a mais conturbada viagem da minha vida".** Em seguida, foi diretamente para seu quarto e se deitou.

Os outros Beatles saíram do hotel às 12h15 e voaram de Adelaide para Melbourne em seu jato fretado da Ansett ANA. Chegaram ao Essendom Airport, onde 5 mil fãs histéricos queriam dar-lhes boas-vindas. A multidão em torno do hotel era tamanha que, quando as barreiras de aço foram destruídas e o número de acidentados, por causa do tumulto, começou a aumentar, unidades do Exército e da Marinha foram chamadas para oferecer reforço. Havia 20 mil pessoas ao longo da rota do aeroporto até o hotel, cuja maioria acompanhou-os até seu destino, que estava cercado pela polícia e pelas Forças Armadas. Protegidos por uma escolta de 12 batedores em motocicletas, o grupo chegou ao hotel às 16h e foi levado diretamente à garagem, enquanto um carro de polícia, com as sirenes ligadas, aproximava-se da porta de entrada, para desviar a atenção dos fãs. Em frente ao hotel, houve um conflito entre os 300 policiais e 100 militares e a multidão: carros foram amassados, algumas pessoas tiveram ossos quebrados, outras caíram de árvores e 150 garotas desmaiaram. Cinquenta pessoas, em sua maioria adultos, foram levadas ao hospital com ferimentos graves. Muitas garotas tiveram suas malhas rasgadas e outras perderam os sapatos.

– Para acalmar a multidão, foi pedido aos Beatles que aparecessem para os fãs, e os cinco (incluindo o baterista substituto) foram até a sacada do primeiro andar. O barulho era tanto que lembrava os comícios de Hitler em Nuremberg, e John, sem pestanejar, fez a saudação nazista, gritou "Sieg Heil", e colocou o dedo sobre o lábio imitando um bigode.

– Quando os cinco conseguiram se reunir calmamente, houve uma entrevista coletiva, após a qual Jimmy Nicol foi dispensado.

Jimmy: **"Os garotos foram muito legais, mas mesmo assim me senti um intruso. Eles me aceitaram, mas você simplesmente não consegue 'entrar' e fazer parte de um grupo como esse – eles têm um jeito próprio, um senso de humor próprio. São uma gangue da qual você não consegue fazer parte".** Para comemorar seu reencontro, os Beatles convidaram garotas da cidade para uma festa que terminou às 4h, a qual Jimmy Nicol não compareceu.

15 de junho

– Jimmy Nicol saiu do hotel dos Beatles, em Melbourne, em Bourke Street, às 8h, acompanhado por Brian Epstein, que o levou até o aeroporto, **"após 12 dias com o mundo a seus pés".** Jimmy não se despediu dos Beatles, que estavam dormindo após a farra da noite anterior. Jimmy: **"Não achei que devia incomodá-los".** No aeroporto, Brian pagou-lhe o cachê combinado de 500 libras e deu-lhe um relógio de ouro, com a inscrição, "Para Jimmy, com apreço e gratidão – Brian Epstein e os Beatles".

A EMI ofereceu uma recepção para o grupo no Epsilon Room do hotel. John ficou furioso com os executivos da EMI, ao descobrir que uma nova capa havia sido feita para o lançamento do álbum *With The Beatles* na Austrália. De acordo com as regras do sindicato australiano, a capa do álbum deveria ser fotografada novamente e a arte-final refeita. A capa perderia tantos detalhes caso isso acontecesse que decidiram criar uma diferente. John não estava nem um pouco a fim de ouvir a complicada explicação.

– *Festival Hall, em Melbourne.* Os Beatles fazem dois shows nessa noite. Depois, comparecem a uma festa íntima oferecida pela sociedade de Melbourne, em Toorak, bairro nobre da cidade.

– A canção "Nobody I Know", de Peter & Gordon, de autoria de Paul McCartney, é lançada em compacto nos Estados Unidos pela Capitol (5211).

– A apresentação dos Beatles de 12 de junho é transmitida pela rádio 5DN, com o nome *Beatles Show*.

16 de junho

– Os Beatles comparecem a uma recepção oferecida na prefeitura de Melbourne. A polícia bloqueou várias ruas ao redor do prédio, pois 15 mil pessoas faltaram às aulas só para ver os Beatles na varanda do prédio da prefeitura. Eles chegaram atrasados ao evento porque o carro que os levava teve de diminuir a marcha, em virtude da calorosa recepção dos fãs. O prefeito Leo Curtis, ingenuamente, deu ingressos a qualquer fã que se inscrevesse para o evento, e a festa, programada para 150 pessoas, acabou contando com a presença de 350. Pediram que Ringo discursasse e ele acabou fazendo um de seus clássicos comentários:

"Essa recepção poderia ter começado mais cedo, assim eu nem teria ido para a cama".

Eram 13h30 e o prefeito, então, pediu autógrafos, o que causou um tumulto, quando fãs e membros do governo acotovelaram-se para poder tocar os Beatles. Ringo exigiu que a banda fosse retirada imediatamente do local e o prefeito levou-os aos aposentos de sua esposa, no segundo andar.

Longe da histeria, os Beatles relaxaram e sentaram-se para ouvir um universitário tocar o *didgeridoo*, e reuniram-se ao redor do piano com a família Curtis para um sarau, com Paul ao piano. Ficaram meia hora além do planejado, e mais tarde Brian Epstein descreveu o evento como: **"o mais alegre e informal momento da banda desde o início da turnê"**. Entretanto, a imprensa achou que a banda havia fugido da recepção e escreveram as seguintes manchetes:

"Beatles partem de repente! Irritados com a grosseira dos convidados".
– *Festival Hall, em Melbourne.* Dois shows da banda.

17 de junho
– George passa a tarde dirigindo um carro esportivo MG (Morris Garages), em Dandenong Mountains, com Lloyd Ravenscroft, o organizador da turnê. Enquanto isso, um cabeleireiro vai ao hotel para cortar o cabelo de John, Paul e Ringo.
– *Festival Hall, em Melbourne.* A banda faz duas apresentações, sendo que a segunda é gravada pela emissora Channel Nine, para o show de TV *The Beatles Sing For Shell* (a empresa de combustíveis).

18 de junho
– Os Beatles pegam um voo para Sidney às 11h40, onde 1.200 fãs, um grupo relativamente pequeno, os aguardavam, sob a vigilância de 300 policiais. A banda foi rapidamente levada para sua suíte no Chevron Hotel, antes da tradicional entrevista coletiva, na qual Ringo fez alguns bons comentários:
Repórter: "Sou de Perth, na Austrália Ocidental".
Ringo: "Você está se gabando ou reclamando?".
O mesmo repórter: "Voei 3.200 quilômetros para gravar esta entrevista".

Ringo: "Nossa, seus braços devem estar cansados".
– *Sidney Stadium, em Sidney, NSW.* O hábito de jogar balinhas jujubas na banda durante os shows, resultado de um comentário impensado de George, no qual afirmara que gostava de jujubas, ficou fora de controle na Austrália.
George: **"Não importa onde estejamos – Estados Unidos, Europa e agora Austrália, essa história estúpida sempre nos acompanha. Por isso, as pessoas ficam jogando jujubas em nós até ficarmos totalmente irritados"**.
Paul interrompeu o show duas vezes, pedindo ao público,

"Por favor, não joguem essas balinhas em nós. Elas entram em nossos olhos".

A plateia respondia com gritos e outra saraivada de jujubas. Paul deu de ombros e disse, **"Bem, de qualquer forma, eu pedi para vocês"**. Depois do show, a banda fez o seguinte comentário à imprensa:
Paul: **"Eu fiquei pedindo para que não jogassem aquelas porcarias em nós, mas parece que eles não conseguem entender que não gostamos de servir de alvo de jujubas vindas de todas as direções como balas de revólver. Como podemos nos concentrar em nosso trabalho no palco se somos obrigados a ficar o tempo todo desviando de balinhas, bandeirolas, serpentinas e outras coisas mais que jogam em cima da gente?"**.
John: **"É ridículo. Eles chegam a jogar miniaturas de coalas e presentes embrulhados, enquanto estamos rodando no palco giratório. É impossível não ser acertado por eles"**.
Ringo: **"É, vocês ainda podem pular para o lado e não serem atingidos, mas eu estou sentado na bateria e não tenho para onde

ir, então, parece que tudo cai em cima de mim"**.
Apesar de tudo, os Beatles gostaram da plateia.

George: "Não conseguimos nos ouvir cantando, então como eles conseguem nos ouvir? Eles nunca param de gritar. São fantásticos!".

No aniversário de 22 anos de Paul, as principais convidadas foram 17 belas garotas ganhadoras do concurso do jornal *Daily Mirror*, "Por que eu gostaria de ser convidada para a festa de aniversário de um Beatle". Às 3h, Ringo bebera tanto que desmaiou, mas, como havia seguranças na festa, não houve nenhum incidente desagradável.

19 de junho
– *Sidney Stadium, em Sidney, NSW.*
– O compacto duplo *Long Tall Sally* é lançado no Reino Unido pela Parlophone (GEP 8913).
Lado A: "Long Tall Sally", "I Call Your Name";
Lado B: "Slow Down", "Match Box".

20 de junho
– *Sidney Stadium, em Sidney, NSW.*
– Um dos espectadores joga um ovo no palco, acertando o pé de John, que caminha na direção de onde este viera e berra, **"Vocês pensam que eu sou uma salada?"**. Ninguém mais atira nenhum ovo no palco.
– Os Beatles gravam uma entrevista por telefone com Colin Hamilton, que iria ao ar no programa *Roundabout* da BBC Light Programme.

21 de junho
– Enquanto estavam fazendo as malas para ir embora, ouviram uma batida na janela da suíte 801. Era Peter Roberts, um rapaz de 20 anos, vindo de Netherton, em Liverpool, que subira pelas calhas do hotel, na total escuridão, para cumprimentar a banda.

John: "Tinha certeza de onde ele vinha, antes mesmo de abrir a boca, pois ninguém mais de qualquer outro lugar no mundo subiria oito andares pela calha...
Ofereci a ele um drinque, pois achava que merecia e, depois, apresentei-o aos outros".
– A partida dos Beatles atrai uma multidão recorde de 10 mil fãs ao aeroporto. Eles voaram 2.400 quilômetros até Auckland, na Nova Zelândia. Sete mil fãs histéricos os esperavam no aeroporto, onde receberam o tradicional "beijo de nariz" de boas-vindas das sorridentes Maoris vestidas em trajes típicos.
John: "Se minha mulher souber disso, ela me mata!".
Outros três mil fãs os acompanharam durante o caminho até o Hotel St George, onde entraram, às escondidas, pela loja de bebidas, para evitar a multidão de fãs.
22 de junho
– *Town Hall, em Wellington, Ilha do Norte, Nova Zelândia.* O equipamento de som é tão precário que ao sair do palco John esbraveja, "Mas, que raios está acontecendo aqui?". O operador de som nunca antes tivera de aumentar o volume das caixas, e estava com receio de fazê-lo; e, apesar de no segundo show o volume estar mais alto, a qualidade do som ainda deixava a desejar. Paul: "Já havíamos usado microfones ainda piores que esses, principalmente no começo de nossa carreira. Esperávamos que aqui as coisas fossem melhores".
Ringo já estava suficientemente bem para cantar "Boys" e incluí-la no repertório.
Após o show, Mal Evans teve de sair do carro e usar de força para abrir caminho até o hotel, pois a polícia local achara que dois homens seriam suficientes para controlar 5 mil fãs. O chefe de polícia de Auckland, o superintendente Quinn, recusou-se a organizar uma escolta policial para acompanhar o quarteto entre o hotel e o teatro, alegando, "Nós providenciamos escoltas policiais apenas para membros da realeza e visitantes importantes". Essa atitude arrogante das autoridades causou problemas durante toda a turnê na Nova Zelândia.
23 de junho
– *Town Hall, em Wellington, Ilha do Norte, Nova Zelândia.*
John: "Nossas turnês eram como o *Satyricon* de Fellini. Quero dizer, tínhamos aquela imagem na cabeça, mas nossas turnês eram uma loucura. Se você pudesse participar de uma delas, você estaria, por exemplo... na Austrália, e por aí afora. Pense em quatro músicos fazendo parte do *Satyricon*. Onde quer que fôssemos, sempre havia escândalos. Ficávamos hospedados em quatro quartos separados... e tentávamos ficar longe da balbúrdia. Os quartos de Derek e Neil estavam sempre cheios sabe deus do quê, e de policiais e de tudo o mais... naquela época, elas não eram chamadas de tietes, elas tinham um outro nome qualquer. Se não conseguíssemos tietes, arrumávamos prostitutas ou qualquer coisa que estivesse à mão".
24 de junho
– *Town Hall, em Auckland, Ilha do Norte, Nova Zelândia.*
A presença dos Beatles não é bem-vinda pelo arrogante *establishment* de Auckland, tanto que o inspetor de polícia, ignorando a vontade da população, a qual era pago para servir, cumprimenta os organizadores da turnê, dizendo, "Nós não os queríamos aqui, e não sei por que vocês os trouxeram". Como poucos policiais estavam em serviço, o Cadillac dos Beatles teve de parar a 9 metros da entrada do Royal Continental Hotel, onde ficariam hospedados. Neil, Mal e Lloyd Ravenscroft trancaram os rapazes dentro do carro e, abrindo caminho entre a multidão, empurraram o veículo até a entrada da garagem. Isso demorou 20 minutos, e cerca de 200 fãs conseguiram entrar na garagem com eles. Os seguranças tiveram de livrar-se dos fãs um por um, antes de os Beatles poderem ir para seus quartos.
Tempos depois, John contou a um entrevistador americano, "Não foi nada fácil. Pensei que haviam arrancado uma mecha do meu cabelo. Eles convocaram três policiais para controlar entre 3 e 4 mil jovens e se recusaram a colocar mais homens. 'Aconteceu de tudo por lá, e nós presenciamos tudo', disseram os guardas. Sim, eles presenciaram tudo, enquanto nós éramos jogados no chão".
– Após esse incidente, John perde a paciência e recusa-se a tocar, a não

ser que mais policiais fossem recrutados para protegê-los.

25 de junho
– Town Hall, em Auckland, Ilha do Norte, Nova Zelândia.
O prefeito Robinson organiza uma recepção oficial para os Beatles, apesar dos protestos de outros membros da câmara. Sete mil fãs reuniram-se ao redor da prefeitura para ver os Beatles darem "beijos de nariz" em três garotas Maori vestidas em trajes típicos, e fingirem atacar o prefeito com as tradicionais bolas Maori.

26 de junho
– Town Hall, em Dunedin, Ilha do Sul, Nova Zelândia.
A polícia local ignora os avisos dos organizadores da turnê e convoca apenas três policiais para controlar os milhares de fãs que se reuniram ao redor do New City Hotel. Quando os rapazes lá chegaram, precisaram, literalmente, lutar para conseguir atravessar a abertura de 90 centímetros feita pelos policiais na barreira em frente do hotel, pois os fãs dominaram com facilidade os três guardinhas de Dunedin. Mal e Neil afastaram a multidão para que os rapazes conseguissem passar; mas, mesmo assim, Paul teve o rosto arranhado e John perdeu alguns chumaços de cabelo. Com sua tradicional ironia, John expressou sua opinião sobre as autoridades de Dunedin de forma divertida e pitoresca.
– Naquela noite, John, Ringo e o DJ Bob Rogers pregam uma peça em Paul, com a participação de uma garota nua. O Beatle, entretanto, não achou a brincadeira nem um pouco engraçada.
– O álbum *A Hard Day's Night* (trilha sonora original do filme homônimo) é lançado nos Estados Unidos pela gravadora United Artists (UAS 6366)
Lado A: "A Hard Day's Night", "Tell Me Why", "I'll Cry Instead", "I Should Have Known Better" (com George Martin & Orchestra), "I'm Happy Just To Dance With You", "And I Love Her"(com George Martin & Orchestra);
Lado B: "I Should Have Known Better", "If I Fell", "And I Love Her", "Ringo's Theme (This Boy)" (com George Martin & O chestra), "Can't Buy Me Love"), "A Hard Day's Night" (com de George Martin & Orchestra).

Acima: Ringo se rende à tradicional brincadeira de aniversário no Lime Grove Studios, em comemoração aos seus 24 anos, em 7 de julho. Abaixo, à esquerda: John e Cynthia saindo do Heathrow Airport, após a chegada dos Beatles da Austrália.

27 de junho
– Majestic Theatre, Christchurch, Ilha do Sul, Nova Zelândia. Cinco mil fãs aparecem para ver os Beatles chegarem ao aeroporto e irem para o Clarendon Hotel, no centro da cidade. Durante o caminho, uma garota de 13 anos jogou-se sobre o capô da limusine e caiu na estrada, mas ela conseguiu o que queria, pois o grupo levou-a até o hotel, onde lhe ofereceram uma xícara de café.
– A entrevista feita por telefone com os Beatles, em Sidney, é transmitida no programa *Roundabout* da BBC Light Programme.

28 de junho
– O grupo pega um voo para Brisbane, com paradas em Auckland e Sydney. Ao pousarem em Sidney, às 21h35, em um voo da TEAL, 4 mil fãs os aguardavam só para vê-los caminhar poucos metros até o fokker fretado da Ansett ANA, que decolaria meia hora depois.

29 de junho
– Os Beatles chegam logo depois da meia-noite em Brisbaine, onde 8 mil fãs os esperavam. Os rapazes passaram pela multidão em um caminhão aberto; entretanto, escondidos entre os fãs, havia um bando que execrava os Beatles, o qual atirou ovos, tomates e pedaços de madeira nos rapazes, que foram rapidamente levados ao Lennon's Hotel, no qual deram a seguinte declaração, **"Não queremos mais saber de aparições não planejadas. Enquanto estivermos em Brisbane, vamos nos restringir ao hotel e ao teatro"**.
– *Festival Hall, em Brisbane.* Os dois shows têm casa lotada, com 5.500 espectadores. Entretanto, uma gangue de arruaceiros que atirava ovos conseguiu entrar no teatro, atrapalhando o show para os demais. Os Beatles fizeram alguns gestos obscenos para a plateia, mas não pararam de tocar. Mais tarde, aproveitaram a noite dançando ao som dos discos da Motown até altas horas.

30 de junho
Os Beatles deixam o hotel secretamente em dois carros alugados e passam o dia na região de Gold Coast, uma vasta faixa de areia branca entre os distritos de Broadbeach e Surfer's Paradise.
– *Festival Hall, em Brisbane.*

Julho
– Paul compra uma casa com cinco dormitórios, chamada "Rembrandt", para seu pai, em Wirral, a 24 quilômetros de Liverpool. Michael, o irmão de Paul, resolve morar com o pai.

1º de julho
– Nas primeiras horas da manhã, um Rolls Royce leva o grupo ao aeroporto de Brisbane, para pegar um voo para Sidney. Esse foi o começo da longa viagem de volta. O avião da Quantas fez duas paradas para reabastecimento. A primeira em Singapura – onde Paul e Ringo desembarcaram para acenar para os 600 fãs – e a segunda em Frankfurt.
– O show *The Beatles Sing For Shell* é exibido pela Channel Five da Austrália.

Acima: John com tia Mimi.
Abaixo: Com a banda municipal na prefeitura de Liverpool, em 10 de julho.
Na página seguinte: Comitiva dos Beatles pelas ruas de Liverpool.

2 de julho
– Os Beatles chegam ao Heathrow Airport, em Londres, às 11h10.
– Em Abbey Road, John assiste Cilla Black gravar "It's For You", acompanhada por Paul ao piano. Cilla: **"Paul estava assistindo à gravação de 'Anyone Who Had A Heart' e disse que gostara da**

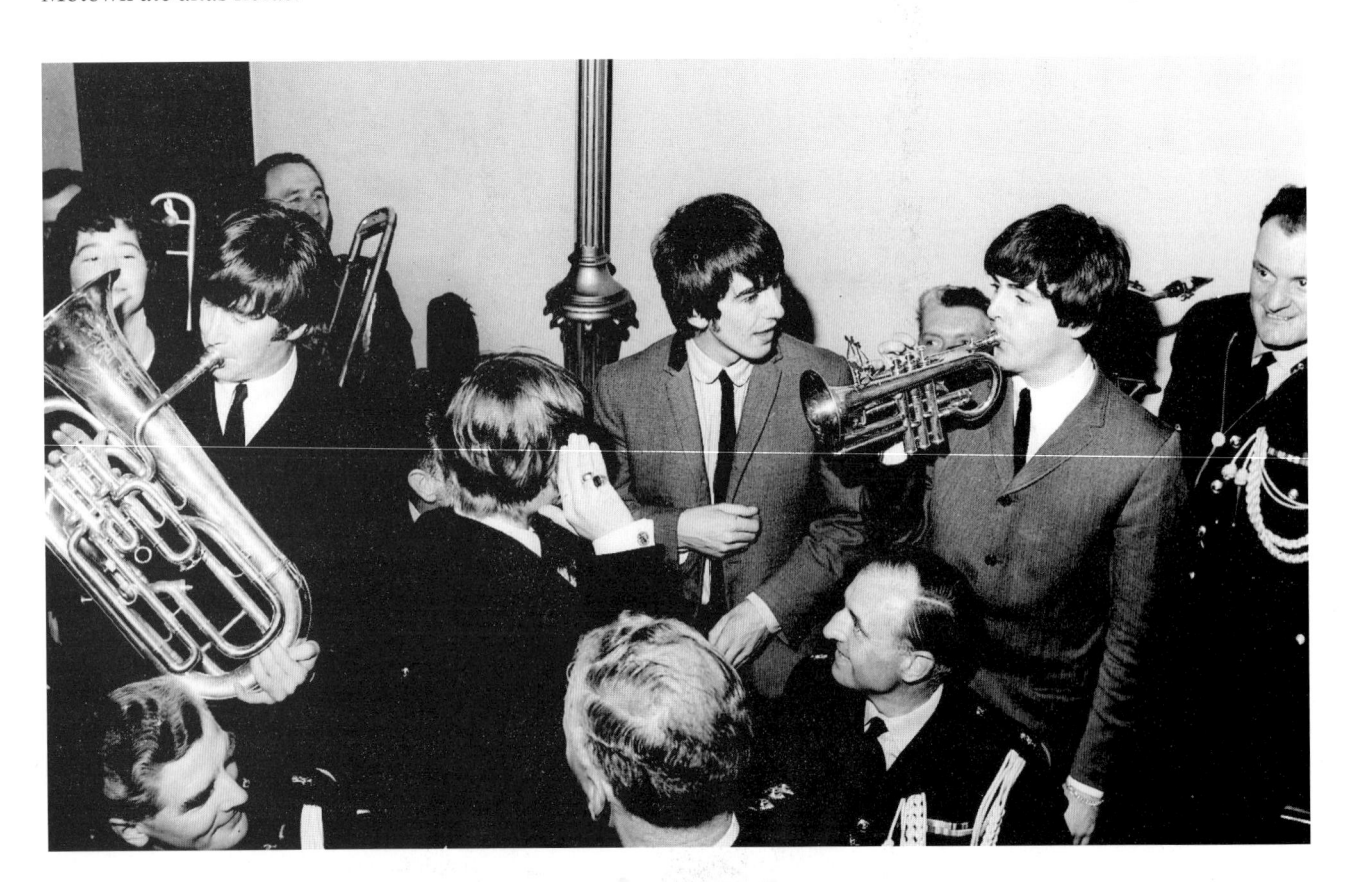

composição, e que ele e John tentariam fazer algo parecido: Bem, eles criaram essa nova canção, mas, a meu ver, ela não tem nada de parecido com 'Anyone'. Marcamos, então, uma sessão e eu gravei a nova música. Primeiramente, chegaram Paul e John e depois George Martin. Fizemos um *take* e cada um de nós deu suas sugestões. Todos tínhamos opiniões diferentes. George disse que deveria ser de uma forma, Paul e John de outra e eu apenas disse o que achava, enquanto eles continuavam a pensar no que mais poderiam fazer com a composição".

6 de julho
– A região de Piccadilly Circus é bloqueada na noite da estreia mundial de *A Hard Day's Night*, no London Pavillion, que contou com a presença da princesa Margaret, do lorde Snowdown e dos Beatles acompanhados da esposa de John e namoradas.

John: "***A Hard Day's Night*** **foi, de certa forma, interessante, pois foi o primeiro filme que fizemos. Nós odiamos o roteiro, pois era outra pessoa tentando escrever como se aquilo fosse nossa vida real. Hoje vejo que Alun Owen não fez um trabalho ruim, mas na época ficávamos incomodados com os diálogos, pois soavam muito artificiais".**

– A música "Like Dreamers Do", de The Apple Jack, de autoria de Lennon & McCartney, foi lançada em compacto nos Estados Unidos pela London (968I).
– O compacto *Ain't She Sweet/Nobody's Child* é lançado nos Estados Unidos pela ATCO (6308)
Lado A: The Beatles;
Lado B: Tony Sheridan & The Beatles.

7 de julho
– *Lime Grove Studios, em Londres.* Os Beatles dublam "A Hard Day's Night", "Things We Said Today" e "Long Tall Sally" para o *Top Of The Pops*, da BBC TV.
– Em seguida, vão para os estúdios da Rediffusion, na Television House, para gravar uma entrevista sobre o filme, que seria exibida na mesma noite no *Scene At 6:30*, da Granada TV.
– John dá uma entrevista sobre *A Hard Day's Night* ao jornalista Chris Hutchins do *The Teen Scene*, da BBC Light Programme.
– Brian Epstein dá para Ringo um par de abotoaduras cravejadas de diamantes como presente de aniversário. Ringo passa a noite comemorando com seus pais.
– Paul dá para seu pai um cavalo de corridas, chamado Drake's Drum, no valor de 1.200 libras, pelo seu aniversário de 62 anos. Seu pai desembrulhou um pacote que continha o quadro de um cavalo e comentou, **"É muito bonito, meu filho, mas para que eu preciso do quadro de um cavalo?"**, ao que Paul respondeu, **"Esse não é o seu presente, eu comprei esse bendito cavalo para você!"**. Drake Drum chegou em segundo lugar logo na primeira corrida, e Paul fez a seguinte observação, **"Viram só, eu disse que meu pai era o melhor jóquei de todos"**.

8 de julho
– A dublagem dos Beatles das músicas de seu último compacto vai ao ar no *Top Of The Pops*, da BBC TV.

10 de julho
– Quando o avião que trazia os Beatles aterrissa no Speke Airport, em um belo dia de sol, 3 mil fãs históricos os aguardam. Os rapazes de Liverpool foram participar da

---

10 de Julho: Um Incidente Desagradável

A única nota desagradável do dia veio da parte do tio de Anita Cochrane, que colou 30 mil cartazes por toda a cidade de Liverpool contando o caso de sua sobrinha com Paul e suas consequências. Anita Cochrane, uma fã dos Beatles de 18 anos, descobriu que estava grávida após ter passado uma noite com Paul no apartamento de Stuart Sutcliffe, em Gambier Terrace. Na época, ela tentou entrar em contato com Paul por meio de telegramas e carta registradas, mas foi em vão e, por fim, contratou um advogado que ameaçou processá-lo. Segundo consta, a NEMS procurou Anita oferecendo-lhe 5 libras semanais de ajuda. Dizem que Brian Epstein interveio pessoalmente, e ofereceu-lhe a quantia de 5 mil libras para que retirasse todas as acusações contra Paul (há controvérsias quanto ao valor real pago). Segundo o acordo, Anita nunca poderia processar Paul, divulgar ou insinuar ser ele o pai de seu filho, Philip Paul Cochrane, nem revelar os termos do acordo. Tudo correu bem até o dia da recepção oficial dos Beatles, quando o indignado tio de Anita resolveu abrir a boca.

estreia do filme *A Hard Day's Night* no norte da Inglaterra, além de serem os convidados de honra de uma recepção oficial. Foram levados de carro à prefeitura, acompanhados por um comboio da polícia, encabeçado por motocicletas. A rota estava protegida por um cordão policial, mas em vários trechos algumas fãs histéricas conseguiram furar o bloqueio, obrigando o comboio a parar repentinamente.

Os Beatles chegaram à prefeitura às 18h55, com um atraso de 25 minutos, e foram recepcionados por Elizabeth "Bessie" Braddock, membro do parlamento, cujo distrito eleitoral era em Exchange, Liverpool. Ela usava um crachá de sócia do Cavern Club, e todos eles a abraçaram e lhe disseram, **"Minha querida, que prazer estar com você"**. Após o jantar, apareceram na sacada que dava para Castle Street e foram aclamados por uma multidão entusiasmada ao som da Banda da Guarda Municipal de Liverpool que tocava "Can't Buy Me Love".

O prefeito Alderman Louis Caplan discursou do balcão, para os 714 convidados presentes no grande salão de baile da prefeitura, ladeado pelos Beatles e vários de seus familiares: 14 membros da família Lennon e 16 da de Ringo. O prefeito disse quão orgulhosa Liverpool estava dos rapazes, acrescentando que eram os grandes embaixadores da cidade. Em seguida, cada um dos Beatles cumprimentou o público.

Eles não esperavam uma recepção tão calorosa. As palavras de John foram publicadas no jornal *Liverpool Echo*, "A recepção aqui ganhou de longe da de Adelaide – a melhor de todas antes de Liverpool. Estamos estupefatos. Este é o momento mais importante de nossa vida. Não esperávamos ver tantas pessoas. Pensávamos que haveria apenas pequenos grupos nos aguardando nas esquinas.

Mas o que mais nos comoveu foi que todos, do mais importante ao mais humilde morador de Liverpool, foram simpáticos, atenciosos e nos prestaram muitas homenagens; tenho certeza de que não as merecemos".

Todos estavam presentes, desde o lorde e a lady Derby, o arcebispo de Liverpool, até membros de grupos de rock e amigos dos tempos do The Cavern. Todos precisavam ter entradas, pois a polícia de Liverpool montara o maior esquema de segurança de sua história. Pouco antes das 21h, os Beatles foram para o Odeon Cinema, para a estreia beneficente de *A Hard Day's Night*. O *Echo* publicou uma matéria sobre a luta da polícia para abrir espaço entre a multidão, para que os Beatles pelo menos pudessem chegar à entrada, "e mesmo após terem conseguido passar, milhares de pessoas os seguiram como a cauda de um cometa".

No Odeon, a banda da polícia de Liverpool tocou a música tema de "Z-Cars", uma popular série policial de TV, que se passava em Liverpool, seguida de um *pot-pourri* de sucessos dos Beatles. Quando o apresentador David Jacobs os chamou ao palco, o público veio abaixo. O jornal *The Echo* publicou: "Ontem, a atmosfera no Odeon era de um programa em família, em vez de uma fulgurante noite de estreia. Foi um evento em que ilustres parentes no balcão nobre do teatro reuniram-se com seus familiares mais jovens sentados nas primeiras fileiras para passar a noite com os mais famosos filhos de Liverpool".

– O noticiário *Look North*, da BBC1, transmitiu parte da coletiva de imprensa com os Beatles e uma entrevista da banda com Gerald Harrison.

– O programa *Scene At 6:30* exibiu a entrevista feita com a banda no aeroporto e um vídeo da cerimônia na sacada da prefeitura.

– O compacto *A Hard Day's Night/Things We Said Today* é lançado no Reino Unido pela Parlophone (R 5160).

– O álbum *A Hard Day's Night* é lançado no Reino Unido pela Parlophone (PCS 3058).
Lado A: "A Hard Day's Night", "I Should Have Known Better", "If I Fell", "I'm Happy Just To Dance With You", "And I Love Her", "Tell Me Why", "Can't Buy Me Love";
Lado B: "Anytime At All", "I'll Cry Instead", "Things We Said Today", "When I Get Home", "You Can't Do That", "I'll Be Back".

– A música "I'll Keep You Satisfied", de Billy J. Kramer & The Dakotas, composta por Lennon & McCartney, é lançada em compacto nos Estados Unidos pela Imperial (66048).

– A primeira participação dos Beatles no *Ed Sullivan Show* é reprisada pela CBS.

11 de julho

– Nas primeiras horas da manhã, os Beatles pegam um voo para Londres, a fim de se apresentarem ao vivo na "versão verão" de *Lucky Star*, da ABC TV. A banda dublou "A Hard Day's Night", "Long Tall Sally", "Things We Said Today" e "You Can't Do That".

12 de julho

– *Hippodrome Theatre*, em Brighton. Com The Shubdubs e a participação especial de Jimmy Nicol.
A caminho do teatro, George, em seu novo Jaguar (modelo E-Type), sofreu um leve acidente, em Kings Road, em Fulham. Alguns pedestres pegaram pedaços de vidro quebrado como *souvenir*.

13 de julho

– O compacto *A Hard Day's Night/I Should Have Known Better* é lançado nos Estados Unidos pela Capitol (5222).

14 de julho

– *Broadcasting House*, em Portland Place, Londres. Os Beatles apresentam-se na estreia de *Top Gear*, o novo programa de rock da BBC. Tocaram "Long Tall Sally", "Things We Said Today", "A Hard

Zsa Zsa Gabor ensaia com os Beatles no London Palladiun, em 23 de julho.

Day's Night", "And I Love Her", "I Should Have Known Better", "If I Fell" e "You Can't Do That". O programa foi apresentando por Brian Matthew.
– Paul é entrevistado por Michael Smee para o programa *Highlight*, da BBC internacional.

15 de julho
– John e Cynthia compram Kenwood, uma mansão em estilo Tudor, próxima a um campo de golfe em St. George's Hill, em Surrey, no valor de 20 mil libras.

16 de julho
– A estreia de *Top Gear* vai ao ar pela BBC Light Programme.

17 de julho
– Os Beatles gravam seu quarto especial *From Us To You*, da BBC Light Programme. Tocaram "Long Tall Sally", "If I Fell", "I'm Happy Just To Dance With You", "Things We Said Today", "I Should Have Known Better", "Boys" e "Kansas City/Hey – Hey – Hey – Hey". John leu os créditos finais do programa.
– A música "From A Window", de Billy J. Kramer, composta por Lennon & McCartney, é lançada em compacto no Reino Unido pela Parlophone (R 5156).

18 de julho
– Os Beatles pegam um voo para Blackpool, onde passam o dia ensaiando para a próxima apresentação ao vivo de *Mike and Bernie Winters' Big Night Out*, no ABC Theatre, em Blackpool.

19 de julho
– *ABC Theatre, em Blackpool.* Apresentação ao vivo de *Mike and Bernie Winters' Big Night Out*. A banda tocou "A Hard Day's Night", "And I Love Her", "If I Fell", "Things We Said Today" e "Long Tall Sally", além de participar de vários quadros humorísticos.

20 de julho
– O compacto *I'll Cry Instead/I'm Happy Just To Dance With You* é lançado nos Estados Unidos pela Capitol (5234).
– O compacto *And I Love Her/If I Fell* é lançado nos Estados Unidos pela Capitol (5235).
– O Álbum *Something New* é lançado nos Estados Unidos pela Capitol (ST 2108).
Lado A: "I'll Cry Instead", "Things We Said Today", "Anytime At All", "When I Get Home", "Slow Down", "Matchbox";
Lado B: "Tell Me Why", "And I Love Her", "I'm Happy Just To Dance With You", "If I Fell", "Komm, Gib Mir Deine Hand".

23 de julho
– *London Palladium*. Show beneficente "The Night Of A Hundred Stars", em prol da associação de apoio aos profissionais de teatro, "Combined Theatrical Charities Appeals Council", com Judy Garland, *sir* Lawrance Olivier, entre outros. Além de fazerem uma breve apresentação, os Beatles participaram de um quadro humorístico.

25 de julho
– *BBC Television Centre, em Shepherd's Bush.* George e Ringo apresentam-se como jurados do programa *Juke Box Jury*. A participação de George foi transmitida ao vivo na mesma noite, enquanto a de Ringo foi gravada e exibida na semana seguinte.

26 de julho
– *Opera House, em Blackpool.*

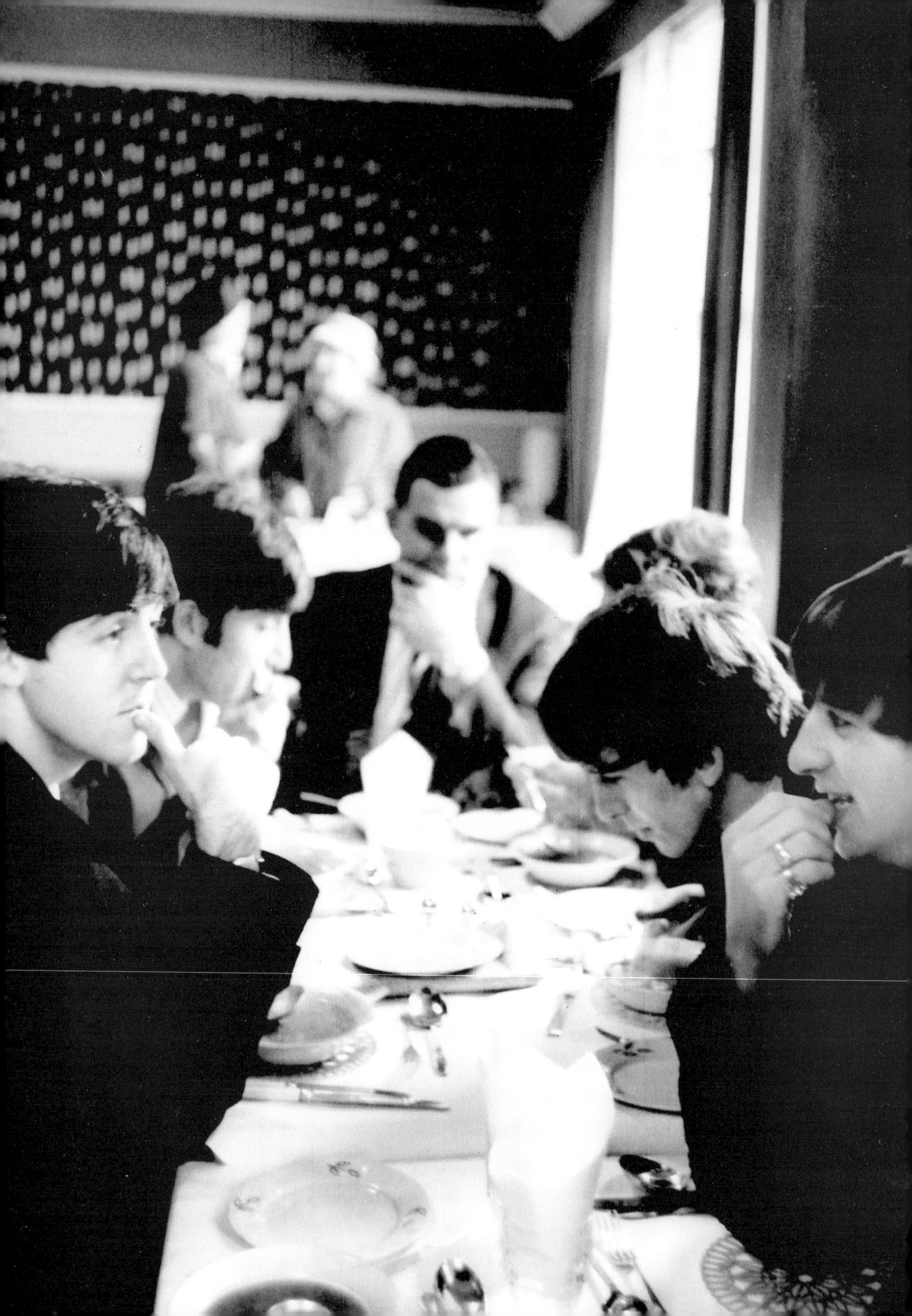

28 de julho
– Os Beatles partem do Heathrow Airport, às 11h10, com destino a Estocolmo, na Suécia. Apresentaram-se no estádio de hóquei sobre o gelo Johanneshovs Isstadion, com The Kays, The Moonlighters, The Streaplers, Jimmy Justice, The Mascots e The Shanes. O grupo fez dois shows por noite.

29 de julho
– Johanneshovs Isstadion, em Estocolmo.

30 de julho
– Os Beatles saem de Estocolmo rumo a Londres, onde chegam no meio da tarde.

31 de julho
– A música "It's For You", de Cilla Black, composta por Lennon & McCartney, é lançada em compacto no Reino Unido pela Parlophone (R 5162).

1º de agosto
– A participação de Ringo no *Juke Box Jury* é exibida pela BBC TV.

2 de agosto
– *Gaumont Cinema, em Bournemouth*. Com The Kinks, Mike Berry e Adrienne Poster (que viria a ser conhecida como Adrienne Posta).

3 de agosto
– O quarto especial *From Us To You* com os Beatles é transmitido pela BBC Light Programme.
– O documentário *Follow The Beatles*, gravado durante as filmagens de *A Hard Day's Night*, é exibido pela BBC1.

9 de agosto
– *Futurist Theatre, em Scarborough*.

10 de agosto
– O compacto *Do You Want To Know A Secret/Thank You Girl* é lançado nos Estados Unidos pelo selo Oldies 45 (OL 149).
– O compacto *Please Please Me/From Me To You* é lançado nos Estados Unidos pelo selo Oldies 45 (OL 150).
– O compacto *Love Me Do/P. S. I Love You* é lançado nos Estados Unidos pelo selo Oldies 45 (OL 151).
– O compacto *Twist And Shout/There's A Place* é lançado nos Estados Unidos pelo selo Oldies 45 (OL 152).

11 de agosto
– *Abbey Road*. Os Beatles começam a ensaiar as músicas de seu futuro álbum *The Beatles For Sale* e gravam "Baby's In Black", de John.

12 de agosto
– *A Hard Day's Night* estreia simultaneamente em 500 salas de cinema dos Estados Unidos.
– *The New York Times*: "Você vai se surpreender – vai cair da cadeira de tanto rir – o filme com esses incríveis garotos, os Beatles, é uma tremenda comédia".
The New York World-Telegram & Sun: "*A Hard Day's Night* é muito mais engraçado do que se esperaria. E tão arrebatador quanto o mais ardoroso fã dos Beatles poderia desejar".
The New York Herald Tribune: "É um filme realmente inteligente. Um triunfo dos Beatles e do diretor, Richard Lester".
The New York Daily News: "O filme é realmente divertido, tanto para adolescentes quanto para adultos. É um comédia leve, um programa extremamente saudável".
The New York Journal-American: "Trata-se de uma comédia um tanto caricata, que evoca, reiteradamente, os filmes dos Irmãos Marx dos anos de 1930".
The New York Post: "*A Hard Day's Night* mostra que os Beatles têm tudo para ter uma carreira no cinema tão bem-sucedida quanto a já alcançada nos palcos das casas de espetáculos. Eles têm as músicas, a verve, a veia humorística. Que mais precisam?".
The Washington Post: "O mais interessante sobre o filme é que impossível ouvi-lo, por causa da vibração da plateia".
The Washington Evening Star: "O filme dá a impressão de ser uma divertida comédia, genuinamente britânica, embora não se saiba com certeza. Seus astros parecem personalidades agradáveis, que fazem troça de si mesmos e de seus fãs. Acredito que seria um bom entretenimento, caso pudéssemos ouvi-lo e vê-lo".
– O compacto *From A Window/I'll Be On My Way*, de Billy J. Kramer & The Dakotas, de autoria de Lennon & McCartney, é lançado nos Estados Unidos pela Imperial (66051).
– Ringo é entrevistado por Chris Hutchins do programa *The Teen Scene*, da BBC Light Programme, durante uma festa no apartamento de Brian Epstein em Whaddon House, em William Mews, Londres.

14 de agosto
– *Abbey Road*. A banda trabalhou em "I'm A Loser", "Mr. Moonlight" e "Leave My Kitten Alone", que só seria lançada no CD *Anthology I*, em 1995.

16 de agosto
– *Opera House, em Blackpool*. Com a banda The Who, que na época chamava-se The High Numbers.

18 de agosto
– Os Beatles partem para a turnê de 25 dias pelos Estados Unidos. O avião da banda, um Clipper, fez uma escala em Winnipeg, no Canadá, onde 500 fãs gritavam, enquanto esperavam na cobertura do aeroporto, na esperança de vê-los; entretanto, os rapazes ficaram no avião dando várias entrevistas para as rádios americanas. Depois, fizeram outra escala em Los Angeles, onde 2 mil fãs e mais entrevistas os aguardavam. Finalmente, às 18h24 os Beatles chegaram ao San Francisco International Airport, onde havia uma multidão de 9 mil fãs histéricos. Fora planejado que eles receberiam as boas-vindas do público em Beatlesville e, em seguida, seguiriam em sua limusine para o Hilton Hotel. Beatlesville era uma pequena plataforma, localizada a cerca de 1,5 quilômetro a noroeste dos principais prédios do aeroporto, rodeada por uma cerca de aço e arame farpado, e protegida por 180 policiais do condado de San Mateo. Todavia, o caos e a gritaria eram tamanhos que os rapazes ficaram na

Coletiva de imprensa no San Francisco Hilton, em 19 de agosto.

limusine para resolver o que fariam. Por fim, decidiram correr o risco e, após um considerável atraso, foram até a plataforma para saudar os fãs. Ringo foi o primeiro a entrar, mas sua presença causou uma histeria coletiva: milhares de garotas jogaram-se sobre a cerca, algumas tentando escalá-la, enquanto outros fãs tentavam romper a barreira de carros estacionados, e eram afastados pelos policiais. Assim que Paul, George e John subiram ao palco, os policiais os levaram de volta à limusine para que deixassem rapidamente o local da baderna. A cerca começou a ceder com o peso dos fãs, e os que estavam na frente tentavam rompê-la, enquanto os policiais truculentos usavam todo o peso de seu corpo para manter as cercas em pé.

Naquela noite, John, Ringo, Derek Taylor, Billy Preston (tecladista da banda de Little Richard, que viria a se tornar um dos artistas da Apple) e Diana Vero, secretária de Brian Epstein, foram ao Rickshaw, um pequeno clube em Chinatown, onde conheceram Dale Robertson, ator de filmes de faroeste.

19 de agosto

– *Cow Palace, em São Francisco, Califórnia.* Com The Bill Black Combo, The Exciters, The Righteous Brothers e Jackie DeShannon. O repertório básico da banda para a turnê incluía: "Twist And Shout", "You Can't Do That", "All My Loving", "She Loves You", "Things We Said Today", "Roll Over Beethoven", "Can't Buy Me Love", "If I fell", "I Want To Hold Your Hand", "Boys", "A Hard Day's Night" e "Long Tall Sally". Algumas vezes, abriam o show com "I Saw Her Standing There" e o encerravam com "Twist And Shout".

Os Beatles tocaram durante 29 minutos. O lucro bruto do show foi de 91.670 dólares, e o líquido, de 49.800. A banda deixou o público atônito, os 17.130 fãs deliravam, 19 colegiais ficaram tão descontroladas que tiveram de ser atendidas pelo serviço de emergência local, e um rapaz teve o ombro deslocado. O jornal *The San Francisco Examiner* publicou o seguinte comentário: "Apesar de ter sido anunciado como um show de música, tudo que se pôde ouvir e ver do som de Liverpool foi algo parecido com o ruído do motor de um jato passando por uma tempestade de raios, por causa da gritaria ininterrupta dos fãs. Depois da apresentação, aqueles que ainda conseguiam falar ficaram ouvindo um tinido que perdurou por um bom tempo.

A visão insólita de quatro rapazes com cabelos desgrenhados, sacudindo-se de um lado para o outro do palco, movendo seus lábios de forma inaudível, foi exacerbada pelos flashes de centenas de câmeras que lembravam uma tempestade de relâmpagos do meio-oeste".

Para ser preciso, milhares de câmeras seria um número mais acurado.

> "Na realidade, são **16 mil** jovens que não estão nas ruas **roubando calotas**." Autoridade policial

Às 19h, uma hora antes do início da apresentação, o Cow Palace já estava praticamente lotado. Quando os Beatles entraram em cena, as fãs gritaram sem parar por exatos 4 minutos e 45 segundos. "Assim que os rapazes deixaram o palco, os berros cessaram imediatamente", relatou *The San Francisco Examiner*. Cinquenta fãs sofreram ferimentos, dois foram presos, e outros cinquenta foram impedidos à força de subir ao palco. No final do show, os Beatles largaram os instrumentos, correram para o carro que os aguardava e partiram antes que o público se desse conta de que eles tinham parado de tocar.

No 15º andar do hotel, um grupo de 35 garotas, algumas vestidas de camareiras, tentava passar pelos guardas. Nessa noite, os Beatles não festejaram, em vez disso partiram em seu avião para a próxima cidade da turnê.

20 de agosto
– Convention Center, em Las Vegas, Nevada.

O avião fretado dos Beatles pousa no aeroporto Old McCarran Field, em Las Vegas, à 1h, e os Beatles são levados rapidamente ao Sahara Hotel, onde, apesar de medidas preventivas das autoridades, 2 mil fãs esperavam para berrar boas-vindas aos rapazes. Durante a manhã, os Beatles ficaram em sua cobertura no 18º andar do hotel, enquanto fãs tentavam escalar as paredes do hotel, subir pela lixeira e usar o elevador de carga. Às 14h30, foram ao Convention Center, com capacidade para 8 mil pessoas, para a passagem de som. O show da tarde começou às 16h, mas os Beatles só subiram ao palco às 17h30, em meio aos já tradicionais gritos e às chuvas de jujuba. Após o show, a polícia teve de usar de truculência para evitar que os fãs invadissem os bastidores. Um policial em uma motocicleta passou sobre o pé de um jornalista; outro atingiu uma garota nas costelas com um cassetete. Os Beatles faturaram 30 mil dólares com o show. A polícia estava preocupada que menores de idade tentassem entrar nos cassinos, caso os Beatles lá estivessem, por isso foi-lhes pedido que não os frequentassem. A jogatina dos rapazes se restringiu a duas máquinas caça-níqueis que tinham em seus quartos.

21 de agosto
– Seattle Center Coliseum, em Seattle, Washington.

O grupo hospeda-se no Edgewater Inn, que viria a se tornar um lendário ponto de encontro de astros de rock e suas tietes, sendo imortalizado por Frank Zappa na música "Mud Shark". Os quatro rapazes tentaram pescar da janela de seu quarto, mas não conseguiram pegar nenhum peixinho. Na coletiva de imprensa antes do show, Paul criticou algumas revistas americanas "que têm publicado algumas histórias terríveis sobre nós".

Segundo um artigo sobre o show, do jornal *Seattle Post-Intelligencer*: "De acordo com o plano original, 16 policiais de Seattle acompanhariam o quarteto por um corredor de aproximadamente 5,5 metros até o palco. Assim que os Beatles e sua comitiva apareceram correndo pelo corredor, uma legião de fãs escorregaram da galeria do auditório por uma rampa. Os policiais mais próximos da rampa tentavam agarrá-los com manobras de jogadores de futebol americano, enquanto os jovens escapuliam. Ringo, John, Paul e George correram como gazelas por um pequeno túnel que dava acesso ao palco, do qual saíram como búfalos bravios e foram pulando até seus lugares, enquanto os adolescente se levantaram surpresos e exclamaram: 'Oh!!!', e então gritos histéricos ecoaram pelo Coliseum".

A banda subiu ao palco às 21h25 e tinha-se a impressão de que todas as 14.720 garotas na plateia haviam trazido suas máquinas fotográficas. Por causa dos *flashes,* o auditório parecia iluminado por relâmpagos. Enquanto a banda se apresentava, a polícia recrutou voluntários da Marinha que estavam no auditório para ajudar na segurança, e formaram um cordão duplo que ia da saída do palco até os camarins. A banda tocou a última nota, jogou os instrumentos, correu para fora do palco e saiu pela porta. Centenas de adolescentes desceram pelas rampas e colidiram com os oficiais da Marinha, que formavam um cordão de isolamento. Os Beatles abaixaram a cabeça para conseguir passar pela turba e chegar ao final do corredor sem ser vistos, onde policiais de prontidão os aguardavam. O carro que deveria levá-los de volta estava tão avariado pelos fãs que eles tiveram de esperar durante uma hora até que a multidão tivesse se

Acima: Paul em Las Vegas.
Abaixo: Os Beatles pescando da janela de sua suíte no Edgewater Hotel, em Seattle.

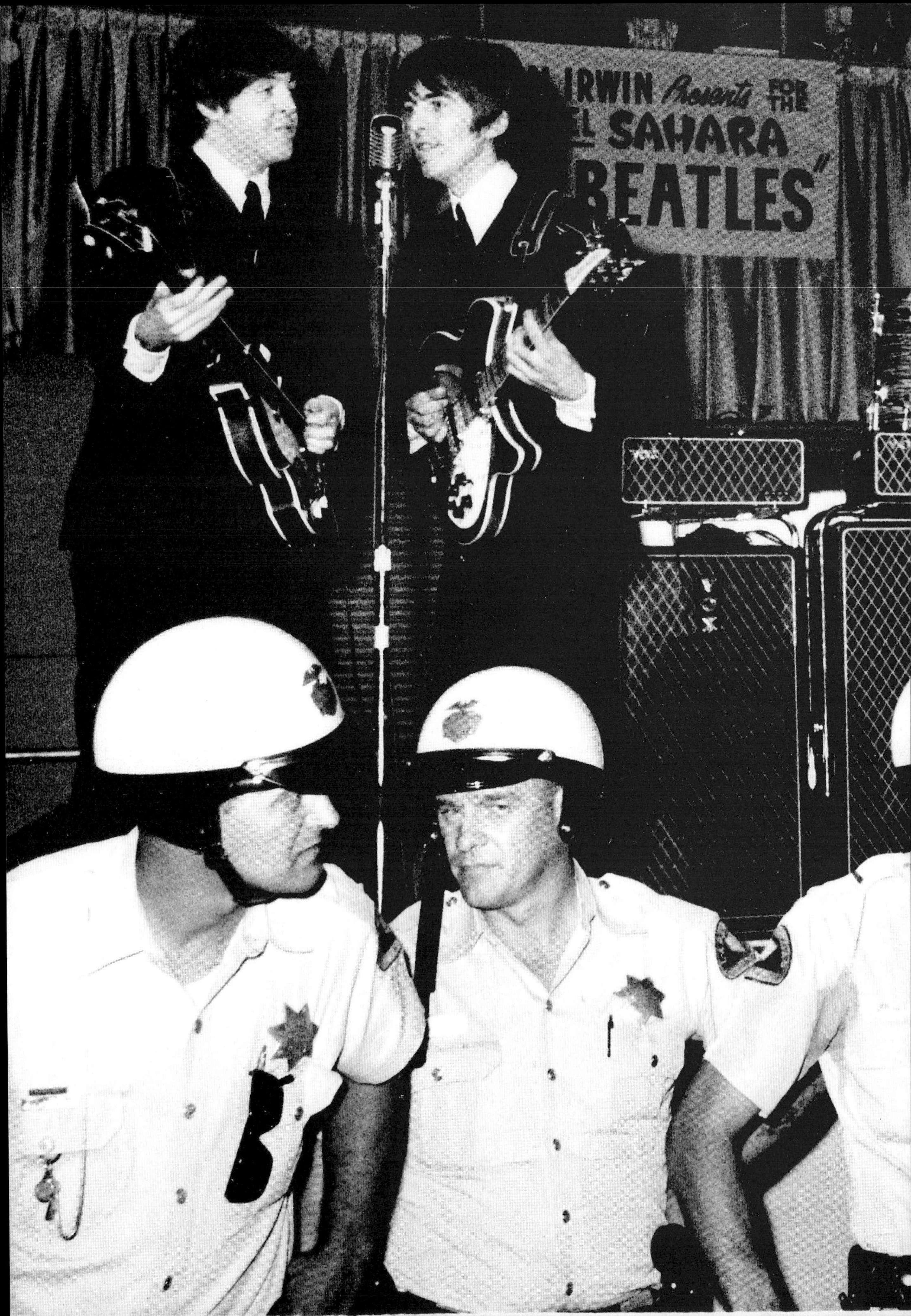
IRWIN Presents FOR THE
SAHARA
BEATLES"
VOX

"Não foi difícil levá-los para dentro. Eram, simplesmente, **quatro rapazes sem nada de especial.** Não fosse pelos seus trajes **malucos,** nunca os teríamos reconhecido".
Thomas Renaghan, vice-inspetor de polícia

dispersado e uma ambulância pudesse conduzi-los até o hotel. No dia seguinte, uma das camareiras encontrou duas garotas de 16 anos escondidas sob a cama e outra no armário de um quarto no quarto andar.

22 de agosto
– Empire Stadium, em Vancouver, British Columbia, Canadá. O espetáculo começa às 20h14 e os Beatles entram em cena às 21h23. Embora o show tenha sido longo, muitos repórteres acharam a *performance* de 29 minutos curta demais. Em um artigo mal-humorado no jornal *Vancouver Sun*, William Littler escreveu: "Raras vezes na história do *show business* em Vancouver tantos (20.216) pagaram tanto (5,25 dólares pelo ingresso mais caro) por tão pouco (27 minutos de show), como a plateia que gritava pelos Beatles no Empire Stadium, sábado à noite".
Os fãs fizeram três tentativas de arrebentar os portões de 3 metros de altura do estádio, que finalmente cederam segundos antes dos Beatles começarem sua apresentação, mas apenas alguns deles conseguiram entrar, pois a polícia e os funcionários do estádio conseguiram manter os portões fechados à força. A saída dos Beatles foi cronometrada com perfeição; eles terminaram de tocar

Estados Unidos: Os Beatles começaram a se apresentar em estádios cada vez maiores, a gritaria das fãs foi aumentando e tornou-se praticamente impossível ouvir o som da banda.

"Long Tall Sally", agradeceram ao mesmo tempo que tiravam as guitarras, e saíram do palco como um raio, entrando em limusines e partindo, acompanhados por batedores em motocicletas, menos de 30 segundos após terem tocado a última nota. Foram diretamente para o aeroporto, de onde partiram para Los Angeles.
Milhares de adolescentes avançaram até o palco, empurrando centenas de garotas contra a cerca de proteção. Várias meninas quebraram as costelas e centenas tiveram de ser tratadas por ataque histérico.

23 de agosto
– The Hollywood Bowl, em Hollywood, Califórnia. Quatro meses antes do show, todos os 18.700 ingressos disponíveis já haviam sido vendidos. Fora do estádio, 600 fãs que não haviam conseguido comprar ingressos berravam, tentando entrar à força. Várias pessoas foram presas por violação, dano à propriedade e perturbação da paz e ordem pública. Um carro pequeno estava

estacionado perto do palco à espera dos Beatles para levá-los embora assim que o show terminasse. Um grupo de 60 adolescentes correu até o portão mais próximos para vê-los e usou o carro de um fotógrafo como ponto privilegiado. A capota e o capô do veículo ficaram arruinados. Após o show, o tráfego perto do estádio estava completamente congestionado, pois milhares de pais foram buscar seus filhos. A polícia e os bombeiros haviam bloqueado toda a área ao redor do estádio; e os residentes locais tinham de portar passes para poder chegar a suas residências. Após o show, o presidente da Capitol, o sr. Livingstone, e sua esposa organizaram uma festa beneficente em prol da fundação de hemofilia do sul da Califórnia, em sua mansão em Bel-Air. Mais de 500 pessoas da comunidade cinematográfica compareceram ao evento, pagando 25 dólares pelo ingresso. Foram arrecadados aproximadamente 10 mil dólares para a fundação. O jornal *San Francisco Valley Citizen-News* publicou uma foto de Paul abraçado com Rebel Lee Robinson, neta do ator Edward G. Robinson.
Antes do show, houve uma coletiva de imprensa na qual os Beatles receberam cinco discos de ouro e a chave da cidade. Quando os repórteres perguntaram o que eles achavam de Goldwater, candidato à presidência pelo partido republicano, todos fizeram um sinal negativo. Dezenas de adolescentes conseguiram entrar no recinto e uma delas perguntou a Paul se ele gostaria de aprender a pilotar um avião, pois seu pai tinha um e ela adoraria ensiná-lo a voar.
– Os Beatles ficaram em uma casa alugada em St Pierre Road, n. 356, em Brown Canyon, Bel-Air. Nessa noite, mais de 50 adolescentes foram detidos pela polícia de Los Angeles por violarem o toque de recolher das 22h e, como a St Pierre Road estava bloqueada pela polícia, 400 fãs se aglomeraram no cruzamento da Sunset Boulevard com

Bel-Air Road, na esperança de ver os Beatles. Os danos causados às flores e aos arbustos foram da ordem de mais de 5 mil dólares, e vários moradores da região tentaram, em vão, afugentar os jovens ligando os irrigadores de jardim.

24 de agosto
– John consegue escapar por algumas horas com Derek Taylor e Neil Aspinall para fazer compras, entretanto o passeio tem de ser interrompido, quando ele é reconhecido por fãs.
– O compacto *Slow Down/Matchbox* é lançado nos Estados Unidos pela Capitol (5255).

25 de agosto
– Paul e George fazem uma visita à Burt Lancaster para assistir a uma sessão particular do filme *Um tiro no escuro* com Peter Sellers. Ringo estava em casa assistindo a um programa de Jack Good na TV quando Jayne Mansfield apareceu à porta. Paul havia dito que gostaria de conhecê-la. John a cumprimentou, e ela brincou com o cabelo dele e perguntou, **"É de verdade?"**.
Nessa noite, John e Jayne foram ao clube Whiskey A-Go-Go, onde se encontraram com George, que pediu aos fotógrafos que os deixassem em paz. Quando um deles se recusou a ir embora, George atirou água nele.

George: "Resolvi batizá-lo, jogando nele a água do fundo do copo".
Quando não havia mais ninguém por perto, Jayne colocou a mão sobre a coxa de John, assustando-o.

26 de agosto
– *Red Rocks Amphitheater, em Denver, Colorado.* Apesar de terem restado 2 mil ingressos, os 7 mil vendidos foram um recorde de bilheteria desse estádio a céu aberto.

27 de agosto
– *Cincinnati Gardens, em Cincinati, Ohio.* A entrevista de imprensa antes do show foi mais animada que de costume. De acordo com o jornal *The Cincinatti Enquirer:* "Quando um repórter de Dayton disse que os quatro rapazes tinham de ser capazes de enfrentar uma multidão de 3 mil pessoas sem proteção policial, John respondeu: 'Talvez você conseguisse, pois é mais gordo que nós'. 'Os adolescentes se levantam e começam a gritar histericamente quando vocês aparecem, Por quê?', perguntaram os repórteres. McCartney respondeu que nenhum deles sabia, mas havia ouvido dizer que os jovens pagavam para ir aos shows apenas para gritar. 'Alguns nem querem nos ouvir', completou, 'eles têm nossos discos'. Ainda lhes perguntaram o que achavam da analogia feita por um psiquiatra entre a histeria gerada pelo ritmo

Nova York: Ringo com Angie McGowan, que roubara sua medalhinha de São Cristovão.

de sua música e os discursos de Hitler. 'Peça a ele que cale a boca. Ele está fora de si ', respondeu John sem pestanejar.
Outra pessoa perguntou a McCartney qual sua opinião sobre o colunista Walter Winchell, 'Ele disse que sou casado e não sou', respondeu McCartney rispidamente, 'Talvez ele queira casar com você', arrematou George...
Os quatro admitiram que o show, depois dos shows, é um espetáculo à parte. Eles se divertem até as 4h ou 5h dependendo do quanto precisem dormir".
Dezessete mil pessoas assistiram ao show, várias garotas desmaiaram e uma delas teve convulsões. Como sempre, o som da banda foi abafado pelos berros. O *Cincinatti Enquirer* publicou a seguinte manchete: "Adolescentes enlouquecem: Jovens fãs inauguram a era Beatles", e a matéria dizia: "O calor de 46 graus derreteu não só os penteados bufantes, mas também a inibição.
As garotas bem penteadas que esperaram, na realidade, sem muita esperança, atrair o olhar de um dos Beatles, começaram a ficar com os cabelos parecendo Bom-Bril.
Um padre olhou para a multidão ao redor e, com lágrimas nos olhos, disse a um repórter, 'Eu não acredito. Olhe para eles, olhe o rosto deles!'. Um técnico de uma emissora de TV tentava medir a intensidade do som, mas desistiu quando o aparelho atingiu seu limite e quebrou".

Os Beatles saíram correndo do palco e entraram imediatamente na limusine Cadillac que os levou ao aeroporto, de onde partiram para Nova York em seu avião fretado, pouco depois da meia-noite.

28 de agosto
– *Forest Hills Tennis Stadium, em Forest Hills, Nova York.* Quando o avião pousa no Kennedy Airport, às 3h02, 3 mil fãs os esperavam, enquanto centenas de admiradores estavam a postos em frente do Delmonico Hotel, na esquina de Park Avenue e 59th Street, onde a banda se hospedaria, apesar de ter-se tentado manter em segredo onde ficariam. Na manhã seguinte, milhares de fãs estavam em frente do hotel. As garotas derrubaram um vaso de concreto do lado de fora do hotel, e tentaram usar de todos os truques e artimanhas para poder entrar – fingiram ser moradoras e fizeram entregas de pacotes falsos. Duas jovens chegaram vestidas de enfermeiras dizendo que iriam atender aos Beatles. Thomas Renaghan, vice-inspetor de polícia e chefe dos detetives de Manhattan North, disse que houve poucos danos, "Não foi difícil levá-los para dentro. Eram, simplesmente, quatro rapazes sem nada de especial. Não fosse pelos seus trajes malucos, nunca os teríamos reconhecido".

– Conforme os Beatles passavam pelo bloqueio policial para chegar ao hotel, uma fã conseguiu arrancar a medalhinha de São Cristóvão que Ringo trazia no pescoço. Fãs ficaram na frente do hotel até as 4h, gritando cada vez que alguém se aproximava de uma das janelas. Muitas carregavam rádios portáteis sintonizados nas estações que tocavam músicas dos Beatles. Com megafones, os policiais pediam aos hóspedes que se afastassem das janelas, e fãs foram impedidas de se aproximar por uma barreira policial colocada do outro lado da Park Avenue, mas bastava qualquer pessoa aparecer na janela para que as jovens rompessem o bloqueio e se jogassem aos berros no meio da rua, atrapalhando o tráfego. Os repórteres de rádio as instigavam colocando os microfones no rosto das garotas, dizendo, "Muito bem, essa agora é para os Beatles!".

Durante a entrevista coletiva, abarrotada de fãs, um repórter disse,

"Algumas **fãs** de Long Island, que estão lá fora, estão dizendo que vão **trocá-los** pelos **Rolling Stones**, porque vocês não **acenaram** para elas da janela do hotel".

Uma pessoa da equipe, "Se quiserem ir por esse motivo, deixe-as ir", mas Paul replicou, "A polícia nos proibiu. Pediram que ficássemos longe das janelas. Afinal de contas, não podemos arrumar encrenca com o chefe de polícia". Perguntaram aos Beatles o que eles acharam dos brutamontes arruaceiros que apareceram no aeroporto no dia anterior. "Éramos nós", respondeu Paul.

John fez o seguinte comentário durante a coletiva,

Acima: Ringo, John e Brian Epstein.
Na página seguinte: "Ouviu-se várias palavras depreciativas de menosprezo", era o título curioso de um dos artigos sobre os Beatles que George estava lendo em um jornal americano.

John: "Não me incomoda não ser tão popular quanto **Ringo**, **George** ou **Paul**, o que **importa** é que o grupo seja popular".

Angie McGowan, a garota que roubara a medalhinha de Ringo, devolveu-a e posou para fotos com ele e depois com Paul, ambos beijando-a no rosto.

Os 15.983 ingressos se esgotaram e cadeiras extras foram vendidas ao preço de 6,5 dólares, valor exorbitante para a época. Os Beatles ficaram isolados dos fãs por uma cerca de arame farpado de 2,4 metros. O grupo chegou ao estádio de helicóptero, vindos do heliporto de Wall Street.

Limousine Besieged
Often Was Heard Disparaging Words
Beatlemaniacs
Beatles Meet Press

Após o show, Bob Dylan e Al Aronowitz, seu produtor de turnê e jornalista, visitaram os rapazes no hotel e os apresentaram à maconha.

30 de agosto
Convention Hall, em Atlantic City, New Jersey. Os Beatles hospedam-se no Lafayette Motel em Atlantic City. Às 14h15, tiveram de sair do hotel escondidos na traseira de um caminhão de peixes para fugir da multidão e, quando estavam a quase dez quilômetros a oeste de Atlantic City, entraram no ônibus da turnê que os levou diretamente ao Philadelphia Convention Hall. Dezenove mil fãs assistiram ao show e cinco ambulâncias estavam de plantão no local para o atendimento dos 500 fãs que estavam fora do estádio, em caso de qualquer emergência. Um sargento da polícia teve uma síncope por causa de exaustão.

31 de agosto
Os Beatles passam seus dias de folga resguardados no Lafayette Motel, e Paul aproveita o tempo livre para telefonar para Elvis.
Ringo: "Paul teve um papo bem legal com ele... Apesar de não conhecê-lo pessoalmente, nos considerávamos bons amigos e nos respeitávamos como profissionais. El e seu empresário foram bem atenciosos. Encheram-nos de presentes e mimos, incluindo uma cara pistola de prata com um coldre para cada um de nós e uma para Brian, nosso empresário".

2 de setembro
– *Convention Hall, em Filadélfia, Pensilvânia.* Os Beatles tocam para uma plateia de 13 mil fãs. Antes do show, houve a tradicional coletiva de imprensa, onde 50 policiais, 25 VIPs e 25 jornalistas lotaram uma sala de reuniões próxima ao teatro do centro de convenções.

3 de setembro
– *State Fair Coliseum, em Indianapolis, Indiana.* Mais uma tradicional entrevista coletiva no State Fair Radio Building, na qual um repórter perguntou aos Beatles se as adolescentes gritavam porque, na realidade, estavam revoltadas com seus pais. **Paul: "Elas estão revoltadas há anos". John: "Nunca percebi que estivessem revoltadas".** Então, um jornalista perguntou a Paul se ele era contrário à religião. **"Não sou religioso, mas não sou contrário à religião. Não sou ateu, sou agnóstico. Simplesmente, não sei o que pensar".** Então, perguntaram-lhes se não gostariam de andar pelas ruas sem serem reconhecidos. **John: "Costumávamos fazer isso quando não tínhamos um tostão. De que adianta?".** Os Beatles passaram duas noites em Indianapolis, no Speedway Motel, em West 16th Street, e acharam que os shows no Coliseum foram "mais tranquilos" que os outros. Eles entraram no palco do Coliseum às 18h21, perante uma plateia de 12.413 fãs histéricos, na sua maioria garotas. Após a entrevista coletiva, fizeram o segundo show, dessa vez para um público de 16.924 pessoas. Trinta garotas tiveram de ser socorridas vítimas de surto histérico, um fã cortou o braço quando foi empurrado contra uma porta de vidro, e uma garota cortou a mão enquanto tentava escalar a cerca. Quando os Beatles embarcaram em seu avião, estavam 85.231,93 dólares mais ricos (já deduzidos os impostos no valor de 1.719,02 dólares. Houve um debate na imprensa se os Beatles (NEMS Ltd) deveriam ser considerados uma empresa estrangeira, pois, caso contrário, deviam aos cofres públicos 42 mil dólares.

– A senhora Jeane Dixon, a vidente que previra o assassinato de Kennedy, disse que os Beatles sofreriam um acidente de avião durante a decolagem no aeroporto de Indiana, com destino a Denver, Colorado. Três dos Beatles morreriam e que o quarto ficaria paralítico. Ela estava errada.

4 de setembro
– *Milwaukee Auditorium, em Milwaukee, Wisconsin.*

5 de Setembro
– *International Amphitheater, em Chicago, Illions.* A cerimônia oficial de boas-vindas para 100 mil pessoas, que havia sido planejada, é cancelada pelo coronel Jack Reilly, diretor de eventos especiais, que alegou não ter o número suficiente de policiais para proteger **"um bando de cantores"**. Paul fez o seguinte comentário na TV e no rádio: **"Teremos de entrar novamente pela porta dos fundos, e as fãs não terão a oportunidade de nos ver e nós de vê-las. Isso é uma grande chateação".**
Apesar do contratempo, Chicago estava pronta para os Beatles. Na noite anterior ao concerto, a organização Andy Frain enviou ao teatro-arena dez dos seguranças escalados para o show para estudar quais seriam as possíveis táticas usadas pelos fãs. Todos os 205 seguranças responsáveis por conduzir o público aos seus lugares – 170 homens e 35 mulheres – foram especialmente selecionados por não serem fãs da banda, pois, dessa forma, não se deixariam levar pela histeria coletiva. Ao redor do auditório, havia 320 policiais em guarda e um deles, o patrulheiro Anthony Dizonne, lembrou-se da época dos shows de Frank Sinatra e comentou: **"É como Sinatra multiplicado por 50 ou 100.**

50 milhões de dólares por ano e nem precisam pagar por um **corte de cabelo** em nosso **país".**

O avião dos Beatles deveria ter pousado no Midway Airport às 15h40, mas chegou com uma hora de atraso. Quando os rapazes saíram do avião, 5 mil fãs os aguardavam. As garotas ficaram atrás de uma cerca de aço, enquanto o grupo entrava em uma grande limusine preta que os levaria ao Stock Yard Inn, situado ao lado do teatro, na esquina da 42nd Street e Halsted Street. A multidão fora do hotel era tamanha que eles tiveram de entrar pela cozinha. O jornal *The Chicago Sun-Times* publicou que houvera apenas um atendimento de emergência no aeroporto, uma garota de 14 anos que cortara o dedo.

Antes do show, todo o público foi revistado. Não só os cartazes grandes foram confiscados, pois atrapalhariam a visão, como também as jujubas, os docinhos e qualquer outro objeto que os fãs poderiam atirar no palco. Apesar de todas as precauções, Paul foi atingido no rosto pela lâmpada de um flash de uma máquina fotográfica.

Depois do show várias fãs foram levadas ao Evangelical Hospital, em diferentes graus de exaustão física e emocional. Uma garota levou um soco no olho, mas saiu da ambulância e voltou para a plateia.

Após o show, os Beatles correram para os carros que os aguardavam e foram diretamente para o aeroporto, de onde partiriam para Detroit. Policiais ficaram de guarda no quarto do hotel onde o grupo se hospedou, para impedir que os fãs o destruíssem, a fim de levar alguma lembrança dos Beatles.

6 de setembro
– *Olympic Stadium, em Detroit, Michigan*. Os Beatles fazem dois shows na cidade da gravadora Motown.

7 de setembro
– *Maple Leaf Gardens, em Toronto, Canadá*. Os Beatles chegam à cidade em seu Elektra fretado e pousam no terminal do antigo aeroporto. As primeiras pessoas a entrarem no avião foram duas enfermeiras da imigração que só estavam interessadas em conseguir autógrafos. Em seguida, veio outro oficial da imigração com a mesma intenção. "Não gostamos que funcionários públicos nos peçam autógrafos. Normalmente, são os policiais que fazem nossa segurança, jornalistas ou parentes dos promotores de evento que fazem isso", declarou George a um repórter do jornal *Toronto Daily Star*.

Os Beatles quase não conseguiram chegar ao King Edward Hotel. A camisa de Paul foi completamente rasgada: **"Pensei que minha hora tinha chegado, mas um policial brutamontes me levantou e me jogou dentro do elevador"**.

Ringo: Nós nos separamos de John e George ao entrarmos, mas os policiais foram muito competentes".

John: "A mais bela paisagem do país é aquela vista sobre o ombro de um policial".

Para levá-los ao local do show, a polícia colocou-os em um camburão e saiu pelos fundos do hotel, conseguindo, assim, ludibriar os fãs. Paul contou a um repórter do *Daily Star* que eles haviam se divertido fazendo mímicas para um grupo de secretárias que estava no prédio do National Trust, em frente do hotel. **"Normalmente não olhamos pelas janelas, porque as fãs ficam malucas, mas ficamos espantados de ver aquelas garotas trabalhando em pleno feriado do Dia do Trabalho e resolvemos acenar alegremente para elas."**

– O jornal também publicou outro artigo com o seguinte título: "Loura dos Beatles esnoba prefeito":

"O prefeito Philip Givens não conseguiu encontrar-se com os Beatles. Às 13h30 de hoje, o prefeito e sua esposa foram ao hotel onde os músicos estão hospedados para uma visita de cortesia. De acordo com suas palavras, foram 'recepcionados de forma muito indelicada'. Ao baterem à porta, uma loura os recebeu, pegou seu cartão de visitas e disse, 'Dois deles estão dormindo e os outros dois estão com parentes. Não é permitida a entrada de ninguém', e bateu a porta na minha cara'."

Houve 35.522 pagantes nos dois shows da noite, rendendo aos Beatles um cheque de 93 mil dólares. Aproximadamente 4 mil policiais, entre homens e mulheres, e membros da Real Polícia Montada do Canadá estavam em serviço no Maple Leaf Gardens, e uma área de cinco quadras ao redor do estádio foi bloqueada e patrulhada durante 12 horas antes da chegada do grupo.

O primeiro show deveria começar às 16h, mas os Beatles só apareceram no palco às 17h30, apresentados por Jungle Jay Nelson da rádio CHUM. De acordo com uma crítica ponderada do jornal *Toronto Telegram*: "Não há sexualidade explícita, tanto em sua *performance* de palco quanto em suas músicas. Os Beatles, obviamente, atraem pela sensualidade, mas ela está na cabeça das pessoas e não em qualquer atitude vulgar dos rapazes".

Entre as apresentações houve a habitual entrevista coletiva. Primeiramente os Beatles tiraram fotos com DJs locais, presidentes de fã-clubes e com a Miss Canadá e, em seguida, começaram as perguntas: **"A que horas você acorda de manhã?"**.

John: "Às duas da tarde".

Um repórter perguntou se ao fumar estavam dando um bom exemplo.

George: "Nós não damos exemplo".

Paul: "Por que deveríamos dar bons exemplos?".

Ringo: "Nós até bebemos".

Dizem que vocês atraem as garotas aflorando seu instinto materno...

John: "Isso é uma mentira deslavada".

Outro repórter indagou por que não gravavam todas as músicas que compunham.

Paul: "Inundar o mercado com discos não é uma boa estratégia. É lamentável o que fizeram nos Estados Unidos".

Quanto tempo vocês acham que os Beatles vão durar?

John: "Mais do que você".

O Furacão Dora

O show de 11 de setembro não teve grandes percalços, apesar da forte ventania decorrente do furacão tê-los despenteado e colocado em risco seus instrumentos enquanto tocavam. Alguns fãs tentaram invadir o palco após a última música, mas foram impedidos pela polícia e uma cerca de 1,8 metro. Apesar de 30 mil ingressos terem sido vendidos, apenas 23 mil pessoas assistiram ao show, pois as outras 7 mil, que vinham de outras cidades, não conseguiram chegar ao estádio, pois o furacão destruíra estradas e pontes. O presidente Johnson estava em Jacksonville vistoriando os danos causados pelo furacão, enquanto os Beatles se apresentavam. Pouco depois da meia-noite, o avião da banda partiu do Immerson Airport com destino a Boston. Os fãs não conseguiram descobrir qual era o itinerário do grupo, portanto, pela primeira vez em suas turnês, o aeroporto estava tranquilo.

8 de setembro
– The Forum, em Montreal, Quebec, Canadá. Vinte e um mil fãs assistem aos dois shows da banda. Após a apresentação, os Beatles foram de avião de Montreal para Jacksonville, na Flórida. Ringo, que normalmente não gostava de viajar de aviões, estava tão relaxado que deu início a uma guerra de travesseiros na primeira classe. De repente, ouviu-se uma voz vinda do alto-falante,

> "Vocês estão se comportando como **um bando de crianças**. Este avião está prestes a sofrer um **acidente**, caso não fiquem quietos em seus assentos. É de **extrema importância** que afivelem seus cintos de segurança..."

No mesmo instante, todos pararam, retornaram para seus lugares e apertaram os cintos de segurança. Então, Paul apareceu com um sorriso nos lábios, feliz por ter pregado uma peça em seus amigos.

9 de setembro
Por causa do furacão Dora, há uma mudança na rota do avião e ele pousa em Key West às 3h30. Apesar da hora, centenas de adolescentes os aguardavam para gritar boas-vindas.

11 de setembro
– Gator Bowl, em Jacksonville, Flórida. Após um dia de folga e bebidas em Key West, os Beatles finalmente vão para Jacksonville, onde passam por maus bocados para conseguir chegar ao estádio Gator Bowl. Após a coletiva de imprensa no George Washington Hotel, onde estavam hospedados, localizado no cruzamento da Julia Street e Monroe Street, 24 policiais demoraram 15 minutos para dominar 500 fãs que se encontravam na garagem do hotel, para que a banda pudesse sair do elevador e entrar na limusine que os levaria ao estádio. Os rapazes levaram 15 minutos para caminhar os 7,5 metros que os distanciavam do carro. Finalmente, batedores em motocicletas abriram caminho na multidão, e os Beatles conseguiram chegar ao seu trailer-camarim no estádio Gator Bowl às 19h15.

– Apesar da histeria das garotas, os Beatles se recusam a começar o show até que *cameramen* da TV e de noticiários do cinema deixem o estádio. Um filme dos Beatles tocando no palco era uma mercadoria preciosa e eles se recusaram a ir embora. Finalmente, Derek Taylor, em mangas de camisa, subiu ao palco, foi até o microfone e deu um ultimato:

> "Os Beatles estão a **3 quilômetros** do estádio. Viajaram **milhares de quilômetros** para chegar até aqui. E a única coisa que os **impede** de estar com vocês são alguns *cameramen*".

E complementou dizendo que, além de tudo, os Beatles não recebiam *royalties* pelos filmes feitos para os noticiários de cinema.

Após a declaração de Derek Taylor, os capitães C. L. Raines e I. L. Griffein exigiram que as filmagens fossem interrompidas. Policiais detiveram oito *cameramen*, cobriram as lentes de seu equipamento com as mãos e os levaram para fora do estádio.

– Durante o voo, Derek Taylor conversou com um repórter do jornal *Florida Times-Union*, que publicou a seguinte nota: "Taylor se desculpou pelo incidente com os câmeras, mas disse que muito dinheiro estava envolvido e que, pela primeira vez em toda a história das turnês dos Beatles, teve de agir dessa forma". Em Detroit, os Beatles haviam anunciado que se recusariam a subir no palco em Jacksonville caso houvesse qualquer forma de segregação racial durante sua apresentação, pois haviam ouvido dizer que na Flórida os negros só podiam ocupar os assentos da galeria durante os shows. Sua declaração dizia:

"Não nos **apresentaremos,** a não ser que os **negros** possam se sentar **em qualquer lugar".**

Na realidade, ninguém pensara em segregar o público negro no show da banda.

-A música "I Don't Want To See You Again", de Peter & Gordon, composta por Paul McCartney, é lançada no Reino Unido pela Columbia (DB 7356).

12 de setembro
– *Boston Garden, em Boston, Massachusetts.*

13 de setembro
– *Civic Center, em Baltimore, Maryland.*
– Os Beatles hospedam-se no Holiday Inn, onde a polícia montada tem de ser chamada para controlar os fãs. No Civic Arena, duas garotas esconderam-se em uma grande caixa de papelão na qual estava escrito "Cartas do fã-clube dos Beatles", mas foram descobertas por um segurança que inspecionava todos os pacotes enviados para a banda.

14 de setembro
– *Civic Arena, em Pittsburgh, Pensilvânia.* O avião Lockheed Electra dos Beatles chega ao Greater Pittsburg Airport às 16h36, com meia hora de atraso. Lá havia 4 mil fãs histéricos, em sua maioria garotas,

O inspetor Carl Bare do Juizado de Menores de Cleveland interrompe o show.

algumas das quais os aguardavam desde às 9h. Quando o avião parou no Portão 16, as jovens começaram a gritar. Os organizadores não queriam correr nenhum risco, então seguranças particulares entraram no avião e levaram o grupo até a limusine que os esperava, partindo rapidamente, ladeados por policiais em motocicletas. Havia 120 policiais no aeroporto, dos quais 15 eram da polícia montada; um esquema de segurança mais complexo do que o usado para presidentes. Adolescentes esperavam ao longo da avenida Parkway West, só para ver os Beatles e sua comitiva passarem. Cinco mil fãs estavam em torno do estádio Civic Arena, onde os Beatles deram uma entrevista coletiva, após a qual fizeram uma refeição fornecida por um *buffet* antes de se apresentarem. O show teve um público pagante de 12.603 pessoas. A banda pagou 6.251 dólares de impostos municipais e 5.001 dólares de impostos federais.

15 de setembro
– *Public Hall, em Cleveland, Ohio.* Em Cleveland, os Beatles se hospedam no Sheraton – Cleveland, que, como de costume, foi invadido pelos fãs: uma garota de 11 anos apareceu com a chave roubada de um quarto, cuja diária custava 35 dólares; um garoto esconeu-se dentro de um pacote de um caminhão de entregas; um menor de idade tentou entrar no Kon Tiki Bar, dizendo que tinha uma reserva para uns drinques; e outra garota desmaiou na calçada do hotel, mas se recobrou a ponto de poder dizer que achava que o posto de pronto atendimento mais próximo ficava no hotel.

A polícia pediu ao grupo que permanecesse no andar onde aconteceria a coletiva de imprensa e não na suíte presidencial, pois muitos fãs sabiam que eles ficariam nesse quarto. Na Public Square, a praça em frente do hotel, o cordão policial só foi rompido quando os Beatles apareceram na janela e acenaram para a multidão. O limite de velocidade foi restrito a 1,6 quilômetro por hora, no caso de fãs se jogarem na frente dos carros que passavam. Mesmo assim, não houve congestionamentos na hora do *rush*. Pouco depois de os Beatles terem entrado em cena, uma massa de adolescentes começou a se aproximar do palco, arrastando com ela o cordão de policiais. Mais de 100 policiais tentaram, em vão, empurrar para trás a multidão, que estava cada vez mais próxima do palco, ameaçando a segurança da banda. O inspetor de polícia Michael Blackwell e seu assistente Carl C. Bare entraram em pânico e decidiram interromper o show.

Bare saiu correndo da coxia, entrou no palco, afastou os Beatles, pegou o microfone e berrou a plenos pulmões:

"Sentem-se! O show acabou!"

Os Beatles, entretanto, estavam no meio da música "All My Loving" e continuaram a tocar. Bare virou-se e andou na direção de John, que, em vez de parar de tocar, começou a dançar e fazer caretas. O inspetor Blackwell, enfurecido, entrou correndo no palco e fez um sinal para que o grupo saísse de cena, agarrou George pelo cotovelo e o levou para a coxia. O Beatle virou-se para o inspetor e protestou: **"Que diabos você acha que está fazendo? Tire as mãos de cima de mim"**.

Apesar do protesto dos fãs, a música parou e os Beatles lentamente saíram do palco. A cerca de aço veio abaixo, e Blackwell e Bare olharam fixamente para a multidão que os vaiava.

No camarim, os Beatles se queixaram com Art Schreiber, diretor de noticiários da rádio local KYW.

"Isso nunca aconteceu conosco", disse John, e continuou:

"Nunca interromperam nenhum de nossos shows. Esses policiais são um bando de amadores".

Na coxia, Brian, sempre muito diplomático, tomou o partido dos policiais. **"A polícia fez o que tinha de ser feito. Isso nunca aconteceu, mas desde o início estava claro que havia alguma coisa muito errada. O entusiasmo da plateia começou cedo demais"**.

Depois de um atraso de dez minutos e de um sermão na plateia, Blackwell permitiu que o show continuasse, sob a condição de que todos ficassem em seus lugares e que as luzes do estádio permanecessem acesas. Derek Taylor pediu ao público que não saísse de seus lugares e os fãs começaram a gritar sem parar, **"NÃO SE LEVANTEM, NÃO SE LEVANTEM, NÃO SE LEVANTEM"**. As cortinas se abriram novamente, o grupo continuou do ponto em que havia parado e o restante do show correu tranquilamente.

Pouco depois, Blackwell daria a seguinte declaração: **"Eu não culpo a garotada, pois eles são jovens e não se pode esperar que se comportem como adultos. Também não culpo os Beatles – não há nada de errado com seu show, mas, caso não o tivéssemos interrompido, muitas pessoas poderiam ter se machucado seriamente. Na correria da entrada, uma menina foi derrubada e quase pisoteada por 300 jovens"**. Uma garota foi pisoteada, mas sofreu ferimentos leves, e outra desmaiou.

Após o show, 500 fãs dirigiram-se para a porta de acesso ao palco, mas os Beatles já haviam partido para o Cleveland Hopkins Airport, em um carro da polícia que usou rotas alternativas. A polícia havia preparado um esquema excelente para despistar os fãs. Um camburão circulou durante todo o dia entre o Sheraton-Cleveland Hotel e o Public Hall. Primeiramente, os fãs pensaram que o grupo estava dentro do carro, mas logo perceberam que era um truque e acabaram por ignorá-lo. Então, pouco antes do show, o camburão fez novamente o trajeto, dessa vez com os Beatles em seu interior, mas os fãs o ignoraram.

O Sheraton-Cleveland Hotel recusou-se a vender a roupa de cama que os Beatles haviam usado. **"Me pareceu uma ideia de extremo mal gosto"**, declarou o gerente.

16 de setembro
– *City Park Stadium, em Nova Orleans, Louisiana.*

O voo dos Beatles deveria pousar no New Orleans Lakefront Airport, de onde partiriam de helicóptero até o Congress Inn, o hotel onde ficariam hospedados. Entretanto, não foi isso o que aconteceu. Como houve uma avaria em um dos pneus do helicóptero, limusines foram contratadas e, por engano, os motoristas dirigiram-se a Moisant Field, o aeroporto internacional de Nova Orleans. Por sorte, o avião dos Beatles aterrissou nesse aeroporto e eles entraram nas limusines e partiram, acompanhados de carros de polícia com sirenes e luzes de alerta ligadas às 3h da manhã. Infelizmente, o carro dos Beatles se separou do comboio e seguiu uma rota diferente. Havia centenas de fãs esperando-os perto do hotel em uma rua que fazia parte da rota oficial da banda. Ao verem a limusine aproximar-se sem nenhuma proteção, os fãs cercaram o carro e começaram a gritar histericamente.

A polícia logo chegou e obrigou a multidão a se afastar, mas, quando o carro dos Beattles deu marcha à ré, bateu em um carro de patrulha de Kenner, felizmente sem causar muitas avarias. Quando os Beatles

O show em Kansas

Dezessete de setembro deveria ter sido um dia de folga para o grupo, mas, depois de ter visto a incrível recepção que a banda teve em todas as cidades onde se apresentou, Charles O. Finley, um rico promotor local, procurou Brian Epstein e ofereceu-lhe 100 mil dólares para que a cidade de Kansas fosse incluída na turnê. Brian perguntou aos Beatles se eles se importariam em fazer o show, e sem pestanejar responderam, 'O que você achar melhor, Brian'. O empresário recusou a oferta apesar da altíssima cifra para a época. Entretanto, para Finley, era uma questão de orgulho cívico incluir sua cidade na turnê, e estava determinado a fazê-lo. Ofereceu, então, 150 mil dólares, quantia jamais recebida por nenhum artista americano, investimento que ele dificilmente conseguiria recuperar. O estádio, com capacidade para 41 mil pessoas, recebeu somente 20.280 pagantes. Finley, que também era dono do time de baseball Kansas City Athletics, perdeu entre 50 e 100 mil dólares com o patrocínio do show. Mesmo assim, ainda doou 25 mil dólares ao Mercy Hospital e declarou: "Eu não considero que o show tenha sido uma perda. Os Beatles foram trazidos aqui para a alegria dos jovens dessa região e tê-los assistido na noite passada foi uma diversão e tanto. Estou muito satisfeito. O hospital recebeu 25 mil dólares. O hospital ganhou, e eu ganhei ainda mais, por ter podido ajudar tanto o hospital quanto os jovens". Um funcionário do Kansas Athletics disse que 28 mil ingressos teriam de ter sido vendidos para que não houvesse nenhum prejuízo. Os Beatles chegaram a Kansas às 2h, sob forte chuva. No aeroporto, cerca de 100 fãs aguardavam atrás de uma muralha de policiais encharcados. George escorregou na pista molhada enquanto caminhava até a limusine que os levaria ao hotel Muehlebach Towers. Os Beatles ficaram hospedados na cobertura no 18º andar, cuja diária custava 100 dólares. Foram necessários sete carregadores para levar as 200 malas dos Beatles e sua comitiva. Uma atriz de Kansas enviou para a suíte da banda uma peça do famoso presunto do Missouri, uma garrafa de sidra, uma torta recheada com carne moída e especiarias, e um melão.
Os Beatles presentearam a plateia acrescentando "Kansas City/Hey – Hey – Hey – Hey" ao seu repertório. Os fãs locais adoraram. A empolgação foi tamanha que o espetáculo teve de ser interrompido, sob a ameaça de ser cancelado caso o público não se acalmasse. A plateia obedeceu e assim os Beatles puderam continuar a tocar.
O Muehlebach Towers vendeu a roupa de cama usada pela banda – 16 lençóis e oito fronhas – para um morador de Chicago por 750 dólares.

---

finalmente chegaram ao hotel, passaram correndo pela recepção e pela lavanderia até conseguirem chegar ao quarto: uma suíte com três aposentos.
– Quarto 100. Às 4h, a maior parte da multidão já havia se dispersado, dois dos Beatles dormiam, enquanto os outros dois preparavam algo para comer.
Durante o show no estádio, 700 adolescentes saíram da plateia e tentaram romper as barreiras que os mantinham longe do palco. Foram necessários 225 policiais de Nova Orleans e mais de 20 minutos para que a ordem fosse restaurada. A polícia montada patrulhava a área em torno do palco, enquanto os fãs que haviam invadido o campo de futebol eram levados para um dos cantos do estádio e mantidos afastados por um cordão de isolamento. Mais de 200 pessoas desmaiaram e foram reanimadas por substâncias aromáticas, e uma garota quebrou o braço, mas se recusou a ser levada ao hospital até que o show terminasse.

17 de setembro
– *Municipal Stadium, em Kansas City, Missouri.*

18 de setembro
– *Memorial Coliseum, em Dallas, Texas.* O palco de Dallas era três vezes mais alto do que o normal, portanto, Ringo ficou a 4 metros e meio acima do chão. Antes do show, houve a tradicional coletiva de imprensa, cujos participantes eram, em sua maioria, garotas de 13 anos que trabalhavam em estações de rádio das quais nunca se ouvira falar. Perguntaram a Ringo sobre as jovens que se ajoelhavam e comiam a grama sobre a qual os Beatles passavam. **"Espero que não tenham uma indigestão"**, respondeu Ringo. Um dos presentes pediu a Paul que telefonasse ao Methodist Hospital para dizer algumas palavras de incentivo para Cheryl Howard, uma menina de 10 anos que havia sido atropelada por um motorista que fugira do local sem socorrê-la e que estava entre a vida e a morte. **"É uma pena que você não possa estar conosco no show dessa noite"**, disse ele à menina.
A banda se hospedou no hotel Cabana, onde houve as características cenas de histeria, com fãs se atirando em uma fonte ao encontrar todas as portas do hotel trancadas. Quando o grupo voltou ao hotel, saíram do carro, mas foram impedidos de entrar pelos fundos por causa da multidão que bloqueava o acesso. George levou uma pancada e caiu de joelhos; Ringo quase foi ao chão, mas conseguiram passar pelos fãs. Durante a confusão, uma garota foi empurrada contra uma porta de vidro e sofreu sérios ferimentos na face, e vários fãs se machucaram. Após o show, os Beatles foram diretamente para o aeroporto Dallas Love Field, de onde partiram às 23h08 rumo a um rancho no Missouri onde poderiam descansar.

19 de setembro
– A instituição de caridade Oxfam imprime meio milhão de cartões de Natal desenhados por John Lennon.

20 de setembro
– *Paramount Theater, na Broadway, Nova York.* O show é anunciado como "An Evening With The Beatles", com a participação do casal de cantores Steve Lawrence & Edie Gorme. Esse foi um dos poucos shows beneficentes feitos pela banda. O espetáculo em prol da United Cerebral Palsy Fund de Nova York, uma instituição para vítimas

de paralisia cerebral, foi assistido por 3.682 pessoas que pagaram 100 dólares por ingresso. Ed Sullivan foi ao camarim dos rapazes, onde Gloria Steinham estava escrevendo uma matéria para a revista *Cosmopolitan*. Bob Dylan e seu empresário Albert Grossman foram com os Beatles até o hotel onde estavam hospedados, o Riviera Motel, perto do Kennedy Airport, de onde partiriam no dia seguinte de manhã. Brian Epstein acusou o assessor de imprensa, Derek Taylor, de ter levado embora a limusine do empresário, que estava estacionada fora do teatro, e o chamou de "desprezível". Derek educadamente pediu demissão não só como assessor de imprensa dos Beatles, mas também como secretário particular de Brian. Ele trabalhou ainda por mais três meses, treinando seu sucessor e, no futuro, viria a se tornar o diretor de assessoria de imprensa da Apple.

21 de setembro
O voo dos Beatles, BA 510, pousa no Heathrow Airport às 21h30, onde milhares de fãs estavam reunidos no topo de um dos terminais para saudá-los. Antes de sua chegada, músicas da banda eram tocadas por todo o terminal, ao mesmo tempo que os voos eram anunciados.
– A música "I Don't Want To See You Again", de Peter & Gordon, composta por Paul McCartney, é lançada em compacto nos Estados Unidos pela Capitol (5272).

24 de setembro
– Ringo abre a empresa de construção Brickey Building Company Limited, a fim de poder oferecer serviços de construção e decoração de qualidade, para ele e para seus companheiros de banda.

27 de setembro
– *Prince of Wales Theatre, em Londres*. Ringo é um dos jurados do final do concurso de música The National Beat Group Competition, evento beneficente em prol da Oxfam. A segunda parte do show foi transmitida ao vivo pela BBC2 com o nome *It's Beat Time*. Paul e Jane foram à festa de comemoração do primeiro aniversário da banda The Pretty Things.

29 de setembro
– *Abbey Road*. Os Beatles trabalham as músicas "Every Little Thing", "I Don't Want To Spoil The Party" e "What You're Doing".

30 de setembro
– *Abbey Road*. Os Beatles finalizam "Every Little Thing" e, em seguida, continuam a trabalhar em "What You're Doing" e "No Reply".

1º de outubro
– Paul assiste a *007 Contra Goldfinger*, que havia sido lançado recentemente.
– Alf Bicknell começa a trabalhar como motorista particular dos Beatles, função que exerceu até agosto de 1966, quando a banda parou de fazer turnês.

2 de outubro
– *Granville Theatre, em Fulham*. A banda ensaia sua participação em *Shindig*, programa de TV de Jack Good, exibido nos Estados Unidos.
– Nessa noite, Paul assiste à sessão de gravação de Alma Cogan e participa da faixa "I Knew Right Away" (a música do lado B do compacto *It's You*), tocando pandeiro.

3 de outubro
O programa *Shindig* é transmitido ao vivo direto do Granville Theatre, em Fulham. Os Beatles tocaram "Kansas City/Hey – Hey – Hey – Hey", "I'm A Loser" e "Boys" diante de uma animada plateia composta por membros de seu fã-clube e encerraram o programa com a banda The Karl Denver Trio.
6 de outubro
– *Abbey Road*. Os Beatles chegam ao estúdio pouco depois das 14h30. Durante toda a sessão, que terminou às 19h, gravaram "Eight Days A Week". Em seguida, John apresentou ao grupo sua nova composição, "I Feel Fine".
Após a gravação, John, Paul e Ringo foram ao bar Ad Lib, onde se encontraram com Cilla Black, Mick Jagger e as Ronettes.
7 de outubro
– O programa *Shindig* é televisionado pela ABC TV nos Estados Unidos.
8 de outubro
Pela manhã, Ringo faz seu teste de motorista na cidadezinha de Enfield, para evitar o assédio do público, sendo aprovado logo na primeira tentativa. (Ele já havia dirigido um Ford Zephyr em Liverpool, certamente sem a carteira de motorista.)
– *Abbey Road*. Os Beatles gravam no Estúdio 2 "She's A Woman", de Paul McCartney.
9 de outubro
Gaumont Cinema, em Bradford, Inglaterra. Início da turnê de quatro semanas dos Beatles pelo Reino Unido. Eles chegaram em Bradford com duas horas de atraso em virtude do tráfego intenso e dos policiais na rodovia A1, que fizeram sinal para que parassem a fim de pedirem autógrafos. Além dos Beatles, faziam parte da programação The Rustiks, Sounds Incorporated, Michael Haslam, The Remo Four, Tommy Quickly e Mary Wells. O apresentador era Bob Bain. O repertório do quarteto era composto por "Twist And Shout", "Money (That's What I Want)", "Can't Buy Me Love", "Things We Said Today", "I'm Happy Just To Dance With You", "I Should Have Known Better", "If I Fell", "I Wanna Be Your Man", "A Hard Day's Night" e "Long Tall Sally". Sessenta policiais fizeram a segurança do palco e havia 40 bombeiros, 60 ambulâncias e enfermeiros a postos para socorrer as fãs que necessitassem de atendimento. Do lado de fora do teatro, a multidão era controlada pela polícia montada de Wakefield. Poucas pessoas foram detidas e apenas um rojão foi lançado.
O grupo passou a noite no hotel Raggles Inn, em Queensbury, comemorando o aniversário de 24 anos de John, antes de partirem para Leichester, na manhã seguinte.
10 de outubro
– Ringo passa boa parte do dia procurando um carro para comprar. Finalmente, opta por um Facel-Vega, que testara dirigindo-o a 220 quilômetros por hora na rodovia M1.
– À noite a banda se apresentou no De Montfort Hall, em Leicester, Inglaterra (turnê no Reino Unido).

Os atores Richard Chaimberlain (à esquerda), Raymond Massey e Anne Baxter imitam os Beatles no set de gravação da série de TV americana, Dr. Kildare.

– A imprensa especializada divulga que o próximo disco dos Beatles será um álbum de capa dupla, trazendo uma foto da banda sob o Arco do Triunfo, à noite, segurando fósforos acesos abaixo do queixo. Entretanto, tudo não passa de um boato.
11 de outubro
– The Odeon Cinema, em Birmingham, Inglaterra (turnê no Reino Unido).
12 de outubro
O álbum *Songs, Pictures and Stories of the Fabulous Beatles* é lançado nos Estados Unidos pela Vee Jay (VJLP 1092).
Lado A: "I Saw Her Standing There", "Misery", "Anna (Go To Him)", "Chains", "Boys", "Ask Me Why";
Lado B: "Please Please Me", "Baby, It's You", "Do You Want To Know A Secret", "A Taste Of Honey", "There's A Place", "Twist And Shout".
13 de outubro
– The ABC Cinema, em Wigan, Inglaterra (turnê no Reino Unido).
14 de outubro
O grupo passa o dia nos estúdios da Granada Television, em Manchester, onde dublam "I Should Have Known Better" e dão uma entrevista para o programa *Scene at 6:30*.
– The ABC Cinema, em Ardwick, Manchester (turnê no Reino Unido). Nos bastidores, os Beatles são entrevistados por David Tindall da revista *Look North* da BBC 1.
15 de outubro
– The Globe Theatre, em Stockton-on-Tees, Inglaterra (turnê no Reino Unido).
– O grupo dá uma entrevista para a Tyne Tees Television, que seria exibida no programa *North-East Newsview*.
16 de outubro
– The ABC Cinema, em Hull, Inglaterra. (turnê no Reino Unido)
– O compacto *If I Fell/Tell Me Why* é lançado na Europa pela Parlophone (DP 562). (Algumas centenas de cópias vieram a ser lançadas acidentalmente no Reino Unido em 29 de janeiro de 1965.)
– A participação dos Beatles no *Scene At 6:30* é exibida pela Granada TV.
– A entrevista dos Beatles no programa *North-East Newsview* é transmitida pela Tyne Tees Television.
17 de outubro
– O grupo pega a estrada de Hull para Londres.
18 de outubro
– Abbey Road. A banda finaliza "Eight Days A Week" e, em seguida, trabalha em "Kansas City/Hey – Hey – Hey – Hey", seguida de "Mr Moonlight", "I Feel Fine" e "I'll Follow The Sun", de Paul. George canta "Everybody's Trying To Be My Baby", de Carl Perkins, e, na sequência, todos tocam "Rock And Roll Music" e "Words Of Love".
19 de outubro
– O grupo vai de carro de Londres a Edimburgo, na Escócia, para se apresentar no ABC Cinema (turnê no Reino Unido).
20 de outubro
– Caird Hall, em Dundee, Escócia. (turnê no Reino Unido)
June Shields, do programa *Grampian Week*, da emissora Grampian Television, vai ao camarim entrevistar os Beatles.
21 de outubro
– Odeon Cinema, em Glasgow, Escócia (turnê no Reino Unido).
22 de outubro
– Odeon Cinema, em Leeds, Inglaterra (turnê no Reino Unido).
23 de outubro
– O grupo volta para Londres para se apresentar no Gaumont State Cinema, em Kilburn (turnê no Reino Unido).
– A entrevista da banda no Caird Hall para o programa *Grampian Week* vai ao ar pela Grampion Television.
24 de outubro
– Os Beatles participam de uma coletiva de imprensa para anunciar o lançamento de seu próximo compacto: *I Feel Fine/She's A Woman*.
– Granada Cinema, em Walthamstow, Londres (turnê no Reino Unido).
25 de outubro
– Hippodrome Theatre, em Brighton, Inglaterra (turnê no Reino Unido).
26 de outubro
– Abbey Road. Durante a manhã, o grupo ouve as canções que já haviam sido gravadas. À tarde, Ringo grava o vocal de "Honey Don't", e à noite a banda grava parte do material do *flexi-disc* de Natal.
Em seguida, Paul e Ringo foram com Jane e Maureen ao Ad Lib Club.
28 de outubro
– ABC Cinema, em Exeter, Inglaterra (turnê no Reino Unido). Como era aniversário de 36 anos de Alf Bicknall, o motorista particular dos rapazes, eles o levaram para uma noitada na cidade.
29 de outubro
– ABC Theatre, em Plymouth, Inglaterra (turnê no Reino Unido).
30 de outubro
– Gaumont Theatre, em Bournemouth, Inglaterra (turnê no Reino Unido).
– O compacto *It's You/I Knew Right Away* de Alma Cogan, com participação de Paul no pandeiro, é lançado no Reino Unido pela Columbia (DB 7390).
31 de outubro
– Gaumont Theatre, em Ipswich, Inglaterra (turnê no Reino Unido).
1º de novembro
– Astoria Theatre, em Finsbury Park, Londres (turnê no Reino Unido).
2 de novembro
– Mais um show é acrescentado à turnê e os Beatles pegam um voo com destino ao Aldergrove Airport, para se apresentarem no King's Hall, em Belfast, na Irlanda do Norte.

3 de novembro
– Os Beatles voltam para Londres.
4 de novembro
– *Ritz Cinema, em Luton, Inglaterra* (turnê no Reino Unido).
Joe McGrath, produtor da BBC, foi aos bastidores para convidar John a participar do novo show de TV de Dudley Moore, o qual ainda não tinha nome, mas que viria a se chamar *Not Only... But Also*.
John já havia se encontrado com Dudley Moore em um estúdio e dissera: **"Acho legal o que você está fazendo e gostaria de fazer parte disso"**.
– O compacto duplo com algumas das músicas do filme *A Hard Day's Night* foi lançado no Reino Unido pela Parlophone (GEP 8920).
Lado A: "I Should Have Known Better", "If I Fell";
Lado B: "Tell Me Why", "And I Love Her".
5 de novembro
– *Odeon Cinema, em Nottingham, Inglaterra* (turnê no Reino Unido).
6 de novembro
– *Gaumont Cinema, em Southampton, Inglaterra* (turnê no Reino Unido).
– Em seu camarim, os Beatles dão uma entrevista a Tony Bilbow do programa *Day By Day*, da Southern Television, que seria exibida nessa mesma noite.
– O segundo compacto com músicas do filme *A Hard Day's Night* é lançado no Reino Unido pela Parlophone (GEP 8924).
Lado A: "Anytime At All", "I'll Cry Instead";
Lado B: "Things We Said Today", "When I Get Home".
7 de novembro
– *The Capitol Cinema, em Cardiff, País de Gales* (turnê no Reino Unido).
8 de novembro
– *Empire Theatre, em Liverpool* (turnê no Reino Unido).

9 de novembro
– *City Hall, em Sheffield, Inglaterra* (turnê no Reino Unido).
10 de novembro
– *Colston Hall, em Bristol, Inglaterra.* Último show da turnê no Reino Unido.
13 de novembro
– A CBS TV exibe *The Beatles In America* – a versão completa do documentário de Maysles Brothers, *Yeah, Yeah, Yeah! The Beatles On Tour*, sobre a turnê da banda nos Estados Unidos.
14 de novembro
– *Television Studios, em Teddington.* Os Beatles participam de um especial de *Thank Your Lucky Stars*, chamado *Lucky Stars Special*, gravado em sua homenagem. A banda dublou "I Feel Fine", "She's A Woman", "I'm A Loser" e "Rock And Roll Music".
Logo após a gravação, George e Paul foram para casa, e John e Ringo, para o Flamingo Club, no Soho, para assistir a Georgie Fame e The Blue Flames.
16 de novembro
– *Riverside Studios, em Londres.* Os Beatles gravam "I Feel Fine" e "I'm A Loser" para o *Top Of The Pops*, da BBC TV, apresentado por Brian Matthew; além de dublarem as músicas de seu novo compacto, I Feel Fine/ She's A Woman.
17 de novembro
– *Playhouse Theatre, em Londres.* Além de uma entrevista com Brian Matthew, os Beatles gravam várias músicas para o *Top Gear*, da BBC Light Programme: "I'm A Loser", "Honey Don't", "She's A Woman", "Everybody's Trying To Be My Baby", "I'll Follow The Sun" e "I Feel Fine".
20 de novembro
– John grava uma sequência surreal com Dudley Moore e Norman Rossington no parque Wimbledon Common, para acompanhar a leitura de seu livro *In His Own Write* no novo programa de Moore, *Not Only... But Also*, da BBC2.
21 de novembro
– O programa *Lucky Stars Special* é televisionado pela ABC Television.
23 de novembro
– *Wembley Studios.* Os Beatles se apresentam no programa *Ready Steady Go!* para divulgar seu novo disco. Dublam "I Feel Fine", "She's A Woman", "Baby's In Black" e "Kansas City/Hey Hey-Hey-Hey" e conversaram com o apresentador Keith Fordyse.
– O compacto *I Feel Fine/She's A Woman* é lançado nos Estados Unidos pela Capitol (5327).
– O álbum duplo *The Beatles' Story* é lançado nos Estados Unidos pela Capitol (STBO 2222), trazendo uma faixa gravada ao vivo no Hollywood Bowl, em 23 de agosto de 1964.
Lado A: "On Stage With The Beatles", "How Beatlemania Began", "Beatlemania in Action", "The Man Behind The Beatles – Brian Epstein", "John Lennon", "Who's A Millionaire?";

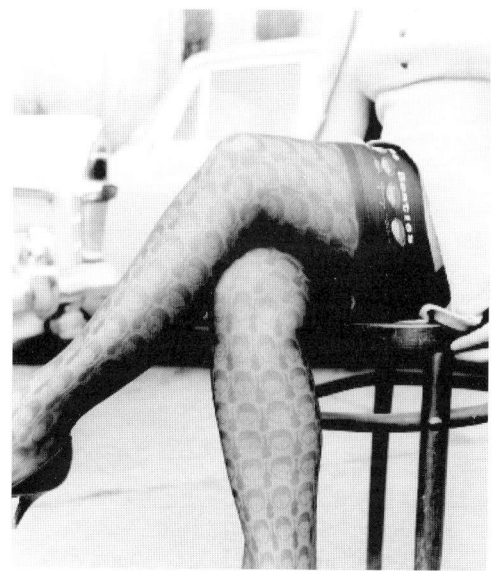

Meia-calça Beatles...

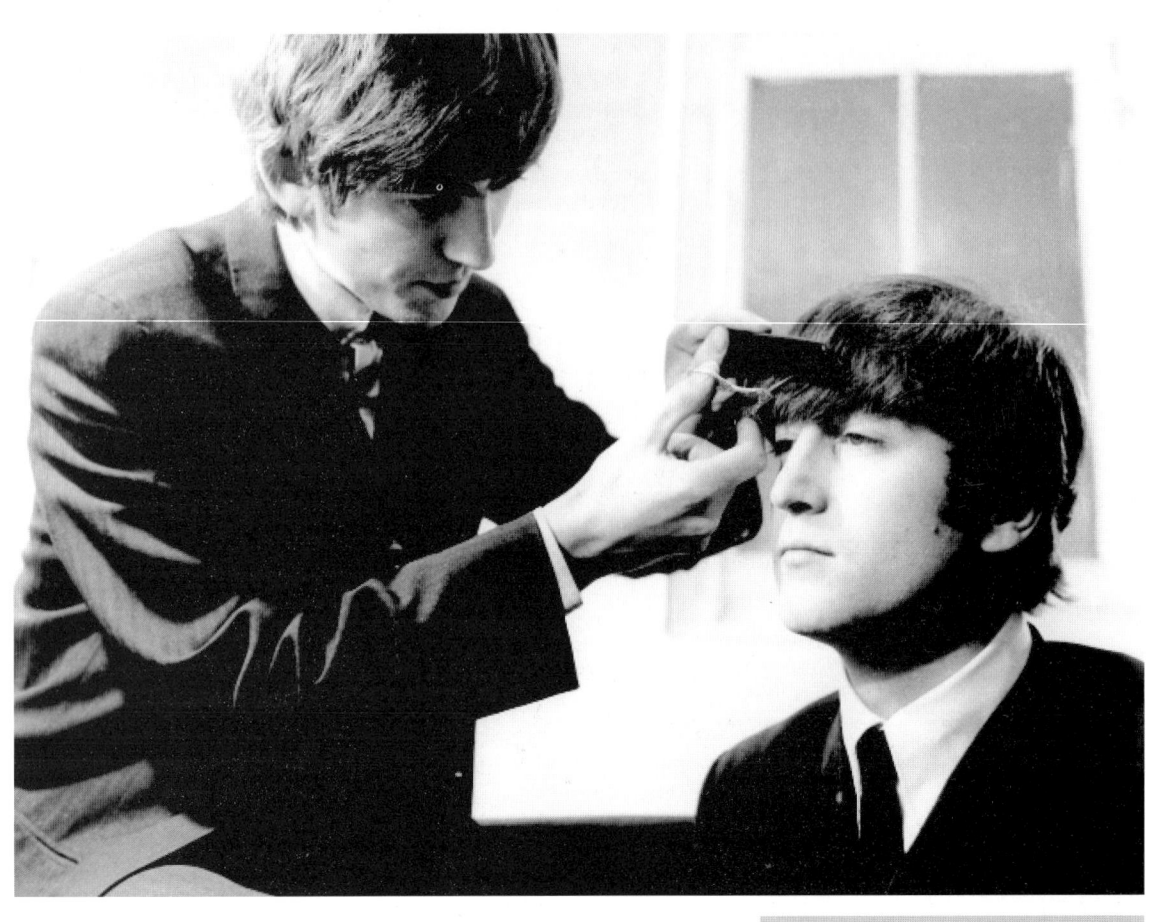

George arruma a franja de John pouco antes de subirem ao palco.

Lado B: "Beatles Will Be Beatles", "Man Behind The Music – George Martin", "George Harrison";
Lado C: "A Hard Day's Night – Their First Movie",
"Paul McCartney",
"Sneaky Haircuts and More About Paul";
Lado D: "Twist and Shout" (ao vivo), "The Beatles Look At Life",
"Victims Of Beatlemania",
"Beatle Medley", "Ringo Starr", "Liverpool And All The World".

24 de novembro
– Paul comparece ao casamento de seu pai James, de 62 anos, com Angela Willians, de 35.

25 de novembro
– Os Beatles gravam um especial para o feriado de 26 de dezembro, que seria apresentado no *Saturday Club*, da BBC Light Programme. O repertório era composto por seis canções: "Rock And Roll Music", "I'm A Loser", "Everybody's Trying To Be My Baby", "I Feel Fine", "Kansas City/Hey-Hey-Hey- Hey" e "She's A Woman", mas, com exceção de "Rock And Roll Music" e "Kansas

Another Beatles' Christmas Show

O evento foi apresentando por Jimmy Savile, que levou alguns fãs dos Beatles ao camarim da banda antes da apresentação. O show foi aberto com a música "Yeah, Yeah!", de Georgie Fame, tocada pela banda Mike Cotton Sound. Michael Haslem – um protegido de Brian Epstein que não fez sucesso – juntou-se ao grupo e cantou "Scarlet Ribboms". Em seguida, vieram os Yardbirds e, logo após, os Beatles fizeram um esquete, vestidos de exploradores da Antártida, em busca do abominável homem das neves, apresentado por Ray Fell, de Liverpool. Freddie e The Dreamers fecharam a primeira parte do show, tocando "Rip It Up", "Bachelor Boy" e "Cut Across Shorty".

Elkie Brooks abriu a segunda metade do show, seguida do Sounds Incorporated e, finalmente, Jimmy Savile apresentou os Beatles, vestidos com ternos de mohair azuis, que cantaram "She's A Woman", com Paul no vocal; John apresentou "I'm A Loser"; George, "Everybody's Trying To Be My Baby"; e John e Paul fizeram um dueto para "Baby's In Black". Ringo cantou "Honey Don't" seguido de John em "A Hard Day's Night" e, então, todos tocaram o último *hit* da banda, "I Feel Fine", encerrando o show com "Long Tall Sally". Os desenhos na frente e no verso do programa eram de John.

City", as versões de todas as outras foram gravadas anteriormente. Há duas hipóteses para o ocorrido: realmente apenas duas músicas foram gravadas nesse dia, ou as novas versões deixaram a desejar. Também fez parte do show um bate-papo animado com Brian Matthew.

27 de novembro
– O compacto *I Feel Fine/She's A Woman* é lançado no Reino Unido pela Parlophone (R 5200).
– A apresentação dos Beatles no *Ready Steady Go!* é exibida pela Rediffusion.

28 de novembro
– Chris Hutchins visita John em Kenwood para gravar uma entrevista que seria transmitida no programa *Teen Scene* da BBC Light Programme.
– Em seguida, John e Cynthia vão fazer compras de Natal em Londres.

29 de novembro
– John lê alguns trechos de seu livro *In His Own Write* no programa *Not Only... But Also*, de Dudley Moore, da BBC2. E estava visivelmente pouco à vontade, mas o gelo logo foi quebrado com as brincadeiras de Moore e Rossington.
– Após o programa, John e George tomaram alguns drinques e depois foram ao Crazy Elephant, onde passaram a noite na companhia de dois músicos da banda The Miracles.
– A entrevista de Chris Hutchin com John vai ao ar no *Teen Scene*, da BBC Light Programme.

30 de novembro
– Ringo dá uma entrevista para a revista *Melody Maker* sobre sua futura operação para retirada das amígdalas.
Enquanto estava no escritório da revista, viu que "I Fell Fine" chegara ao primeiro lugar das paradas de sucessos.

1º de dezembro
– Ringo interna-se no University College Hospital para a cirurgia, onde deu uma rápida entrevista coletiva antes de ir para o quarto.

2 de dezembro
– Ringo é operado e lhe são enviados uma vitrola e alguns discos.

3 de dezembro
– Ringo continua internado, mas passa bem e se recupera rapidamente da cirurgia.
– O *Top Of The Pops* da BBC, com os Beatles dublando as músicas do novo compacto, vai ao ar.

4 de dezembro
– O álbum *Beatles For Sale* foi lançado no Reino Unido pela Parlophone (PCS 3062).
Lado A: "No Reply", "I'm A Loser", "Baby's In Black", "Rock And Roll Music", "I'll Follow The Sun", "Mr Moonlight", "Kansas City/Hey-Hey-Hey-Hey";
Lado B: "Eight Days A Week", "Words Of Love", "Honey Don't", "Every Little Thing", "I Don't Want To Spoil The Party", "What You're Doing", "Everybody's Trying To Be My Baby".
– Muitas das faixas eram músicas antigas que os Beatles costumavam tocar no The Cavern e em Hamburgo.

John: As músicas desse LP são **diferentes** de **qualquer coisa** que já tenhamos feito antes, e ele **poderia** até ser chamado de **"Beatles Country"**.

8 de dezembro
– George vai visitar Ringo, causando problemas para a segurança que tenta impedir que as fãs entrem no hospital.
– O jornal *The Daily Express* publica uma nota dizendo que Paul anunciara que iria se casar com Jane Asher.

9 de dezembro
– George e Patti vão a Bahamas descansar antes das apresentações do *The Beatles' Christmas Show*.
– Paul vai visitar Ringo no hospital, atraindo um número ainda maior de repórteres e fãs.

10 de dezembro
– Ringo, finalmente, recebe alta.

15 de dezembro.
– O álbum *Beatles' 65* é lançado nos Estados Unidos pela Capitol (ST 2228).
Lado A: "No Reply", "I'm A Loser", "Baby's In Black", "Rock And Roll Music", "I'll Follow The Sun", "Mr Moonlight";
Lado B: "Honey Don't", "I'll Be Back", "She's A Woman", "I Feel Fine", "Everybody's Trying To Be My Baby".

18 de dezembro
– O *flexi-disc Another Beatles' Christmas Record* é distribuído gratuitamente para o fã-clube da banda.

19 de dezembro
– George e Patti voltam de Nassau.

20 de dezembro
– Brian Epstein compra uma propriedade em Chapel Street, n. 24, em Belgravia, Londres.

21 de dezembro
– Primeiro dia de ensaios para o show de Natal, *Another Beatles' Christmas Show,* no Hammersmith Odeon, em Londres.

22 de dezembro
– O elenco completo de *Another Beatles' Christmas Show* ensaia no palco do Hammersmith Odeon.
– Durante o intervalo dos ensaios, Jimmy Savile (que também participava do show) grava uma rápida entrevista com o grupo para o *Top Of The Pops '64 Christmas Show,* da BBC.

23 de dezembro
– Ensaios para o especial de Natal.

24 de dezembro
– Hammersmith Odeon, em Londres. Estreia do *Another Beatles' Christmas Show,* com duas apresentações por noite.
– A gravação dos Beatles de *A Hard Day's Night* feita em julho é exibida no *Top of The Pops '64* da BBC TV.

26 de dezembro
– Hammersmith Odeon, em Londres: *Another Beatles' Christmas Show.*

28 de dezembro
– *Hammersmith Odeon, em Londres: Another Beatles' Christmas Show.*

29 de dezembro
– *Hammersmith Odeon, em Londres: Another Beatles' Christmas Show* (Nesse dia houve apenas uma apresentação).

30 de dezembro
– *Hammersmith Odeon, em Londres: Another Beatles' Christmas Show.*

31 de dezembro
– *Hammersmith Odeon, em Londres: Another Beatles' Christmas Show.*

– Após o show, Paul, Jane, George e Patti vão à festa de *Réveillon* oferecida por Norman Newell, produtor da EMI, em seu apartamento em Londres.

1965

1º de janeiro
– Hammersmith Odeon, em Londres. Another Beatles' Christmas Show.

2 de janeiro
– Hammersmith Odeon, em Londres. Another Beatles' Christmas Show.

4 de janeiro
– Hammersmith Odeon, em Londres. Another Beatles' Christmas Show.

5 de janeiro
– Hammersmith Odeon, em Londres. Another Beatles' Christmas Show.

6 de janeiro
– Hammersmith Odeon, em Londres. Another Beatles' Christmas Show.

7 de janeiro
– Hammersmith Odeon, em Londres. Another Beatles' Christmas Show.

8 de janeiro
– Hammersmith Odeon, em Londres. Another Beatles' Christmas Show.
– Após a apresentação, os Beatles são convidados para uma visita exclusiva ao Boat Show, no centro de exposições Earl's Court Exhibition Hall, perto do Odeon. À meia-noite, os rapazes se divertiam remando um bote de borracha em um lago artificial e praticando modelismo náutico.

> Na página seguinte: Paul e Richard Lester, diretor de A Hard Day's Night e Help.

9 de janeiro
– Hammersmith Odeon, em Londres. Another Beatles' Christmas Show.
– O álbum *Beatles '65* chega ao topo das paradas nos Estados Unidos.
– John lê alguns trechos de seu livro *In His Own Write* no programa de Duddley Moore, *Not Only... But Also*, da BBC 2.

11 de janeiro
– Hammersmith Odeon, em Londres. Another Beatles' Christmas Show.

12 de janeiro
– Hammersmith Odeon, em Londres. Another Beatles' Christmas Show.

13 de janeiro
– Hammersmith Odeon, em Londres. Another Beatles' Christmas Show.

14 de janeiro
– Hammersmith Odeon, em Londres. Another Beatles' Christmas Show.

15 de janeiro
– Hammersmith Odeon, em Londres. Another Beatles' Christmas Show.
– Após o espetáculo, Ringo e George vão a uma festa oferecida pelo jornalista Bob Dawbarn, da revista *Melody Maker*.

16 de janeiro
– Hammersmith Odeon, em Londres. Another Beatles' Christmas Show.

25 de janeiro
– John e Cynthia viajam para os Alpes, onde se encontram com George Martin e sua futura esposa, Judy Lockhart-Smith, para uma breve temporada de esqui.

27 de janeiro
– A editora musical Maclen é fundada, tendo John, Paul e Brian Epstein como diretores.

Ringo e Maureen

Ringo conhecera Maureen na época do The Cavern, quando começaram a namorar. "Agora são dois Beatles casados e dois solteiros – dois já se amarraram, faltam dois", comentou George. Após o casamento, foram para Hove, em Sussex, para uma breve lua de mel na casa de seu advogado David Jacobs, em Princess Crescent Street.

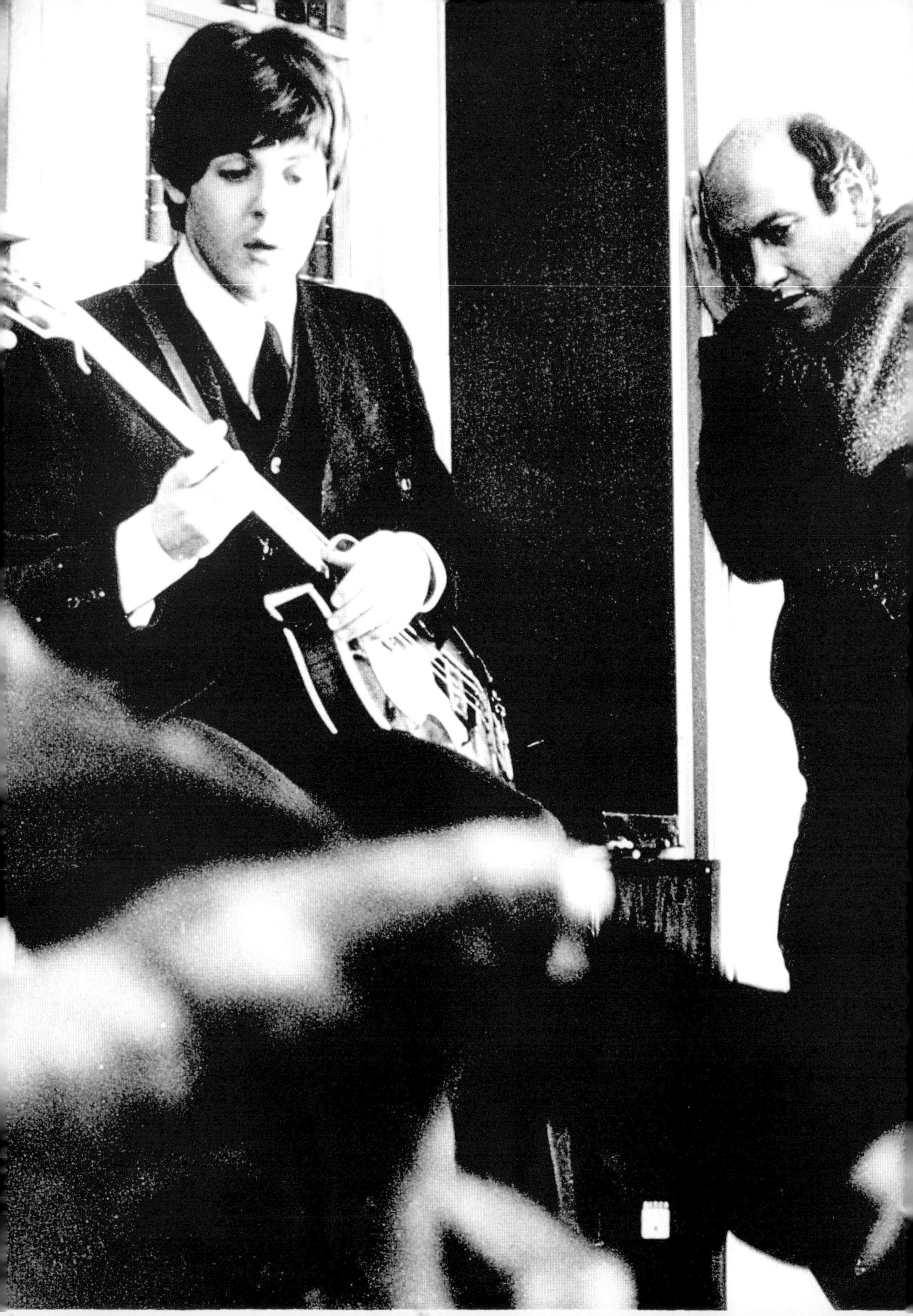

28 de janeiro
– George e Patti passam férias na Europa.
29 de janeiro
– O compacto *If I Fell/Tell Me Why*, destinado ao mercado internacional, é lançado no Reino Unido pela Parlophone (DP 562) por descuido dos representantes de vendas da EMI.
1º de fevereiro
– O compacto duplo *4 By The Beatles* é lançado nos Estados Unidos pela Capitol (R 5365).
Lado A: "Honey Don't", "I'm A Loser";
Lado B: "Mr Moonlight", "Everybody's Trying To Be My Baby".
3 de fevereiro
– Ringo e Maureen almoçam com Paul Getty Jr.
4 de fevereiro
– Paul e Jane vão passar férias em Hammamet, na Tunísia, em uma *villa* da Embaixada Britânica.
7 de fevereiro
– John e Cynthia, George Martin e Judy voltaram para a Inglaterra. George estava mancando, pois quebrara um dedo do pé na pista de esqui, logo no primeiro dia.
11 de fevereiro
– Ringo casa-se com Maureen Cox no cartório de Caxton, em Londres, na presença do escrivão Mr D. A. Boreham. John, George e Brian comparecem à cerimônia, mas Paul ainda estava no norte da África.
12 de fevereiro
– Ringo e Maureen dão uma entrevista coletiva nos jardins da casa de David Jacob.
14 de fevereiro
– Ringo e Maureen voltam da lua de mel.
– Paul e Jane voltam da Tunísia.
15 de fevereiro
– John é aprovado no teste de motorista que fez na cidadezinha de Weybridge pela manhã.
– *Abbey Road.* O grupo chega ao estúdio às 14h30 e passa a tarde gravando "Ticket To Ride", de John. Durante a sessão da noite, das 19h às 22h30, gravam "Another Girl", de Paul, e "I Need You", de George.

– O compacto *Eight Days A Week/I Don't Want To Spoil The Party* é lançado nos Estados Unidos pela Capitol (5371).
16 de fevereiro
– *Abbey Road.* Durante a tarde, os rapazes finalizam "I Need You" e "Another Girl". Das 17h às 22h, gravam "Yes It Is", de John, mas as coisas não correm como esperado. John fica insatisfeito com o resultado e sai esbravejando.
– Durante um intervalo das gravações, os Beatles receberam vários prêmios das mãos de *sir* Joseph Lockwood, presidente da EMI.
17 de fevereiro
– *Abbey Road.* Das 14h às 19h a banda grava "The Night Before", de Paul e, em seguida, começam a trabalhar na base de "You Like Me Too Much", de George, até às 23h.
18 de fevereiro
– *Abbey Road.* A banda chega ao estúdio às 10h e passa o resto da manhã trabalhando na mixagem do disco. À tarde, gravam "You've Got To Hide Your Love Away", de John.

Abaixo, primeira foto: O quarteto e Eleanor Bron partindo para Bahamas, em 22 de fevereiro. Segunda foto: Os Beatles na ilha de New Providence.

John: "Essa música foi composta para o filme *Help!* na minha **fase Bob Dylan**. Na **adolescência** eu escrevia poesia, sempre tentando esconder meus **verdadeiros sentimentos**".

À noite, Ringo grava "If You've Got Trouble", mas John e Paul, que haviam composto a música especialmente para Ringo, não gostam do resultado final e a faixa não é aproveitada. Durante o restante da sessão, a banda grava "Tell Me What You See", de Paul. Após a gravação, vão curtir a noite nos clubes da cidade.
– A editora musical Northern Songs abre seu capital na Bolsa de Valores.
19 de fevereiro
– *Abbey Road*. Os Beatles chegam ao estúdio mais tarde do que de costume. A gravação de "You're Going To Lose That Girl", de John, começa às 15h30 e termina às 18h30.
– À noite, a banda comparece a uma festa íntima oferecida em sua homenagem pelo presidente da EMI, *sir* Joseph Lockwood, no Connaught Hotel, em Carlos Place, Londres.
20 de fevereiro
– *Abbey Road*. Os Beatles chegam ao estúdio por volta do meio-dia e gravam "That Means a Lot", que não é lançada. A sessão termina às 18h para que pudessem fazer as malas para a viagem às Bahamas.
21 de fevereiro
– Os Beatles estão de malas prontas para a viagem.
22 de fevereiro
– O grupo chega ao Heathrow Airport e embarca para as Bahamas em um Boeing 707 fretado para dar início às filmagens de *Help!*. Mil e quatrocentos fãs foram ao aeroporto despedir-se da banda. Houve uma parada para reabastecimento em Nova York, mas eles não saíram do avião, apesar da insistência das autoridades da Imigração para que passassem pela Alfândega. Logo após a decolagem, acenderam seus baseados e não pararam de rir até a aterrissagem nas Bahamas, onde ficaram hospedados em uma casa nos jardins do luxuoso Balmoral Club perto de Cable Beach, uma das mais famosas praias das Bahamas.
23 de fevereiro
– Filmagem na ilha de New Providence, Bahamas.
24 de fevereiro
– Filmagem na ilha de New Providence, Bahamas. Os Beatles normalmente começavam a trabalhar às 8h30 e filmavam durante todo o correr do dia.
25 de fevereiro
– Filmagem na ilha de New Providence, nas Bahamas.

Acima, à direita: John nas Bahamas. Abaixo: Paul em Heathrow, em 11 de março.

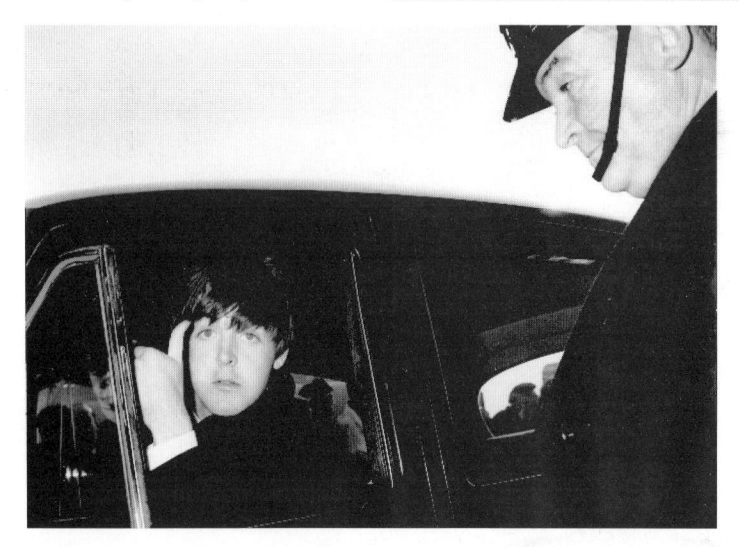

26 de fevereiro
– Filmagem na ilha de New Providence, Bahamas.
27 de Fevereiro
– Filmagem na ilha de New Providence, nas Bahamas.
28 de Fevereiro
– Filmagem na ilha de New Providence, Bahamas.
1-9 de março
– Filmagem na ilha de New Providence, Bahamas, onde trabalharam ininterruptamente, sem ao menos um dia de folga.

John: "A experiência mais humilhante foi sentar-me ao lado do prefeito das Bahamas durante as filmagens de *Help!* e ser insultado por aqueles **malditos burgueses desgraçados**, que faziam comentários sobre nosso **trabalho** e **nosso comportamento**. Eu estava sempre bêbado, praguejando. **Era insuportável**, aquilo **me magoava**. Ficava **possesso** e os **xingava**".

10 de março
– Os Beatles pegam o voo de volta a Londres.
11 de março
– O grupo chega em Heathrow às 7h05.

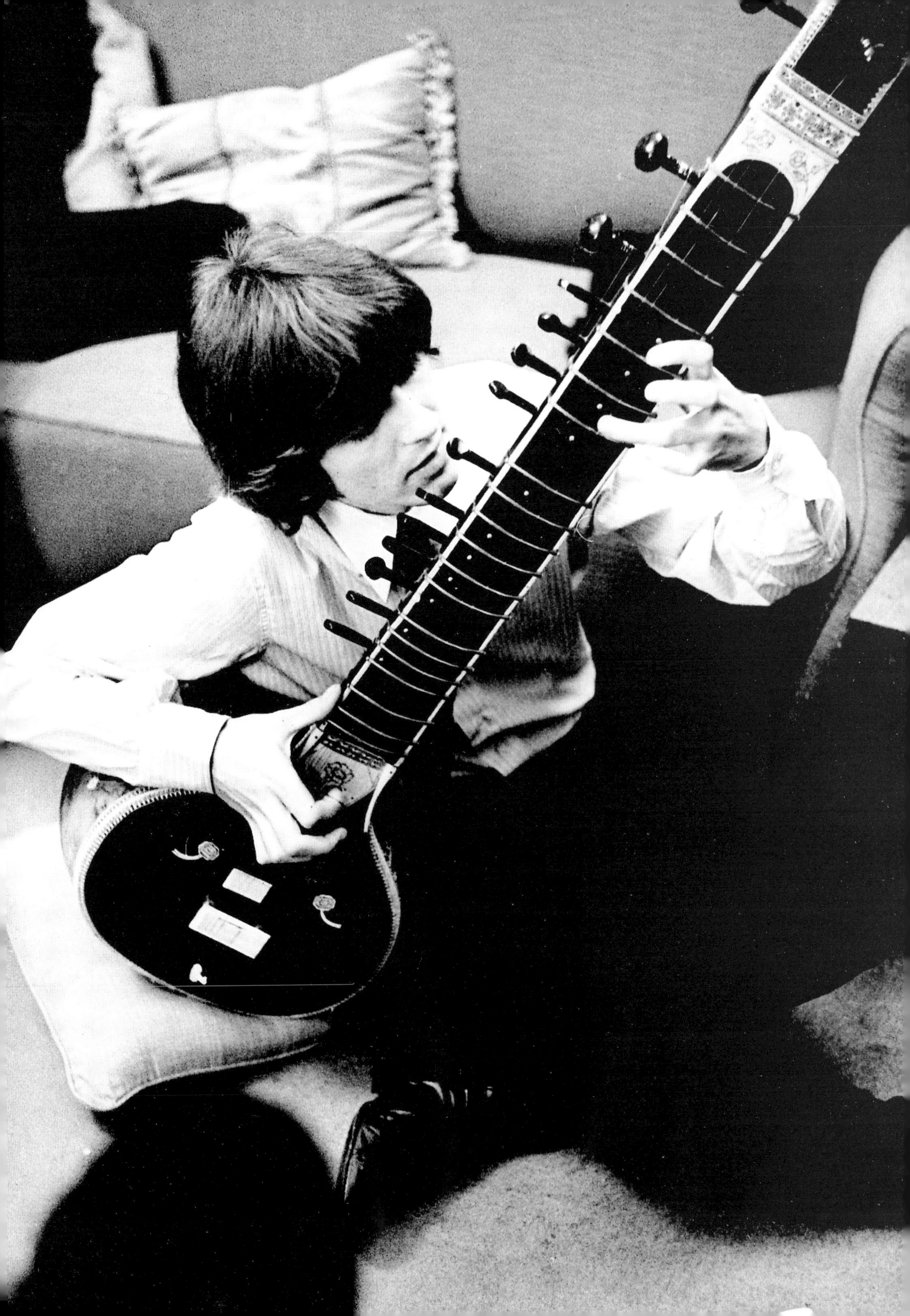

13 de março
– Os Beatles pegam o voo das 11h com destino a Salzburgo, na Áustria, para continuar as filmagens de *Help!*. Além de 4 mil fãs, a imprensa também estava no aeroporto para recepcioná-los. Deram uma coletiva de imprensa em um hotel perto do aeroporto e, em seguida, hospedaram-se no Hotel Edelweiss, em Obertauern, a cidade onde seriam feitas as filmagens.
– Paul acaba se revelando um esquiador de primeira, e seu instrutor diz que ele tem o talento de um profissional. John praticara durante algumas semanas antes de ir à Austria, mas realmente não era talhado para o esqui. Muitos dos que se encontravam no set de filmagem estavam com a perna engessada e, obviamente, pediram autógrafos aos Beatles.
– "Eight Days A Week" chega ao topo das paradas nos Estados Unidos.

14 – 17 de março
– Filmagem em Obertauern.
– É divulgado na imprensa que o título provisório do novo filme dos Beatles seria *Eight Arms To Hold You*.

18 de março
– Filmagem em Obertauern.
– A empresa Hayling Supermarkets Limited é constituída para administrar um supermercado em Hayland Island, em Hampshire, dirigido por Pete Shotton, antigo colega de escola de John. O novo empreendimento seria dirigido por Shotton, John e George Harrison.

19 de março
– Filmagem em Obertauern.
– Após um dia inteiro de filmagens, os Beatles oferecem uma festa para o elenco.
– Às 20h, os Beatles dão uma entrevista por telefone a Brian Matthew, do *Saturday Club*, da BBC Light Programme.

20 de março
– Último dia de filmagens em Obertauern.

– A entrevista dos Beatles com Brian Matthew, do *Saturday Club*, gravada na noite anterior, vai ao ar pela BBC Light Programme.
– John e Ringo dão uma entrevista por telefone a Chris Denning, apresentador do programa semanal *Os Beatles*, transmitido pela Radio Luxembourg.

22 de março
– Os Beatles voltam para Londres.
– O álbum *The Early Beatles* é lançado nos Estados Unidos pela Capitol (T -2309), versão mono (ST - 2309) e estéreo.
Lado A: "Love Me Do", "Twist And Shout", "Anna (Go To Him)", "Chains", "Boys", "Ask Me Why";
Lado B: "Please Please Me", "P. S. I Love You", "Baby, It's You", "A Taste Of Honey", "Do You Want To Know A Secret".

24 de março
– Com a final das tomadas externas, os Beatles continuam as filmagens nos estúdios em Twickenham.

25 de março
– Filmagem em Twickenham.

26 de março
– Filmagem em Twickenham.

28 de março
– Os Beatles são levados ao *Alpha Studios at Aston*, em Birmingham, para gravar uma participação no *Thank Your Lucky Stars*, onde, além de serem entrevistados por Brian Matthew, dublam "Eight Days A Week", "Yes It Is" e "Ticket To Ride".

29 de março
– Filmagem em Twickenham.

30 de março
– Filmagem em Twickenham.
– *Abbey Road*. Durante a noite, a banda grava cinco novos *takes* de "That Means A Lot", de Paul. Entretanto, ele não fica satisfeito com o resultado e, às 22h, a banda decide dar o dia por encerrado.

31 de março
– Filmagem em Twickenham.

1º de abril
– Brian Epstein aluga o Saville Theatre, em Shaftesbury Avenue, a fim de usá-lo como vitrine para os vá-

rios shows que promovia, abrindo-o também para uma balada rock nas noites de domingo, quando o teatro normalmente estaria fechado.
– Filmagem em Twickenham.

2 de abril
– Filmagem em Twickenham.

3 de abril
– O programa *Thank You Luck Star*, gravado em 28 de março, é exibido pela ABC TV.

5 de abril
– Os Beatles filmam a cena do restaurante indiano "Rajahama" nos estúdios em Twickenham.
George: "Estávamos esperando para filmar a cena no restaurante em que um rapaz é jogado na sopa quando ouvi alguns músicos indianos tocando ao fundo. Lembro-me de ter pego a cítara e, ao segurá-la, pensei, 'Que som diferente'. Foi um acaso, mas de repente comecei a ouvir o nome de Ravi Shankar. Na terceira vez em que o ouvi pensei, 'Que estranha coincidência'. Então, falei com David Crosby da banda The Byrds que mencionou o nome de Ravi. Decidi comprar um disco dele e quando o ouvi fui tocado de modo inexplicável, tudo me pareceu muito familiar. Essa é a única forma que consigo descrever o que ocorreu: meu intelecto não sabia o que estava acontecendo e, no entanto, outra parte de mim se identificava com aquele som. Era como um chamado... Alguns meses se passaram e me encontrei com um sujeito do Asian Music Circle, que disse, 'Ravi Shankar vai jantar em minha casa, você gostaria de vir também?'".

6 de abril
– Durante um intervalo nas filmagens em Twickenham, Simon Dee, apresentador de um *talk show* da TV, entrega aos Beatles o prêmio da Radio Caroline Bell de "Melhores

Músicos de 1964". Os rapazes resolveram atrapalhar os inevitáveis discursos tocando a campainha do estúdio ao longo da cerimônia.
– O compacto duplo *Beatles For Sale* é lançado no Reino Unido pela Parlophone (GEP 8931), somente na versão mono.
Lado A: "No Reply", "I'm A Loser"; Lado B: "Rock And Roll Music", "Eight Days A Week".
7 de abril
– Filmagem em Twickenham.
8 de abril
– Filmagem em Twickenham.
– Todos os Beatles comparecem à inauguração do mais novo *nightclub* de Londres, o Downstairs At The Pickwick. Entre os convidados encontrava-se o cantor e ator Michael Crawford.
9 de abril
– O compacto *Ticket To Ride/Yes It Is* é lançado no Reino Unido pela Parlaphone (R 5265).
– Filmagem em Twickenham.
10 de abril
– Um vídeo promocional do grupo tocando "Ticket To Ride" e "Yes It Is" é gravado no Riverside Studios para o programa *Pop Of The Pops*.
11 de abril
– Empire Pool, em Wembley. Os Beatles são a atração principal do show de entrega de prêmios da *New Musical Express*. Apresentaram "I Feel Fine", "She's A Woman", "Baby's In Black", "Ticket To Ride" e "Long Tall Sally" para uma plateia de 10 mil espectadores e receberam seu prêmio das mãos de Tony Benett.
Em seguida, foram ao ABC Television Studios, em Teddington, onde participaram do programa *The Eamonn Andrews Show* para promover seu novo compacto.
12 de abril
– Filmagem em Twickenham.
13 de abril
– Em Twickenham, os Beatles dão uma entrevista para promover seu novo disco, *Ticket To Ride,* transmitida ao vivo no *Pop In*, da BBC Light Programme. Após as filmagens, já tarde da noite, vão a Abbey Road gravar a música tema de *Help!*. A versão acústica original de John era lenta, e George Martin achou que os fãs iriam preferir um andamento mais rápido. John concordou, mas depois disse:

"Não gostei muito da gravação; o andamento está rápido demais, pois tentamos fazer algo que fosse comercial".

– Paul compra uma casa em Cavendish Avenue, n. 7, em St Johns Wood, Londres, por 40 mil libras.
14 de abril
– Filmagem externa de *Help!* em Ailsa Avenue, perto do Old Deer Park, em Twickenham.
– Finalmente *Help!* é escolhido como título definitivo do filme, substituindo *Eight Arms To Hold You.*
15 de abril
– O vídeo promocional da banda gravado em 10 de abril é apresentado no *Top of The Pops*, da BBC TV.
16 de abril
– George e John são entrevistados ao vivo por Cathy McGowan do programa *Ready, Steady, Go!*, gravado no Rediffusion Televion Studios, em Wembley.
17 de Abril
– Paul se disfarça colocando um bigode falso e vestindo uma boina com pala e sobretudo para ir a Harrow Road e Portobello Road comprar móveis para a casa nova. Um *barman* em Ladbroke Grove não se deixou enganar, reconhecendo-o quando pediu **"Um uísque bem forte"**, com um falso sotaque irlandês.
18 de abril
– Parte da apresentação da banda durante a entrega de prêmios da *New Musical Express* é exibida no especial *Big Beat '65*.
19 de abril
– O compacto *Ticket To Ride/ Yes It Is* é lançado nos Estados Unidos pela Capitol (5407).
20 de abril
– Filmagem em Twickenham.

À direita: Show da entrega de prêmios da NME, em Wembley, em 11 de abril.

21 de abril
– Brian Epstein envia a Elvis Presley um telegrama em nome dos Beatles parabenizando-o pelos dez anos de carreira.
– Filmagem em Twickenham.
22 de abril
– Filmagem em Twickenham.
23 de abril
– Filmagem em Twickenham.
24 de abril
– Filmagem em Chiswick.
27 de abril
– Filmagem em Twickenham.
28 de abril
– Filmagem em Twickenham.
– Peter Sellers vai ao set de filmagens para entregar aos Beatles o Grammy na categoria "Melhor Grupo Vocal" por *A Hard Day's Night*.
29 de abril
– Filmagem em Twickenham.
– Os *Fab Four* são entrevistados por Chris Denning, apresentador do programa semanal *The Beatles*, da Radio Luxembourg.
– Jimmy Nicol, o baterista que substituíra Ringo durante um breve período na turnê na Austrália, teve de comparecer ao Tribunal de Falências de Londres com dívidas no valor de 4.066 libras. Ele tinha 50 libras em bens disponíveis para pagamento de dívida.
30 de abril
– Filmagem em Twickenham.

Acima, à direita: Filmagem de uma cena de Help! *no dique do Tâmisa, em Chiswick, em 24 de abril.*
Abaixo: Bob Dylan.
Na página seguinte: John na direção de um Triumph Herald.

Bob Dylan

Em 9 de maio, os Beatles foram assistir ao show de Bob Dylan no Royal Festival Hall. Após o espetáculo, foram visitá-lo em sua suíte no Savoy Hotel. Os quatro Beatles entraram em fila na sala de estar. O clima permaneceu tenso até Allen Ginsberg quebrar o gelo, jogando o braço de um sofá no colo de John, perguntando-lhe se ele conhecia o poeta inglês William Blake, "Nunca ouvi falar nele", respondeu John de supetão, mas Cynthia interveio, "John, seu mentiroso, claro que sim!", e todos começaram a rir. Em seguida, foram curtir a noite nos *nightclubs* londrinos.

3 de maio
– O grupo passa o dia filmando em Salisbury Plain com a ajuda da Terceira Divisão do Exército Britânico. Os Beatles, Eleanor Bron, Victor Spinetti, Roy Kinear, Leo McKern, os outros atores e a equipe de filmagem ficaram hospedados no hotel Antrobus Arms, em Amesbury.
4 de maio
– Filmagem em Salisbury Plain. À noite, a banda permanece no hotel.
5 de maio
– Filmagem em Salisbury Plain. A banda, novamente, passa a noite no Antrobus Arms.
6 de maio
– Filmagem em Twickenham.
7 de maio
– Filmagem em Twickenham.
9 de maio
– Filmagem em New Bond Street. John e Ringo filmam em Twickenham.
10 de maio
– Filmagem em Cliveden House, nos arredores de Maidenhead, em Birkenshire.
– *Abbey Road*. A banda grava dois clássicos do rock'n'roll "Dizzy Miss Lizzy" e "Bad Boy" para o mercado norte-americano.
11 de maio
– Filmagem em Cliveden House.

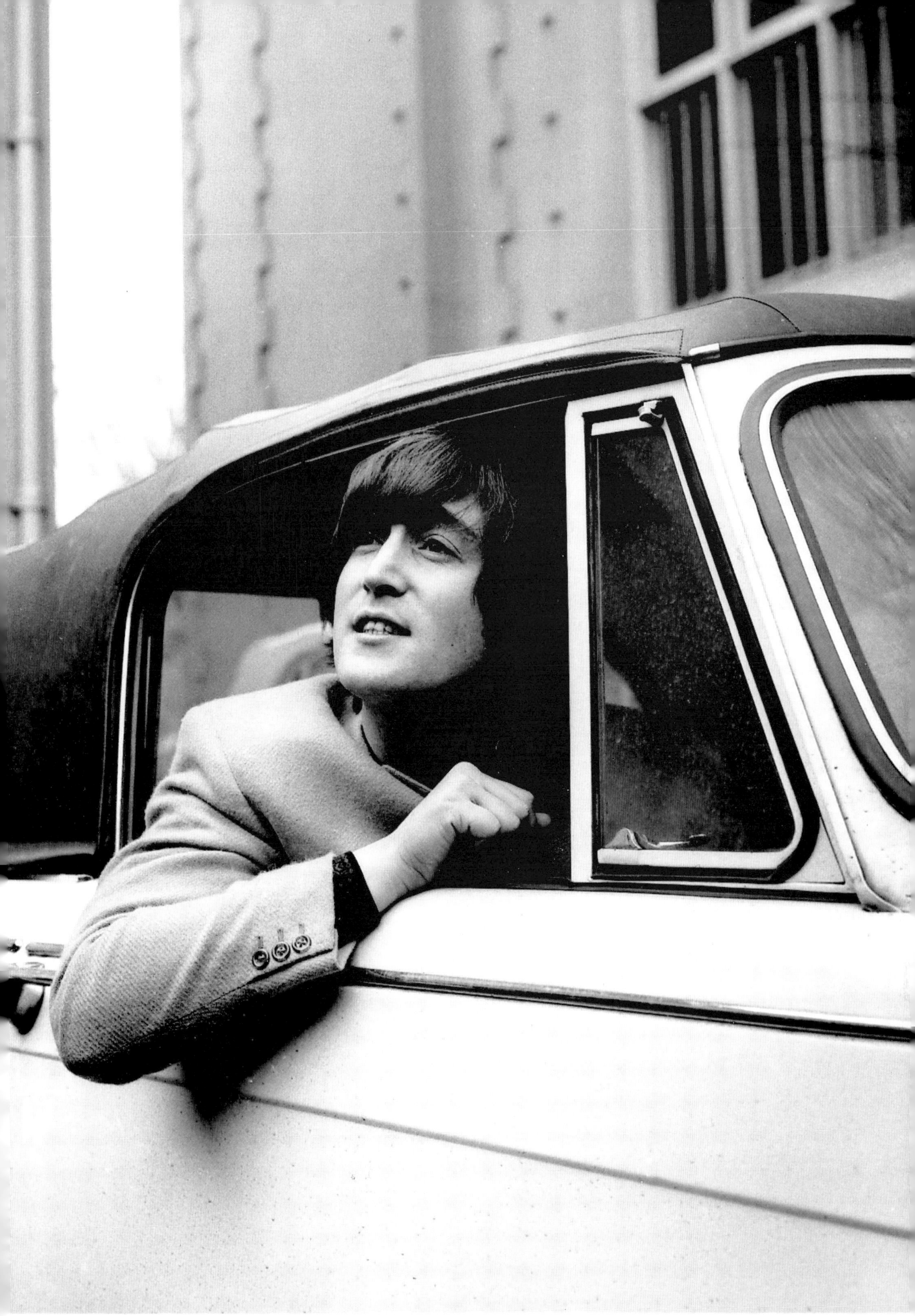

16 de maio
– John vai a uma festa oferecida por Norman Newell a Johnny Mathis.
18 de maio
– *Twickenham Studios*. Pós-sincronização da trilha sonora de *Help!*.
– Durante o show de premiação do Grammy, *The Best On Record*, a emissora NBC-TV apresenta uma entrevista que Peter Sellers fizera com os Beatles, gravada em 28 de abril. Além da entrevista, é exibido um clipe da banda tocando "I'm Happy Just To Dance With You", de *A Hard Day's Night*.
– Paul e Jane assistiram à apresentação de Gene Barry no casa de shows *Talk Of The Town* e, após o espetáculo, foram cumprimentá-lo no camarim. Em seguida, foram ao *Downstairs at the Pickwick Club*.
21 de maio
– George e Patti passam o dia fazendo compras.
22 de maio
– "Ticket To Ride" é a número 1 nas paradas americanas.
– Um breve vídeo dos Beatles cantando "Ticket To Ride" é apresentado em um episódio da série *Doctor Who*, da BBC TV.
– John participa como astro convidado do documentário *Eat The Document* sobre a turnê de Bob Dylan no Reino Unido, dirigido por D. A. Pennebaker. Na cena, John e Dylan conversam no banco de trás de uma limusine.
25 de maio
– John e Cynthia voltam de Cannes, onde foram assistir ao festival de cinema. Antes de embarcar, John é entrevistado por Martin Ogronsky do programa *Merv Griffin Show*, da CBS.
26 de maio
– Os Beatles vão ao Piccadilly Studios, da BBC, gravar sua última participação no especial da BBC *From Us To You*, apresentado nos feriados nacionais. Eles queriam que o nome fosse mudado para *The Beatles (Invite You To Take A Ticket To Ride)*, que, em sua opinião, era mais condizente com a imagem

Paul e Jane em Heathrow, voltando de suas férias em Portugal, em 11 de junho.

mais madura do grupo. O grupo gravou ao vivo "A Ticket To Ride", "Everybody Is Trying To Be My Baby", "I'm A Loser", "The Night Before", "Honey Don't", "Dizzy Miss Lizzy" e "She's A Woman".
27 de maio
– Toda a vão banda sai em férias. Paul e Jane para Portugal, onde ficaram hospedados na *villa* de Bruce Welch, em Albufera. Paul começa a escreveu a letra de "Yesterday" a caminho do aeroporto, terminando a canção ao longo das duas semanas seguintes.

Paul: "Caí da cama. Havia um piano ao lado, e eu provavelmente sonhara com a música, pois me sentei ao piano, coloquei a mão sobre o teclado, enquanto ouvia a melodia em minha cabeça. Ela estava pronta, completa. Eu não podia acreditar, ela veio tão naturalmente. Na realidade, não achei que a tinha composto, pensei que já a tivesse escutado antes, que fosse outra música. Durante semanas a toquei para meus amigos perguntando, 'Você já ouviu algo parecido? Ao que eles respondiam, 'Não, nunca, mas é bonita...'. 'É, acho que eu a compus'".
John: "Ah, ela é **realmente bonita**".

1º de junho
– A entrevista com John, gravada durante o Festival de Cannes, é transmitida no *Merv Griffin Show*, da CBS TV.
3 de junho
– John, Cynthia, George e Patti vão à festa de aniversário de 39 anos do poeta Allen Ginsberg, em um apartamento no porão de um edifício em Chester Square, em Londres. Ao chegarem, depararam com Ginsberg vestindo nada além de um paletó. Os dois Beatles olharam ao redor, para se certificar de que não havia nenhum fotógrafo presente, e partiram, **"Isso não se faz na presença de senhoritas"**, cochichou John com um dos organizadores do evento.
Ginsberg e John vieram a se tornar grandes amigos e o próprio John apareceria nu na capa do álbum *Two Virgins*.
4 de junho
– O compacto duplo *Beatles For Sale 2* é lançado no Reino Unido pela Parlophone (GEP 8938), versão mono.
Lado A: "I'll Follow The Sun", "Baby's In Black";
Lado B: "Words Of Love", "I Don't Want To Spoil The Party".
7 de junho
– O especial dos Beatles *The Beatles (Invite You To Take A Ticket To Ride)* é transmitido pela BBC Light Programme, no feriado de Whit Monday.
11 de junho
– A pedido de Brian, Paul e Jane voltam de férias um dia antes do previsto, para que estivessem em Londres no dia em que fosse divulgado que os Beatles seriam agraciados como Membro da Ordem do Império Britânico MBE.

O escândalo do MBE

A decisão do primeiro-ministro, Harold Wilson, de incluir os Beatles na lista das personalidades que seriam condecoradas com a comenda "Membros do Império Britânico", MBE, a ser aprovada pela rainha, fez com que outros anteriormente agraciados devolvessem a medalha, indignados, em sinal de protesto. Um deles, Hector Dupuis, membro da Câmara dos Comuns do Canadá, declarou que fora colocado no "mesmo nível de patetas vulgares". Dupuis recebera sua medalha enquanto dirigia o Canadian Selective Service, que recrutava rapazes para as Forças Armadas.

George, então, revidou: "Se Dupuis não quer a medalha, ele que a dê para nós, pois assim a ofereceremos a nosso empresário Brian Epstein. Na realidade MBE significa 'Mister Brian Epstein'".

No dia 12 de junho, os Beatles deram uma coletiva de imprensa no Twickenham Film Studios, transmitida nos noticiários de todo o mundo. John estava 70 minutos atrasado e Brian, irritado, teve de ir buscá-lo pessoalmente de carro para participar da entrevista. "Acertei o despertador para às 8h e quando ele tocou continuei deitado. Pensei, se alguém precisar de mim vai me telefonar. O telefone tocou várias vezes, mas era aquele que eu nunca atendo. O meu não tocou nem uma vez e, então, continuei deitado", explicou John.

John nunca se sentiu à vontade em receber esse prêmio e declarou: "Naquela época tínhamos de fazer várias concessões. Em minha opinião, receber o prêmio era mais uma delas. Antes de você receber o MBE, o protocolo do palácio lhe envia uma carta para saber se você vai aceitá-lo, pois não se pode recusá-lo publicamente, então eles o consultam antes. Deixei a carta junto com a correspondência dos fãs, até Brian me perguntar se eu a recebera. Ele e algumas pessoas me persuadiram de que era de nosso interesse aceitá-lo, e foi hipocrisia de minha parte recebê-lo. Mas, na verdade, fico satisfeito com minha decisão, pois, passados quatro anos, pude usá-lo como forma de manifestação. Quando recebi o envelope no qual estava escrito OHMS, On Her Majesty's Service, achei que estava sendo recrutado. Pensei em dependurar a medalha na parede ou usá-la como campainha". Por fim, John resolveu dá-la à tia Mimi, que a colocou na parede sobre a televisão, até John devolvê-la em sinal de protesto contra o envolvimento britânico na guerra de Biafra.

– Nesse dia, a imprensa foi proibida de divulgar o nome dos escolhidos. Paul foi entrevistado pelo telefone por Ronald Burns do noticiário *Late Night News Extra*, da BBC Radio, que também apresentou uma entrevista com Brian Epstein.

John: "Achei que fosse preciso **dirigir tanques e ganhar guerras** para receber o MBE".

Ringo: "Tanto as medalhas quanto as cartas são legítimas, não é? Vou guardar minha comenda para usá-la quando estiver velho. Isso é o tipo de coisa que a gente não joga fora".

George: "Não achei que a gente recebesse esse tipo de coisa por tocar rock'n'roll".

Paul: "Eu acho isso maravilhoso. Já imaginou o orgulho de meu pai?".

14 de junho
– *Abbey Road.* Paul grava "Yesterday", acompanhado por um quarteto de cordas. A balada foi seguida pelo rock'n'roll rápido de "I'm Down" e a banda, finalmente, encerrou a sessão com "I've Just Seen Your Face".

– Em seguida, Paul e Jane vão ao Cromwellian Club.

– O álbum Beatles VI é lançado nos Estados Unidos pela Capitol (T - 2358), versão mono (ST - 2358) e estéreo.

Lado A: "Kansas City/Hey– Hey– Hey– Hey", "Eight Days A Week", "You Like Me Too Much", "Baby Boy", "I Don't Want To Spoil The Party", "Words Of Love";

Lado B: "What You're Doing", "Yes It Is", "Dizzy Miss Lizzy", "Tell Me What You See", "Every Little Thing".

15 de junho
– *Abbey Road.* Durante a tarde, os Beatles gravam "It's Only Love", de John, e, à noite, vão passear pelos *nightclubs* londrinos.

16 de junho
– John passa o dia em casa com Ringo selecionado músicas para o baterista cantar. Eles não estavam satisfeitos com "Troubles" e, finalmente, decidiram-se por "Act Naturally".

– A banda trabalhou na pós-sincronização da trilha do filme *Help!* em Twickenham. Mais tarde, no escritório da NEMS, em Argyll Street, John dá uma entrevista para o programa *The World Of Books*, da BBC Radio, para promover seu novo livro, *A Spaniard At Works*. Na ocasião lê "The Fat Budgie". Em seguida, John também é entrevistado por Tim Matthews da revista de atualidades *Today*, da BBC Home Service, e leu "The National Health Cow", outro capítulo de seu novo livro.

17 de Junho
– *Abbey Road.* Ringo grava "Act Naturally". Em seguida a banda grava "Wait". À noite fazem excursão pelos *nightclubs* de Londres.

18 de Junho
– Os Beatles dão uma entrevista para a BBC Itália nos escritórios da NEMS, a qual seria exibida durante sua futura turnê pelo país.

– Mais tarde, John participa do programa *Tonight*, da BBC 1, quando, além de ser entrevistado por Kenneth Allsop, lê alguns trechos de seu novo livro. A gravação é feita no Lime Grove Studios, da BBC.

20 de junho
– A turnê dos Beatles pela Europa começa em Paris. A banda desembarca no aeroporto de Orly, às 10h, e vai diretamente para o George V Hotel. A recepção dos fãs foi muito tranquila se comparada aos padrões dos Beatles, pois apenas 50 pessoas os aguardavam na frente do hotel. Doze mil assistiram às duas apresentações no Palais des Sports, que também contou com a presença dos Yardbirds. O segundo show foi transmitido na rádio e na TV francesas.
– Após o espetáculo, a cantora François Hardy os visitou no hotel. Naquela noite, foram ao Castell's nightclub, onde ficaram até o amanhecer.
– O repertório dos Beatles durante a turnê na Europa incluía: "Twist And Shout", "She's A Woman", "I'm A Loser", "Can't Buy Me Love", "Baby's In Black", "I Wanna Be Your Man", "A Hard Day's Night", "Everybody's Trying To Be My Baby", "Rock And Roll Music", "I Feel Fine", "Ticket To Ride" e "Long Tall Sally".

21 de junho
– Os Beatles passam mais uma noite no Castell's.
– A entrevista de John e a leitura de "The National Health Cow" no programa *Today* são transmitidas pela BBC Home Service.

22 de junho
– À tarde, os Beatles e sua *entourage* pegam um voo para Lyons, onde a banda faz dois shows no Palais d'Hiver.

23 de junho
– Os Beatles partem de trem para Milão.

24 de junho
– Os Beatles fazem seu primeiro show na Itália no Velodromo Vigorelli, em Milão, um anfiteatro a céu aberto com capacidade para 22 mil pessoas. Brian Epstein ficou decepcionado ao ver tantos lugares vazios, principalmente no show da tarde, que foi assistido por apenas 7 mil pessoas, pois muitos fãs estavam na escola ou no trabalho. A imprensa culpou os altos preços dos ingressos e a forte onda de calor que assolava a cidade pelo baixo número de espectadores.
– O novo livro de John, *A Spaniard in the Works*, é publicado no Reino Unido pela editora Jonathan Cape. No Brasil, os dois livros de John viriam a ser publicados em um volume único, em 1980, com o hilário título *Um atrapalho no trabalho*, tentativa de tradução do nome do segundo livro.

25 de junho
– A equipe de corridas da Alfa Romeo leva o grupo para Gênova em quatro carros. A banda se apresenta no Pallazo dello Sport, um anfiteatro com capacidade para 25 mil pessoas. Novamente havia vários lugares vazios na plateia, sendo que o show da tarde atraiu um público de apenas 5 mil fãs.

26 de junho
– O grupo viaja para Roma em um trem especial.

27 de junho
– Os Beatles fazem duas apresentações no Teatro Adriano. Em uma

Ringo e Paul no Heathrow Airport a caminho de Paris, em 20 de junho.

delas, enquanto tocavam "I Wanna Be Your Man", com Ringo no vocal, Paul, sem motivo aparente, teve um acesso de riso e precisou sair do palco. George não gostou nada da brincadeira e sua irritação ficou patente. Quando Paul voltou ao palco, o microfone caiu no chão e ele começou a rir novamente. John entrou na onda, o que deixou George ainda mais furioso. No final dos shows, Paul agradeceu à plateia em italiano.

29 de junho
– *Teatro Adriano, em Roma.* Dois outros shows, onde, novamente, apenas metade dos lugares é ocupado.

30 de junho
– *Palais des Expositions, em Nice.* Em Nice, o grupo se hospeda no Gresta Hotel e faz apenas uma apresentação no Palais des Expositions.
– Depois do show, os rapazes vão ao La Fiesta nightclub onde, às 2h, com sua trupe, corriam de kart na pista do La Fiesta.

1º de julho
– Os Beatles pegam um voo para Madrid onde visitam o vinhedo Jerez de La Frontera, enquanto Brian Epstein assiste a uma tourada na mesma arena onde os Beatles se apresentariam na noite seguinte.
– O livro de John, *A Spaniard in the Works*, é publicado nos Estados Unidos.

2 de julho
– *Plaza de Toros de Las Ventas, em Madrid.* Os Beatles fica cada vez mais preocupados com a truculência com que os policiais e seguranças tratavam os fãs, tanto na Itália quanto, sobretudo, na Espanha.

3 de julho
– À tarde, o grupo vai para Barcelona para se apresentar no Plaza de Toros Monumental, às 22h30 do mesmo dia. Em seguida, passam a noite curtindo os *nightclubs* da cidade.
– A entrevista de John no programa *The World of Books* é transmitida pela BBC Home Service.

John tentando escapar de um fã enlouquecido, Roma, em 29 de junho.

4 de julho
– O grupo volta para Londres e, quando o avião pousa em *Heathrow*, ao meio-dia, mil fãs estão à sua espera.

5 de Julho
– Uma entrevista de John, previamente gravada, vai ao ar no programa *Teen Scene* da BBC Light Programme.
– A música "That Means A Lot", na voz de P. J. Proby, composta por Lennon & McCartney, é lançada em compacto nos Estados Unidos pela Liberty (55806).

7 de julho
– Paul, Jane, George e Patti vão a uma festa oferecida pela banda The Moody Blues, em Roehampton.

11 de julho
– O álbum *Beatles VI* atinge o primeiro lugar nas paradas americanas.

13 de julho
– Paul recebe cinco prêmios de música Ivor Novello, das mãos de David Frost, oferecidos a ele e a John, em almoço no Savoy. John recusa-se a comparecer ao evento, pois ficara aborrecido com os comentários feitos pela imprensa quando foi anunciado que o grupo seria condecorado com o MBE, e não queria mais se expor. Paul chega com um atraso de 40 minutos, porque havia se esquecido do compromisso, e, durante os agradecimentos, disse: **"Obrigado. Espero que dessa vez ninguém devolva o seu".**

14 de julho
– John, Cyntia, George, Patti, Ringo e Maureen passam a noite em uma festa em comemoração à queda da Bastilha no *nightclub* Scotch St James.
– *Palace Theatre, em Watford.* Paul vai assistir a Jane em uma das peças da companhia de teatro de repertório da qual ela fazia parte.

15 de julho
– Um filme de Paul recebendo o Ivor Novello, em 13 de julho, é apresentado no programa *Pick Of The Songs*, da Rediffusion Television, o qual incluía cenas de vários ganhadores do prêmio cantando *Ready Steady Go!*

17 de julho
– Um vídeo dos Beatles cantando "Help" é apresentado no especial de aniversário do *Thank Your Lucky Stars*, da ABC TV.

19 de julho
– Ringo e Maureen compram "Sunny Heights", uma bela propriedade, em Weybridge, por 37 mil libras, e se mudam pouco antes do Natal.
– O compacto *Help/I'm Down* é lançado nos Estados Unidos pela Capitol (5476).

23 de julho
– O compacto *Help/I'm Down* é lançado no Reino Unido pela Parlophone (R5305).

John: "Quando 'Help!' foi lançada em 1965, eu estava literalmente pedindo socorro. A maioria das pessoas pensa que a música é apenas um rock com andamento rápido. Eu não tinha consciência disso naquela época, apenas escrevi a canção por ser minha incumbência. Com o passar do tempo, percebi que estava realmente pedindo socorro. Eu me sentia como Elvis gordo. Se você vir o filme vai notar que estou muito gordo, muito inseguro e completamente perdido. A música fala da época em que eu era mais novo, quando as coisas eram fáceis. Hoje, há momentos em que estou muito otimista – topo tudo –, mas há outros em que estou profundamente deprimido e gostaria de me jogar pela janela. Bem, de qualquer forma, eu estava gordo, deprimido e implorando por socorro".

26 de julho
– A emissora Wales and West exibe um vídeo com cenas do filme *Help!* no programa *Discs A Gogo*.

29 de Julho
– Em uma abafada noite de verão, 10 mil fãs reúnem-se em Piccadilly Circus, em frente do London Pavilion para a *première* real de *Help!*. Os Beatles chegaram em um Rolls-Royce preto e foram apresentados à princesa Margaret e ao lorde Snowdon. Jane Asher usava um vestido de noite branco em autêntico estilo eduardiano. Após a estreia, houve uma festa no Orchid Room, do Dorchester Hotel.

Acima: Os Beatles no terraço de seu hotel em Milão, em 24 de junho.
Abaixo, à esquerda: A banda voltando para Londres, após a turnê na Europa, em 4 de julho.

John: "As melhores cenas do filme não foram usadas na edição final. As cenas em que ríamos a valer, correndo de um lado para outro".

Paul: "As filmagens de *Help* nos deixaram um pouco mais soltos, pois nossas falas não se limitavam a uma linha".
John: "*Help* era bem Disneylândia. Depois dele, foi lançada uma avalanche de filmes no mesmo estilo e, então, consegui perceber o que o diretor Richard Lester havia feito. Na realidade, ele não tirou o melhor de nós. Esqueceu-se de QUEM e O QUE éramos, por isso o filme não deu certo. Foi o mesmo que usar palhaços em um filme sobre sapos".

– O *Top Of The Pops* da BBC apresenta um vídeo com cenas de *Help*.
30 de julho
– Os Beatles passam o dia ensaiando no palco do Saville Theatre, de Brian Epstein, onde também dão duas entrevistas para a BBC: a primeira conduzida por Dibbs Mather, da BBC internacional, e a segunda, por Lance Percival, do programa *Lance A Gogo*, da BBC Light Programme.
– Mais tarde, John, Paul e George viajam para Blackpool no Rolls Royce com vidro fumê de John, enquanto Ringo e Brian Epstein pegam um avião. Por medida de segurança, o carro de John ficou estacionado na delegacia, mas na manhã seguinte todos os vidros estavam rachados. John ficou furioso, mas na realidade os vidros não tinham sido instalados corretamente e racharam por causa do movimento do carro e não porque alguém os tivesse estilhaçado.
31 de julho
– Os ensaios para o programa *Blackpool Night Out*, da ABC TV, e para a próxima turnê pelos Estados Unidos são realizados em Blackpool.
1º de agosto
– Os Beatles participam do programa *Blackpool Night Out*, que também contou com a presença de Pearl Carr & Teddy Johnson, Mike & Bernie Winters e Lionel Blair e sua trupe de dançarinos. Eles apresentaram "I Feel Fine", "I'm Down", "Act Naturally", "Ticket To Ride", "Yesterday", com Paul no vocal, e fecharam o show com "Help!".
– Nessa noite, Ringo e Brian pegaram o voo de volta para Londres, enquanto os outros viajaram no Rolls Royce de John.
2 de agosto
– Brian Epstein divulga que os Beatles não fariam uma turnê pelo Reino Unido em 1965. Entretanto, a banda acaba por realizar uma turnê de nove dias entre novembro e dezembro.
– Paul, Jane, Marianne Faithful e vários outros amigos vão passear pela noite londrina no Austin Princess da banda. Primeiramente, encontram-se com The Byrds, no hotel em que eles estavam hospedados e, em seguida, vão para o *nightclub* Scotch St James's, em Mason's Yard.
3 de agosto
– John leva tia Mimi até Poole, em Dorset, para que ela escolhesse uma nova casa.
6 de agosto
– O álbum *Help!* é lançado no Reino Unido pela Parlophone (PMC 1255), versão mono (PCS 3071) e estéreo.
Lado A: "Help!", "The Night Before", "You've Got To Hide Your Love Away", "I Need You", "Another Girl", "You're Going To Lose That Girl", "Ticket To Ride";
Lado B: "Act Naturally", "It's Only Love", "You Like Me Too Much", "Tell Me What You See", "I've Just Seen A Face", "Yesterday", "Dizzy Miss Lizzy".

Acima, à esquerda: Paul conhece a Princesa Margaret na première de Help!.
Abaixo: George, Cynthia, John, Ringo e Maureen chegam à première de Help!.

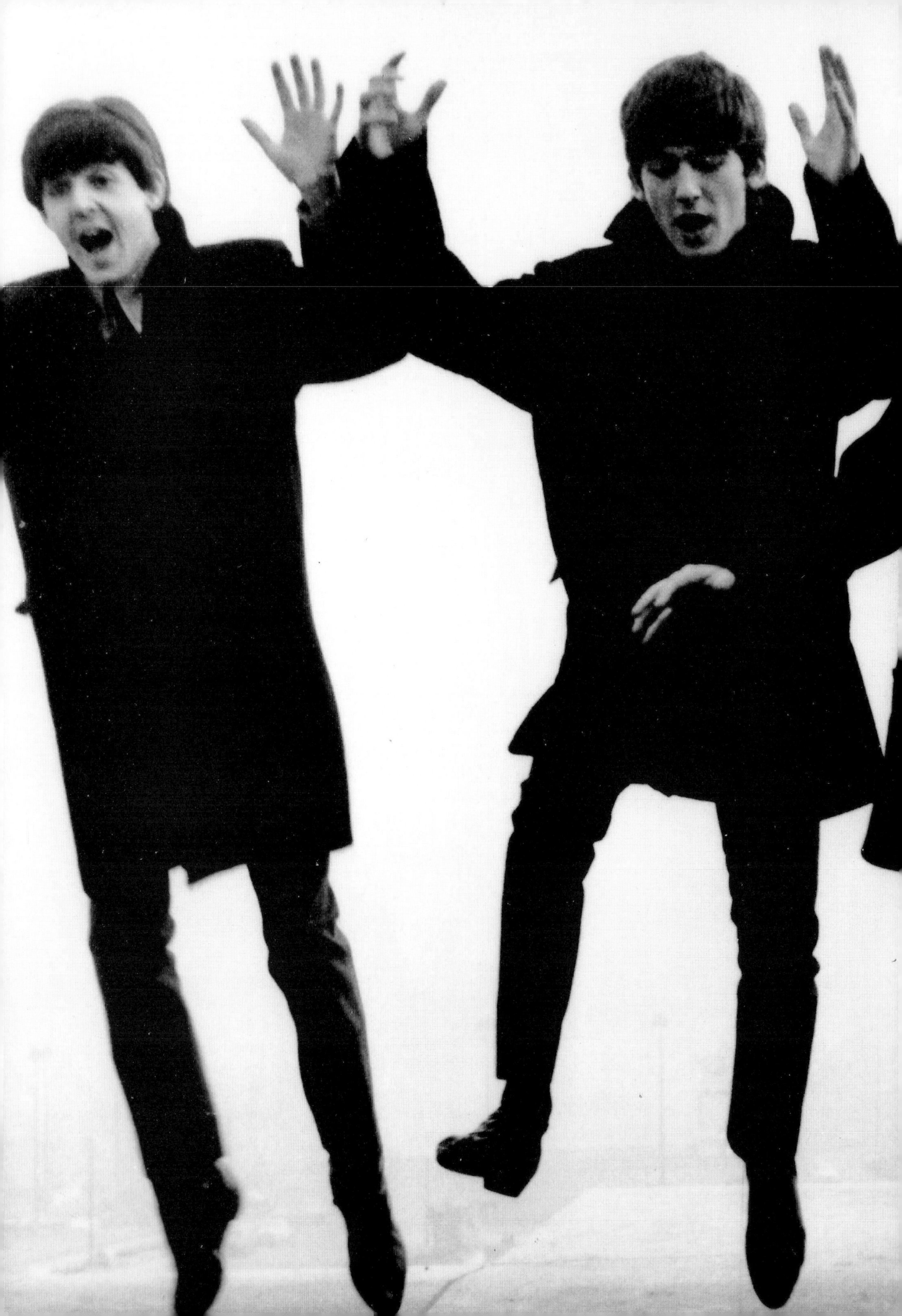

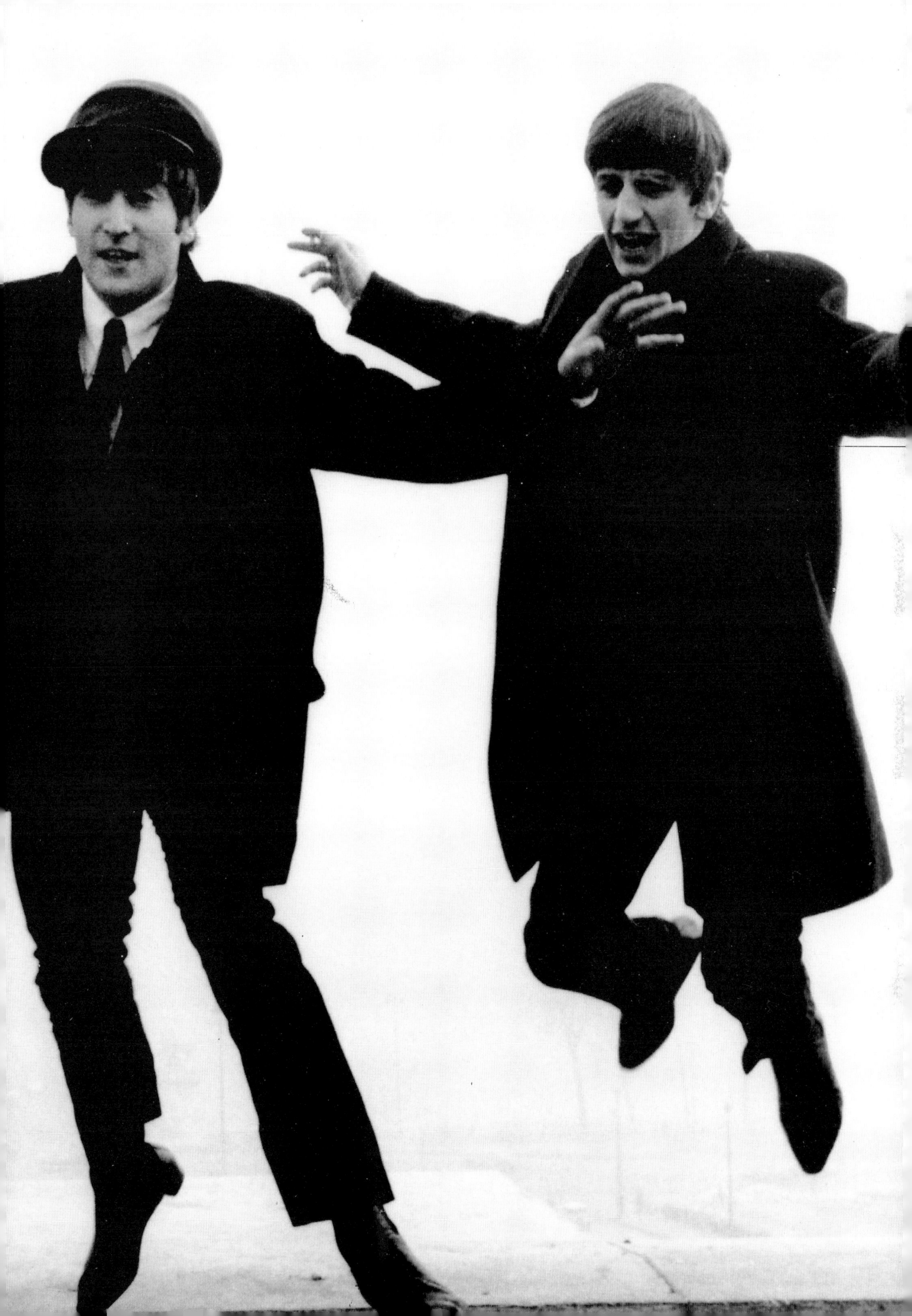

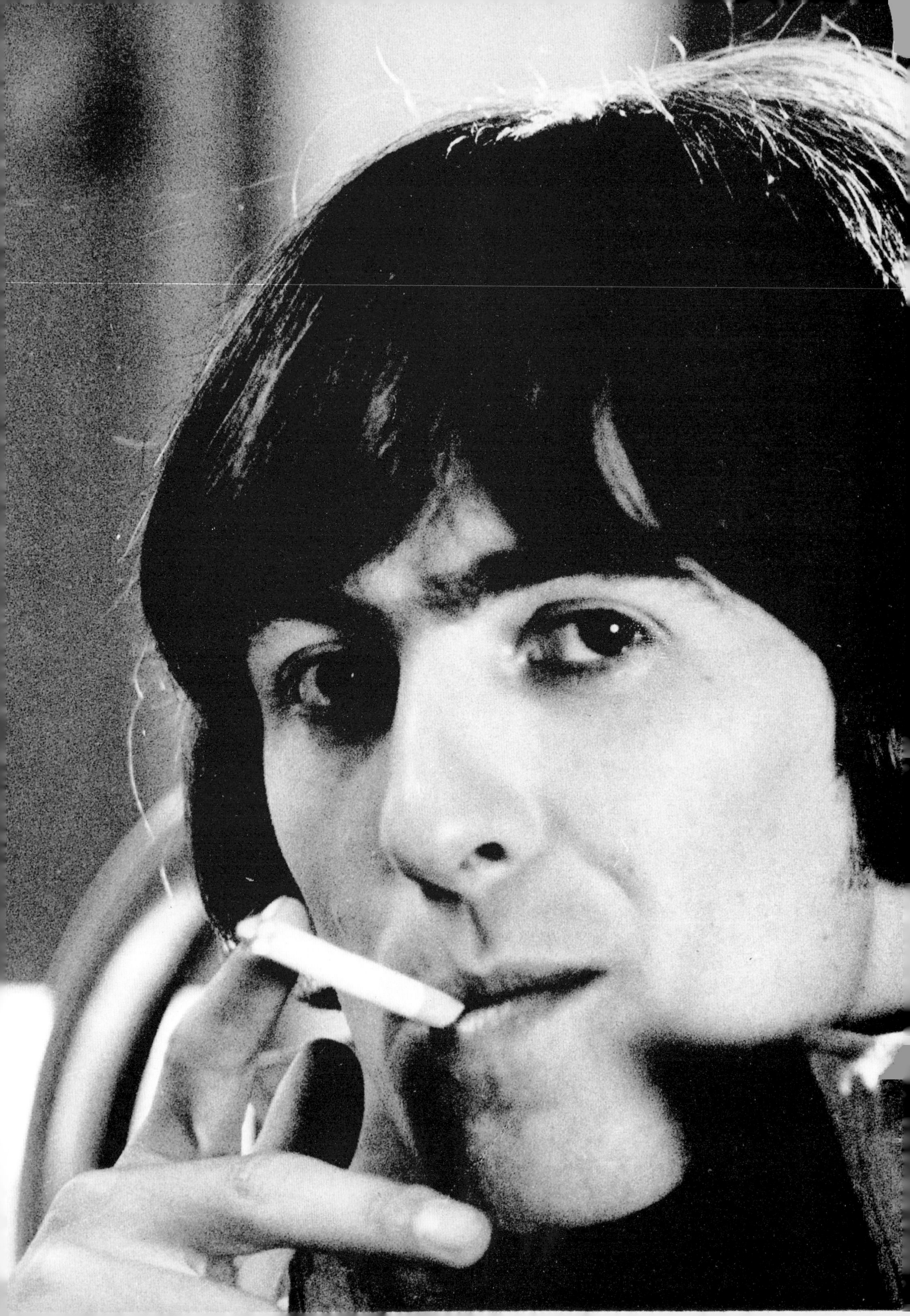

Os Beatles partem para Nova York, em Heathrow, em 13 de agosto.

8 de agosto
– John, Cynthia, George e Patti viajam em segredo para assistir às apresentações de Eric Burden e The Animals no Festival de Jazz de Richmond, em Surrey. Infelizmente não puderam ficar na cidade por muito tempo, pois foram reconhecidos e quase atacados pelos fãs.
– O álbum *Help!* chega ao primeiro lugar nas paradas do Reino Unido.

9 de Agosto
– O mais novo grupo contratado por Brian Epstein, The Silkie, grava "You've Got To Hide Your Love Away", de autoria de John. O compositor supervisiona as seis horas de gravação, que contou com a participação de Paul na guitarra e George no pandeiro.

11 de agosto
– Estreia do filme *Help!* em Nova York.

13 de agosto
– Os Beatles chegam ao JKF Airport para dar início à sua terceira turnê pelos Estados Unidos. Quando o voo da TWA pousa, às 14h30, um grande número de representantes da imprensa, rádio e TV estavam à sua espera, mas, por determinação da polícia, o avião teve de estacionar a três quilômetros do terminal principal, de forma que os milhares de fãs que os aguardavam não conseguiram vê-los. Os rapazes foram diretamente ao Warwick Hotel, na esquina da 6th Avenue com a 54th Street, onde, acompanhados por seu assessor de impresa, Tony Barrow, deram a tradicional entrevista coletiva para aproximadamente 250 repórteres. O 33º andar do hotel estava reservado para a banda, e policiais guardavam todas as entradas para evitar o acesso de visitantes indesejados.
– O álbum *Help!* é lançado nos Estados Unidos pela Capitol (MAS-2386), versão mono (SMAS-2386) estéreo. O disco tem menos canções que a versão britânica, mas contém a trilha sonora incidental de Ken Thorne.
Lado A: "The James Bond Theme" (The George Martin Orchestra), "Help!", "The Night Before", "From Me To You Fantasy" (The George Martin Orchestra), "You've Got To Hide Your Love Away", "I Need You", "In The Tyrol" (The George Martin Orchestra);
Lado B: "Another Girl", "Another Hard Day's Night" (The George Martin Orchestra), "Ticket To Ride", "The Bitter End"/"You Can't Do That" (The George Martin Orchestra), "You're Going To Lose That Girl", "The Chase" (The George Martin Orchestra).

14 de agosto
– A polícia abre caminho pelas ruas para as limusines que levariam os Beatles ao CBS Studio 50 para os ensaios do *Ed Sullivan show*. O grupo começou a trabalhar às 11h, mas, por estarem insatisfeitos com a equalização, passaram o período da tarde assistindo às gravações até que o som estivesse com a qualidade

---

Shea Stadium

Temendo que os fãs congestionassem os túneis de acesso a Manhattan, a polícia escoltou a limusine dos Beatles até o heliporto Manhattan East River, de onde foram para o World Fair, em Queens. Lá chegando, entraram em um furgão Wells Fargo blindado e receberam distintivos da empresa. Como de costume, naquela época, o estádio estava lotado e 55.600 fãs assistiram às bandas de abertura – King Curtis Band, Cannibal and the Headhunters, The Young Rascals, Sounds Incorporated e a cantora Brenda Holloway antes de Ed Sullivan, finalmente, subir ao palco e anunciar os Beatles. Eles apresentaram seu repertório básico de 30 minutos que incluía 12 canções. Após o show, correram de volta para o furgão da Wells Fargo.
As músicas selecionadas para a turnê foram: "Twist And Shout", "She's A Woman", "I Feel Fine", "Dizzy Miss Lizzy", "Ticket To Ride", "Everybody's Trying To Be My Baby", "Can't Buy Me Love", "Baby's In Black", "I Wanna Be Your Man", "A Hard Day's Night", "Help!" e "I'm Down". Mick Jagger, Keith Richards e Andrew Loog Oldham estavam na plateia.
O show foi filmado e lançado como um documentário chamado *The Beatles At Shea Stadium*.

Ringo, atrasado para o café da manhã, em um quarto de hotel nos Estados Unidos, em 1965.

desejada. A edição final foi feita às 20h30 e incluía "I Feel Fine", com a banda, e "I'm Down", com Paul, uma breve apresentação de Ringo que cantou "Act Naturally e "Ticket To Ride", "Yesterday" na voz de Paul acompanhado pelo quarteto de cordas da orquestra de Ed Sullivan e, finalmente, a banda fechou com "Help", sendo que John esqueceu parte da letra da música.

Paul: "Tive de cantar 'Yesterday' na frente de todas aquelas pessoas. Foi uma prova de fogo, mas ao mesmo tempo muito emocionante. Eu estava nervoso, pois havíamos gravado a música, mas eu nunca a apresentara ao vivo".

15 de agosto
– Os Beatles se apresentam no Shea Stadium.
– À noite, Bob Dylan visita-os no hotel.

16 de agosto
– Nesse dia os Beatles estavam de folga, pois o Shea Stadium passava por uma vistoria. Os rapazes ficaram no hotel, recebendo vários amigos, entre eles The Supremes, The Exciters, as Ronettes, Del Shannon e Bob Dylan; eles também deram algumas entrevistas a DJs.

17 de agosto
– Os Beatles vão para Toronto, no Canadá, no Lockheed Electra, da empresa American Flyers, alugado por Brian para a turnê. Passados alguns anos, George estava em um voo de Nova York para Los Angeles e encontrou o piloto, que lhe disse: **"George, você não se lembra de mim, mas sou o piloto do Lockheed Electra que vocês usaram durante a turnê. Você não acredita o estado daquele avião! Ele tinha vários furos de balas de revólveres, na cauda, nas asas, em todo lugar – era um furo só! Uns sujeitos invejosos, sabendo que os Beatles chegariam a determinada hora, ficavam à espreita, esperando para atirar no avião!"**.
– *Maple Leaf Gardens.* Os Beatles fazem dois shows com a presença de 35 mil fãs em cada. A notícia de que o grupo se hospedaria no King Edward Sheraton vazou e dúzias de fãs se registraram no hotel, causando graves problemas para os seguranças.

18 de agosto
– Os Beatles pegam o voo para Atlanta pela manhã e fazem um único show no Atlanta Stadium para 35 mil pessoas. O novo estádio de baseball tinha um sistema de som excelente, sobre o qual os Beatles não pararam de falar durante vários dias, visto que, na maioria dos locais onde se apresentavam, mal podiam ouvir a própria voz. Eles partiram de Atlanta logo após o show e chegaram ao aeroporto de Houston às 2h. A polícia local não preparara qualquer esquema de segurança e, enquanto o avião taxiava em direção ao terminal, os fãs invadiram

a pista de pouso e tentaram subir no avião antes mesmo deste parar completamente, alguns inclusive fumando perto dos tanques de combustíveis. A banda e Brian Epstein não puderam sair do avião até que uma empilhadeira chegasse para resgatá-los.

19 de agosto
– Os Beatles fazem dois shows para um total de 25 mil fãs no Sam Houston Coliseum. A *performance* dos Beatles não foi tão emocionante em virtude do calor, do caos nos bastidores e da falta de camarins. Eles foram e voltaram do estádio em uma perua blindada.
– O *Top Of The Pops* da BBC exibe um vídeo com cenas de *Help!*.

20 de agosto
– Os Beatles e sua *entourage* viajam durante a noite do Texas para Chicago, onde chegam às 3h no Midway Airport. Como a polícia tomara conhecimento do que acontecera em Houston, ela proibiu o avião de pousar no O'Hare International Airport, por causa dos problemas que isso poderia causar. Eles ficaram no hotel O'Hare Sahara, que estupidamente divulgara que os Beatles seriam seus hóspedes. O local foi invadido por fãs que fizeram tanto barulho que ninguém conseguiu dormir naquela noite. De qualquer forma, as duas apresentações no monumental White Sox Park Stadium, para um total de 50 mil fãs, foram um sucesso.

21 de agosto
– À tarde, os Beatles saem de Chicago rumo a Minneapolis, em Minnesota, onde fazem apenas uma apresentação no Twin Cities Metropolitan Stadium, para 22 mil pessoas. Foi impossível ouvir algumas partes do espetáculo, por causa de um helicóptero da imprensa que ficou sobrevoando o estádio durante o show, o que deixou John particularmente irritado. Eles hospedaram-se no Leamington Motor Inn, que, a exemplo de Chicago, também divulgara que os Beatles ficariam lá. George adorou sua estada em Minneapolis, pois foi presenteado com uma guitarra. Brian Matthew foi do aeroporto diretamente para a BBC, a fim de divulgar em primeira mão as datas dos shows da turnê americana para a audiência do *Saturday Club*.

22 de agosto
– Durante a viagem de Minneapolis para Portland, o Lockheed Electra sobrevoa um enorme desfiladeiro e, pouco antes da aterrissagem, um dos quatro motores pega fogo e o avião pousa em meio a fumaça negra e chamas. Foi uma grande farra para a imprensa local, que exagerou bastante a história. Caso o incidente tivesse ocorrido antes, as consequências poderiam ter sido nefastas.
– Os Beatles fazem dois shows no Portland Memorial Coliseum, onde recebem a visita de Carl Wilson e Mike Love dos Beach Boys nos camarins. Allen Ginsberg estava na plateia e John o cumprimentou do palco. O escritor fez um poema sobre o show chamado "Portland Coliseum".

"Um sussurro em uníssono, a voz de dez mil crianças, uma canção que chega aos ouvidos". Allen Ginsberg

23 de agosto
– Logo após o show, os Beatles partem de Portland. O Electra não estava em condições de uso, portanto eles voaram em um Constellation – um avião mais lento que só chegaria a Los Angeles poucas horas antes do amanhecer. A banda hospedou-se em uma casa alugada em Benedict Canyon, n. 2850, em Beverly Hills. Porém, menos de dez horas após sua chegada, a imprensa e a rádio já haviam divulgado o endereço supostamente secreto e, enquanto os Beatles relaxavam na piscina, a polícia de Beverly Hills concentrava seus esforços para evitar que os fãs invadissem sua privacidade. Doze policiais estavam em serviço, além de seguranças particulares da Burns Agency.

24 de agosto
– Eleanor Bron, a estrela de *Help!*, e a banda The Byrds visitam os Beatles. Pouco depois, é a vez de Peter Fonda que, ao chegar, encontra John em uma "viagem" de LSD.

John: "A música 'She Said She Said', foi composta depois de uma 'viagem' de LSD em Los Angeles, durante uma das folgas da turnê. Estávamos nos divertindo com The Byrds e muitas garotas, 'viajando' de ácido quando Peter Fonda apareceu, sentou-se ao meu lado e sussurrou, 'Eu sei como é sentir-se morto', descrevendo uma 'viagem' que ele mesmo fizera".

– Nessa noite, Alan Livingstone, presidente da Capitol, ofereceu uma festa para os Beatles, durante a qual eles receberam vários prêmios. Entre os convidados estavam Edward G. Robinson, Jack Benny, Vince Edwards, Gene Barry, Richard Chamberlain, Jane Fonda, Rock Hudson, Groucho Marx, Dean Martin, o casal Harley e Juliet Mills e James Stuart. A festa terminou com a apresentação do filme *What's New Pussycat*, mas Paul e George foram embora mais cedo para participar da gravação da música "The Times They Are A Changin", com The Byrds, na manhã do dia seguinte.
– Os Beatles começam o dia em Benedit Canyon às 14h, com o café da manhã, seguido de banho de sol e de piscina. Após o jantar, assistem a uma sessão exclusiva dos últimos lançamentos do cinema. A casa tinha uma vista magnífica do vale e era o lugar perfeito para relaxar.

25 de agosto
– Duas fãs alugam um helicóptero para sobrevoar a mansão em Benedict Canyon e se jogam dentro da piscina. Brian prestou queixa à polícia e nenhum outro helicóptero voltou a incomodá-los.

27 de agosto
– O grupo continua confinado na casa, mas Paul coloca um disfarce e consegue fazer um passeio pela cidade acompanhado de Alf Bicknall.

28 de agosto
– Os Beatles viajam para San Diego, em um luxuoso ônibus de turismo para dez pessoas, que tinha geladeira, banheiro com chuveiro, e comida e bebida à vontade. Foi uma prazerosa viagem de duas horas à beira-mar. Vinte mil fãs lotaram o show no Balboa Stadium. Durante a volta, o ônibus quebrou e a trupe ficou esperando em uma capela mortuária pelas limusines que os levariam a Los Angeles. Os fãs conseguiram alcançá-los e começaram a pular sobre os carros, destruindo-os.

29 de agosto
– Durante a tarde, houve uma grande coletiva de imprensa no Capitol Tower, perto da esquina das ruas Hollywood e Vine, durante a qual os Beatles receberam discos de ouro pelo sucesso de *Help!*, das mãos do presidente da Capitol, Alan Livingstone. Em seguida, um caminhão blindado os levou ao Hollywood Bowl, onde fizeram um show para 18 mil pessoas. Uma das fãs deu à luz um menino no estacionamento do estádio.

30 de agosto
– Última noite em Beverly Hills. O segundo show no Hollywood Bowl é um sucesso, sendo gravado pela Capitol para um possível lançamento ao vivo. Após o show, o quarteto ofereceu uma festa à beira da piscina para os, aproximadamente, 12 representantes da imprensa que os haviam acompanhado durante a turnê.
– A rádio BBC leva ao ar o programa *The Beatles Abroad* – 45 minutos de entrevistas gravadas por Brian Matthew durante os primeiros

Encontro com Elvis

Em 27 de agosto, os Beatles encontraram-se com Elvis Presley em sua casa, em Perugia Way, Bel Air, próxima ao Country Club. Quando chegaram, às 23h, Elvis os esperava na porta. Entraram na casa, passaram pelo enorme saguão circular, iluminado com as cores preferidas de Elvis, vermelho e azul, que se abria para uma imensa sala de estar, tendo como destaque uma gigantesca televisão em cores, cujo som estava desligado. Brian Epstein e Tom Parker ficaram juntos num canto observando o encontro.

A princípio, o clima estava tenso e ninguém dizia uma palavra, até Elvis soltar, "Se vocês forem ficar aí sentados a noite inteira me encarando, eu vou para a cama", o que acabou quebrando o gelo.

Elvis trouxe algumas guitarras e ele e os Beatles tocaram juntos, acompanhando músicas de sua coleção de discos. Paul tocou piano e guitarra, enquanto Elvis encarregou-se do baixo. Ao conversarem sobre incidentes com fãs e problemas durante as turnês, descobriram que tinham muito em comum. George contou a Elvis sobre o avião que pegara fogo durante a aterrissagem em Portland, e este se lembrou de um episódio parecido, quando o motor de seu avião parou de funcionar em Atlanta.

Elvis disse que, normalmente, seus filmes eram feitos em 28 dias, o que surpreendeu os Beatles, que achavam que *Help!*, filmado em 6 semanas, já tinha sido feito às pressas. John cometeu uma tremenda gafe perguntando a Elvis, "Por que você não volta a gravar rock'n'roll?". Para o Rei, estava implícito nesse comentário que sua carreira tinha ido por água abaixo, no entanto, em vez de falar sobre o assunto, culpou seus filmes.

"Minha agenda de filmagens é muito apertada! Mesmo assim, em breve irei gravar um novo disco."

"E nós vamos comprá-lo!", respondeu John. Após a visita, os Beatles tiveram a impressão de que Elvis estivera chapado durante todo o encontro, que durara três horas. Quando foram embora, pouco depois das 2h, Elvis despediu-se dizendo: "Se algum dia forem ao Tennessee, não se esqueçam de nos visitar em Memphis". Enquanto a limusine dos Beatles se distanciava, John perguntou: "Onde estava Elvis?". Tempos depois, faria o seguinte comentário: "Foi como se encontrar com Englebert Humperdinck".

Mal, Neil e Alf, *roadies* dos Beatles, também presentes durante a visita, ficaram impressionados ao saber que Elvis tinha dez *roadies* morando com as esposas em sua casa, ao passo que os quatro Beatles se viravam com três.

Cada um dos Beatles ganhou um estojo com todos os álbuns de Elvis, coldres com cintos de couro dourado e um abajur em forma de carruagem.

À direita: George e John, em Heathrow.
Abaixo: Ringo, Maureen e o recém-nascido Zak deixam o Queen Charlotte's Hospital, em 22 de setembro.

dias da turnê da banda pelos Estados Unidos.

31 de agosto
– Os dois shows no San Francisco Cow Palace são assistidos por 30 mil pessoas. Os Beatles apresentam seu repertório tradicional de 12 músicas, e o show é manchete em todo o mundo. Por conta de um descuido dos seguranças, inúmeros fãs avançaram em direção ao palco e vários deles desmaiaram. A multidão estava tão descontrolada que os Beatles tiveram de sair de cena e esperar nos bastidores até que a situação se acalmasse. Johnny Cash e Joan Baez estavam presentes e acompanharam George no vocal de "Greensleeves".

1º de setembro
– Os Beatles pegam um voo de volta para Londres.

02 de setembro
– Os Beatles chegam no London Airport.

04 de setembro
– O compacto *Help!* atinge o topo das paradas nos Estados Unidos.

06 de setembro
– Paul e Jane convidam Alf Bicknell, motorista dos Beatles, para assistir à peça *The Killing of Sister George*, estrelada por Beryl Reid, no Duke of York's Teatre. Paul gostou do espetáculo, ao passo que Jane fez algumas ressalvas. Em seguida, o casal foi passear pelos *nightclubs* londrinos.

10 de setembro
– A música "You've Got To Hide Your Love Away" de The Silkie, de autoria de Lennon & McCartney, é lançada em compacto no Reino Unido pela Fontana (TF 603).

11 de setembro
– John, Paul e George passam alguns dias em Liverpool visitando parentes.

12 de Setembro
– O álbum *Help!* chega ao primeiro lugar nas paradas de sucesso americanas.
– A apresentação dos Beatles no *Ed Sullivan Show*, gravada em 14 de agosto, vai ao ar.

13 de setembro
– Maureen, esposa de Ringo, dá à luz a Zak Starkey, no Queen Charlotte's Hospital, em Londres.
– John, Paul e George voltam de Liverpool.

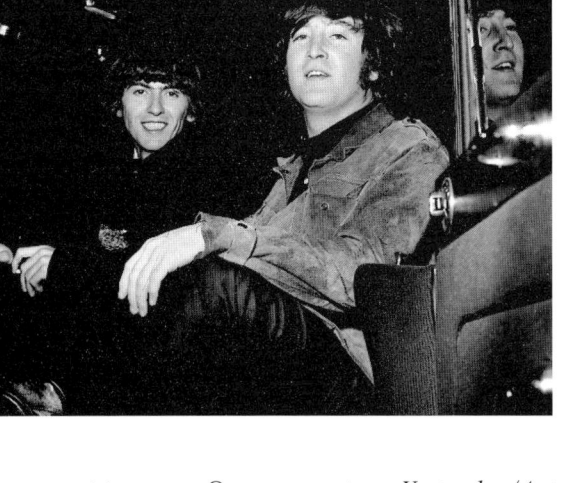

– O compacto *Yesterday/Act Naturally* é lançado nos Estados Unidos pela Capitol (5498), o que só aconteceria no Reino Unido muito depois de os Beatles terem se separado.

17 de setembro
– A canção "That Means A Lot", de P. J. Proby, composta por Lennon & McCartney, é lançada em compacto no Reino Unido pela Liberty (10215)

20 de setembro
– A canção "You've Got To Ride Your Love Away" de The Silkie, produzida e composta por Lennon &McCartney, é lançada em compacto nos Estados Unidos pela Fontana (1525).

25 de setembro
– A série de desenhos animados dos Beatles, chamada *The Beatles*, da empresa de entretenimento King

A fábula de "Yesterday"

Em sua autobiografia, Eric Burdon contou que Paul inicialmente oferecera "Yesterday" a Chris Farlowe:
"Certo dia, eu estava em meu apartamento em Duke Street quando Chris me telefonou. 'Oi Eric, como está? Aqui é o Chris', disse ele com sua voz rouca. Eu perguntei como ele estava, 'Ah, estou bem. Ei escute, você não vai acreditar no que aconteceu. Paul McCartney, sabe, o Paul dos Beatles?', 'Ah, sim, já ouvi falar'. 'Bem, ele passou aqui em casa no meio da noite e eu estava fora fazendo um show, mas minha mãe estava aqui e ele deixou um disco demo para mim'. Isso era uma notícia e tanto, e pensei, 'Quando será que Chris entrará no estúdio para gravar esse presente dos deuses?'. 'Ah', resmungou Chris, 'não gostei do disco. Não tem nada a ver comigo. É muito meloso. Eu preciso de um bom rock, um *shuffle*, alguma coisa do gênero'. 'É, mas Chris', eu disse, 'isso é um começo, mesmo que seja uma balada, vá em frente e grave'. 'Não, eu não gostei dela. É muito melosa', insistiu Chris. 'Bem, então o que você vai fazer com a música?' 'Ah, vou devolver'. 'Qual é mesmo o nome da música?, 'Yesterday', respondeu Chris."

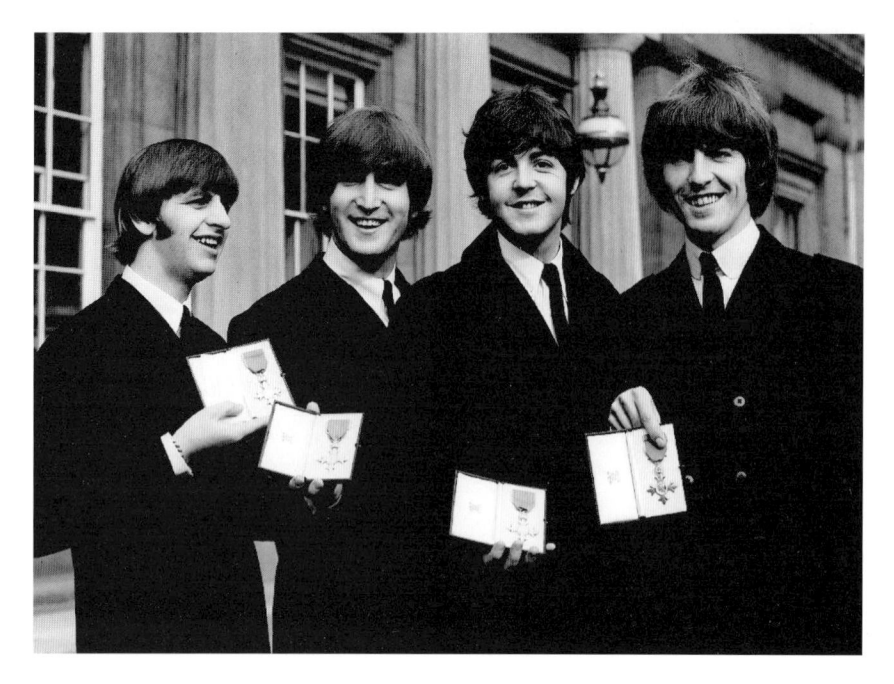

Features, a qual apresentava músicas autênticas do grupo e personagens cujas vozes eram dubladas pelos atores Paul Frees (John e George) e Lance Percival (Paul e Ringo), estreia na TV americana. O programa foi produzido por Al Brodax que, mais tarde, faria o longa-metragem de animação *Yellow Submarine*. *The Beatles* nunca foi exibida no Reino Unido.

1º de outubro
– "Yesterday" chega ao topo das paradas nos Estados Unidos. A canção não foi lançada no Reino Unido, pois os Beatles não queriam que uma balada solo prejudicasse sua imagem de banda de rock'n'roll.

4 de outubro
– Paul e John visitam o estúdio onde Alma Cogan gravava "Eight Days A Week".

9 de outubro
– Os quatro Beatles comparecem à festa oferecida para comemorar a estreia de *Twang*, o novo musical de Lionel Bart, em Londres.
– Após o evento, festejam o aniversário de John.

11 de outubro
– Paul vai ao Decca Records Studios para assistir à gravação de "Yesterday" na voz de Marianne Faithfull, cuja versão chegou às paradas do Reino Unido, mas não superou a de Matt Monro.
– O compacto *Twist And Shout/ There's A Place* é lançado nos Estados Unidos pela Capitol Starline (6061).
– O compacto *Love Me Do/ P.S. I Love You* é lançado nos Estados Unidos pela Capitol Starline (6062).
– O compacto *Please Please Me/ From Me To You* é lançado nos Estados Unidos pela Capitol Starline (6063).
– O compacto *Do You Want To Know A Secret/Thank You Girl* é lançado nos Estados Unidos pela Capitol Starline (6064).
– O compacto *Roll Over Beethoven/ Misery* é lançado nos Estados Unidos pela Capitol Starline (6065).
– O compacto *Boys/Kansas City/ Hey – Hey-Hey-Hey* é lançado nos Estados Unidos pela Capitol Starline (6066).

12 de outubro
– *Abbey Road*. "Run For Your Life", composta por John, é gravada durante a tarde, seguida de "Norwegian Wood", na época conhecida como "This Bird Has Flown". Essa foi a primeira vez que George tocou cítara em uma canção dos Beatles. Seu instrumento era um modelo simples e barato que comprara em uma loja de artigos indianos.

John: "Eu estava tentando escrever sobre uma aventura amorosa sem deixar que minha mulher percebesse que eu estava escrevendo sobre uma aventura amorosa".

13 de outubro
– *Abbey Road*. Gravação de "Drive My Car". Essa foi a primeira vez que os Beatles trabalharam no estúdio até depois da meia-noite, algo que logo se tornaria um hábito.

14 de outubro
– Paul vai à casa de John para comporem novas canções.

15 de outubro
– Paul e Jane assistem a Ben E. King, no *nightclub* Scotch St James's. George, Patty, John e Cynthia chegam muito tarde e perdem o show.

Acima, à esquerda: Até John sorri quando os Beatles mostram suas comendas em frente do Palácio de Buckingham; enquanto, abaixo, a polícia montada contém a multidão do lado de fora do palácio.

16 de outubro
– *Abbey Road*. Durante a tarde e parte da noite a banda grava "Day Tripper" e, em seguida, criam a base de "If I Needed Someone", de autoria de George.

18 de outubro
– Os Beatles trabalham em Abbey Road somente durante a tarde, quando finalizam "If I Needed Someone" e gravam alguns *takes* de "In My Life", composta por John.

20 de outubro
– *Abbey Road*. Durante duas sessões ininterruptas os Beatles gravam "We Can Work It Out".

21 de outubro
– *Abbey Road*. Os Beatles ficam no estúdio das 14h30 até após a meia-noite trabalhando em "Norwegian Wood" e "Nowhere Man".

22 de outubro
– *Abbey Road*. Os Beatles chegam ao estúdio às 10h, onde ficam até a meia-noite trabalhando em "Nowhere Man".

24 de outubro
– *Abbey Road*. Os Beatles trabalham em "I'm Looking Through You", de Paul, das 14h30 à meia-noite. Após a sessão, todos eles, com exceção de John, vão à festa oferecida por Brian no vão Scotch St James's.

26 de outubro
– Os Beatles recebem seus *MBEs*.

28 de outubro
– *Abbey Road*. Mixagem de "We Can Work It Out".
– Alf Bicknall, motorista particular da banda, dirigindo o Rolls Royce de John Lennon, levou o Beatle e um grupo de amigos ao *Ad Lib*. Quando chegaram ao clube, John ficou sabendo que era aniversário de Alf e decidiu levá-lo para uma noitada em Londres. Depois de se divertirem no *Ad Lib*, Terry Doran, um dos amigos de John, assumiu o volante e todos foram jantar no Savoy, a convite de Lennon. François Hardy estava se apresentando no clube nessa noite.

29 de outubro
– *Abbey Road*. Um novo vocal é acrescentado a "We Can Work It Out".

29 de outubro
– Os Beatles vão a Manchester para gravar *The Music Of Lennon And McCartney*, um especial da Granada Television. Paul começou a cantar "Yesterday", mas, após 22 segundos, sua imagem foi substituída pela de Marianne Faithfull, que, grávida, apresentou sua própria versão da música. O grupo dublou "We Can Work It Out" e "Day Tripper", e outros cantores também interpretaram canções dos Beatles.
– John torna-se diretor da Drutsown Limited, uma empresa formada para controlar o faturamento gerado pela venda de seus livros.

2 de novembro
– Com o término das gravações no estúdio da Granada TV, os Beatles voltam para Londres.

3 de novembro
– *Abbey Road*. Os Beatles gravam "Michelle", escrita por Paul, em uma sessão que começou à tarde e se estendeu até a meia-noite.

4 de novembro
– *Abbey Road*. Os Beatles trabalham no estúdio das 19h às 3h, gravando "What Goes On", de Ringo.

6 de novembro
– *Abbey Road*. Os Beatles novamente ficam no estúdio das 19h às 3h. Gravam alguns *takes* de "I'm Looking Through You", composta por Paul; entretanto, nenhum deles fica satisfeito com o resultado.

8 de novembro
– *Abbey Road*. O grupo ensaia "Think For Yourself", de George Harrison e, por volta das 3h, grava o terceiro *flex-disc* de Natal que seria distribuído gratuitamente apenas para membros de seu fã-clube.

10 de novembro
– *Abbey Road*. Uma sessão das 21h às 3h, durante a qual o grupo grava "The Word", de John, e continua a trabalhar em "I'm Looking Through You".

11 de novembro
– *Abbey Road*. Os Beatles chegam ao estúdio às 18h, de onde só saem às 7h do dia seguinte. Trabalharam em "Wait", gravam "You Won't See Me", de Paul, e "Girl", de John, dão os últimos retoques em "I'm Looking Through You" e, finalmente, seu novo álbum *Rubber Soul* fica pronto.

Entrega do MBE: 26 de Outubro

Os Beatles chegaram ao Buckingham Palace no Rolls Royce de John a tempo para a cerimônia, que se iniciaria às 11h, na sala do trono. Eles vestiam terno e gravata escuros e perfilaram-se, enquanto a rainha colocava as comendas na estreita lapela de seus paletós. "Há quanto tempo estão juntos?", perguntou a rainha.
"Ah, há muitos anos", respondeu Paul.
"Há 40 anos", replicou Ringo e todos riram.
"Foi você que começou o grupo?", perguntou a rainha a Ringo, e ele lhe disse que os outros haviam começado, "Eu sou o caçula".
A rainha usava um vestido de delicada nuança dourada e o salão estava decorado em tons de creme e ouro, seis grandes lustres pendiam do teto e havia um órgão em um dos cantos. A banda da Guarda Real discretamente tocou trechos de "Humoresque" e "Bitter Sweet", o que Paul mais tarde descreveria como "agradável entretenimento".
Lorde Cobbold, camareiro-mor do Palácio de Buckingham, chamou os Beatles. Eles deram um passo à frente e fizeram uma reverência. A rainha cumprimentou-os, conversou com cada um deles e entregou-lhes a comenda. Eles, então, voltaram para seus lugares e fizeram outra reverência.
Paul descreveu a rainha como "Adorável. Maravilhosa! Ela foi muito atenciosa, parecia uma mãe".
Durante a cerimônia, 189 pessoas foram homenageadas, seis delas como "Cavaleiros do Império Britânico". A comenda recebida pelos Beatles por serviços prestados ao país é a de menor importância entre as cinco classes da ordem de cavalaria – "A Excelente Ordem do Império Britânico". Entre os 126 títulos nobiliárquicos britânicos, o recebido pelos Beatles está classificado em 120º lugar, e é o que tem o maior número de agraciados.
Fora do palácio, 4 mil fãs exclamavam "Yeah, Yeah, Yeah", e acabaram entrando em confronto com a polícia, que conseguiu afastá-los, mas não pôde impedi-los de subir nos postes e portões ao redor de Buckingham.
Após a cerimônia, houve uma coletiva de imprensa no bar do Saville Theatre, durante a qual os Beatles falaram sobre a comenda e os protestos que se seguiram à sua indicação.

15 de novembro
– Os Beatles passam a tarde com George Martin preparando a sequência de músicas do novo álbum.
16 de novembro
– Paul assiste a Gene Pitney, em Slough, sendo o apresentador do show, anunciando os músicos detrás das cortinas, pois não queria que o público soubesse ser ele o mestre de cerimônias. **"E para começar o show em ritmo dançante: The Mike Cotton Sound!"**. Paul fora a Slough porque o grupo de Peter Asher, Peter & Gordon, estava incluído na programação do show. Durante o intervalo, enquanto as cortinas estavam fechadas, o Beatle tocou bateria no palco.
17 de novembro
– George e Patti vão às compras.
18 de novembro
– John e Cynthia vão às compras.

23 de novembro
– Os Beatles filmam videoclipes, para promover seu novo álbum. Dessa forma, eles poderiam aparecer na televisão em qualquer parte do mundo – nos Estados Unidos, Japão – e não ficariam restritos aos poucos programas de TV britânicos. A gravação no Twickenham Film Studios se estendeu por todo o dia. Eles rodaram versões de "We Can Work It Out", "Day Tripper", "Help!", "Ticket To Ride" e "I Feel Fine", que foram exibidas em todo o mundo durante o período de Natal.
25 de novembro
– Depois de fechar as portas ao público, a loja de departamento Harrods ficou aberta durante três horas exclusivamente para os Beatles, para que pudessem fazer suas compras de Natal com tranquilidade.

27 de novembro
– Paul vai assistir à banda The Scaffold, da qual seu irmão Michael fazia parte, em um show encabeçado por Manfred Mann e pelos Yardbirds, no Granada Cinema, em East Ham. O Beatle também compareceu à festa oferecida após a apresentação.
29 de novembro
– BBC *Aeolian Hall*. Os Beatles dão uma entrevista a Brian Matthew, que seria transmitida no especial de Natal do programa *Saturday Club*, pela BBB Light Programme.
30 de novembro
– Nos escritórios da NEMS, em Argyll Street, Brian Matthew faz uma entrevista com George e outra com John, para a BBC internacional.
1º de dezembro
– Os Beatles passam o dia ensaiando no apartamento de Mal e Neil, para que estivessem em forma para a próxima turnê pelo Reino Unido.
– Alguns desenhos de John são exibidos em uma exposição de arte no Nell Gwynne Club, em Londres.
2 de dezembro
– Durante a viagem dos Beatles para Berwick-on-Tweed, umas das guitarras de George cai do bagageiro e é destruída pelos carros que vinham atrás.
– O *Top of The Pops*, da BBC TV, apresenta em primeira mão o videoclipe de "Day Tripper" e "We Can Work It Out".

Paul e o assessor de imprensa dos Beatles, Derek Taylor.

– John muda o nome de sua empresa de Drutsown Limited para Lennon Books Limited.
3 de dezembro
– O compacto *Day Tripper/ We Can Work It Out* é lançado no Reino Unido pela Parlophone (R5389).
– O álbum *Rubber Soul* é lançado no Reino Unido pela Parlophone (PMC 1267), versão mono (PCS 3075) e estéreo.
Lado A: "Drive My Car", "Norwegian Wood (This Bird Has Flow)", "You Won't See Me", "Nowhere Man", "Think For Yourself", "The Word", "Michelle";
Lado B: "What Goes On", "Girl", "I'm Looking Through You", "In My Life", "Wait", If I Needed Someone", "Run For Your Life".
– A EMI prensa inicialmente 750 mil cópias para suprir a demanda esperada.
– Os Beatles começam sua última turnê pelo Reino Unido em Glasgow, com dois shows no Odeon Cinema, que contaram com a participação de seus amigos do Moody Blues. O repertório dos Fab Four incluía: "Dizzy Miss Lizzy", "I Feel Fine", "She's A Woman", "If I Needed Someone", "Ticket To Ride", "Act ... Naturally", "Nowhere Man", "Baby's In Black", "Help!", "We Can Work It Out", "Day Tripper" e "I'm Down".

John: "Estávamos melhorando técnica e musicalmente e, por fim, tomamos conta do estúdio. No início, tínhamos de aceitar aquilo que nos davam, não sabíamos nem como melhorar o som do baixo. Aprendemos a técnica nas gravações de *Rubber Soul*. Ficamos mais meticulosos sobre como fazer um álbum, e é isso que aconteceu, nós fizemos a capa e tudo mais. O título foi de Paul e foi criado da mesma forma que 'Yer Blues'. É apenas um jogo de palavras. Uma gozação com a 'soul music' que invadia a Inglaterra. Não há nenhuma mensagem implicíta, apenas quatro rapazes tentando achar um nome para seu novo álbum".

– Em razão do mau tempo, Brian Epstein tem de hospedar a banda em um hotel luxuoso no centro de Glasgow, em vez de em um pequeno hotel nos arredores da cidade, o que causou vários problemas à segurança.
4 de dezembro
– *The City Hall*, em Newcastle (turnê no Reino Unido). Por causa da neve, a viagem para Newcastle, onde o grupo se apresentaria, foi muito difícil.
5 de dezembro
– *Liverpool Empire* (turnê no Reino Unido). Todos os seus amigos e parentes assistem a esse show, o último da banda em sua cidade natal. A banda The Koobas abriu o segundo show, com Paul na bateria de "Dizzy Miss Lizzy".
– O compacto *We Can Work It Out/ Day Tripper*, que foi considerado como tendo "dois lados A", chega ao topo das paradas no Reino Unido.
– O álbum *Rubber Soul* atinge a primeira posição nas paradas do Reino Unido.
6 de dezembro
– O álbum *Rubber Soul* é lançado nos Estados Unidos pela Capitol (T-2442), versão mono (ST-2442) e estéreo. Como sempre, a versão americana continha menos faixas que a britânica:
Lado A: "I've Just Seen A Face", "Norwegian Wood (This Bird Has Flow)", "You Won't See Me", "Think For Yourself", "The Word", "Michelle";
Lado B: "It's Only Love", "Girl", "I'm Looking Through You", "In My Life","Wait", "Run For Your Life".

– O compacto *Day Tripper/ We Can Work It Out* é lançado nos Estados Unidos pela Capitol (5555).
– O compacto duplo *The Beatles Million Sellers* é lançado no Reino Unido pela Parlophone (GEP 8946), versão mono.
Lado A: "She's Loves You", "I Want To Hold Your Hand";
Lado B: "Can't Buy Me Love", "I Feel Fine".

7 de dezembro
– A viagem para Manchester corre sem problemas, porém a cidade estava coberta por densa neblina e a banda demora quatro horas para encontrar o local do show, chegando ao ABC Cinema, em Ardwick, depois do horário marcado para o início da apresentação. Walter Shenson visitou-os no camarim para conversar a respeito da produção de um terceiro filme com a banda.

8 de dezembro
– *Gaumont Cinema*, em Sheffield (turnê no Reino Unido). Após o show, The Moody Blues e os Beatles jantaram juntos no hotel onde a banda estava hospedada.

9 de dezembro
– A banda vai de carro até Birmingham sob chuva torrencial e se apresenta no Odeon Cinema (turnê no Reino Unido).

10 de dezembro
– Os Beatles voltam para Londres e apresentam-se no Hammersmith Odeon (turnê no Reino Unido).

11 de dezembro
– A banda toca para a extraordinária plateia presente no Finsbury Park Astoria, em Londres (turnê no Reino Unido).

12 de dezembro
– O último show da turnê pelo Reino Unido é no Capitol Cinema, em Cardiff. Logo após o espetáculo, Ringo volta para Londres para participar da festa de Natal do *nightclub* Scotch St James's.

13 de Dezembro
– John, Paul e George voltam para Londres, onde se encontram com Brian para conversar sobre o projeto de seu terceiro filme. O empresário e os rapazes se desentenderam, pois eles recusaram o roteiro de *A Talent For Loving*, de Richard Condon, cujos direitos autorais já haviam sido adquiridos por Brian.

14 de dezembro
– John e Cynthia fazem as compras de Natal.

Acima: os Beatles usam máscaras de proteção em razão da densa neblina, em Manchester, em 7 de dezembro.
Abaixo: Ringo e George no Hammersmith Odeon, em 10 de dezembro.

16 de dezembro
– A Granada Television leva ao ar o especial *The Music Of Lennon And McCartney*.

17 de dezembro
– O terceiro *flex-disc* de Natal dos Beatles é enviado para os membros do fã-clube da banda.
18 de dezembro
– John curte a noite em *nightclubs*.
19 de dezembro
– Paul e Jane assistem ao musical *Twang*, de Lionel Bart, no Shaftesbury Theatre.
23 de dezembro
– Paul faz suas últimas compras de Natal. Entre os presentes para os outros Beatles, ele incluiu cópias em acetato de um disco especial chamado *Paul's Christmas Album*, do qual fizera somente quatro cópias. Na gravação, Paul fazia o papel de um DJ que tocava as músicas favoritas da banda.
25 de dezembro
– O *Saturday Club*, da BBC Light Programme, transmite trechos da entrevista gravada com a banda especialmente para essa data.
– A estação de rádio pirata Radio Caroline leva ao ar mensagens de Natal do grupo, que sempre apoiara as emissoras piratas.
– O *Top Of The Pops*, da BBC TV, apresenta videoclipes do grupo tocando "I Feel Fine", "Help!", "Ticket To Ride" e "Day Tripper".

26 de dezembro
– Alf Bicknell, motorista da banda, leva George a Liverpool para uma visita surpresa à sua mãe, na nova casa da família. Ele e George dormem no sótão em camas de armar.
– A Radio Caroline transmite no programa *Pop's Happening* uma entrevista gravada com Paul.
– Paul também vai visitar a família em Liverpool, acompanhado de seu amigo Tara Browne, membro da tradicional família inglesa Guinness. Enquanto passeavam pelas estradinhas em Wirral, Paul caiu da lambreta, cortou os lábios e precisou levar vários pontos.
31 de dezembro
– Paul, Jane, George e Patti vão, com executivos da EMI, a uma grande festa de Ano-Novo. John e Cynthia passam a noite em uma festa oferecida por Norman Newell.
– Freddie Lennon, pai de John, lança o compacto *That's My Life (My Love And My Home)*, pela gravadora Pye Records.

John: "Eu nunca mais o vi e ele só voltou depois que ganhei muito dinheiro. Abri o *Daily Express* e lá estava ele, lavando pratos em um hoteleco ou algo do gênero, perto de minha casa em Surrey, região nobre nos arredores de Londres. Ele estava tentando entrar em contato comigo por meio de cartas. Mas eu não queria vê-lo. Estava muito ressentido por tudo que ele fizera a mim e à minha mãe e, só agora que eu estava rico e famoso, ele voltou. Por isso decidi não encontrá-lo, mas ele me chantageou emocionalmente, dizendo à imprensa que era um pobre coitado, que lavava pratos, enquanto eu vivia no luxo. E eu caí nessa e por fim nos reencontramos e nos relacionamos por um tempo. Passados alguns anos, ele morreu de câncer. Mas, aos 65 anos, casou-se com uma garota de 22, que trabalhava como secretária dos Beatles e chegaram a ter um filho, o que foi muito positivo para um homem que passara a vida bêbado, quase como um mendigo".

John: "Claro que eu gostava **da fama, do poder, do dinheiro** e de tocar para multidões. Conquistar a América foi sensacional. Sabe, queríamos ser maiores que Elvis – essa era nossa meta. A princípio queríamos ser como Gerry Goffin & Carole King, depois como Eddie Cochran, em seguida foi a vez de Buddy Holly e, finalmente, decidimos ser maiores que o maior – o rei **Elvis Presley.** Achamos que seria possível, pois éramos quatro. Nenhum de nós teria chegado lá sozinho. Paul não tinha carisma, eu não encantava as mulheres, George era **calmo demais** e Ringo era **o baterista.** Porém, sabíamos que todos se sentiriam atraídos por pelo menos um de nós, e foi o que aconteceu".

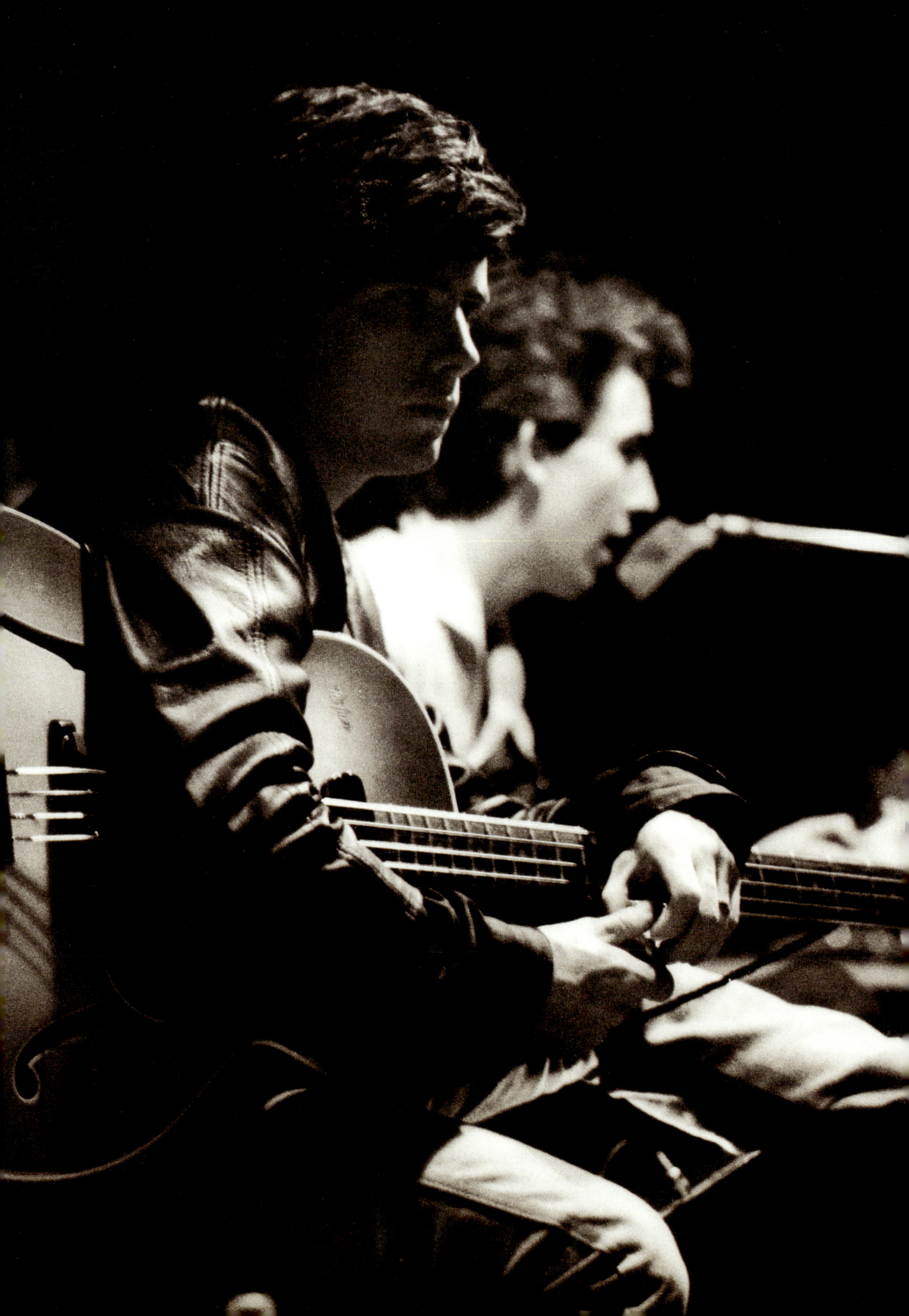

TRIUMPH
FOR BEATLES
SHOW BIZ
WELCOME
EXTRA
THE
BEATLES
EATAX

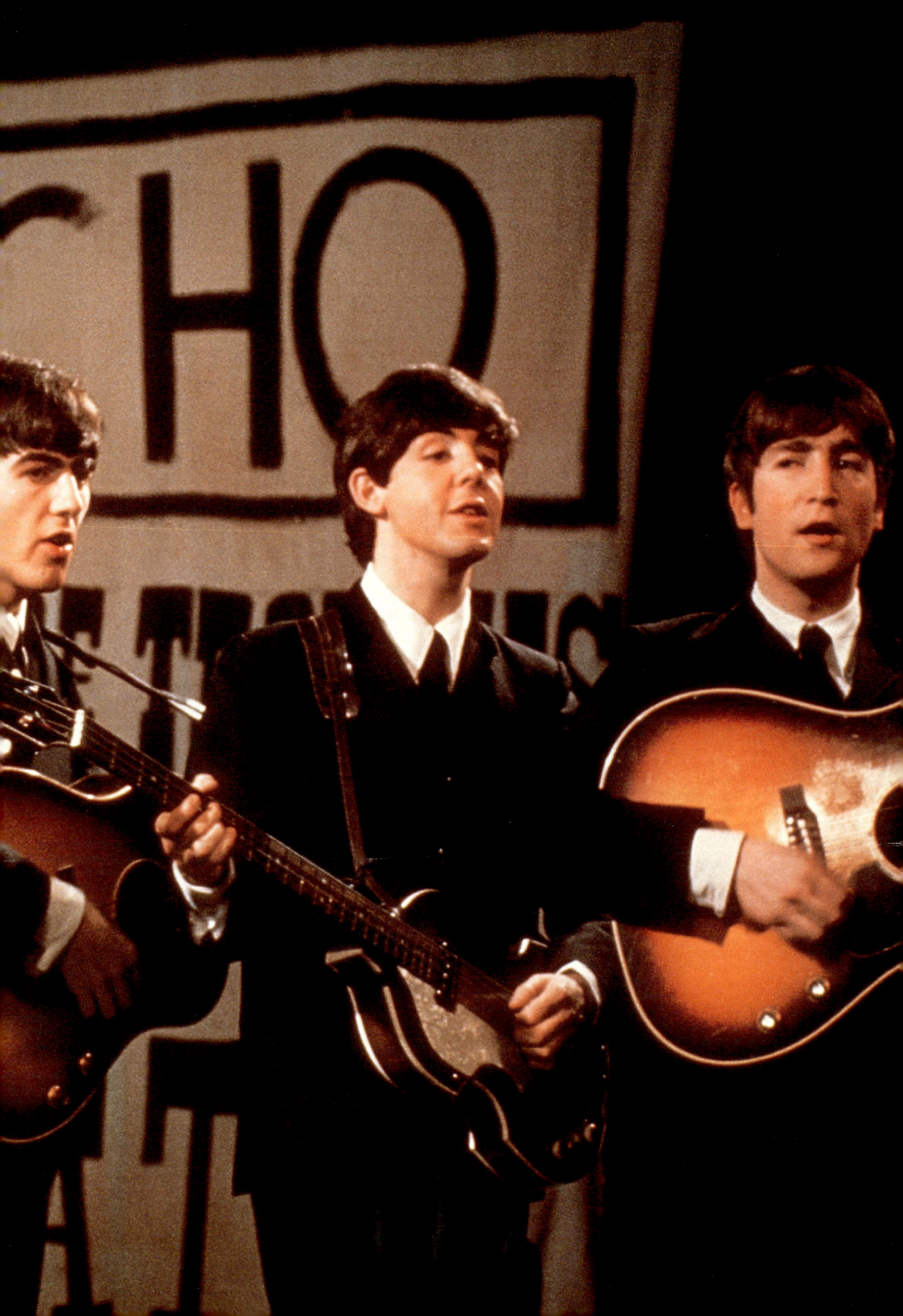

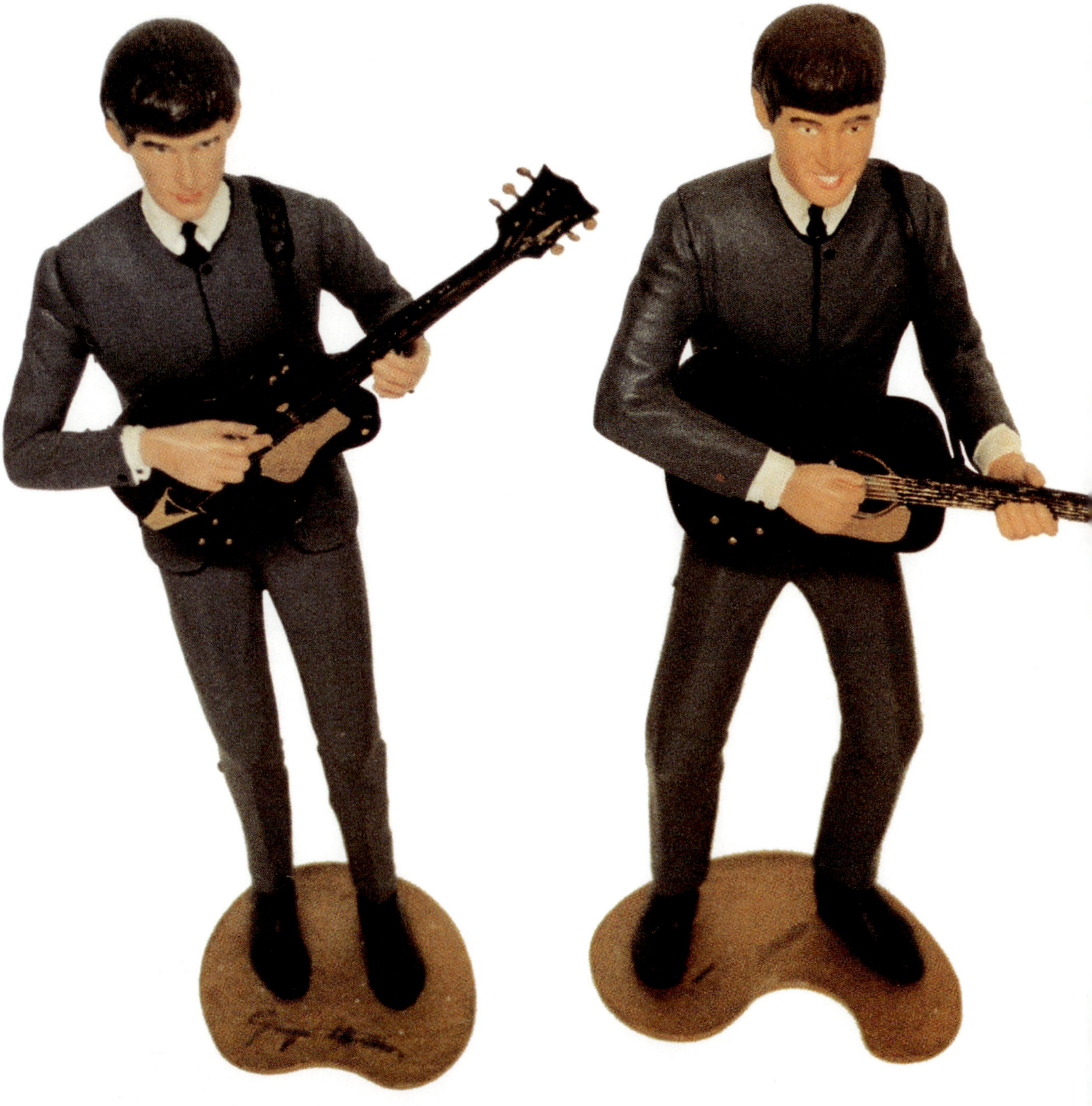

Paul: "'Love Me Do' foi uma de nossas canções mais **filosóficas**, pois o fato de ela ser **simples** e **verdadeira** a torna uma canção de simplicidade **ímpar**".

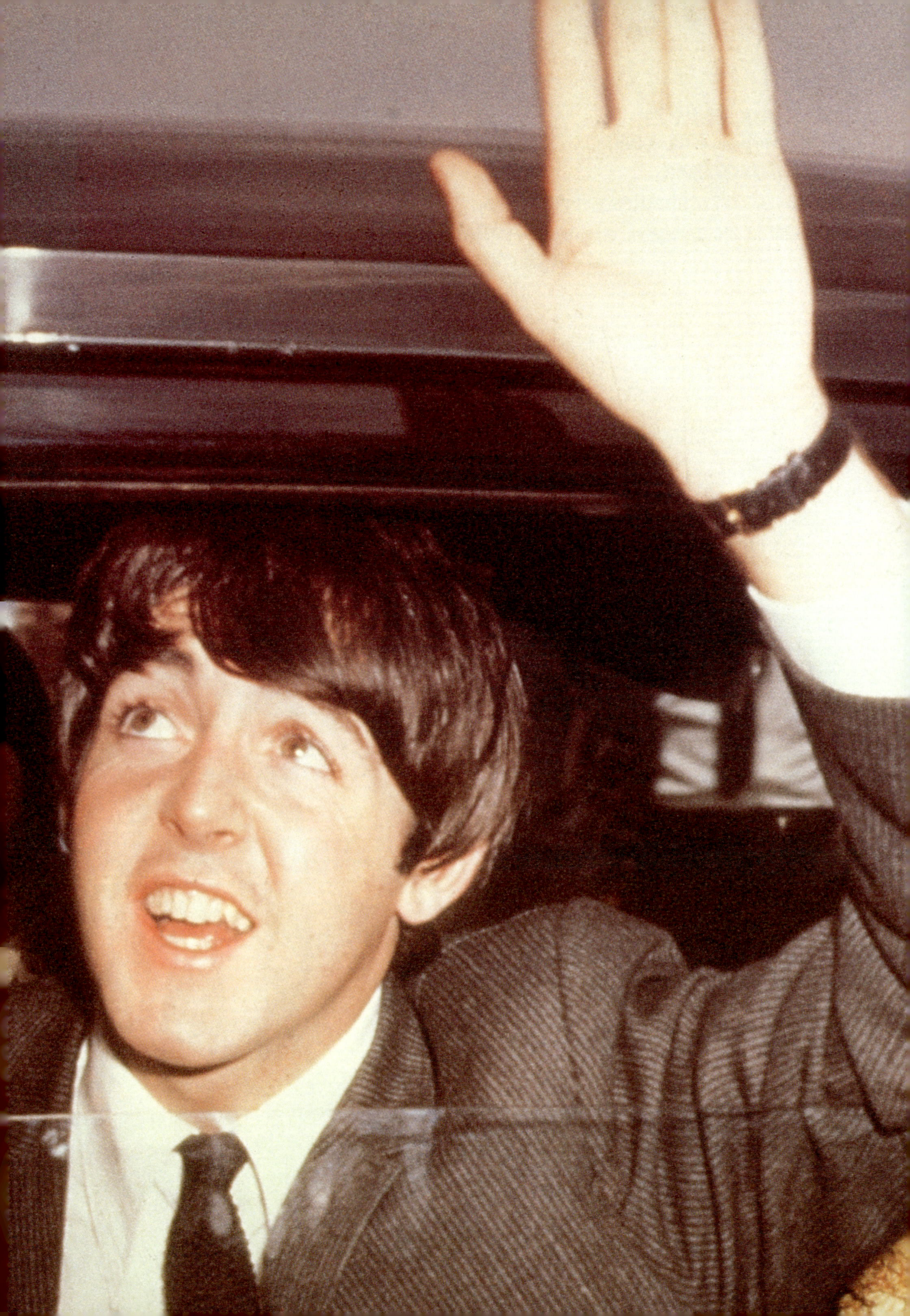

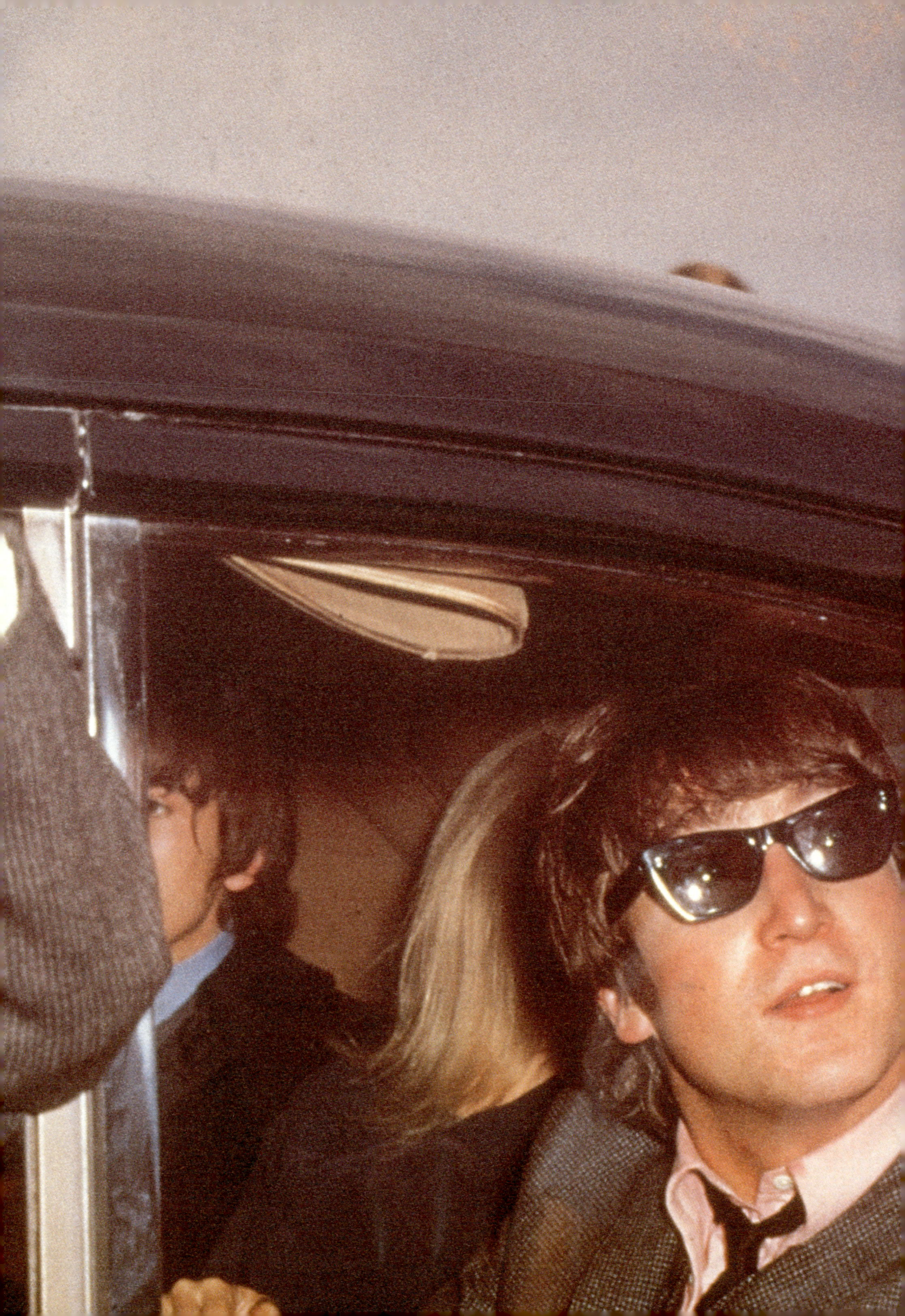

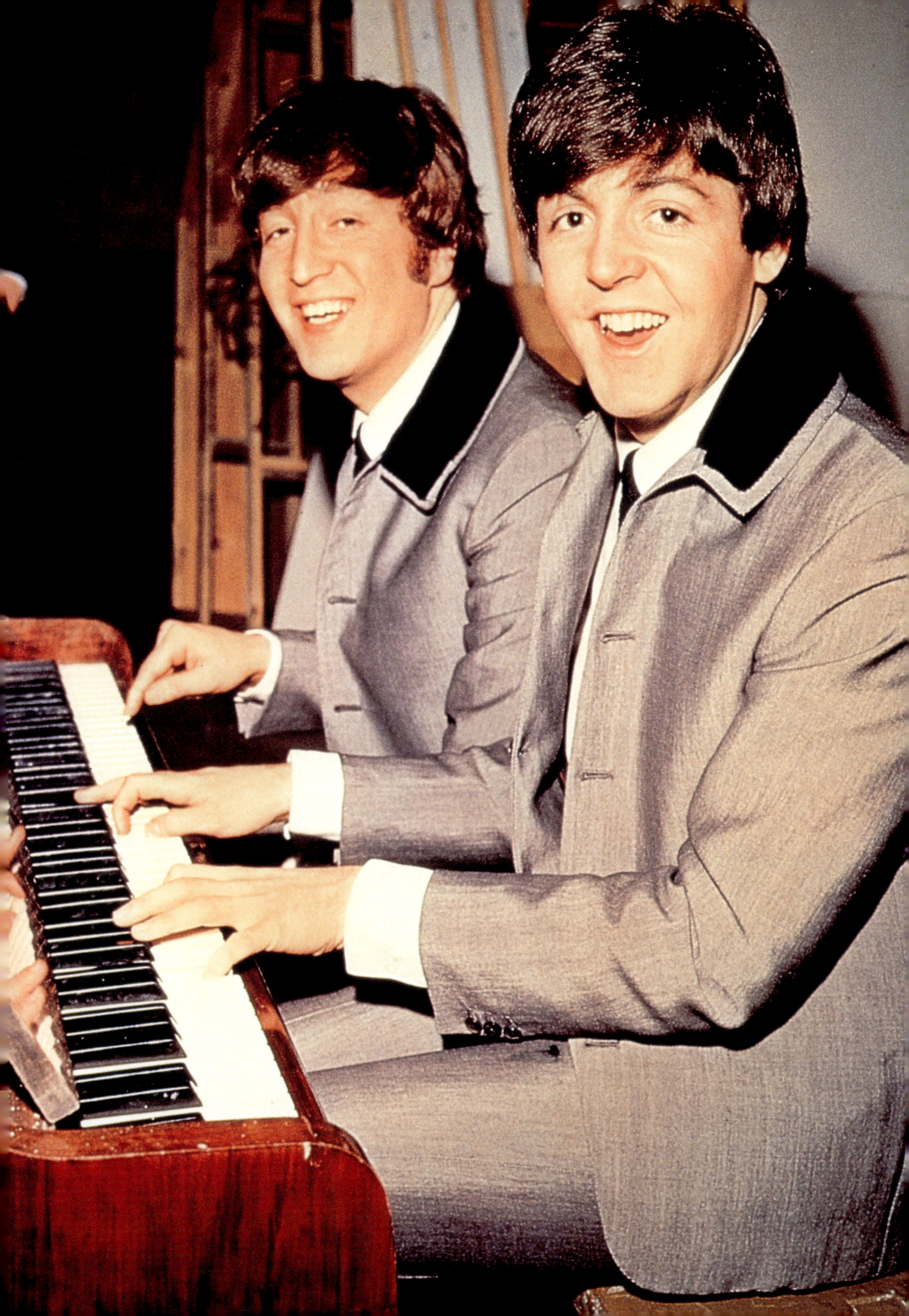

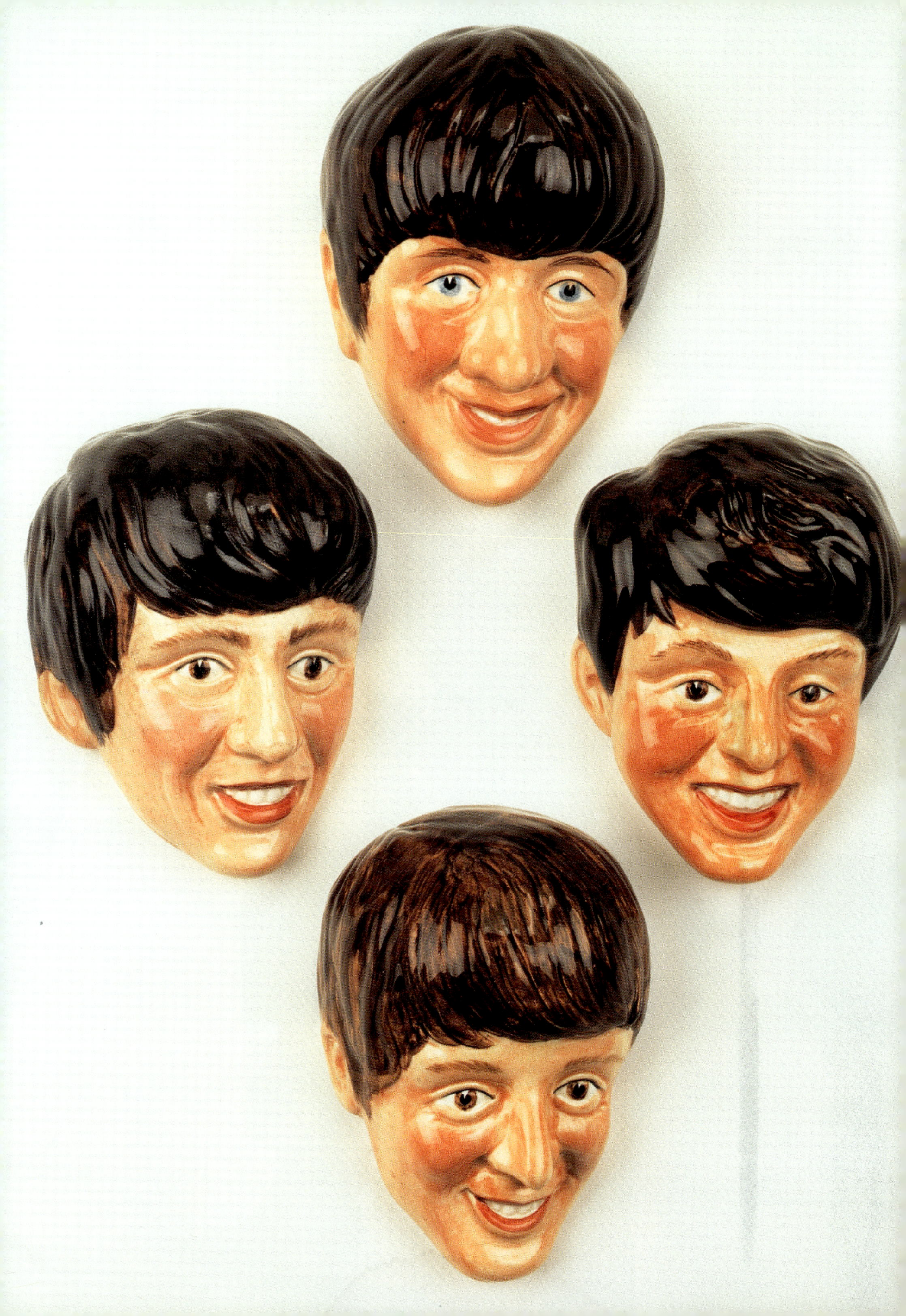

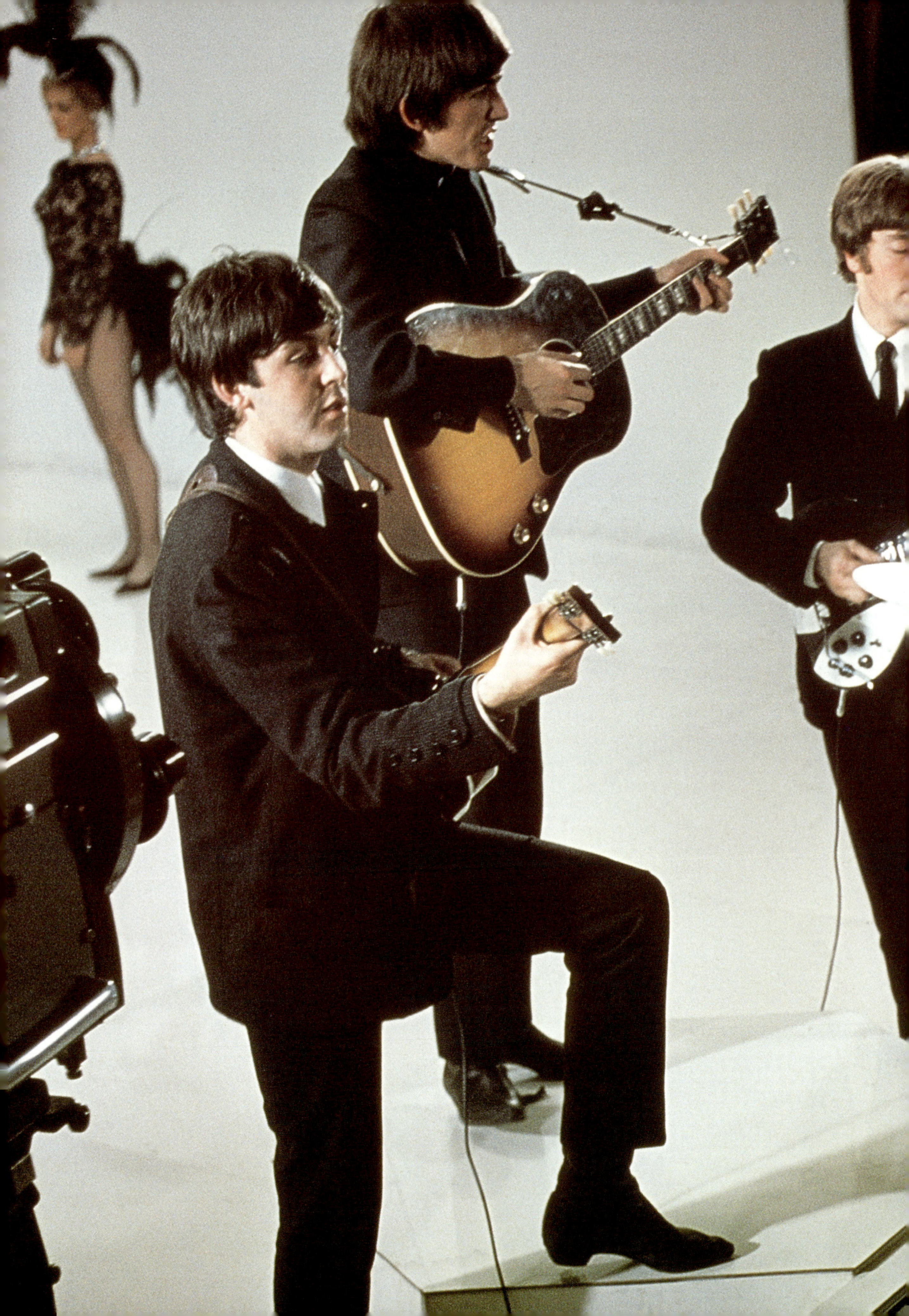

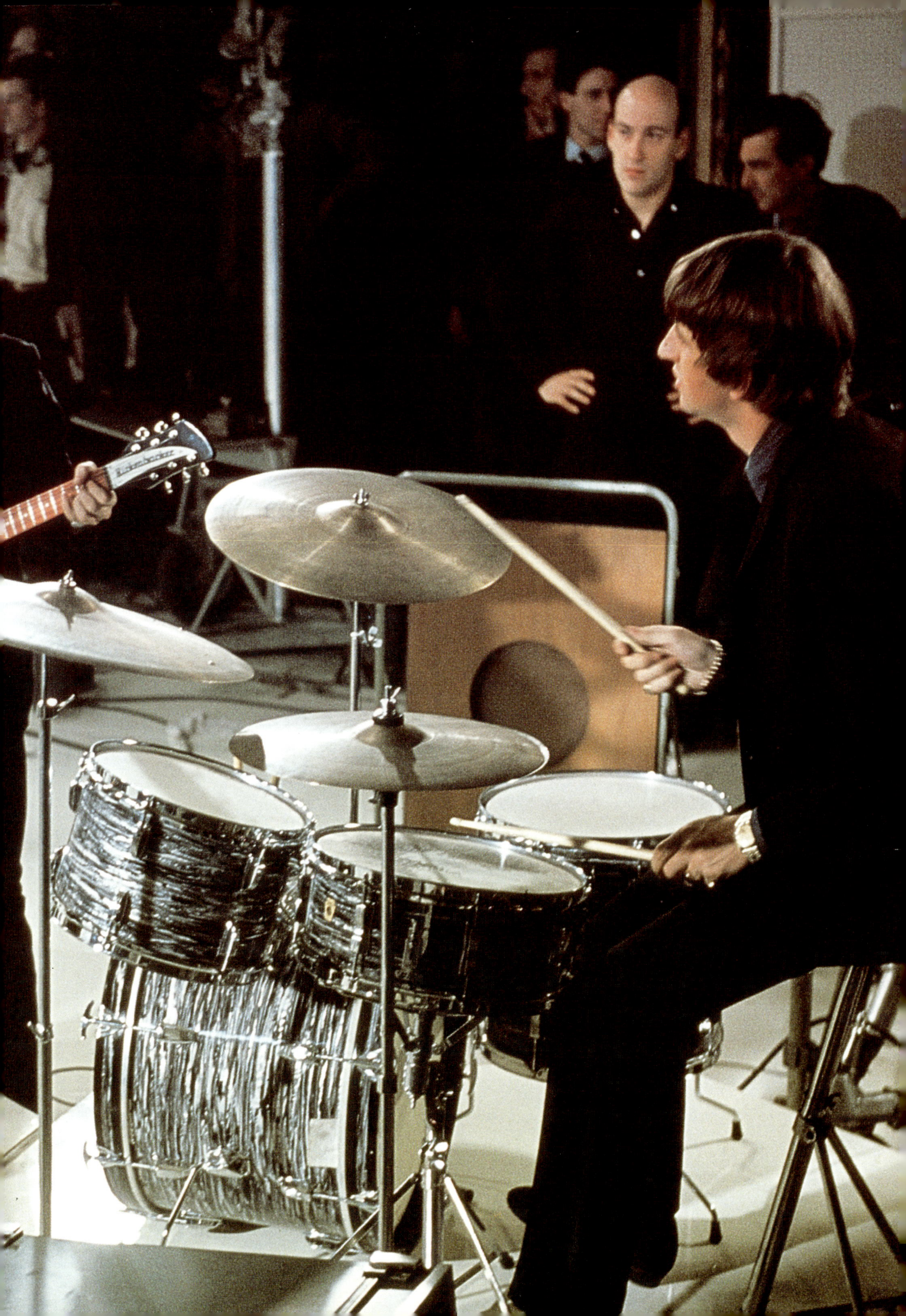

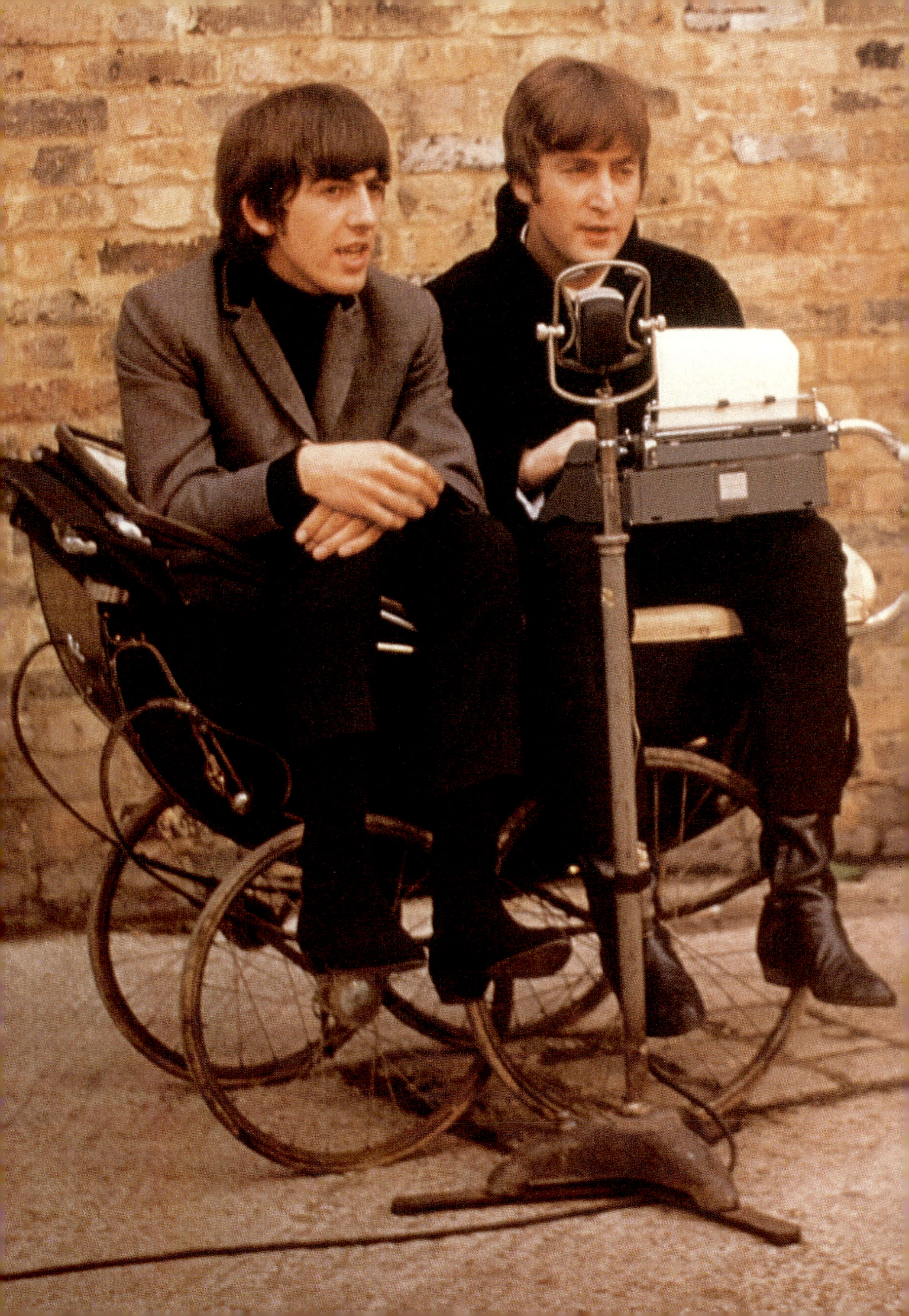

YOU MAY TELEPHONE FROM HERE

THE WORLD'S STARS IN COLOUR COLOUR COLOUR ALL THE WAY 1'-
FEBRUARY 1st 1964
Fabulous
MEETS THE TOP OF THE POP BOYS
11 KING SIZE FULL COLOUR PIN-UPS
CLIFF ELVIS BILLY. J. SEARCHERS GERRY

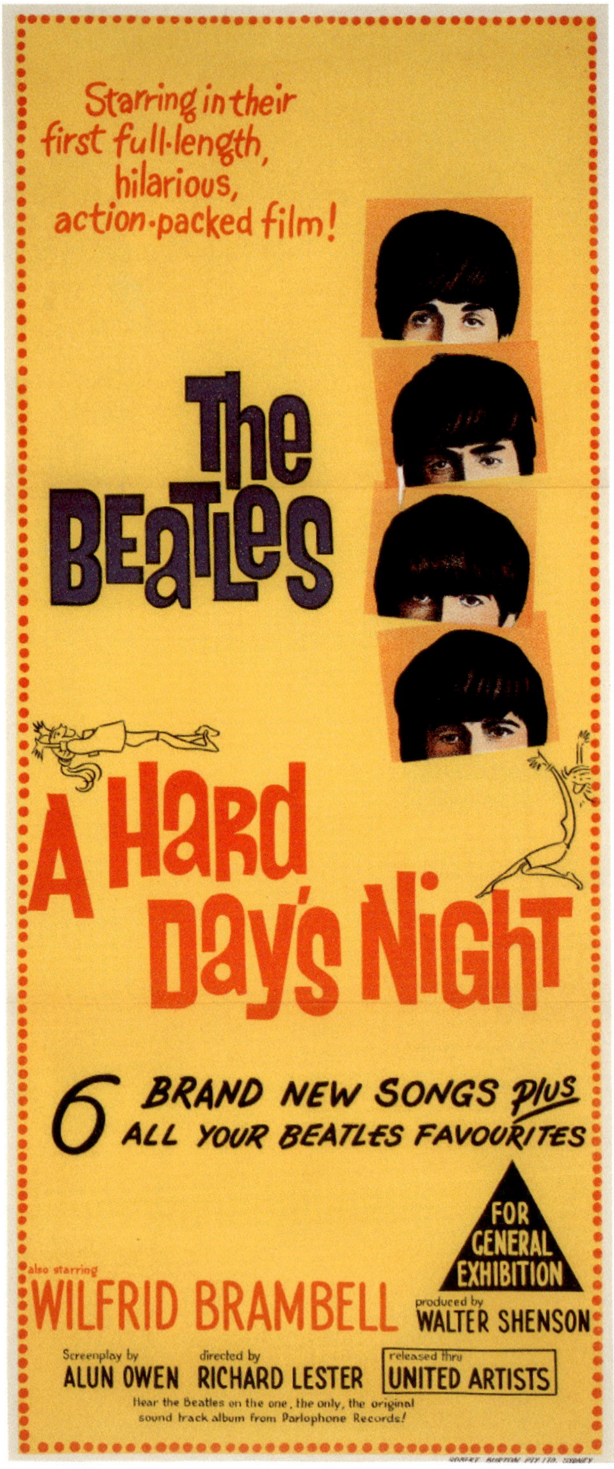
Starring in their first full-length, hilarious, action-packed film!
The Beatles
A Hard Day's Night
6 BRAND NEW SONGS plus ALL YOUR BEATLES FAVOURITES
FOR GENERAL EXHIBITION
also starring
WILFRID BRAMBELL
produced by
WALTER SHENSON
Screenplay by
ALUN OWEN
directed by
RICHARD LESTER
released thru
UNITED ARTISTS
Hear the Beatles on the one, the only, the original sound track album from Parlophone Records!

The Beatles
pencil by number
COLOURING SET
PAUL
GEORGE
JOHN
RINGO
COLORMASTER
5 NUMBERED READY TO COLOUR PORTRAITS OF JOHN, PAUL, GEORGE, RINGO AND THE GROUP
6 BRILLIANT COLOURED PENCILS
NO PAINTS · NO WATER · NO MESS
ITS SO EASY!
Kitfix

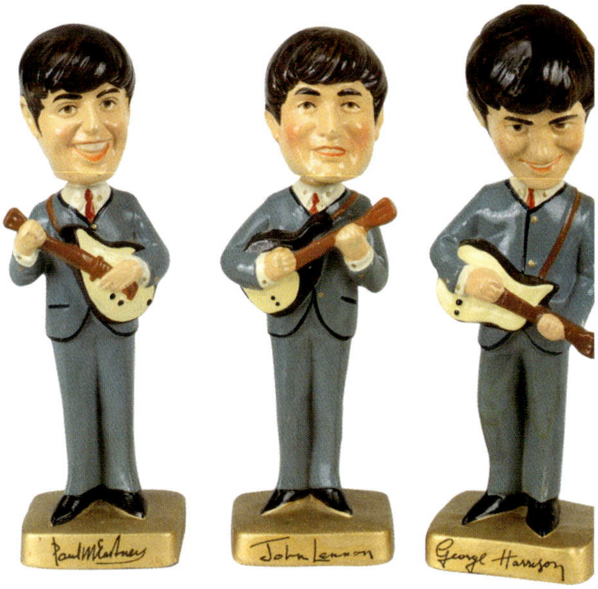
John Lennon
George Harrison

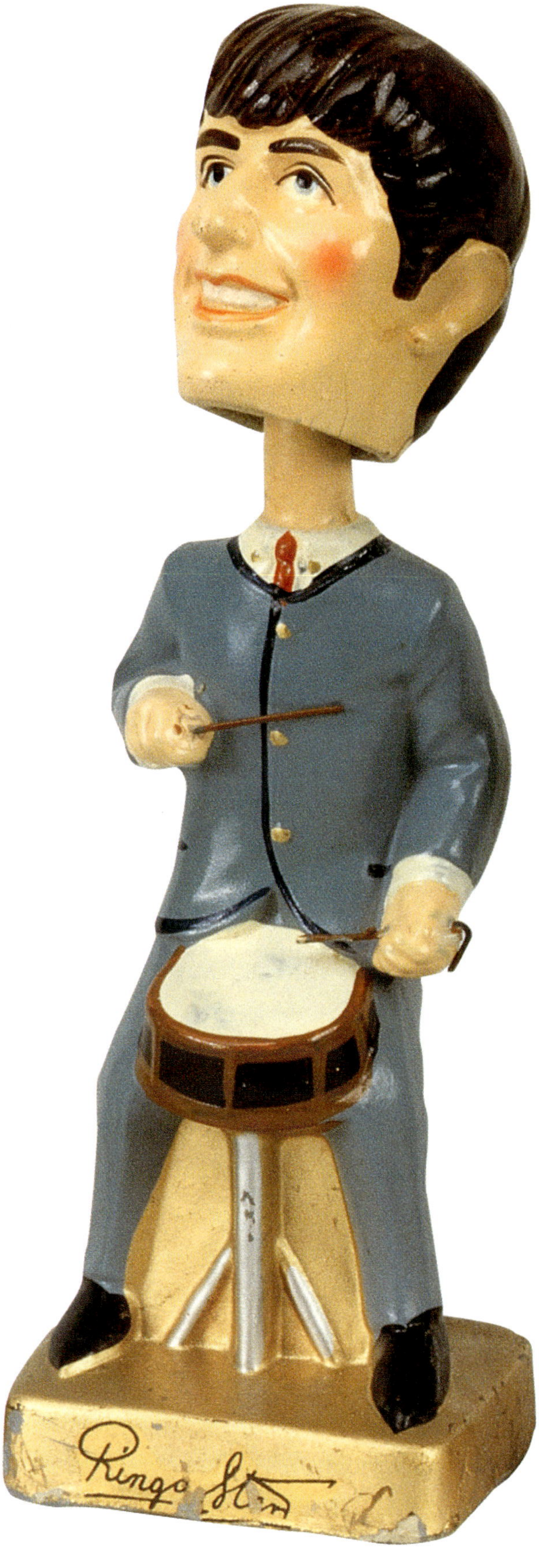
Ringo Starr

SOUND GUITAR
John
Ringo
Paul
George
BEATLES
NEW SOUND GUITAR
SELCOL
Made in England under licence

John Paul
George Ringo
THE BEATLES
"FROM ME TO YOU"
THE
BEATLES
John Paul
George Ringo
Fab Four

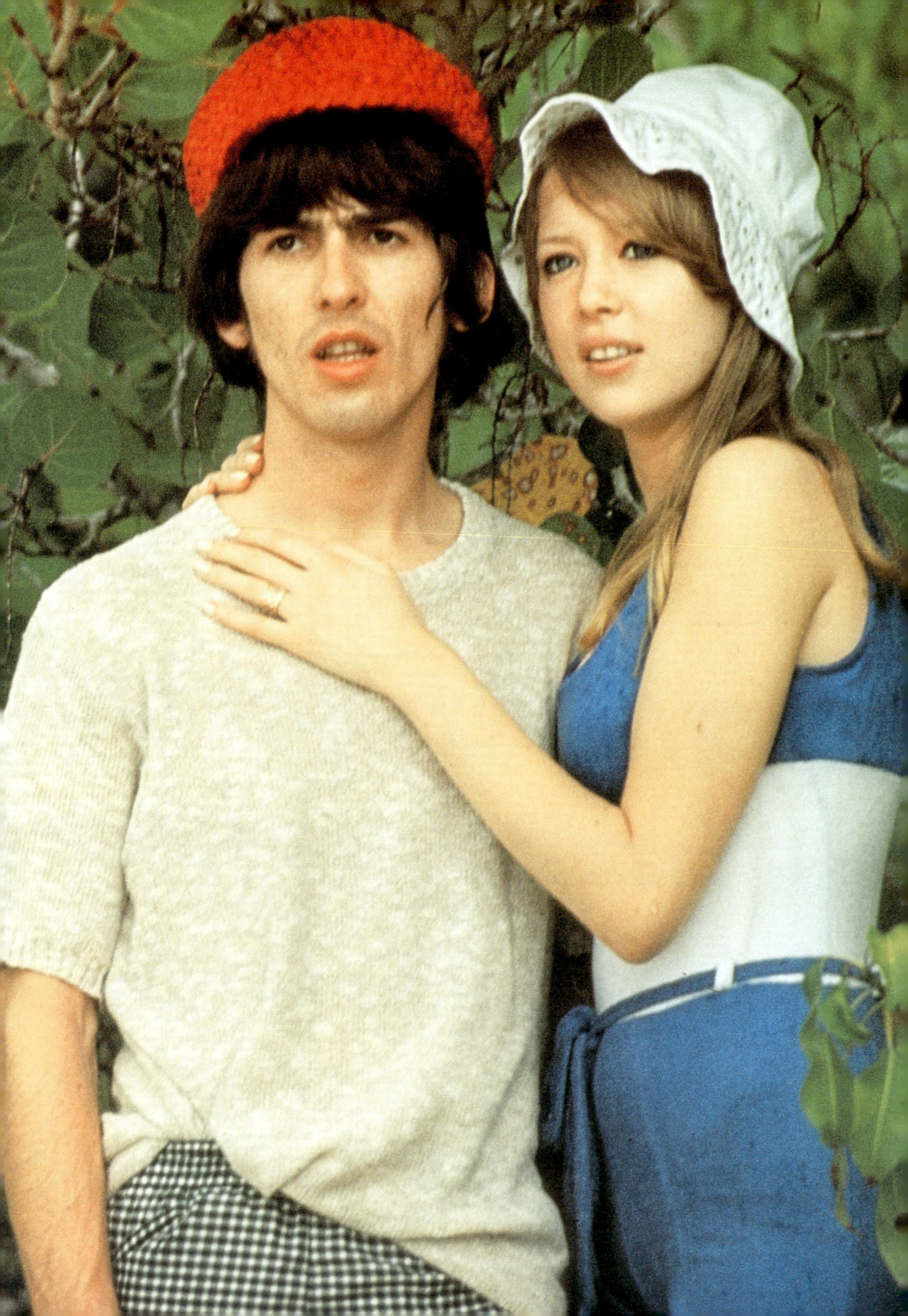

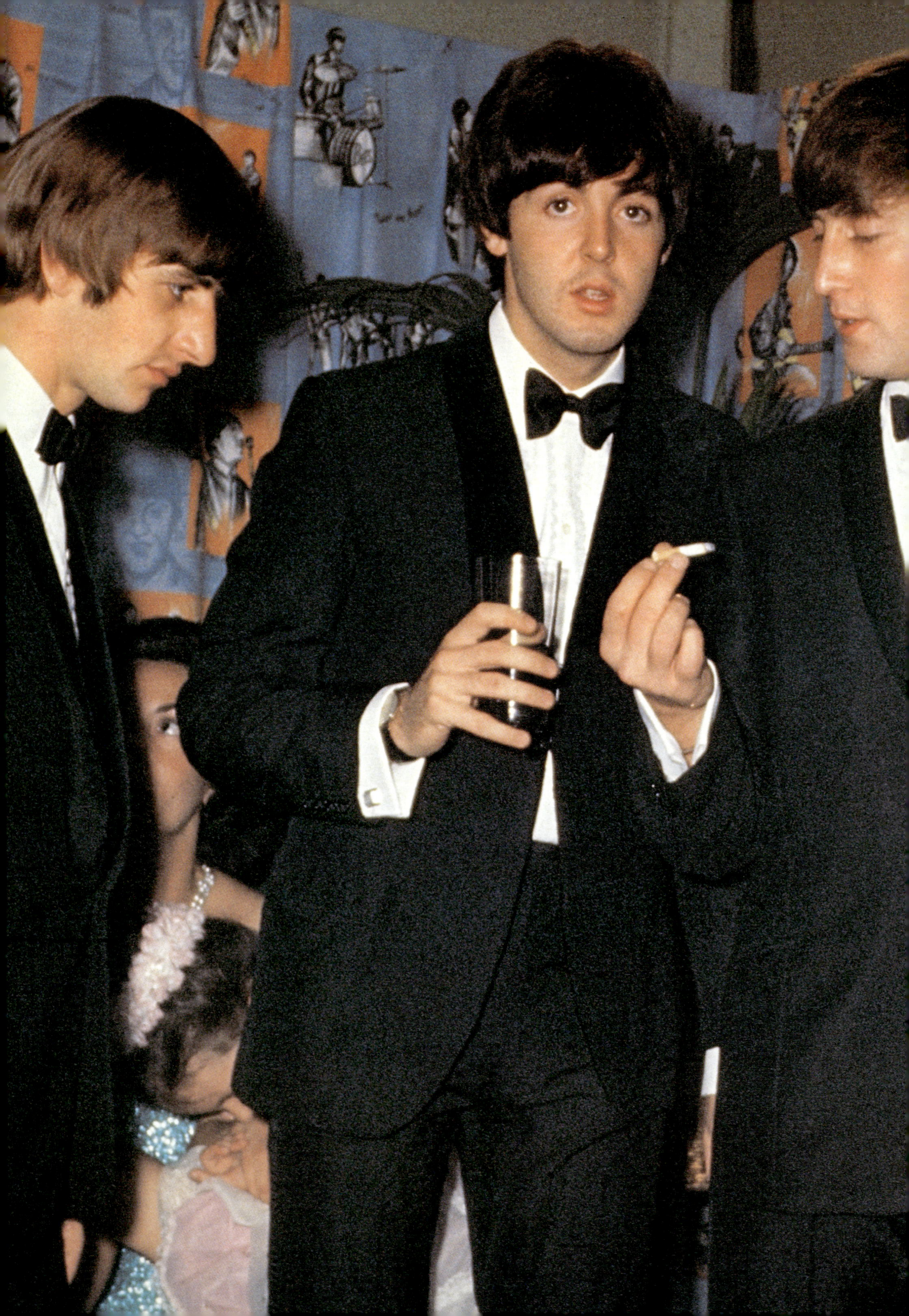

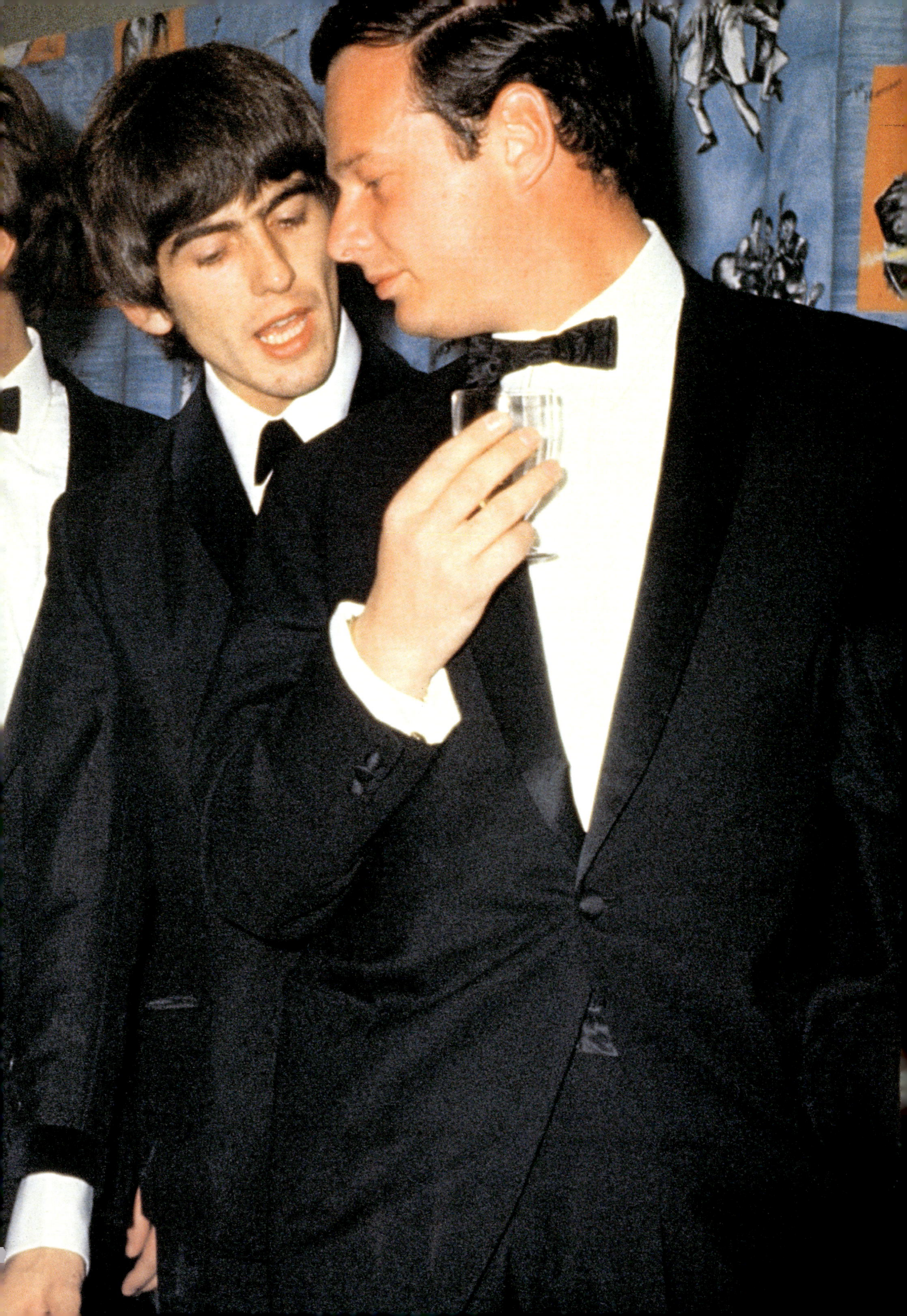

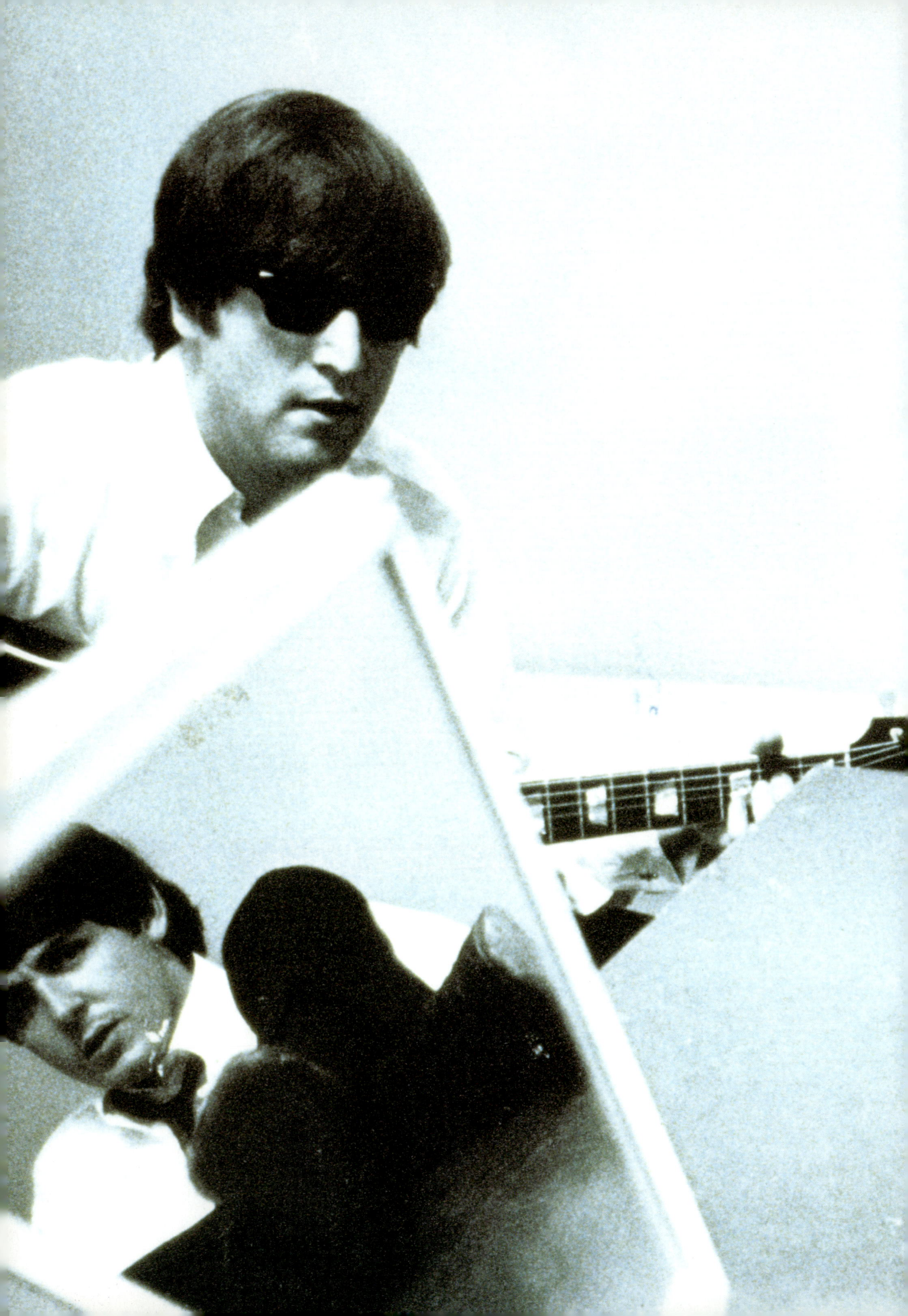

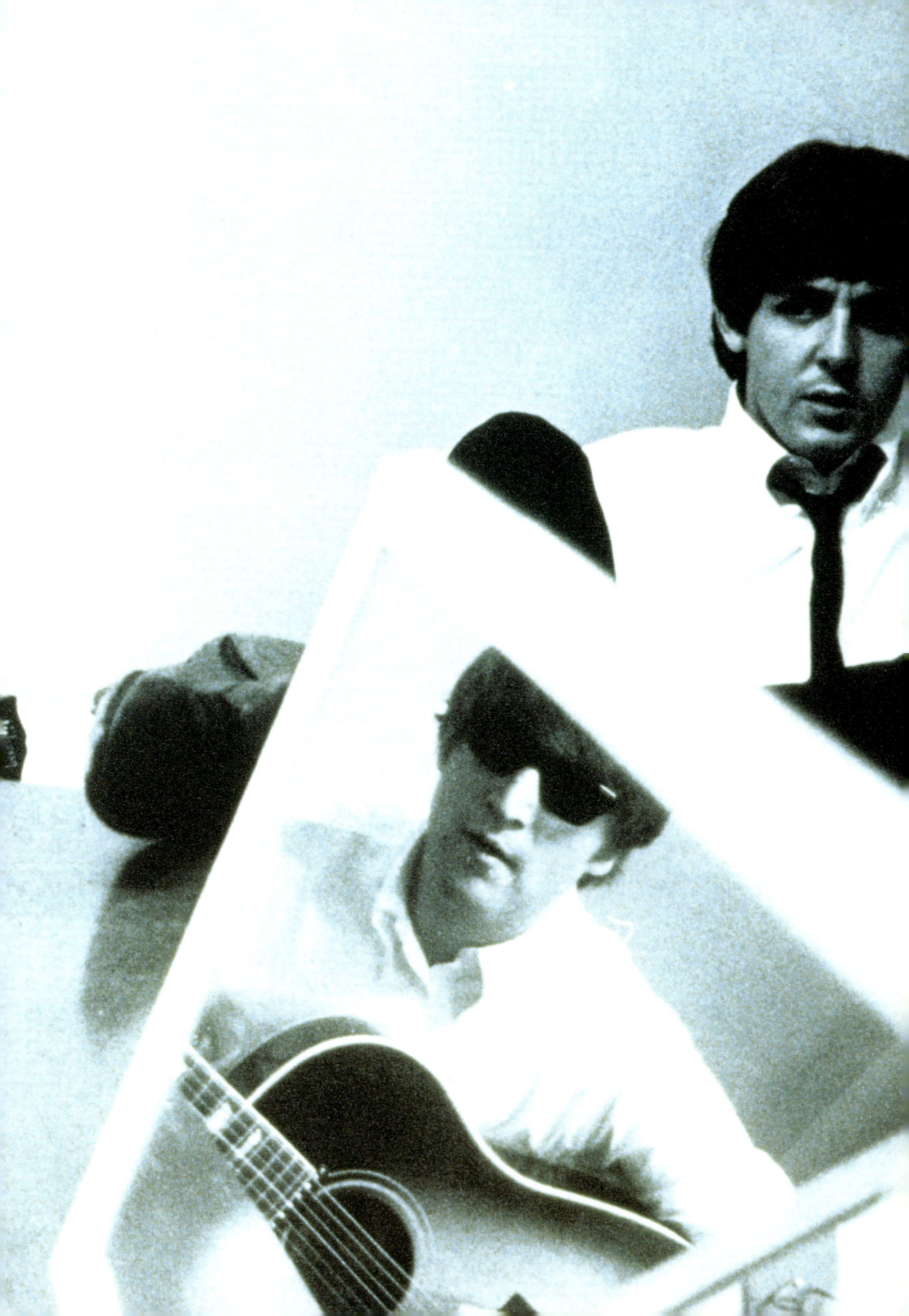

LIFE
ASIA EDITION

The New Far-out Beatles

MARIJUANA'S TURNED-ON MILLIONS

WHY MA SITSON FLED CHINA, PART II

The Beatles

JULY 24 · 1967

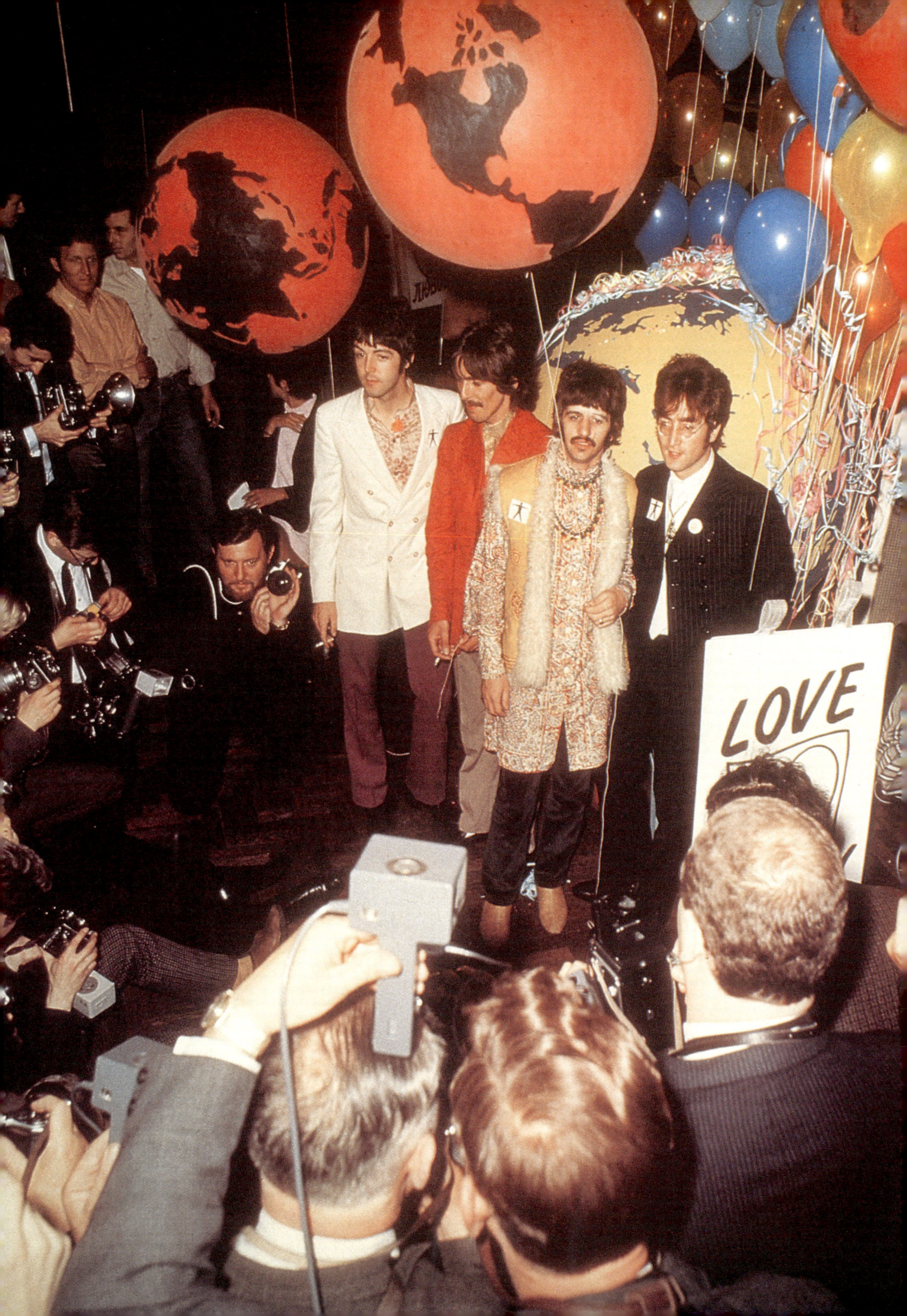
LOVE

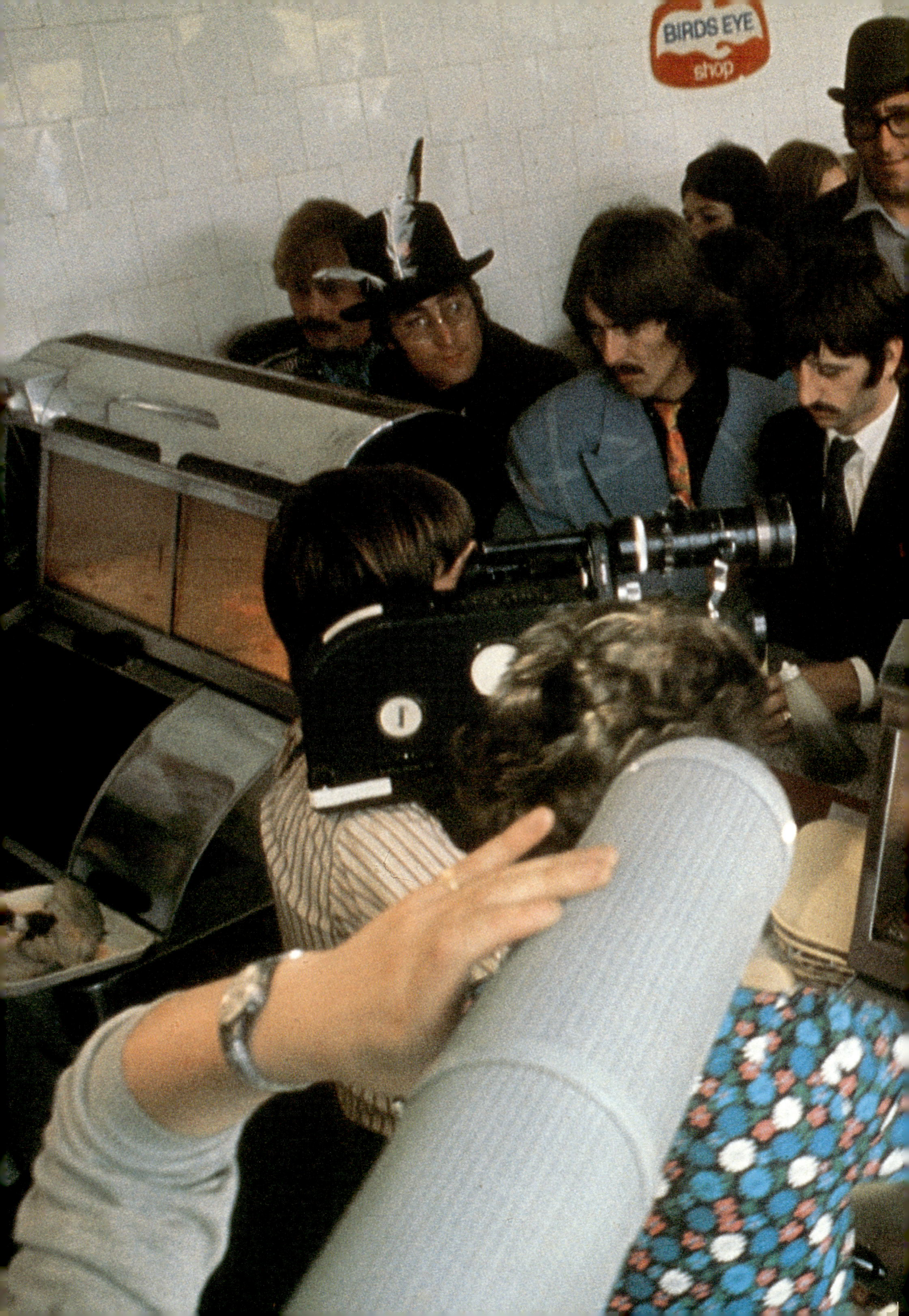
BIRDS EYE
shop

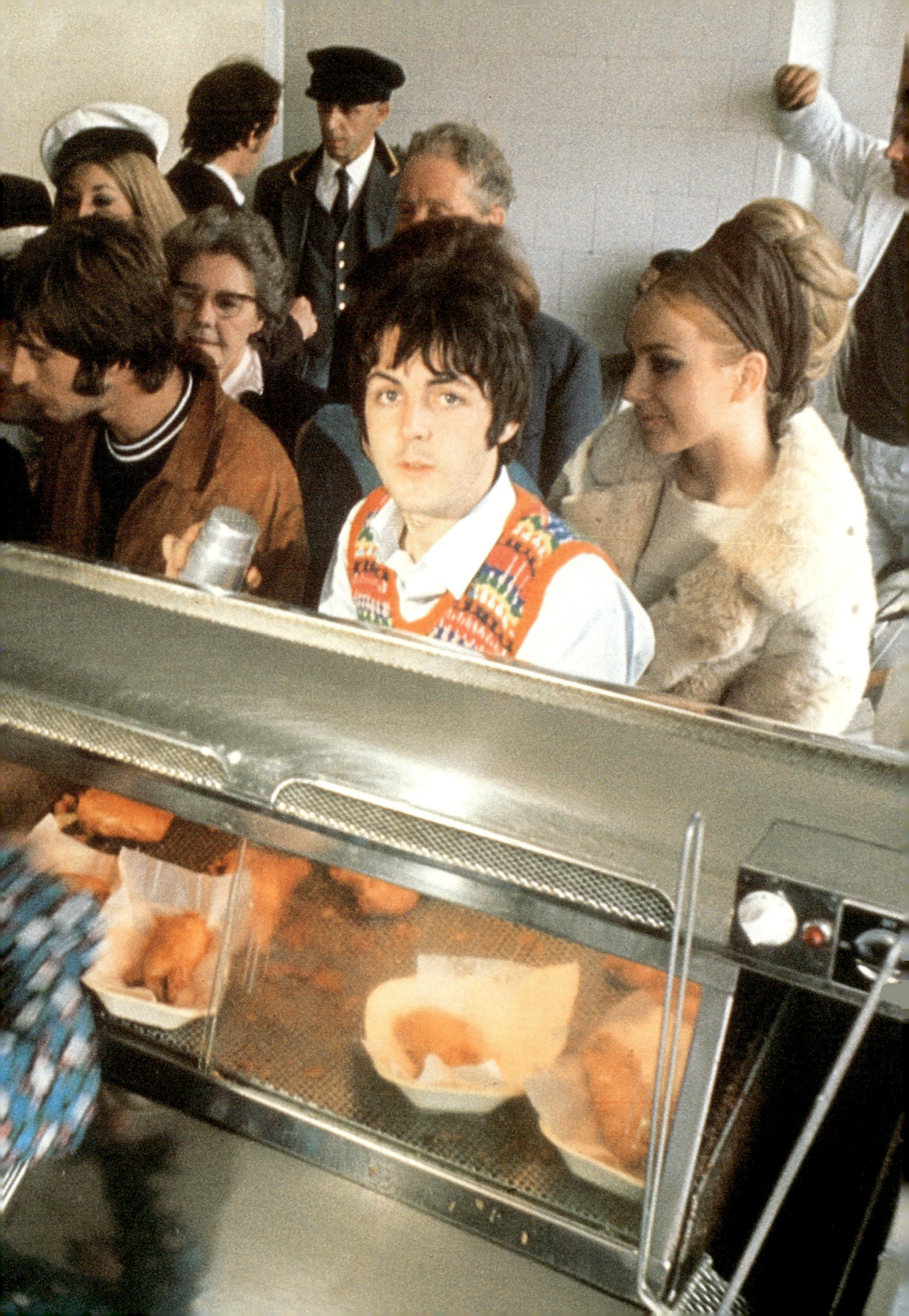

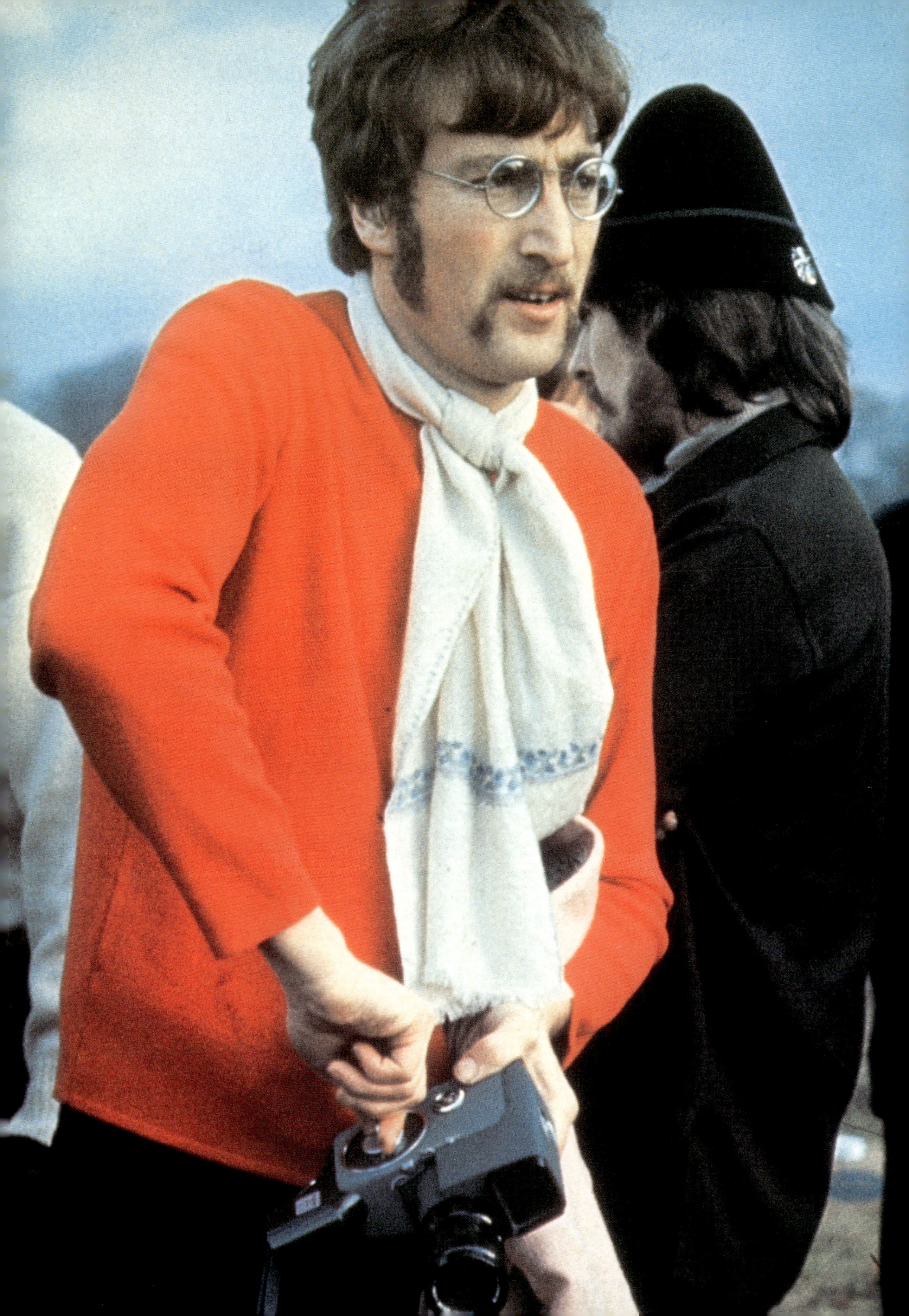

S R
INTERNATIONAL
The World's Best – The Beatles

Yellow Submarine
M
23
THERMOS

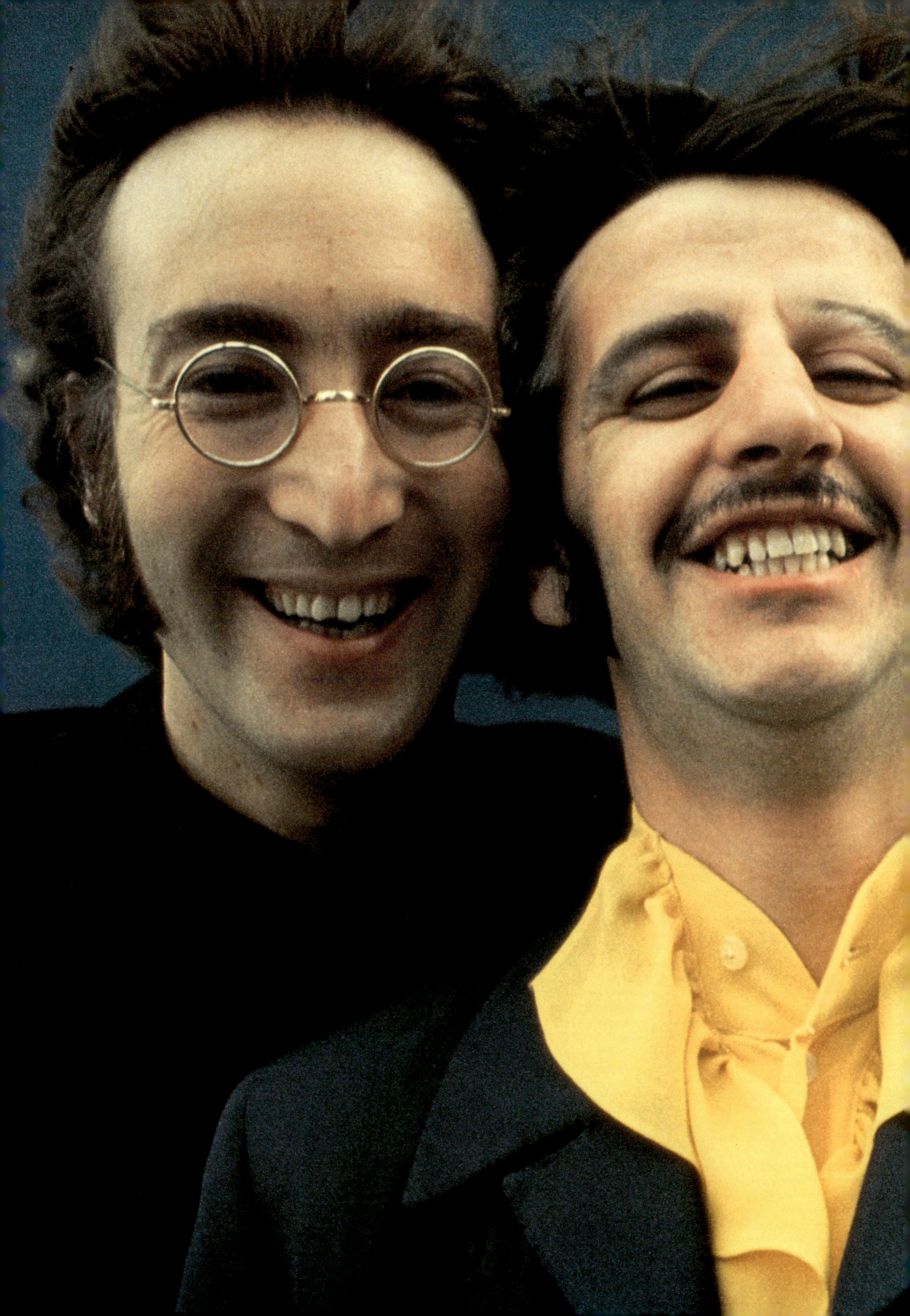

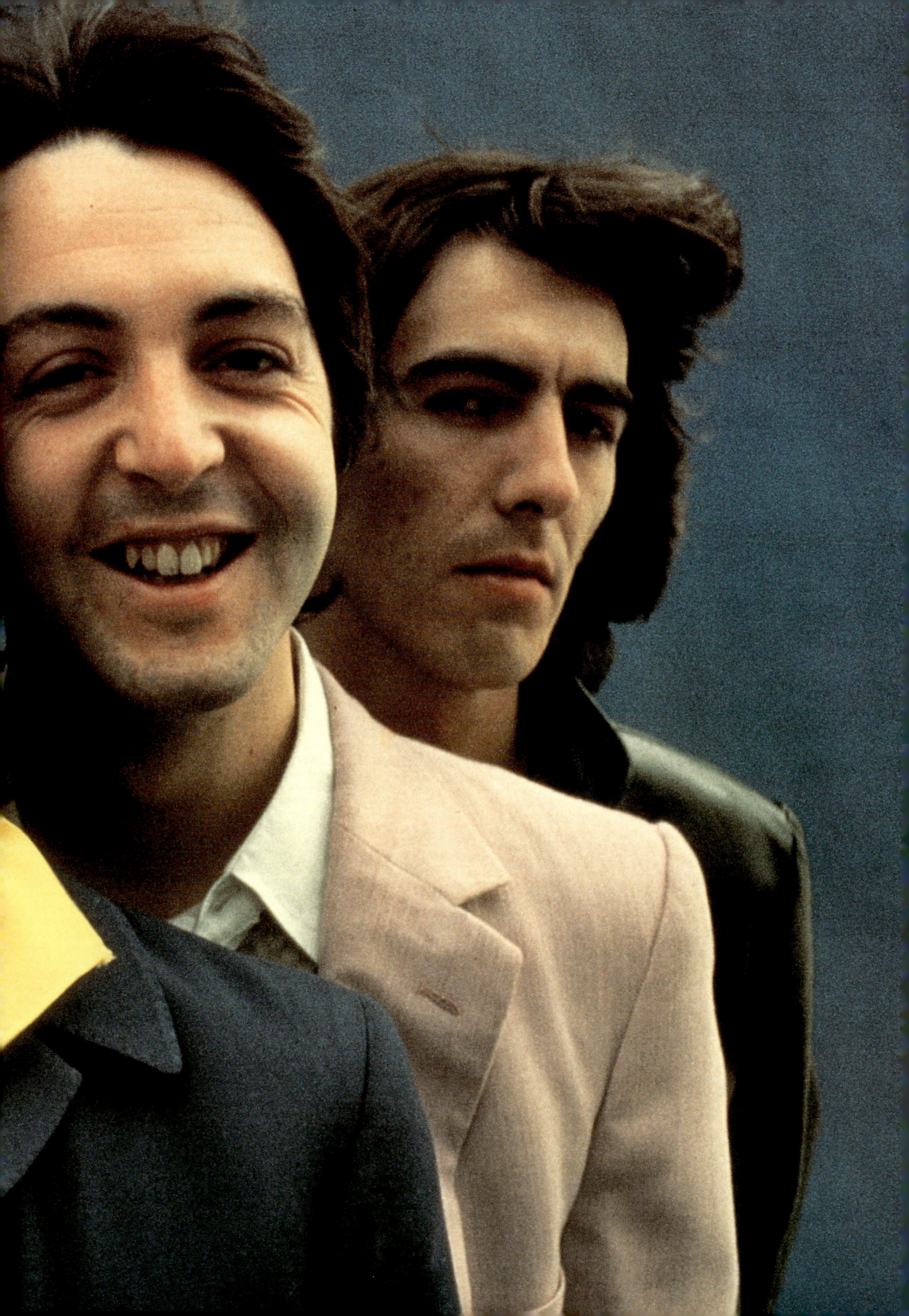

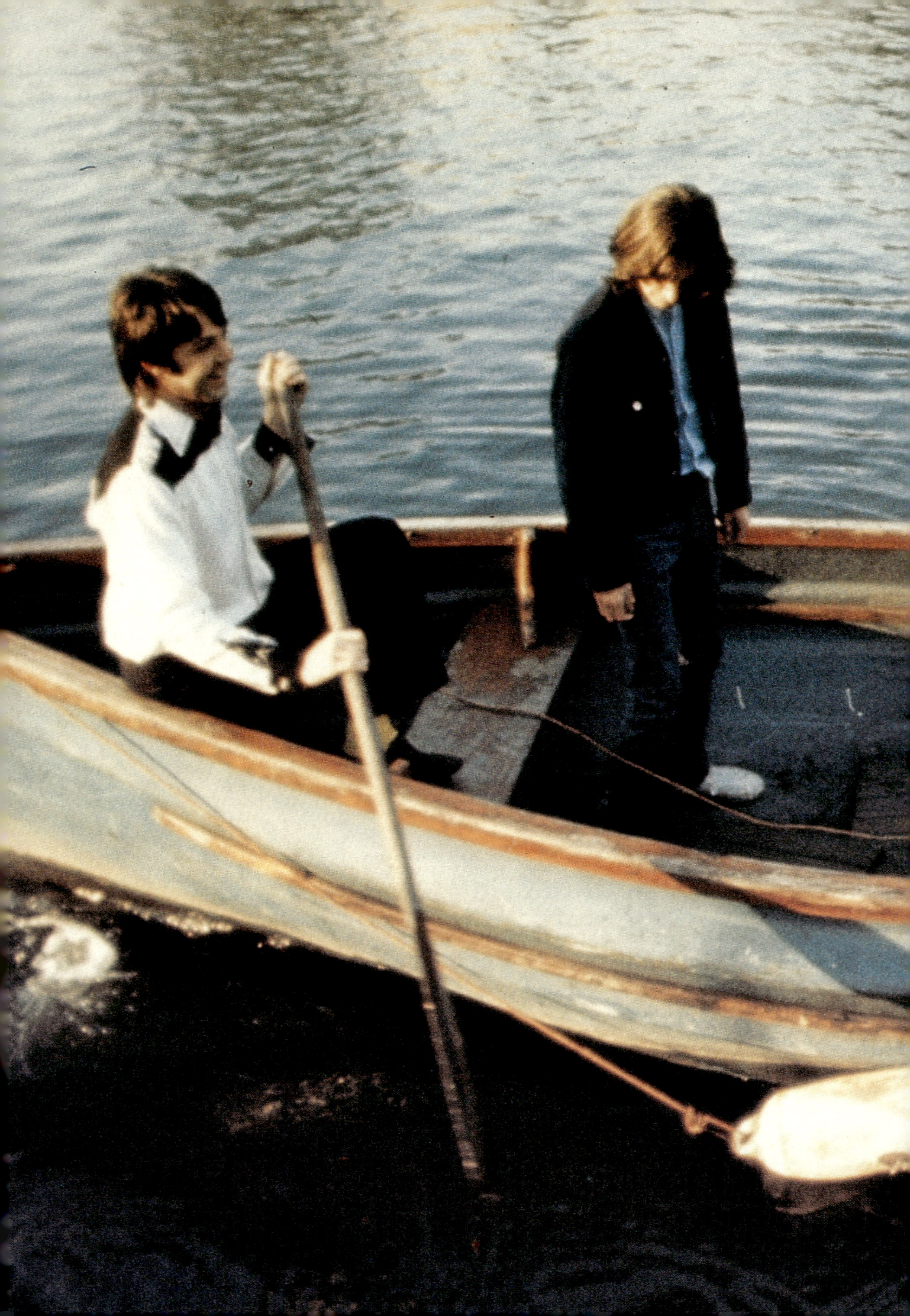

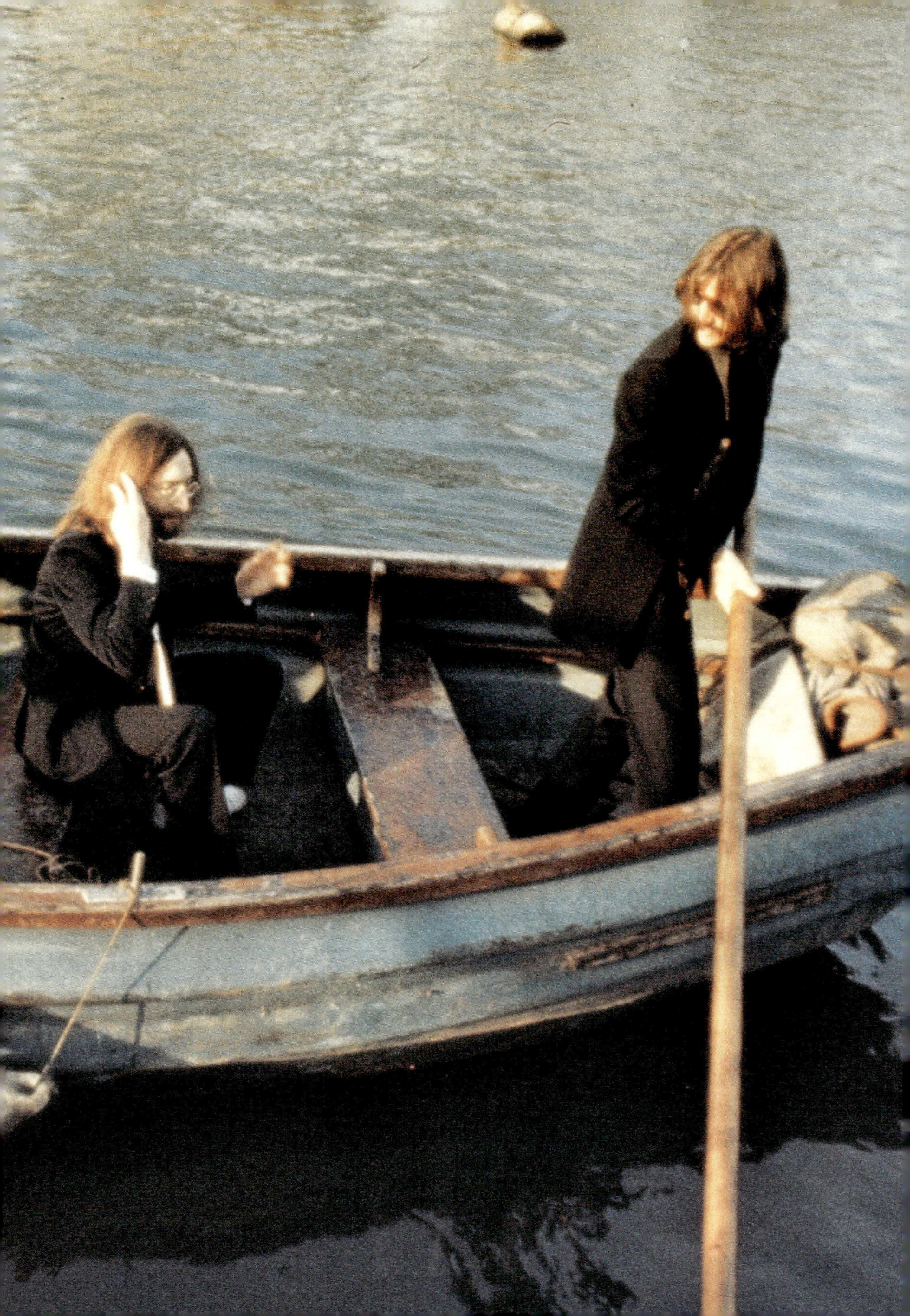

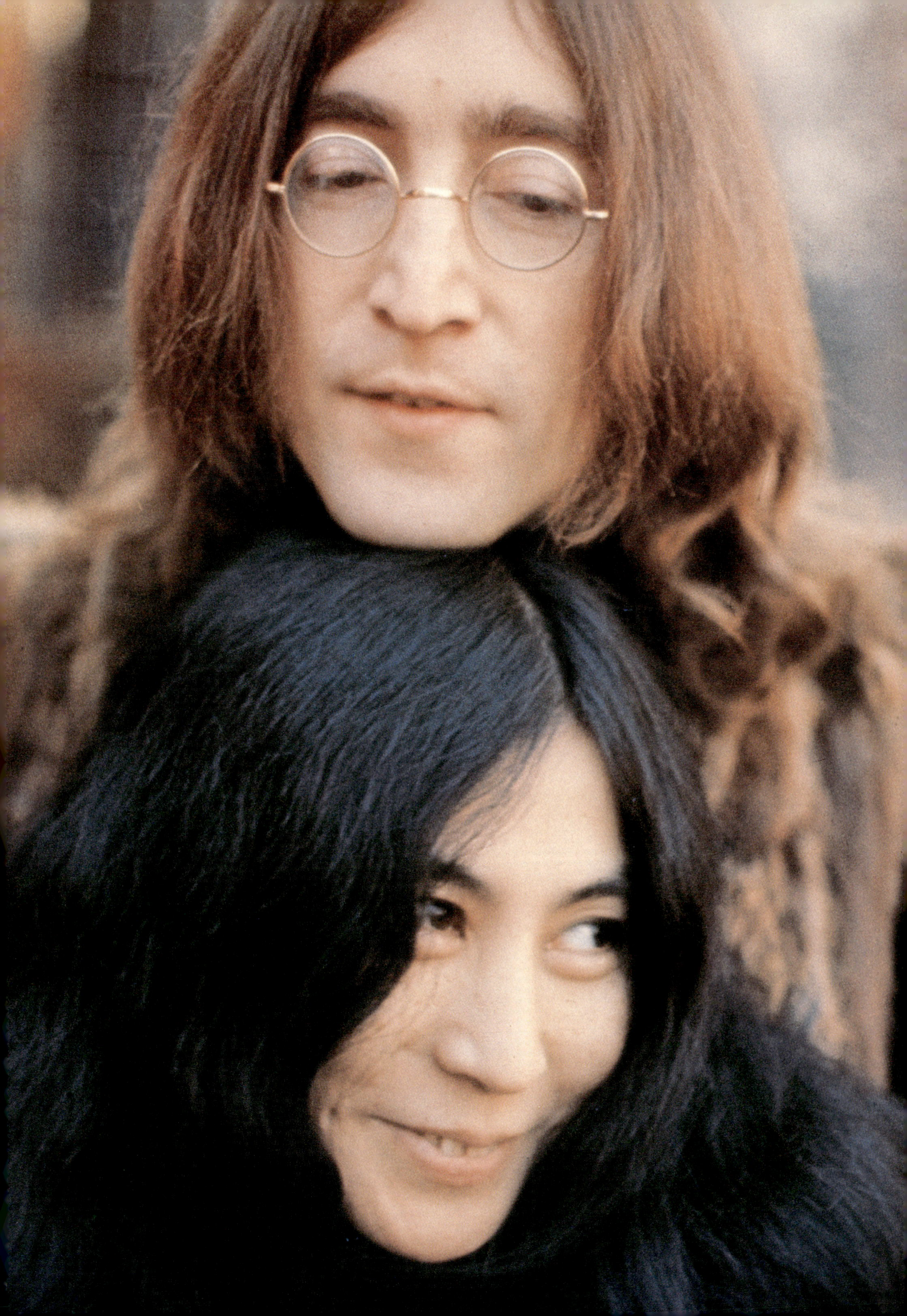

Página 217: Stuart Sutcliffe, em Hamburgo, empunhando o baixo que John sugeriu que comprasse, para que ele pudesse se tornar um Beatle. A imagem dos Beatles foi altamente influenciada por Stuart, que morreu sem saber a importância de seu legado.

Páginas 218/219: Os Fab Four em 1963, quando não havia nada melhor do que ser um Beatle.

Páginas 222/223: Onde quer que fossem, os Beatles eram recebidos como membros da realeza, fato que nunca acontecera com nenhum artista pop e nunca voltaria a acontecer.

Página 224: Lennon & McCartney, cujas canções se tornaram a trilha sonora da segunda metade do século XX.

Página 225: O "penteado Beatle" foi o aspecto de sua imagem que mais fortaleceu a unidade do grupo.

Páginas 226/227 e 228/229: Os Beatles no set de filmagem de seu primeiro filme, A Hard Day's Night, *o maior filme de rock'n'roll a retratar a amizade entre os parceiros de uma banda.*

Página 233: George e Patti.

Páginas 234/235: Brian Epstein com seus clientes mais importantes. "Nós tínhamos plena confiança nele como empresário", disse John. "Nunca teríamos conseguido chegar ao topo sem ele e vice-versa. No começo de nossa carreira, tanto Brian quanto nós contribuímos, nós tínhamos o talento e ele fazia as coisas acontecerem".

Páginas 236/237: John: "Algumas vezes compúnhamos juntos. Mas nossas melhores canções foram escritas sem a ajuda um do outro".

Página 239: Em 25 de junho de 1967, os Beatles tocaram *"All You Need Is Love"* no programa All World Live, *da BBC, a primeira transmissão ao vivo via satélite. A filmagem foi feita no grande estúdio 1 da EMI e estima-se que mais de 300 milhões de pessoas tenham assistido ao programa.*

Páginas 240/241: Durante as filmagens de Magical Mystery Tour, *em setembro de 1967, os Beatles, como pessoas comuns, vão a um típico bar "fish and chips" inglês em Tauton, Somerset.*

Página 242: John durante as filmagens do videoclipe de "Strawberry Fields Forever".

Páginas 244/245: Os Beatles durante uma pausa nas gravações do "White Album", em 1968.

Página 248: John: "Eu nunca conhecera um amor como esse e me bateu tão forte que tive de romper meu casamento com Cyn. Não acho que eu tenha sido irresponsável, essa decisão mexeu muito comigo, pois estava consciente de todas as consequências".

1966

1º de janeiro
– O álbum *Rubber Soul* entra na parada das "Hot 100" da revista *Billboard*.
5 de janeiro
– CTS Studios. Os Beatles têm de regravar e fazer *overdubs* em partes da trilha do documentário *The Beatles At Shea Stadium*. Em virtude de problemas técnicos e dos gritos da plateia, a qualidade do som não estava adequada aos padrões exigidos para exibição. "I Feel Fine" e "Help!" tiveram de ser regravadas integralmente.
– John e Cynthia recebem a visita de P. J. Proby. À noite, o casal parte para Londres em seu Rolls Royce preto e vai à festa oferecida por Proby em sua casa, em uma travessa de King's Road, em Chelsea. John volta para casa ao amanhecer.
7 de janeiro
– Ringo vai à casa de John para conversar sobre o próximo filme da banda.
8 de janeiro
– Paul vai a Liverpool visitar a família.
– John, George e Ringo vão a uma festa oferecida por Mick Jagger em sua residência.
– O álbum *Rubber Soul* chega à primeira posição na parada das "Hot 100" da Billboard.
– A música "We Can Work It Out" atinge o topo da parada de *singles* da *Billboard*.
12 de janeiro
– John, Cynthia, Ringo e Maureen vão passar as férias de inverno em Port of Spain, em Trinidad e Tobago.
13 de janeiro
– George, Patti, Mick Jagger e Chrissie Shrimpton curtem a noite dançando no Dolly's Nightclub, em Jermyn Street, em West End.
21 de janeiro
– George casa-se com Patricia Anne Boyd no cartório Leatherhead

Casamento de George e Patti, em 21 de janeiro.

& Esher, em Surrey, tendo Paul e Brian Epstein como padrinhos. Após a cerimônia, comemoraram em "Kinfauns", a *villa* em estilo americano de George.
22 de janeiro
– George e Patti dão uma entrevista coletiva antes de se dirigirem ao Heathrow Airport, de onde partiram para Barbados, em lua de mel.
23 de janeiro
– John, Cynthia, Ringo e Maureen retornam de Trinidad e Tobago.
31 de janeiro
– A paródia de "A Hard Day's Night"/"Help!", gravada por Peter Sellers, é lançada nos Estados Unidos.
3 de fevereiro
– Paul assiste a Stevie Wonder no *Scotch St James's* e, após a apresentação, vai cumprimentá-lo no camarim. O Beatle ficou muito satisfeito em vê-lo tocar ao vivo, pois o cantor americano era um de seus artistas favoritos da Motown.
10 de fevereiro
– A música "Woman", de Peter & Gordon, composta por Paul sob o pseudônimo de Bernard Webb, entra na parada da *Billboard* em 83º lugar.
12 de fevereiro
– John e Ringo passam a noite no *Scotch St James's*.
21 de fevereiro
– O compacto *Nowhere Man/ What Goes On* é lançado nos Estados Unidos pela Capitol (5587).
23 de fevereiro
– Paul vai ao Instituto Italiano participar de uma palestra e gravar a apresentação do compositor Luciano Berio. Após a *performance*, os dois músicos se encontraram, mas foi impossível conversarem tranquilamente dado o grande número de repórteres e membros da Embaixada italiana presentes ao evento.
26 de fevereiro
– A música "Woman", de Peter & Gordon, composta por Paul sob o pseudônimo de Bernard Webb, entra nas paradas britânicas em 47º lugar.
28 de fevereiro
– O The Cavern é interditado por um oficial de justiça em razão de dívidas que somavam 10 mil libras. Policiais tiveram de destruir os malotões, para expulsar os fãs que se esconderam dentro do clube na tentativa de impedir seu fechamento.
1º de março
– *The Beatles At Shea Stadium* estreia mundialmente na BBC 1, em versão preto e branco. O documentário fora originalmente filmado em cores, visando ao mercado americano, onde seria exibido nos cinemas.
4 de março
– A entrevista que John Lennon deu à sua amiga Maureen Cleave é publicada pelo jornal *The London Evening Standard*.

John: "O Cristianismo **passará**. Vai **enfraquecer** e encolher. Não há o que **discutir**. Eu estou certo e o tempo **provará** que estou. Somos, **agora**, mais **populares** que **Jesus**. Não sei o que passará primeiro – se o **rock'n'roll ou o Cristianismo**. Jesus era um **bom sujeito**, mas seus discípulos eram indivíduos **tacanhos** e **medíocres** que **distorceram** as palavras dele. E isso **estragou** tudo para mim

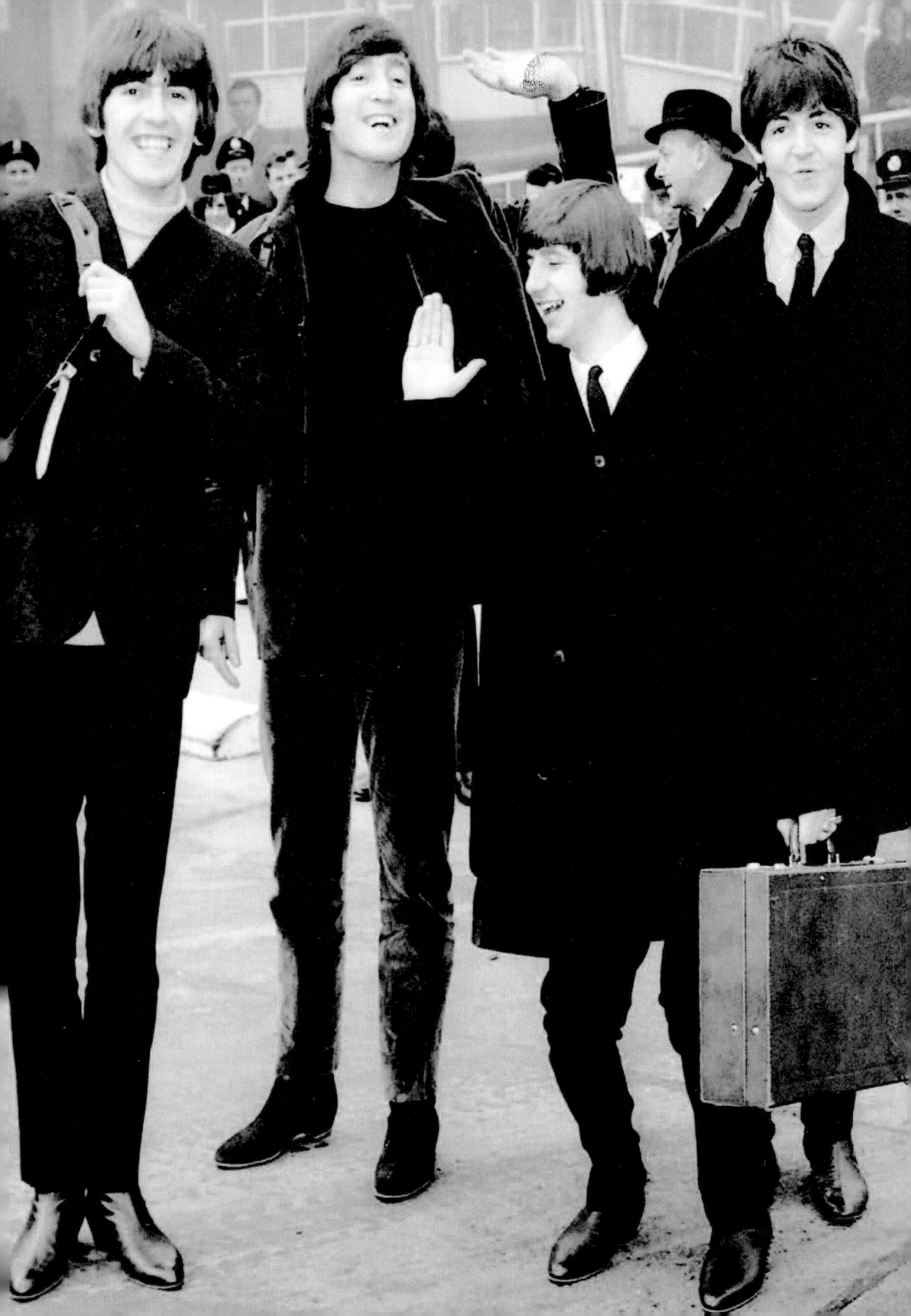

À esquerda: John com seu pai, Jim, em St John's Wood, em Londres.

O comentário de John não causou nenhum mal-estar no Reino Unido, ao contrário do que aconteceu nos Estados Unidos, onde fundamentalistas cristãos reagiram com ódio e revolta.
– O compacto duplo *Yesterday* é lançado no Reino Unido pela Parlophone (GEP 9852), versão mono.
Lado A: "Yesterday", "Act Naturally";
Lado B: "You Like Me Too Much", "It's Only Love".
6 de março
– Paul e Jane vão esquiar em Klosters, na Suíça.
18 de março
– A NEMS tem de assumir que "Woman", o *hit* de Peter e Gordon, fora composto por Paul McCartney, apesar de ter sido creditado a Bernard Webb. Paul declarou que queria saber se a música chegaria às paradas mesmo sem o uso de seu nome.
20 de março
– Paul e Jane voltam de sua temporada de esqui em Klosters.
23 de março
– Os Beatles participam de uma sessão de fotos para a divulgação de seu novo álbum nos Estados Unidos.
24 de março
– Todos os Beatles e suas companheiras comparecem à estreia de *Alfie*, filme de Lewis Gilbert, estrelado por Jane Asher.
25 de março
– Os Beatles são fotografados por Bob Whitaker em seu estúdio em The Valle n.1, travessa de King's Road, em Chelsea.
– Enquanto se encontravam no estúdio, os Beatles deram uma entrevista a Tom Lodge, DJ da Radio Caroline, que foi lançada em um *flexi-disc* chamado *Sound Of The Stars*. O disco foi distribuído gratuitamente como parte de uma promoção da loja *Disc And Music Echo*, da qual Brian Epstein era um dos proprietários.
26 de Março
– Drake's Drum, o cavalo de corrida que Paul dera a seu pai, ganha o prêmio Hylton Plate, no hipódromo Aintree, em Liverpool. O Beatle, seu pai e seu irmão Michael assistem à prova.
28 de março
– Ringo e George assistirem a Roy Orbison no Granada Cinema, em Walthamstow.

1º de abril
– Paul e John vão à livraria Indica Books & Gallery, em Mason's Yard. John compra *A Experiência Psicodélica*: um manual baseado no *Livro Tibetano dos Mortos*, de Timothy Leary. A introdução do livro viria a ser fonte de inspiração para o primeiro verso de "Tomorrow Never Knows".

A capa do "açougueiro"

Em 25 de março, no estúdio do fotógrafo Bob Whitaker, os Beatles participaram de uma sessão de fotos vestindo aventais de açougueiro, cobertos de peças de carne e pedaços de bonecas. "Bob estava em uma fase Dalí, criando fotos surrealistas... essas imagens foram inspiradas em nosso tédio e insatisfação de ter de participar de mais um ensaio fotográfico, de ter de cumprir mais uma obrigação. Estávamos cansados disso... A capa do disco foi o resultado da combinação desses elementos", declarou John.
A imagem saiu na capa da edição americana do disco *Yesterday... and Today*, mas a reação foi tão negativa que a tiraram de circulação. No Reino Unido, foi usada em anúncios do compacto *Paperback Writer*.

6 de abril
– *Abbey Road*. Os Beatles ficam no estúdio das 20h à 1h15 gravando os ornamentos de "Tomorrow Never Knows".
John: "Esse foi meu período *Livro Tibetano dos Mortos*. Usei uma das frases disparatadas de Ringo como título para suavizar o forte teor filosófico da letra. Normalmente, os primeiros efeitos que imagino para uma música ficam no papel. No caso de 'Tomorrow Never Knows', eu imaginara milhares de monges recitando ao fundo. Claro que isso era impossível, então resolvemos fazer algo diferente. Mas não fiquei satisfeito com o resultado, pois o andamento ficou um tanto arrastado. Devia ter tentado fazer algo mais próximo da minha ideia inicial. Hoje, sei que era isso o que a canção pedia".
Paul: "Essa foi provavelmente a única canção lisérgica que fizemos".
7 de abril
– *Abbey Road*. Primeiramente, são feitas as gravações em *looping* de Paul, que formaram a excepcional base musical de "Tomorrow Never Knows". Logo após, começam os ensaios de "Got To Get You Into My Life", de Paul.
8 de Abril
– *Abbey Road*. Durante a tarde e a noite, a banda finaliza os ornamentos de "Got To Get You Into My Life".

John: "Na minha opinião, essa é **uma de suas melhores canções**, especialmente porque a **letra** é **boa** e não fui **eu** que a **compus**".

Após a sessão em Abbey Road, os Beatles vão relaxar nos *nightclubs*.
11 de abril
– *Abbey Road*. A banda começa a sessão trabalhando nos efeitos de "Got To Get You Into My Life" e depois passa a maior parte da tarde e da noite ensaiando "Love You To", composta por George.
George: "A melodia de 'Love You To' foi uma das primeiras que compus para cítara. Foi a primeira vez que resolvi usar a cítara e a tabla como base e depois incluir as guitarras e o vocal".
13 de abril
– *Abbey Road*. Durante a primeira sessão do dia, finalizam "Love You To" e, após a pausa para o jantar, trabalham nos ornamentos de "Paperback Writer" até as 2h30.
14 de abril
– *Abbey Road*. Durante a tarde finalizam "Paperback Writer" e, depois, trabalham em "Rain" até a 1h30. A música viria a ser a faixa B do compacto.
16 de abril
– *Abbey Road*. Os Beatles trabalham durante a tarde e à noite finalizando "Rain".

John: "Quando cheguei do estúdio estava completamente chapado e, como de hábito, ouvi o que tínhamos gravado naquele dia. Não sei por quê, comecei a escutar a fita ao contrário e, de repente, fiquei lá parado, estático, sentado com os fones de ouvido e um grande baseado nas mãos. No dia seguinte, entrei no estúdio correndo e disse, 'Já sei, já sei o que está faltando... **Escutem só!**' Então, fiz com que todos tocassem a música ao contrário. A música termina com minha voz ao fundo, cantando de trás para frente – 'Sharethsmnowthsmeaness'".

Ringo: "Meu melhor trabalho como baterista foi em 'Rain'. Sei que toquei surpreendentemente bem. Na época estava curtindo o som da caixa e do prato. Acho que foi a primeira vez que comecei a tocar em uma pausa do vocal usando o prato em vez do tambor. Ela é, sem dúvida, minha melhor música. Tê-la feito me deixou exultante. Eu me conheço, sei do que sou capaz, e 'Rain' está aí para provar".
17 de abril
– *Abbey Road*. Os Beatles começam a criar os efeitos de "Dr Robert", composta por John.
18 de abril
– John e George assistem à apresentação da banda The Lovin' Spoonful no The Marquee.
– Após ter sua falência decretada, o *Cavern Club* é vendido pelo Tribunal de Falências.
19 de abril – *Abbey Road*. "Dr Robert" é finalizada.
20 de abril
– *Abbey Road*. Durante a sessão de gravação, que dura 12 horas, das 14h30 às 2h30, os Beatles trabalham em "And Your Bird Can Sing", de John, e "Taxman", de George.
21 de abril
– *Abbey Road*. A banda finaliza "Taxman", com o inigualável solo de Paul.
George: "Fiquei muito satisfeito de Paul ter gravado o solo de 'Taxman'. Se você prestar atenção, tem uma leve batida indiana que ele criou para mim".
22 de abril
– *Abbey Road*. A banda acrescenta mais efeitos sonoros a "Taxman" e "Tomorrow Never Knows".
23 de abril
– Paul vai à casa de John para compor e conversar sobre o álbum.
26 de abril
– *Abbey Road*. Mais uma sessão de 12 horas que termina às 2h24, durante a qual continuam a trabalhar em "And Your Bird Can Sing".
27 de abril
– *Abbey Road*. "I'm Only Sleeping", de John, estava praticamente finalizada quando a banda resolve dar o dia por encerrado às 3h.

28 de abril
– *Abbey Road.* Gravação do octeto de cordas de "Eleanor Rigby", de autoria de Paul.

Paul: "Tudo começou quando sentei ao piano, criei o primeiro verso e comecei a brincar com as palavras. O primeiro nome que me veio à cabeça foi 'Miss Daisy Hawkins', depois sua imagem catando arroz na frente de uma igreja após uma cerimônia de casamento. Nossas músicas sempre começam assim, os primeiros versos simplesmente aparecem, vindos de livros ou jornais.

A princípio, pensei em criar uma Miss Daisy Hawkins jovem, parecida com Annabel Lee, mas não tão sensual. Lembrei-me, então, de que havia imaginado que ela estava recolhendo arroz em uma igreja, portanto, ela deveria ser uma faxineira que perdera a oportunidade de casar-se e, de repente, deparara-se com sua solidão. Na realidade, ela não participara de nada na vida – era uma solteirona. Certo dia, estava passeando pelas ruas de Bristol, esperando por Jane, que estava se apresentando em um espetáculo, e vi uma loja chamada 'Rigby'. Esse era o nome! Pareceu-me mais real que 'Daisy Hawkins'".

29 de abril
– *Abbey Road.* O dia é dedicado aos vocais de "Eleanor Rigby" e "I'm Only Sleeping".

1º de maio
– *Empire Pool, em Wembley.* Show de entrega de prêmios da *New Musical Express* com The Spencer Davis Group, o quinteto Dave Dee, Dozy, Beaky, Mitch & Titch, The Fortunes, Herman's Hermits, Roy Orbison, The Overlanders, The Alan Price Set, Cliff Richard, The Rolling Stones, The Seekers, The Shadows, The Small Faces, Sounds Incorporated, Dusty Springfield, Crispian St Peters, The Walker Brothers, The Who e The Yardbirds. Os Beatles tocaram durante 15 minutos e sua apresentação não foi filmada por desavenças entre Brian e a ABC TV. A emissora só obteve permissão para gravar a banda recebendo os prêmios. Essa foi a última transmissão dos Beatles ao vivo no Reino Unido.

2 de maio
– *BBC Playhouse Theatre, em Londres.* Os Beatles dão uma entrevista a Brian Matthew, que seria transmitida durante a 400ª apresentação do *Saturday Club.*
– Em seguida, Paul e depois Ringo foram entrevistados pelo programa *Pop Profile*, da BBC internacional.

5 de maio
– *Abbey Road.* George fica no estúdio das 21h30 às 3h gravando o solo de guitarra de "I'm Only Sleeping".

6 de maio
– *Abbey Road.* Durante a sessão, a banda faz a gravação do vocal de "I'm Only Sleeping".

9 de maio
– *Abbey Road.* Paul e Ringo trabalham em "For No One" de Paul.

13 de Maio
– Os Beatles curtem a noite de folga no *Scotch St James's*.

14 de Maio
– A revista *Melody Maker* divulga que os Beatles haviam vendido mais de 1 milhão de discos na Dinamarca.

Os Beatles recebem os prêmios NME das mãos do ator Clint Walker, em 1º de maio.

15 de Maio
– A ABC TV exibe o filme dos Beatles recebendo os prêmios da *New Musical Express.*

16 de maio
– *Abbey Road.* Paul faz a gravação do vocal de "For No One".

18 de maio
– *Abbey Road.* A banda grava "Got To Get You Into My Life", com a participação de Eddie Thornton, Ian Hamer e Les Condos, nos trompetes, e Peter Coe e Alan Branscombe, nos saxofones.

19 de maio
– *Abbey Road.* Os Beatles chegam ao estúdio às 10h para gravar videoclipes promocionais de "Paperback Writer" e "Rain", sob a direção de Michael Lindsay-Hogg, com quem já haviam trabalhado no programa *Ready Steay Go!* e voltariam a trabalhar no futuro. Os filmes foram feitos em preto e branco e em cores para serem exibidos nas emissoras de TV de todo o mundo.

Após o almoço no Genevieve, em Thayer Street, próximo à EMI, a banda deu continuidade às filmagens. À noite, foi feita a gravação

do famoso solo de trompa de Alan Civel para "For No One".
20 de maio
– A banda continuou as gravações do videoclipe de "Paperback Writer" e "Rain", em Chiswick House, em Londres.
– John e Cynthia passam a noite em uma festa com Mick Jagger e Chrissie Shrimpton.
21 de maio
– Pela manhã, John, Cynthia, Mick e Chrissie vão à feira de antiguidades de Portobello Road, lá chegando antes que esta fosse invadida por turistas.
26 de maio
– *Abbey Road*. Gravação dos efeitos sonoros de "Yellow Submarine".

Paul: "Eu a **escrevi**, certa noite deitado na cama. Era uma **história** para **crianças**. Achamos que ela era a cara de **Ringo**".

27 de maio
– Paul, Neil Aspinall e Keith Richards e Brian Jones, dos Rolling Stones, foram ao Dolly's Club, em Jermyn Street para encontrarem-se com Bob Dylan que acabara de chegar a Londres e estava em turnê pela Europa. Em seguida, foram ao Mayfair Hotel, onde Dylan estava hospedado, para ouvir as fitas das suas últimas sessões de gravação.
À noite, John e George assistiram ao show do astro *folk* americano em Albert Hall; Dylan foi vaiado na segunda metade do show, quando trocou os intrumentos acústicos por elétricos para tocar rock'n'roll, acompanhado da banda The Band.
28 de maio
– Os Beatles passam o dia no quarto de hotel de Dylan assistindo a trechos do novo documentário de D. A. Pennebaker.
29 de maio
– Os Beatles passam outra noite com Bob Dylan no Mayfair Hotel.

30 de maio
– O compacto *Paperback Writer/ Rain"* é lançado na Capitol (5651).
31 de maio
– Ringo abre sua casa, em Weybridge, para Leslie Bryce realizar uma sessão de fotos que seriam publicadas na revista *Beatles Monthly*.
1º de junho
– *Abbey Road*. Os Beatles gravam os efeitos sonoros de "Yellow Submarine" na presença de vários amigos, entre eles Brian Jones, Marianne Faithful e os *roadies* Mal e Neil.
– À noite, George assiste a Ravi Shankar em um recital em Albert Hall.
2 de junho
– *Abbey Road*. Durante a maior parte da sessão, os Beatles se dedicam à gravação da composição de George "I Want To Tell You", cujo nome, até então, não havia sido escolhido.
– Os videoclipes promocionais de "Paperback Writer" e "Rain" são exibidos pela primeira vez no *Top Of The Pops*, da BBC TV.

3 de junho
– *Abbey Road*. O grupo finaliza "I Want To Tell You" e faz a mixagem de "Yellow Submarine", durante uma sessão que durou até as 2h30.
– Os tabloides reagem com repugnância às fotos usadas para divulgar o novo compacto dos Beatles, nas quais aparecem cobertos de pedaços de carnes e bonecas.
4 de junho
– A entrevista dos Beatles gravada em 2 de maio para a 400ª apresentação do *Saturday Club* é transmitida pela BBC Light Programme.
5 de junho
– Os videoclipes de "Paperback Writer" e "Rain" são apresentados no *Ed Sullivan Show*, pela NBC TV.
6 de junho
– *Abbey Road*. A maior parte da sessão é dedicada à mixagem do álbum. Paul também acrescenta vocais à "Eleanor Rigby".
7 de junho
– Os Beatles passam o dia ensaiando na casa de George.

Abaixo e na página seguinte: Os Beatles no programa Top Of The Pops, em Londres, em 16 de junho.

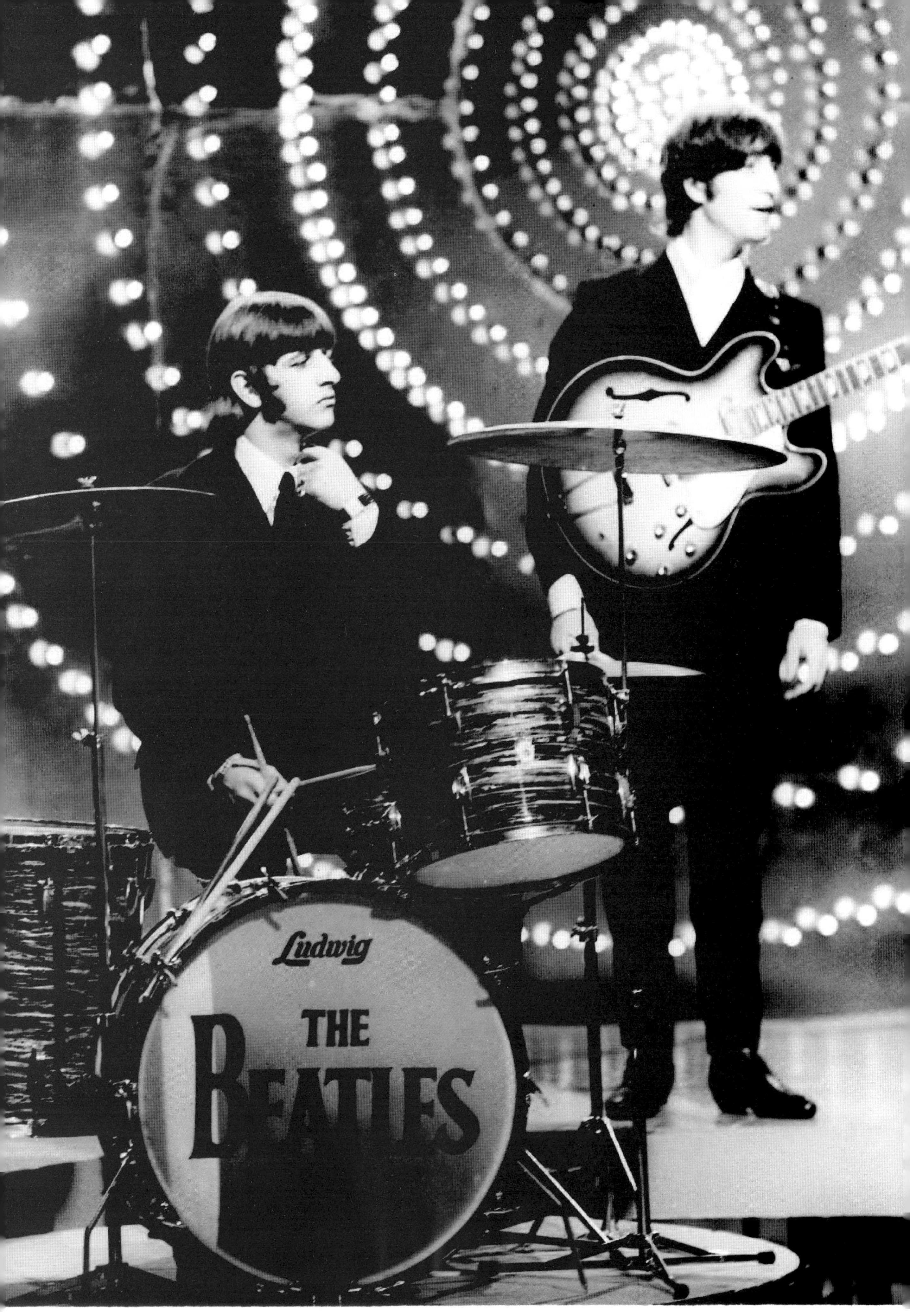
Ludwig
THE
BEATLES

8 de junho
– *Abbey Road*. A banda grava "Good Day Sunshine", composta por Paul.
9 de junho
– *Abbey Road*. A banda finaliza "Good Day Sunshine".
10 de junho
– O compacto *Paperback Writer/ Rain* é lançado no Reino Unido pela Parlophone (R 5452).
14 de junho
– *Abbey Road*. Os Beatles começam a ensaiar "Here There And Everywhere", de Paul.
John: "Este foi um de seus melhores trabalhos".
15 de junho
– O grupo passa o dia ensaiando a apresentação que fariam no *Top Of The Pops* para divulgar "Paperback Writer".
– O álbum *Yesterday... And Today* é lançado nos Estados Unidos pela Capitol (T-2553) em mono (ST-2553) e estéreo.
Lado A: "Drive My Car", "I'm Only Sleeping", "Nowhere Man", "Dr Robert", "Yesterday", "Act Naturally".
Lado B: "And Your Bird Can Sing", "If I Needed Someone", "We Can Work It Out", "What Goes On", Day Tripper".
16 de junho
– Nas vésperas da turnê pelo Extremo Oriente, os Beatles vão ao prédio da BOAC, British Overseas Airlines Corporation, em Victoria Station, Londres, para serem vacinados contra cólera.
– Em seguida, foram no Rolls Royce de John ao BBC Televison Centre, onde gravaram sua primeira apresentação ao vivo no *Top Of The Pops*, durante a qual cantam as músicas de seu novo compacto. Essa seria a última vez que a banda tocaria ao vivo em um programa de TV.
– *Abbey Road*. A banda trabalha em "Here There And Everywhere" até as 3h.
– A capa do "açougueiro", do álbum *Yesterday... And Today,* é retirada de circulação nos Estados Unidos, e a Capitol cola uma nova foto por cima da original. As capas dos discos produzidos a partir de então já vinham com a nova foto. Alguns colecionadores retiraram cuidadosamente a capa colada e, hoje, um disco com a foto do "açougueiro", em bom estado, é vendido em leilões de discos raros por um valor altíssimo.
– Os Beatles se apresentam no *Top Of The Pops* cantando as músicas do seu novo compacto ao vivo.

Abaixo: Paul de volta a Hamburgo, em 26 de junho.

17 de junho
– *Abbey Road*. A banda finaliza "Here There And Everywhere" e continua os ensaios de "Got To Get You Into My Life".
– Paul compra uma fazenda leiteira com 740m² em Machrihanish, em Kintyre, Escócia.
20 de junho
– *Abbey Road*. No final da tarde a banda vai ao estúdio para uma breve sessão de mixagem de "Got To Get You Into My Life".
– O álbum *Yesterday... And Today* é relançado nos Estados Unidos com uma nova capa, mostrando o quarteto feliz e bem-sucedido.
21 de junho
– *Abbey Road*. Os Beatles trabalham na gravação de "She Said She Said", de John, das 19h às 3h45.
22 de junho
– Os Beatles comparecem à festa de inauguração do Sibylla's Nightclub, em Swallow Street. George era um dos proprietários da casa.
23 de junho
– Os Beatles pegam o voo das 11h para Munique, onde são recepcionados pela imprensa e levados rapidamente em Mercedes brancos para o *Bayerischer Hof Hotel*. Atrasam-se para a entrevista coletiva, pois ficam presos

Os Beatles chegam a Tóquio usando robes da Japanese Airlines, em 30 de junho.

no elevador durante dez minutos. Tarde da noite, quando não havia mais ninguém para incomodá-los, dão um mergulho na piscina.
24 de junho
– *Circus-Krone-Bau.* Com os Beatles, Cliff Bennett & The Rebel Rousers, The Rattles e Peter & Gordon. Houve dois shows, às 17h15 e às 21h, sendo que o segundo foi gravado pela emissora alemã ZDF. O repertório do quarteto para a turnê incluía: "Rock And Roll Music", "She's A Woman", "If I Needed Someone", "Day Tripper", "Baby's In Black", "I Feel Fine", "Yesterday", "I Wanna Be Your Man", "Nowhere Man", "Paperback Writer" e "I'm Down". Bettina Derlien, garçonete do Star Club, estava entre os convidados que os visitaram no hotel.
25 de junho
– Nas primeiras horas da manhã, os Beatles são levados para a estação de trem de Munique em Mercedes escoltados por motocicletas, chegando a tempo de tomar o café da manhã a bordo. Viajam para Essen no "Trem Real", anteriormente só usado pela rainha, onde havia cabines exclusivas para cada um deles.
– *Grugahalle, em Essen.* Entre as duas apresentações, participam de uma coletiva de imprensa e fazem uma refeição rápida no camarim. Após o show, embarcam no "Trem Real" às 2h e viajam durante toda a noite, com destino a Hamburgo.
– O programa *Thank Your Lucky Star*, da ABC TV, exibe o videoclipe de "Paperback Writer".
26 de junho
– A banda chega a Hamburgo às 6h e hospeda-se no *Schloss Hotel*, em Tremsbüttel, aproximadamente a 50 quilômetros de Hamburgo e dos fãs. Após dormirem até às 13h30, os quatro vão até a sacada do quarto cumprimentar as centenas de fãs que os aguardavam....
John visita Astrid Kirchherr que lhe entregou várias cartas de Stuart Sutcliffe. Os Beatles reencontram vários amigos, entre eles Bert Kaempfert e o doutor Bernstein, que fora o médico da banda na época dos shows em Reeperbahn. Os Beatles fazem dois shows em Ernst Merck Halle e participam da tradicional coletiva de imprensa durante o intervalo das apresentações. Após a meia-noite, John e Paul vão a Reeperbahn visitar os bares que frequentavam nos tempos de Hamburgo.
27 de junho
– Os Beatles voltam para Heathrow, de onde embarcam para o Japão no voo inaugural da Japanese Airlines, em rota pelo Polo Norte. Em virtude do alerta de um tufão, o avião pousa em Anchorage, no Alaska, onde eles pernoitam no Westwood Hotel. À noite, visitaram o *nightclub* The Top Of The World, na cobertura do hotel, e fazem um pequeno passeio pela cidade, acompanhados por um DJ local.

28 de junho
– Os Beatles continuam sua viagem para Tóquio.
30 de junho
– Os Beatles chegam ao Haneda Airport, em Tóquio, às 3h40 (tendo perdido um dia em razão da diferença de fuso horário). Do aeroporto, seguiram para o Tokyo Hilton, onde todo um andar fora reservado para eles.
– *Nippon Budokan Hall, em Tóquio.* Os Beatles apresentam-se com Yuya Uchida e Isao Bitoh, em um show que reuniu 10 mil fãs. Houve vários protestos da direita japonesa, incluindo ameaças de morte, contra a apresentação dos Beatles no Nippon Budokan Hall (Martial Arts Hall), local destinado às artes marciais, visto como santuário nacional dos mortos da Segunda Guerra. Portanto, era considerado um sacrilégio uma banda de rock tocar em seu palco. Por causa dessas ameaças, os japoneses montaram um esquema de segurança entre o aeroporto e o hotel, com 30 mil homens uniformizados. O Nippon Budokan Hall, em Tóquio, veio a se tornar um dos principais locais para shows de rock em Tóquio.
1º de julho
– *Nippon Budokan Hall.* Os Fab Four fazem dois shows, sendo que o primeiro é filmado pela TV japonesa.
2 de julho
– *Nippon Budokan Hall.* Último dia de shows. A histeria dos fãs é tamanha e o esquema de segurança do Exército tão rígido que os Beatles não puderam sair do hotel e, para comprarem algumas lembranças, comerciantes locais foram até sua suíte, onde lhes venderam quimonos, tigelas e outros objetos a preços exorbitantes.
3 de julho
– Os Beatles fazem uma escala em Hong Kong, onde descansam na sala vip do aeroporto enquanto seu avião é reabastecido, seguindo para Manila, nas Filipinas, na época sob a ditadura de Ferdinando Marcos. Ao chegarem, uma multidão de 50 mil fãs os esperavam no aeroporto. Sabendo da forma como o grupo fora tratado pelas autoridades japonesas, os filipinos não quiseram ficar para trás. A polícia militar, com sua típica truculência, irrompeu no avião, agarrou os Beatles, levando-os escada abaixo sob sua proteção.

> George: "Aqueles gorilas, **brutamontes**, com camisas de **mangas curtas**, nos arrancaram do avião e confiscaram nossas 'malas **diplomáticas**'. Pegaram somente nós quatro, deixando Brian, Neil e Mal para trás. Fomos levados em um barco até a baía de Manila, cercados por policiais e armas por todos os lados, e logo pensamos 'estamos ferrados', pois achávamos que eles encontrariam as drogas em nossas malas".

Dois batalhões do Exército, uniformizados para combate, receberam os Beatles e os levaram para a sede da Marinha, antes de transferi-los para o iate particular de Don Manolo Elizalde, um milionário filipino, que os exibiu para um grupo de amigos. Somente às 4h, Brian Epstein conseguiu resolver a situação e os Beatles, finalmente, foram para sua suíte no hotel Manila.
6 de julho
– No caminho de volta para casa, fazem uma escala para reabastecimento em Bangkok, após a qual os Beatles vão para Nova Délhi, na Índia, onde esperavam poder passar três dias tranquilos. Contudo, ao aterrissarem, 600 fãs já os esperavam no aeroporto e o hotel em que se hospedariam estava cercado. Conseguiram sair pelos fundos do prédio para fazer um passeio pela cidade e algumas compras, entre as quais instrumentos musicais indianos.
8 de julho
– Quando os Beatles chegam a Londres às 6h, dão uma breve entrevista coletiva, e depois George e Ringo participam da edição matinal do programa *Today*, da rádio BBC Home Service.

Na página seguinte: John enfrenta a imprensa em Heathrow, em 8 de julho.

O incidente em Manila

No dia 4 de julho, os Beatles estavam exaustos e dormiram até tarde. Infelizmente, Imelda Marcos organizara um almoço para 300 jovens, filhos e filhas de altos oficiais do Exército e de executivos, no Malacanang Palace, a fim de apresentá-los para a banda. Os Beatles ainda dormiam, depois de toda a tensão da noite anterior, quando funcionários do governo bateram à porta de seu quarto procurando por eles. Brian alegou não saber nada sobre o convite e disse que não permitiria que fossem insultados novamente. Naturalmente, essa resposta foi considerada uma ofensa grave à primeira-dama, com repercussões potencialmente perigosas.
Apesar do incidente, naquela mesma tarde, apresentaram-se no Rizal Memorial Football Stadium para um plateia de 30 mil fãs e, à noite, tocaram para 50 mil pessoas.
No dia seguinte, o hotel cancelou o serviço de quarto. O quarteto descobriu que Vic Lewis, seu representante, fora interrogado por militares de alta patente até a madrugada, e que toda segurança militar havia sido dispensada. Em seu último dia em Manila, os Beatles e sua *entourage* foram literalmente massacrados, desde a saída do hotel até o embarque no avião. Foram chutados, empurrados e xingados. No aeroporto, Alf Bicknell foi atirado ao chão e chutado por seguranças do Exército. A escada rolante foi desligada, e eles tiveram de subir carregando todo o seu equipamento. Quando já estavam dentro do avião, Mal e Brian foram intimados a sair para solucionar um problema relacionado aos passaportes e às taxas, subitamente, inventado pelas autoridades. Finalmente, o voo 862 da KLM teve permissão para deixar Manilla, às 16h45. George descreveu de forma bem sucinta como os Beatles se sentiram: "Eu só voltaria às Filipinas para jogar uma bomba atômica sobre ela".

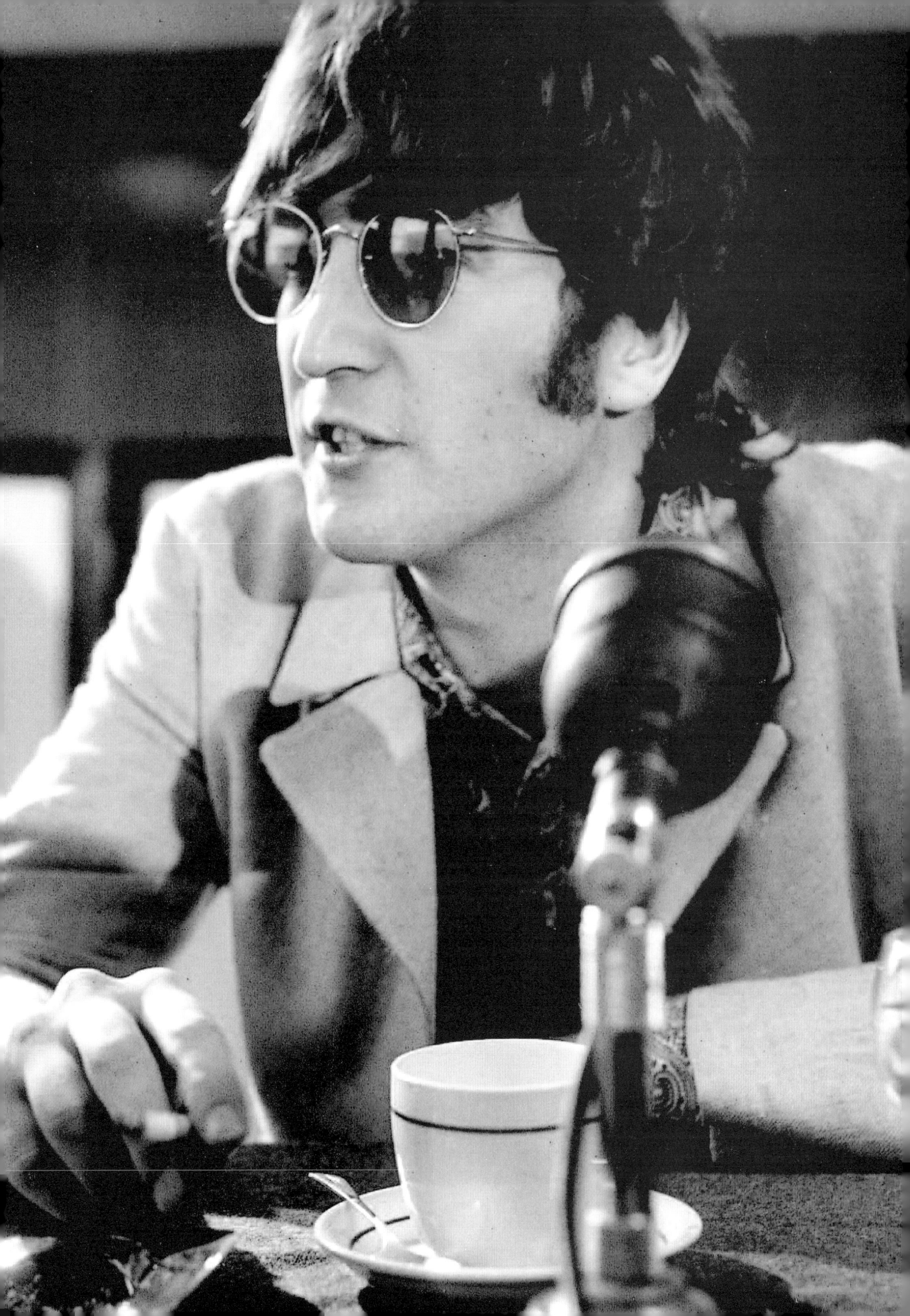

Paul durante uma entrevista coletiva, em Heathrow.

– O compacto duplo *Nowhere Man* é lançado no Reino Unido pela Parlophone (GEP 8952), versão mono.
Lado A: "Nowhere Man"/"Drive My Car";
Lado B: "Michelle"/"You Won't See Me".

12 de julho
– Os Beatles recebem três prêmios Ivor Novelo: *We Can Work It Out* (compacto mais vendido de 1965), "Yesterday" (canção mais executada do ano) e *Help!* (segundo compacto mais vendido de 1965).

23 de julho
– O Cavern Club é reaberto sob nova direção. Os Beatles enviam um telegrama e o primeiro-ministro Harold Wilson, cujo distrito eleitoral era em Liverpool, comparece à reinauguração.

29 de Julho
– A revista americana *Datebook* publica a entrevista que John dera a Maureen Cleave, na qual ele afirmara: "Somos, agora, mais populares que Jesus Cristo". Fundamentalistas cristãos americanos sentem-se insultados.

30 de julho
– O álbum *Yesterday... and Today* chega ao primeiro lugar da parada "Hot 100" da *Billboard*, mantendo a posição por cinco semanas.

31 de julho
– Os noticiários da BBC exibem cristãos fanáticos em Birmingham, no Alabama, queimando discos dos Beatles em uma grande fogueira, da mesma maneira que os nazistas queimaram livros.

1º de agosto
– Paul grava uma entrevista que seria exibida no programa *David Frost At The Phonograph*, da BBC Light Programme.

2 de Agosto
– George e Patti vão passar alguns dias em Stoodleigh, em Devon, na bela casa de fazenda do século XVIII de Diana Jones, mãe de Patti.

5 de agosto
– O compacto *Yellow Submarine/Eleanor Rigby* é lançado no Reino Unido pela Parlophone (R 5493).
– O álbum *Revolver* é lançado no Reino Unido pela Parlophone (PMC 7009), versão mono (PCS 7009) e estéreo.
Lado A: "Taxman", "Eleanor Rigby", "I'm Only Sleeping", "Love You To", "Here There And Everywhere", "Yellow Submarine", "She Said She Said";
Lado B: "Good Day Sunshine", "And Your Bird Can Sing", "For No One", "Dr Robert", "I Want To Tell You", "Got To Get You Into My Life", "Tomorrow Never Knows".

6 de agosto
– Brian vai aos Estados Unidos para tentar contornar os problemas causados pelos comentários de John sobre Jesus. Temia-se que a turnê no país tivesse de ser cancelada. Até essa data, 30 estações de rádio americanas já haviam excluído as músicas dos Beatles de sua programação.
– John e Paul gravam uma entrevista de uma hora sobre seu trabalho como compositores para a BBC Light Programme, na nova residência de Paul em Cavendish Avenue. O programa é transmitido como *The Lennon And McCartney Songbook*.
– A entrevista de Paul com David Frost vai ao ar pela BBC Light Programme.

8 de agosto
– Os discos dos Beatles são proibidos de ser executados na África do Sul pela South African Broadcasting Corporation, sob a alegação de que os comentários, supostamente antirreligiosos, de John feriam o regime do *apartheid*. O veto durou cinco anos e, quando expirou, os Beatles já haviam se separado. A partir de então, somente os discos solo de Paul, George e Ringo tiveram permissão para ser tocados pelas rádios sul-africanas.
– O compacto *Eleanor Rigby/Yellow Submarine* é lançado nos Estados Unidos pela Capitol (5715).

— O álbum *Revolver* é lançado nos Estados Unidos pela Capitol (T-2576), mono (ST-2576), versão estéreo, como de praxe, tendo menos faixas que a versão britânica.
Lado A: "Taxman", "Eleanor Rigby", "Love You To", "Here There And Everywhere", "Yellow Submarine", "She Said She Said";
Lado B: "Good Day Sunshine", "For No One", "Dr Robert", "I Want To Tell You", "Got To Get You Into My Life", "Tomorrow Never Knows".

11 de agosto
— Os Beatles vão para os Estados Unidos, fazendo uma escala em Boston e, finalmente, pousando em Chicago às 16h18.

12 de agosto
— *International Amphitheater, em Chicago.* O quarteto apresentou-se com The Remains, Bobby Hebb, The Cyrkle e as Ronettes. Fizeram dois shows para um total de 26 mil fãs. O repertório foi o mesmo apresentado na turnê pela Europa e Japão: "Rock And Roll Music", "She's A Woman", "If I Needed Someone", "Day Tripper", "Baby's In Black", "I Feel Fine", "Yesterday", "I Wanna Be Your Man", "Nowhere Man", "Paperback Writer" e "I'm Down" e, ocasionalmente, "Long Tall Sally".

13 de agosto
— *Olympic Stadium, em Detroit.* Dois shows.
— A estação de rádio Station KLUE, de Longview, Texas, adere – tardiamente – à onda de manifestações contra os Beatles e organiza uma queima pública de discos da banda. O diretor da estação declarou:

"Estamos **pedindo** aos **adolescentes** da região para que tragam seus **discos** e quaisquer **outros símbolos** da popularidade dos Beatles, **para serem queimados** em uma fogueira pública, na noite de sexta-feira, 13 de agosto".

John e Jesus

Quase toda a imprensa e todas as três redes de televisão estavam esperando a banda em Chicago, e não falavam de outro assunto que não fosse a declaração de John sobre Jesus. Os Beatles tiveram de participar de uma entrevista coletiva, transmitida ao vivo (foto acima), no 27º andar do Astor Towers Hotel, onde estavam hospedados. John estava visivelmente constrangido, pois estava sendo obrigado a se desculpar por algo que os americanos haviam tirado de contexto.
"Olhe, eu não quis dizer que os Beatles são melhores que Deus ou Jesus. Apenas usei o nome dos Beatles, pois para mim é mais fácil falar sobre os Beatles. Eu poderia ter mencionado 'a TV', ou 'o cinema', ou 'carros de corrida' ou qualquer outra coisa que fosse popular e teria me saído bem dessa.
Não sou contra Deus, contra Cristo ou contra religião. Eu não disse que somos maiores ou melhores. Acredito em Deus, mas não como uma coisa, não como um velho no céu. Acredito que aquilo que as pessoas chamam de Deus é algo que existe em cada um de nós. Acredito também que o que Jesus, Maomé, Buda e os demais disseram estava certo. São as interpretações que estão erradas.
Eu não disse aquilo que dizem que eu disse e, realmente, me arrependo de tê-lo dito. Eu não pretendia que minhas palavras fossem um desprezível comentário antirreligioso. Por tudo que tenho lido e observado, parece-me que o Cristianismo está enfraquecendo, perdendo contato", declarou John, ao que um repórter respondeu, "o DJ de Birmingham, no Alabama, um dos que deu início a toda essa repercussão, exige que você peça desculpas".
"Pois não, peço desculpas", respondeu John.

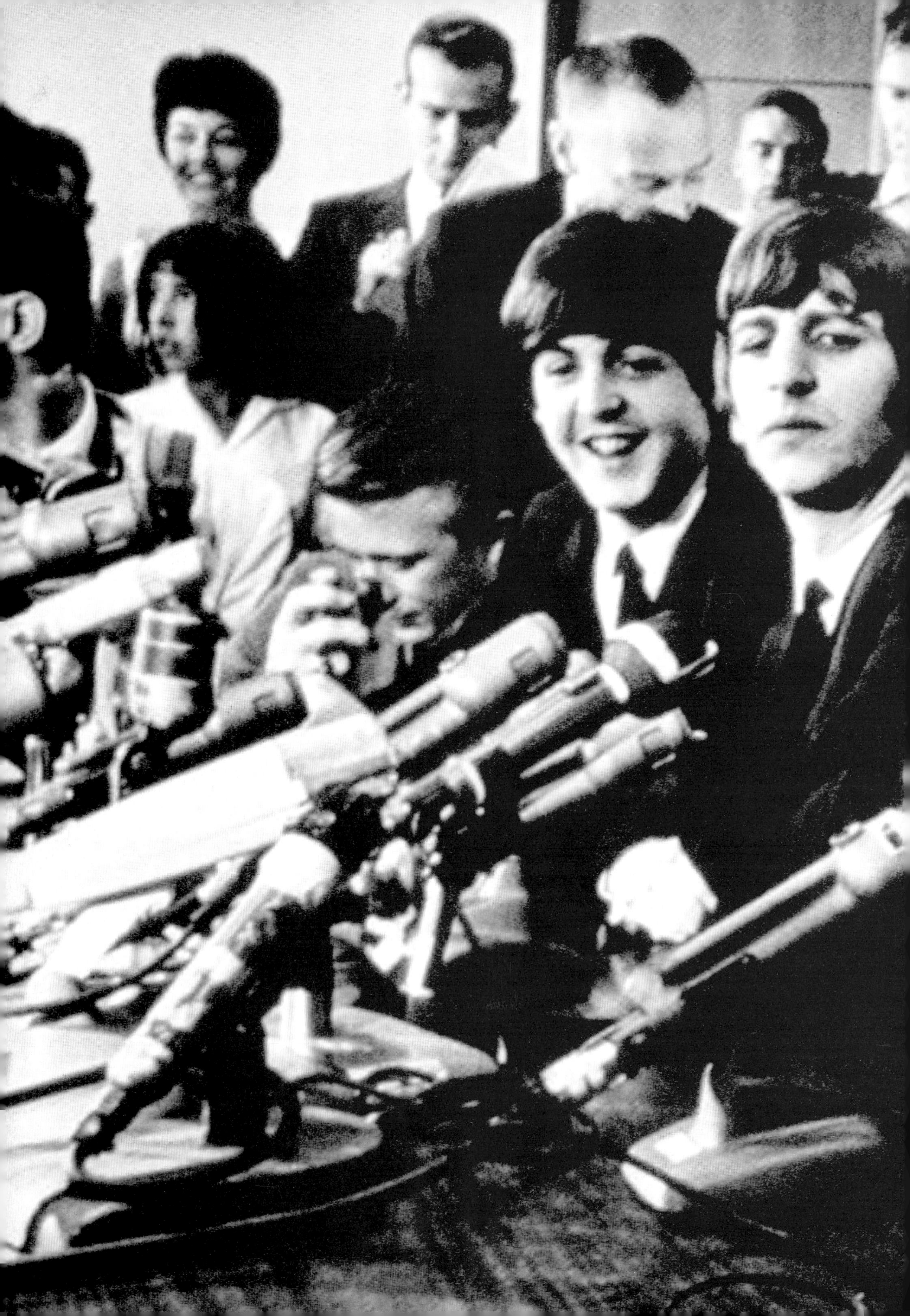

Os Beatles em Los Angeles, em 28 de agosto.

– O Grande Dragão *da Ku Klux Klan* da Carolina do Sul pregou um disco dos Beatles em uma grande cruz de madeira que foi queimada como parte de um dos rituais da organização racista.
– Foi divulgado que a estação *Spanish Radio* excluíra "para sempre" os discos dos Beatles de sua programação em virtude da blasfêmia proferida por John. Enquanto isso, na Holanda, medidas foram tomadas para impedir que os Beatles tocassem no país e suas músicas fossem executadas na rádio.

George: "Antes de queimá-los, eles têm de comprá-los".

John: "Foi um verdadeiro choque quando começaram a queimar nossos discos... Era possível sentir na pele. Eu não podia simplesmente virar as costas sabendo que havia criado mais uma fagulha de ódio no mundo, então resolvi pedir desculpas".

– O álbum *Revolver* entra nas paradas britânicas já em primeiro lugar, mantendo a posição por nove semanas.
– Após a segunda apresentação em Detroit, a banda parte de ônibus para Cleveland, em Ohio, onde chegam às 2h.

14 de agosto
– A estação de rádio KLUE de Longview, no Texas, saiu do ar, um dia após ter queimado os discos dos Beatles em uma fogueira. Um raio atingiu a torre de transmissão, o que, além de destruir os equipamentos eletrônicos, deixou o diretor de noticiários desacordado.
– *Municipal Stadium, em Cleveland, Ohio.* Duas apresentações para um total de 20 mil fãs. Em um dos shows, 2.500 fãs invadiram a área central do estádio. Os Beatles retiraram-se de cena e só retornaram 20 minutos depois, quando a situação já estava sob controle.

15 de agosto
– *DC Stadium, em Washinton, DC.* Os Beatles chegam à capital durante a tarde e fazem um show para 32 mil pessoas. Logo após, viajam de ônibus para a Filadélfia.
– O álbum *This Is Where It Started*, de Tony Sheridan e The Beatles, é lançado nos Estados Unidos.

16 de agosto
– *Philadelphia Stadium, em Filadélfia.* Durante a noite, os Beatles começam o show enquanto uma tempestade elétrica se forma. Por sorte, a chuva só começou após o término do espetáculo. Depois da apresentação, o grupo vai direto para o aeroporto e pega um voo para o Canadá.

17 de agosto
– *Maple Leaf Gardens, em Toronto, Canadá.* Os Beatles fazem dois shows em Toronto, partindo para Boston no dia seguinte.

18 de agosto
– *Suffolk Downs Racetrack, em Boston.* Vinte e cinco mil fãs lotam a arquibancada do hipódromo.

19 de agosto
– *Mid South Coliseum, em Memphis.* Seis homens da Ku Klux Klan, vestidos com suas túnicas, fazem um piquete diante da entrada do estádio, enquanto, do lado de dentro, um pequeno número de beatos joga lixo no palco e solta um rojão. O ônibus dos Beatles é cercado por uma multidão de cristãos que os xinga.

Paul: "Eles eram **fanáticos.** Foi **terrível** ver o **ódio estampado** em seus **rostos**".

20 de agosto
– *Crosley Field, em Cincinnati.* Em virtude da forte chuva, o show é adiado para o dia seguinte.

21 de agosto
– *Crosley Field, em Cincinnati.* Após o show do meio-dia, a banda voa 560 quilômetros até St Louis, no Missouri.

– *Busch Stadium, em St Louis, Missouri.* Sob forte chuva, os Beatles começam o show às 20h30, tocando para a encharcada plateia de 23 mil fãs. A banda estava coberta por uma frágil cobertura de lona, que deixava a água pingar sobre os amplificadores. Esse espetáculo foi a gota d'água para Paul McCartney, que, finalmente, convenceu-se de que os Beatles deveriam pôr fim às apresentações ao vivo, algo que os outros Beatles já haviam decidido desde muito tempo.

23 de agosto
– *Shea Stadium, em Nova York.* Quarenta e quatro mil fãs assistem ao show e, assim que saem do palco, os Beatles partem para Los Angeles.

24 de agosto
– Os Beatles chegam a Los Angeles ao amanhecer e vão diretamente para a casa que Brian alugara em Carson Road, n. 7655, onde puderam, por fim, descansar.

25 de agosto
– *Seattle Coliseum, em Seattle.* Durante a manhã, os Beatles vão para Seattle, onde se hospedam no Edgewater Inn. Houve um atraso de cinco horas no voo de volta para Los Angeles, pois um dos pneus do avião teve de ser trocado por estar em péssimas condições.

28 de agosto
– *Dodger Stadium, em Los Angeles.* Havia 45 mil pessoas assistindo à apresentação e apenas 102 seguranças; por isso dezenas de fãs foram feridos e 25 pessoas detidas durante confrontos com a polícia. Após o show, as limusines dos Beatles foram cercadas pelos fãs, e eles tiveram de voltar ao estádio, conseguindo, por fim, escapar em um furgão blindado.

29 de agosto
– *Candlestick Park, em São Francisco.*

– O programa de rádio *The Lennon And McCartney Songbook,* é transmitido pela BBC Light Programme.
30 de agosto
– Os Beatles partem de Los Angeles e voltam para Londres.
31 de agosto
– Os Fab Four chegam a Londres.
5 de Setembro
– John vai para Hanover, na Alemanha, para participar das filmagens de *How I Won The War*, do diretor Richard Lester. As primeiras locações foram em um campo da OTAN nos arredores de Hanover. **John: Várias razões me levaram a fazer o filme: a) era um filme de Dick Lester e ele me convidou para fazê-lo; b) era um filme contra as guerras; c) eu não sabia como agir, pois os Beatles haviam parado com as turnês e achei que, se não fizesse nada e ficasse pensando a respeito, entraria em um buraco de onde não sairia por nove meses.**

Tentei evitar a depressão causada pela mudança de estilo de vida me jogando de cabeça no filme. Lembro-me de que Dick Lester divertiu-se mais do que eu".

6 de setembro
– John corta seu cabelo em estilo militar para fazer o papel do soldado Gripweed. O memorável acontecimento aconteceu no salão do café da manhã do bar The Inn On The Heath, em Celle. Além de mudar o corte de cabelo, John passou a usar os famosos óculos redondos com aro de metal, que acabaram por se tornar moda.
10 de setembro
– O álbum *Revolver* chega ao topo da parada das "Hot 100" da revista *Billboard*, onde permaneceu por seis semanas.

14 de setembro
– George e Patti viajam para Bombaim, na Índia, para que o Beatle pudesse estudar cítara com Ravi Shankar e fazer aulas de ioga. O casal se registrou no hotel *Taj Mahal*, em Bombaim, como Mr and Mrs Sam Wells.
15 de setembro
– Paul comparece a uma *performance* de improvisação livre da banda AMM e Cornelius Cardew no Royal College of Art. Os músicos convidaram a pequena plateia, de aproximadamente 12 pessoas, a participar da apresentação, e Paul contribuiu tirando sons inusitados de uma caneca de cerveja e de um radiador. **Paul declarou: "Você não tem de gostar de algo para ser influenciado por isso".**
– John e Neil Aspinall pegam um trem para Paris.

O último show dos Beatles

Em 29 de agosto, os Beatles apresentaram-se pela última vez para um público pagante. Vinte e cinco mil pessoas assistiram ao show, que foi encerrado com "Long Tall Sally", a mesma canção com que fechavam os shows no início da carreira, em Hamburgo.
"Em nossa última turnê, mães levavam seus filhos cegos, deficientes e deformados a nossos camarins e uma delas disse, 'Vá lá, beije-o e talvez você volte a enxergar'. Não somos cruéis, pois vimos muitas desgraças em Merseyside, mas quando uma mãe exclamava, 'Toque-o e talvez você volte a caminhar', tínhamos vontade de sair correndo, chorar e dar todo nosso dinheiro. Dizem que o que não te mata, te fortalece".

À esquerda: Ringo visita John em uma locação de How I Won The War.
Abaixo: O soldado Gripweed, representado por John.

16 de setembro
– Paul e Brian Epstein passam o fim de semana em Paris com John e Neil Aspinall.

18 de setembro
– John e Neil seguem para a Espanha, onde as filmagens de *How I Won A War* seriam retomadas no dia seguinte na cidade de Carboneras. John e Cynthia ficaram hospedados com o ator Michael Crawford e família, na *villa* de Sam Spiegal, em Almeria.

19 de setembro
– As filmagens em locação recomeçam e John tem de levantar-se às 6h para que seu motorista o leve em seu Rolls Royce ao set de filmagem.
– A imprensa descobre que George e Patti estavam na Índia, e o Beatle tem de dar uma entrevista coletiva explicando que estava na Índia para estudar e ter alguns momentos de paz e tranquilidade.

4 de outubro
– Ringo e Maureen vão para Almeria visitar John no set de filmagem de *How I Won The War*.

21 de outubro
– George dá uma entrevista a Donald Milner, correspondente da BBC em Bombaim, durante a qual explicou por que passara cinco semanas na Índia.

22 de outubro
– George e Patti voltam para Londres.

26 de outubro
– Quando Ravi Shankar chegou ao London Airport, George foi recepcioná-lo vestindo trajes típicos indianos, ao passo que Ravi Shankar, que havia estudado na Europa, estava usando um terno ocidental.

27 de outubro
– A editora *Penguin Books* publicou *The Penguin John Lennon,* um volume duplo que incluía os dois livros de John.

31 de outubro
– O músico Donovan vai passar uma semana na casa de George, em Esher.

Yoko

Na véspera de sua *vernissage* "Unfinished Paintings and Objects", Yoko foi apresentada a Lennon por John Dubar, um dos proprietários da Indica Gallery. Lennon: "Fiquei sabendo que essa mulher fantástica faria uma exposição na semana seguinte, uma espécie de *performance* com pessoas dentro de sacos pretos, e resolvi ir à inauguração. Quando cheguei à galeria, descobri que a abertura da exposição seria no dia seguinte, mas mesmo assim entrei. Ela não tinha a mínima ideia de quem eu era e havia alguns típicos estudantes de arte que a estavam ajudando a preparar o local. Eu olhei ao redor pasmo. Havia uma maçã à venda por 200 libras, achei aquilo fantástico, e logo percebi o senso de humor. Eu não precisava saber muito sobre arte *avant-garde* ou *underground*, mas captei o humor de imediato, aquela maçã em um pedestal e você pagando 200 libras para vê-la se decompor – a gravadora Apple, "maçã", ainda não existia.

Mas foi outra peça que fez com que decidisse se tinha gostado ou não do trabalho de Yoko: uma escada que levava até uma pintura pendurada no teto, que parecia uma tela em branco, da qual pendia uma correntinha com uma lupa em sua extremidade. Essa instalação ficava perto da entrada, subi a escada, olhei através da lupa e vi, em letras bem miúdas, a palavra 'yes'.

Achei aquilo positivo. Você sente um tremendo alívio quando sobe a escada, olha através da lupa e não vê as palavras 'não', 'ferre-se' ou algo do gênero, mas 'sim'. Fiquei muito impressionado e John Dubar nos apresentou – nenhum de nós tinha a mínima ideia de quem era o outro, ela não sabia quem eu era, só ouvira falar de Ringo, que acho querer dizer 'maçã' em japonês. Ela se aproximou e me entregou um cartão no qual estava escrito "respire", uma das instruções para a performance, então, comecei a arfar. E assim foi nosso encontro."

Na realidade, Yoko sabia muito bem quem eram os Beatles. Semanas antes, ela procurara Paul na esperança de conseguir o manuscrito de alguma canção de Lennon e McCartney para dá-lo de presente a John Cage, em seu aniversário de 50 anos. Ele colecionava os originais de partituras de música moderna. Paul respondera-lhe que não, mas disse que talvez ela conseguisse um com John.

4 de novembro
– O escritório da NEMS, em Monmouth Street, n. 13, é finalmente, fechado, dado que a maior parte das transações comerciais era feita em Argyll Street desde 1964.

6 de Novembro
– Paul coloca seu Aston Martin em um avião de carga no Lydd Airport, em Kent, e embarca para a França. Usando um disfarce, passa uma semana passeando relaxadamente pelos castelos do Vale do Loire, antes de encontrar-se com Mal Evans, *roadie* dos Beatles, sob a torre do campanário em Bordeaux.

9 de novembro
– John conhece Yoko na Indica Gallery, em Mason's Yard, Londres.

11 de novembro
– John e Cynthia assistem à apresentação de Ben E. King no Scotch St James's.

12 de novembro
– Paul e Mal vão de carro de Bordeaux até a Espanha, aproveitando para fazer um vídeo caseiro durante o caminho. A princípio, Paul pretendia encontrar-se com John em Almeria, mas este já estava em Londres, pois havia concluído sua participação no filme. Paul, então, resolveu encontrar-se com Jane para fazer um safári na África. O Beatle e Mal foram até Sevilha e contrataram um motorista para levar seu Aston de volta a Londres. Em seguida, pegaram um voo para Madrid e outro para Nairóbi. Aproveitaram a escala de dez horas em Roma para visitar a Basílica de São Pedro e outros pontos turísticos da cidade.

13 de novembro
– A banda The Four Tops apresenta-se no palco do Saville Theatre, cujo cenário foi, supostamente, projetado por Paul.

18 de novembro
– O compacto *From Head To Toe/Night Time* dos Escorts, produzido por Paul McCartney, é lançado no Reino Unido pela Columbia (DB 8061).

19 de Novembro
– Paul, Jane e Mal voltam do Quênia para Londres.

20 de novembro
– John e George comparecem à festa oferecida por Brian Epstein à banda The Four Tops em seu apartamento em Chapel Street.

24 de novembro
– Abbey Road. Os Beatles reúnirem-se para dar início às gravações de seu novo álbum, começando com "Strawberry Fields Forever", composta por John.

25 de novembro
– Os Beatles gravam seu quarto *flexi-disc* de Natal, *Pantomime: Everywhere It's Christmas*, no estúdio do produtor musical Dick James, que ficava no porão de seu escritório, em New Oxford Street.

27 de Novembro
– John filma uma participação especial no programa dos comediantes Dudley Moore e Peter Cook, *Not Only... But Also*, no papel do porteiro de um *nightclub*. A locação do filme foi o banheiro público masculino de Broadwick Street, próximo ao mercado de Berwick Street, no Soho. John estava usando seus novos "óculos da vovó".

28 de novembro
– Abbey Road. O grupo grava três novos *takes* de "Strawberry Fields Forever".

29 de novembro
– *Abbey Road*. A banda grava novos *takes* de "Strawberry Fields Forever".

John: "O que estava **tentando dizer** é que eu sempre soube que era um **cara estranho**. Eu era um garotinho estranho no jardim da infância. Eu não era como os outros. Sempre fui **diferente**. No segundo verso eu digo, 'Acho que ninguém faz as coisas como eu'. Bem, eu era muito tímido e **inseguro**. O que quero dizer é que ninguém age como eu, **portanto**, devo ser um **louco** ou um **gênio**. No verso seguinte eu digo, 'Acho que deve ser **tudo** ou **nada**'. Eu achava que havia algo de **errado** comigo, pois via coisas que os outros não conseguiam, e ainda achava que devia ser louco ou **egomaníaco** por afirmar que **via coisas** que os outros não conseguiam".

1º de dezembro
– Paul vai ao Scotch St James's assistir à primeira apresentação do grupo The Young Rascals no Reino Unido.

2 de dezembro
– Paul fica tão impressionado com The Young Rascals que vai assisti-los novamente no Blaises.

6 de dezembro
– *Abbey Road*. O quarteto começa a trabalhar em "When I'm Sixty Four" e, também, grava mensagens de Natal para as rádios piratas Radio London e Radio Caroline.

8 de dezembro
– *Abbey Road*. À tarde, Paul faz o vocal de "When I'm Sixty Four" e, à noite, os quatro Beatles se juntam para continuar as gravações de "Strawberry Fields Forever".

9 de dezembro
– *Abbey Road*. Os Beatles continuam a trabalhar na composição de John, "Strawberry Fields Forever".

10 de dezembro
– O álbum *A Collection Of Beatles Oldies* é lançado no Reino Unido pela Parlophone (PMC 7016), versão mono, (PCS 7016), versão estéreo.
Lado A: "She Loves You", "From Me To You", "We Can Work It Out", "Help!", "Michelle", "Yesterday", "I Feel Fine", "Yellow Submarine";
Lado B: "Can't Buy Me Love", "Bad Boy", "Day Tripper", "A Hard Day's Night", "Ticket To Ride", "Paperback Writer", "Eleanor Rigby", "I Want To Hold Your Hand".

11 de dezembro
– O programa *The Lively Arts*, da rádio BBC Home Service, transmite uma entrevista feita com George durante sua estada na Índia, na qual falou sobre filosofia e música indiana.

15 de dezembro
– *Abbey Road*. Os Beatles gravam mais *takes* de "Strawberry Fields Forever".

16 de dezembro
– Os Beatles enviam cópias do quarto *flexi-disc* de Natal da banda, *Pantomime: Everywhere It's Christmas*, aos membros de seu fã-clube.
Lado A: "Song; Everywhere It's Christmas", "Orowanyna", "Corsican Choir And Small Choir", "A Rare Cheese", "Two Elderly Scotsmen", "The Feast", "The Loyal Toast";
Lado B: "Podgy The Bear And Jasper", "Count Balder And Butler", "Felpin Mansions (Part 2)", "The Count And The Pianist", "Song; Please Don't Bring Your Banjo Back", "Everywhere It's Christmas", "Mal Evans", "Reprise: Everywhere It's Christmas".

Ringo: "Nós o elaboramos, mas Paul fez a maior parte do trabalho. Criou o título e as duas canções do disco".

Paul: "Eu desenhei a capa. Se você prestar atenção, verá um cavalo estilizado. Bem, mesmo que você não consiga, eu posso vê-lo".

18 de dezembro
– Paul e Jane comparece à estreia do filme *The Family Way*, no Warner Theatre, cuja trilha sonora incidental havia sido composta por Paul, com arranjos de George Martin.

John: "Eu recebi pela trilha de *The Family Way* que Paul compôs quando eu estava filmando *How I Won The War* e lhe disse, 'Fique com o dinheiro para você', ao que ele respondeu, 'Não se faça de rogado'. O que importa é o conceito. Inspiramos um ao outro no início. Hoje, compomos dessa forma graças ao trabalho que realizamos juntos".

19 de dezembro
– Binder, Edwards e Vaughan divulgam que Paul havia gravado uma fita de música experimental eletrônica que seria apresentada no Carnival of Light, um festival de arte que seria realizado em janeiro de 1967 no Roundhouse Theatre, em Chalk Farm Road, em Londres.

20 de dezembro
– *Abbey Road*. Mais vocais são acrescentados à "When I'm Sixty Four".
– Os Beatles são entrevistados por John Edwards do programa *Reporting '66*, da ITN (Independent Television News), e filmados chegando a Abbey Road para um ensaio.

21 de dezembro
– *Abbey Road*. Paul adiciona instrumentos de sopro a "When I'm Sixty Four" e John mais vocais a "Strawberry Fields Forever".
– O compacto *Love In The Open Air /Theme From The Family Way*, gravado pela orquestra de George Martin e composto por Paul McCartney, é lançado no Reino

Unido pela gravadora United Artists (UP 1165).

25 de dezembro
– Os quatro Beatles passam o Natal em Londres.

26 de dezembro
– A participação de John no programa *Not Only... But Also*, de Peter Cook e Dudley Moore, é exibida pela BBC TV.

29 de dezembro
– *Abbey Road.* Paul trabalha sozinho no estúdio gravando os ornamentos de "Penny Lane" até as 2h15.

Paul: "'Penny Lane' é um terminal de ônibus de Liverpool onde há uma barbearia... Há, também, um banco na esquina, então criamos a parte do banqueiro em seu carro. Parte da música é realidade, parte, nostalgia de um lugar fantástico – o céu azul do subúrbio ainda está lá, da mesma forma como nos lembramos dele".

30 de dezembro
– *Abbey Road.* A banda continua a trabalhar em "When I'm Sixty Four" e "Penny Lane".

31 de dezembro
– George, Patti, Brian Epstein, Eric Clapton e alguns amigos são barrados na entrada do Annabel's Night Club, pois George não estava vestindo gravata. Como o Beatle recusou-se a usar a que lhe fora oferecida pelo porteiro, o grupo resolveu passar o Ano-Novo no Lyon's Corner Restaurant, em Coventry Street.

Acima: John com Peter Cook, durante a filmagem do Beatle no programa Not Only... But Also, em 27 de novembro. Abaixo: Paul (à direita) na Indica Gallery, com Miles, John Dunbar, Marianne Faithfull e Peter Asher.

1967

Janeiro
– Paul demite os Kelly, o casal que trabalhava em sua casa, após ter descoberto que haviam escrito um artigo sobre sua vida familiar para uma revista australiana.
Paul: "Mr e Mrs Kelly estão procurando outro lugar para trabalhar, e eu, alguém que possa substituí-los. Tivemos alguns desentendimentos sobre como administrar a casa. Não pedi que fossem embora imediatamente, pois não seria justo".
Para substituir o casal Kelly, Paul contratou Mr and Mrs Mills. ("Ela ainda não escreveu nenhuma música para mim", brincou o Beatle, em uma referência à famosa pianista Mrs Mills.)

4 de janeiro
– *Abbey Road.* Sessão de gravação de *Sgt Pepper*. A banda continua a trabalhar em "Penny Lane".

5 de janeiro
– *Abbey Road.* Sessão de gravação de *Sgt Pepper*. A gravação do vocal de Paul em "Penny Lane" foi seguida por uma "viagem" de experimentalismo, com a participação de toda a banda. David Vaugham, da equipe de *designers* Binder, Edward e Vaughan, pediu a Paul que criasse uma canção para um festival de música eletrônica e luzes que seria realizado no Roundhouse Theatre, em Chalk Farm Road, em Londres. O Beatle concordou e o resultado foi um *take* com 13 minutos e 14 segundos, a mais longa faixa gravada pela banda. Não havia base rítmica, apenas uma pesada e hipnótica percursão, gritos e breves improvisos de piano e guitarra. George não permitiu que a música fosse incluída em *Anthology,* uma série de CDs lançados em 1996.

6 de janeiro
– *Abbey Road.* Sessão de gravação de *Sgt Pepper*. A banda continua a trabalhar em "Penny Lane".

– O álbum *The Family Way*, trilha sonora do filme homônimo, com a George Martin Orchestra e composições de Paul McCartney, é lançado no Reino Unido pela Decca (SKL 4847).
Lado A: "Love In The Open Air", (variações de um a seis);
Lado B: "Love In The Open Air" (variações de um a sete).

8 de janeiro
– Paul e John participam de uma festa à fantasia, oferecida por Georgie Fame no Cromwellian Club.

**Acima: John e Ringo fazem uma refeição rápida durante as gravações de Sgt Pepper, em Abbey Road.
Na página seguinte: George em Newquay durante as filmagens de Magical Mystery Tour.**

9 de janeiro
– *Abbey Road.* Sessão de gravação de *Sgt Pepper*. Instrumentos de sopro são acrescentados a "Penny Lane".

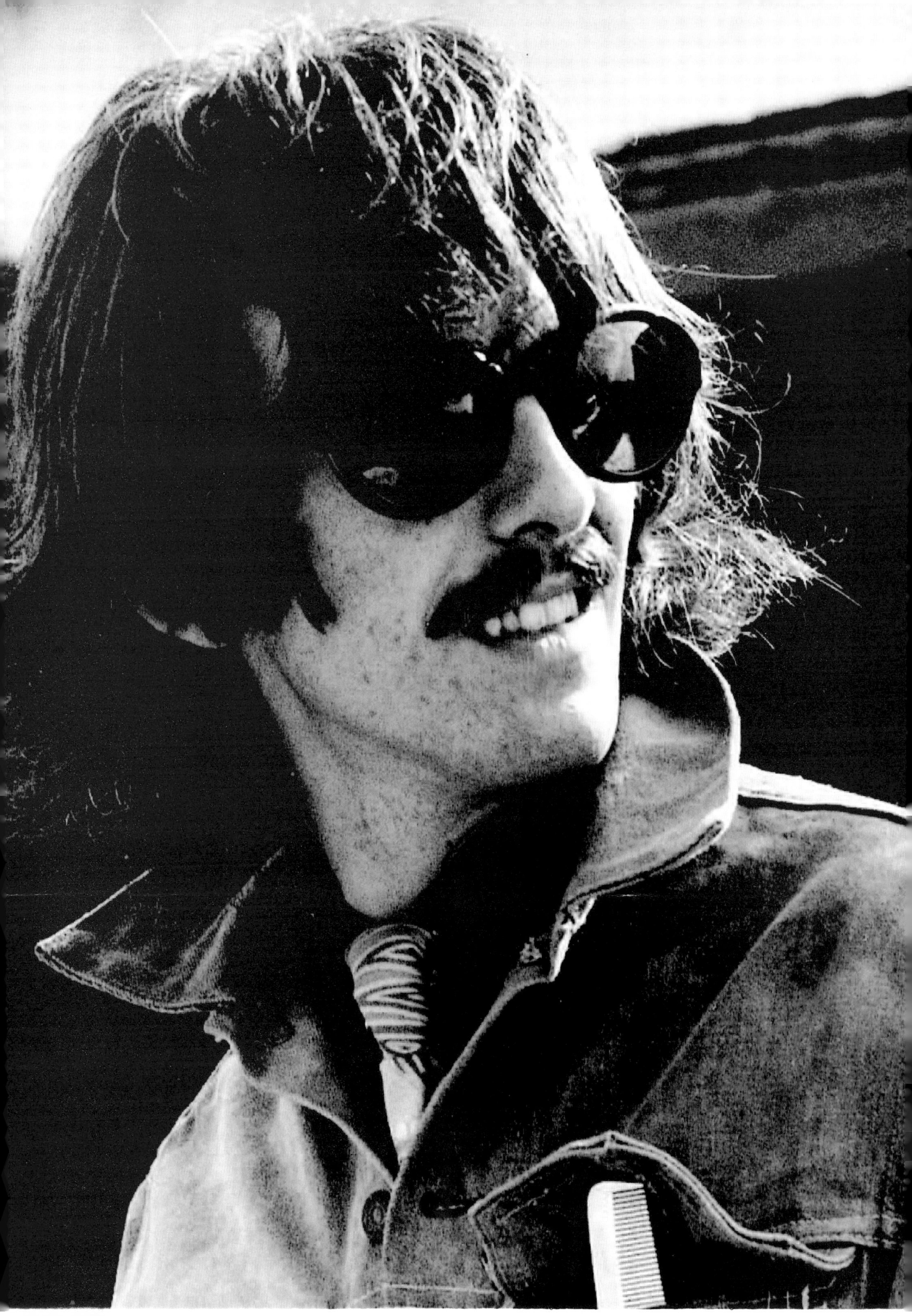

10 de janeiro
– *Abbey Road.* Sessão de gravação de *Sgt Pepper*. Os Beatles continuam a aprimorar "Penny Lane".
– A rede americana ABC TV exibe o documentário *The Beatles At The Shea Stadium*, filmado em 1965.

11 de janeiro
– Paul assiste ao programa *Masterworks*, da BBC 2, no qual David Mason toca trompete piccolo no Concerto n. 2 de Bach em Fá maior, com a Orquestra de Câmara Inglesa da Guildford Cathedral. Ao assistir ao concertista, deu-se conta de que esse era o efeito que queria criar em "Penny Lane".

12 de janeiro
– George Martin telefona para David Mason e agenda uma sessão para o dia 17 de janeiro para fazer as gravações dos trompetes de "Penny Lane".
– *Abbey Road.* Sessão de gravação de *Sgt Pepper*. Continuam os trabalhos em "Penny Lane".
– Mais tarde, Paul e Jane jantam à luz de velas na casa do Beatle em Cavendish Avenue, para comemorar a turnê que Jane faria pelos Estados Unidos com a companhia de teatro de repertório Bristol Old Vic Repertory Company.

13 de janeiro
– Paul e Ringo vão ao Bag O'Nails, em Kingly Street para assistirem à banda The Jimmy Hendrix Experience.

14 de janeiro
– É divulgado pela imprensa londrina que Paul recusara o convite da companhia de teatro National Theatre para compor a trilha da peça *Como lhe Aprouver*, de Shakespeare. O espetáculo seria realizado no Old Vic Theatre e estrelado por *sir* Laurence Olivier. Paul dissera que não era possível compor música contemporânea para uma peça elisabetana, mas caso quisessem poderia compor "The Larry O Stomp" (uma brincadeira com o nome do grande ator *sir* Laurence "Larry" Olivier).

15 de janeiro
– John sofre um acidente de carro sem maiores consequências.
– Paul e George assistem ao cantor e ícone hippie Donovan no Royal Albert Hall.

17 de janeiro
– *Abbey Road.* Sessão de gravação de *Sgt Pepper*. David Mason acrescenta seu famoso solo de trompete piccolo a "Penny Lane". Paul canta de improviso a parte do trompetista, para que George Martin escrevesse a partitura e Mason pudesse tocá-la. **Paul: "Ao assistir a um programa na TV, tive a ideia de usar trompetes para dar um toque de *pizzicato* a "Penny Lane", mas não sabia se ia dar certo. Chamei um arranjador para acompanhar a sessão no estúdio, toquei a música ao piano e cantei a parte do metal da forma que a queria. Sempre trabalho com arranjadores dessa maneira".** Finalmente, a canção estava pronta.

18 de janeiro
– Paul dá uma entrevista a Jo Durden-Smith para um documentário da Granada TV sobre o panorama da arte *underground* londrina, na qual Paul estava engajado.

John na locação das filmagens do videoclipe do compacto de Strawberry Field/Penny Lane, em Sevenoaks.

O documentário, intitulado *It's So Far Out, It's Straight Down*, seria exibido no programa *Scene Special*.

19 de janeiro
– *Abbey Road*. Sessão de gravação de *Sgt Pepper*. Os Beatles gravam a base rítmica de "A Day In The Life" com a ajuda de Mal Evans, que contou em voz alta a pausa de 24 compassos no meio da música, marcando o final com um despertador.

20 de janeiro
– *Abbey Road*. Sessão de gravação de *Sgt Pepper*. A banda adiciona os vocais de "A Day In The Life".

John: "Foi um grande momento. Paul e eu estávamos indiscutivelmente trabalhando juntos, em especial em 'A Day In The Life'... Costumávamos compor da seguinte forma: um de nós escrevia a parte agradável, o trecho fácil, como, por exemplo, 'Hoje li os jornais' ou qualquer coisa do gênero, e quando a coisa empacava ou ficava difícil, simplesmente punha a música de lado; Paul e eu, então, nos encontrávamos, eu cantava a metade que havia feito, ele se inspirava, escrevia a parte seguinte e vice-versa. Ele não se sentia à vontade quando acrescentava algo, provavelmente por achar que a canção já estava boa. Algumas vezes, não permitíamos que um interferisse no trabalho do outro, pois há uma tendência de sermos descuidados quando se trata do projeto de outra pessoa, e nos propúnhamos a fazer experimentações. Então, certo dia, estávamos trabalhando na sala onde ficava o piano de Paul e ele perguntou, 'O que você acha de fazermos isso?'. Sim, vamos em frente. Acho que Pepper foi um grande trabalho".

21 de janeiro
– Paul participa de uma festa oferecida pela cantora *folk* Julie Felix, em seu apartamento, em Old Church Street, em Chelsea.
– George dá a Donovan sua primeira aula de cítara.

25 de janeiro
– *Abbey Road*. Sessão de gravação de *Sgt Pepper*. Sob a supervisão de Paul, "Penny Lane" é mixada novamente, pois o Beatle não ficara satisfeito com o resultado do trabalho feito anteriormente.
– Brian Epstein assina um contrato com Hunter Davies, jornalista do *Sunday Times*, para que este escrevesse uma biografia autorizada dos Beatles, consentindo que os músicos participassem do projeto em troca de uma porcentagem dos *royalties*.

27 de janeiro
– Os Beatles e Brian Epstein assinam um novo contrato com a EMI, agora em âmbito mundial e válido por nove anos.

28 de janeiro
– Paul e George assistem ao show dos Four Tops, produzido por Brian Epstein, no Albert Hall.

29 de Janeiro
– John e Paul assistem às bandas The Who e The Jimi Hendrix Experience no Saville Theatre.

30 de janeiro
– Em virtude de pressões da EMI para que um novo compacto dos Beatles fosse lançado, Brian Epstein pede a George Martin que ceda duas faixas do novo álbum, *Sgt Pepper*. A contragosto, George selecionou "Penny Lane" e "Strawberry Fields Forever".
– Os Beatles começam as filmagens do videoclipe de "Strawberry Fields Forever" e "Penny Lane" no Knole Park, em Sevenoaks, Kent. O diretor Peter Goldmann faz as primeiras tomadas com a banda perto de um carvalho seco.

31 de janeiro
– A rádio pirata Radio London é a primeira a tocar "Penny Lane".
– John compra um velho cartaz de circo, de 1843, em uma loja de antiguidades em Sevenoaks, perto do parque onde estavam rodando os videoclipes. Quase todos os nomes e frases da letra de "Being For The Benefit Of Mr Kite!" foram retirados do cartaz. Lennon e McCartney terminaram de compô-la em Kenwood, onde John pendurara o pôster na parede de sua sala de música.
– Término das filmagens do videoclipe de "Strawberry Fields Forever", em Knole Park.

1º de fevereiro
– *Abbey Road*. Sessão de gravação de *Sgt Pepper*. Gravação da base rítmica de "Sgt Pepper's Lonely Hearts Club".

2 de fevereiro
– *Abbey Road*. Sessão de gravação de *Sgt Pepper*. A banda continua a trabalhar na canção "Sgt Pepper's Lonely Hearts Club", acrescentando vocais e *overdubs*.

3 de fevereiro
– *Abbey Road*. Sessão de gravação de *Sgt Pepper*. Ringo grava a bateria definitiva de "A Day In The Life", um de seus melhores e mais elogiados trabalhos.

5 de fevereiro
– Parte da cena do passeio a cavalo do videoclipe de "Penny Lane" é filmada na rua Angel Lane, em Stratford, Londres.

7 de fevereiro
– Os Beatles voltam a Knole Park, em Sevenoaks, Kent, para fazer mais algumas tomadas do passeio a cavalo e rodar a sequência final do videoclipe de "Penny Lane", na qual os Beatles se sentam ao redor de uma mesa de jantar decorada com candelabros.

Paul: "Cheguei à conclusão de que a banda estava se tornando **menos atirada**. Nós nos sentíamos **intimidados** com a ideia de fazer 'o novo álbum dos Beatles'. Tinha de ser algo grande: **'Nossa, e agora?!'**. Portanto, para aliviar a pressão, tive a ideia, talvez inspirado por amigos ou por algo que lera, de não gravarmos como se fôssemos os Beatles. Imaginaríamos que éramos outras pessoas e criaríamos uma banda *alter ego*".

— Micky Dolenz, da banda The Monkees, e o produtor da turnê, Ric Klein, passam a noite na casa de Paul, em Cavendish.

8 de fevereiro
— Abbey Road. Sessão de gravação de *Sgt Pepper*. A banda começa a trabalhar em "Good Morning, Good Morning", de John.

9 de fevereiro
— Os Beatles fizem a gravação da base rítmica de "Fixing A Hole", de Paul, no Regent Sound Studios, em Tottenham Court Road em vez de em Abbey Road. Essa foi a primeira vez que trabalharam em um estúdio alugado pela EMI.

10 de fevereiro
— Abbey Road. Sessão de gravação de *Sgt Pepper*. Os famosos acordes orquestrais de "A Day In The Life" são gravados. Estavam presentes no estúdio Mick Jagger, Marianne Faithfull, Keith Richards, Donovan, Micky Dolenz, Patti Harrison, os *designers* Simon Postuma e Marijke Koger do The Fools e outros amigos.
Paul: "Após termos composto a maior parte da música, percebemos que havia uma lacuna e pensamos, 'Que tal colocarmos uma orquestra?'. 'É uma boa ideia. E se tivermos uma orquestra, vamos escrever algo pseudoclássico, o que pode ser feito de forma bem melhor por aqueles que já sabem como – ou trabalharemos do mesmo jeito de sempre? Vamos seguir nossa intuição'. Para evitar aqueles arranjos todos, imaginamos a orquestra como um único instrumento. E criamos uma receita de bolo: 24 compassos, a partir do nono a orquestra começa a alçar voo, partindo da nota mais baixa até a mais alta".

11 de fevereiro
— O programa *Juke Box Jury*, da BBC, exibe parte do videoclipe de "Penny Lane".

13 de fevereiro
— Abbey Road. Sessão de gravação de *Sgt Pepper*. Início das gravações de "Only A Northern Song", de George. A canção não seria aproveitada em *Sgt Pepper*, mas foi lançada como parte da trilha sonora do filme *Yellow Submarine*.
— O compacto *Penny Lane/ Strawberry Fields Forever* é lançado nos Estados Unidos pela Capitol (5810).

14 de fevereiro
— Abbey Road. Sessão de gravação de *Sgt Pepper*. Novos vocais e *overdubs* são acrescentados a "Only A Northern Song".

16 de fevereiro
— Abbey Road. Sessão de gravação de *Sgt Pepper*. Novos *takes* de "Good Morning, Good Morning" são gravados.
— Os videoclipes de "Penny Lane" e "Strawberry Fields Forever" são exibidos no *Top Of The Pops*, da BBC TV.

17 de fevereiro
— Abbey Road. Sessão de gravação de *Sgt Pepper*. Gravação dos primeiros *takes* de "Being For The Benefit Of Mr Kite!".
— O compacto *Penny Lane/ Strawberry Fields Forever* é lançado no Reino Unido pela Parlophone (R 5570).
John: "Normalmente não compomos sozinhos. Por exemplo, escrevi partes de 'Penny Lane' e Paul, algumas de 'Strawberry Fields'".
— Paul toca um teclado Mellotron com som de flauta na abertura de "Strawberry Fields", finalizando o trabalho em apenas um *take*. George e Paul toca timbales e bongô, enquanto Ringo encarrega-se da bateria eletrônica.

Acima: Durante as gravações de Sgt Pepper, os Beatles tinham carta branca para usar o estúdio 2 de Abbey Road.
À direita: Paul e Micky Dolenz, da banda The Monkees, em 7 de fevereiro.

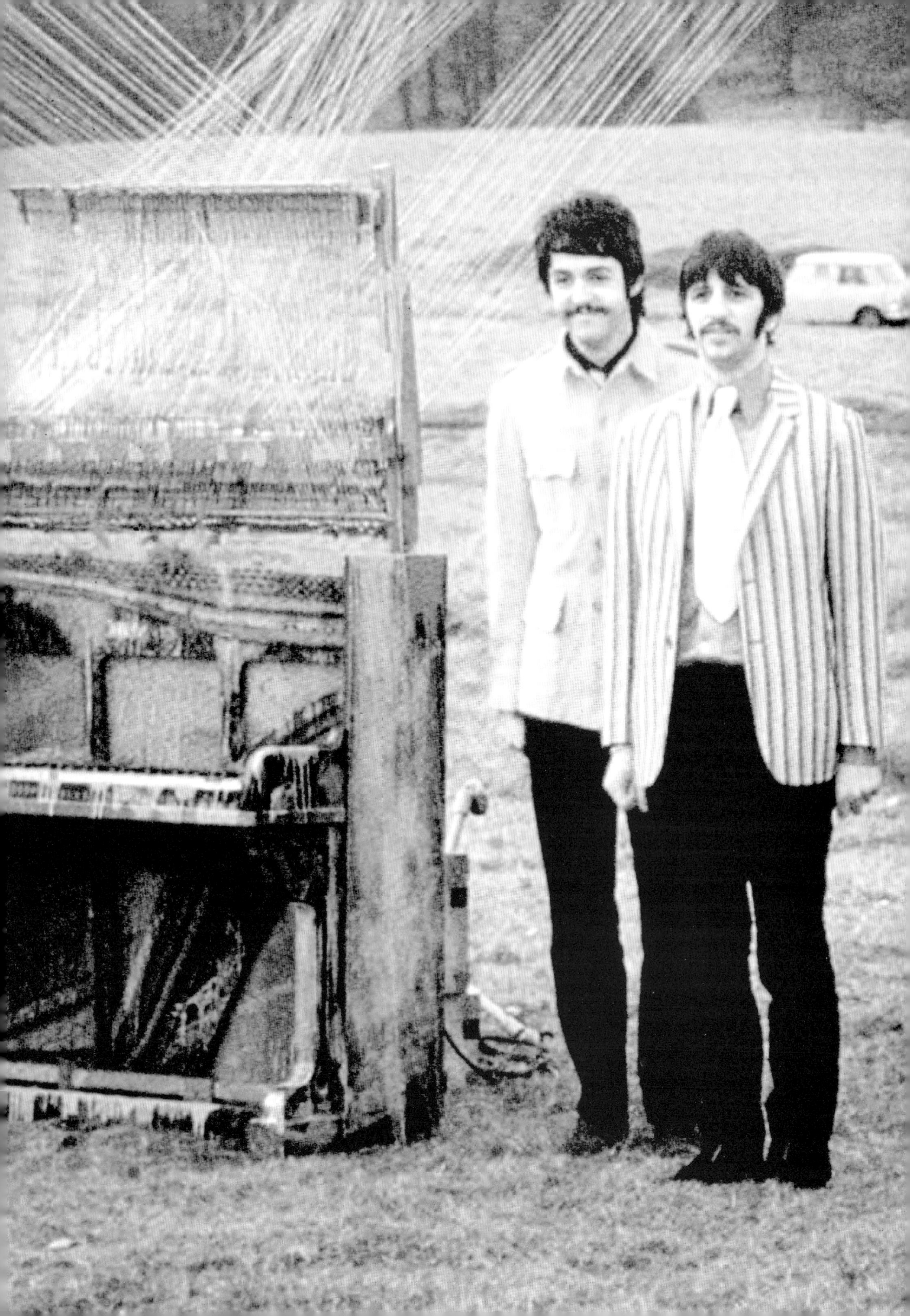

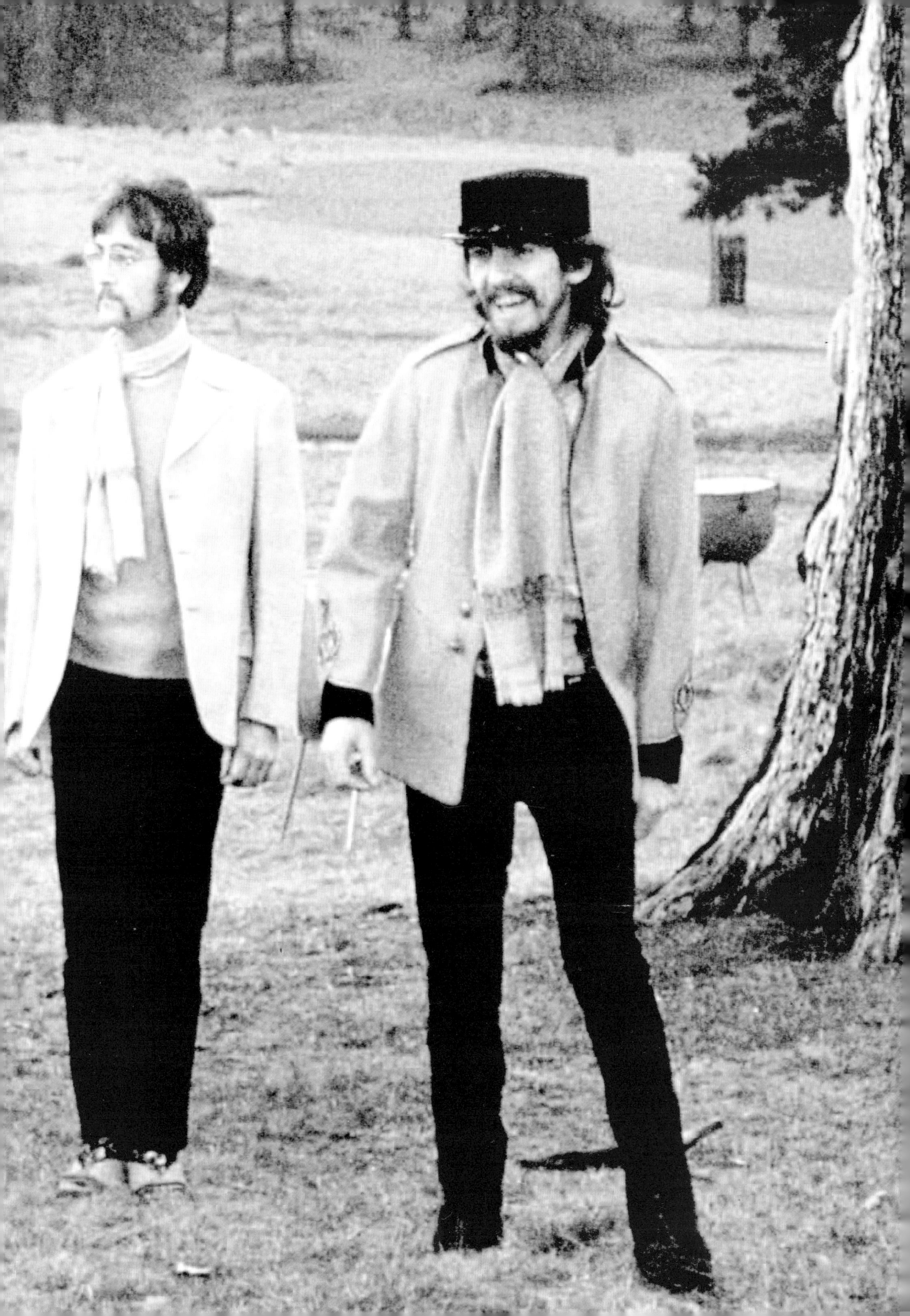

"No-one I think is in my tree...", (trecho de "Strawberry Fields Forever"). John durante as gravações de Sgt Pepper.

19 de fevereiro
– John e Ringo assistem à apresentação de Chuck Berry e Del Shannon no Saville Theatre, o novo reduto de Brian Epstein.
– George e Patti passam parte da noite na casa de Keith Richards, em Sussex, com Christopher Gibbs, Marianne Faithfull e outros amigos. Por sorte, foram embora pouco antes de a polícia chegar e prender Mick Jagger, Keith Richards e Robert Fraser por porte de drogas. Comenta-se que a polícia esperou até que o casal Harrisson fosse embora para evitar que um "Membro do Império Britânico" fosse detido.

20 de fevereiro
– *Abbey Road.* Sessão de gravação de *Sgt Pepper.* Sons de quermesse são acrescentados a "Being For The Benefit Of Mr Kite!".
George Martin: **"Tentamos criar um clima diferente em 'For The Benefit Of Mr Kite!'. John queria a atmosfera de uma quermesse, ouvir a serragem espalhada pelo chão, e coube a nós providenciar o que ele pedia! Decidi fazer algo especial, uma mistura de sons que, ao fechar os olhos, nos lembrasse os de uma quermesse. Para criá-lo, usamos várias gravações de callíopes – órgãos a vapor, os mesmos usados em músicas como a marcha americana 'Stars And Stripes Forever'. Cortei diversas fitas em pedaços de até 30 centímetros e juntei-as**

de novo, algumas vezes de trás para a frente. A intenção era ouvir o som de callíopes sem nenhuma melodia específica".
21 de fevereiro
– *Abbey Road*. Sessão de gravação de *Sgt Pepper*. A banda finaliza "Fixing A Hole".
22 de fevereiro
– *Abbey Road*. Sessão de gravação de *Sgt Pepper*. É acrescentado o grande acorde de piano de "A Day In The Life". Paul, John, Ringo e Mal sentam-se em frente aos três pianos do estúdio e tocam simultaneamente em Mi maior. O resultado, após terem sido feitos os *overdubs*, é um acorde com a duração de 53 segundos. O ajuste do nível de gravação durante a mixagem foi tão alto que se podia ouvir o barulho do ar-condicionado do estúdio.
23 de fevereiro
– *Abbey Road*. Sessão de gravação de *Sgt Pepper*. A base rítmica de "Lovely Rita", de Paul, é gravada.
24 de fevereiro
– *Abbey Road*. Sessão de gravação de *Sgt Pepper*. Gravação da primeira voz de "Lovely Rita".
26 de fevereiro
– Brian Epstein compra Rushlake Green Mansion, uma bela propriedade em Sussex. O fato de Brian ter de passar por dentro do vilarejo Black Boys para chegar à sua casa de campo nunca deixou de ser motivo de piada.
28 de fevereiro
– *Abbey Road*. Sessão de gravação de *Sgt Pepper*. A banda passa o dia no estúdio 2 ensaiando "Lucy In The Sky With Diamonds". Certo dia, Julian Lennon, então com 3 anos, chegou em casa com um desenho que mostrava uma coleguinha de escola e algumas estrelas em forma de diamante no céu. Quando a professora lhe perguntou o que era aquilo, Julian respondeu, "Lucy In The Sky With Diamonds". Ela, então, escreveu cuidadosamente o título na parte superior do desenho, e foi assim que John encontrou o nome para sua canção.

Ringo e Maureen.

Paul: "Bem, tínhamos um bom título e nos baseamos em 'Alice No País das Maravilhas'. Estávamos em um barco no rio, sendo levados lentamente pela correnteza com imensas flores de celofane acima de nossa cabeça. Algumas vezes, há uma pausa na letra e você pode ver Lucy in the Sky With Diamonds por todo o céu. Lucy era Deus, o figurão, o coelho branco de Alice. Você pode escrever uma música usando as palavras com imaginação, e foi isso o que fizemos.
É o mesmo que escrever poesia moderna com a qual nós dois nunca tivemos muito contato. Na última vez que tentei ler algo do gênero pensei, 'Isso é estranho e incompreensível', e não tentei me aprofundar, exceto na obra de Dylan Thomas que, subitamente, comecei a entender e fiquei feliz comigo mesmo por isso, e percebi que ele estava falando exatamente o mesmo que nós.
Decidimos parar de ser inteligentes; apenas escrevíamos o que gostávamos. Se criamos algo inteligente, ótimo, como, por exemplo "Love Me Do", uma de nossas canções mais filosóficas, pois o fato de ela ser simples e verdadeira a torna uma canção de simplicidade ímpar".
1º de março
– *Abbey Road*. Sessão de gravação de *Sgt Pepper*. Gravação de novos *takes* de "Lucy In The Sky With Diamonds".
2 de Março
– *Abbey Road*. Sessão de gravação de *Sgt Pepper*. A banda continua trabalhando em "Lucy In The Sky With Diamonds".
3 de março
– *Abbey Road*. Sessão de gravação de *Sgt Pepper*. Quatro trompas são acrescentadas à faixa "Sgt Pepper's Lonely Hearts Club Band". Como sempre, Paul cantarolou a melodia, George Martin escreveu a partitura, e os músicos convidados a tocaram. Em seguida, foram feitas as mixagens de "Lucy In The Sky With Diamonds".
6 de março
– *Abbey Road*. Sessão de gravação de *Sgt Pepper*. Efeitos de aplausos e risos da plateia são adicionados à faixa-título.
7 de março
– *Abbey Road*. Sessão de gravação de *Sgt Pepper*. Sessão de *overdubs* de "Lovely Rita".
– Peter Blake e Jann Howarth jantam com Paul e Jane em Cavendish Avenue e, após a refeição, ouvem um disco em acetato de "Lovely Rita".
– O documentário *It's So Far Out, It's Straight Down* é exibido no programa *Scene Special*, da Granada TV.
9 de março
– *Abbey Road*. Sessão de gravação de *Sgt Pepper*. Gravação da base rítmica de "Getting Better", de Paul.
10 de março
– *Abbey Road*. Sessão de gravação de Sgt Pepper. A nova canção de Paul ganha *overdubs*.
13 de março
– *Abbey Road*. Sessão de gravação de *Sgt Pepper*. Gravação dos

metais de "Good Morning, Good Morning".

15 de março
– *Abbey Road*. Sessão de gravação de Sgt Pepper. Início das gravações de "Within You Without You", de George, que tocou acompanhado de quarto músicos indianos que usaram instrumentos típicos de seu país: tabla, dilruba, swordmandel e tamboura. Apesar de os outros três Beatles não participarem da faixa, estavam todos presentes no estúdio. Após a sessão, Peter Blake e Jann Howarth jantaram com John e Paul.

17 de março
– *Abbey Road*. Sessão de gravação de *Sgt Pepper*. Gravação do arranjo orquestral de "She's Leaving Home", de Paul. George Martin não pôde dirigir os trabalhos, pois estava ocupado com a produção do disco de Cilla Black. Paul, então, chamou o produtor Mike Leander para fazer os arranjos, o que deixou George Martin extremamente aborrecido.

20 de março
– *Abbey Road*. Sessão de gravação de *Sgt Pepper*. John e Paul gravam os vocais de "She's Leaving Home".
– Enquanto encontravam-se no estúdio, os Beatles foram entrevistados por Brian Matthew do *Top Of The Pops*, da BBC internacional (sem relação com o programa de TV de mesmo nome apresentado no Reino Unido). A BBC também gravou os discursos de agradecimento de John e Paul por três prêmios Ivor Novello 1966, que seriam incluídos no especial *The Ivor Novello Awards For 1996*, da BBC Light Programme, pois os dois Beatles não queriam participar da cerimônia de premiação.

> *Na página seguinte John brinca com a câmera na festa de lançamento de Sgt Pepper na residência de Brian Epstein, 19 de março.*

A capa de Sgt Pepper

A capa de *Sgt Pepper* foi fotografada no estúdio de Michael Cooper, estúdio quatro do Chelsea Manor Studios, em Flood Street (uma travessa de King's Road, em Londres), com a presença de vários amigos da banda.

Paul: "Eu criei o título e, então, mostrei a Robert um famoso marchand de Londres, alguns desenhos do que imaginara para a capa".

Robert Fraser: "Paul McCartney criou o conceito da capa e ele me perguntou se eu conhecia alguém que pudesse colocá-lo em prática. Sugeri que o mostrássemos ao artista plástico Peter Blake e à sua esposa e a Michael Cooper, pois achava que seriam os únicos que entenderiam a ideia. Construímos o cenário no estúdio de Michael, em Flood Street, e todos contribuíram – os Beatles, nós –, foi um trabalho em equipe".

Peter Blake: "Tivemos uma primeira reunião com os quatro Beatles, Robert Fraser e Brian Epstein, e a maior parte dos encontros seguintes foi realizada na casa de Paul, algumas vezes com a presença de John".

Paul: "A primeira ideia que tivemos foi de uma cerimônia típica de alguma cidadezinha do norte, com o prefeito e todas as autoridades municipais. Haveria um relógio floral, os Beatles e, sobre uma parede, ou algo parecido, uma foto de todos os nossos heróis – simplesmente, uma foto. Então, perguntei, 'Quem são suas personalidades favoritas? Façam uma lista, Claro que Marlon Brando foi o primeiro, seguido de Brigitte Bardot, Marilyn Monroe, James Dean. George, logo, apareceu com uma lista de gurus e várias outras se seguiram".

A lista original de "Heróis" dos Beatles, antes que a capa ficasse a encargo de Robert Fraser e Peter Blake, incluía (sic): 'Yoga's, Marquês de Sade, Hitler, Neitch, Lenny Bruce, Lord Buckley, Aleistair Crowley, Dylan Thomas, James Joyce, Oscar Wilde, William Burroughs, Robert Peel, Stockhausen, Aldous Huxley, H. G. Wells, Izis Bon, Einstein, Carl Jung, Beardsley, Alfred Jarry, Tom Mix, Johnny Weissmuller, Magritte, Tyrone Power, Carl Marx, Richard Crompton, Tommy Hanley, Albert Stubbins, Fred Astaire. O esboço da capa feito por Paul apresentava Brigitte Bardot seis vezes maior que todas as outras personalidades.

Paul: "Apresentei a Robert minha ideia do relógio floral, os heróis e a cerimônia do prefeito, e nós dois procuramos Peter Blake que desenvolveu todo o trabalho a partir disso. Ele sugeriu não só os nomes da lista de personalidades como também que usássemos figuras recortadas em vez de pessoas de verdade; o relógio floral mudou de lugar, mas a ideia original está ali presente.

A lista de heróis não parava de crescer. Robert acrescentou pintores de Los Angeles; e Peter e Jann; sua lista de favoritos. Finalmente, os eleitos para fazer parte do elenco foram: Stuart Sutcliffe, Audrey Beardsley, cinco gurus, duas mulheres anônimas, desenhos de três garotas, Sonny Liston, George (cópia em cera), John (cópia em cera), Ringo (cópia em cera), Paul (cópia em cera), "Cheeky" Max Miller, *sir* Robert Peel, Aleisteir Crowley, Mae West, Lenny Bruce, Aldous Huxley, Dylan Thomas, Marlon Brando, Tom Mix, Terry Southern, Karlheinze Stockhausen, W. C. Fields, Dion, Tony Curtis, Oscar Wilde, Wallace Berman, C. G. Jung, Tyrone Power, Edgar Allan Poe, Tommy Handley, Marilyn Monroe, Dr Livingstone (cópia em cera), Larry Bell, Johnny Weismuller, Fred Astaire, William Burroughs, Stephen Crane, Issy Bonn, Merkin, Stan Laurel, George Bernard Shaw (cópia em cera), Richard Lindner, Oliver Hardy, Albert Stubbins (jogador de futebol), Karl Marx, Huntz Hall (um dos atores do *The Bowery Boys*), H. G. Wells, Einstein, Bobby Breen (cantor prodígio), Marlene Dietrich, Simon Rodia (arquiteto que criou Watts-Towers), Robert Allen Zimmerman, Lawrence da Arábia, Lewis Carroll, um legionário americano, Diana Dors e Shirley Temple.

Paul: "Jesus e Hitler estavam na lista de John, mas tivemos de descartá-los. John era um cara de extremos, mas não dava para incluir Hitler. Gandhi teve o mesmo destino, pois, de acordo com *sir* Joe Lockwood, presidente da EMI, caso isso não acontecesse, a capa do disco seria vetada na Índia. Algumas das pessoas escolhidas tiveram de, simplesmente, cair fora".

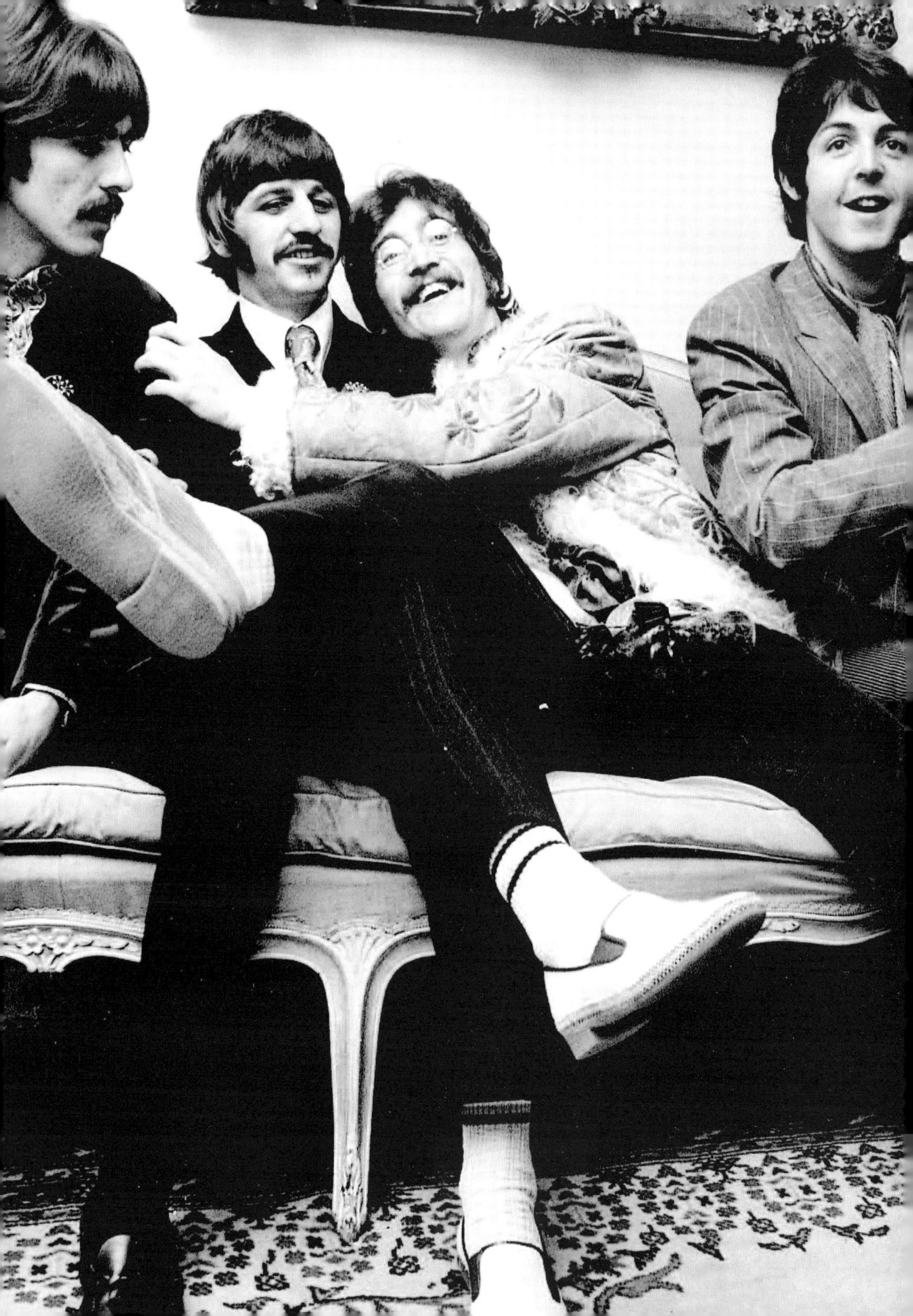

21 de março
– *Abbey Road*. Sessão de gravação de *Sgt Pepper*. A gravação do solo de piano de "Lovely Rita" é finalizada, mas a dos vocais de "Getting Better" tem de ser interrompida, pois John, repentinamente, sentiu-se mal durante uma viagem de ácido.

John: "**Nunca** tomei ácido no estúdio. Para dizer a verdade, tomei sim, **uma vez**. Pensei que era **um estimulante** e não consegui segurar a barra... De repente **entrei em pânico no microfone e disse, 'O que está acontecendo? Estou me sentindo mal...'**".

– Como havia muitos fãs na porta do estúdio, George Martin decidiu levar John para o terraço do estúdio para tomar um pouco de ar fresco. Quando Paul e George perceberam o que estava acontecendo, subiram correndo as escadas, pois como o parapeito do topo do estúdio era baixo, temiam que John tentasse voar. Paul e Mal Evans levaram John para Cavendish e Paul decidiu acompanhá-lo na "viagem" – a segunda de Paul.

22 de março
– *Abbey Road*. Sessão de gravação de *Sgt Pepper*. George continua a trabalhar em "Within You Without You", enquanto os outros Beatles ouvem *playbacks*.

23 de março
– *Abbey Road*. Sessão de gravação de *Sgt Pepper*. Mixagem de "Getting Better".

25 de março
– Foi anunciado que os Beatles haviam ganhado dois prêmios Ivor Novello 1966.

28 de março
– *Abbey Road*. Sessão de gravação de *Sgt Pepper*. John grava a primeira voz de "Good Morning, Good Morning", além de acrescentar sons de animais à faixa. No final da sessão trabalham em mais *overdubs* para "Being For The Benefit Of Mr Kite!".

29 de março
– *Abbey Road*. Sessão de gravação de *Sgt Pepper*. Produção da base rítmica de "With A Little Help From My Friends".
– É divulgado que o título do novo álbum dos Beatles seria "Sgt Pepper's Lonely Hearts Club Band". O nome fora criado por Paul e Mal quando, durante uma viagem de avião, Mal perguntou a Paul o que significava a letra "P" na embalagem da refeição servida a bordo – "Pepper!", respondeu Paul.

Paul: "Eu só estava imaginando palavras interessantes como 'Sergeant Pepper' e 'Lonely Hearts Club' e, de repente, elas se completaram. Depois de colocá-las no papel comecei a pensar, '**Bem, há** esse tal de **Sergeant Pepper** que ensinou os rapazes de uma banda a tocar, e eles, por fim, criaram uma canção. Eles são **uma banda** de metais, mas também de rock, porque tem um quê de São Francisco'. Embarcamos nessa como se estivéssemos fazendo um bom show, **apenas isso**".

30 de março
– *Abbey Road*. Sessão de gravação de *Sgt Pepper*. Após acrescentar vários efeitos à música, a banda finaliza "With A Little Help From My Friends".

1º de abril
– *Abbey Road*. Sessão de gravação de *Sgt Pepper*. Em uma única sessão, os Beatles gravam e mixam "Sgt Pepper's Lonely Hearts Club Band (reprise)", uma versão da música-título, com novo e abreviado arranjo.

3 de abril
– Pouco depois da meia-noite, Mal leva sua bagagem para a casa de Paul em Cavendish Avenue, pois ambos iriam viajar para Los Angeles. O Beatle foi para cama às 3h30, mas acordou cedo, pois os pintores que contratara em sua casa chegaram para trabalhar nas primeiras horas da manhã. Dois funcionários da Air France foram buscar Paul e Mal e, pouco tempo depois, os dois pousaram no Aéroport d'Orly, em Paris, de onde seguiram para Los Angeles. Paul esquecera-se de levar a cópia da foto da capa de *Sgt Pepper* que queria mostrar para Jane, com quem se encontraria em Denver. Para piorar a situação, o visto de entrada do Beatle havia expirado, mas funcionários da Alfândega e da Imigração de Los Angeles resolveram o problema em apenas 30 minutos. Paul e Mal puderam, então, seguir viagem rumo a São Francisco a bordo do Learjet que haviam alugado de Frank Sinatra.
– *Abbey Road*. Sessão de gravação de *Sgt Pepper*. George acrescenta a primeira voz a "Within You Without You".

4 de abril
– Paul e Mal Evans chegam a São Francisco. Apesar do inesperado frio e da neve, que a cidade não via havia 42 anos, os dois amigos passearam pelos pontos turísticos da cidade, fotografaram a Golden Gate Bridge e aproveitaram para comprar alguns discos. Por fim, pararam para conhecer o Auditório Fillmore, onde a banda Jefferson Airplane se preparava para um show. Após o ensaio, o grupo voltou para casa acompanhado por Paul, e juntos fizeram uma *jam session* e fumaram maconha. Os músicos também ofereceram DMT ao Beatle, mas este se recusou a tomar a droga, apesar de, ainda hoje, alguns afirmarem o contrário.

5 de abril
– Paul vai para Denver, no Colorado, onde Jane estava participando de uma montagem de Shakespeare

com a companhia de teatro Bristol Old Vic. Ele pretendia fazer uma visita surpresa para comemorarem juntos o aniversário de 21 anos da atriz.

O Learjet cobriu a distância de São Francisco a Denver rapidamente, viajando a 65 mph, à altitude de 41 mil pés. No aeroporto de Denver, Paul encontrou-se com Bert Rosenthal, que oferecera sua casa ao casal, e Mal foi para o Driftwood Motel, onde ficaria hospedado. Horas depois, Rosenthal levou Paul e Jane ao hotel onde a trupe da Bristol Old Vic havia preparado uma magnífica festa de aniversário para Jane.

6 de abril
– Mal aluga um carro para levar Paul e Jane a Rocky Mountains. Estacionaram o carro à beira da estrada e desceram um desfiladeiro rochoso até um rio no qual, apesar da baixa temperatura da água, passearam em um barco a remo. Caminharam descalços pela neve acumulada pelo vento, sentindo-se revigorados pelo ar puro das montanhas. À noite, o casal saboreou um lauto jantar e adormeceram em frente da televisão colorida de Rosenthal.

7 de abril
– Mal leva a filmadora de Paul para o conserto e, depois, todos vão ao parque da cidade conhecer o Greek Theatre. Ao filmar Jane caminhando por entre as árvores, Paul teve a ideia de criar um especial de TV, que viria a se chamar *Magical Mystery Tour*.

8 de abril
– Jane iria se apresentar em uma matinê e Paul e Mal decidiram fazer um passeio de carro pelas montanhas, passando por Central City. Chegaram à velha mina de Boodle Mine e seu cemitério, mas foram impedidos de prosseguir viagem por terem ficados presos na neve e na lama. Imundos, voltaram a Central City e entraram no Paul's Cafe para se recompor e comer algo. Em frente ao café havia um bar chamado Gilded Garter, onde tomaram alguns drinques e ouviram um cantor *country* local que, ao terminar sua apresentação, aproximou-se deles e perguntou-lhes se eram cantores de música *folk*, pois seus rostos não lhe eram estranhos. Mal e Paul retornaram a Denver em tempo de assistir a Jane em *Romeu e Julieta*.

– No mesmo dia, John vai à oficina dos fabricantes de ônibus J. P. Fallon

John e George Martin.

Limited em Chertsey, Surrey, para conversar sobre a possibilidade de pintar seu Rolls Royce com desenhos psicodélicos, o que foi aceito prontamente. Poucos dias depois, seu carro foi levado à oficina.

9 de abril
– A companhia de teatro Old Vic parte de Denver para continuar sua turnê pelos Estados Unidos. Durante a tarde, Paul, além de dar vários autógrafos, divertiu-se muito com Mal, no Red Rocks Stadium, palco de um inesquecível show dos Beatles em 1964. Em seguida, Bert Rosenthal levou-os ao aeroporto, onde tiveram de esperar pelo Learjet. Apesar do atraso na partida, eles chegaram rapidamente a Los Angeles, ficando hospedados na residência de Mr. e Mrs. Derek Taylor.

10 de abril
– Para surpresa de todos, Paul e Mal passaram o dia fazendo compras no Century Plaza, onde Mal compra um travesseiro *talking pillow*. Em seguida foram à casa de John e Michelle Phillips, do The Mamas and Papas, e ficaram conversando enquanto a chuva caía do lado de fora. O ambiente estava muito agradável, mas Paul foi embora porque queria rever seus amigos da banda The Beach Boys, deixando Mal e os Phillips conversando ao redor da lareira.

Brian Wilson estava produzindo a faixa "Vegetables", que seria lançada no álbum *Pet Sounds*, do Beach Boys. Diz-se que Brian contou com a contribuição de Paul.

11 de abril
– Após ter tocado guitarra na gravação da canção "On Top Of Old Smokey", dos Beach Boys, Paul volta para a casa dos Phillips à meia-noite, levando consigo Brain Wilson e sua esposa. Ao chegarem, John e Michelle pegaram seus instrumentos musicais e, a pedido de Paul, John trouxe uma bandeja com copos de vidro com diferentes quantidades de água e o Beatle mostrou-lhes como usá-los como instrumento musical. Durante a

jam session que durou quase toda a madrugada. Paul se encarregou do *cello* e também de um *flugelhorn*, uma espécie de pequeno trompete. Paul e Mal chegaram à casa de Derek Taylor a tempo de tomar o café da manhã e fazer as malas. Durante o voo de volta para Londres, Paul trabalhou na composição de novas canções e no esboço do que viria a ser o filme *Magical Mystery Tour*.

12 de abril
– Paul e Mal chegam ao Heathrow Airport, em Londres.

19 de abril
– Os advogados tributaristas sugerem aos Beatles que formassem uma única empresa, futuramente conhecida como Apple, que controlaria todas as suas subsidiárias. Os quatro integrantes da banda estariam sob contrato de exclusividade, formando uma sociedade que controlaria toda a receita de seu trabalho conjunto ou solo (exceto os *royalties* de composições próprias). Dessa forma, The Beatles & Co. foi fundada com a emissão de ações cujo valor total somava um milhão de libras, criando um vínculo legal entre os quatro Beatles que se estendeu por dez anos.

20 de abril
– *Abbey Road*. No começo da sessão de gravação de *Sgt Pepper*, descobre-se que havia literalmente uma lacuna entre os sulcos finais e a área lisa próxima do selo do LP. Os Beatles, então, ao redor de um único microfone, gravam vários minutos de conversas sem sentido. Efeitos são criados, vozes são multiplicadas e gravadas ao contrário e, finalmente, editadas. O resultado entrou no final do disco e ficou conhecido como *Sargent Peppers Inner Groove!* Durante a gravação, Ringo sentiu que iria desmaiar e disse,

"Acho que vou cair",

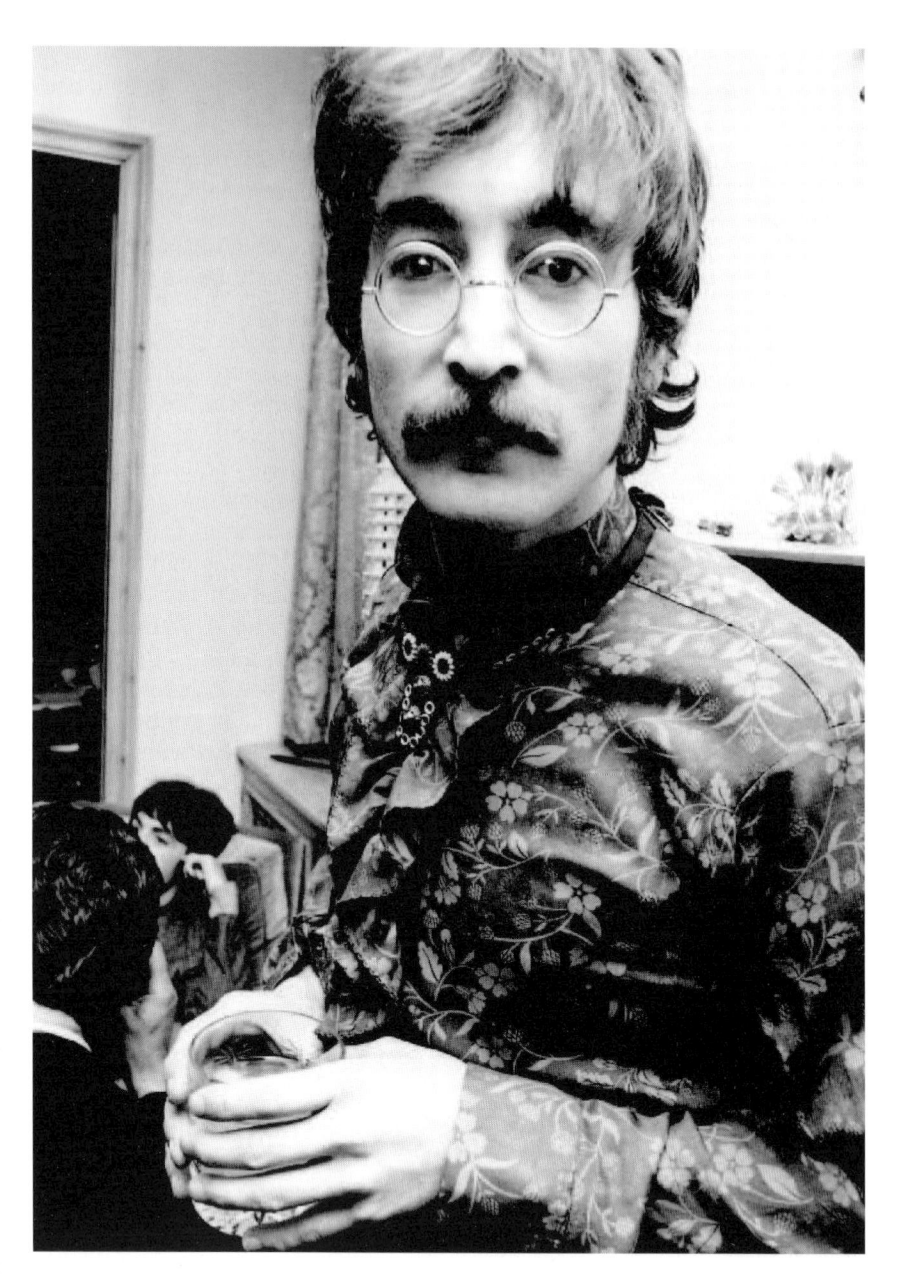

e despencou para trás, sendo socorrido pelo sempre presente Mal Evans.
– John também sugeriu que o material fosse gravado em uma nota tão alta que só pudesse ser ouvida por cães. Durante parte do tempo, os quatro Beatles, alguns amigos e George Martin tentaram descobrir quão alto conseguiam ouvir; pois, nessa época, todos ainda possuíam boa audição, em virtude de ainda não haver retorno de palco – portanto, o volume dos shows era baixo para os padrões modernos. Além disso, o dos

Acima: John no lançamento de Sgt Pepper.

playblacks e das mixagens em estúdio também o eram, especialmente, se comparados com os níveis dos anos de 1970 e 1980.

24 de abril
– A música *Love In The Open Air*, de George Martin & His Orchestra, composta por Paul McCartney, é lançada em compacto nos Estados Unidos, pela United Artists (UA 50148).

– Os quatro Beatles comparecem à estreia da temporada de uma semana de Donovan no Saville Theatre.

25 de abril
– *Abbey Road*. Os Beatles começam a trabalhar na base da música tema do filme *Magical Mystery Tour*. Apesar de *Sgt Pepper* ainda não ter sido lançado, os quatro entraram de cabeça no novo projeto de Paul, o qual, na opinião de Brian Epstein, seria um bom veículo para divulgação do trabalho da banda.

John: "*Magical Mystery Tour* **foi um trabalho criado por Paul e Mal. Paul me apresentou sua ideia e foi assim que aconteceu, tudo já estava pronto: a história e a produção. Era a cara de Paul chegar e dizer, 'bem, eu escrevi essas dez canções. Vamos gravá-las agora', ao que eu respondia, 'Olha, nos dê uns dias que faremos isso com um pé nas costas, não se preocupe'**".

26 de abril
– *Abbey Road*. Os Beatles continuam a trabalhar na música "Magical Mystery Tour".

27 de abril
– *Abbey Road*. Os vocais de "Magical Mystery Tour" são gravados.

29 de abril
– A festa beneficente 14 Hour Technicolour Dream, do jornal *underground International Times*, é realizada no centro de convenções Alexandra Palace, também chamado The Ally Pally. John Lennon e John Dunbar assistiram a um videoclipe sobre o evento enquanto estavam em uma "viagem" de ácido na casa do Beatle, que, imediatamente, pediu ao motorista que os levasse à festa. A presença de John foi filmada e, por coincidência, Yoko estava entre os 41 artistas participantes do evento.

1º de maio
– O compacto *I Don't Want To See You Again* (Lennon & McCartney)/ *Woman* (Paul McCartney), de Peter & Gordon, é lançado nos Estados Unidos, pela Capitol Starline (6155).

3 de maio
– *Abbey Road*. São adicionados os trompetes de "Magical Mystery Tour".

4 de maio
– *Abbey Road*. Sessão de mixagem de "Magical Mystery Tour", que contou com a presença de Paul e provavelmente a dos outros Beatles.

7 de maio
– Ringo assiste à banda The Jimi Hendrix Experience, no Saville Theatre.

9 de maio
– *Abbey Road*. Os Beatles gravam um improviso instrumental que talvez fizesse parte do filme *Magical Mystery Tour*. Porém, ele nunca foi finalizado ou usado na filmagem.

11 de maio
– Gravação de "Baby You're A Rich Man", realizada no Olympic Sound Studios, em Barnes, que faria parte da trilha de *Yellow Submarine*. Mas, na realidade, foi incluída no próximo compacto do grupo. Entre os convidados da sessão estava Mick Jagger.

Abaixo: Paul e Linda Eastman na festa de lançamento de **Sgt Pepper**. *Esse foi o segundo encontro deles, o primeiro ocorrera quatro dias antes no Bag O'Nails Nightclub, em 15 de maio.*

12 de maio
– *Radio London*, uma rádio pirata, foi a primeira a tocar integralmente o álbum *Sgt Pepper*, antes mesmo que as primeiras cópias tivessem sido prensadas.

– *Abbey Road*. A canção "All Together Now", do filme *Yellow Submarine*, é gravada e mixada em uma única sessão. Os Beatles têm o compromisso de escrever três novas canções exclusivas para o filme.

15 de maio
– Paul vai assistir a Georgie Fame no Bag O'Nails nightclub, em Kingly Street, no Soho. Na ocasião conheceu Linda Eastman, que estava na companhia de Chas Chandler e da banda The Animals. Após a apresentação, eles foram a The Speakeasy Club, em Margaret Street, onde foi tocada pela primeira vez a música

"A Whiter Shade Of Pale", de Procol Harum.
17 de maio
– *Abbey Road*. O grupo começa a gravar a base rítmica de "You Know My Name, Look Up The Number". John encontrara a letra da música na capa da lista telefônica de Londres, enquanto visitava Paul em Cavendish Avenue ("You know the name, look up the number").
– John Lennon e John Dunbar fazem uma breve participação no programa da BBC2 *Man Alive*, um documentário sobre a festa beneficente 14 Hour Technicolour Dream.
18 de maio
– Sessão de fotos em Hyde Park, com Marvin Lichtner, fotógrafo da *Time Magazine*.
– Paul e John fazem os *backing vocals* da canção "We Love You", dos Rolling Stones, no Decca Studios. Allen Ginsberg comparece à gravação e descreve os dois Beatles como "dois jovens príncipes refinados e elegantes".
19 de maio
– O álbum *Sgt Pepper's Lonely Hearts Club Band* é lançado com uma festa oferecida por Brian Epstein a um pequeno grupo de jornalistas, em sua casa em Chapel Street, n. 24. Linda Eastman foi convidada para a festa como fotógrafa da imprensa e encontrou-se com Paul novamente.
George Martin: "**Claro que Paul e John foram os que deram o pontapé inicial a *Sgt Pepper*. Paul com mais afinco do que John. A inspiração e as ideias originais da dupla foram absolutamente fundamentais para todo o processo. Eu simplesmente os ajudei a colocá-las no papel, portanto, minha participação foi a de intérprete. As ideias de John não eram claras, então eu tinha de tentar entender o que ele queria e descobrir como colocar isso em prática, o que eu fazia usando uma orquestra, efeitos sonoros ou uma combinação de ambos. Era interessante, pois eu deparava com muitos desafios. Todos os dias tinha de resolver novos problemas que as músicas apresentavam. No início da carreira dos Fab Four as músicas eram simples e não havia muito espaço para criação e, agora, eles estavam construindo imagens por meio de sons".**
Paul: **"Antigamente éramos apenas a banda os Beatles e compositores, mas agora eu comecei a me envolver com a arte *avant-garde* e pensei, 'nossa, nós podemos fazer isso'. Daí surgiu a ideia de criar uma nova identidade. Não precisávamos mais ser os Beatles. Poderíamos ser os Beatles iluminados, ou algo totalmente diferente –** *Sgt Pepper Band*.
Parecia-nos óbvio que a paz, o amor e a justiça deveriam prevalecer. Estávamos nos abrindo à influência de milhões de pessoas, o que tomou forma em algumas de nossas canções, como por exemplo, 'A Day In The Life'".
20 de maio
– Ringo convida John, Cynthia, George, Patti e Brian Epstein para tomar o chá da tarde com Maureen, Zak e ele, em Sunny Heights.
– A pré-estreia oficial de *Sgt Pepper* seria apresentada pelo DJ Kenny Everett, no programa *Where It's At*, da BBC Light Programme. Infelizmente, a última faixa não pode ser tocada porque a BBC a vetou por apologia as drogas. O programa também exibiu uma entrevista pré-gravada com John, Paul e Ringo, durante a qual falaram sobre o álbum.
24 de maio
– Os quatro Beatles vão ao Speakeasy Nightclub para assistir a Procol Harum.
25 de maio
– Os Beatles gravam "It's All Too Much" no estúdio De Lane Lea, em Kingsway.
– John recebe seu Rolls Royce com desenhos de um parque de diversões psicodélico, o qual lembrava uma caravana de ciganos. A empresa Rolls Royce publicou um comunicado oficial contra a atitude de John.
28 de maio
– Os Beatles comparecem à festa que Brian Epstein ofereceu em sua nova casa de campo perto de Heathfield, em Surrey.
31 de maio
– Novos efeitos são acrescentados a "It's All Too Much", no estúdio De Lane Lea.
1º de junho
– Uma sessão de improviso instrumental é gravada no estúdio De Lane Lea, em Kingsway.
– O álbum *Sgt Pepper's Lonely Hearts Club Band* é lançado no Reino Unido pela Parlophone (PMC 7027), versão mono (PCS 7027), versão estéreo.

Paul: **"Gravamos *Sgt Pepper* para fingirmos ser outras pessoas, nos libertarmos e nos divertirmos".**

Lado A: "Sgt Pepper's Lonely Hearts Club Band", "With A Little Help From My Friends", 'Lucy In The Sky With Diamonds", "Getting Better", "Fixing A Hole", "She's Leaving Home", "Being For The Benefit Of Mr Kite!",
Lado B: "Within You Without You", "When I'm Sixty Four", "Lovely Rita", "Good Morning Good Morning", "Sgt Pepper's Lonely Hearts Club Band (reprise)", "A Day In The Life".
– O mais incrível era que o equipamento usado na gravação de *Sgt Pepper* foi um antigo Studer J37 4-track, com apenas quatro canais, o qual foi leiloado pela Jackson Music Ltd. por 500 libras, em 1981.
2 de junho
– Mais ornamentos e efeitos são acrescentados a "It's All Too Much", no De Lane Lea.

À direita: os Beatles na entrada da casa de Brian Epstein, em 19 de maio.

– O álbum *Sgt Pepper's Lonely Hearts Club Band* é lançado nos Estados Unidos pela Capitol (MAS 2653), versão mono, (SMAS 2653), versão estéreo, como o mesmo número de faixas do original britânico.

4 de junho
– Paul, Jane, George e Patti vão ao Saville Theatre para assistir a um show encabeçado por The Jimi Hendrix Experience, com a participação de Denny Lane and His Eletric String Band, The Chiffons e Procol Harum. Jimi Hendrix abriu sua apresentação com a música-título de *Sgt Pepper*, o que, na opinião de Paul, foi uma das maiores homenagens que recebera, especialmente porque Jimi teve apenas três dias para ensaiar a música.

7 de junho
– *Abbey Road*. Um novo *take* de "You Know My Name, Look Up The Number".
– É divulgado o projeto do desenho animado *Yellow Submarine*.

8 de junho
– *Abbey Road*. Paul convida Brian Jones, do Rolling Stones, para participar da gravação, achando que ele traria sua guitarra. Brian chegou com um saxofone alto que tocava na banda Ramrods, antes de fazer parte dos Rolling Stones. Ele fez um solo de sax para a música dos Beatles "You Know My Name, Look Up The Number", que até hoje é uma das favoritas de Paul McCartney.

9 de junho
– *Abbey Road*. Mixagem de "You Know My Name, Look Up The Number".

12 de junho
– O álbum *The Family Way* (trilha sonora original), de The George Martin Orchestra, é composto por

Paul e o LSD

Depois de Paul ter admitido à revista *Life* já ter tomado LSD, a imprensa britânica pressionou-o a fazer uma declaração sobre o assunto. Paul deu uma entrevista ao noticiário das 21h da Independent Television News que seria exibido naquela mesma noite.

Repórter: "Quantas vezes você já tomou LSD?".
Paul: "Humm, quatro vezes".
Repórter: "E onde você conseguiu a droga?".
Paul: "Bem, se fosse para dizer onde eu a consegui, você sabe... isso é ilegal, então seria tolice minha responder a essa pergunta, então prefiro não dizer nada".
Repórter: "Você não acha que isso é um assunto que você deveria ter mantido em segredo?".
Paul: "Bem, o que aconteceu foi o seguinte: um repórter me perguntou sobre isso, e eu tive de escolher entre mentir ou falar a verdade. Eu decidi contar a verdade, mas na realidade não queria ter dito nada, porque, se eu tivesse tido a chance de fazer as coisas do meu jeito, não teria dito nada a ninguém. Não era minha intenção que isso se espalhasse, mas o repórter é o representante da mídia. Eu manteria isso em segredo caso ele também o fizesse. Porém, ele quis que o fato viesse à tona, portanto é responsabilidade dele e não minha".
Repórter: "Mas você é uma figura pública e foi você que trouxe isso à baila. Você deveria saber que isso sairia nos jornais".
Paul: "Sim, mas eu só falei a verdade. Não entendo por que as pessoas estão tão aborrecidas".
Repórter: "Você acha que está incentivando seus fãs a usar drogas?".
Paul: "Eu não acho que isso fará nenhuma diferença. Meus fãs não irão usar drogas somente porque eu o fiz, mas de qualquer forma essa não é a questão. Perguntaram se eu já tinha ou não usado drogas e, a partir daí, as consequências como, por exemplo, quantas pessoas serão estimuladas a usá-las, é responsabilidade dos jornais, sua e da televisão. O que quero dizer é que nesse momento você está espalhando isso porque esta entrevista está sendo levada a todos os lares do Reino Unido e eu preferiria que não fosse. Contudo, você está me fazendo uma pergunta e eu quero ser honesto e o serei".
Repórter: "Como uma figura pública, você tem a responsabilidade de não dizer qualquer... ".
Paul: "Não, você tem a responsabilidade. Você é o responsável por divulgar ou não o que está sendo dito. Eu posso manter isso em segredo se você também o fizer. Se você calar a boca, eu também calarei!".

Paul McCartney e lançado nos Estados Unidos pelo London (MS 82007), contendo o mesmo número de faixas que o lançado no Reino Unido.

14 de junho
– A base rítmica de "All You Need Is Love" é gravada no Olympic Studios, em Barnes. A música seria tocada na primeira transmissão global ao vivo via satélite, para um público estimado em 200 milhões de pessoas. George Martin disse para os Beatles:

"Vocês não podem simplesmente improvisar. Temos de preparar algo".

John surge com "All You Need Is Love" e Martin faz os arranjos.
George Martin: **"Quando estavam quase no final da música eu lhes perguntei, 'como querem fechá-la?', e eles responderam, 'escreva o que quiser, George. Junte algumas músicas de que você goste e toque-as'."** Martin teve a ideia de juntar a Marseillaise, dois trechos de Bach, Greensleeves e uma breve citação de "In The Mood" (pela

Na página seguinte: Sessão de gravação de "All You Need Is Love", em Abbey Road, em 25 de junho.

qual a EMI teve de pagar os direitos autorais).

17 de junho
– *Life Magazine* faz uma entrevista com Paul McCartney na qual ele revela já ter experimentado ácido.

19 de junho
– *Abbey Road*. A banda continua a trabalhar em "All You Need Is Love".

21 de junho
– *Abbey Road*. Mixagem de "All You Need Is Love".

23 de junho
– *Abbey Road*. Efeitos orquestrais são acrescentados a "All You Need Is Love".

24 de junho
– *Abbey Road*. Os Beatles prepararam-se para a transmissão via satélite e fazem um ensaio completo, com a participação de um maestro e uma orquestra de 13 músicos, para os câmeras da BBC. No final da manhã, mais de 100 jornalistas e fotógrafos tiveram acesso ao estúdio para tirar fotos.

25 de junho
– Os Beatles tocam "All You Need Is Love" no programa *All World Live*, da BBC, exibido ao vivo nos 31 países que faziam parte da rede mundial de transmissão. A filmagem foi feita no grande estúdio 1 da EMI.
O estúdio estava decorado com vários vasos com flores e os Beatles vestiam uniformes coloridos – verde, laranja e pink – , parecidos com os da capa de *Sgt Pepper*, e echarpes ao redor do pescoço que desciam até a altura da cintura. Mas toda a atmosfera criada foi quebrada pelos fones de ouvido que eles usavam, a parafernália de microfones do estúdio, cabos, instrumentos musicais e mesas de som. Entre os convidados estavam: Keith Richards, Eric Clapton, Graham Nash e Gary Leeds. Keith Moon e Ringo ficaram tirando um som na bateria durante a longa espera para a transmissão. Simon, Marijka e Joshi, da banda The Fool, vestiam roupas esvoaçantes feitas com retalhos coloridos e lenços estampados na cabeça que pouco tempo depois seriam vendidos na butique da Apple. Os Small Faces sentaram-se um ao lado do outro usando roupas da butique psicodélica Granny Takes a Trip. Mick Jagger e Marianne Faithfull sentaram-se no chão, próximos a Paul. O Rolling Stone, usando uma jaqueta de seda que tinha um desenho psicodélico com a estampa de um par de olhos, fumava um grande baseado na frente de 200 milhões de espectadores e, no dia seguinte, seria preso por porte de drogas. Uma chuva de bandeirolas e balões nos quais estava escrito "All You Need Is Love" caíram do teto, enquanto o público cantava. Cartazes com a mensagem ALL YOU NEED IS LOVE escrita em vários idiomas foram colocados na frente das câmeras. Os vocais, o baixo de Paul, a bateria de Ringo, o solo de George e a orquestra foram mixados durante a transmissão. Após o evento, George Martin foi à técnica escutar a gravação.

LOVE
L'AMOUR
IHR
IS
C'EST
BRAUCHT
QUE
ALL
YOU
POUR
ALS
ES
NEED
VOUS
LIEBE
AMOR

Paul: "Outro grande sucesso!"

26 de junho
– Abbey Road. Ringo grava a batida de introdução da música "All You Need Is Love", que foi imediatamente mixada para o lançamento do disco.

28 de junho
– George é multado em seis libras pela Corte de South West, em Londres, por dirigir seu Mini Cooper preto em alta velocidade, em Roehampton Lane, Putney.

29 de junho
– John abriu Kenwood, sua mansão em estilo Tudor, em Weybridge, para um ensaio do fotógrafo Leslie Bryce, da revista *Beatles' Book Monthly*.

1º de julho
– O programa *Where It's At*, da BBC Light Programme, transmite uma entrevista previamente gravada com Paul sobre a música "All You Need Is Love".

3 de julho
– Vic Lewis ofereceu uma festa íntima para a banda The Monkees no Speakeasy Nightclub. Entre os convidados, estavam: John e Cynthia, George e Patti, Paul e Jane, The Who, Eric Clapton, o grupo The Manfred Mann, Lulu, Procol Harum, The Fool, Micky Most, Vicki Wickham, Dusty Springfield e os integrantes do The Monkees: Peter Tork, Mike Nesmith e Micky Dolenz (David Jones, o vocalista da banda, e Ringo estavam viajando).

5 de julho
– John e Cynthia assistem à banda Marmalade, no Speakeasy Nightclub.

7 de julho
– O compacto *All You Need Is Love/Baby You're A Rich Man*, é lançado no Reino Unido pela Parlophone (R 5620). Os Beatles decidiram, apenas vinte e quatro horas antes da transmissão via satélite de 25 de junho, que "All You Need Is Love" seria lançada no próximo compacto da banda, em virtude da grande demanda que seria gerada pelo programa.

– "Baby You're A Rich Man" é primeiramente gravada para a trilha sonora do desenho animado de longa metragem *Yellow Submarine*. A princípio, o nome da música era "One Of The Beautiful People".

17 de julho
– O compacto *All You Need Is Love/Baby You're A Rich Man* é lançado nos Estados Unidos, pela Capitol (5964).

20 de Julho
– Paul e Jane comparecem a uma sessão de Chris Barber, no Chappell Recording Studios, para vê-lo gravar "Catcall", uma composição instrumental de Paul. O Beatle acompanhou Brain Auger ao piano, e pode-se ouvi-lo gritando no coro no final da canção.

– John havia tempos tivera a ideia de que todos os Beatles deveriam morar juntos em uma ilha que teria um estúdio de gravação e uma área de entretenimento no centro, rodeados por quatro *villas*. Mais ao longe, ficaria o local reservado para os hóspedes e para as casas dos membros da equipe. Alex Mardas, um técnico de TV, que John apelidara de Magic Alex, tinha amigos na junta militar que tomara o poder na Grécia e conseguiu que os Beatles tivessem permissão para procurar

Jane Asher, sua irmã Paula, Paul, John e seu filho Julian chegam a Atenas, em 22 de julho.

uma ilha naquela região. Apesar das autoridades gregas terem banido cabelos longos e rock'n' roll, acharam que uma visita dos Beatles ao país poderia ajudar a fomentar a indústria do turismo, além de diminuir os efeitos da propaganda negativa sobre a tortura de dissidentes. Alex foi à Grécia e encontrou a ilha dos sonhos de John: chamava-se Leslo, tinha mais de 300 mil m² e ao seu redor havia quatro ilhas próprias para serem habitadas, uma para cada Beatle. A ilha estava à venda por 90 mil libras, possuía um vilarejo de pescadores, quatro belas praias e uma plantação de oliveiras com 65 mil m².

– George, Patti, Ringo e Neil Aspinall pegam um voo para Atenas, onde se encontraram com Alex e seu pai, que trabalhava na polícia militar. Hospedam-se na casa dos Mardas, em um bairro afastado, até que o restante da trupe chegasse.

22 de Julho
– John e Cynthia, com Julian, filho do casal; Paul e Jane; Paula, a irmã de Jane de 16 anos; Mal Evans e Alistair Taylor, da NEMS responsável

pela compra da ilha, partiram para a Grécia. O iate que haviam alugado, o M.V.Arvi, estava em Creta, impedido de prosseguir viagem, em virtude de fortes ventos que assolavam a ilha, e só aportou em Atenas no dia 25 de julho. Portanto, todos tiveram de permanecer na cidade.

23 de julho
– O grupo parte em direção ao interior em dois grandes táxis americanos e uma Mercedes. Por causa do calor excessivo, o táxi no qual se encontravam Paul, Jane e Neil pegou fogo, e, quando o restante do grupo olhou para trás, viu-os caminhando em direção ao vilarejo onde haviam almoçado.
– Alex organizou alguns passeios turísticos para que o grupo não se sentisse entediado e informou o departamento de turismo da Grécia do itinerário. Portanto, onde quer que estivessem, sempre eram seguidos por uma multidão. Alistair Taylor contou:

> "Estávamos **viajando para um vilarejo nas montanhas**, por uma **estradinha tranquila**, quando, de repente, ao fazermos uma curva, demos de cara com **centenas** de fotógrafos, **clicando sem parar**".

24 de julho
– A companhia de teatro da Universidade de Oxford convida os Beatles para assistirem à peça *Agamemnon by Aeschylus*, no teatro de Delphi. Alex informara o fato ao departamento de turismo, que transmitiu a notícia na Athens Radio. Quando chegaram a Delphi, foram assediados por uma multidão de fãs e jornalistas. Nada lhes restou a fazer a não ser entrar na Mercedes e voltar para Atenas.

25 de julho
– George e Paul ficam tocando guitarra e relaxando, enquanto John, Ringo e os outros vão comprar instrumentos musicais, atraindo um grande grupo de turistas e fãs.
– O iate, com 24 leitos e uma tripulação de oito pessoas, incluindo o capitão, o chefe de cozinha e dois camareiros, finalmente chega a Atenas.

26 de julho
– Ringo e Neil Aspinall voltam para Londres, pois Maureen, esposa do baterista, estava prestes a dar à luz e Ringo queria estar presente.
O restante do grupo embarca no iate. Durante os primeiros dias nadaram, tomaram banho de sol e consumiram LSD. Em seguida, foram visitar a ilha de Leslo, onde construiriam sua comunidade. Após terem passado o dia explorando o local, planejando onde seria o estúdio de gravação e quem moraria em cada uma das ilhas ao redor, pediram a Alistair Taylor que voltasse para Londres e negociasse a compra.
De acordo com o departamento de exportação, os Beatles teriam de comprar dólares de exportação e, então, entrar com um requerimento junto ao governo para obter a permissão de usá-los. Quando Taylor finalmente conseguiu, nenhum deles estava mais interessado em comprar a ilha e disseram-lhe que vendesse os dólares novamente para o governo. Nesse meio-tempo, o valor da moeda subira e os Beatles lucraram 11,4 mil libras na negociação.

29 de julho
– George, Patti e Mal Evans voltam da Grécia para se preparar para uma viagem a Los Angeles.

31 de julho
– Paul e Jane, John, e Cynthia Julian, Paula e Alex, pegam um voo de Atenas para Londres.
– Ringo grava uma mensagem de despedida para a rádio pirata Radio London, que foi veiculada um dia antes de o governo tirá-la do ar e substituí-la por uma rádio pop padrão.

1º de agosto
– George e Patti, "Magic" Alex Mardas e Neil Aspinall pegam um voo para Los Angeles, onde alugam uma casa em Blue Jay Way. George e Patti viajaram como Mr. e Mrs. Weiss, sobrenome do diretor da Nemporer Artist in New York, Nat Weiss, que os receberia no aeroporto e seria seu cicerone.
– Nessa mesma noite, George telefona para Derek Taylor e explica-lhe como chegar a Blue Jay Way, mas ele perdeu-se no caminho por causa da densa neblina que cobria a cidade. Enquanto o esperava, George compôs uma canção cujo título foi o nome da rua onde estava hospedado.

O anúncio da "erva"

No dia 24 de julho, o jornal *The Times* publicou um anúncio de página inteira, sob a forma de abaixo-assinado, com o título, "a lei contra a marijuana é, em princípio, imoral e impossível de ser colocada em prática". Os seguintes itens faziam parte do documento: o uso de maconha em ambientes privados não deve mais constituir um delito; além de não ser proibida, a maconha não deve constar da lista de drogas ilícitas e perigosas; a posse de maconha deve ser permitida legalmente ou, quando muito, considerada um delito leve e, portanto, todas as pessoas que, no momento, estão detidas por posse de maconha ou por permitirem seu uso em locais privados devem ter suas sentenças anuladas. O documento foi assinado por 65 personalidades eminentes, incluindo Francis Crick, codescobridor da molécula de DNA, laureado com o prêmio Nobel; o escritor Graham Greene; os membros do parlamento britânico Brian Walden e Tom Driberg; o futuro membro do parlamento Jonathan Aitken e Brian Epstein. Entretanto, a assinatura dos quatro Beatles, agraciados como "Membros do Império Britânico", provocou grande reação da imprensa. A posição do Parlamento foi questionada e uma série de eventos se sucedeu, resultando em leis menos rígidas contra o uso da maconha no Reino Unido. O anúncio do *The Times*, que custou 1.800, foi pago pelos Beatles, induzidos por Paul McCartney.

À direita: Ringo com o pequeno Jason.

2 de agosto
– George, Patti, Neil e Alex visitam a escola de música de Ravi Shankar e assistem a uma de suas aulas. Em seguida, vão com Shankar a um restaurante em Sunset Strip.

3 de agosto
– George, Alex e Neil vão à escola de música de Ravi Shankar, onde George e Ravi Shankar dão uma entrevista coletiva a fim de divulgar o show do músico indiano que seria realizado no Hollywood Bowl no dia seguinte. Patti volta para Los Angeles com sua irmã Jenny, e passam o dia passeando.
– Naquela noite, George e sua trupe assistem à sessão de gravação de The Mamas and the Papas com Derek Taylor.

4 de agosto
– George e seu grupo comparecem ao concerto de Ravi Shankar no Hollywood Bowl.

5 de agosto
– George e companhia assistem a uma sessão de gravação de Alla Rahka e, em seguida, vão a um restaurante em Alvira Street, com Derek Taylor e toda a sua família.

6 de agosto
– George faz uma visita a Ashish e ao filho de Ali Akbar Khan, que tocava *sarod*, enquanto o restante da trupe vai passear na Disneylândia. À noite, todos participam de um jantar oferecido por Ravi Shankar.

7 de agosto
– George, Patti, Jenny, Derek Taylor e Neil Aspinall vão passear no bairro de Haight-Ashbury em São Francisco, onde são assediados por hippies e mendigos.

9 de agosto
– Neil, Alex, George e Patti voltam para Londres.

11 de agosto
– Os Beatles são fotografados por Richard Avedon em seu estúdio, localizado em uma cobertura em Thompson House. Avedon usou as imagens para criar uma série de quatro pôsteres psicodélicos que foram publicados na revista *Look*. Posteriormente, as fotos seriam editadas separadamente e fariam parte da decoração de milhares de quartos de estudantes ao redor do mundo.

18 de agosto
– A música "We Love You", dos Rolling Stones, com *backing vocals* criados por John Lennon e Paul McCartney, é lançada em compacto no Reino Unido pela Decca (F 12654).

19 de agosto
– Maureen Starkey dá à luz Jason, seu segundo filho, no *Queen's Charlotte's Hospital*, em Londres.

22 de agosto
– Os Beatles começam as gravações de "Your Mother Should Know" no Chappel Recording Studios, em Londres.

23 de agosto
– Os Beatles finalizam "Your Mother Should Know", no Chappel.

Paul e Ringo a caminho de Bangor, em 25 de agosto.

24 de agosto
– John e Cynthia, Paul e Jane, George e Patti comparecem a uma palestra do iogue Maharishi Mahesh Yogi no London Hilton, em Park Lane. Logo após, tiveram uma conversa reservada com o Maharishi e decidiram participar de um de seus seminários, que seria realizado no final de semana seguinte em Bangor, no País de Gales.

27 de agosto
– Brian Epstein é encontrado morto em sua casa, em Londres.
Os Beatles estavam no País de Gales quando Jane Asher recebeu a notícia por telefone. Abatidos, preocupados e confusos, os Beatles deram uma rápida entrevista coletiva e partiram para Londres.

John: "Estávamos no País de Gales com o Maharishi. Havíamos acabado de assistir à sua primeira palestra quando recebemos a notícia. Fiquei chocado, todos nós ficamos, e fomos falar com o Maharishi. 'Ele morreu', dissemos, e ele, como um idiota, dizia em tom paternal, 'Esqueçam, fiquem felizes, sorriam', e foi o que fizemos.

Senti o que qualquer um sente quando uma pessoa íntima morre: algo dentro de nós dizendo de forma descontrolada, 'Ainda bem que não fui eu'. Não sei se você já passou por isso, **mas muitas pessoas próximas a mim morreram e eu pensei 'Que droga! Não há nada a fazer'.**

Paul, George e John no London Hilton, em 24 de agosto.

Sabia que estávamos em uma enrascada. Estava assustado, pois não tinha nenhuma ilusão de que pudéssemos fazer qualquer outra coisa a não ser tocar, e pensei 'Estamos acabados'.
Eu gostava de Brian e tivemos uma relação estreita durante

O Maharishi entra em cena

No dia 25 de agosto, os Beatles e suas companheiras, Mick Jagger e Marianne Faithfull pegaram um trem em Euston Station, com destino a Bangor, no País de Gales, para participar de um seminário do Maharishi. Cynthia Lennon se perdeu na multidão de fãs e um policial só permitiu que ela passasse pela barreira que dava acesso à plataforma de embarque depois de o trem já ter partido, e Neil Aspinall teve de levá-la de carro até Bangor.
John: "Estar em Bangor foi incrível. Na opinião do Maharishi, sua mensagem só seria aceita se a disseminássemos. O que ele diz sobre a vida e o Universo são as mesmas coisas que Jesus, Buda, Krishna e todos os outros grandes líderes espirituais disseram. Mick estava lá e foi tocado de tal forma que, de repente, o vimos ao telefone dizendo: 'Keith, mande Brian, mande todos para cá. Basta ouvir algumas palavras e você está seduzido'.
Não tem nada a ver com essa história de sentar-se na posição de lótus ou ficar de ponta-cabeça. Você só medita quando estiver a fim. 'Eu sugiro que os trabalhadores meditem 20 minutos por dia. Vinte minutos pela manhã e 20 minutos após o trabalho farão com que vocês se sintam felizes, inteligentes e com mais energia', dizia o Maharishi, e Lennon continuou, 'Veja como tudo começou, ele chegou ao Havaí, vestindo um camisão, completamente sozinho, em 1958.
O principal é não pensar no futuro, no passado e, sim, estar no aqui e agora. A finalidade desses encontros é ajudar as pessoas a conseguirem isso. Faremos uma doação e pediremos a outros que tenham condições para que o façam. Pediremos dinheiro a qualquer um que esteja interessado, a qualquer um que faça parte do 'sistema' e esteja preocupado que seus filhos estejam se drogando, pirando e tudo mais. Ah, há mais uma coisa interessante. Ao se juntar ao grupo, você só tem de pagar o equivalente a um salário semanal e nada mais. Em minha opinião é a coisa mais justa que já ouvi falar. Ainda que quando você comece a meditar, esteja apenas curioso ou mesmo desconfiado, uma vez que você pratica, você sente os efeitos. Não éramos céticos, pois tínhamos passado por vivências semelhantes durante a Beatlemania; portanto, estávamos abertos. Mas é importante que você tenha uma atitude questionadora em relação a tudo e julgue a partir de sua própria experiência. Isso é meditação".

anos, por isso não quero que nenhum estranho seja nosso empresário, simplesmente isso. Gosto de trabalhar com amigos. Eu era o mais próximo de Brian, tão próximo quanto se pode ser de alguém que leva um estilo de vida 'gay', e você não sabe o que ele faz por fora. De todos os Beatles, eu era o mais próximo de Brian e realmente gostava muito dele.

Nós tínhamos plena confiança nele como empresário. Para nós, ele era o especialista. Bem, no começo ele tinha uma loja e achávamos que qualquer um que tivesse uma loja sabia o que fazer. Ele costumava encantar e seduzir a todos, mas, às vezes, explodia, tinha acessos de raiva e tinha crises de poder e, então, sabíamos que iria desaparecer por alguns dias. De tempos em tempos, entrava em crise e todo o negócio parava, pois ficava prostrado na cama, tomando soníferos por dias a fio. Às vezes desaparecia, porque fora espancado por algum estivador em Old Kent Road. No início, não sabíamos o que realmente acontecia, mas, mais tarde, descobrimos a verdade.

Nunca teríamos conseguido chegar ao topo sem sua ajuda e vice-versa. No começo de nossa carreira tanto Brian quanto nós contribuímos, nós tínhamos o talento e ele fazia as coisas acontecerem. Mas ele não tinha força suficiente para nos controlar. Nunca conseguiu que fizéssemos algo que não queríamos".

28 de agosto
– A canção "We Love You", dos Rolling Stones, com John Lennon e Paul McCartney nos *backing vocals*, é lançada em compacto nos Estados Unidos pela London (905).

29 de agosto
– O enterro de Brian Epstein é reservado para a família, sem a participação de nenhum dos integrantes dos grupos que empresariava, nem mesmo os Beatles.

1º de setembro
– Os Beatles reúnem-se na casa de Paul, em Cavendish, para discutir seus planos futuros. Decidiram dar continuidade a *Magical Mystery Tour* e adiar os outros projetos.

5 de setembro
– *Abbey Road*. Sessão de gravação de *Magical Mystery Tour*. Os Beatles começam as gravações com "I Am The Walrus", de autoria de John.

6 de setembro
– *Abbey Road*. Sessão de gravação de *Magical Mystery Tour*. O vocal de John é acrescentado a "I Am The Walrus", além disso, Paul grava uma versão demo de "The Fool On The Hill" e George, a base rítmica de sua nova composição "Blue Jay Way".

7 de setembro
– *Abbey Road*. Sessão de gravação de *Magical Mystery Tour*. A banda continua a trabalhar em "Blue Jay Way".

8 de setembro
– *Abbey Road*. Sessão de gravação de *Magical Mystery Tour*. Gravação da faixa instrumental "Flying" que na época fora chamada de "Aerial Tour Instrumental". A música seria usada em uma sequência do filme, na qual, com a ajuda de efeitos especiais, o ônibus dos Beatles pareceria estar voando.

11 de setembro
– O ônibus de *The Magical Mystery Tour* ainda estava sendo pintado com cores psicodélicas e chegou com duas horas de atraso a Allsop Place,

Acima, à esquerda: Brian Epstein, cuja morte fez com que os Beatles se perdessem e, finalmente, se separassem. Acima: Paul toma chá perto de Allsop Place, enquanto espera o ônibus para Magical Mystery Tour, em 11 de setembro.

John dirigindo as garotas em biquínis no Atlantic Hotel, em Newquay, em 13 de setembro.

o local de onde partia a maior parte das turnês de rock'n'roll. Paul resolveu tomar uma xícara de chá no bar London Transport, no primeiro andar da Baker Street Station, onde distribuiu muitos autógrafos e bateu papo até que o ônibus chegasse. Os outros três Beatles embarcaram em Virginia Water, em Surrey, uma vila próxima às suas residências. O ônibus, com lugares para 43 pessoas, estava lotado com técnicos, os Beatles, Mal, Neil e alguns representantes de fãs-clubes. Eles foram para Teignmouth, em Devon, parando no caminho para almoçar no restaurante Pied Pier, em Winchester. Ao chegarem ao The Royal Hotel, em Teignmouth, onde todos ficaram hospedados, 400 fãs aguardavam a banda sob a chuva. Paul deu uma breve coletiva de imprensa sobre o filme.

John: "Paul tentou **tocar a vida** como se **Brian** não tivesse **morrido**, 'Vamos lá, vamos lá, vamos gravar um disco'. Por ser do jeito que sou, pensei, 'Bem, vamos fazer um disco legal, então vou embarcar nessa e gravamos *Magical Mystery Tour*. Paul disse, 'A cena é esta, componha alguma coisa para ela', e pensei, **'Que diabos'**, então, saí correndo e compus a sequência da mulher gorda sonhando com espaguete. Eu e George ficamos **resmungando** sobre **esse filme desgraçado** e, então, chegamos à conclusão de que devíamos fazê-lo, pois achávamos que **devíamos isso ao público**".

12 de setembro
– O ônibus ficou preso em uma ponte a caminho de Widecombe Fair, bloqueando a estrada, e teve de voltar em marcha à ré por 800 metros, para poder fazer um retorno. A polícia rodoviária teve de achar rotas alternativas para os outros motoristas. John foi filmado em um acesso de raiva, mas a cena não foi utilizada na edição final. O grupo desistiu de visitar a feira na cidade de Widecombe e parou para almoçar no Grand Hotel, em Plymouth.
– John e Paul deram uma entrevista a Hugh Scully, do noticiário local *Spotlight South West*, da BBC1 TV, além de posarem para fotos para publicidade.
– O ônibus continuou a viagem com destino a Newquay, em Cornwall, durante a qual houve várias paradas para filmagem de diversas tomadas do filme. Em Newquay, todos ficaram hospedados no Atlantic Hotel.

13 de setembro
– John dirige uma sequência do filme em que o humorista Nat Jackley persegue garotas vestidas

em biquíni em volta da piscina do Atlantic Hotel.
– Spencer Davis estava em Cornwall quando assistiu a um noticiário que mostrava membros da associação dos motoristas e da polícia local tentando tirar o ônibus dos Beatles da pequena curva e da ponte onde ficara preso. Imediatamente, telefonou para o Atlantic Hotel e falou com Mal Evans, que o convidou para ir ao hotel.
– George é entrevistado por Miranda Ward, do Scene and Heard, o novo programa da BBC Radio I.
– A entrevista de John e Paul, para o programa Spotlight South West, é exibida pela BBC TV.

14 de setembro
– Filmagem em diferentes locações.
– Ringo dá uma entrevista a Miranda Ward, do Scene and Heard.
– Spencer Davis quis retribuir a gentileza dos Beatles da noite anterior e convidou-os para visitá-lo em Perranporth, onde ele e sua família estavam em férias. Ringo, Paul, Neil, Miranda Ward e vários outros passageiros do ônibus foram se encontrar com Spencer Davis, que disse: **"Eu convidei os Beatles para que viessem ao pub, mas somente Ringo e Paul apareceram,** George e John estavam ocupados com outras coisas. Havia um piano em um dos cantos do bar e Paul colocou um copo de cerveja sobre ele e começou a tocar, mas ninguém percebeu que ele estava lá. De repente uma garota disse, 'Olhem quem está no piano, vejam só quem é!'. Foi muito engraçado ver a reação da pessoas ao redor".
Paul tocou piano rodeado pelo público até as 2h, mas recusou-se a executar "Yellow Submarine", a preferida do pub.

15 de setembro
– A trupe filma em frente do hotel e em várias locações a caminho de Londres. Almoçam em um típico *fish and chips* inglês, em Taunton, Somerset, onde aproveitam para fazer algumas tomadas para o filme.

16 de setembro
– *Abbey Road.* Sessão de gravação de *Magical Mystery Tour*. Mais efeitos são adicionados a "Your Mother Should Know".

18 de setembro
– Os Beatles filmam no Raymond Revue Bar, no Soho, acompanhados pela banda Bonzo Dog Doo-Dah e a *stripper* Jan Carson, cujo busto foi coberto por uma tarja pela censura.

19 de setembro
– Os Beatles filmam no pequeno campo de aviação de West Malling (West Mailing Air Station), em Maidstone, Kent, ao descobrirem que os estúdios de filmagem tinham de ser agendados com antecedência.

20 de setembro
– Filmagens em West Malling Air Station, em Maidstone, Kent.

21 de setembro
– Filmagens em West Malling Air Station, em Maidstone, Kent.

22 de setembro
– Filmagens em West Malling Air Station, em Maidstone, Kent.

23 de setembro
– Filmagens em West Malling Air Station, em Maidstone, Kent.

24 de setembro
– Filmagens em West Malling Air Station, em Maidstone, Kent. O *grand finale* com os Beatles descendo as escadas cantando "Your Mother Should Know" é gravado com a participação de 160 bailarinas do grupo de dança de Peggy Spencer e 24 cadetes do Corpo Feminino da Força Aérea Real Britânica.
Paul: "Quase todo o orçamento do filme foi usado nessa tomada".

Acima: Os Beatles à beira-mar em Plymouth, em 15 de setembro.
Abaixo: John, em Newquay.
Página seguinte: George, em Plymouth.

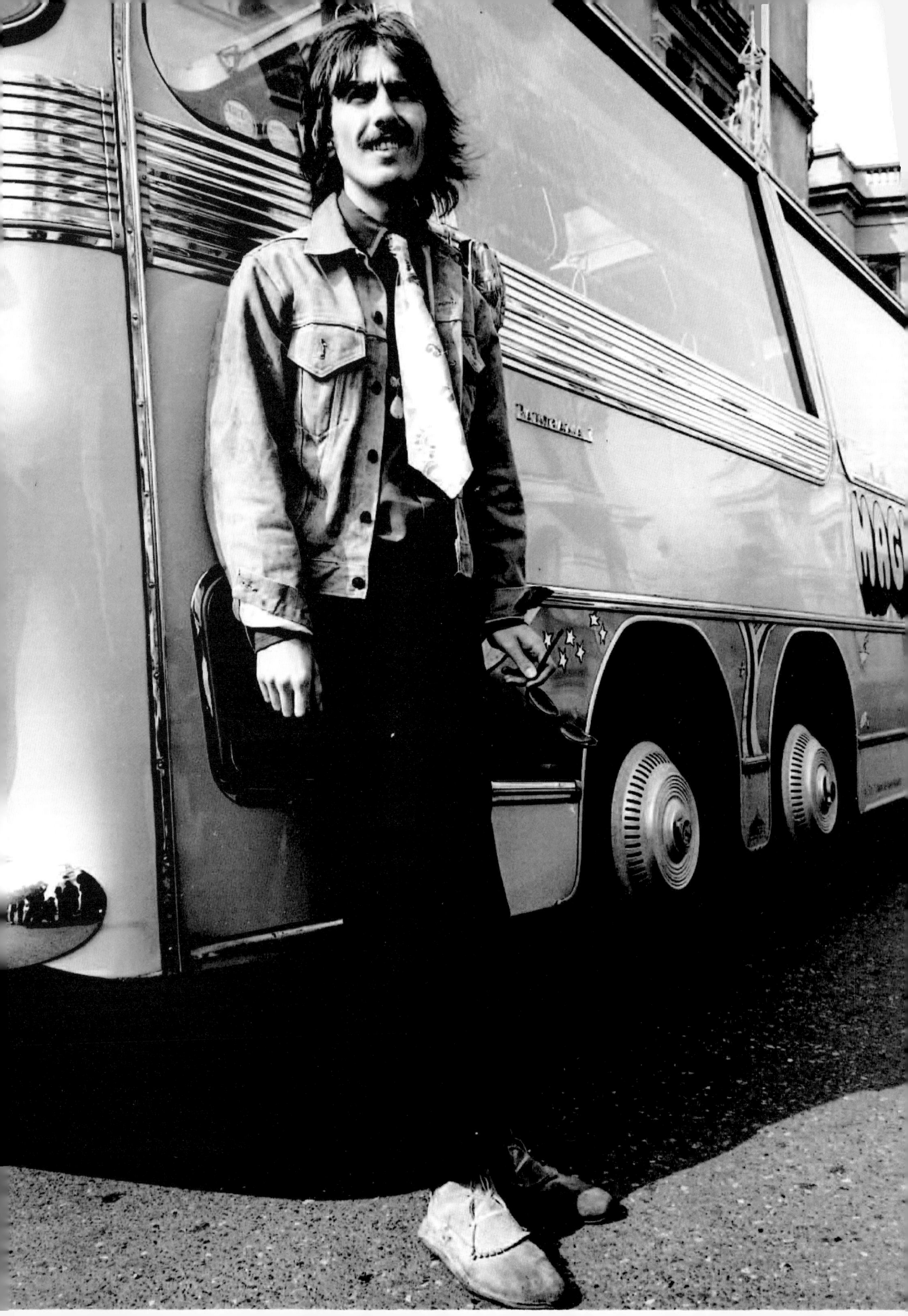

25 de setembro
– Os Beatles haviam inicialmente programado duas semanas para a edição do filme, mas na realidade foram necessárias 11. A edição, a cargo de Roy Benson, começou logo após o término das gravações, e foi feita em um estúdio alugado no Soho, o Norman's Film Productions, na esquina de Old Compton Street com Wardour Street. Paul acompanhou o trabalho de perto durante as 11 semanas, não comparecendo ao estúdio somente quando tinha alguma gravação em Abbey Road. Os outros Beatles não estiveram tão presentes.
– *Abbey Road*. Gravação da trilha de *Magical Mystery Tour*. A banda continua trabalhando em "The Fool On The Hill", de Paul.
26 de setembro
– *Abbey Road*. Sessão de gravação de *Magical Mystery Tour*. A banda continua trabalhando em "The Fool On The Hill".
27 de setembro
– *Abbey Road*. Sessão de gravação de *Magical Mystery Tour*. Gravação da orquestra e da banda Mike Sammes Singer para "I Am The Walrus". Paul adiciona um novo vocal a "The Fool On The Hill".
28 de setembro
– *Abbey Road*. Sessão de gravação de *Magical Mystery Tour*. Mais ornamentos são acrescentados a "I Am The Walrus" e a "Flying".
29 de setembro
– John e George participam do programa da Rediffusion TV, *The Frost Programme*, no qual conversaram com David Frost sobre meditação transcendental.
– *Abbey Road*. Sessão de gravação de *Magical Mystery Tour*. Os efeitos sonoros de "I Am The Walrus", incluindo um trecho da peça *Rei Lear*, de Shakespeare, são gravados, e "Your Mother Should Know", de Paul, é finalizada.

30 de setembro
– A entrevista de George gravada em 13 de setembro é transmitida na primeira edição do programa *Scene And Heard*, da BBC Radio I.
1º de outubro
– Mais um dia de filmagens em West Mailing.
2 de outubro
– *Abbey Road*. Os Beatles começam a gravar a base de "Hello, Goodbye", de Paul, que seria incluída no novo compacto da banda.
4 de outubro
– John e George participam novamente do programa *The Frost Programme*, dando continuidade à entrevista sobre meditação transcendental.
6 de outubro
– *Abbey Road*. Sessão de gravação de *Magical Mystery Tour*. A banda finaliza "Blue Jay Way".
7 de outubro
– Sid Bernstein, promotor de eventos de Nova York, oferece, um milhão de dólares aos Beatles por uma única apresentação no Shea Stadium; entretanto, a oferta foi recusada.
11 de outubro
– Estreia da mostra individual de Yoko, *Yoko Plus Me*, na Lisson Gallery, em Londres. "*Me*" era John Lennon, o patrocinador da exposição.
John: "Ela me deu *Grapefruit*, livro de sua autoria, e eu costumava lê-lo. Algumas vezes eu ficava extremamente incomodado quando ela dizia coisas do tipo 'Pinte até cair morto' ou 'sangrar', e, outras vezes, me sentia iluminado e algo mudava em mim assim como acontece com todos que entram em contato com o trabalho dela – costumava deixá-lo na cabeceira, abria-o e ele me dizia alguma coisa interessante, e eu ficava satisfeito, mas ocasionalmente ele me dizia alguma coisa pesada, e então eu ficava aborrecido.

Bem, então, um dia ela me procurou pedindo patrocínio para uma exposição, um "show pela metade". Dei-lhe o dinheiro e a mostra foi feita na Lisson Gallery, outro desses espaços *underground*. Todas as peças estavam pela metade: havia meia cama, meia sala, meio tudo. Tudo havia sido cuidadosamente cortado ao meio e pintado de branco. 'Por que você não vende a outra metade em garrafas?', perguntei a ela depois de ter entendido a brincadeira; isso aconteceu antes de nos casarmos, e ainda temos as garrafas da exposição, minha primeira. A mostra chamava-se *Yoko Plus Me* – nossa primeira aparição em público, mas eu não fui, pois estava muito nervoso".
12 de outubro
– "It's All Too Much", de George, é mixada no De Lane Lea Studios, o mesmo local onde fora gravada.
– *Abbey Road*. Sessão de gravação de *Magical Mystery Tour*. Após a mixagem de "Blue Jay Way", John dá início à gravação de "Shirley's Wild Accordion", composta por Lennon & McCartney, com Shirley Evans no acordeão e Reg Wale na percussão. A música infelizmente não foi usada no filme.
13 de outubro
– O compacto *How I Won The War*, de Musketeer Gripweed (John Lennon) e The Third Troop (Ken Thorne, John no vocal) é lançado no Reino Unido pela United Artists (UP 1196).
14 de outubro
– A entrevista de Ringo com Miranda Ward, do *Scene And Heard*, vai ao ar pela BBC Radio I.
17 de outubro
– Os Beatles participam da cerimônia em memória de Brian Epstein, realizada às 18h, na New London Synagogue, em Abbey Road, Londres.

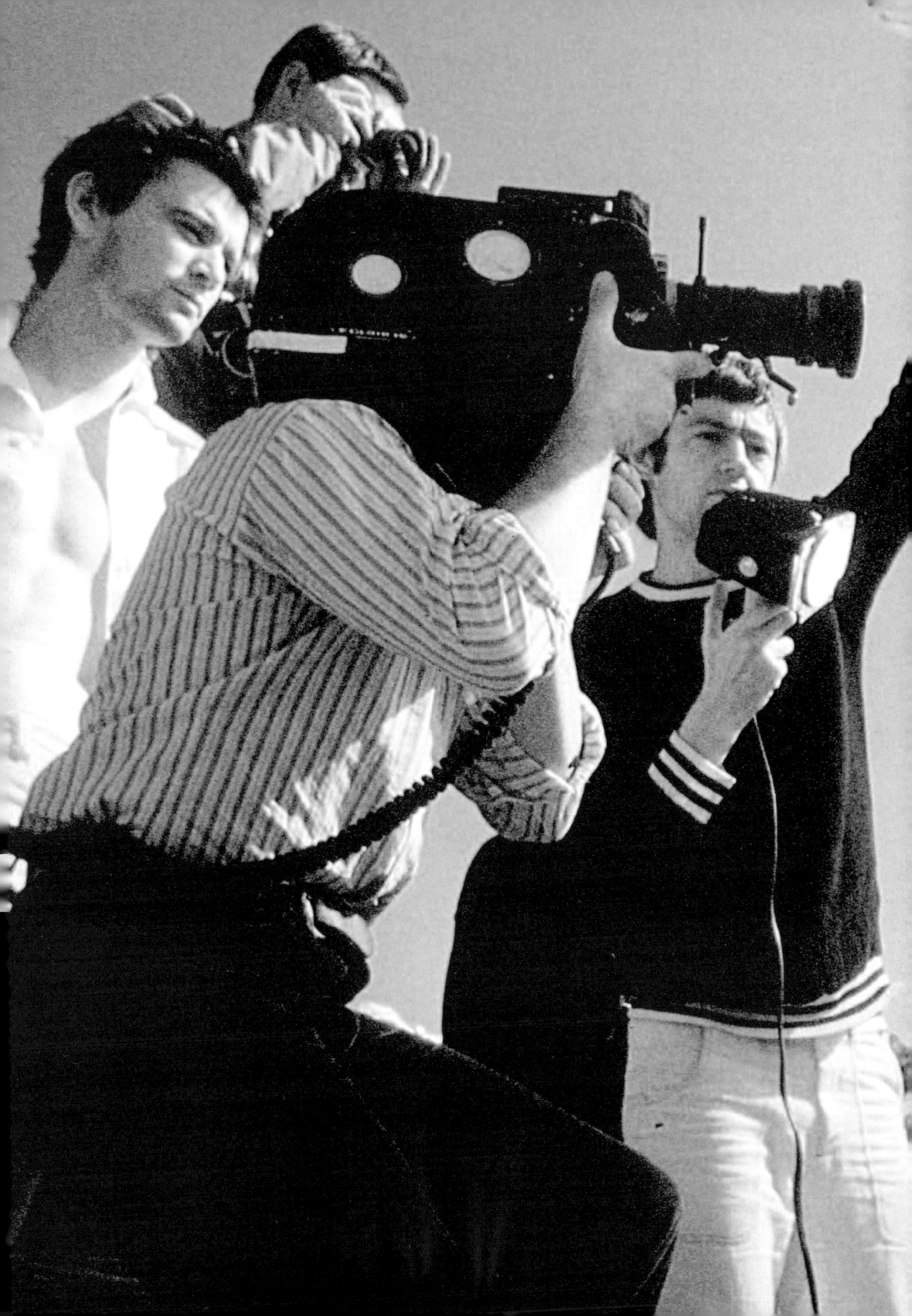

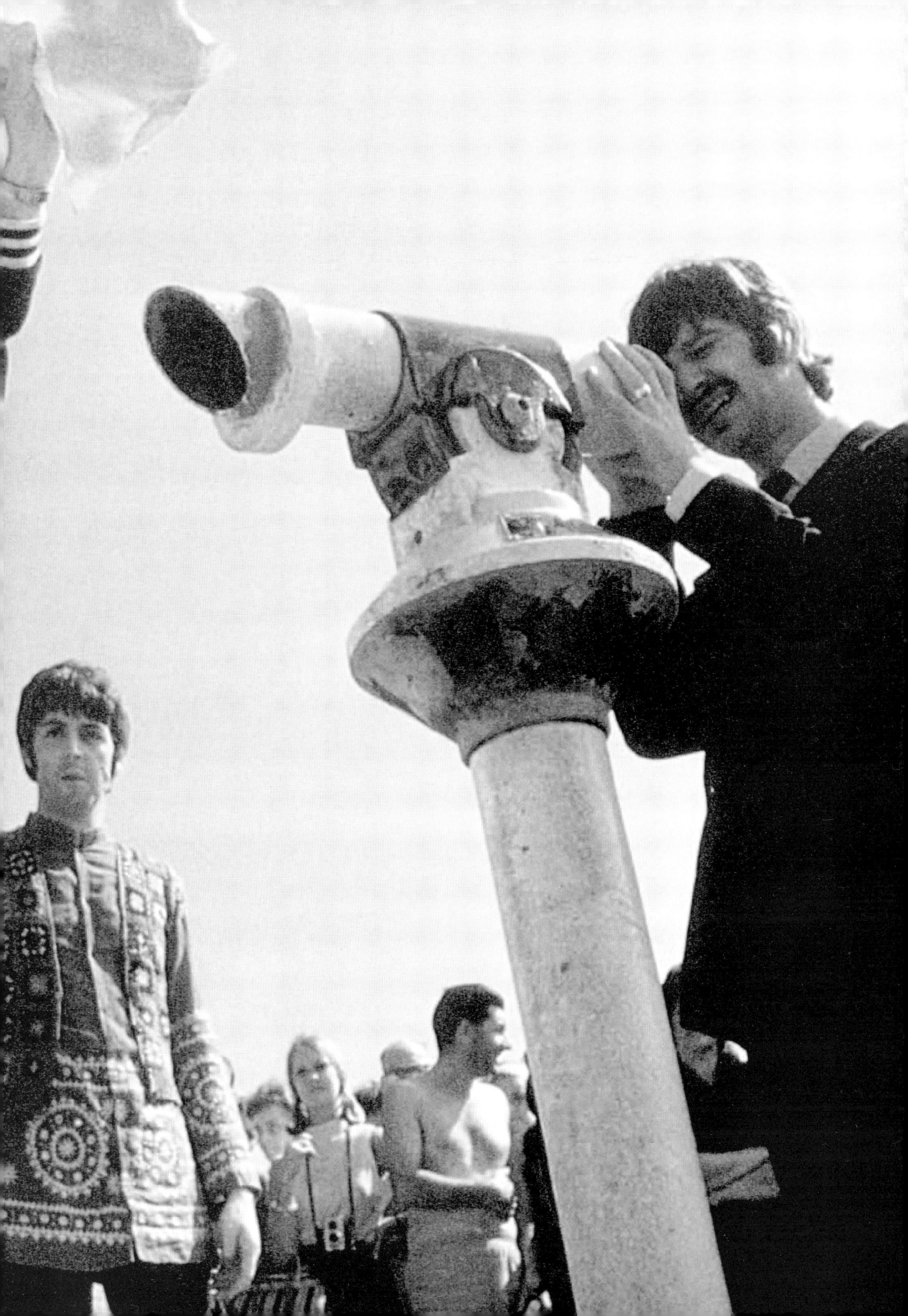

— Mick Jagger divulga que conversara com Paul a respeito de montarem um estúdio de gravação próprio para os Beatles e os Rolling Stones.

18 de outubro
— Cynthia e John comparecem ao Salão do Automóvel realizado no Earl's Court Exhibition Hall.
À noite, os quatro Beatles e suas companheiras vão ao London Pavilion assistir à pré-estreia do filme *How I Won The War*, dirigido por Richard Lester e estrelado por John Lennon.
Em seguida, todos foram comemorar a estreia do filme em uma festa oferecida por Cilla Black, em seu apartamento, em Portland Place, n. 9B.

Acima: George e Patti chegam à cerimônia em memória de Brian Epstein, em 17 de outubro.

19 de outubro
— George e Ringo pegam um voo para a Suécia, com escala em Copenhagen, para visitar o Maharishi Mahesh Yogi em seu Centro de Meditação Transcendental, localizado em um resort à beira-mar, em Falsterbohus. Os dois Beatles voltam a Londres no mesmo dia.
— *Abbey Road.* Sessão de gravação de *Magical Mystery Tour*. Gravação de novos *takes* de "Hello, Goodbye".

20 de outubro
— *Abbey Road.* Sessão de gravação de *Magical Mystery Tour*. Os Beatles acrescentam a flauta de "The Fool On The Hill" e a viola de "Hello, Goodbye".
— A música "Catcall", de Chris Barber Band, composta por Paul McCartney, é lançada em compacto no Reino Unido pela Marmalade (598005).

29 de outubro
— Paul e Mal Evans, acompanhados do câmera Aubrey Dewar, pegam um voo para Nice, onde contratam um motorista de táxi para acordá-los e levá-los antes do amanhecer do dia seguinte às montanhas que davam vista para a cidade.
— Ringo filma a sequência em que pega o ônibus de *Magical Mystery Tour*, em Lavender Hill, Londres.

30 de outubro
— Paul e Aubrey Dewar filmam o nascer do sol nas montanhas de Nice, onde o Beatle dubla "Fool On The Hill" para o filme *Magical Mystery Tour*. Os dois ficaram nas montanhas durante a maior parte do dia, apesar de somente a sequência do amanhecer ter sido usada no filme.

1º de novembro
— Paul volta para Londres.
— George e John participam de uma recepção oferecida à banda Family no *nightclub* Sybilla's.

2 de novembro
— *Abbey Road.* Paul acrescenta uma nova linha de baixo a "Hello, Goodbye".

3 de novembro
— A sequência de "Blue Jay Way", de George, é filmada em Sunny Heights, a residência de Ringo, em Weybridge, em Surrey.

6 de novembro
— *Abbey Road.* Sessão de mixagem, à qual os Beatles provavelmente compareceram.

7 de novembro
— *Abbey Road.* Paul acrescenta um novo vocal a "Magical Mystery Tour".

Os Beatles como personagens de desenho animado em Yellow Submarine.

10 de novembro
– Paul dirige o videoclipe de "Hello, Goodbye" no palco do Saville Theatre, com a participação de dançarinas de hula-hula.

17 de novembro
– A *holding* criada anteriormente, a Beatles Limited, é oficialmente rebatizada de Apple Music Limited.
– Neil Aspinall vai a Nova York entregar pessoalmente cópias do videoclipe de "Hello, Goodbye" aos produtores dos programas *Ed Sullivan Show* e *Hollywood Palace*, entre outros.

19 de novembro
– Paul e Jane vão assistir ao show das bandas The Bee Gees, The Bonzo Dog Doo-Dah Band, The Flowerpot Men e Tony Rivers & The Castaways, no Saville Theatre.

20 de novembro
– Apesar de não ter havido nenhum pronunciamento oficial por parte da rede BBC de rádio e TV, "I Am The Walrus" é banida de sua programação. A BBC tinha plena convicção de que a música fazia referência às drogas, além de considerar obsceno o verso que fazia menção a calcinhas femininas.

21 de novembro
– O videoclipe de "Hello, Goodbye" não pode ser exibido no Reino Unido, pois o grupo aparecia fazendo *playback*, o que fora proibido pelo Sindicato dos Músicos.
O Beatles tentaram, em vão, incluir o videoclipe em um filme que estavam editando em um estúdio no Soho.

22 de novembro
– *Abbey Road*. George começa a trabalhar em seu novo projeto, a trilha sonora do filme *Wonderwall*, acompanhado de dois flautistas e um tocador de *tabla*.

23 de novembro
– *Abbey Road*. George continua a trabalhar na base da trilha sonora de *Wonderwall*.

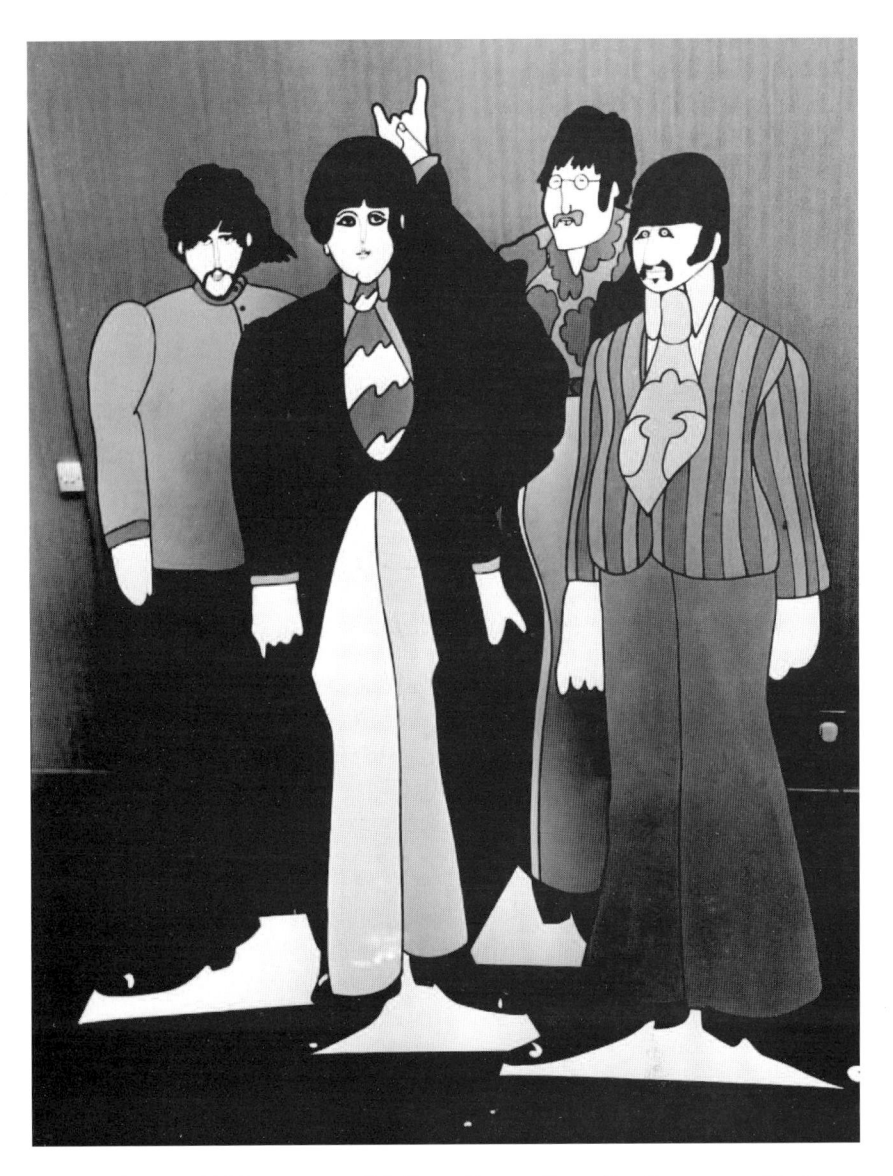

– A emissora ITV veta a exibição de *Magical Mystery Tour* dos Beatles e a BBC2 abandona o projeto de exibir um dos três filmes da banda em cores no programa *Late Night Line Up*. Em seu lugar, para desagrado dos Beatles, o programa *Top Of The Pops* levou ao ar a música "Hello, Goodbye", usando um trecho do longa *A Hard Day's Night*.

24 de novembro
– O compacto *Hello, Goodbye/ I Am The Walrus* é lançado no Reino Unido pela Parlophone (R 5655).
– John e Paul comparecem à primeira sessão de gravações da banda Grapefruit, realizada no IBC Recording Studios, em Portland Place. O grupo viria a ser o primeiro a firmar contrato com a Apple.
– *Abbey Road*. John trabalha na compilação das fitas que havia produzido em sua casa.

25 de novembro
– Uma entrevista de John Lennon com Kenny Everett e Chris Denning, do *What It's At*, é transmitida pela BBC Radio I. Durante o programa, tocaram as seis faixas da série de dois compactos de *Magical Mystery Tour*. Essa foi a primeira vez que "I Am The Walrus" foi transmitida pela BBC depois de ter sido banida da programação em caráter não oficial.

27 de novembro
– O compacto *Hello, Goodbye/ I Am The Walrus* é lançado nos Estados Unidos pela Capitol (2056).
– O álbum *Magical Mystery Tour* é lançado nos Estados Unidos pela Capitol (MAL 2835), versão mono, (SMAL 2835), versão estéreo.
Lado A: "Magical Mystery Tour", "The Fool On The Hill", "Flying", "Blue Jay Way", "Your Mother Should Know", "I Am The Walrus";
Lado B: "Hello, Goodbye", "Strawberry Fields Forever", "Penny Lane", "Baby You're A Rich Man", "All You Need Is Love".
28 de novembro
– *Abbey Road*. Os Beatles gravam o quinto disco de Natal para os membros de seu fã-clube: *Christmas Time (Is Here Again)*.

Acima: Paul, em casa, com seu pai, Jim McCartney.
Abaixo, à direita: Ringo e o pugilista Sugar Ray Robinson.

– Em seguida, John grava algumas fitas de efeitos sonoros para *The Lennon Play: In His Own Write*, a versão teatral de seu primeiro livro.
3 de dezembro
– Ringo vai a Roma fazer uma participação especial no filme *Candy*, dirigido por Christian Marquand e baseado no romance homônimo de Terry Southern e Mason Hoffenberg, publicado pela Olympia Press. O Beatle faria o papel de um jardineiro mexicano. O elenco era estelar e incluía, entre outros, Marlon Brando, Richard Burton e o pugilista Sugar Ray Robinson.

– Paul e Jane vão relaxar na fazenda do Beatle em Campbeltown, na Escócia.
5 de dezembro
– John e George representam os Beatles em uma festa oferecida para comemorar a inauguração da Apple Boutique, em Baker Street, n. 94, em Londres.
7 de dezembro
– Ringo faz suas primeiras tomadas para o filme *Candy*, em Roma.
– A Apple Boutique abre suas portas ao público.
8 de dezembro
– Um estojo com dois compactos, com a trilha sonora de *Magical Mystery Tour*, é lançada no Reino Unido pela Parlophone (MMT 1), versão mono, (SMMT 1), versão estéreo.
Lado A: "Magical Mystery Tour", "Your Mother Should Know";
Lado B: "I Am The Walrus";
Lado C: "The Fool On The Hill", "Flying";
Lado D: "Blue Jay Hay".
9 de dezembro
– Ringo contracena com Ewa Aulin, no papel de Candy. A atriz já fora eleita Miss Adolescente da Suécia.
11 de dezembro
– Ringo e Ewa Aulin filmam juntos novamente.
– A Apple Music fecha seu primeiro contrato. John batiza a banda de Grapefruit, coincidentemente o mesmo nome do livro de Yoko. A maior parte do grupo era formada

A Apple Boutique

John conta: "Clive Epstein, ou algum outro empresário maluco, nos procurou e disse que tínhamos de gastar parte do dinheiro que ganháramos, pois, caso contrário, ele seria comido pelos impostos. Estávamos pensando em abrir uma rede de lojas de roupas, ou qualquer outra coisa idiota, e então resolvemos que, se fôssemos montar uma loja, teríamos de vender algo de que gostássemos, e tivemos várias ideias. Então Paul teve uma interessante – nossas lojas seriam pintadas de branco, e venderíamos porcelana branca, e coisas do gênero, tudo branco – , é difícil encontrar produtos brancos, mas eles são muito bonitos. Entretanto a história não acabou aí, e montamos a Apple com toda a sua tralha – o mural na parede feito pelo grupo de artistas The Fool, roupas malucas, coisas hippie, e tudo o mais".

por antigos integrantes de Tony Rivers & Castaways, um dos grupos empresariados por Brian Epstein.
12 de dezembro
– Mais um dia de filmagens com Ringo e Ewa Aulin.
13 de dezembro
– Ringo grava sua primeira cena de sexo com Ewa Aulin.
– Falando em nome dos Beatles, o porta-voz da NEMS Enterprises chamou de "boatos" os comentários de que os Beatles criariam seu próprio selo em 1968, contando com o respaldo da Apple, sua nova empresa.
14 de dezembro
– Outros takes da cena de sexo de Ringo com Ewa Aulin são filmados.
15 de dezembro
– Para alegria dos fãs, é lançado o *flexi-disc* de Natal dos Beatles, Christmas Time (Is Here Again).
– Ringo participa das filmagens de uma festa hippie com muito sexo livre.

16 de dezembro
– John e George vão a Paris para participar de uma festa de gala da Unicef, no Palais de Chailloy, junto com Maharishi Mahesh Yogi.
– Último dia de filmagem de Ringo no filme *Candy*.
17 de dezembro
– Ringo volta para Londres.
– John e George voltam para Londres para serem os anfitriões da festa do filme *Magical Mystery Tour*, oferecida ao corpo de assistentes do Official Beatles Fan Club, no Hanover Grand Film and Art Theatre, em Londres. Além do inédito *Magical Mystery Tour*, os fãs assistiram ao documentário *The Beatles At Shea Stadium*.

Abaixo: Ringo, John e Paul acompanhados de Maureen e Jane Asher, na festa de lançamento de Magical Mystery Tour, em 21 de dezembro.

19 de dezembro
– Sete subsidiárias da Apple Music Ltd. são formadas: Apricot Investments Ltd., Blackberry Investments Ltd., Cornflower Investments Ltd., Daffodil Investments Ltd., Edelweiss Investments Ltd., Foxglove Investments Ltd. e Greengage Investments Ltd.
20 de dezembro
– Paul e Jane voltam para Londres de suas férias em Campbeltown.
21 de dezembro
– Uma festa à fantasia é oferecida para toda a equipe de *Magical Mystery Tour*, incluindo os técnicos. Entre os convidados também estavam alguns parentes e amigos, e Robert Morley vestiu-se de Papai Noel. Houve uma apresentação da banda Bonzo Dog Doo-Dah. Paul e Jane chegaram vestidos como extravagantes *cockneys* e John, no melhor estilo *teddy boy*.

25 de dezembro
– Paul e Jane anunciam seu noivado.
26 de dezembro
– A BBC TV exibe a estreia mundial do filme *Magical Mystery Tour* em versão preto e branco.
27 de dezembro
– A fim de rebater a crítica negativa de *Magical Mystery Tour*, Paul apresenta-se ao vivo no programa de David Frost, da Rediffusion TV, no qual fala sobre o filme e outros assuntos de interesse geral.
29 de dezembro
– John e seu amigo, o ator Victor Spinetti, estavam conversando sobre Marrocos quando John sugeriu que partissem para lá imediatamente. A dupla pegou seus passaportes, foram para o London Airport e embarcaram no mesmo dia.
31 de dezembro
– Os Beatles passam a noite de Ano-Novo no apartamento de Cilla Black, em Portland Place.

1968

5 de janeiro
– John recebe o pai em Kenwood, sua casa em Weybridge. Freedie trabalhara por um tempo como lavador de pratos em um hotel nas redondezas. John contou ao jornal *Daily Mirror* que não havia mais desavenças entre eles: **"A partir de agora, espero que estejamos sempre próximos".**
– George vai a Abbey Road trabalhar na trilha do filme *Wonderwall*.
– A BBC 2 reprisa *Magical Mystery Tour*, dessa vez em cores.

6 de janeiro
– O jornal *Daily Telegraph* divulga que Brian Epstein deixara um espólio no valor de 486.032 libras (266.032 libras líquidas), que seria administrado por sua mãe.

7 de janeiro
– George pega um voo para Bombaim, com escalas em Paris, Frankfurt e Teerã, para gravar a trilha de *Wonderwall* com músicos indianos.

9 de janeiro
– George começa as gravações no estúdio da EMI em Bombaim.

12 de janeiro
– A empresa Beatles Film Productions Limited é oficialmente rebatizada Apple Film Limited, e a Apple Music Limited transforma-se em Apple Corps Limited.
– Depois de finalizar o trabalho de *Wonderwall*, George grava alguns ritmos tradicionais de música hindu, como o *raga*, para possivelmente usá-los em futuras composições dos Beatles. Uma de suas gravações formou a base rítmica de "The Inner Light".

17 de janeiro
– John, Ringo e Paul comparecem à recepção oferecida pela gravadora RCA Records à imprensa, em comemoração ao lançamento da música "Dear Delilah", o primeiro *single* da banda Grapefruit, empresariada pela Apple.

18 de janeiro
– George volta para Londres, levando consigo as gravações de *Wonderwall*.

19 de janeiro
– O *single* "Dear Delilah" é lançado no Reino Unido, e a participação de John e Paul na produção da música é divulgada à imprensa.

22 de janeiro
– A Apple inaugura seu escritório em *Wigmore Street*, n.95, em Londres.

25 de janeiro
– *Twickenham Film Studio*. Os Beatles filmam sua participação especial no desenho animado *Yellow Submarine*. Em seguida, John e George comparecem ao desfile do famoso estilista inglês Ossie Clark.

27 de janeiro
– John é entrevistado em Kenwood, sua residência em Weybridge, por Kenny Everett, apresentador do programa *The Kenny Everett Show*, da BBC Radio1.

30 de janeiro
– Estreia de *Cilla*, o show de TV de Cilla Black, cuja música tema "Step Inside Love", na voz de Cilla Black, fora composta por Paul.
– George finaliza a trilha sonora de *Wonderwall*, em Abbey Road.

1º de fevereiro
– Ringo participa dos ensaios para sua apresentação ao vivo no novo show de Cilla Black, no BBC Rehearsal Rooms em North Acton, Londres.

2 de fevereiro
– Mais um dia de ensaios para Ringo.

3 de fevereiro
– *Abbey Road*. Primeiro dia de ensaios da nova composição de Paul, "Lady Madonna".

Abaixo: Ringo, John e Paul comemorando a parceria do grupo Grapefruit com o selo Apple, em 28 de janeiro. Em pé, da esquerda para a direita: Brian Jones, Donovan, Ringo, John, Cilla Black e Paul. Sentados: o grupo Grapefruit – George Alexander, Pete, Geoff Swettenham e John Perry.

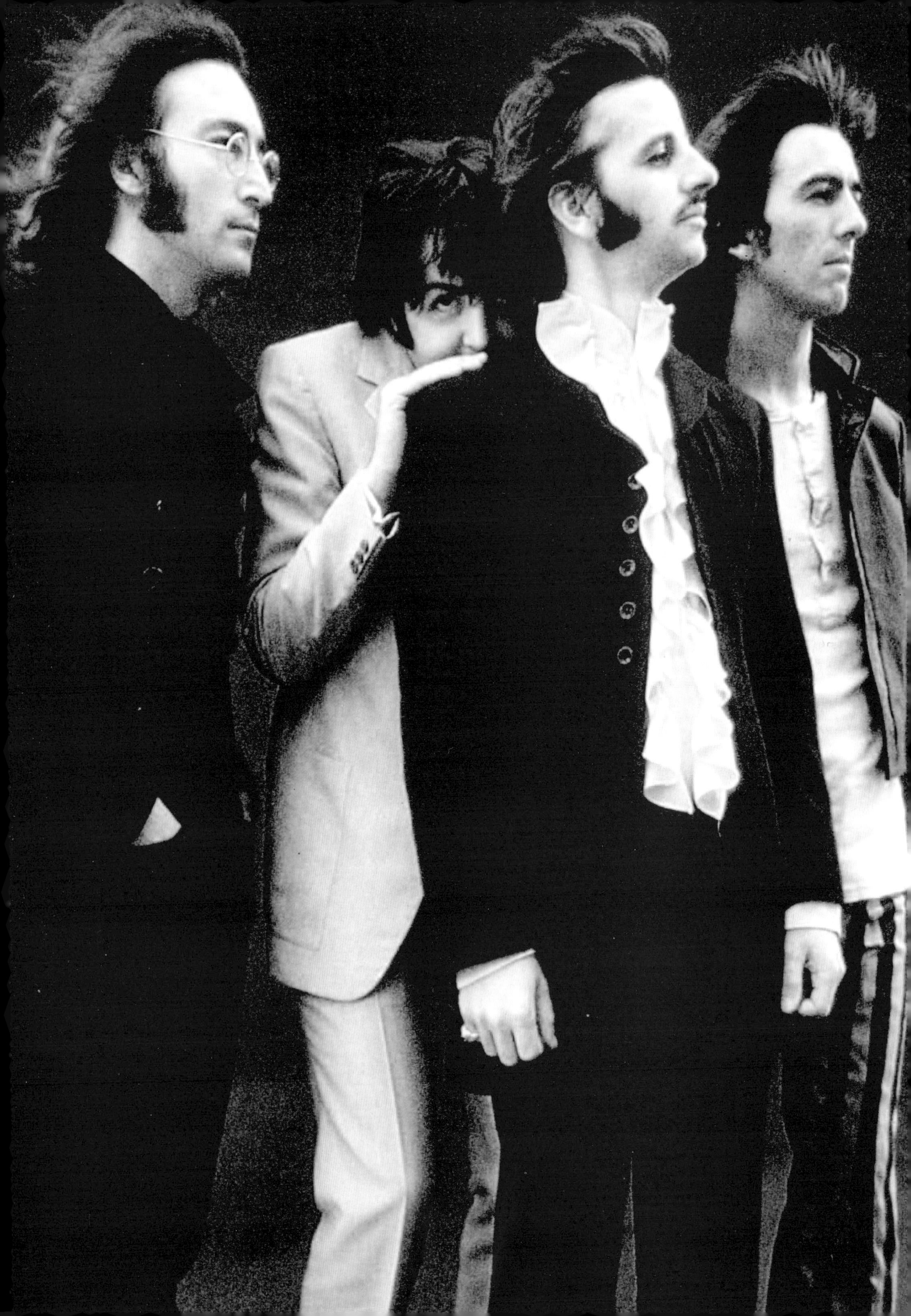

4 de fevereiro
– *Abbey Road*. Primeira sessão de gravação de "Across The Universe", de John. Duas fãs que estavam em frente a Abbey Road foram levadas para dentro do estúdio para gravar os falsetes para a banda.
– A entrevista de John com Kenny Everett é transmitida pela BBC Radio 1.

5 de fevereiro
– Ringo participa dos ensaios de câmera para o show de Cilla Black, no BBC Television Theatre, em Shepherd's Bush, Londres.
– Um estudante que conseguira entrar na casa de Paul em Cavendish Avenue convenceu-o a participar de uma entrevista coletiva no Royal Garden Hotel, para divulgar o Festival de Arte de Leiscester.

6 de fevereiro
– Ringo apresenta-se ao vivo no show da BBC TV de Cilla Black, no qual, além de participar de quadros humorísticos, cantou e sapateou.
– *Abbey Road*. Os outros três Beatles continuam a trabalhar em "The Inner Light" e finalizam "Lady Madonna" (com um intervalo para assistir a Ringo, no show de Cilla Black, com a participação de Ronnie Scott, Harry Klein, Bill Povey e Bill Jackman no sax). Paul tocou piano e o efeito criado com um pente de cabelos envolto em papel higiênico é, na verdade, Paul cantando com a boca coberta pelas mãos em concha.

8 de fevereiro
– *Abbey Road*. A banda finaliza "The Inner Light" e passa o restante do tempo trabalhando em "Across The Universe". Apesar de John continuar insatisfeito com o resultado, Spike Milligan, que assistira à sessão como convidado de George Martin, perguntou se a canção poderia fazer parte de um disco que ele estava produzindo para uma organização de proteção aos animais selvagens – iniciativa que recebeu o apoio de todos os Beatles.

10 de fevereiro
– *Queen Elizabeth Hall, em Londres*. Paul e Jane assistem a uma *performance* do trio Scaffold, um grupo de variedades do qual Michael, irmão de Paul, fazia parte.

11 de fevereiro
– *Abbey Road*. Os Beatles pretendiam filmar algumas cenas do videoclipe de "Lady Madonna", seu próximo *single*, mas resolvem começar a gravar a base de "Hey Bulldog". O videoclipe foi dirigido por Tony Bramwell, diretor da Apple Films.

14 de fevereiro
– Mal Evans embarca para Délhi, no voo 754 da Quantas, levando a bagagem de George, Patti e sua irmã Jenny, John e Cynthia, pagando em torno de 195 libras por excesso de peso. Ele partira na véspera do embarque do grupo a fim de providenciar transporte para John e George, que chegariam à Índia no dia 16, para, finalmente, iniciarem seus estudos em meditação transcendental com Maharishi Mahesh Yogi.

15 de fevereiro
– George, Patti, John e Cynthia partem para a Índia.

16 de fevereiro
– George, Patti, John e Cynthia chegam ao aeroporto de Nova Délhi às 8h15, onde se encontram com Mal Evans e Mia Farrow, que já se considerava parte da *entourage* dos Beatles. Mal já havia providenciado três carros para levá-los a Rishikesh.

19 de fevereiro
– Paul, Jane, Ringo e Maureen pegam um voo para a Índia e, ao chegarem a Délhi, a imprensa os aguardava, pois já se sabia o propósito da viagem. Uma equipe de câmeras estava a postos quando eles desceram do avião; exaustos, após 20 horas de voo e a diferença de cinco horas de fuso horário. O grupo recebeu de Mal Evans e Raghvendra, membro do *ashram*, colares de flores vermelhas e amarelas em sinal de boas-vindas. Porém, o braço de Ringo estava dolorido, em virtude das vacinas que tomara, portanto todos partiram em busca de um hospital. O motorista, que foi seguido por uma caravana da imprensa, perdeu-se e acabou entrando em um beco sem saída. Por sorte, um dos repórteres que os seguia levou-os a um hospital.

24 de fevereiro
– O tabloide *The London Evening Standard* faz uma entrevista com Paul, na qual ele disse: "Em vez de simplesmente acumularmos mais dinheiro, estamos formando uma empresa, a Apple – um comunismo *a la* ocidente... temos todo o dinheiro de que precisamos. Eu tenho uma casa, carros e tudo o que o dinheiro pode comprar".

1º de março
– Ringo e Maureen foram embora da Índia muito antes do programado, pois sentem falta dos filhos e não gostam da comida. Ringo disse à imprensa que estar no *ashram* era o mesmo que estar em uma colônia de férias Butlin.

8 de março
– A canção "Step Inside Love", com Cilla Black, escrita exclusivamente para a cantora por Paul, é lançada em compacto no Reino Unido pela Parlophone (R 5674).
– A canção "And The Sun Will Shine", de Paul Jones, com Paul McCartney na bateria, é lançada em compacto no Reino Unido pela Columbia (DB 8379).

9 de março
– O álbum *Sgt Pepper's Lonely Hearts Club* ganha quatro prêmios Grammy: Melhor Álbum do Ano, Melhor Álbum de Música Contemporânea, Melhor Engenheiro de Som (Geoff Emerick), Melhor Capa de Álbum.

14 de março
– O videoclipe de "Lady Madonna", dirigido por Tony Bramwell, que na verdade apresentava a banda gravando "Hey Bulldog", é exibido no programa *Top Of The Pops*, da BBC TV.

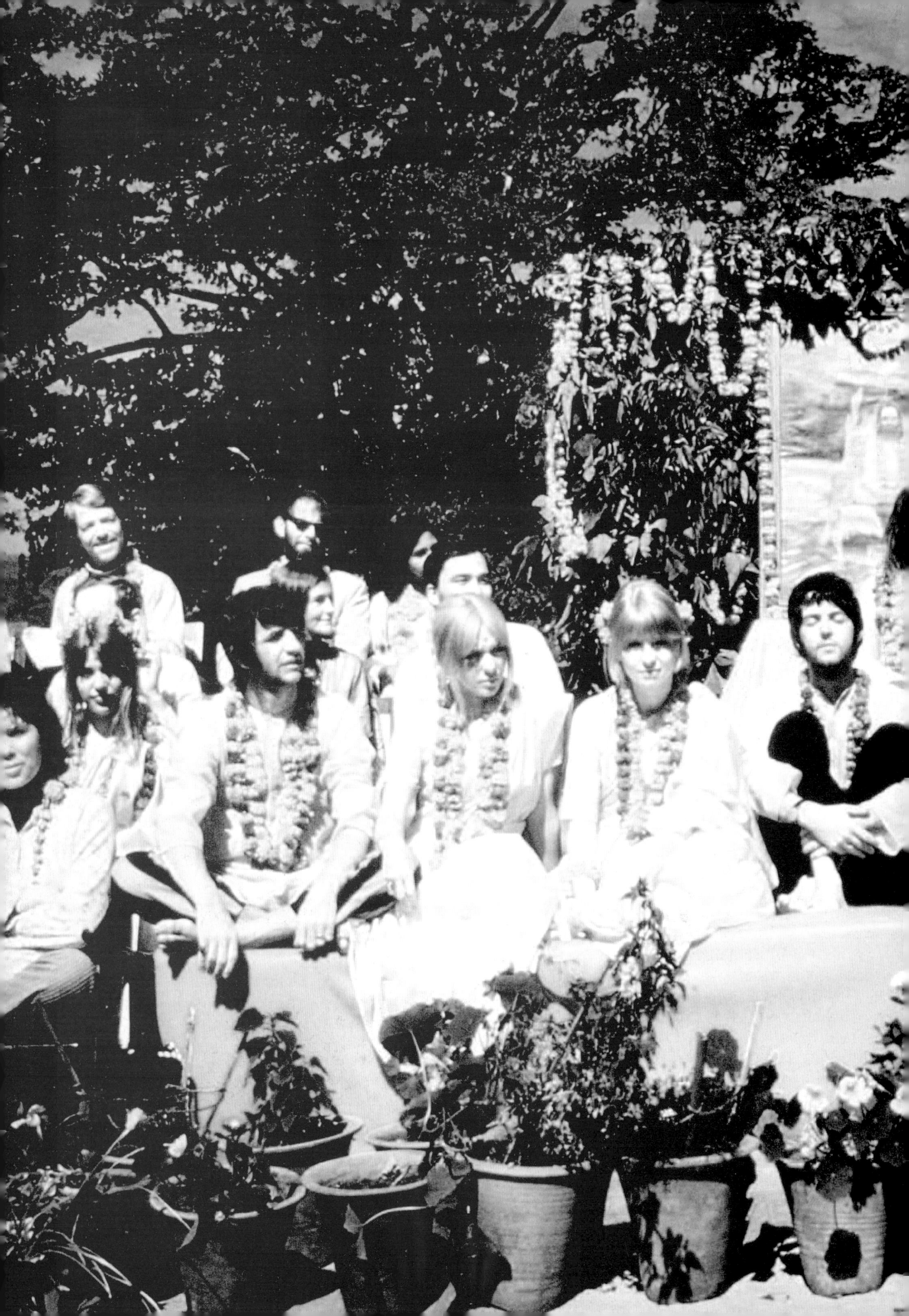

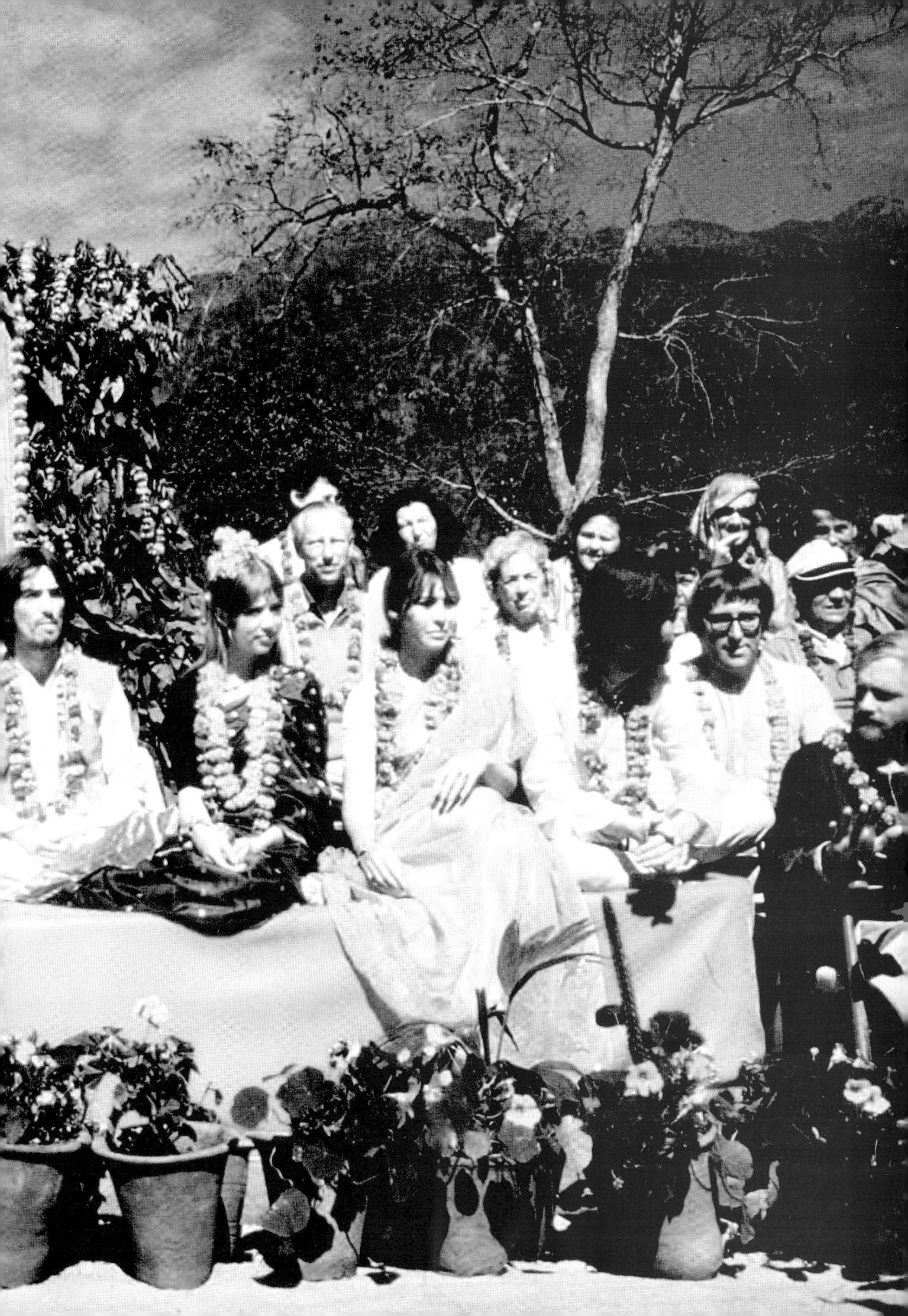

Na página anterior: Os Beatles e suas companheiras no ashram de Maharishi.
Ao lado: Paul e Mal Evans chegam à Índia.

15 de março
– O compacto *Lady Madonna/ The Inner Light* é lançado no Reino Unido pela Parlophone (R 5675).
– O videoclipe de "Lady Madonna" é exibido no programa de Allan Freeman, *All Systems Freeman*, da BBC TV.
18 de março
– O compacto "Lady Madonna"/ "The Inner Light" foi lançado nos Estados Unidos pela Capitol (2138).
26 de março
– Paul, Jane e Neil Aspinall vão embora de Rishikesh com destino a Londres, deixando para trás George, Patti, John, Cynthia e "Magic" Alex, que viera se juntar ao grupo.
Abril
– Paul passa várias semanas em sua fazenda na Escócia.
2 de abril
– Os Beatles formam uma nova editora musical chamada Python Music Limited.
12 de abril
– John e Cynthia, George e Patti e "Magic" Alex partem às pressas de Rishikesh, após Alex ter convencido John e George de que o Maharishi estava usando sua posição para conseguir favores sexuais de pelo menos uma de suas discípulas. Porém, não se sabe ao certo qual foi o verdadeiro motivo da partida dos dois Beatles, pois o Maharishi nunca afirmara ser celibatário e não teve oportunidade de conversar com os dois Beatles para se explicar ou negar a acusação. Suspeita-se que tudo não passou de um plano engendrado por Alex Mardas, que se autodenominara "guru" de John e, certamente, não queria abrir mão da posição. No aeroporto em Délhi, John compôs a canção "Sexy Sadie", na época intitulada "Maharishi".

John: **"Houve um verdadeiro bafafá sobre ele ter tentado estuprar Mia Farrow ou outra pessoa qualquer, transar com algumas mulheres e coisas do gênero. Fomos procurá-lo após termos passado a noite em claro, discutindo se isso era verdade ou mentira. Quando George começou a pensar que poderia ser verdade, eu disse, 'bem, tem de ser verdade, pois se George está duvidando é porque tem alguma coisa por trás'.
Então, no dia seguinte, fomos ao encontro de Maharishi, todos nós. Corremos até seu bangalô e como sempre sobrou para mim ser o**

Índia

O Centro de Meditação Transcendental foi construído a 45 metros acima do rio Ganges, rodeado em parte por montanhas que formavam uma parede de floresta nativa. Os alunos hospedavam-se em seis casas de pedra, com duas camas de solteiro em cada quarto e banheiros modernos, apesar de às vezes haver corte no suprimento de água.
O café da manhã, servido das 7h às 11h, incluía: mingau, bolo ou cereais; suco de frutas, chá ou café; torradas; gelatina ou geleia. Após o café da manhã, seguia-se a prática da meditação, sem regras ou horários preestabelecidos. No almoço e no jantar, eram servidos sopa, um prato principal vegetariano, e como acompanhamentos salada de alface e tomate, rabanete, cenoura com arroz e batatas. Como John e George já eram vegetarianos, não tiveram dificuldades em se adaptar à dieta, mas Ringo achou a comida muito apimentada. Então, Mal comprou um estoque de ovos, os quais preparava para Ringo das mais variadas formas: frito, pochê, cozido ou mexido.
Os Beatles chegaram ao *ashram* três semanas depois dos outros alunos, portanto, tinham aulas particulares com o Maharishi no período da tarde, que eram realizadas ao ar livre. Nos dias frios, iam a seu bangalô e acomodavam-se nas almofadas; porém, como Mal não conseguia sentar-se confortavelmente com as pernas cruzadas, havia uma cadeira reservada para ele.
Fazia parte da rotina do curso de formação em meditação transcendental duas palestras de 90 minutos, às 15h30 e 20h30, com perguntas e respostas, e sessões de meditação cada vez mais longas. Paul Horn, Mike Love e Donovan estavam entre os alunos.

porta-voz do grupo – na hora do trabalho sujo eu tinha de ser o líder – , então disse ao Maharishi, 'Estamos partindo'.
'Por quê?', perguntou ele com a mesma lenga-lenga de sempre, e respondi, 'Se você é um ser tão cósmico, deve saber'. O Maharishi e seus ajudantes viviam alardeando que ele fazia milagres. 'Você sabe o porquê', retruquei e ele disse, 'Não sei, você tem de me contar'. Eu não parava de repetir, 'Você tem de saber, você tem de saber'. Ele, então, me deu um olhar fulminante do tipo, 'Vou matá-lo, seu desgraçado'. Naquele momento, percebi que sua máscara tinha caído, eu tinha sido duro com ele e não fora fácil para ele engolir".

16 de abril
– A empresa Apple Publicity Limited é formada.

18 de abril
– John e Ringo vão à festa de inauguração da gravadora Bell Records, no Revolution Club, em Londres.

20 de abril
– Os Beatles publicam um anúncio convidando artistas desconhecidos a enviar seu material para a Apple Music. A empresa é inundada de fitas demo, mas apenas uma pequena parte foi ouvida.

Acima: John e Paul chegam a Nova York para o lançamento da Apple.
Abaixo: George fotografando o Maharishi.

5 de maio
– Twiggy assiste a Mary Hopkin, cantora de 17 anos, no programa *Opportunity Knocks*, um show de talentos da TV, e telefona para Paul sugerindo que a Apple a contratasse.

6 de maio
– A canção "Step Inside Love", com Cilla Black, de autoria de Lennon e McCartney, é lançada em compacto nos Estados Unidos pela Bell (726).

9 de maio
– John e Ringo têm uma reunião com vários membros da equipe da Apple para discutir a possibilidade de a empresa abrir uma escola infantil, a qual seria administrada por Ivan "Ivy" Vaughan, que estudara com John e se formara como professor.

11 de maio
– John, Paul e "Magic Alex" viajam para Nova York, para o lançamento da Apple Records nos Estados Unidos. Ficam hospedados no apartamento de seu advogado, Nat Weiss, em East 73rd Street, n. 181, mas a maior parte das entrevistas de que participam é realizada em hotéis.

12 de maio
– John e Paul têm uma "reunião de negócios" na qual conversam sobre a Apple, enquanto navegam em um típico barco chinês perto da Estátua da Liberdade.

13 de maio
– John e Paul passam o dia em uma suíte do St Regis Hotel dando entrevistas a repórteres, incluindo os do jornal *The New York Times*.

14 de maio
– John e Paul participam de uma coletiva de imprensa no Americana Hotel, no Central Park West.

John: "O **objetivo** da empresa **não** é ter uma **montanha de dinheiro no banco.** Nós já **fizemos** isso. É uma artimanha para ver se conseguimos ter **liberdade artística** dentro de uma estrutura empresarial. Ver se conseguimos **criar** e **vender** sem cobrar **três** vezes nosso custo".

John & Yoko

John: "Eu nunca conhecera um amor como esse e me bateu tão forte que tive de romper meu casamento com Cyn. Não acho que eu tenha sido irresponsável, essa decisão mexeu muito comigo, pois estava consciente de todas as consequências. Quando Yoko e eu estivermos livres – espero que isso não leve mais de um ano –, nos casaremos. Mike e Marianne dizem que não há necessidade de se estar casado, mas, em minha opinião, também não se perde nada em fazê-lo.
Alguns afirmam que fui egoísta. Bem, não concordo. Seus filhos vão agradecê-lo quando tiverem 18 anos? Isso é algo a ser considerado. Acho que não devemos criar os filhos dentro de um relacionamento desgastado.
Meu casamento com Cyn não foi infeliz, mas era apenas um estado civil, no qual nada acontecia e que continuávamos a manter. Você vai levando até encontrar alguém que repentinamente te faça sentir vivo.
Foi com Yoko que conheci o amor pela primeira vez. No início, nossa atração foi intelectual, mas depois também foi física. Ambas são essenciais, porém nunca pensei que fosse me casar novamente, mas hoje vejo isso com tranquilidade.
Quando voltei da Índia, começamos a nos falar por telefone. Certo dia, Cyn foi viajar e liguei para Yoko no meio da noite e pensei, "agora é minha chance de conhecê-la melhor". Ela chegou à minha casa e eu não sabia o que fazer. Subimos ao estúdio e toquei todas as fitas que já havia gravado. Todas aquelas coisas bizarras, um pouco de comédia, um pouco de música eletrônica. Ela ficou impressionada e propôs que fizéssemos *Two Virgins* e gravamos a fita durante toda a noite e, ao final, enquanto o sol nascia, fizemos amor. Foi maravilhoso".

Durante a coletiva no Americana Hotel, Paul encontra-se novamente com Linda Eastman, que escreve o número do seu telefone em um cheque em branco e o dá para ele.
– Os Beatles são entrevistados por Mitchell Krause, do programa *Newsfront*, da WNDT, um canal de TV educativo.
– À noite, apresentam-se no programa *The Tonight Show*, da NBC, no qual foram entrevistados por Joe Garagiola, pois Johnny Carson, o apresentador do show, estava viajando. Os Beatles conversaram sobre seus planos para a Apple, e John aproveitou a oportunidade para denunciar o Maharishi.

15 de maio
– Nat Weiss e Linda levam John, Paul e Magic "Alex" ao aeroporto para pegarem seu voo de volta para Londres.
– George, Patti, Ringo e Maureen vão para o sul da França a fim de participar da *première* de *Wonderwall* no festival de cinema de Cannes.
– O canal WNDT exibe a entrevista com John e Paul.

16 de maio
– Nas primeiras horas da manhã, John, Paul e "Magic" Alex chegam a Londres em um voo da TWA.
– A Apple Management Limited é constituída em pessoa jurídica.

17 de maio
– O álbum *McGough & McGear*, com Roger McGough e Mike McGear, produzido por Paul McCartney, é lançado no Reino Unido, pela Parlophone (PCS 7047). O álbum foi lançado em um pequeno almoço e as cópias que foram distribuídas entre os convidados, incluindo um *press-release* escrito por Derek Taylor, de uma forma muito louca, que se tornou um item de colecionador e dizia:
OLÁ.
Obrigado pela presença.
É muito gentil de sua parte estar aqui e nós somos seus amigos.
Bem, o que vocês querem saber sobre isso?
"Bem", você dirá, "como podemos saber o que gostaríamos de saber; com certeza, você sabe melhor do que nós o que temos de saber. Afinal de contas, o que há para saber?"
Na verdade, é só um palpite, pois não há como saber o que qualquer um gostaria de saber.
Não.
Vamos adivinhar.
Olhem para baixo.
"Nosso pai, todos os oitos, 88......"
Tudo está tão confuso.
Essa abordagem é chamada pelos psiquiatras de "criando um labirinto" ou "criando confusão" ou "criando uma crise", que visa a achar uma solução ou uma saída para um problema.
Agora...... alguns nomes......
Jane e Mrs Asher... William I Bennet (WIB)... Spencer Davies ... Barry Fantoni... Mike Hart... Jimi Hendrix... Vera Kantrovitch... Gary Leeds... Dave Mason e Carol... MIKE McGEAR... ROGER McGOUGH... John Mayall... Paul McCartney... John Mitchell... Zoot... Graham Nash... Viv Prince (sim)... Andy Roberts... Prince "Stash" de Rola... Paul Samwell-Smith... Martin Wilkinson...
O que eles têm em comum? O que eles não têm? Todos são maravilhosos. As duas pessoas cujos nomes estão em maiúsculas estão aqui hoje. Eles fizeram o álbum que você tem em suas mãos ou próximo a você. Eles fazem parte da banda Scaffold. "Eu coloquei seus nomes em maiúsculas, não eles, pois McGear e McGough não são egocêntricos."
Os outros são amigos. Amigos que contribuíram para este álbum de uma forma, de muitas formas, de todas as formas ou de poucas formas. Alguns participaram das gravações de uma maneira concreta, cantando ou tocando. Outros balançavam os braços no alto para criar um clima positivo (claro que positivo).

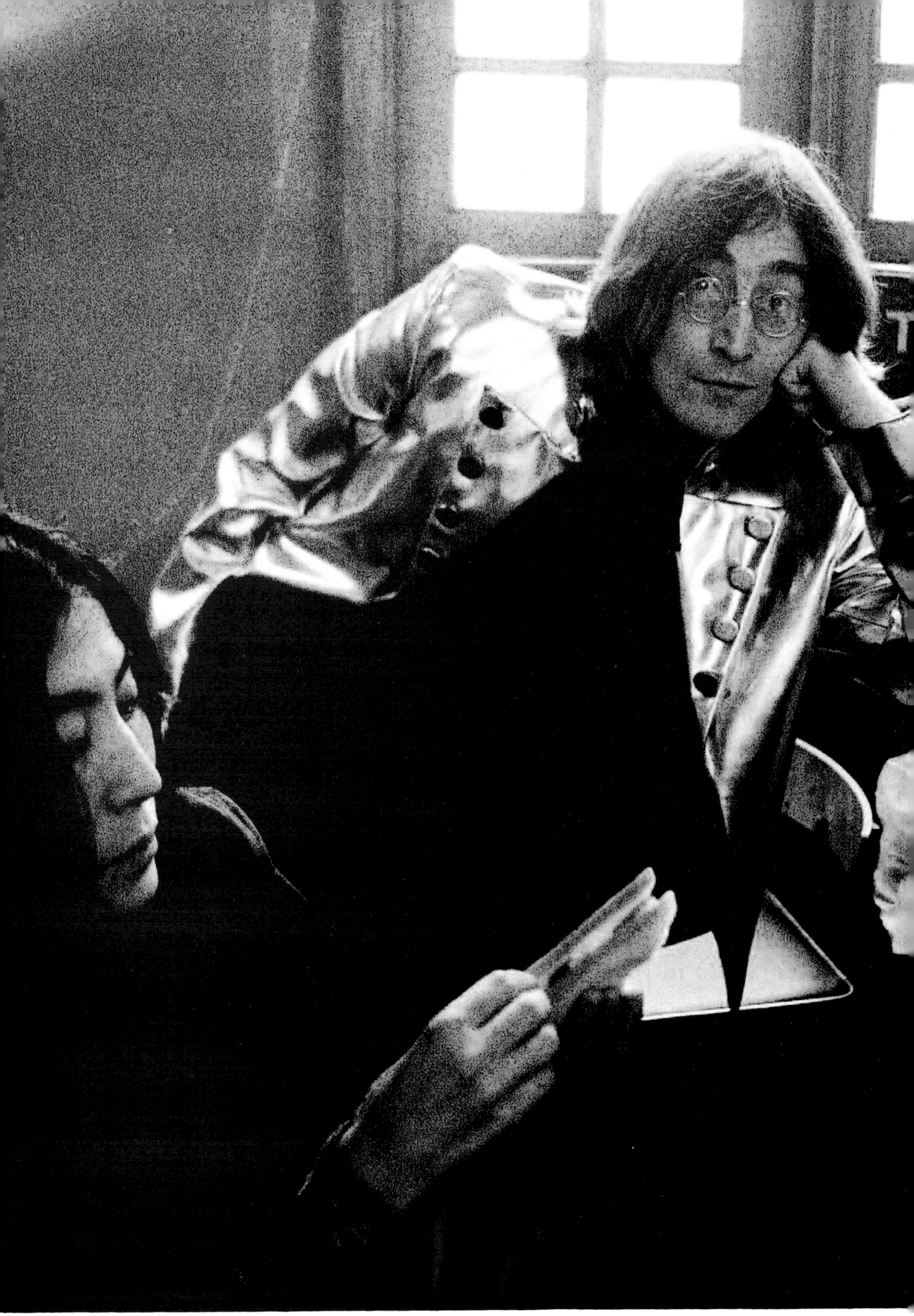

McGear e McGough são dois caras de Liverpool, poéticos, engraçados, interessados e abertos......
Escutem só, estamos todos aqui, juntos, não estamos? Então, para que um *press-release*?
Não temos boca para falar?
Vocês são muito gentis.
Obrigado.
Derek.
– A *première* mundial de *Wonderwall* no Festival de Cinema de Cannes. George, Patti, Ringo e Maureen estavam na plateia.

19 de maio
– Como Cynthia partiu em uma curta viagem de férias, John convida Yoko para visitá-lo em Kenwood. Eles fizeram experimentos musicais no estúdio de John, que viriam a ser lançados no álbum *Two Virgins*, cuja capa trazia a polêmica imagem de ambos nus. Ao voltar, Cynthia encontrou Yoko confortavelmente em seu quarto, vestindo sua camisola.
– George, Patti, Ringo e Maureen voltam de Cannes.

21 de maio
– Paul e Jane almoçam com o cantor americano Andy Williams e sua esposa, a francesa Claudine Longet. À noite comparecem ao seu último show no Royal Albert Hall e à festa de despedida.

22 de maio
– George, John e Yoko comparecem a um almoço oferecido à imprensa e à entrevista coletiva sobre a segunda butique da Apple – a Apple Tailoring, localizada em New King's Road, n. 161, em Londres. A intenção da banda era promover roupas feitas à mão, com cores brilhantes e que não poderiam ser encontradas em qualquer lugar.

23 de maio
– A Apple Tailoring abre as portas ao público.
– Em *Abbey Road*, Paul e Ringo são entrevistados por Tony Palmer, diretor do documentário sobre música pop *All My Loving*, que seria exibido pela BBC Television Omnibus.

26 de maio
– Paul dirige o videoclipe de "Elevator", o novo *single* da banda Grapefruit, que foi realizado no Albert Memorial, em Hyde Park, Londres.
– Os Beatles se reúnem em Kinfauns, em Esher, a casa em estilo americano de George, para gravar uma fita demo com as canções que haviam escolhido para seu próximo álbum. Em sua maioria, elas haviam sido escritas durante a passagem da banda pela Índia. Primeiramente, gravaram as músicas de John: "Cry Baby Cry"; "Child Of Nature"; "The Continuing Story of Bungalow Bill"; "I'm So Tired"; "Yer Blues"; "Everybody's Got Something To Hide Except Me And My Monkey"; "What's The New Mary Jane" e "Revolution". Em seguida, vieram as novas composições de George: "While My Guitar Gently Weeps"; "Circles"; "Sour Milk Sea"; "Not Guilty" e "Piggies". Voltaram para John, gravando "Julia", música que ele compusera para sua mãe (pesquisado). Então, veio a vez de Paul com: "Blackbird"; "Rocky Racoon"; "Back In The USSR"; "Honey Pie"; "Mother Nature's Son"; "Ob-La-Di, Ob-La-Da" e "Junk". Finalmente, fecharam a sessão com outras duas músicas de John: "Dear Prudence" e "Sexy Sadie".

30 de maio
– *Abbey Road*. Os Beatles começam a trabalhar no seu futuro álbum duplo *The Beatles*, mais conhecido como *The White Album* [O Álbum Branco]. A primeira música a ser gravada foi "Revolution I", de John.

31 de maio
– *Abbey Road*. Sessão de gravação de *The White Album*. A banda continua a trabalhar em "Revolution I" e os últimos seis minutos da música são excluídos para formar a base da caótica "Revolution 9". Os gritos de Yoko nessa faixa são sua primeira participação em uma gravação dos Beatles.

4 de junho
– *Abbey Road*. Sessão de gravação de *The White Album*. Os Beatles continuaram gravando *takes* para "Revolution I".
– Paul começa a se encontrar com Francie Schwartz.

5 de junho
– *Abbey Road*. Sessão de gravação de *The White Album*. Os Beatles começam a montar a base de "Don't Pass Me By", a primeira composição de Ringo a fazer parte de um álbum dos Beatles.

6 de junho
– *Abbey Road*. Sessão de gravação de *The White Album*. A banda continua a trabalhar em "Don't Pass Me By".
– Kenny Everett vai ao estúdio gravar uma entrevista com o grupo para seu programa *The Kenny Everett Show*, da BBC Radio 1.
– John e Victor Spinetti são filmados para o programa de arte *Release*, da BBC2, no qual aparecem conversando sobre a peça *The John Lennon Play: In His Own Write*, dirigida por Victor Spinetti, cuja estreia estava prevista para o dia 18 de junho, em Londres.

7 de junho
– George, Patti, Ringo e Maureen vão para a Califórnia para que George pudesse fazer uma participação especial no filme *Raga*, de Ravi Shankar.

8 de junho
– Paul é um dos padrinhos do casamento de seu irmão Michael com a cabeleireira Angela Fishwick, realizado em Carrog, em Merioneth, no País de Gales.

9 de junho
– A entrevista dos Beatles para o programa *The Kenny Everett Show* é transmitida pela BBC Radio 1.

10 de junho
– *Abbey Road*. Sessão de gravação de *The White Album*. John acrescenta mais efeitos a "Revolution 9".

11 de junho
– *Abbey Road*. Sessão de gravação de *The White Album*. Enquanto John continua a trabalhar

em "Revolution 9", Paul grava e mixa "Blackbird" sozinho em um outro estúdio.
– Tony Bramwell, da Apple Films, filma um videoclipe em cores com Paul e Mary Hopkin para a divulgação do lançamento do disco da cantora.
– George e Ravi Shankar são filmados, primeiramente, caminhando pelos rochedos de Big Sur e, em seguida, participando de uma palestra.

15 de junho
– John e Yoko realizaram seu primeiro evento público, plantando uma semente pela paz, na Coventry Cathedral.

16 de junho
– Intertel TV Studios, em Wembley. Paul dá uma entrevista a David Frost diante da plateia presente no estúdio, que seria transmitida em um programa chamado *David Frost Presents... Frankie Howerd*, feito especialmente para o público americano. Howerd conversou com Paul sobre a Apple, e, em seguida, o Beatle apresentou-lhe Mary Hopkin, que cantou duas músicas.

18 de junho
– George, Patti, Ringo e Maureen voltam para Londres.
– A produção da companhia teatral The National Theatre da peça *The John Lennon Play: In His Own Write*, dirigida por Victor Spinetti, estreia no Old Vic Theatre, em Londres. John e Yoko chegam juntos ao teatro, causando alvoroço na imprensa.

20 de junho
– Paul, Tony Bramwell e Ivan Vaughan vão para Los Angeles, onde o Beatle participaria da convenção de vendas da Capitol Records, a distribuidora da Apple nos Estados Unidos. Paul entra em contato com Linda Eastman que, no dia seguinte, vai ao seu encontro.
– *Abbey Road*. Sessão de gravação de *The White Album*. John e Yoko usam três estúdios para juntar as fitas para "Revolution 9". Uma delas foi feita usando uma gravação do acervo da Royal Academy of Music, na qual a voz de um homem dizendo "number 9" foi gravada em *loop*, e John e Yoko aumentavam ou diminuíam o efeito de acordo com sua vontade.

21 de junho
– *Abbey Road*. Sessão de gravação de *The White Album*. Após a gravação do solo de guitarra e da trompa de "Revolution 1", a faixa fica finalmente pronta.
– Durante a convenção de vendas da Capitol Records, Paul divulga que no futuro todos os discos dos Beatles fariam parte do selo Apple, apesar de, na prática, a banda ainda ter um contrato com a EMI/Capitol.

22 de junho
– A participação de John e Victor Spinetti no programa *Release* vai ao ar pela BBC2.
– A Apple paga meio milhão de libras por um prédio em Savile Row, n. 3, antiga residência de lady Hamilton, amante de lorde Nelson, onde seria a nova sede da empresa.

24 de junho
– *Abbey Road*. George começa seu primeiro trabalho como produtor, gravando "Sour Milk Sea", de Jackie Lomax, novo contratado da Apple e um velho amigo de Liverpool.
– Gravações de *The White Album*. John e Yoko trabalham na mixagem em estéreo de "Revolution 9".

25 de junho
– *Abbey Road*. George dá continuidade às gravações de "Sour Milk Sea", de Jackie Lomax.
– Gravações de *The White Album*. John e Yoko cortam um minuto da faixa "Revolution 9", que mesmo assim ficou sendo a menos apreciada pelo público.
– Paul, Tony Bramwell e Ivan Vaughan voltam para Londres.

26 de junho
– *Abbey Road*. Sessão de gravação de *The White Album*. Gravação da base rítmica de "Everybody's Got Something To Hide Except Me And My Monkey", de John.

27 de junho
– *Abbey Road*. Sessão de gravação de *The White Album*. Continuaram os trabalhos em "Everybody's Got Something To Hide Except Me And My Monkey".

28 de junho
– *Abbey Road*. Sessão de gravação de *The White Album*. Início das gravações de "Good Night", uma canção de ninar que John escrevera para seu filho Julian, na época com 5 anos. John cantou-a várias vezes do início ao fim para que Ringo pudesse fazer o andamento, entretanto negou-se a fazer o vocal definitivo, pois considerava a música muito melosa, o que não combinava com sua imagem. Infelizmente, a versão acústica de John não foi gravada.

30 de junho
– Paul viaja para Saltaire, perto de Bradford, para acompanhar as gravações de duas de suas composições, pela banda The Black Dyke Mills Band: "Thingumybob" (que foi escrita como música tema de uma série humorística homônima, da London Weekend Television, e "Yellow Submarine", a faixa do lado B.

– Enquanto estava em Saltaire, Paul dá uma entrevista a Tony Cliff do programa local *Look North*, BBC Television.
– No caminho de volta a Londres, Paul, Derek Taylor e Peter Asher param em Harrold, um vilarejo em Bradfordshire, onde Paul toca piano em um pub para os moradores locais.

1º de julho
– *Abbey Road*. Sessão de gravação de *The White Album*. John acrescenta a primeira voz a "Everybody's Got Something To Hide Except Me And My Monkey".
– Antes da sessão em Abbey Road, John e Yoko, de branco, comparecem à abertura da primeira exposição de arte de John, *You Are Here*, na Robert Fraser Gallery, em Londres. A mostra exibia objetos inusitados, além de diversos tipos de caixas para coleta de donativos. John marcou a abertura da exposição soltando 365 balões no céu de Londres.

> John: "Eu **ordeno** a esses balões que **subam**".

Acima, Yoko, John e Paul chegam ao London Pavilion Cinema, em Piccadilly Circus, para a première de Yellow Submarine.
Abaixo: George e Patti chegam acompanhados de Neil Aspinall

– A entrevista de Paul gravada para o noticiário local de Yorkshire, *Look North*, é transmitida pela BBC1.

2 de julho
– *Abbey Road*. Sessão de gravação de *The White Album*. Ringo acrescenta mais vocais a "Good Night".
– Paul almoça com *sir* Joseph Lockwood, diretor da EMI, e com lorde Poole, no Lazards, um banco de investimentos da City – o centro financeiro de Londres –, durante o qual conversaram sobre a Apple.

3 de julho
– *Abbey Road*. Sessão de gravação de The White Album. Início das gravações da base "Ob-La-Di, Ob-La-Da", de Paul.

4 de julho
– *Abbey Road*. Sessão de gravação de *The White Album*. As gravações de "Ob-La-Di, Ob-La-Da" continuam.

5 de julho
– *Abbey Road*. Sessão de gravação de *The White Album*. Efeitos de trompas são acrescentados a "Ob-La-Di, Ob-La-Da".

8 de julho
– *Abbey Road*. Sessão de gravação de *The White Album*. Paul não estava satisfeito com o resultado das gravações "Ob-La-Di, Ob-La-Da" e resolve retomar o trabalho do início.

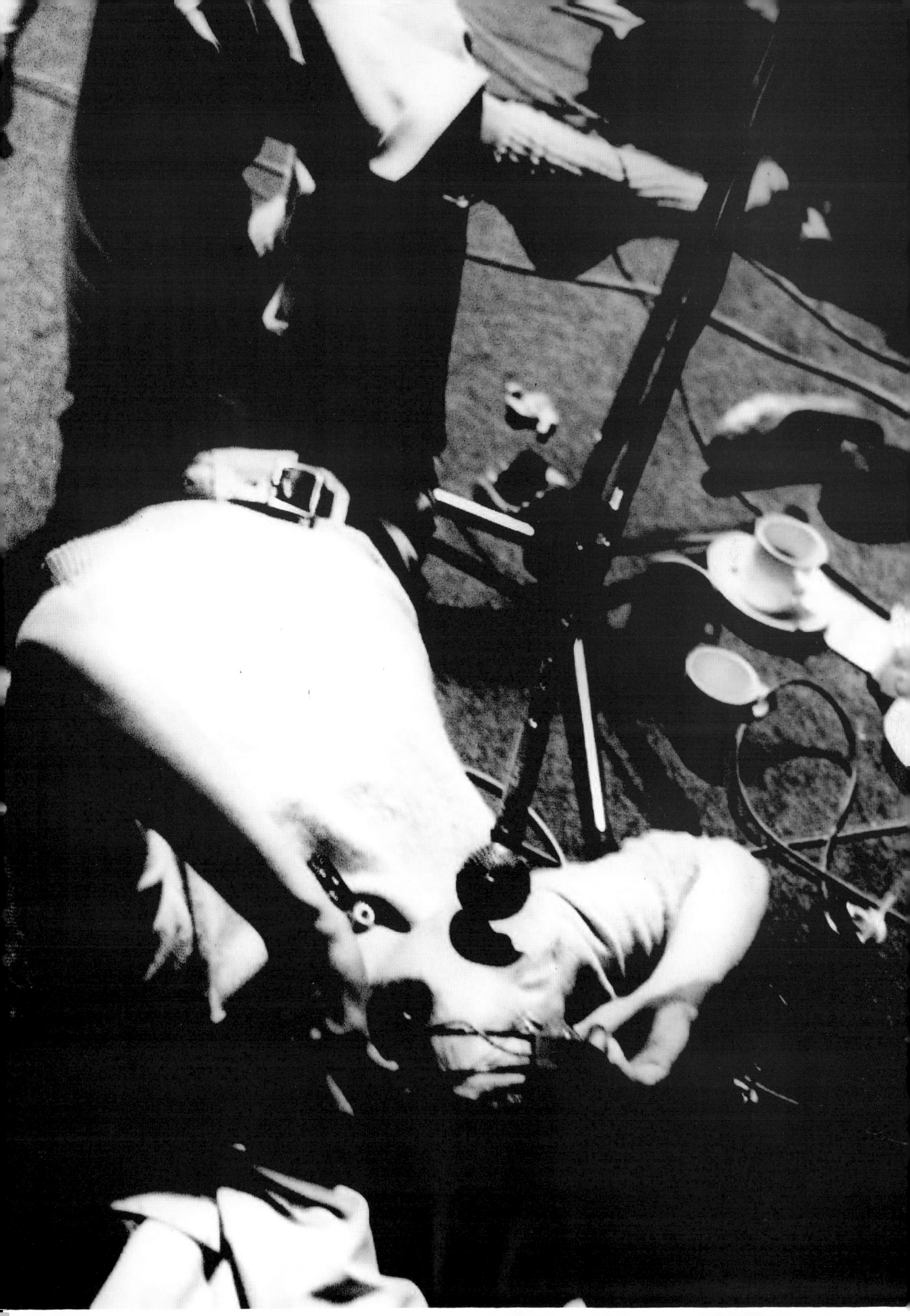

Começam os ensaios de "Revolution", que John gostaria que fizesse parte do lado A do próximo compacto da banda (infelizmente foi incluída no lado B).
– O ator David Peel procura Paul para pedir que a Apple patrocinasse um espetáculo infantil que seria realizado em uma praia em Brighton. David Peel: **"Ele não titubeou e ainda sugeriu um título".** O show de marionetes Punch e Judy foi, então, chamado de *Apple Peel*.
10 de julho
– *Abbey Road*. Sessão de gravação de *The White Album*. Preparação da base rítmica de "Revolution", de John.
11 de julho
– *Abbey Road*. Sessão de gravação de *The White Album*. Gravação do piano e do baixo de "Revolution", como também das trompas de "Ob-La-Di, Ob-La-Da".
12 de julho
– *Abbey Road*. Sessão de gravação de *The White Album*. "Don't Pass Me By" estava praticamente finalizada, então, a partir da meia-noite são feitos novos *takes* do baixo e da guitarra de "Revolution".
15 de julho
– *Abbey Road*. Sessão de gravação de *The White Album*. Paul acrescenta um novo vocal a "Ob-La-Di, Ob-La-Da" e John remixa "Revolution" e, em seguida, ensaiam "Cry By Cry".
16 de julho
– *Abbey Road*. Sessão de gravação de *The White Album*. A banda continua a trabalhar em "Cry By Cry".
– O engenheiro de som Geoff Emerick pede demissão, pois não tolerava mais os xingamentos, os destratos e a atitude do grupo em relação aos técnicos de som (especialmente por parte de John), como também o clima tenso no estúdio.
17 de julho
– A *première* mundial do desenho animado *Yellow Submarine* é realizada no London Pavilion, em Piccadilly Circus. Como de costume,

Acima: Após o fechamento da Apple Boutique, o nome do novo compacto dos Beatles foi escrito por Paul do lado de fora das antigas vitrines.
Na página anterior: John no chão do estúdio 2 de Abbey Road, durante as gravações de The White Album.

houve congestionamentos e ruas foram bloqueadas pelos fãs. Ringo e Maureen, John e Yoko foram juntos ao evento, mas Paul foi sozinho.
– Em seguida, compareceram à festa que foi realizada na discoteca do Royal Lancaster Hotel, que foi rebatizada *Yellow Submarine* para o evento, nome que manteve durante muitos anos.
18 de julho
– *Abbey Road*. Sessão de gravação de *The White Album*. Mais *takes* são gravados para "Cry Baby Cry" e os ensaios de "Helter Skelter", de Paul, têm início.
19 de julho
– *Abbey Road*. Sessão de gravação de *The White Album*. A banda começa a criar a base rítmica de "Sexy Sadie", uma sátira de John ao Maharishi.
20 de julho
– Jane Asher anuncia no programa de Simom Dee, *Dee Time*, da BBC Television, que seu noivado com Paul havia chegado ao fim, mas que a iniciativa do rompimento não fora dela. Durante a entrevista, ela contou para Dee que o noivado durara sete meses, depois de um namoro de cinco anos. (Ela voltara de uma turnê e, ao chegar à casa de Paul em Cavendish Avenue, encontrou-o na cama com uma garota chamada Francie Schwartz.)
22 de julho
– *Abbey Road*. Sessão de gravação de *The White Album*. "Don't Pass Me By" é finalizada e uma nova versão de "Good Night" é gravada com a participação de uma orquestra e dos cantores de Mike Sammes Singers. Logo após a meia-noite, Ringo gravou os vocais.
23 de julho
– *Abbey Road*. Sessão de gravação de *The White Album*. "Everybody's Got Something To Hide Except Me And My Monkey" é finalizada.

24 de julho
– *Abbey Road*. Sessão de gravação de *The White Album*. Mais *takes* foram gravados para "Sexy Sadie".

25 de julho
– *Abbey Road*. Sessão de gravação de *The White Album*. Início das gravações da base rítmica "While My Guitar Gently Weeps", de George.

28 de julho
– Os Beatles passam a maior parte do dia participando de sessões de fotos promocionais, em Londres e arredores.

29 de julho
– *Abbey Road*. Início da gravação da base de "Hey Jude", de Paul, que faria parte do próximo compacto da banda.

30 de julho
– *Abbey Road*. Os Beatles fazem os ajustes em "Hey Jude" para deixá-la pronta para as gravações finais em um estúdio de gravação independente.
– Os Beatles são filmados em ação por James Archibald como parte de um documentário, chamado *Music*, que seria exibido nos cinemas.
– A Apple Boutique é fechada.
Paul: "Decidimos fechar a loja no sábado passado, pois o varejo não é nossa praia. Então, escolhemos todas as roupas que queríamos para nós – eu fiquei com um sobretudo muito bacana – e anunciei a nossos amigos,

'Agora, o **público** pode entrar e pegar o **que quiser**".

31 de julho
– *Trident Studios, no Soho*. A base de "Hey Jude" fica pronta.
– Pessoas esperam em filas durante toda a noite ao redor da Apple Boutique para ter a oportunidade de pegar roupas de graça. A loja foi praticamente saqueada. O público levou as prateleiras, cabides, araras e até pedaços do carpete. A outra loja da Apple, em King's Road, passou a ser administrada pelo gerente da Apple Boutique.

1º de agosto
– *Trident Studios, em Soho*. A orquestra, o baixo e a primeira voz de "Hey Jude" são gravados usando uma mesa de oito canais (a EMI ainda usava quatro canais). John e Paul tiveram discussões acaloradas sobre quem gravaria o lado A do novo compacto, o primeiro da banda sob o selo da Apple. Finalmente, Paul venceu a batalha e "Hey Jude" veio a ser o primeiro lançamento da Apple (o *single* foi o maior sucesso de vendas dos Beatles de todos os tempos).

2 de agosto
– *Trident Studios, em Soho*. Alguns *overdubs* são gravados e "Hey Jude" é mixada e finalizada.
– Estreia da série *Thingumybob*, da London Weekend Television, com o astro Stanley Holloway, cuja música tema fora escrita por Paul.

3 de agosto
– Paul passa a noite no Revolution Club com Francie Schwartz, que, como boa oportunista, viria a escrever uma biografia chamada *Body Count*, sobre seu breve relacionamento com o Beatle e, obviamente, ganhou um bom dinheiro com isso.

6 de agosto
– *Trident Studios, em Soho*. "Hey Jude" é mixada de estéreo para mono.
– John, Patti Harrison e a editora de moda Suzy Menkes comparecem a um desfile no Revolution. Matthew Robinson faz uma entrevista com John que é transmitida nessa mesma noite no programa *Late Night Extra*, pela BBC Radio.

7 de agosto
– *Abbey Road*. Sessão de gravação de *The White Album*. Os Beatles trabalharam em "Not Guilty", de George, até as 5h30.
Em seguida, Paul e Francie Schwartz vão até o que restara da Apple Boutique e escrevem o nome das músicas do novo compacto dos Beatles nas antigas vitrines pintadas de branco: "Hey Jude" e "Revolution". Alguns comerciantes judeus da região interpretaram mal o nome "Hey Jude" e reclamaram. Paul desculpou-se por tê-los ofendido e explicou que a palavra *Jude* não tinha nenhuma relação com judeus e declarou ao jornal *Evening Standard*: "Aquilo foi só uma brincadeira. O que você faria se sua loja acabasse de ter sido fechada?".

8 de agosto
– *Abbey Road*. Sessão de gravação de *The White Album*. Cento e um *takes* são gravados de "Not Guilty", de George; entretanto, a canção não é incluída no álbum.

9 de agosto
– *Abbey Road*. Sessão de gravação de *The White Album*. A banda continua trabalhando em "Not Guilty". Paul grava "Mother Nature's Son" sozinho, sem a participação de nenhum outro Beatle.

11 de agosto
– A Apple Records é oficialmente inaugurada, com os Beatles declarando a semana de 11 a 18 de agosto como a "National Apple Week". A imprensa recebeu um pacote especial com o rótulo "Our First Four" que continha quatro compactos: *Hey Jude*, dos Beatles; *Sour Milk Sea*, de Jackie Lomax; *Thingumybob*, de The Black Dyke Mills Band; e *Those Were The Days*, de Mary Hopkin. *Hey Jude* foi o compacto de maior sucesso de vendas dos Beatles de todos os tempos, com 6 milhões de cópias em quatro meses (chegando a 8 milhões no mundo todo). Além disso, *Those Were The Days*, de Mary Hopkin, vendeu 4 milhões de cópias, em quatro meses, não só no Reino Unido, mas também em vários outros países, um excelente começo para a Apple Records.

12 de agosto
– *Abbey Road*. Sessão de gravação de *The White Album*. O vocal de George em "Not Guilty" é gravado na técnica, com um microfone ligado diretamente na mesa de som.

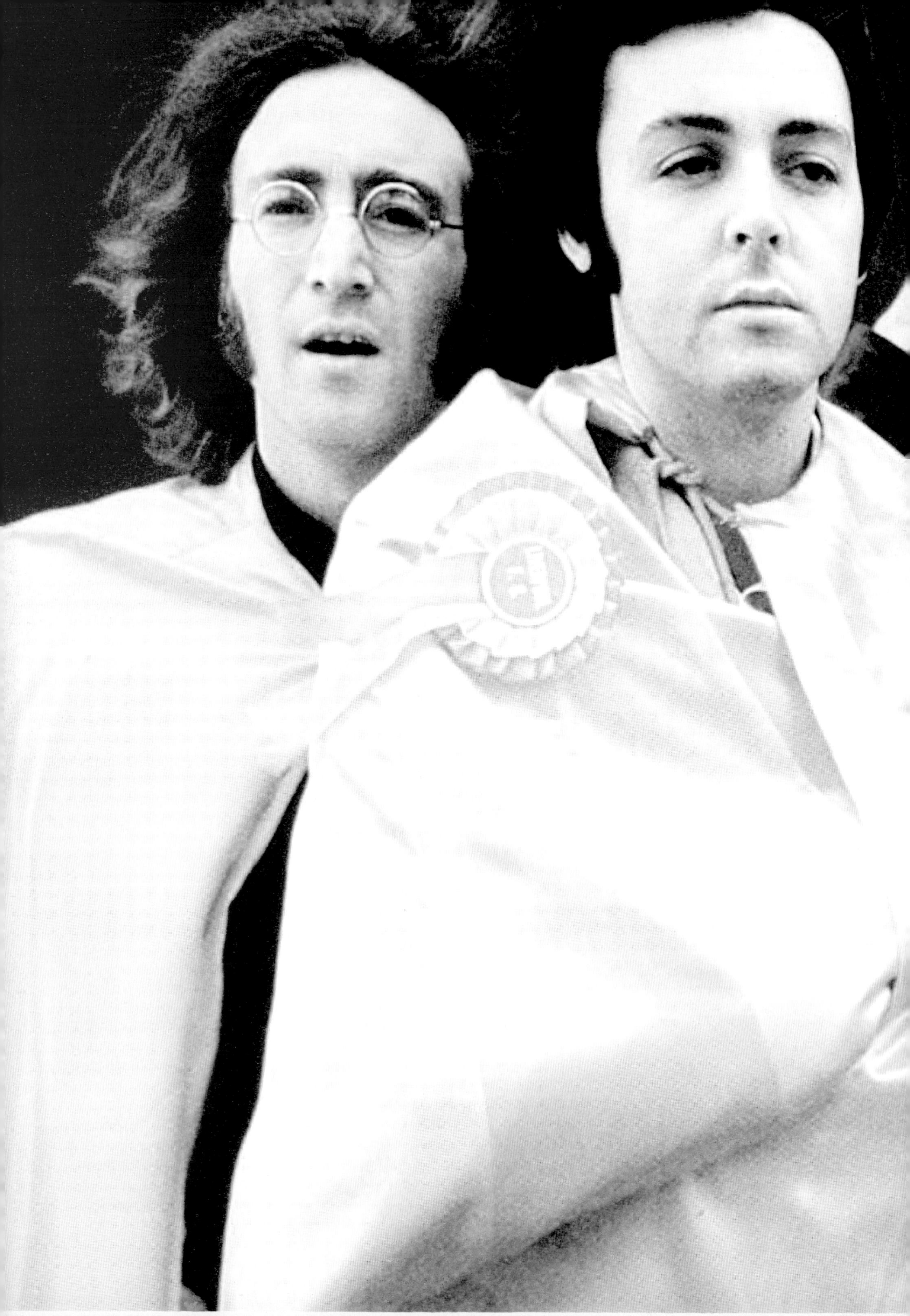

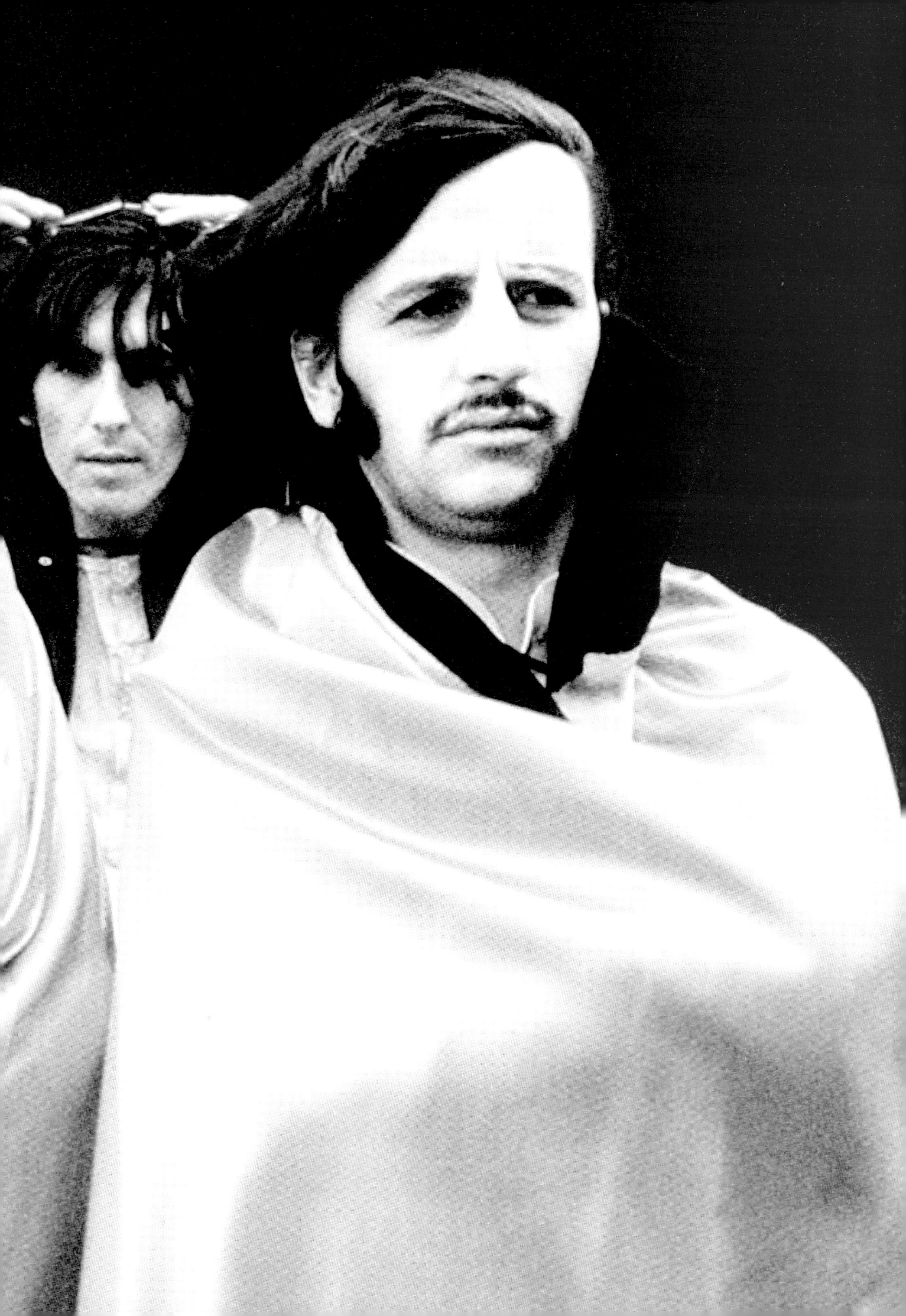

– John e Yoko comparecem ao desfile do estilista Ossie Clark, em Chelsea.

13 de agosto
– *Abbey Road*. Sessão de gravação de *The White Album*. O grupo refaz "Sexy Sadie" e começa a trabalhar em "Yer Blues", de John. A banda entra em uma pequena sala de gravação fora do estúdio principal para tentar recriar o ambiente intimista do The Cavern, e ficam muito satisfeitos com a acústica do local. A preocupação que tinham quanto ao vazamento de som era infundada.

14 de agosto
– *Abbey Road*. Sessão de gravação de *The White Album*. "Yer Blues" estava praticamente finalizada. Então, após Paul e Ringo terem ido embora, John e George gravam "What's The New Mary Jane", uma das músicas "experimentais" de John criada sob influência de Yoko.

15 de agosto
– *Abbey Road*. Sessão de gravação de *The White Album*. Gravação de "Rocky Racoon", de Paul.

16 de agosto
– *Abbey Road*. Sessão de gravação de *The White Album*. Uma nova versão de "While My Guitar Gently Weeps", de George, é gravada.

17 de agosto
– George e Patti vão descansar na Grécia.

20 de agosto
– *Abbey Road*. Sessão de gravação de *The White Album*. "Yer Blues" é finalizada.

Paul acrescenta os *overdubs* dos metais de "Mother Nature's Son". Em seguida, faz uma fita demo com "Wild Honey Pie" e "Etcetera", para Marianne Faithfull, que, entretanto, recusou-se a gravá-la. Dizia-se que a tensão no estúdio entre os membros do grupo estava se tornando insuportável.

21 de agosto
– *Abbey Road*. Sessão de gravação de *The White Album*. John acrescenta uma nova primeira voz a "Sexy Sadie".
– George e Patti voltam da Grécia.

22 de agosto
– *Abbey Road*. Sessão de gravação de *The White Album*.
– Cynthia entra com o pedido de divórcio com base no adultério de John com Yoko, acusação que não foi contestada por ele.

Página seguinte: Sessão de fotos no Mercury Theatre, em Notting Hill Gate, em 28 de julho.

23 de agosto
– *Abbey Road*. Sessão de gravação de *The White Album*. A banda finaliza "Back In The USSR", de Paul.

24 de agosto
– John e Yoko apresentam-se ao vivo no programa de David Frost, *Frost on Saturday*, falando sobre artes, espetáculos e paz, transmitido pela London Weekend Television, direto de Wembley.
– Ronan O'Rahilly, o antigo diretor da Radio Caroline (antes de o governo ter fechado as rádios piratas), é contratado pela Apple como "assessor de negócios". A banda começa a trabalhar na base de "Back In The USSR", com Paul, o compositor da canção, na bateria. Derek Taylor divulga um *press-release* que dizia: "John tem grande admiração por ele em virtude do trabalho que desenvolveu na Radio Caroline".

26 de agosto
– O compacto *Hey Jude/Revolution* é lançado nos Estados Unidos pela Apple (Capitol 2276).

Ringo sai...

20 de agosto: Os desentendimentos entre os membros do grupo chegaram a tal ponto que Ringo anunciou que estava deixando a banda. Ele saiu para pensar sobre o futuro, mas a gota d'água foi o fato de Paul tê-lo interrompido durante uma sessão de gravação para ensiná-lo como tocar o tom-tom em "Back In The USSR". O baterista, então, foi para o Mediterrâneo passar 15 dias no iate de Peter Sellers. Foi nessa ocasião, após se recusar a comer a lula que lhe fora oferecida, que Ringo escreveu "Octopus's Garden".

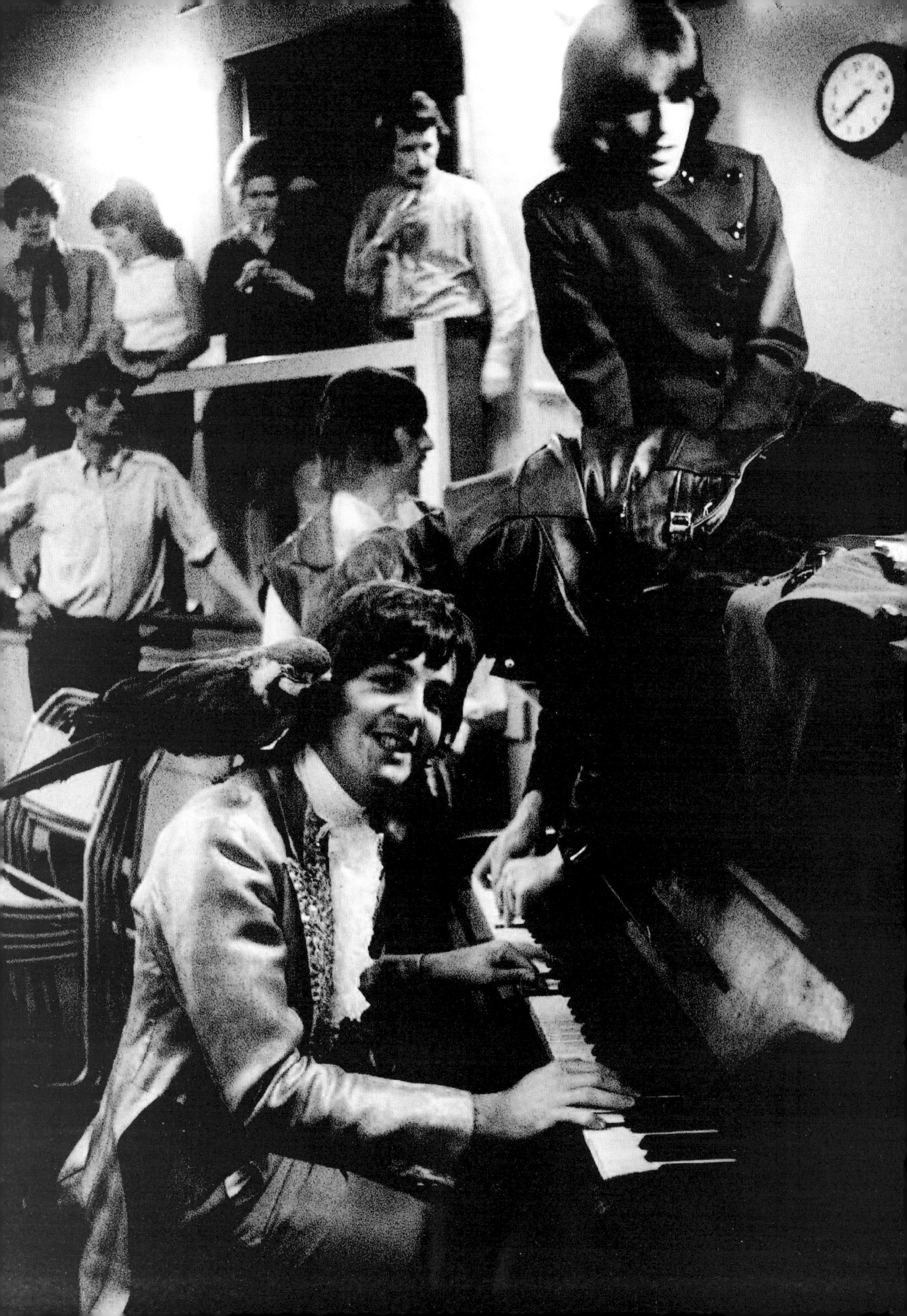

A volta de Ringo

3 de setembro: Decidido a continuar na banda, Ringo foi ao estúdio, onde encontrou sua bateria coberta de flores. Ele não participou de nenhuma gravação nesse dia, pois a sessão foi dedicada a testes com o novo equipamento de oito canais da EMI, que ainda estava sendo avaliado pelos técnicos da gravadora. Ringo: "Estava me sentindo cansado e desanimado... decidi tirar uma semana de férias e quando voltei para trabalhar tudo estava bem novamente. Apesar de Paul ser o maior baixista do mundo, é também muito determinado e não para até conseguir que as coisas sejam feitas de sua maneira. Isso pode ser uma virtude, o que não significa que desentendimentos sobre a forma de trabalharmos não acontecessem de tempos em tempos".

– O compacto *Thingumybob/Yellow Submarine*, de Jonh Foster & Sons Ltd. Black Dyke Mills Band, composto e produzido por Paul McCartney, é lançado nos Estados Unidos pela Apple (1800).

– O compacto *Those Were The Days/ Turn! Turn! Turn! (To Everything There Is A Season)*, de Mary Hopkin e produzido por Paul McCartney, é lançado nos Estados Unidos pela Apple (1801).

– A canção "Sour Milk Sea", de Jackie Lomax, composta e produzida por George Harrison, é lançada em compacto nos Estados Unidos pela Apple (1802).

27 de agosto
– Paul vai visitar sua família em Liverpool e aproveita a oportunidade para assistir ao jogo de futebol de Liverpool x Everton.

28 de agosto
– Trident Studios, no Soho. Sessão de gravação de *The White Album*. Os Beatles, sem a participação de Ringo, começam a trabalhar na base rítmica de "Dear Prudence", de John.

29 de agosto
– Trident Studios, no Soho. Sessão de gravação de *The White Album*. A banda acrescenta *overdubs* a "Dear Prudence".

30 de agosto
Trident Studios, no Soho. Sessão de gravação de *The White Album*. "Dear Prudence é finalizada e mixada.

– O compacto *Hey Jude/ Revolution* é lançado no Reino Unido pela Apple (Parlophone R 5722).

– O compacto *Those Were The Days/ Turn! Turn! Turn! (To Everything There Is A Season)*, de Mary Hopkin e produzido por Paul McCartney, é lançado no Reino Unido pela Apple (2).

– A canção "Sour Milk Sea", de Jackie Lomax, composta e produzida por George Harrison, é lançada em compacto no Reino Unido pela Apple (3).

– Neil Aspinall casa-se com Susan Ornstein no cartório de Chelsea. O casal ganha uma casa de presente dos Beatles.

31 de agosto
– A revista de atualidades *Private Eye* divulga que o álbum de John e Yoko, que estava prestes a ser lançado, traria em sua capa uma foto de nu frontal.

3 de setembro
– *Abbey Road.* Sessão de gravação de *The White Album.*

4 de setembro
– *Twickenham Film Studios.* Michael Lindsay-Hogg dirige os videoclipes de "Hey Jude" e "Revolution". David Frost vai ao estúdio gravar uma abertura para os clipes que seriam exibidos em seu programa *Frost On Sunday*, dando aos espectadores a impressão de que os Beatles estavam cantando ao vivo, uma estratégia para driblar o sindicato dos músicos, que não permitia mais *playblacks*. O videoclipe apresentava uma orquestra e os Beatles com seus instrumentos, mas somente a voz de Paul foi gravada ao vivo.

5 de setembro
– *Abbey Road.* Sessão de gravação de *The White Album*. A banda continua a aperfeiçoar "While My Guitar Gently Weeps", de George.

6 de setembro
– A Thames Television, associada da ITV, faz uma filmagem com Paul e Mary Hopkin no prédio da Apple em Savile Row, n. 3, que seria exibida em sua nova série infantil, *Magpie*.
– *Abbey Road.* Sessão de gravação de *The White Album*. Eric Clapton acrescenta seu famoso solo a "While My Guitar Gently Weeps", de George, com Ringo na percussão, Paul no baixo fuzz e segunda voz, e George na primeira voz.
– O compacto *Thingumybob/Yellow Submarine*, de Jonh Foster & Sons Ltd. Black Dyke Mills Band, composto e produzido por Paul McCartney, é lançado no Reino Unido pela Apple (4).

8 de setembro
– O videoclipe de "Hey Jude" estreia na TV no programa *Frost On Sunday*, da London Weekend Television.

9 de setembro
– *Abbey Road.* Sessão de gravação de *The White Album*. A banda grava uma nova versão de "Helter Skelter", de Paul.

10 de setembro
– *Abbey Road.* Sessão de gravação de *The White Album*. *Overdubs* são acrescentados a "Helter Skelter".
– A participação de Paul e Mary Hopkin no programa infantil *Magpie*, junto com Pete Brady, o apresentador do show, é exibida pela Thames Television.

11 de setembro
– *Abbey Road.* Sessão de gravação de *The White Album*. A banda começa a trabalhar na base rítmica de "Glass Onion", de John.

12 de setembro
– *Abbey Road.* Sessão de gravação de The White Album. Continuam os trabalhos em "Glass Onion".

13 de setembro
– *Abbey Road.* Sessão de gravação de *The White Album*. Foram feitos os *takes* da bateria e do piano de "Glass Onion".

16 de setembro
– *Abbey Road.* Sessão de gravação de *The White Album*. A banda começa a construir a base rítmica de "I Will", de Paul, e acrescenta *overdubs* a "Glass Onion".

17 de setembro
– *Abbey Road.* Sessão de gravação de *The White Album*. Os Beatles finalizam "I Will", de Paul.

18 de setembro
– *Abbey Road.* Sessão de gravação de *The White Album*. Paul vai cedo ao estúdio e começa a trabalhar em "Birthday"; portanto, quando os outros chegam, boa parte da canção já havia sido delineada, e no início da noite estava praticamente terminada. Todos os Beatles, Yoko, Patti Harrison, o produtor Chris Thomas e outros amigos do grupo vão à casa de Paul para assistir *The Girl Can't Help It*, o primeiro filme de Jayne Mansfield com Little Richard, Fats Domino, The Platters, Gene Vincent e Eddie Cochran, que foi ao ar às 21h05 pela BBC 2. Em seguida, voltaram ao estúdio, e às 5h haviam finalizado e mixado "Birthday".

18 de outubro: John é preso

Durante uma batida policial, John e Yoko foram presos no apartamento que alugaram de Ringo, em Montagu Square, n. 34, em Londres. O esquadrão antidrogas, com um mandado de busca, encontrou 219 gramas de haxixe e levou o casal para o departamento de polícia de Paddington Green, onde também foram acusados de obstrução policial.

John: "De repente alguém bateu à porta e ouvimos uma voz feminina. Olhei ao redor e havia um policial na janela tentando entrar. Estávamos deitados e seminus. Yoko correu para o banheiro para se vestir, mantendo parte do corpo para fora para que os policiais não pensassem que ela estava escondendo algo, e eu disse, 'ligue para o advogado, rápido', mas ela ligou para a Apple. Não sei por que fez isso e acabamos sendo presos por obstrução, o que foi ridículo, pois a única coisa que queríamos era nos vestirmos".

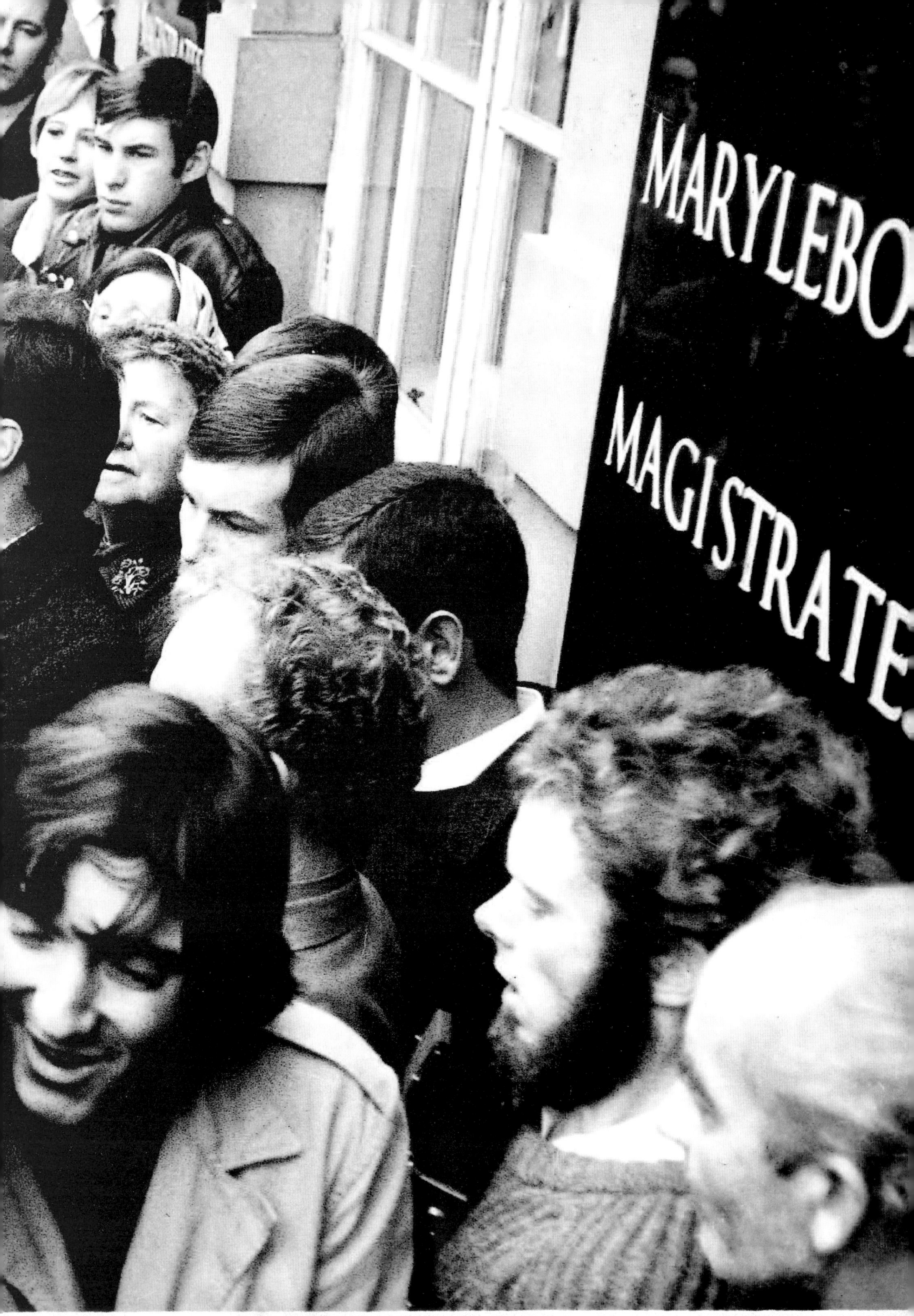
MARYLEBO
MAGISTRATE

– George dá uma entrevista a Alan Smith, do programa *Scene And Heard*, da BBC Radio 1.
19 de setembro
– *Abbey Road*. Sessão de gravação de *The White Album*. "Piggies", de George, é gravada, com a participação do produtor Chris Thomas no cravo.
20 de setembro
– *Abbey Road*. Sessão de gravação de *The White Album*. A banda finaliza "Piggies".
23 de setembro
– *Abbey Road*. Sessão de gravação de *The White Album*. Os Beatles começam as gravações de "Happiness Is A Warm Gun", de John.
24 de setembro
– *Abbey Road*. Sessão de gravação de The White Album. Os Beatles continuam a trabalhar a base rítmica de "Happiness Is A Warm Gun".
25 de setembro
– *Abbey Road*. Sessão de gravação de *The White Album*. A banda finaliza "Happiness Is A Warm Gun".
26 de setembro
– *Abbey Road*. Sessão de gravação de *The White Album*. Mixagem de "Happiness Is A Warm Gun". John passa a maior parte da sessão gravando uma fita com efeitos sonoros para "Glass Onion"; porém ela não foi usada.
28 de setembro
– A entrevista de George para o programa *Scene And Heard* foi transmitida pela BBC Radio 1.
30 de setembro
– A biografia autorizada dos Beatles, *The Beatles*, de Hunter Davis, é publicada no Reino Unido pela William Heinemann Limited.
– Como James, o pai de Paul, esteve internado no hospital durante todo o mês de setembro, o Beatle foi várias vezes a Liverpool para visitá-lo.
1º de outubro
– *Trident Studios, no Soho*. Sessão de gravação de *The White Album*. "Honey Pie", de Paul, fica praticamente finalizada.

Cynthia chega à Alta Corte de Justiça, em Strand, para dar início ao processo de divórcio.

2 de outubro
– *Trident Studios, no Soho*. Sessão de gravação de *The White Album*. Paul grava a primeira voz e a guitarra de "Honey Pie".
3 de outubro
– *Trident Studios, no Soho*. Sessão de gravação de *The White Album*. A banda começa as gravações de "Savoy Truffle", de George. A música é inspirada nos nomes exóticos dos bombons de uma caixa de chocolates Mackintosh Good News – os favoritos de Eric Clapton.
4 de outubro
– *Trident Studios, no Soho*. Sessão de gravação de *The White Album*. Paul e uma orquestra de 14 músicos gravam "Martha My Dear" e dão os toques finais a "Honey Pie".
5 de outubro
– *Trident Studios, no Soho*. Sessão de gravação de *The White Album*. George acrescenta a primeira voz e Paul, o baixo e bateria a "Savoy Truffle".
7 de outubro
– *Abbey Road*. Sessão de gravação de *The White Album*. A longa sessão, que começou às 14h30 e terminou às 7h do dia seguinte, é dedicada à gravação da base rítmica de "Long Long Long", de George, sem a participação de John.
8 de outubro
– *Abbey Road*. Sessão de gravação de *The White Album*. Mais uma longa sessão que começou às 16h e se estendeu até as 8h do dia seguinte. A banda gravou e finalizou "I'm So Tired" e "The Continuing Story Of Bungalow Bill", ambas de John, e continuou a trabalhar em "Long Long Long", de George.
9 de outubro
– *Abbey Road*. Sessão de gravação de *The White Album*. Enquanto eram feitos os ajustes finais de "The Continuing Story Of Bungalow Bill" e "Long Long Long", Paul vai para o estúdio ao lado, onde grava rapidamente "Why Don't We Do It In The Road".
10 de outubro
– *Abbey Road*. Sessão de gravação de *The White Album*. A banda finaliza "Piggies" e "Glass Onion", e Paul novamente dá uma escapulida, dessa vez com Ringo, para completarem "Why Don't We Do It In The Road".
– George Harrison forma uma nova editora musical, a Singsong Limited.
11 de outubro
– *Abbey Road*. Sessão de gravação de *The White Album*. Seis saxofones são acrescentados à "Savoy Truffle".
– A música "I'm The Urban Spaceman", da banda The Bonzo Dog Doo-Dah Band, produzida por Paul McCartney (sob o pseudônimo de Apollo C. Vermouth), é lançada em compacto no Reino Unido pela Liberty (LBF 15144).
12 de outubro
– *Abbey Road*. Sessão de gravação de *The White Album*. A noite é dedicada à mixagem de várias faixas.
– Jane Asher declarou ao jornal *London Evening Standard*: "Sei que isso pode parecer piegas, mas ainda somos grandes amigos. Realmente somos. Ainda nos vemos e

nos amamos, mas não deu certo. E não há mais nada a dizer. Talvez sejamos como namorados de infância, que se reencontrarão e se casarão aos 70 anos".

13 de outubro
– *Abbey Road*. Sessão de gravação de *The White Album*. Sozinho no estúdio, John grava e mixa a balada "Julia".

14 de outubro
– *Abbey Road*. Sessão de gravação de *The White Album*. São feitas gravações de *overdubs* para "Savoy Truffle" e, em seguida, mixagens de algumas faixas do álbum duplo, que finalmente fica completo.
– Como sua presença não era necessária nem durante as mixagens finais nem na escolha da sequência das faixas do novo álbum, Ringo e Maureen foram para a Sardenha em férias.

15 de outubro
– *Abbey Road*. Sessão de gravação de *The White Album*. Sessões de mixagem para as versões mono e estéreo.

16 de outubro
– *Abbey Road*. Sessão de gravação de *The White Album*. Paul, John e George Martin trabalham 24 horas seguidas, das 17h do dia 16 às 17h do dia 17, escolhendo a sequência de músicas para os quatro lados do álbum duplo. O prazo para o término do trabalho se aproximava, portanto, todos os estúdios e salas de áudio de Abbey Road foram reservados para essa maratona. No final, 30 canções formaram o álbum *The Beatles* e, como de hábito, as duas músicas do novo compacto da banda não foram incluídas.
George não participou da sessão, pois viajara para Los Angeles para dar continuidade aos trabalhos do novo álbum de Jackie Lomax, o próximo lançamento da Apple.

19 de outubro
– John e Yoko comparecem à Corte de Magistrados de Marylebone, onde são liberados sob fiança e o caso é prorrogado até 28 de novembro.

25 de outubro
– O compacto *Quelli Erand Giorni/ Turn! Turn! Turn! (To Everything There Is A Season)*, com Mary Hopkin e produzido por Paul McCartney, é lançado na Itália pela Apple (2).
– John e Yoko anunciam que ela estava grávida e que o bebê nasceria em fevereiro de 1969.

28 de outubro
– O pedido de divórcio de Cynthia Lennon é oficialmente registrado.

31 de outubro
– Linda Eastman muda-se para Londres para morar com Paul. Trouxe consigo sua filha Heather, que foi matriculada em uma escola particular local.
– *All My Loving*, o documentário de Tony Palmer sobre música pop, é exibido pela BBC TV.

Novembro
– George passa quase sete semanas em Los Angeles gravando seis novas faixas para o álbum de Jackie Lomax, *Is This What You Want?*, no Sound Records Studios. O Beatle teve a oportunidade de usar os melhores músicos de estúdio de Los Angeles, incluindo Hal Blaine na bateria, Larry Knechtel nos teclados e Joe Osborn no baixo.

1º de novembro
– O álbum *Wonderwall Music* (trilha sonora original), de George Harrison & Band/Indian Orchestra, composto e produzido por George Harrison, é lançado no Reino Unido pela Apple (SAPCOR I).
Lado A: "Microbes", "Red Lady", "Medley", "Tabla and Pakavaj", "In The Park", "Medley", "Greasy Legs", "Ski-ing And Gat Kirwani", "Dream Scene";
Lado B: "Party Seacombe", "Medley", "Love Scene", "Crying", "Cowboy Museum", Fantasy Sequins", "Glass Box", "On The Bed", "Wonderwall To Be Here", "Singing Ohm".

5 de novembro
– Paul e Linda vão descansar na fazenda do Beatle na Escócia.

8 de novembro
– Como John aceita a acusação de adultério, a Corte de Divórcios de Londres concede a Cynthia a separação consensual e a custódia do filho Julian.
– É divulgado que o contrato de cinco anos de George com a editora musical Northern Songs Limited havia expirado em março e não fora renovado.

11 de novembro
– O álbum *Unfinished Music N.1 – Two Virgins*, com John Lennon e Yoko Ono, composto e produzido por eles, é lançado nos Estados Unidos pela Apple (T 5001).
Lado A: "Two Virgins Nº 1", "Together", "Two Virgins (Nº 2 a Nº 6)";
Lado B: "Two Virgins", "Hushabye Hushabye", "Two Virgins (Nº 7 a Nº 10)".
– Como a foto de John e Yoko nus na capa do álbum foi considerada uma afronta por alguns, a EMI recusou-se a distribuir o álbum, tarefa que foi assumida pela Track Records. Nos Estados Unidos, a Capitol também não quis ter nenhum envolvimento com o disco, temendo represálias de grupos religiosos. O desafio foi aceito pela pequena gravadora Tetragrammaton que, mesmo assim, achou por bem colocar o disco dentro de um envelope pardo, deixando à mostra o rosto de John e Yoko.

15 de novembro
– Enquanto estava em Los Angeles, George faz uma breve e inesperada apresentação no programa *The Smothers Brothers' Comedy Hour* para o público presente no estúdio da CBS TV, em Hollywood.

17 de novembro
– A participação de George em *The Smothers Brothers' Comedy Hour* é transmitida pela CBS.

19 de novembro
– Ringo e família mudam-se de Sunny Heights, em Weybridge, para Brookfields, uma bela propriedade perto de Elstead.

20 de novembro
– Em sua casa em Cavendish Avenue, em St John's Wood, Paul dá uma entrevista a Tony MacArthur para um especial de duas horas da Radio Luxembourg, intitulado *The Beatles*.

21 de novembro
– Yoko é internada no Queen Charlotte's Hospital, em Londres, por causa de um aborto espontâneo, provavelmente causado pelo estresse de ter sido presa. John permanece a seu lado dormindo em uma cama extra e, quando esta tinha de ser cedida a um paciente, ele passava a noite no chão.

22 de novembro
– O álbum *The Beatles* (conhecido como The *White Album*) é lançado no Reino Unido pela Apple (Parlophone), versão mono (PMC 70677068), versão estéreo (PCS 70677068)
Lado A: "Back In The USSR", "Dear Prudence", "Glass Onion", "Ob-La-Di, Ob-La-Da", "Wild Honey Pie", "The Continuing Story of Bungalow Bill", "While My Guitar Gently Weeps", "Happiness Is A Warm Gun";
Lado B: "Martha My Dear", "I'm So Tired", "Blackbird", "Piggies"; "Rocky Racoon", "Don't Pass Me By", "Why Don't We Do It In The Road", "I Will", "Julia";
Lado C: "Birthday", "Yer Blues", "Mother Nature's Son", "Everybody's Got Something To Hide Except Me And My Monkey",

John e Yoko trabalhando em seu filme Rape, *com a editora Tony Trow.*

"Sexy Sadie", "Helter Skelter", "Long Long Long";
Lado D: "Revolution 1", "Honey Pie", "Savoy Truffle", "Cry Baby Cry", "Revolution 9", "Good Night".

– Como Peter Blake fora o diretor artístico da capa de *Sgt Pepper*, Robert Fraser propôs aos Beatles que Richard Hamilton, outra figura de destaque da Pop Art britânica, se encarregasse do próximo álbum. Ele foi convidado para se encontrar com os Beatles nos escritórios da Apple, em Savile Row e, após ter esperado por mais de uma hora, ele foi conduzido à sala de reuniões. A essa altura, ele já estava começando a pensar melhor se deveria se envolver no ramo musical e perguntou a Paul:

"Por que você mesmo não se encarrega disso? Você não precisa de mim. Eu não sou o tipo de artista que você está procurando".

Como a capa de *Sgt Pepper* era muito rebuscada, ele propôs algo contrastante, um álbum branco. Para dar um toque inusitado, Hamilton convenceu-os a imprimir em cada cópia um número, dando a ideia de uma "tiragem limitada" de, aproximadamente, 5 milhões de cópias. Paul achou a ideia divertida e concordou com ela.

**Richard Hamilton: "Comecei a me sentir um pouco desconfortável em colocar o álbum duplo da banda em um invólucro branco, sem outra coisa se não o título em relevo. Então, sugeri que encartássemos um pôster que seria mais atraente que a capa.
Por isso o álbum acabou sendo lançado dessa forma...
A maior parte das pessoas pensou que a ideia foi de Yoko, inclusive ela. Pelo que conheço de seu trabalho e de seu *background* em arte *avant-garde*, tenho certeza de que teria me apoiado, pois minha abordagem tinha tudo a ver com ela. Nessa época, Yoko estava metendo o nariz no negócio dos Beatles, mas meu contato era somente com Paul – nem mesmo a EMI estava envolvida no projeto".**

– **Paul: "Richard e eu trabalhamos juntos na montagem do pôster para *The White Album*.**

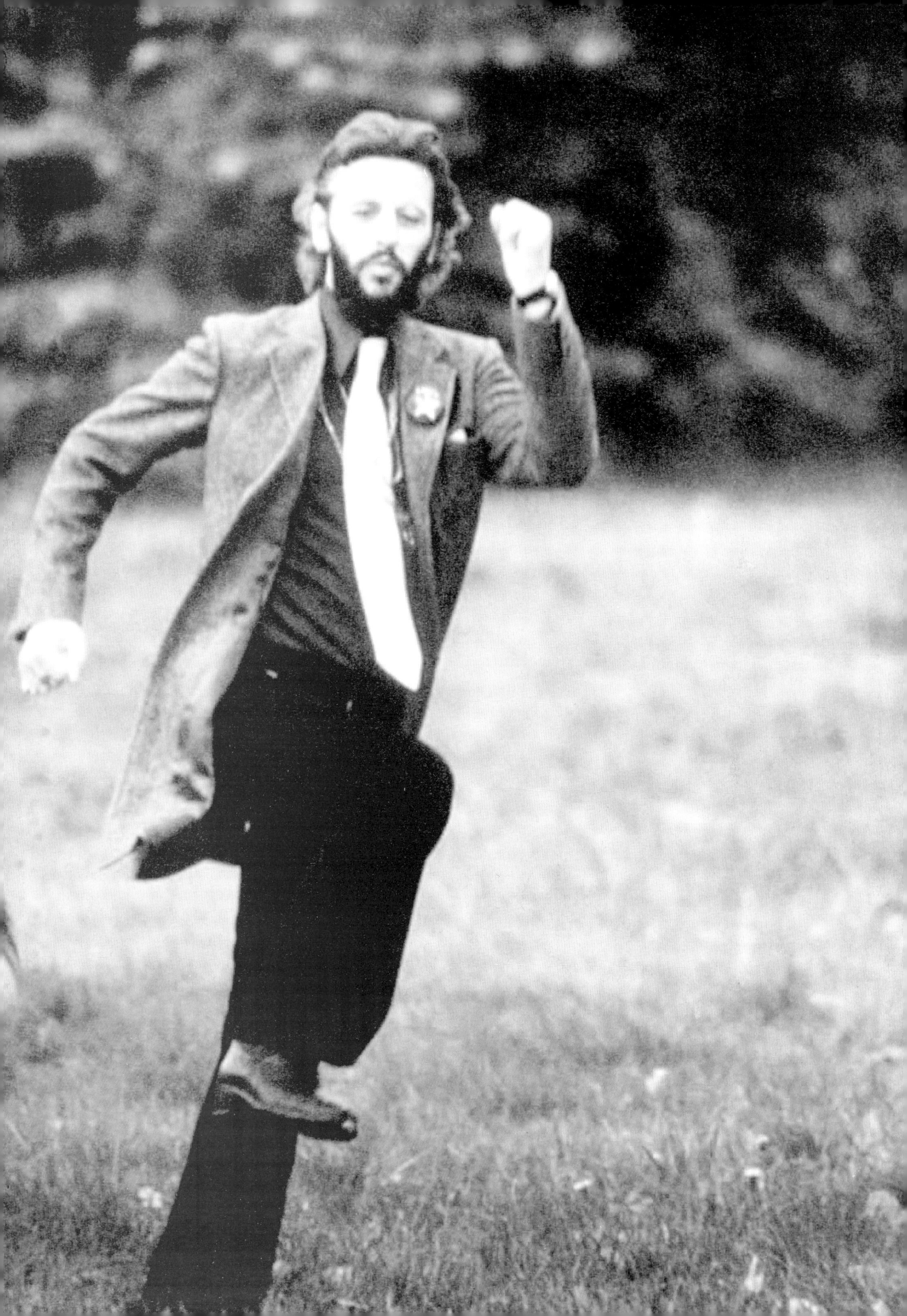

Durante uma semana, acompanhei-o trabalhando na colagem das fotos da infância de cada um de nós. Fiquei impressionado quando, no final da semana, o pôster estava finalizado com as fotos na disposição que ele queria, e ainda havia a aplicação de fitas de papel branco, para dar a impressão de que elas não foram simplesmente colocadas ao acaso. O resultado foi fantástico e lembro-me de ter achado incrível a forma como ele criara esse efeito que eu nunca havia visto antes".

24 de novembro
– A banda Grapefruit cancela seu contrato com a Apple. Terry Doran, o empresário do grupo, declara ao jornal *The People*: "Gosto dos Beatles como amigos, não como patrões... me parece que a Apple está sem rumo".

25 de novembro
– O álbum *The Beatles (The White album*) é lançado nos Estados Unidos pela Apple (Capitol SWBO 101), versão estéreo, com as mesmas faixas que a versão britânica.

28 de novembro
– John confessa-se culpado por posse de haxixe perante a Corte dos Magistrados de Marylebone. A fim de causar comoção, o advogado de John disse que, após a batida policial, Yoko perdera o bebê, o que foi um grande choque para o casal. John é multado em 150 libras e obrigado a pagar custas de 20 *guineas*. Ele e Yoko foram considerados inocentes da acusação de obstrução. Foi declarado no tribunal que John perguntara, durante o interrogatório, logo após a batida policial:

"Posso fazer uma **pergunta?** Como todo esse **bagulho** é meu, serei eu o **único** envolvido?".

Ele temia que Yoko fosse deportada por não ser uma cidadã britânica. A condenação de John o assombraria durante anos e foi usada pelo governo Nixon para negar-lhe a obtenção do *Green Card* para morar nos Estados Unidos.

29 de novembro
– O álbum *Unfinished Music nº1 – Two Virgins*, com John Lennon e Yoko Ono, composto e produzido por eles, é lançado no Reino Unido pela Apple (SAPCOR 2), com as mesmas faixas que a versão americana.

30 de novembro
– A revista *New Musical Express* divulga que o compacto *Hey Jude* vendera quase 6 milhões de cópias em todo o mundo.

Dezembro
– Durante os meses de dezembro e janeiro, John e Yoko rodam o filme *Rape* para a TV australiana, no qual um grupo de *cameramen* perseguia uma jovem até que esta estivesse à beira das lágrimas. **John: "Queremos mostrar como todos nós estamos expostos e vivendo sob pressão nos dias de hoje. O que acontece com essa garota na tela, está acontecendo em Biafra, no Vietnã, em todos os lugares".**

2 de dezembro
– O álbum Wonderwall Music (trilha sonora original), com George Harrison & Band/Indian Orchestra, composto e produzido por George Harrison, é lançado nos Estados Unidos pela Apple (ST 3350), com as mesmas faixas que a versão britânica.

4 de dezembro
– George circula um memorando para os funcionários da Apple, avisando-os de que havia convidado um grupo de *Hell's Angels* da Califórnia para hospedarem-se em Savile Row, n. 3: "Um grupo de 12 *Hell's Angels* chegarão a Londres, a caminho da Tchecoslováquia, até o final da próxima semana. Virão com suas jaquetas de couro pretas e motocicletas. Eles ficarão na Apple e vão tentar tomar conta de todas as instalações da empresa. Vocês podem ter a impressão de que eles estão a fim de matá-los, mas, na verdade, são pessoas comuns que gostam de fazer o bem. Portanto, não tenham medo, mas não os provoquem. Tentem ajudá-los no que for preciso, sem negligenciar seu trabalho e sem deixá-los fazer o que bem entendem em Saville Row".

6 de dezembro
– O álbum *James Taylor*, de James Taylor, com a e participação de Paul McCartney no baixo (primeira faixa do lado B: "Carolina On My Mind"), é lançado no Reino Unido pela Apple (SAPCOR 3).

7 de dezembro
– O correspondente americano da revista britânica *Disc and Music Echo* divulga que Paul e a fotógrafa nova-iorquina Linda Eastman estavam juntos.

10 de dezembro
– "Kenwood", a casa de John e Cynthia, em St George Hill Estate, em Weybridge, é colocada à venda.
– John e Yoko vão ao Wembley Studios para participar dos ensaios do especial de TV dos Rolling Stones, *The Rolling Stones' Rock And Roll Circus*, que seria rodado no dia seguinte. John cantou "Yer Blues".

11 de dezembro
– No calor do momento, Paul, Linda e Heather, sua filha, pegam um voo para a Praia da Luz, em Algarve, Portugal, onde ficariam hospedados com Hunter Davies, que lhes enviara um cartão-postal convidando-os, informalmente, para passar alguns dias com ele. Por causa do horário, não podiam mais pegar um voo comercial, portanto Neil Aspinall contratou um jatinho particular. Eles chegaram no meio da noite à *villa* que Davies alugara e bateram à porta até acordá-lo e, como não tinham dinheiro português, o anfitrião ainda teve de pagar o táxi.
– Yoko e John, acompanhado de seu filho Julian, passam o dia e a maior parte da noite no Wembley Studios, filmando o especial *The Rolling Stones' Rock And Roll Circus*, um verdadeiro show de astros. Entretanto, como Mick Jagger achou que a banda The Who havia ofuscado os

Stones, o projeto ficaria arquivado até 1997, quando seria lançado em vídeo. Por volta da meia-noite, John e Yoko voltaram para o centro de Londres para participarem ao vivo do programa *Night Ride*, da BBC Radio, no qual falaram sobre seu disco *Two Virgins* e tocaram pequenos trechos de músicas do álbum *The Beatles* (*The White Album*).

12 de dezembro
– A chegada de um jato particular no pequeno e recém-inaugurado *Faro Airport* atraiu a atenção da imprensa e Paul foi obrigado a dar uma entrevista coletiva na praia.

18 de dezembro
– A música "I'm The Urban Spaceman", da banda The Bonzo Dog Doo-Dah Band, produzida por Paul McCartney (sob o pseudônimo de Apollo C. Vermouth), é lançada em compacto nos Estados Unidos pela Imperial (66345).
– John e Yoko participam da festa de Natal do Royal Albert Hall, subindo ao palco para uma *performance* dentro de um grande saco branco.

20 de dezembro
– O *flexi-disc* de Natal *The Beatles' 1968 Christmas Record* é distribuído para o fã-clube da banda.

23 de dezembro
– A primeira festa de Natal da Apple é realizada em Savile Row, com a presença dos *Hell's Angels* e membros de uma comunidade hippie da Califórnia. Apesar de não terem sido vistos com muita frequência na nova sede da Apple, John e Yoko participaram do evento vestidos de Papai e Mamãe Noel e distribuíram presentes para todas as crianças que lá estavam.

1969

2 de janeiro
– Filmagem de *Get Back* no Twickenham Studios.
Pressionados por Paul, os outros Beatles concordam, com certa relutância, em fazer uma apresentação ao vivo, que seria filmada e lançada como um especial de TV, com uma hora de duração. Todavia, eles não conseguiram chegar a um acordo sobre o local: primeiramente escolheram The Roundhouse, em Chalk Farm, Londres, e chegaram a reservá-lo duas vezes. Pensou-se seriamente na ideia de usar um anfiteatro romano na Tunísia, onde as filmagens começariam ao entardecer, com a arena vazia, e depois pessoas de todas as raças e credos entrariam para assistir ao show, mas Ringo vetou a ideia dizendo que não gostaria da comida.
Como todos haviam concordado em fazer um especial para a TV, Denis O'Dell, produtor da Apple Films, propôs que começassem a filmar todo o processo de composição e ensaio de músicas inéditas, para futuramente incluí-lo no especial.
Todavia, a partir de 3 de fevereiro, o Twickenham Film Studios estaria sendo usado para as filmagens de *Um Beatle No Paraíso*, adaptação para o cinema do livro *The Magic Christian*, do qual Ringo faria parte. Então, Denis propôs que usassem o estúdio de áudio e começassem a rodar em 16mm. Foi um desastre. Além da banda ainda estar exausta em virtude da maratona de gravações do álbum *The Beatles*, Paul se intrometia no trabalho de George, o que o deixara aborrecido e irritado. John nem sequer ia ao banheiro sem Yoko, e ela, por sua vez, sempre dava um jeito de aparecer em cada tomada. O ambiente era tão tenso no estúdio que pôde ser captado pelas câmeras.

Patti Harrison e Yoko.

– A banda começa a ensaiar "Don't Let Me Down" e "Everybody Had A Hard Year".
3 de janeiro
– Filmagem de *Get Back* no Twickenham Studios. Os Beatles trabalharam em "All Things Must Pass", de George, e "The One After 909", antiga composição da banda.
– A polícia de New Jersey, nos Estados Unidos, confisca 30 mil cópias do álbum *Two Virgins*, de John e Yoko, sob alegação de que a capa era pornográfica.

John: "Estávamos um pouco envergonhados de nos despir para uma foto – então, resolvi tirá-la eu mesmo com uma câmera automática. Tiramos a foto para provar que não éramos, de forma alguma, um casal desvairado, depravado e que tínhamos uma mente sadia. Se conseguirmos que a sociedade aceite esse fato sem se sentir ofendida, sem nos ridicularizar, teremos atingido nosso propósito. É necessário que a ordem seja mantida, mas isso não significa que devamos sofrer as consequências de leis desatualizadas; pois, caso elas não fossem mudadas, os gays ainda estariam sendo perseguidos e presos. Cabe a todos nós lutar por uma sociedade mais justa – e este é basicamente o motivo pelo qual há manifestações por todo o mundo; é chegada a hora da revolução".
6 de janeiro
– Filmagem de *Get Back* no Twickenham Studios. Os Beatles trabalharam durante algumas horas em "Don't Let Me Down" e "Two Of Us". John, chapado de heroína, estava calado e alheio a tudo, deixando Yoko ser sua porta-voz.
7 de janeiro
– Filmagem de *Get Back* no Twickenham Studios. Os ensaios de "Maxwell's Silver Hammer" e "Across The Universe", de John,

George sai da banda

George sentindo-se inferiorizado por Paul e tenso em virtude da constante presença de Yoko no estúdio, abandonou os Beatles. A gota d'água foi uma acalorada discussão com John durante as filmagens de *Get Back*, em 10 de janeiro, na qual George o criticou por não colaborar com as gravações e não demonstrar nenhum interesse pelo projeto. George, então, saiu do refeitório do estúdio dizendo aos outros Beatles, "a gente se vê por aí", e foi para Liverpool visitar seus pais. Ele foi o segundo Beatle a deixar a banda. Todos terminaram de almoçar e, ao retornarem ao estúdio, Yoko sentou-se na almofada azul de George e, acompanhada pelos Beatles, fizeram uma longa "sessão de murmúrios e gemidos".

Peter Asher, o diretor de repertório da Apple, tentando ouvir a conversa franca e aberta de George e John.

foram medíocres, durante os quais ele esqueceu a letra de sua própria música. Como se não bastasse, Paul teve uma discussão com George, que sugeriu que a banda se separasse.

8 de janeiro
– Filmagem de *Get Back* no Twickenham Studios. O principal acontecimento do dia foi a discussão de George e John, durante o qual John desqualificou o talento de George como compositor.

9 de janeiro
– Filmagem de *Get Back* no Twickenham Studios. Os Beatles tentaram relaxar tocando "Suzy Parker".

10 de janeiro
– Filmagem de *Get Back* no Twickenham Studios.

12 de janeiro
– Estreia de *Wonderwall* no cinema Cinecenta.
– Os Beatles encontram-se na casa de Ringo para tentar resolver suas diferenças. Entretanto, a hostilidade entre John e George continuava sem solução.

13 de janeiro
– Filmagem de *Get Back* no Twickenham Studios. Paul e Ringo são os únicos Beatles a irem ao estúdio e aproveitam a oportunidade para conversar sobre a decisão de John de fazer de Yoko sua porta-voz. No final da tarde, John passa pelo estúdio rapidamente, mesmo assim nenhum trabalho é feito.
– O Álbum *Yellow Submarine* é lançado nos Estados Unidos pela Apple (Capitol SW 385), somente em versão estéreo.
Lado A: "Yellow Submarine", "Only A Northern Song", "All Together Now", "Hey Bulldog", "It's All Too Much", "All You Need Is Love";
Lado B: Sete faixas instrumentais com a George Martin Orchestra.

14 de janeiro
– Filmagem de *Get Back* no *Twickenham Studios*. John vai ao estúdio, mas reclama que não estava se sentindo bem porque havia passado a noite em claro se drogando. Eles tocam "Madman" e "Watching Rainbows".

15 de janeiro
– Filmagem de *Get Back* no Twickenham Studios. George volta de Liverpool e, durante uma reunião com os outros Beatles, que se estendeu por cinco horas, ele e John puseram um ponto final em suas desavenças. Além disso, George disse que só ficaria no grupo caso desistissem de fazer um show ao vivo. Entretanto, ele não fazia nenhuma objeção às filmagens do processo de gravação de um álbum. Para tanto, sugeriu que usassem o moderno estúdio de 72 canais que "Magic" Alex deveria estar montando na Apple, em Savile Row.

17 de janeiro
– O álbum *Yellow Submarine* é lançado no Reino Unido pela Apple (Parlophone PMC 7070), versão mono e (Parlophone PCS 7070), versão estéreo, com as mesmas faixas que a versão americana.

18 de janeiro
– Em um encontro fortuito nas escadas da Apple, John confidencia a Ray Coleman, editor da revista *Disc and Music Echo*: "A cada semana, a Apple está perdendo mais e mais dinheiro... se as coisas continuarem dessa forma, daqui a seis meses estaremos todos quebrados". Todavia Coleman publica o comentário, o que foi um choque para os assessores fiscais da Apple e os bancos com os quais a empresa tinha negócios.

20 de janeiro
– Algumas das condições de George para voltar ao grupo eram a não realização de um show ao vivo e o término das filmagens em Twickenham. Logo, *Get Back* passou a ser rodado na Apple, onde "Magic" Alex, o guru de John, havia supostamente montado um estúdio de 72 canais. Infelizmente, Alex não tinha a mínima ideia do que estava fazendo e montou um estúdio onde nem ao menos havia furos na parede para passar os cabos da técnica. Portanto, os microfones e os instrumentos não podiam ser conectados à mesa de som. Ao depararem com a inutilidade das instalações, pediram socorro a George Martin, que trouxe dois antigos gravadores de quatro canais da EMI, passou os

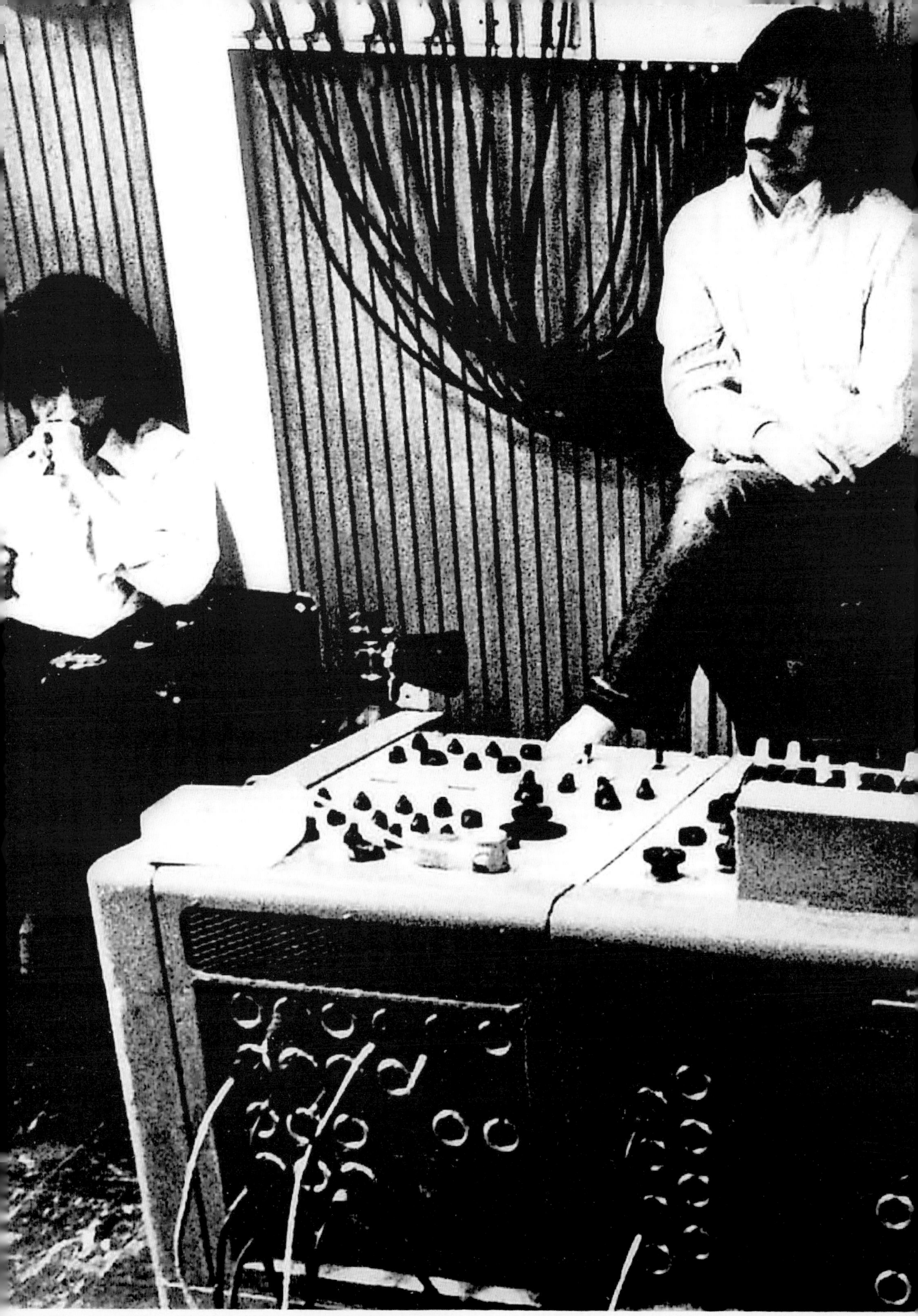

Twickenham Studios: **Let It Be** *viria a ser um retrato deprimente da desintegração dos Beatles.*

cabos e fios pela porta da sala da técnica e, finalmente, os Beatles puderam começar a trabalhar.

21 de janeiro
– Ringo dá uma entrevista a David Wigg, do programa *Scene And Heard*, da BBC Radio 1. Em 1976, o apresentador lança um álbum duplo chamado *The Beatles Tape*, com todas as entrevistas que fizera com a banda. Os Beatles tentaram, em vão, impedir legalmente o lançamento.

22 de janeiro
– Sessões de *Get Back*. Com câmeras e gravadores a postos, os Beatles começam a trabalhar no álbum e no filme que teria sido motivo de separação de qualquer banda mais tradicional. No primeiro dia, eles tocaram "All I Want Is You" (que viria a se chamar "Dig A Pony"), "I've Got A Feeling", "Don't Let Me Down", "She Came In Through The Bathroom Window", e algumas composições que não eram de autoria do grupo, entre elas "Save The Last Dance For Me", da banda The Drifters, e "Going Up The Country", dos Canned Heat.
– O tecladista Billy Preston, um velho amigo de Hamburgo, estava visitando a Apple, e George o convidou para participar das gravações e filmagens a fim de ajudar a aliviar a tensão entre os quatro Beatles.

23 de janeiro
– Sessão de *Get Back*. A banda começa a trabalhar na base de "Get Back", de Paul.

24 de janeiro
– Sessões de *Get Back*. Os Beatles gravam *takes* de "On Our Way Home" (que viria a ser chamada "Two Of Us"), "Teddy Boy" e "Maggie Mae", de Paul, e "Dig It", "Dig A Pony" e "I've Got A Feeling", de John.

25 de janeiro
– Sessões de *Get Back*. Após descontraírem tocando "Bye Bye Love", dos Everly Brothers, os Beatles trabalham em "Let It Be", de Paul, e "George's Blues" (que viria a ser chamada "For You Blue"), de George.
– A entrevista com Ringo feita por David Wigg, do *Scene And Heard*, vai ao ar pela BBC Radio 1.

26 de janeiro
– Sessões de *Get Back*. Após trabalharem em "Dig It", a banda relaxa fazendo uma longa *jam session* de puro rock'n'roll: "Shake Rattle And Roll", "Kansas City", "Miss Ann", "Lawdy Miss Clawdy", "Blue Suede Shoes", "You Really Got A Hold On Me" e "Tracks Of My Tears". Em seguida, começam a trabalhar em "Long And Winding Road", de Paul, e "Isn't It A Pity", de George, que viria a fazer parte do seu álbum triplo *All Things Must Pass*.
– Como a ideia de filmar um show ao vivo havia sido descartada, o diretor Michael Lindsay-Hogg percebeu que ainda tinha muito tempo de trabalho pela frente, tendo como base o quanto os Beatles demoravam para gravar um álbum. Durante uma reunião na sala da diretoria da Apple, ele propôs que fizessem um show ao vivo para o qual só seria necessário subirem um lance de escadas, até o topo do edifício. Mesmo uma ideia assim tão simples foi recebida com resistência por George e Ringo, que estavam decididos a não fazer o show. John e Paul juntaram forças e conseguiram convencê-los do contrário, poucos minutos antes do início da apresentação.

27 de janeiro
– Sessões de *Get Back*. Os Beatles continuam a trabalhar em "Get Back", "Oh! Darling", "I've Got A Feeling" e em uma versão *jam session* de "The Walk", de Jimmy McCracklin. A banda também gravava "Sweet Loretta Fart She Thought She Was A Cleaner...", uma paródia de "Get Back", composta por John.
– A editora musical Lennon Books Limited muda seu nome para Lennon Productions Limited.

28 de janeiro
– Sessões de *Get Back*. Além de gravar "Get Back" e "Don't Let Me Down", as duas canções de seu próximo compacto, os Beatles trabalham em novas versões de "Love Me Do", "The One After 909", "Dig A Pony", "I've Got A Feeling" e "Teddy Boy".
– Derek Taylor dá a Allen Kein o número de telefone de John, e ele

Allen Klein e Neil Aspinall

Allen Klein entra em cena

A primeira reunião de Allen Klein com toda a banda foi realizada em 29 de janeiro. John Eastman, irmão de Linda, havia aconselhado os Beatles a comprar a NEMS por 1 milhão de libras, quantia que seria paga pela EMI, como adiantamento de seus *royalties*. (Apesar do contrato de Brian Epstein como empresário da banda já ter expirado, no momento da renovação do contrato dos Beatles com a EMI, ele conseguiu incluir uma cláusula dando direito a NEMS de reter 25% dos *royalties* do grupo por mais nove anos, a qual passara despercebida pelos Beatles.) Todavia, Allen Klein ressaltou que os impostos pagos por *royalties* eram muito altos, e que a banda teria de desembolsar 2 milhões de libras para poder pagar a dívida com a EMI, portanto, não aconselhava a compra da NEMS até que ele pudesse analisar a situação financeira de John. George e Ringo pediram-lhe que também verificasse a deles. Em seguida, Paul saiu da sala.

e Yoko encontram-se com Klein na suíte Harlequin, do Dorchester Hotel, em Londres. O casal ficou muito impressionado e John, sem hesitar, contratou Klein como seu assistente pessoal e escreveu ali mesmo uma carta para *sir* Joseph Lockwood, presidente da EMI, que dizia: "Prezado *sir* Joe, a partir de agora todos os meus negócios estarão a cargo de Allen Klein".

29 de janeiro
– Sessões de *Get Back*. A banda trabalha nas novas versões de "Teddy Boy", "The One After 909", "I Want You", "Not Fade Away", composta por Buddy Holly, "Mailman, Bring Me No More Blues" além de "Besame Mucho", dos tempos do The Cavern e de Hamburgo, um *hit* gravado por várias bandas.

31 de janeiro
– Último dia das filmagens de *Get Back*. Como algumas canções de Paul ("The Long And Winding Road", "Let It Be", "Two Of Us") não poderiam fazer parte do show no topo do escritório da Apple, porque exigiam um piano ou uma guitarra acústica para sua execução, as mesmas foram filmadas durante essa última sessão. A banda também gravou uma versão de "Lady Madonna", finalizando o projeto que ficaria na gaveta por mais de um ano.
– Enquanto a equipe da EMI retirava os gravadores, operários entraram no estúdio pouco funcional de "Magic" Alex para colocá-lo abaixo.

2 de fevereiro
– O divórcio de Yoko e seu marido Anthony Cox, nas Ilhas Virgens, é homologado e ela fica com a custódia de Kyoko, a filha do casal, que fora praticamente criada por Cox. Ele não concorda com alguns termos do acordo proposto pelos poderosos advogados que John contratara, e continua a cuidar de Kyoko. Finalmente, John e Yoko estavam livres para se casar.

3 de fevereiro
– Ringo começa uma intensa rotina de filmagens no Twickenham Studios, contracenando com Peter Sellers no filme *Um Beatle no Paraíso (The Magic Christian)*, de Joe McGrath, baseado (assim como *Candy*) em um livro de Terry Southern. As filmagens foram realizadas de segunda a sexta-feira, e Ringo acompanhou praticamente todo o processo, que durou 13 semanas.
– Os Beatles, Allen Klein e John Eastman têm uma reunião, durante a qual Allen Klein é nomeado novo empresário da banda. Entre suas obrigações estavam cuidar das finanças e encontrar uma forma de impedir que a NEMS ficasse com 25 % do rendimento do grupo.

4 de fevereiro
– Em um acordo com Paul, o pai e o irmão de Linda Eastman são nomeados para o Conselho Geral da Apple a fim de supervisionar as atividades de Allen Klein.

5 de fevereiro
– O álbum *Goodbye,* da banda de blues-rock Cream (com a participação de George Harrison na faixa "Badge"), é lançado nos Estados Unidos pela gravadora ATCO (SD 7001).

7 de fevereiro
– George dá entrada no University College, em Londres, para retirada das amígdalas.

8 de fevereiro
– Em um informe jornalístico sobre a contratação de Klein como consultor financeiro da Apple, divulgou-se que John teria feito a seguinte declaração: **"Nós o conhecemos através de Mick Jagger e confiamos nele – tanto quanto confiamos em qualquer outro homem de negócios"**. Na realidade, Mick Jagger fora contra a iniciativa, pois tivera péssimas experiências com Klein, tanto que enviou uma mensagem a Paul prevenindo-o contra Klein. Todavia, quando os quatro Beatles chamaram Jagger para uma reunião na Apple, ele acabou cedendo ao entusiasmo de John e simplesmente disse:

> "Ele **dá para o gasto, se isso for suficiente para você...**".

Klein viria a deter o controle dos direitos autorais de todas as canções de Mick Jagger e Keith Richards compostas no início da carreira.

11 de fevereiro
– *Abbey Road.* John e Yoko vão ao estúdio trabalhar na mixagem de suas fitas experimentais.

12 de fevereiro
– Paul é nomeado o único diretor da Adagrose Limited, uma empresa já formada, ainda inoperante, que viria

30 de janeiro: um show nas alturas

Como nos velhos tempos, Mal e Neil colocaram os instrumentos no palco montado no topo do prédio da Apple, em Saville Row, e os Beatles, acompanhados de Billy Preston, entraram em cena. O tráfego parou e a multidão que saía para almoçar se aglomerou na calçada. Funcionários das empresas próximas apinharam-se nas janelas e nos telhados dos escritórios de West End, conseguindo ter uma visão privilegiada do último concerto ao vivo dos Beatles. Enquanto isso, a polícia tentou pôr fim à balbúrdia, mas deparou com os seguranças na porta da Apple e com a relutância de alguns policiais em acabar com tão extraordinário espetáculo. Os Beatles tocaram durante 42 minutos e o repertório incluiu: "Get Back", "Don't Let Me Down", "I've Got A Feeling", "The One After 909", "Dig A Pony" (um assistente de palco teve de ajoelhar-se na frente de John, segurando um cartaz com a letra da música), "God Save The Queen", e novamente "I've Got A Feeling", "Don't Let Me Down" e "Get Back". A versão final de "Get Back" foi interrompida pela polícia e Paul improvisou, "Você está tocando no telhado de novo e você sabe que sua mãe não vai gostar. Ela vai mandar te prender!". No final da canção, Maureen Starkey começou a aplaudir a banda calorosamente e Paul voltou ao microfone para agradecê-la: "Obrigado, Mo!". Em seguida, John disse: "Eu gostaria de agradecer em nome da banda e espero que tenhamos passado no teste", encerrando não só o show como também a carreira ao vivo dos Beatles.

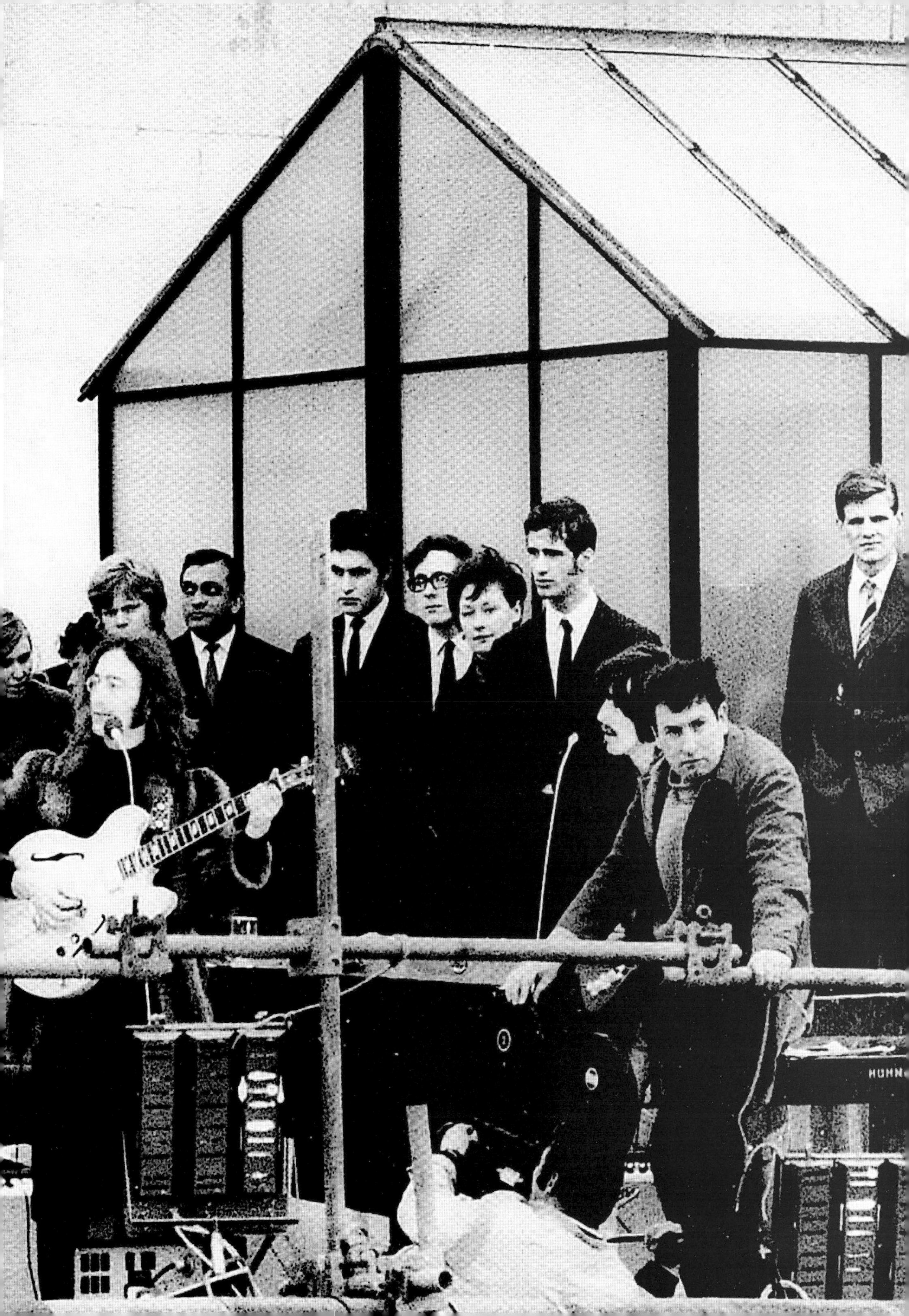

a se chamar McCartney Productions Limited.

13 de fevereiro
– O primeiro álbum de Mary Hopkin, *Postcard*, produzido por Paul McCartney, cuja capa fora idealizada por Paul e fotografada por Linda, é lançado em uma festa oferecida pela Apple em um restaurante localizado no topo do Post Office Tower, em Bloomsbury. O evento contou com a presença de Jimi Hendrix e Donovan. Paul e Linda ficaram até o final da festa para demonstrar seu apoio à nova cantora.

14 de fevereiro
– John Eastman envia uma carta a Clive Epstein, que agora dirigia a NEMS, após a morte do irmão, dizendo: "Como deve ser de seu conhecimento, Mr. Allen Klein está realizando uma auditoria nos negócios dos Beatles junto a NEMS e a Nemperor Holdings Ltd. Sugiro que, após o término desta, tenhamos uma reunião para conversar sobre os resultados da auditagem, bem como sobre a legitimidade das negociações relativas ao contrato de nove anos entre a EMI, os Beatles e a NEMS".

15 de fevereiro
Em resposta, Clive Epstein escreveu a John Eastman: "Antes de realizarmos uma reunião gostaria de saber exatamente o que você quis dizer com 'a legitimidade das negociações relativas ao contrato de nove anos entre a EMI, os Beatles e a NEMS'".

– Após uma cirurgia bem-sucedida, George recebe alta do University College Hospital.

Mary Hopkin, o centro das atenções do departamento de imprensa da Apple. À direita, Derek Taylor, o guru da assessoria de imprensa dos Beatles, cuja cadeira-pavão, feita de vime, lhe fora presenteada por Herb Taylor.

17 de fevereiro
– Leonard Richenberg, do banco de investimentos Triumph Investment Trust, adquire uma participação de 70% na NEMS e na Nemperor Holdings. Os Beatles ficam horrorizados com a ideia de que um banco pudesse receber parte de sua renda e escrevem uma carta para a EMI, assinada pelos quatro, dizendo: "Por meio desta, exigimos em caráter irrevogável que todos os *royalties* devidos direta ou indiretamente à empresa Beatles & Co ou Apple Corps sejam depositados no banco Henry Ansbacher & Co". (Henry Ansbacher & Co era o banco de investimentos do qual os Beatles eram clientes e, portanto, considerado de sua confiança.) Como a EMI não sabia o que fazer, congelou o dinheiro dos *royalties* – 1 milhão e 300 mil libras – e o depositou na agência mais próxima do Lloyds Bank.

– O álbum *James Taylor*, com James Taylor (produzido por

Peter Asher, com a participação de Paul McCartney no baixo de "Carolina In My Mind", é lançado nos Estados Unidos pela Apple (SKAO 3352).
19 de fevereiro
– Ringo recebeu uma ordem judicial pedindo que deixasse a casa em Montagu Square, n. 34, por violar o contrato de aluguel com a Bryman Estates, proprietária do local, ao permitir que John e Yoko usassem drogas na residência.
20 de fevereiro
– Ringo assiste à *première* mundial de *Candy*, no Odeon Cinema, em Kensington, Londres.
21 de fevereiro
– O álbum *Postcard*, com Mary Hopkin, produzido por Paul McCartney, é lançado no Reino Unido pela Apple (SAPCOR 5).
– A música "Rosetta", de The Fourmost, produzida por Paul McCartney, é lançada em compacto pela CBS (4041)
22 de fevereiro
– *Trident Studios*. São gravados vários *takes* de "I Want You", de John (com a participação de Billy Preston).
23 de fevereiro
– *Trident Studios*. John faz a mixagem de "I Want You".
24 de fevereiro
– É divulgado que o grupo The Triumph Investment adquirira participação majoritária da NEMS Enterprises.
25 de fevereiro
– *Abbey Road*. George vai ao estúdio sozinho e prepara três fitas demo de suas últimas canções: "Old Brown Shoe", "Something" e "All Things Must Pass". Após mixar as músicas, prepara algumas cópias em acetato e dá seu trabalho por encerrado.
28 de fevereiro
– O álbum *Goodbye,* da banda Cream (com a participação de George Harrison na faixa "Badge"), é lançado no Reino Unido pela Polydor (583053).

– A ação de despejo movida contra Ringo pela Bryman Estates não chega ao tribunal. As partes chegam a um acordo que permite a Ringo vender sua titularidade sobre o imóvel.
Março
– Dick James e Charles Silver vendem suas ações da Northern Songs, a editora que cuidava dos direitos autorais de Lennon & McCartney, para Lew Grade, dono da rede de televisão ATV que divulgou que seu objetivo era obter participação majoritária na empresa.
1º de março
– Paul produz os dois lados do novo compacto de Mary Hopkin, *Goodbye/ Sparrow,* no Morgan Studios, em Willesden.
– Ringo participa das filmagens de *Um Beatle no Paraíso*, no Twickenham Film Studios.
2 de março
– Acompanhados de John Tchikai e John Stevens, John e Yoko fazem uma *performance* inesperada, gritando e uivando para um público de 500 pessoas, durante um show de música experimental e *avant-garde* jazz, no Lady Mitchell Hall, na Cambridge University.
– Paul continua a trabalhar no novo compacto de Mary Hopkin no *Morgan Studios.*
3 de março
– O álbum *Postcard*, de Mary Hopkin, produzido por Paul McCartney, é lançado nos Estados Unidos pela Apple (ST 3351). A quarta faixa do lado B da versão britânica ("Someone To Watch Over Me") é substituída pela famosa "Those Were The Days".
4 de março
– Durante uma visita ao amigo Peter Sellers no set de *Um Beatle no Paraíso*, em Twickenham Film Studios, a princesa Margaret conhece Ringo. Paul e Linda também estavam lá.
– George dá uma entrevista a David Wigg, do programa *Scene And Heard*, da BBC Radio 1.

8 de março
– Parte da entrevista com George feita por David Wigg, do *Scene And Heard*, é levada ao ar pela BBC Radio 1.
11 de março
– Paul faz a produção de "Thumbin' A Ride", na voz de Jackie Lomax. A música fazia parte do lado B de um disco de Lieber and Stoller Coasters, que encontrara em sua coleção. Paul se encarregou da bateria, George, da guitarra, e Billy Preston, dos teclados.
12 de março
– Paul e Linda casam-se no cartório de Marylebone, com Michael, irmão de Paul, e Mal Evans, o *roadie* da banda, como testemunhas. Em seguida, foram à igreja St John's Wood Church, para receberem a bênção do reverendo Noel Perry-Grove. Depois, foram ao almoço no *Ritz Hotel,* oferecido ao casal por Rory McKeown, que contou com a presença da princesa Margaret e de lorde Snowdown. Paula, a irmã de Patti, tentou entregar um baseado para a princesa na frente de todos os convidados.
Nenhum dos outros Beatles participou da cerimônia de casamento, e somente George e Patti compareceram à recepção no Ritz. Todavia, chegaram bem atrasados, pois o famoso sargento Pilcher escolhera o dia do casamento de Paul para fazer uma batida policial na casa de George, em busca de drogas. Os policiais levaram consigo um grande pacote de haxixe (caso nada encontrassem na casa), que "acharam" no chão. George fez o seguinte comentário:

"Sou uma pessoa muito organizada. Guardo as meias na gaveta de meias, e o haxixe na caixa de haxixe. Esse não é meu".

O casal foi levado para o departamento de polícia de Esher e acusado formalmente por porte de drogas. Pilcher viria a ser considerado culpado por acusação de corrupção policial em um julgamento realizado no início dos anos de 1970.
– Após a recepção no Ritz, Paul voltou ao estúdio para continuar a trabalhar em "Thumbin' A Ride".
– *Abbey Road.* John e Yoko gravam "Peace Song".

13 de março
– Ringo filmou uma cena de caça a galos silvestres para *Um Beatle no Paraíso* em Chobham Common, em Surrey.

16 de março
– Paul, Linda e sua filha Heather vão para Nova York passar três semanas com a família da fotógrafa.
– John e Yoko vão para Paris, onde planejavam se casar, hospedando-se no Plaza Athenée. Entretanto, o plano do casal não deu certo, pois, como estavam no país há pouco tempo, não obtiveram permissão das autoridades para se casar.
– A música "Badge", da banda Cream, composta por George Harrison e Eric Clapton, é lançada em compacto nos Estados Unidos pela ATCO (6668).
– A música "Carolina In My Mind", de James Taylor, com a participação de Paul McCartney no baixo, é lançada nos Estados Unidos pela Apple (1805).

18 de março
– Ringo e Spike Milligan rodam a cena de *Um Beatle no Paraíso* em que tentam subornar um inspetor de trânsito, em frente ao pub Star and Garter, em Putney, Londres.

Acima: Exaustos após os eventos de 12 de março, Paul e Linda relaxam com Heather, filha de Linda de seu primeiro casamento com John See.
Abaixo, à direita: George e Patti na frente do prédio da Corte dos Magistrados de Esher e Walton, em 18 de março.

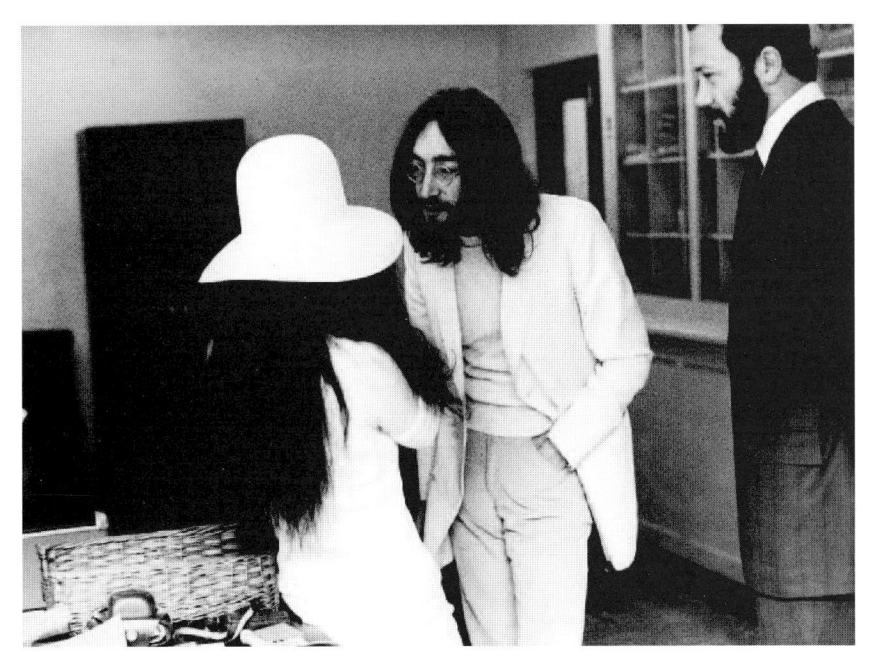

John e Yoko em Gibraltar sob o olhar atento de Peter Brown, assistente dos Beatles, em 20 de março.
Página seguinte: "Isso não é nada fácil", John e Yoko no Amsterdam Hilton, em 29 de março.

20 de março
– John e Yoko tinham ido a Paris, pois haviam tentado se casar na balsa que fazia a travessia do Canal da Mancha, o Dragon, que partia de Southampton. No entanto, não obtiveram permissão para embarcar em virtude de irregularidades nos passaportes. Peter Brown, da Apple, descobriu que eles podiam se casar na ilha de Gibraltar, ainda governada pela Grã-Bretanha; portanto, John, Yoko, Peter Brown e David Nutter pegaram um jato particular e partiram para a ilha, onde chegaram às 8h30. Quando o Consulado Britânico foi aberto ao público às 9h, os quatro estavam esperando à porta. Finalmente, a escrivã Cecil Wheeler declarou John e Yoko casados, com Peter Brown e David Nutter como testemunhas. O casal permaneceu em Gibraltar por apenas 70 minutos, voltando, imediatamente, para sua suíte de luxo em Paris.
John: "Escolhemos Gibraltar por ser um local tranquilo, hospitaleiro e inglês. Já havíamos tentado todos os lugares possíveis. Primeiramente, queríamos nos casar na balsa e teríamos chegado à França casados, mas não nos deram permissão. Pensamos, então, em pegar algum navio de passageiros, mas também não deu certo. Tentamos as embaixadas, mas era exigido um período mínimo de permanência de três semanas na Alemanha ou duas semanas na França".

21 de março
– Allen Klein é nomeado diretor de negócios da Apple e sua primeira tarefa é encontrar uma solução para o problema causado por Dick Selling ao vender suas ações da Northern Songs, sem antes tê-las oferecido aos Beatles. Klein disse ao jornal *Daily Telegraph* que assinara um contrato de três anos com a banda, segundo o qual receberia 20% sobre toda a renda da Apple, mas não teria nenhuma participação em contratos de gravação anteriores. Ele, no entanto, receberia 20% sobre qualquer aumento que conseguisse com esses contratos. Seu passo seguinte foi começar o corte de pessoal.
– O álbum *Is This What You Want,* de Jackie Lomax, produzido por George Harrison, é lançado no Reino Unido pela Apple (SAPCOR 6).

24 de março
– John e Yoko almoçam com Salvador Dalí, em Paris.

25 de março
– John e Yoko vão para Amsterdã, onde se hospedam durante sete dias no quarto 902 do Hilton Hotel, onde, deitados na cama, deram uma série de entrevistas para jornalistas de todo o mundo pregando a paz. Essa iniciativa do casal ficaria conhecida como Bed-in for Peace, na cama pela paz.

28 de março
– Ao ler o jornal, enquanto estava na cama em seu manifesto pela paz, John descobre que Dick James, o homem que se tornara um multimilionário à custa dos Beatles, havia vendido suas ações da Northern Songs para a ATV, sem antes oferecê-las à banda. John ficou furioso: **"Não vou vender. São minhas ações e minhas canções e quero deter uma parte do produto final. Não preciso ligar para Paul, pois sei muito bem que ele concorda comigo".**
– O compacto *Goodbye* (de Lennon & McCartney)/ *Sparrow* (de Mary Hopkin), produzido por Paul McCartney, é lançado no Reino Unido pela Apple (10).

31 de março
– O sétimo e último dia do manifesto pela paz de John e Yoko, em Amsterdã. O casal, depois, foi para Viena, e durante sua primeira entrevista coletiva no Hotel Sacher permaneceu dentro de um saco branco, cantando e sussurrando. Apesar de ninguém ter certeza de que realmente eram John e Yoko que estavam dentro do saco, o evento recebeu cobertura internacional, o que não teria acontecido em uma coletiva de imprensa tradicional. Eles estavam em Viena para a *première* mundial

Na cama pela paz

John: "Você consegue pensar em uma forma melhor de passar sete dias? É a melhor ideia que tivemos". O casal foi ridicularizado pela mídia mundial, mas esta, ao divulgar o evento, ajudou a disseminar a mensagem de paz de John e Yoko, que, assim, atingiram seu objetivo.

na TV de *Rape,* filme produzido pela dupla, especialmente para a TV austríaca.
– George e Patti são considerados culpados da acusação de porte de drogas pela Corte de Magistrados de Esher e Walton. Ambos tiveram de pagar uma multa de 250 libras, e foram obrigados a pagar custas de 10 *guineas*. **George: "Espero que agora a polícia nos deixe em paz".**
Abril
– John e Yoko distribuem "frutos de carvalho pela paz": cada líder mundial recebeu um fruto do carvalho para plantá-lo pela paz. John e Yoko tiveram a ideia, mas foi a Apple que fez o trabalho pesado. A equipe do departamento de imprensa demorou semanas para encontrar o número suficiente de frutos, raros naquela estação, e acabaram cavando os parques londrinos à procura dos frutos que os esquilos teriam escondido. Receberam uma oferta de frutos de carvalho, por 1 libra cada, mas a recusaram. Apesar de todo o trabalho, passados alguns meses, algumas das caixas com frutos ainda não haviam sido endereçadas e enviadas, pois a promoção de *Get Back* e do novo compacto de Mary Hopkin haviam se tornado prioridade.
1º de abril
– Ringo e Laurence Harvey rodam a cena do filme *Um Beatle no Paraíso*, em que Laurence faz um show de striptease representando Hamlet, no Theatre Royal, em Stratford, em East London.
– John e Yoko voltam para Londres e participam de uma coletiva de imprensa em Heathrow. Horas depois, apresentam-se ao vivo no programa *Today*, da Thames TV, onde tentam explicar a Eamonn Andrews o significado do termo *"bagism"*, ligado ao hábito do casal de se apresentar dentro de sacos, *"bags"*.
– O *Daily Express* divulga a seguinte declaração de John: "Voltei a trabalhar. Estou gravando com os Beatles, pois preciso de dinheiro... estou quebrado. Só tenho 50 mil libras em caixa".
2 de abril
– John, Paul e Allen Klein vão ao banco de investimentos Henry Ansbacher & Co para pensar em uma estratégia para reaver a Northern Songs. Mr. Bruce Ormrod era o consultor da banda. A batalha parecia estar equilibrada, pois a ATV e os Beatles possuíam praticamente o mesmo número de ações: além das 137 mil ações que já possuía, a ATV adquiriu mais 1.607.750 ações de Silver e James, passando a deter aproximadamente 35% da empresa. Os Beatles, juntos, possuíam 29,7% das ações: Paul tinha 751 mil ações; John, 644 mil, além de 50 mil ações em depósito; Ringo, 40 mil; George vendera as suas, mas Patti ainda retinha mil, e a Subafilms, divisão da Apple que produzira *A Hard Day's Night* e

John e Yoko com Eamonn Andrews do programa Today, *da Thames Television, em 1º de abril.*

Help!, possuía 30 mil. John definiu a negociação da seguinte forma:

> "É como jogar **banco imobiliário** com **dinheiro de verdade**".

3 de abril
– John e Yoko participam do *The Eamonn Andrews Show*, transmitido ao vivo do Café Royal, em Regent Street. O casal tentou convencer Andrews a entrar em um saco branco com eles, o que não agradou ao comediante Jack Benny e ao violinista Yehudi Menuhin, também convidados do programa.
– George dá uma entrevista a Sue McGregor do *World At One* durante a qual conversam sobre Ravi Shankar. O programa é exibido no horário do almoço pela BBC Radio 1.
– A música "Badge", da banda Cream, escrita por George Harrison e Eric Clapton, é lançada em compacto no Reino Unido pela Polydor (2058 285).

5 de abril
– O jornal *Financial Times* divulga a seguinte nota: "Tudo leva a crer que Dick James, diretor geral da Northern Songs, não conseguiu convencer os Beatles John Lennon e Paul McCartney a aceitar a oferta da ATV de 9 milhões de libras pela Northern Songs".

7 de abril
– O compacto *Goodbye* (de Lennon & McCartney)/ *Sparrow* (de Mary Hopkin), produzido por Paul McCartney, é lançado nos Estados Unidos pela Apple (1806).

9 de abril
– Ringo filma a cena da corrida de barcos de *Um Beatle no Paraíso*, no Barclays Bank Rowing Club, às margens do Tâmisa, em Londres.

10 de abril
– Os Beatles recusam a oferta da ATV de 9 milhões de libras pelas ações da Northern Songs e divulgam que estavam cogitando fazer uma contraproposta (apesar de ser difícil de imaginar como conseguiriam 9,5 milhões de libras em dinheiro). Lew Grade declarou ao *Daily Telegraph*: "Temos 35% das ações e não vamos abrir mão delas por nada". A publicidade gerada pelo caso logo atiçou os especuladores, e um grupo poderoso de acionistas da Northern Songs se uniu formando um "consórcio" que detinha 14% das ações, o suficiente para mudar o desfecho da negociação. O grupo reuniu-se em segredo para discutir sua estratégia.

11 de abril
– O compacto *Get Back/ Don't Let Me Down,* dos Beatles, com participação de Billy Preston, é lançado no Reino Unido pela Apple (Parlophone R 5777).

12 de abril
– John e Yoko têm uma reunião no banco Ansbachers na City, o centro financeiro de Londres, para discutir como poderiam conseguir o complicado financiamento necessário para a contraproposta dos Beatles pela Northern Songs.
– A segunda parte da entrevista com George, feita por David Wiggs do *Scene And Heard*, vai ao ar pela BBC Radio 1.

Paul e Neil Aspinall

14 de abril
– John e Yoko vão à casa de Paul, em Cavendish Avenue, para que ele pudesse trabalhar com John em "The Ballad Of John And Yoko". Apesar das diferenças quanto aos negócios, os dois compositores tinham muito respeito um pelo outro, além da parceria Lennon e McCartney sempre ter sido uma excelente fonte de renda para ambos. Após terminarem de escrever a letra, foram até Abbey Road onde gravaram a canção, sem a ajuda dos outros Beatles (George estava no exterior e Ringo estava filmando). Paul encarregou-se da bateria, do baixo, do piano e da percussão, e John fez a primeira voz e a guitarra.

15 de abril
– Várias reuniões foram realizadas no banco Anbachers, durante as quais Mr. Ormrod conseguiu convencer diversas instituições financeiras da City, que tinham ações da Northern Songs, a se aliarem aos Beatles, que, dessa forma, teriam garantida a participação majoritária na empresa. Porém, quando todos os documentos já haviam sido redigidos e apenas esperavam pelas assinaturas dos quatro Beatles, John anunciou:

> "Não vou ser **enganado** por uns caras de **terno**, que passam o dia com seus **traseiros gordos** sentados na City".

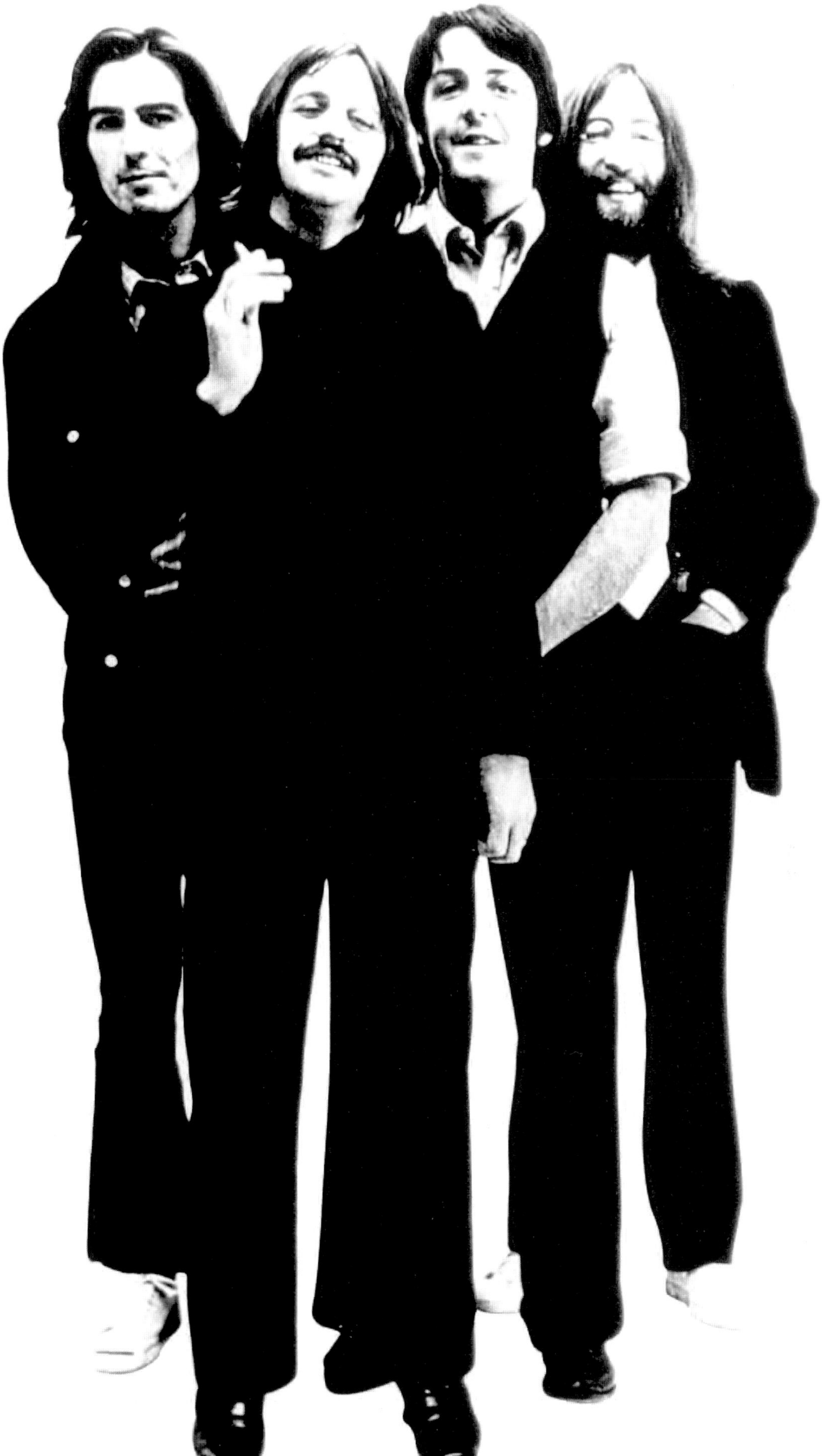

Após essa declaração, os investidores decidiram aliar-se à ATV.
16 de abril
– *Abbey Road*. A banda grava "Old Brown Shoe", de George, e começa a construir a base rítmica de "Something".
18 de abril
– *Abbey Road*. A banda finaliza "Old Brown Shoe" e continua a trabalhar em "I Want You".
– Os Beatles, assessorados por Henry Ansbacher, surpreendem os investidores de City, ao anunciar que iriam fazer uma oferta para adquirir o controle somente da Northern Songs, o que causou uma queda no valor das ações da empresa. Em resposta, Lew Grade surpreende os investidores da City ao divulgar que não subiria o valor de sua oferta.
19 de abril
– A imprensa descobre mais detalhes sobre a oferta dos Beatles e divulga que três de suas empresas – a Apple Corps, a Subafilms e a Maclen Music, de John e Paul – faziam parte do pacote de garantia da negociação.
20 de abril
– Paul desencadeia uma terrível briga nos escritórios do banco Ansbacher quando, assessorado por John Eastman, recusa-se a incluir suas ações da Northern Songs como parte da garantia exigida pelo banco para financiar a oferta dos Beatles. O valor total da oferta seria de 2,1 milhões de libras, das quais 1,2 milhão de libras seriam financiadas pelo banco. Juntos, John e Paul poderiam oferecer ao banco a garantia do pagamento da dívida, mas Paul negou-se a comprometer suas ações. Portanto, entraram no pacote as ações de John da Northern Songs, que somavam 1,1 milhão de libras; a Maclen Music, que valia pouco mais de meio milhão de libras e a Subafilms – que detinha os direitos de *A Hard Day's Night*, *Help!* e *Yellow Submarine* – que correspondia a aproximadamente 350 mil libras. Allen Klein teve de contribuir com todas as suas ações da MGM, no valor de 650 mil libras. Dessa forma, os Beatles conseguiram as condições necessárias para o financiamento.
– *Abbey Road*. A banda finaliza "I Want You" e "Oh! Darling".
21 de abril
– John e Yoko fundam a Bag Productions Limited.
– Em City, as opções de compra das ações da Northern Songs deixaram de ser exercidas prontamente, o que arruinou as negociações dos Beatles.
22 de abril
– Durante uma breve cerimônia formal no topo do edifício da Apple, em Savile Row, John Winston Lennon muda seu nome para John Ono Lennon, assinando uma escritura pública na presença do escrivão Bueno de Mesquita. **John: "Yoko mudou seu nome por mim, eu mudei o meu por ela. Um mesmo nome para ambos, os dois com o mesmo nome. Ela tem uma aliança e eu também. Juntos, nossos nomes somam nove letras "O", sinal de boa sorte. Dez não seria boa sorte".** Entretanto, na realidade John passara a assinar John Winston Ono Lennon (o que totalizava dez letras "O"), pois, legalmente, não se pode retirar nenhum dos nomes do registro de nascimento.
– *Abbey Road*. John e Yoko gravam o som dos batimentos de seu coração para usar no disco *The Wedding Album*.
24 de abril
– Paul nega o boato espalhado por um DJ americano de que estaria morto; ele disse aos repórteres da revista *Life*:

"Estou em plena forma".

– Numa negociação entre Klein e Richenberg, a NEMS abre mão de 25% dos *royalties* dos Beatles durante os próximos nove anos, para que o banco Triumph pudesse receber 750 mil libras à vista, além de 25% dos *royalties* congelados pela EMI (que somavam 300 mil libras).

O Triumph receberia 50 mil libras relativas aos 23% que a NEMS tinha na Subafilms e 5% dos *royalties* (de gravação) brutos durante o período de 1972 a 1976. Foi difícil chegarem a um acordo quanto à porcentagem sobre os *royalties* de gravação, mas, como Richenberg sabia que Klein tentaria conseguir um aumento substancial dos *royalties* da banda em um novo acordo com a EMI, ficou satisfeito com o resultado. Os Beatles receberam o direito de opção sobre 4,5% das ações da Northern Songs, em poder da NEMS, que lhes seria útil na batalha seguinte pela Northern Songs, além de 266 mil ações do Triumph (no valor de 420 mil libras) em troca de sua participação de 10% das ações na NEMS. Todas as partes ficaram satisfeitas com o resultado da negociação.
– No mesmo dia, os Beatles ofereceram 42 *shillings* e 6 *pence* por ação, pelos 20% das ações da Northern Songs necessárias para que eles obtivessem o controle da empresa, o que lhes teria custado 2,1 milhões de libras. Além disso, disseram que prorrogariam seu contrato com a Northern Songs por mais dois anos e também incluiriam outros bens valiosos à empresa se obtivessem o conrole acionário; acrescentaram, ainda, que "não ficariam satisfeitos em continuar e muito menos em renovar os contratos que tinham com a Northern Songs, caso ela passasse a ser controlada pela ATV".
– O programa *Top Of The Pops* da BBC1 exibe um videoclipe dos Beatles cantando "Get Back" no topo do edifício da Apple.
25 de abril
– John e Yoko comparecem à apresentação do filme *Rape* no festival de televisão de Montreux, na Suíça.
26 de abril
– *Abbey Road*. Paul acrescenta a primeira voz a "Oh! Darling" e a banda começa a montar a base de "Octopu's Garden", de Ringo.
– O dr. Richard Asher, pai de Jane Asher, é encontrado morto em sua residência, em Wimpole Street.

27 de abril
– *Abbey Road*. John e Yoko fazem outra gravação dos batimentos do coração para o *Wedding Album*.
29 de abril
– *Abbey Road*. Ringo acrescenta a primeira voz a "Octopu's Garden".
30 de abril
– *Abbey Road*. Uma nova linha de guitarras é adicionada a "Let It Be". Os Beatles continuam a sessão acrescentando vocais e *overdubs* a "You Know My Name (Look Up The Number)".
– Os Beatles pagam por anúncios de ¼ de página em quatro jornais de circulação nacional, prometendo prorrogar seu trabalho como compositores com a Northern Songs e não interferir na administração da empresa.
1º de maio
– *Abbey Road*. Sessão de mixagem de "Oh! Darling" e da faixa "John and Yoko", que incluía as gravações dos batimentos cardíacos.
2 de maio
– *Abbey Road*. Trabalhos em "Something", de George.
– Antes da sessão de gravação, John e Yoko são entrevistados por Michael Wale, do programa *How Late It Is*, gravado no estúdio Lime Grove. Durante o programa, que foi exibido nessa mesma noite pela BBC1 TV, o casal conversou sobre o filme *Rape*.
– A ATV declara que, contando com o apoio de outros acionistas, detém 45% das ações da Northern Songs, e decide prorrogar sua oferta até o dia 15 de maio.
4 de maio
– John e Yoko compram "Tittenhurst Park" por 145 mil libras, uma mansão georgiana, em um terreno de 290 mil m², em Sunninghill, Berkshire, que pertencera ao magnata Peter Cadbury.
– John e Yoko, Paul e Linda encontram-se com Ringo e Maureen na festa oferecida pelo baterista e Peter Sellers no Les Ambassadeurs Club, em Londres, em comemoração ao término das filmagens de *Um Beatle No Paraíso*. Richard Harris, Sean Connery, Stanley Baker, Spike Milligan, George Peppard, Roger Moore e Christopher Lee estavam entre os convidados.
– *Olympic Sound Studios, em Barnes, Londres*. Novas linhas de baixo e guitarra são acrescentadas a "Something".
– O compacto *Get Back/ Don't Let Me Down* dos Beatles, com a participação de Billy Preston, é lançado nos Estados Unidos pela Apple (Capitol 2490)
6 de maio
– *Olympic Sound Studios, em Barnes, Londres*. A banda começou a trabalhar em "You Never Give Me Your Money", um desabafo de Paul em relação aos problemas financeiros da Apple.
7 de maio
– *Olympic Sound Studios, em Barnes, Londres*. Os Beatles mixam algumas faixas e ouvem *playblacks*.
8 de maio
– John e Yoko são entrevistados por David Wigg, do programa *Scene and Heard*, da BBC Radio 1.
– Como parte de sua estratégia draconiana de reestruturação da Apple, Klein demite o diretor geral Alistair Taylor, que fora assistente pessoal de Brian Epstein e servira de testemunha no primeiro contrato entre os Beatles e Epstein. Taylor desabafou: **"Foi uma punhalada"**.

Paul: "É impossível demitir alguém de forma amistosa".

– John, George e Ringo assinam um contrato com Allen Klein tornando-o oficialmente o empresário da banda, mas Paul recusa-se a fazê-lo.
9 de maio
– *Olympic Sound Studios, em Barnes, Londres*. Os Beatles têm uma reunião tempestuosa na qual Paul manteve-se firme, não concordando com a opinião dos outros três Beatles que queriam Allen Klein como seu empresário, ganhando 20% sobre todos os negócios. Na opinião de Paul, Klein deveria receber 15 %.

("Nós somos grandes. Ele vai levar 15%.")

Como Paul continuava a se recusar a assinar o contrato até que consultasse seu advogado, os outros abandonaram o estúdio e cancelaram a sessão de gravação.
– A empresa de Klein ABKCO Industries (Allen and Betty Klein Corporation) foi nomeada como

responsável pelos negócios dos Beatles. Paul continuava irredutível, pois era contrário ao envolvimento de Klein com a Apple ou com os Beatles, dando preferência aos Eastmans, seus parentes.
– Paul permaneceu no estúdio e, após um longa conversa com Steve Miller, gravaram "My Dark Hour", com Paul na bateria, no baixo e nos *backing vocals*. Sua participação foi creditada a "Paul Ramon".
– O *Top Of The Pops*, da BBC1, exibe um videoclipe dos Beatles cantando "Get Back" no topo do prédio da Apple.

10 de maio
– Zapple, o novo selo *avant-guard* e experimental da Apple Records, é lançado trazendo dois álbuns solo.
– O álbum *Unfinished Music N.2: Life With The Lions*, executado, escrito e produzido por John Lennon e Yoko Ono, é lançado no Reino Unido pela Zapple (01).
Lado A: "Cambridge 1969 ('Song For John', 'Cambridge', 'Lets Go On Flying', 'Snow Is Falling All The Time', 'Mummy's Only Looking For Her Hand In The Snow')";
Lado B: "No Bed For Beatle John", "Baby's Heartbeat", "Two Minutes Silence", "Radio Play".
– O álbum *Electronic Sound*, produzido e executado por George Harrison, é lançado no Reino Unido pela Zapple (02).
Lado A: "Under The Mersey Wall";
Lado B: "No Time Or Space".

– A música "I Fall Inside Your Eyes", de Jackie Lomax, produzida por George Harrison, é lançada em compacto no Reino Unido pela Apple II (o lado A, produzido por Jackie Lomax e Mal Evans, trazia Ringo na bateria).

11 de maio
– A entrevista com John e Yoko feita por David Wigg do *Scene and Heard* é transmitida pela BBC Radio 1.

15 de maio
– Paul dá uma entrevista a Roy Corlett do programa *Light And Local*, da BBC Radio Merseyside. A gravação foi feita em "Rembrandt", a casa do pai de Paul, em Heswell, Cheshire.
– O *Top Of The Pops*, da BBC1, exibe um videoclipe dos Beatles cantando "Get Back" no topo do prédio da Apple.

Peter Asher, John e Ron Kass, na Apple.

16 de maio
– Ringo, Peter Sellers, Joe McGrath, Denis O'Dell, todos acompanhados por suas esposas, ganharam da Commonwealth United, patrocinadora do filme *Um Beatle no Paraíso*, uma viagem para Nova York, no recém-inaugurado navio de cruzeiro Queen Elizabeth, como recompensa por terem terminado o filme no prazo e com os orçamentos estipulados.
– John e Yoko pretendiam acompanhá-los na viagem, mas as autoridades da imigração negaram o visto a John por causa de sua condenação por uso e porte de drogas, em 28 de novembro de 1968.
– Paul e Linda vão passar férias em Corfu.
– A entrevista de Paul para o programa *Light And Local* vai ao ar pela BBC Radio Merseyside.

18 de maio
– A segunda parte da entrevista de John e Yoko, feita por David Wigg, do programa *Scene And Heard* é transmitida pela BBC Radio 1.

A perda da Northern Songs

Após uma longa e amarga batalha, a ATV conseguiu o controle da Northern Songs Limited, em 19 de maio de 1969. John havia ficado desapontado com as condições do contrato negociado entre Ormond e o "consórcio", segundo o qual a nova diretoria seria composta de três representantes de cada lado e o diretor geral seria David Platz. John disse que não havia nenhum motivo para os Beatles tentarem assumir o controle de uma empresa que iria lhes ditar o que fazer e preferia que ela ficasse nas mãos de Grade, da ATV, pois ele não faria da Northern Songs um joguete, só estava adquirindo o controle da empresa. Outros acionistas receavam que Klein fosse dirigi-la, caso os Beatles ganhassem a batalha, portanto os investidores do "consórcio" aliaram-se à ATV, que conseguiu a maioria necessária apenas 15 minutos antes que expirasse o prazo da oferta feita pelos Beatles. A ATV passou a controlar praticamente todas as canções já compostas por Paul e John, e todas as que seriam escritas até 1973. Após o término das negociações, além de perderem a Northern Songs, os Beatles ainda deviam cinco mil libras ao banco Ansbacher por serviços prestados.

19 de maio
– O álbum *Is This What You Want?*, de Jackie Lomax, produzido por George Harrison (com exceção da terceira faixa, "New Day", com Ringo na bateria, que foi produzida por Jackie Lomax e Mal Evans, substituindo a terceira faixa "How Can You Say Goodbye" da versão britânica), é lançado nos Estados Unidos pela Apple (ST 3354), com o mesmo número de faixas do disco lançado no Reino Unido.

20 de maio
– John e George têm uma reunião no banco Ansbacher.

22 de maio
– Ringo, Maureen, Peter Sellers e companhia chegam a New York, de onde pegaram um voo para as Bahamas para comemorar o término das filmagens, lá ficando por duas semanas.
– "Hey Jude" ganha o prêmio Ivor Novello como canção inglesa mais vendida de 1968.
– O *Top Of The Pops*, da BBC1, exibe um videoclipe dos Beatles cantando "Get Back" no topo do prédio da Apple.

23 de maio
– É divulgado que Dick James continuaria sendo o diretor geral e Charles Silver, o presidente do conselho da Northern Songs. Os Beatles foram convidados a nomear um dos membros do conselho, mas recusaram-se a fazê-lo.

24 de maio
– John e Yoko vão para as Bahamas fazer outro "na cama pela paz", no Sheraton Oceanus Hotel. O casal não foi para as Bahamas por causa de Ringo ou do clima agradável, mas sim porque a ilha ficava próxima da costa dos Estados Unidos, o que tornaria possível a imprensa americana cobrir o evento.

25 de maio
– John e Yoko descobrem que as Bahamas eram mais distantes dos Estados Unidos do que eles imaginavam e 30ºC não era a temperatura ideal para se passar uma semana na cama. Portanto, decidiram ir para Toronto, no Canadá. Ao chegarem, permaneceram no aeroporto por duas horas e meia até que fossem finalmente liberados pela imigração, pernoitando em um pequeno hotel da cidade.

26 de maio
– O álbum *Unfinished Music N.2: Life With The Lions*, executado, escrito e produzido por John Lennon e Yoko Ono, é lançado nos Estados Unidos pela Zapple (ST 3357, com as mesmas faixas da versão britânica).
– O álbum *Electronic Sound*, produzido e executado por George Harrison, é lançado nos Estados Unidos pela Zapple (ST 3358, com as mesmas faixas da versão britânica).
– John e Yoko vão para Montreal iniciar uma sessão de oito dias do "na cama pela paz", hospedando-se no quarto 1742 do Queen Elizabeth Hotel, local de fácil acesso à imprensa de Nova York.

30 de maio
– O compacto *The Ballad Of John And Yoko/ Old Brown Shoe"*, é lançado no Reino Unido pela Apple (Parlophone R5786).

Junho
– Peter Asher, diretor de repertório da Apple, pede demissão. Ele declara à imprensa:

"Quando entrei para a Apple, o objetivo era ser uma empresa **diferente** das outras no ramo musical. Sua política era **ajudar** às pessoas e oferecer **liberdade de criação**. Isso não significava que eu tinha carta branca. Sempre havia a possibilidade de um Beatle dizer 'Nossa, que grande ideia, vá em frente', e de repente aparecer outro e dizer que não sabia de nada a respeito, mas realmente era um lugar incrível para se trabalhar. **Agora tudo mudou.** Na minha opinião, há uma nova política centralizadora e a Apple **perdeu** muito do seu sentido original".

1º de junho
– John e Yoko continuam na cama e recebem vários visitantes, entre eles Allen Ginsberg, Phil Spector e Timoty Leary, e todos juntos gravam o hino pela paz "Give Peace A Chance".
– George e Patti vão passar as férias na Sardenha.

2 de junho
– O compacto *A New Day/ Thumbin' A Ride*, de Jackie Lomax, com Ringo na bateria na faixa do lado A, e a faixa do lado B produzida por Paul McCartney, é lançado nos Estados Unidos pela Apple (1807).
– John e Yoko encerram o segundo "na cama pela paz", na tarde desse dia, participando de uma conferência sobre a paz em uma universidade de Ottawa. À noite voltam para Londres.

4 junho
– O compacto *The Ballad Of John And Yoko/ Old Brown Shoe"*, é lançado nos Estados Unidos pela Apple (Capitol 2531).

14 de junho
– Inter Tel Studios, em Wembley. John e Yoko participam da versão americana do programa *The David Frost Show*, gravado diante da plateia presente no estúdio.

16 de junho
– A música "My Dark Hour", de Steve Miller Band, com Paul McCartney (sob o pseudônimo de Paul Ramon) no baixo, na bateria e nos *backing vocals*, é lançado nos Estados Unidos pela Capitol (2520).

17 de junho
– Paul e Linda voltam de suas férias em Corfu.
23 de junho
– George e Patti voltam da Sardenha.
– Ringo filma uma cena perto do National Film Theatre, na margem sul do Tâmisa, na qual notas de dinheiro eram jogadas dentro de um enorme tanque cheio de restos de animais abatidos e esterco.
27 de junho
– Ringo e Maureen vão passar férias no sul da França.
– O compacto *That's The Way God Planned It/ What About You?*, de Billy Preston, produzido por George Harrison, é lançado no Reino Unido pela Apple (12).
29 de junho
– Yoko, Kyoko, John e seu filho Julian vão passear de carro pela Escócia.
1º de julho
– *Abbey Road*. Início oficial das sessões de gravações de *Abbey Road*. Paul grava uma nova primeira voz para "You Never Give Me Your Money".
– John e Yoko sofrem um acidente de carro em Golspie, no norte da Escócia, quando John perde o controle do veículo. O casal é levado ao Lawson Memorial Hospital, onde Yoko leva 14 pontos; Kyoko, 4, e John, 17 pontos no rosto. Julian entrou em choque e todos foram hospitalizados.
2 de julho
– *Abbey Road*. Sessões de gravações de *Abbey Road*. Paul grava o trecho de "Her Majesty" que finalizaria o álbum. Quando George e Ringo chegam ao estúdio, todos trabalharam em "Golden Slumbers" e "Carry That Weight".
– Cynthia Lennon vai à Escócia, para levar Julian de volta para Londres e, ao encontrar-se com John, disse-lhe poucas e boas.
3 de julho
– *Abbey Road*. Sessões de gravações de *Abbey Road*. Mais *takes* são gravados de "Golden Slumbers" e "Carry That Weight".

– *Chelsea Town Hall, em Londres*. Como John e Yoko ainda estavam hospitalizados, Ringo e Maureen comparecem em seu lugar à festa de lançamento do primeiro disco da *The Plastic Ono Band*, de John e Yoko que trazia "Give Peace A Chance".
4 de julho
– *Abbey Road*. Sessões de gravações de *Abbey Road*. A banda continua as gravações de "Golden Slumbers" e "Carry That Weight".
– O compacto *Give Peace A Chance* (Lennon & McCartney)/ *Remember Love* (Yoko Ono), da The Plastic Ono Band, produzido por John e Yoko, é lançado no Reino Unido pela Apple (13)
6 de Julho
– John e Yoko fretam um helicóptero para levá-los até o jato particular, no qual voltariam para Londres. Enquanto o helicóptero partia do gramado do Lawson Memorial Hospital, toda a equipe acenava. O carro batido foi compactado e exibido em Tittenhurst Park, a residência do casal.

John e Yoko no Heathrow Airport, em 6 de julho.

7 de julho
– *Abbey Road*. Sessões de gravações de *Abbey Road*. Como John ainda estava em casa recuperando-se do acidente, os outros três Beatles trabalharam em "Here Comes The Sun".
– O compacto *That's The Way God Planned It/ How About You?*, de Billy Preston, produzido por George Harrison, é lançado nos Estados Unidos pela Apple (1808).
– O compacto *Give Peace A Chance* (Lennon & McCartney)/ *Remember Love* (Yoko Ono), da Plastic Ono Band, é lançado nos Estados Unidos pela Apple (1809).

8 de julho
– *Abbey Road*. Sessões de gravações de *Abbey Road*. Continuam as gravações de "Here Comes The Sun".

9 de julho
– *Abbey Road*. Sessões de gravações de *Abbey Road*. John volta ao estúdio e trabalha em "Maxwell's Silver Hammer", de Paul. Apesar de ter sofrido ferimentos mais sérios do que John, Yoko o acompanhou, como de costume. Uma cama de casal da Harrods foi colocada no estúdio e Yoko deitou-se nela, e um microfone foi instalado perto de sua boca, caso quisesse acrescentar ou fazer algum comentário.

10 de julho
– *Abbey Road*. Sessões de gravações de *Abbey Road*. A banda acrescenta *overdubs* a "Maxwell's Silver Hammer".

11 de Julho
– *Abbey Road*. Sessões de gravações de *Abbey Road*. Mais *overdubs* são incluídos a "Maxwell's Silver Hammer" (Ringo usou uma bigorna nessa gravação). Em seguida, a banda trabalha em "Something" e "You Never Give Me Your Money".

15 de julho
– *Abbey Road*. Sessões de gravações de *Abbey Road*. São feitos *overdubs* dos vocais e do carrilhão de "You Never Give Me Your Money".

16 de julho
– *Abbey Road*. Sessões de gravações de *Abbey Road*. Mais gravações de "Here Comes The Sun" e "Something".

17 de julho
– *Abbey Road*. Sessões de gravações de *Abbey Road*. Paul grava a primeira voz de "Oh! Darling". Em seguida, todos os Beatles trabalham em "Octopus's Garden", de Ringo.

18 de julho
– *Abbey Road*. Sessões de gravações de *Abbey Road*. Paul faz uma nova gravação da primeira voz de "Oh! Darling". Em seguida, Ringo grava os vocais de "Octopus's Garden".
– A canção "My Dark Hour", de Steve Miller Band, com Paul McCartney, sob o pseudônimo de Paul Ramon, é lançada em compacto no Reino Unido, pela Capitol (CL 15604).
– O compacto duplo *Wall's Ice Cream* que trazia "Little Yellow Pills", de Jackie Lomax, produzida por George Harrison e "Happiness Run (Pebble And The Man)", de Mary Hopkin, produzida por Paul McCartney, é lançado no Reino Unido pela Apple (CT 1), como parte de uma promoção especial da gravadora.

21 de julho
– *Abbey Road*. Sessões de gravações de *Abbey Road*. Os Beatles começam a gravar a base rítmica de "Come Together", de John.

22 de julho
– *Abbey Road*. Sessões de gravações de *Abbey Road*. Não satisfeito com o resultado anterior, Paul faz mais uma tentativa de gravar o vocal de "Oh! Darling" e, logo depois, o grupo continua a trabalhar em "Come Together".

23 de julho
– *Abbey Road*. Sessões de gravações de *Abbey Road*. Ensaios e gravação de "The End".

24 de julho
– *Abbey Road*. Sessões de gravações de *Abbey Road*. Primeiramente, Paul prepara uma demo de "Come And Get It", para a banda contratada da Apple, The Iveys, que em breve mudaria seu nome para

Durante os últimos dias da parceria dos Beatles, Paul não permitia que ninguém fizesse a bateria de suas canções.

Badfinger, e, logo após, os Beatles gravam "Sun King" e "Mean Mister Mustard".

25 de julho
– *Abbey Road*. Sessões de gravações de *Abbey Road*. Além de gravar mais *takes* de "Sun King" e "Mean Mister Mustard", a banda começa a trabalhar na base de "Polythene Pam", de John, e de "She Came In Through The Bathroom Window", de Paul, que foram gravadas como uma única faixa.

28 de julho
– *Abbey Road*. Sessões de gravações de *Abbey Road*. A banda continua as gravações de "Polythene Pam"/"She Came In Through The Bathroom Window".

29 de julho
– *Abbey Road*. Sessões de gravações de *Abbey Road*. Gravação da guitarra de "Come Together" e de mais *takes* de "Sun King" e "Mean Mister Mustard".

30 de julho
– *Abbey Road*. Sessões de gravações de *Abbey Road*. O dia é dedicado à inserção de *overdubs* em "Come Together", "Polythene Pam"/"She Came In Through The Bathroom Window", "You Never Give Me Your Money" e "Golden Slumbers"/"Carry That Weight". Em seguida, começam a escolher a sequência do *medley* de canções que seriam habilmente entremeadas por Paul. Como ele decidira que "Her Majesty" não faria parte da seleção, pediu a John Kurlander, o técnico de som, que a retirasse da edição final e a jogasse fora. Entretanto, fazia parte da política da EMI nunca jogar fora o material gravado em estúdio e, portanto, Kurlander colocou na matriz do álbum um longo pedaço de fita transparente desmagnetizada ao final da gravação criando uma lacuna entre a última faixa e "Her Majesty", que foi mantida na primeira cópia em acetato do disco. Ao ouvir a gravação, Paul gostou tanto do resultado que resolveu manter "Her Majesty" na edição final.

31 de julho
– *Abbey Road*. Sessões de gravações de *Abbey Road*. A banda finaliza "You Never Give Me Your Money" e acrescenta *overdubs* a "Golden Slumbers"/"Carry that Weight".

1º de agosto
– *Abbey Road*. Sessões de gravações de *Abbey Road*. Os Beatles gravam *takes* da base rítmica da balada "Because", de John.

4 de agosto
– *Abbey Road*. Sessões de gravações de *Abbey Road*. Gravações dos vocais de "Because".

5 de agosto
– *Abbey Road*. Sessões de gravações de *Abbey Road*. Paul grava em quatro canais os *loops* de fitas caseiras, que pretendia usar na passagem de "You Never Give Me Money" para "Sun King". A banda finaliza "Because", com George usando um sintetizador Moog durante as gravações, e vocais são acrescentados a "The End".

6 de agosto
– *Abbey Road*. Sessões de gravações de *Abbey Road*. Os Beatles utilizam um sintetizador, dessa vez em "Maxwell's Silver Hammer", de Paul, e George grava *takes* de guitarra para "Here Comes The Sun".

7 de agosto
– *Abbey Road*. Sessões de gravações de *Abbey Road*. Os Beatles continuam a trabalhar em "The End". Primeiramente com a inserção de vocais e depois com a de solos de guitarra de Paul, George e John.

8 de agosto
– *Abbey Road*. Sessões de gravações de *Abbey Road*. Após o almoço, a banda trabalha em novos *overdubs* de bateria e baixo para "The End", trabalham em "I Want You!" e Paul acrescenta a guitarra de "Oh! Darling". (pesquisado)

11 de agosto
– *Abbey Road*. Sessões de gravações de *Abbey Road*. Foram regravadas as harmonias vocais de "I Want You", a qual foi acrescentada "She's So Heavy". Também foram adicionados *overdubs* a "Oh! Darling" e "Here Comes The Sun". (pesquisado)
– John e Yoko se mudam para "Tittenhurst Park", sua nova mansão, em Ascot.

12 de agosto
– *Abbey Road*. Sessões de gravações de Abbey Road. Sessão de mixagem.

13 de agosto
– *Abbey Road*. Sessões de gravações de Abbey Road. Outro dia dedicado à mixagem das faixas do novo álbum.

14 de agosto
– *Abbey Road*. Sessões de gravações de Abbey Road. Trabalho de edição do *medley* do lado B do álbum. No estúdio, John foi entrevistado por Kenny Everett, do programa *Everett Is Here*, da BBC Radio 1.

15 de agosto
– *Abbey Road*. Sessões de gravações de *Abbey Road*. Gravação em *overdub* das orquestras de "Golden Slumbers"/"Carry That Weight", "The End", "Something" e "Here Comes de Sun".

18 de agosto
– *Abbey Road*. Sessões de gravações de *Abbey Road*. Paul gravou o piano de "The End".

19 de agosto
– *Abbey Road*. Sessões de gravações de *Abbey Road*. "Here Comes The Sun" e "Something" são finalizadas.

A capa de **Abbey Road**

No dia 8 de agosto de 1969, às 11h35, com auxílio da polícia que bloqueava o trânsito, o fotógrafo Iain Macmillan subiu em uma escada no meio de Abbey Road, para tirar a icônica fotografia dos Beatles atravessando a faixa de pedestres perto do estúdio. Por causa do calor, Paul estava descalço. Ele havia idealizado a capa e desenhado um esboço de como a queria; portanto, quando as fotos foram reveladas, coube a ele escolher a melhor.

20 de agosto
– *Abbey Road*. Sessões de gravações de *Abbey Road*. Essa é a última vez que John, Paul, George e Ringo estiveram juntos em estúdio. Durante a sessão, John conseguiu o final abrupto de "I Want You (She's So Heavy)", literalmente cortando a fita de gravação. Em seguida os quatro Beatles ouviram as faixas do disco já na provável sequência do álbum.

21 de agosto
– *Abbey Road*. Sessões de gravações de *Abbey Road*. Sessão de mixagem e edição.
– A primeira reunião geral anual da Apple é realizada em Savile Row, nº 3 (escritórios da Apple), com a presença dos quatro Beatles.
– A empresa Adagrose Ltd. muda a razão social para McCartney Productions Limited.

22 de agosto
– Os Beatles participam de uma sessão de fotos nos jardins de Tittenhurst Park. A última de sua carreira como grupo.
– O compacto *Hare Krishna Mantra/ Prayer To The Spiritual Masters*, dos membros do Radha Krishna Temple, produzido por George Harrison, é lançado nos Estados Unidos pela Apple (1810).
– O álbum *That's The Way God Planned*, de Billy Preston, produzido por George Harrison, é lançado no Reino Unido, pela Apple (SAPCOR 9).

25 de agosto
– *Abbey Road*. Sessões de gravações de *Abbey Road*. Edição final das faixas do *medley*.

27 de agosto
– Como parte do acordo firmado em 24 de abril, os Beatles vendem suas ações da NEMS Entreprises Limited para o Triumph.

28 de agosto
– Mary, a filha de Paul e Linda, nasce na Avenue Clinic, em Londres.
– George e vários jornalistas comparecem ao lançamento para a imprensa de "Hare Krishna Mantra", música que fazia parte do primeiro compacto dos membros do Radha Krishna Temple. O evento, oferecido pela Apple, foi realizado nos jardins de uma grande casa de campo em Sydenham, sul de Londres, no qual comida indiana foi servida, sem o acompanhamento de bebidas alcoólicas.

29 de agosto
– O compacto *Hare Krishna Mantra/ Prayer To The Spiritual Masters*, dos membros do Radha

Os Beatles em sua última sessão de fotos em Tittenhurst Park.

Krishna Temple, produzido por George Harrison, é lançado no Reino Unido pela Apple (15).
– O álbum *Songs For A Tailor*, de Jack Bruce, com participação de George Harrison (sob o pseudômino de L'Angelo Misterioso) em "Never Tell Your Mother She's Out Of Time", a primeira faixa do disco, é lançado no Reino Unido pela Polydor (583-058).

31 de agosto
– George e Patti, Ringo e Maureen, John e Yoko viajam para Isle of Wight para assistirem ao show de Bob Dylan que seria realizado no dia seguinte.

1º de setembro
– Todos os Beatles, à exceção de Paul, assistem à apresentação de Dylan como astro principal do festival ao ar livre em Isle of Wight. Após o evento, Dylan foi com John e Yoko a Tittenhurst Park, mas se recusou a participar de uma sessão de gravação.

5 de setembro
– John e George se desligam da diretoria da empresa Hayling Supermarkets Limited.

8 de setembro
– Ringo é levado ao *Middlesex Hospital*, no centro de Londres, por causa de complicações instestinais, onde foi mantido em observação.

Plastic Ono Band ao vivo em Toronto

John acordara no dia 13 de setembro decidido a desistir do show de Toronto, mas Clapton disse que estava disposto a tocar. John chegou ao aeroporto na última hora e durante o voo tentou, sem muito entusiasmo, ensaiar algumas canções com a Plastic Ono Band, dublando-as. Nesse ínterim, as estações de rádio canadense estavam a todo vapor e centenas de fãs, dos velhos tempos dos Beatles, aguardavam o grupo no aeroporto. Os músicos prepararam rapidamente alguns números, e John estava tão nervoso que vomitou antes de subir ao palco do Varisity Stadium da Universidade de Toronto. A Plastic Ono Band apresentou clássicos do rock como "Blue Suede Shoes", "Money", "Dizzy Miss Lizzy", além de "Yer Blues", "Cold Turkey" e "Give Peace A Chance".
John confessou: "O mais ridículo é que eu não sabia nenhuma das letras e, quando apresentamos "Money" e "Dizzy", fiquei falando qualquer coisa enquanto tocava. A banda mandava ver atrás de mim. Yoko estava no palco conosco, mas só iria apresentar-se depois de termos terminado nossas cinco músicas. Depois de "Money" houve uma pausa, então virei-me para Eric e perguntei, 'Qual é a próxima?'. Ele deu de ombros e eu gritei, 'Vamos nessa!', e comecei a tocar qualquer coisa. Depois, apresentamos 'Yer Blues', pois eu já a havia tocado com Clapton. Foi nosso ponto alto. Nesse meio-tempo, Yoko havia saído do palco discretamente para pegar algumas letras de música em seu saco branco. Em seguida, passamos a tocar "Give Peace A Chance", que foi extraordinário e, conforme tocávamos, eu inventava a letra sem ter a menor ideia do que estava fazendo".

10 de setembro
– O álbum *That's The Way God Planned*, de Billy Preston, produzido por George Harrison, é lançado nos Estados Unidos, pela Apple (ST 3359), contendo as mesmas faixas que a versão britânica.
– The Institute of Contemporary Arts realiza uma pequena amostra dos filmes *avant-garde* de John e Yoko, que contrataram um casal para permanecer sentado dentro de um saco branco, colocado abaixo da tela, durante toda a apresentação. Grande parte da plateia achou que era o casal Lennon.

12 de setembro
– O promotor musical John Brower telefona para John e Yoko convidando-os para assistir ao show Toronto Rock n' Roll Revival, que seria realizado no dia seguinte com a participação de Little Richard, Chuck Berry e Jerry Lee Lewis. Ele também oferece passagens na primeira classe para o casal e mais seis acompanhantes. Sem hesitar, John aceita o convite, contanto que sua banda pudesse tocar ao vivo. O promotor, pasmo, aceita a proposta imediatamente, mas como John não tinha nenhuma banda – os Beatles não se apresentavam ao vivo há três anos –, teve de formar uma. Ele, rapidamente, convocou Eric Clapton, Klaus Voormann e o baterista de estúdio Alan White, e informou Mal Evans de que ele ficaria encarregado do equipamento de som. Brower, ainda surpreso por haver conseguido a participação de um Beatle em seu festival, tomou as providências necessárias junto ao departamento de imigração para conseguir os vistos.

Ringo, Linda, Paul, Yoko e John tentando manter as aparências nos escritórios da Apple.

16 de setembro
– Maclen (Music) Limited entra com uma ação contra a Northern Sounds Limited exigindo que fosse feita uma nova auditoria dos relatórios dos *royalties* a partir de 11 de fevereiro de 1965. Essa era a área de especialidade de Klein que, quase sempre, conseguia resultados melhores do que os esperados.

19 de setembro
– O compacto *Que Sera Sera/ Fields Of St Etienne*, de Mary Hopkin, produzido por Paul McCartney, é lançado na França pela Apple (16).
– Paul é entrevistado por David Wigg, do programa *Scene And Heard* da BBC Radio 1.
– O programa de televisão *Late Night Line-Up*, da BBC2, apresenta em primeira mão o álbum *Abbey Road*.
– Ao comprar ações da Northern Songs dos membros do "consórcio", Lew Grade, da ATV, passa a deter pouco menos de 50% das ações. Os Beatles haviam perdido o controle de sua editora musical, mas Klein e Grade se entenderam e juntos resolveram encontrar uma forma de conseguir que os Beatles voltassem a fazer parte da empresa.
A ATV compraria todas as ações que os Beatles tivessem da Northern Songs em troca de cotas e dinheiro. Portanto, eles passariam a ter ações da ATV que controlava suas canções. Eles deveriam se desligar como compositores até 1976. A Maclen voltaria a ser propriedade de John e Paul e a Apple receberia pelos direitos das publicações nos Estados Unidos. Era um excelente acordo, mas também não deu certo, porque os Eastman não haviam participado das negociações.

20 de setembro
– Allen Klein negocia com a EMI/Capitol um excelente novo contrato dos Beatles, segundo o qual sua porcentagem nos *royalties* aumentaria. Apesar de o acordo entre a gravadora e a banda ter validade até 1976, o grupo já havia praticamente cumprido as disposições mínimas do acordo: cinco álbuns e cinco compactos, portanto Klein tinha um trunfo em suas mãos. O contrato anterior com a Capitol já lhes garantia 17,5% das vendas para as lojas nos Estados Unidos, mas ele conseguiu que esse valor aumentasse para 25%. Mesmo Paul, sempre relutante, percebeu que era um bom acordo e o assinou junto com Ringo e John. George, que estava em Cheshire, visitando a mãe adoentada, retornaria em poucos dias para assiná-lo também.

Abaixo: John e Yoko com as pombas como símbolo da paz.

John deixa a banda

John aproveitou a reunião do dia 20 de setembro para finalmente contar aos outros Beatles que estava deixando a banda.
John: "Eu disse a Paul, 'Estou saindo'. Antes de irmos para Toronto, já havia tomado a decisão e disse a Allen que estava saindo. Contei a Eric Clapton e a Klaus que gostaria de formar um outro grupo com eles, pois eu estava largando os Beatles. Eu ainda não havia resolvido como faria isso – se teria uma banda permanente ou o quê – mas, logo em seguida, pensei, 'Que droga, não vou me prender a outras pessoas, não importa quem sejam'.
Poucos dias antes da reunião, anunciei minha decisão a mim mesmo e a todos os que estavam comigo no voo para Toronto. Allen estava lá e eu lhe disse, 'Está acabado'. Quando voltamos, tivemos algumas reuniões e Allen não parava de repetir, 'Calma, calma!', ainda havia muito a ser feito, principalmente em termos empresariais, e aquela não era a hora apropriada.
Então, certo dia, estávamos no escritório com Paul, que fez um comentário sobre o que os Beatles deveriam fazer e eu só dizia, 'Não, não, não', a qualquer coisa que ele sugerisse. Então, chegamos a um ponto em que eu tive de me manifestar, e Paul perguntou, 'O que você quer dizer com isso?'.
E, respondi, 'Quero dizer que o grupo está acabado. Estou saindo'. Allen retrucou, 'Não diga isso'. Ele pedira que eu não tocasse nesse assunto, nem mesmo com Paul, mas insisti, 'Já disse'. Não tinha mais volta, aquilo simplesmente saiu da minha boca. Tanto Paul quanto Allen disseram que estavam satisfeitos, pois eu não iria anunciar minha decisão nem fazer alarde. Não tenho bem certeza se Paul disse para eu não contar a ninguém, mas ele estava bem feliz em saber que eu não contaria nada e comentou, 'Bem, como você não vai divulgar sua decisão, significa que nada ocorreu'.
E foi isso o que aconteceu. Assim como quando você pede o divórcio, e a expressão do outro se transforma, Paul sabia que era o fim; e seis meses depois ele lançou não sei o quê no mercado. Eu fui um idiota em não ter feito o mesmo que ele, ou seja, usar a separação da banda para vender um disco".

Durante a reunião, John e Yoko nomearam Klein diretor de negócios da sua empresa, a Bag Productions.
– A primeira parte da entrevista com John feita por Kenny Everett, do programa *Everett Is Here*, é transmitida pela BBC Radio 1.
21 de setembro
– A primeira parte da entrevista de Paul com David Wigg, do programa *Scene And Heard*, vai ao ar pela BBC Radio 1.
– A música "Badge", da banda Cream, composta por George Harrison e Eric Clapton, é relançada no Reino Unido pela Polydor (2058-285).
25 de setembro
– *Abbey Road*. John e Yoko supervisionam as mixagens em estéreo de sua apresentação no show de Toronto, que seria lançada em um álbum: "Blue Suede Shoes", "Money (That's What I Want)", "Dizzy Miss Lizzy", "Yer Blues", "Cold Turkey", "Give Peace A Chance", "Don't Worry Kyoko (Mummy's Only Looking For Her Hand In The Snow)" e "John, John (Let's Hope For Peace)".
– John e Yoko comparecem a um almoço oferecido à imprensa nos estúdios da Apple para o lançamento do novo compacto da banda Trash, que incluía "Golden Slumbers", canção composta por Lennon & McCartney, que fazia parte do álbum *Abbey Road*.
Após o evento, John e Yoko, com a banda The Plastic Ono Band (com John na guitarra e vocal, Yoko no que ela quisesse, Eric Clapton na guitarra, Klaus Voormann no baixo e Ringo na bateria), voltaram para Abbey Road para gravar "Cold Turkey".
26 de setembro
– O álbum *Abbey Road* é lançado no Reino Unido pela Apple (Parlophone PCS 7088), somente na versão estéreo.
Lado A: "Come Together", "Something", "Maxwell's Silver Hammer", "Oh! Darling", "Octopus's Garden", "I Want You (She's So Heavy)";
Lado B: "Here Comes The Sun", "Because", "You Never Give Me Your Money", "Sun King"/"Mean Mr Mustard", "Polythene Pam"/"She Came In Through The Bathroom Windon","Golden Slumbers"/"Carry That Weight", "The End", "Her Majesty".
– Ringo dá uma entrevista a Kid Jensen, durante a qual conversam sobre *Abbey Road*. Ela é transmitida nesse mesmo dia pela Radio Luxemburg.
27 de setembro
– A segunda parte da entrevista com John feita por Kenny Everett é transmitida pela BBC Radio 1.
27 de setembro
– John dá uma entrevista a Kid Jensen, transmitida no mesmo dia pela Radio Luxembourg.
28 de setembro
– *Trident Studios, no Soho*. A The Plastic Ono Band regrava "Cold Turkey", com a mesma formação do dia 25 de setembro.
– A segunda parte da entrevista com Paul, feita por David Wiggs, do *Scene And Heard*, é transmitida pela BBC Radio 1.
29 de setembro
– *Abbey Road*. John supervisiona a mixagem de "Cold Turkey".
1º de outubro
– O álbum *Abbey Road* é lançado nos Estados Unidos pela Apple (Capitol SO 383), somente na versão estéreo, com as mesmas faixas da versão britânica.
3 de outubro
– *Lansdowne Studios, em Londres*. Uma nova versão em estúdio de "Don't Worry Kyoko (Mummy's Only Looking For Her Hand In The

Snow)", de Yoko, é gravada pela The Plastic Ono Band, como o lado B de "Cold Turkey".
5 de outubro
– *Abbey Road*. *Overdubs* são acrescentados a "Cold Turkey".
6 de outubro
– O compacto *Something/ Come Together*, é lançado nos Estados Unidos pela Apple (Capitol 2654).
– O álbum *Songs For A Tailor*, de Jack Bruce, com George Harrison (sob o pseudônimo de L'Angelo Misterioso), na faixa "Never Tell Your Mother She's Out Of Time", é lançado nos Estados Unidos pela ATCO (SD-306).
8 de outubro
– Nos escritórios da Apple, George dá uma entrevista a David Wigg, do *Scene And Heard*, da BBC Radio 1.
9 de outubro
– Yoko é levada às pressas para o King's College Hospital, em Londres, para uma transfusão de sangue por causa de complicações na gravidez. John fica a seu lado durante todo o tempo. O casal acabara de passar por um tratamento de desintoxicação de drogas.
12 de outubro
– Após passar quatro dias no hospital, com John sempre a seu lado, Yoko tem um aborto espontâneo.
– A primeira parte da entrevista com George feita por David Wigg, do *Scene And Heard*, vai ao ar pela BBC Radio 1.
13 de outubro
– Paul e Linda, Ringo e Maureen comparecem à estreia da temporada de show de Mary Hopkin, no Savoy Hotel, em Londres.
15 de outubro
– Ringo e Maureen partem para Los Angeles.
17 de outubro
– A canção "Everthing's All Right", de Billy Preston, produzida por George Harrison, é lançada em compacto no Reino Unido pela Apple (19).

Paul nos escritórios da Apple.

19 de outubro
– A segunda parte da entrevista com George, feita por David Wiggs, é transmitida pela BBC Radio 1.
20 de outubro
– *Abbey Road*. John e Yoko fazem uma nova mixagem das gravações do show de Toronto da Plastic Ono Band.
– O compacto *Cold Turkey* (Lennon)/ Mummy's Only Looking For Her Hand In The Snow (Ono), da The Plastic Ono Band, produzido por John e Yoko, é lançado nos Estados Unidos pela Apple (1813).
– O álbum *Wedding Album*, de John Ono Lennon e Yoko Ono Lennon, composto e produzido por eles, é lançado nos Estados Unidos pela Apple (SMAX 3361).
Lado A: "John and Yoko"
Lado B: "Amsterdam"
– George assiste a uma apresentação de Ravi Shankar, no Royal Albert Hall.
21 de outubro
– John dá uma entrevista a David Wiggs, do *Scene And Heard*, da BBC Radio 1.

22 de outubro
– Paul e Linda partem para a fazenda do Beatle na Escócia.
– Ringo e Maureen voltam de Los Angeles.
24 de outubro
– Paul é entrevistado em sua fazenda por Chris Drake, da BBC. O jornalista viajara até a Escócia determinado a colocar um ponto final no boato absurdo que começara nos Estados Unidos de que Paul estaria morto.
– A canção "Everything's All Right", de Billy Preston, produzida por George Harrison, é lançada em compacto nos Estados Unidos pela Apple (1814).
– O compacto *Cold Turkey (Lennon)/ Mummy's Only Looking For Her Hand In The Snow* (Ono), da The Plastic Ono Band, produzido por eles, é lançado no Reino Unido pela Apple (1001).
26 de outubro
– A entrevista com John feita por David Wiggs, do *Scene And Heard*, é levada ao ar pela BBC Radio 1.
– Parte da entrevista de Chris Drake com Paul é transmitida no programa *The World This Weekend*, da BBC Radio 4.
27 de outubro
– *Abbey Road*. Ringo começa a trabalhar em seu disco *Sentimental Journey* que, à exceção de trilhas sonoras e trabalhos experimentais feitos anteriormente pelos outros Beatles, transformou-o no primeiro membro da banda a produzir um álbum solo. Ringo, acompanhado de uma orquestra com 17 músicos, grava "Night And Day".
– Parte da entrevista de Chris Drake com Paul é transmitida no programa *The World At One*, da BBC Radio 4.
– Outro trecho da entrevista de Chris Drake com Paul vai ao ar no programa *Late Night Extra*, da BBC Radio 2.
– Empreiteiros começam a instalar um estúdio de gravação para John e Yoko, em Tittenhurst Park.

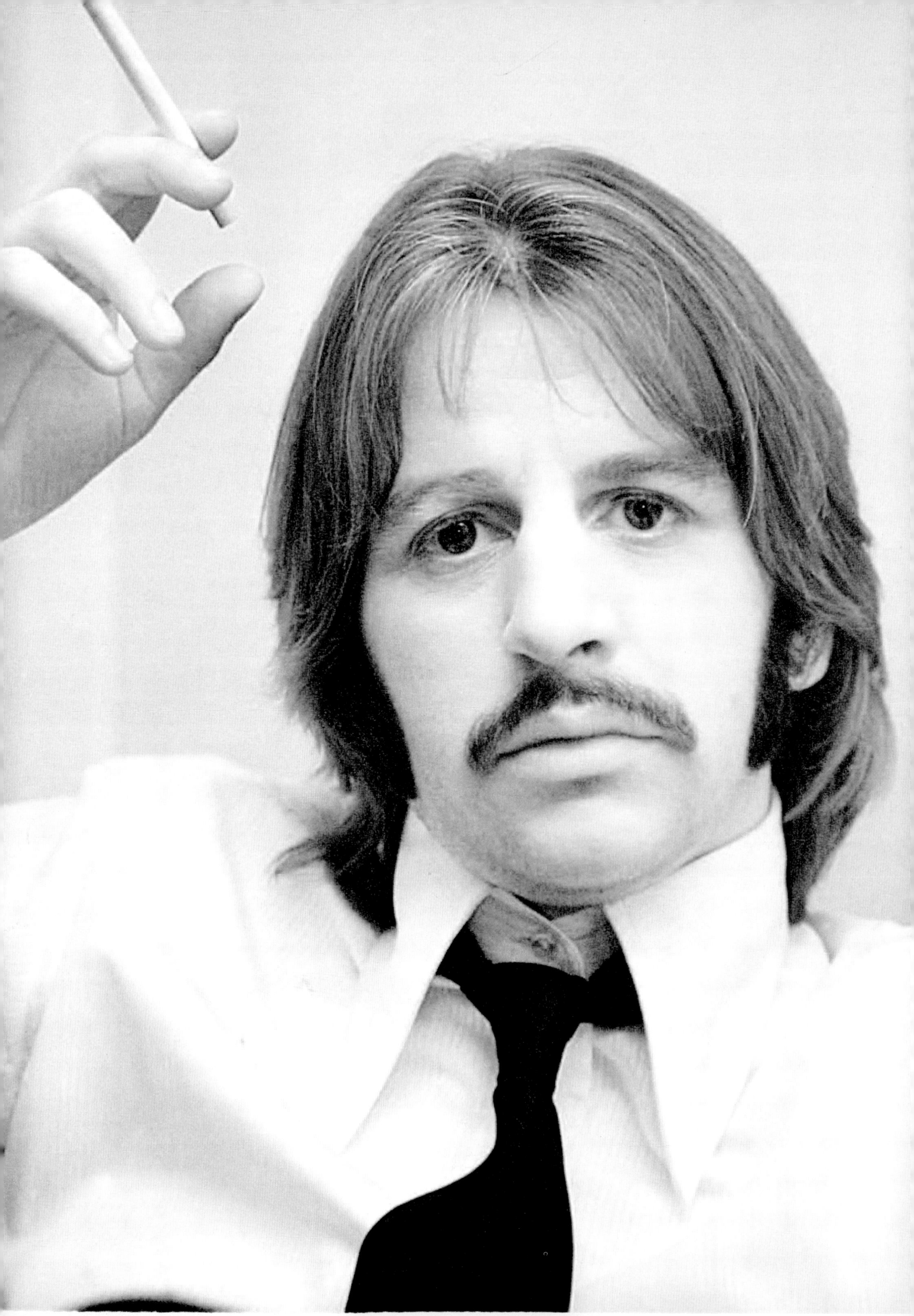

31 de outubro
– O compacto *Something/ Come Together*, é lançado no Reino Unido pela Apple (Parlophone R 5814).
– Divulga-se que George participara de uma gravação com Eric Clapton, Ric Grech e Denny Laine, no Olympic Sounds Studios, em Barnes, Londres.

Novembro
– O jornalista e documentarista Tony Palmer é contratado por John e Yoko para escrever a biografia autorizada do casal em apenas seis dias. Após produzir rapidamente 75 mil palavras, conseguindo assim cumprir o prazo, foi informado de que eles haviam mudado de ideia e não publicariam o livro.
– No início do mês, John e Yoko, acompanhados de "Magic" Alex, fazem um cruzeiro pelo Mediterrâneo com a intenção de se livrarem definitivamente da dependência de heroína – a provável causa dos abortos espontâneos de Yoko.

3 de novembro
– The Institute of Contemporary Arts promove uma nova mostra dos filmes experimentais de John e Yoko.

6 de novembro
– *Abbey Road*. Sessões de gravação de *Sentimental Journey*.
Ringo grava "Stormy Weather", de Lena Horne, acompanhado de uma orquestra de 18 músicos. A canção, entretanto, não foi incluída na edição final do disco.

7 de novembro
– *Abbey Road*. Sessões de gravação de *Sentimental Journey*. Gravação da orquestra de "Stardust" (cujo arranjo foi creditado a Paul).
– O álbum *Wedding Album*, de John Ono Lennon e Yoko Ono Lennon, composto e produzido por eles, é lançado no Reino Unido pela Apple (SAPCOR 11), com as mesmas faixas da versão americana.

10 de novembro
– Terceira mostra dos filmes experimentais de John e Yoko apresentada no Institute of Contemporary Arts.

13 de novembro
– John oferece gratuitamente aos hippies que quisessem formar uma comunidade uma ilha deserta que comprara em 1966 na costa do condado de Mayo, na Irlanda, a qual visitara uma única vez durante uma viagem de ácido que durou uma semana.

14 de novembro
– *Abbey Road*. Sessões de gravação de *Sentimental Journey*. Ringo faz o vocal de "Stardust" e começa a gravar a base rítmica de "Dream".

15 de novembro
– Apesar de *The Wedding Album*, o álbum experimental de John e Yoko ser simples, o crítico Richard Williams, da revista *Melody Maker*, recebera um álbum duplo, cujos lados C e D continham testes de equalização feitos em estúdio. Portanto, equivocadamente, Richard escreveu uma crítica que continha comentários sobre os quatro lados, dizendo que achara as sutis variações tonais entre os lados B e D muito interessantes.

25 de novembro
– John devolve sua comenda de Membro do Império Britânico à rainha. Ela foi entregue, durante a manhã, por seu motorista, contendo a seguinte nota:

"Vossa Majestade, Estou devolvendo meu MBE em sinal de protesto contra o envolvimento do Reino Unido na guerra de Biafra, na Nigéria, contra o apoio aos Estados Unidos na guerra do Vietnã e contra a queda nas paradas do compacto 'Cold Turkey'. Atenciosamente, John Lennon".

– John é entrevistado por David Bellan, da BBC Radio 4.

26 de novembro
– *Abbey Road*. John e Yoko supervisionam a remixagem das canções "What's The New Mary Jane" e "You Know My Name (Look Up The Number)", para incluí-las no próximo compacto da Plastic Ono Band, pois, a seu ver, haviam sido descartadas pelos Beatles.
– A entrevista feita por David Bellan com John vai ao ar no programa *Today*, da BBC Radio 4.

28 de novembro
– *Abbey Road*. Sessões de gravação de *Sentimental Journey*. Ringo gravava "Blue Turning Grey Over You".
– A Apple divulga que o próximo compacto da Plastic Ono Band seria lançado no dia 5 de dezembro e incluiria a faixa "You Know My Name (Look Up The Number)". Todavia, os planos de John e Yoko foram por água abaixo, provavelmente por causa de Paul. Essa era uma de suas canções favoritas e ele queria que fosse lançada pela banda, o que veio a acontecer em março de 1970, no compacto *Let It Be/ You Know My Name (Look Up The Number)*.

1º de dezembro
– Ringo é filmado conversando com Tony Bilbow em diferentes locações em Londres. As cenas fariam parte de um documentário de longa-metragem sobre o Beatle, que seria exibido no programa *Late Night Line-Up*, da BBC 2, no mesmo dia da *première* mundial de *Um Beatle No Paraíso*.
– John e Yoko, sensibilizados pela perseguição aos ciganos, oferecem-se para comprar um trailer, com aproximadamente 10 metros de extensão, que seria colocado em um terreno desocupado em Caddington, Bedforshire, e seria usado como escola para as crianças ciganas.
– O 77º e último número da revista mensal *The Beatles Book*

é publicado (o periódico foi relançado em maio de 1976 e, em 1997, já havia ultrapassado a marca de 250 fascículos).
– George e Patti, Ringo e Maureen assistem à estreia da turnê da dupla Delaney & Bonney & Friends, no Royal Albert Hall, em Londres. George gostou tanto do show que resolveu acompanhar o grupo, participando de duas apresentações por noite, praticamente incógnito, no fundo do palco.

2 de dezembro
– O antropologista Desmond Morris – conhecido por seu programa infantil *Zoo Time*, da BBC – entrevista John para um especial chamado *O homem da década*. A ATV pedira a Alistair Cooke, Mary McCarthy e desmond morris que escolhessem O Homem da Década. Cooke elegeu JFK, McCarthy, Ho Chi Minh e Morris, John Lennon. O material, entremeado com filmes da coleção particular do músico, gerou a edição de 20 minutos que seria exibida como parte do programa.
– Nesse mesmo dia, a BBC 1 começou a filmar o documentário *The World Of John And Yoko*, que seria exibido no programa *24 Hours*, apresentado por David Dimbleby. No especial seriam incluídos trechos da entrevista de John para a ATV.
– *Colston Hall, em Bristol*. George participa do show de Delaney & Bonney & Friends.

3 de dezembro
– Tim Rice e Andrew Lloyd Webber convidam John para participar de seu próximo musical, *Jesus Christ, Superstar*, no papel de Jesus Cristo.
– A BBC 1 filma alguns *takes* com John e Yoko para o documentário *The World Of John And Yoko*.
– John dá uma entrevista à jornalista americana Gloria Emerson, a qual terminou em uma discussão violenta, quando ela questionou a sinceridade dele. Duas semanas depois, o embate entre a jornalista e o músico seria transmitido pela BBC Radio 2.
– *Town Hall, em Birmingham*. George participa de mais um show da turnê Delaney & Bonney & Friends.

4 de dezembro
– *Abbey Road*. Sessões de gravação de *Sentimental Journey*. Ringo, acompanhado de uma orquestra de 17 músicos, finaliza "Blue Turning Grey Over You".
– *Abbey Road*. John e Yoko, Mal Evans, Eddie Klein, Anthony Fawcett, Geoff Emerick e vários convidados gravam duas fitas experimentais. Na primeira, todos gargalhavam e gritavam desvairadamente, e uma base de percussão e canto seria incluída à gravação. Na segunda, todos se aproximaram do microfone, sussurrando uma mensagem. John e Yoko divulgaram que essa gravação formaria o quarto álbum da série composta por *Two Virgins, Life With The Lions* e *The Wedding Album*, mas ela nunca chegou a ser lançada. A sessão foi filmada na íntegra pela BBC 1 para o documentário *The World of John e Yoko*.
– *City Hall, em Sheffield*. Mais um show da turnê Delaney & Bonnie & Friends, com a participação de George.

5 de dezembro
– A BBC 1 roda mais algumas cenas com John e Yoko, nos campos cobertos de neve do interior de Suffolk, para o documentário *The World Of John And Yoko*. O casal e toda a equipe de filmagem pernoitam no hotel The Bull in Long Melford, em Suffolk.
– *City Hall, em Newcastle Upon Tyne*. Outro show da turnê Delaney & Bonnie & Friends, com a participação de George.
– A canção "Come And Get It", de Badfinger, composta e produzida por Paul McCartney, é lançada em compacto nos Estados Unidos pela Apple (1815).

6 de dezembro
– Último dia de filmagens de *The World Of John And Yoko*.
– *London Weekend Television Studios*, em *Wembley*. Ringo, Peter Sellers e Spike Mulligan participam de uma entrevista no *Frost On Saturday* para divulgar o filme *Um Beatle no Paraíso*. O programa é gravado e levado ao ar no mesmo dia.
– A equipe da BBC 1 finaliza as filmagens de *The World Of John And Yoko*, rodando algumas cenas do casal em seu quarto no hotel The Bull in Long Melford.
– *The Empire Theatre, em Liverpool*. Mais uma apresentação de Delaney & Bonnie & Friends, com a participação de George.

7 de dezembro
– John e Yoko participam de um debate no programa religioso *The Question Why* da BBC, liderado por Malcolm Muggeridge, o qual foi transmitido ao vivo diretamente do Lime Grove Studios.
– *Fairfield Hall, em Croydon*. George participa do último dia da turnê de Delaney & Bonnie & Friends. Ambas as apresentações da noite foram gravadas ao vivo e lançadas no álbum *Delaney & Bonnie On Tour With Eric Clapton*, em maio de 1970.

John pronto para subir ao palco do London's Lyceum Ballroom, em 15 de dezembro.

8 de dezembro
– *Abbey Road*. Ringo acrescenta um novo vocal a "Octopus's Garden", para poder dublar a canção no programa de TV *With A Little Help From My Friends*, de George Martin, driblando, assim, a determinação do sindicato dos músicos que proibia *playbacks*.

9 de dezembro
– É divulgado pela Apple que John e Yoko pretendiam fazer um filme sobre James Hanratty, que fora enforcado por assassinato. A iniciativa do casal foi considerada um gesto de apoio à campanha dos pais do rapaz para provar sua inocência. A gravadora disse que o filme dos Lennon revelaria novas provas da inocência de Hanratty.

John: "Passamos várias horas com os pais de Hanratty e eles nos convenceram de que, sem sombra de dúvida, a condenação foi um erro judiciário".

(O filme *Hanratty*, financiado por John e Yoko, foi exibido uma única vez em Londres).

10 de dezembro
– Ringo e Maureen, acompanhados de John e Yoko, comparecem à *première* mundial de *Um Beatle no Paraíso*, no Odeon Cinema, em Kensington, Londres. John e Yoko chocaram os que se encontravam em fila na frente do cinema, ao passarem lentamente, carregando um cartaz no qual estava escrito "O Reino Unido assassinou Hanratty".
– O programa de artes *Late Night Line-Up*, da BBC 2 – nessa noite chamado simplesmente de *Line-Up* – exibe o documentário de longa-metragem sobre Ringo.
– *Falkoner Theatre, em Copenhagen, na Dinamarca*. George apresenta-se com Delaney & Bonnie & Friends durante as três noites da temporada do grupo.

11 de dezembro
– *Falkoner Theatre*. Segunda noite da temporada de Delaney & Bonnie & Friends.

12 de dezembro
– *Falkoner Theatre*. Terceira noite da temporada de Delaney & Bonnie & Friends.

– O álbum *The Plastic Ono Band – Live In Toronto*, da The Plastic Ono Band, produzido por John e Yoko, é lançado no Reino Unido pela Apple (CORE 2001).
Lado A: "Introduction Of The Band", "Blue Suede Shoes", "Money (That's What I Want)", "Dizzy Miss Lizzy", "Yer Blues", "Cold Turkey", "Give Peace A Chance";
Lado B: "Don't Worry Kyoko (Mummy's Only Looking For Her Hand In The Snow", "John, John (Let's Hope For Peace).
– O álbum *The Plastic Ono Band – Live In Toronto*, da Plastic Ono Band, é lançado nos Estados Unidos pela Apple (SW 3362), com as mesmas faixas da versão britânica.

**Acima: James Hanratty.
Abaixo: John, Yoko e o pai de Hanratty.**

– O álbum *No One's Gonna Change Our World*, compilação de vários artistas, trazendo os Beatles na primeira faixa em "Across The Universe" (primeiro disco a incluir essa música), é lançado no Reino Unido pela EMI Star Line (SRS 5013).

14 de dezembro
– Ringo grava uma apresentação para o especial *With A Little Help From My Friends*, de George Martin, que também contaria com a participação de The Hollies, Dudley Moore, Lulu, Spike Milligan e a orquestra de 40 músicos de George. As gravações foram realizadas na casa de espetáculos Talk Of The Town, em Leicester Square.
– Um saco branco com os dizeres "Um protesto silencioso a favor de James Hanratty", que trazia em seu interior duas pessoas se contorcendo (que provavelmente não eram John e Yoko), é enviado ao *Speaker's Corner*, em Hyde Park, Londres, onde o pai de Hanratty estava fazendo um pedido para que fosse aberto um inquérito sobre a condenação de seu filho por assassinato. Nesse mesmo dia, foi entregue uma petição na residência oficial e escritório do primeiro-ministro em Downing Street, n. 10.

15 de dezembro
– Ringo grava uma mensagem em prol da fundação de ajuda aos cegos,

British Wireless, transmitida pela BBC, no dia de Natal.
– A Plastic Ono Supergroup, de John e Yoko, apresenta-se no show Peace For Christmas, realizado no Lyceum Ballroom, em Convent Garden, Londres, em prol da Unicef. George Harrison fez parte do grupo de músicos reunidos às pressas por John e Yoko: essa seria a primeira vez que os dois Beatles dividiam o palco desde 1966. A formação da banda também contava com: Eric Clapton, Delaney and Bonnie, Alan White, Bobby Keys, Keith Moon, Klaus Voormann, Jim Gordon e Billy Preston. A superbanda tocou versões ampliadas de "Cold Turkey" e "Don't Worry Kyoko (Mummy's Only Looking For Her Hand In The Snow)". O evento foi gravado e parte da apresentação da Ono Plastic Supergroup é incluída no álbum duplo *Sometime In New York City*, de John e Yoko, de 1972.
– O documentário *The World Of John And Yoko* foi exibido no programa *24 Hours*, da BBC.

16 de dezembro
– Uma campanha com grandes cartazes e *outdoors* com os dizeres "War Is Over! If You Want It! Happy Christmas from John and Yoko", ["A guerra acabou! Se você quiser! Feliz Natal de John e Yoko"] cobre 11 capitais do mundo. Em algumas cidades a mensagem foi traduzida para a língua nativa do país.
– Terceira viagem de John e Yoko para Toronto, no Canadá. Eles ficam hospedados na fazenda de Ronnie Hawkins, de onde fizeram várias ligações para estações de rádio de todo o mundo, pedindo que divulgassem a mensagem de paz do casal. A conta ficou a cargo do anfitrião.

17 de dezembro
– Durante sua estada em Toronto, John e Yoko divulgam seus planos de realizar na cidade um festival pela paz, de 3 a 5 de julho de 1970.

19 de dezembro
– Lançamento de *The Beatles Seventh Christmas Record*, o sétimo álbum de Natal produzido pela banda para os membros de seu fã-clube.

20 de dezembro
– A CBS TV (Columbia Broadcasting Corporation) filma um uma conversa entre John e Marshall

George no palco com Delaney e Bonnie, em Copenhagen, em 11 de dezembro.

McLuhan, autor de *The Medium Is The Message*, no escritório do escritor na University of Toronto.
– John participa de uma entrevista com Lloyd Robertson, do programa *Weekend*, transmitida ao vivo pela CBC (Canadian Broadcasting Corporation).

22 de dezembro
– Durante uma coletiva de imprensa no Château Champlain Hotel, em Montreal, John diz aos repórteres: **"Achamos que essa década foi um período positivo e não deprimente. Esse foi apenas o começo. Temos de manter a chama da esperança viva, pois sem ela nada conseguiremos".**

23 de dezembro
– John e Yoko têm uma reunião de 51 minutos com o primeiro-ministro canadense, Pierre Trudeau, em Ottawa. Em seguida, John declara: **"Se todos os políticos fossem como Trudeau, haveria paz no mundo".**

24 de dezembro
– John e Yoko voltam para Londres e vão diretamente para a Rochester Cathedral, em Kent, participar de uma greve de fome pela paz, a qual também tinha como objetivo chamar a atenção para a pobreza.

25 de dezembro
– O programa *Top Of The Pops* da BBC1 exibe pela primeira vez no Reino Unido o videoclipe em cores dos Beatles cantando "Get Back" no topo do edifício da Apple.
– A mensagem de Ringo em prol da fundação de ajuda aos cegos, British Wireless, é transmitida pela BBC Radio 1.

29 de dezembro
– O casal Lennon vai passar o Ano-Novo na companhia de Anthony Cox, ex-marido de Yoko, sua nova esposa, Melinda, e Kyoko, em Alborg, um vilarejo na Dinamarca. Durante uma entrevista coletiva, tocaram "Kristelighed", uma tradicional canção dinamarquesa, e prometeram doar todos seus *royalties* futuros ao movimento pela paz (promessa essa que o casal simplesmente se esqueceu de cumprir).

30 de dezembro
– A ATV exibe o especial *O homem da década*, cujos últimos 20 minutos foram dedicados a John Lennon, e incluíram a entrevista filmada em Tittenhurst Park.
31 de dezembro
– George e Patti, Paul e Linda estão entre os convidados para a festa de Ano-Novo oferecida por Ringo e Maureen em Highgate, em Londres.
– John e Yoko divulgam a seguinte declaração:

"**Acreditamos** que a **última** década representou a queda do velho sistema mundial, que **se despedaçou**. Agora cabe a nós **pegar os cacos** e construir algo novo. Contamos com sua **ajuda**. Nossos melhores **votos** para o novo ano".

John, Yoko e George com os participantes do show Peace For Christmas, no Lyceum Ballroom, em 15 de dezembro.
Atrás, da esquerda para a direita: Jim Price, Bobby Keyes, Jim Gordon, Klaus, Voormann e Bonny and Delaney Bramlett; Centro: George, Allan White, Keith Moon, Neil Boland, Eric Barrett, Billy Preston e Eric Clapton; Frente: Tony Ashton, John e Yoko.

1970

3 de janeiro
– *Abbey Road*. Paul, George e Ringo acrescentam *overdubs* à canção "I Me Mine", de George, para incluí-la na trilha Sonora de *Let It Be* (o novo nome do filme e do disco *Get Back*).

4 de janeiro
– *Abbey Road*. Mais *overdubs* são inseridos à gravação de "Let It Be".

8 de janeiro
– Olympic Sound Studios, em Barnes, Londres. George regrava os vocais da nova versão de "For You Blue", produzida por Glyn Johns.

12 de janeiro
– A canção "Come And Get It", da banda Badfinger, produzida por Paul McCartney, é lançada em compacto nos Estados Unidos pela Apple (1815).

14 de janeiro
– Olympic Sound Studios, em Barnes, Londres. Sessões de gravação de *Sentimental Journey*. Ringo grava o vocal de "Love Is A Many Splendoured Thing" e de "Sentimental Jouney"

15 de janeiro
– London Arts Gallery, em New Bond Street. *Vernissage* de Bag One – a exposição de litografias de John Lennon que teria a duração de duas semanas.

16 de janeiro
– Inspetores de polícia vão à London Arts Gallery e confiscam oito litografias eróticas de John. Apesar de apenas restarem seis peças na galeria, a exposição continuou aberta. O caso chegou ao tribunal e, no dia 27 de abril, os trabalhos de John foram devolvidos à galeria, que alegara que as litografias eróticas de Picasso, exibidas no Reino Unido, não foram consideradas obscenas.

17 de janeiro
– A canção "Come And Get It", da banda Badfinger, entra na parada de sucessos da revista *New Music Express*.

20 de janeiro
– John e Yoko cortam o cabelo à escovinha na Dinamarca. O corte seria descrito pelo jornal *Daily Mirror* como "o mais sensacional 'escalpelamento' desde que os peles-vermelhas se aposentaram".

22 de janeiro
– *London Arts Gallery, em Detroit, Michigan*. As litografias de John Lennon de Bag One são exibidas na galeria e, dessa vez, nenhuma de suas obras é confiscada.

25 de janeiro
– John e Yoko volta para Londres.

26 de janeiro
– Ringo e Maureen vão para Los Angeles.

27 de janeiro
– *Abbey Road*. John e The Plastic Ono Band gravam mais uma canção, "Instant Karma!", produzida por Phil Spector. Esse seria o primeiro trabalho do produtor americano com o Beatle. John fez os vocais e a guitarra acústica, Alan White encarregou-se da bateria, Klaus Voormann, do baixo, Billy Preston, do piano acústico, e George, da guitarra. Às 4h, a composição já estava finalizada e mixada.
– Em Los Angeles, Ringo apresenta-se no programa *Rowan and Martin's Laugh In*, da NBC TV, perante a plateia presente no estúdio de gravação.

28 de janeiro
– *London Arts Gallery*. Último dia da exposição Bag One, de John.

29 de janeiro
– Ringo e Maureen comparecem à *première* americana de *Um Beatle No Paraíso*, em Los Angeles.

Na virada do século, John e Yoko começam a parecer-se cada vez mais um com o outro.

John tocando "Instant Karma" no Top Of The Pops, em 11 de fevereiro.

– Allen Klein é condenado pela Corte Distrital Federal de Nova York pela prática de dez crimes contra o fisco.

30 de janeiro
– Ringo e Maureen vão para Las Vegas assistir a um show de Elvis Presley.
– A música "All That I've Got I'm Gonna Give It To You", de Billy Preston, produzida por George Harrison, é lançada em compacto no Reino Unido pela Apple (21).
– A revista *Rolling Stone*, percebendo o que fora dito nas entrelinhas em várias entrevistas de John, publica uma matéria intitulada "Os Beatles Se Separando? Talvez, diz John".

31 de janeiro
– Ringo e Maureen voltam para Los Angeles.

1º de fevereiro
– Ringo e Maureen vão para Nova York.

2 de fevereiro
– Ringo e Maureen voltam para Londres.

3 de fevereiro
– *Abbey Road*. Sessões de gravação de *Sentimental Journey*. Uma orquestra de 16 músicos grava a base rítmica, e Ringo, o vocal da nova versão de "Love Is A Many Splendoured Thing".

4 de fevereiro
– Durante uma cerimônia no topo do edifício da Black House, uma comunidade fundada pelo líder Black Power, Michael X (Michael Abdul Malik), em North London, John e Yoko trocam as madeixas que trouxeram da Dinamarca por um calção de box de Muhammad Ali manchado de sangue. O calção seria leiloado para levantar fundos para o movimento pela paz e a renda da venda do cabelo do casal seria revertida para "a comunidade Black".

5 de fevereiro
– *Abbey Road.* Sessões de gravação de *Sentimental Journey*. Ringo grava um novo vocal para "Love Is A Many Splendoured Thing".

6 de fevereiro
– John e Yoko são entrevistados na Apple por John Bellan do programa *Scene And Heard*, da BBC Radio 1.
– O compacto *How The Web Was Woven/ Thumbin' A Ride*, de Jackie Lomax, produzido por George Harrison (lado A) e Paul McCartney (lado B), é lançado no Reino Unido pela Apple (23).
– O compacto *Instant Karma! (We All Shine On)*, da The Plastic Ono Band/ *Who Has Seen The Wind?* de Yoko Ono Lennon, cujo lado B foi produzido por John Lennon, é lançado no Reino Unido pela Apple (1003).

7 de fevereiro
– John e Yoko, agora com cabelos curtos, dão uma entrevista que seria exibida no *The Simon Dee Show*, da London Weekend Television. O casal chegou acompanhado de Michael Abdul Malik – Michael X, o líder da comunidade Black, para quem haviam doado seus cabelos na semana anterior.

8 de fevereiro
– *The Simon Dee Show* exibe a entrevista com John, Yoko e Michael X.

9 de fevereiro
– *Abbey Road*. Sessões de gravação de *Sentimental Journey*. Ringo acrescentou vocais a "Have I Told You Lately That I Love You?".
11 de fevereiro
– John e a Plastic Ono Band apresentam-se ao vivo no *Top Of The Pops*, da BBC 1, para promover seu novo *single* "Instant Karma!". A formação da banda incluiu John no vocal e piano elétrico, Klaus Voornamm, no baixo, Alan White, na bateria, Mal Evans, no pandeiro, e Yoko segurando um baralho e tricotando com uma venda nos olhos. Na realidade, somente o vocal de John foi gravado ao vivo, pois a base usada foi a do próprio disco, a qual havia sido mixada no dia anterior em Abbey Road, especialmente para o programa. Essa foi a segunda vez que John tocou no *Top Of The Pops* – os Beatles participaram do programa uma única vez, em junho de 1966.
– John paga a exorbitante quantia de 1.344 libras relativa à multa imposta a 96 militantes *antiapartheid* que realizaram um protesto contra um time de rugby da África do Sul, durante uma partida na Escócia, em dezembro de 1969.

– *Abbey Road*. Sessões de gravação de *Sentimental Journey*. Klaus Voormann rege a orquestra de 15 músicos que executou o arranjo que ele havia composto para "I'm A Fool To Care". Em seguida, Ringo acrescenta o vocal à faixa.
– O álbum com a trilha sonora original de *Um Beatle No Paraíso*, de Ken Thorne & Orchestra (com participação da banda Badfinger), produzido por Paul McCartney, Ringo Starr e Peter Sellers, é lançado nos Estados Unidos pela Commonwealth United (CU 6004).
12 de fevereiro
– *Abbey Road*. Sessões de gravação de *Sentimental Journey*. Uma orquestra de 31 músicos, acompanhados de nove cantores, gravam o arranjo de "Let The Rest Of The World Go By" e, na sequência, Ringo acrescenta o vocal à faixa.
– Paul vinha trabalhando em seu álbum solo desde o final de 1969 em sua casa em Cavendish Avenue, usando uma mesa Studer de quatro canais. Ele testou o equipamento com "The Lovely Linda" e depois

John e Yoko com Michael X, em 4 de fevereiro.

gravou "That Would Be Something", "Valentine Day", "Momma Miss América (Rock'n Roll Springtime)" "Glasses", "Oo You", "Teddy Boy", "Junk" e sua versão instrumental "Singalong Junk".
Como o equipamento não media com precisão a saída de som, Paul decidiu continuar o trabalho no Morgan Studios, usando o pseudônimo de Billy Martin, onde, além de gravar "Hot As Sun" e "Kreen-Akore", fez cópias em oito canais das músicas que gravara em quatro, para que pudesse inserir *overdubs*.
– O *Top Of The Pops* leva ao ar "Instant Karma!", da Plastic Ono Band.
13 de fevereiro
– O compacto *Ain't That Cute* (composta por Harrison e Troy), produzida por George Harrison/"Vaya Com Dios" (composta por Russel, Starkey/Ringo, James e Hoff – com George Harrison na guitarra), de Doris Troy, é lançado no Reino Unido pela Apple (24).
15 de fevereiro
– A entrevista de John e Yoko no *Scene And Heard* é transmitida pela BBC Radio 1.
16 de fevereiro
– John e Yoko começam a editar um filme sobre os oito dias do movimento "na cama pela paz" de Montreal.
18 de fevereiro
– *Abbey Road*. Sessões de gravação de *Sentimental Journey*. Ringo regrava o vocal de "Have I Told You Lately That I Love You?" e "Let The Rest Of The World Go By". Em seguida, começam as gravações de "It Don't Come Easy", composta por Ringo e produzida por George Martin. A sessão se estendeu pela madrugada e contou com o apoio de George Harrison, que, além de tocar guitarra acústica, dirigiu os outros músicos: Klaus Voormann no baixo, Ringo na bateria e Stephen Stills no piano. Após escolher o melhor *take*, Ringo acrescentou o vocal, mixou a faixa e, às 4h40, deu o trabalho por encerrado.

19 de fevereiro
– *Abbey Road*. Ringo regrava o vocal de "I Don't Come Easy".
20 de fevereiro
– O compacto *Instant Karma! (We All Shine On)*, da Plastic Ono Band/ *Who Has Seen The Wind?* de Yoko Ono Lennon (produzida por John), é lançado nos Estados Unidos pela Apple (1818).
21 de fevereiro
– *Abbey Road*. Sessões de gravação de *McCartney*. Paul novamente reserva o estúdio sob o pseudônimo de Billy Martin e começa a mixagem das oito faixas da matriz do álbum solo.
22 de fevereiro
– *Abbey Road*. Sessões de gravação de *McCartney*. Paul continua os trabalhos de mixagem e, na sequência, grava "Every Night" e "Maybe I'm Amazed"
23 de fevereiro
– A NBC exibe o episódio de *Rowan And Martin's Laugh In*, com a participação de Ringo.
24 de fevereiro
– *Abbey Road*. Sessões de gravação de *McCartney*. Outra sessão de mixagem no estúdio 2.
– *Abbey Road*. Sessões de gravação de *Sentimental Journey*. No estúdio 1, Ringo acrescenta um novo vocal a "Blue Turning Grey Over You".
25 de fevereiro
– *Abbey Road*. Sessões de gravação de *McCartney*. Paul finaliza "Man We Was Lonely" e trabalha na mixagem em estéreo da faixa. Como em todas as faixas do álbum, Paul mostrou sua faceta multi-instrumentista, tocando todos os instrumentos.
– Ringo passa o dia no novo estúdio *De Lane Lea*, no Soho, gravando uma orquestra de 20 músicos tocando "You Always Hurt The One You Love", sob a regência de Johnny Dankworth. Em seguida, o baterista acrescenta o vocal à composição.
– John e Yoko cancelam sua participação no Toronto Peace Festival, que seria realizado de 3 a 5 de julho, após descobrir que seriam cobrados ingressos para o espetáculo. O festival acabou sendo suspenso.
26 de fevereiro
– O álbum *Hey Jude* é lançado nos Estados Unidos pela Apple (Capitol SW 385), somente versão estéreo.
Lado A: "Can't Buy Me Love", "I Should Have Known Better", "Paperback Writer", "Rain", "Lady Madonna", "Revolution";
Lado B: "Hey Jude", "Old Brown Shoe", "Don't Let Me Down", "The Ballad Of John And Yoko".
5 de março
– Yoko é levada a London Clinic, onde fica internada, sob observação. John, novamente, não sai de seu lado.
– Por sugestão de Paul, Ringo marca uma sessão no Morgan Sound Studios, durante a qual grava "Whispering Grass" e "Bye Bye Blackbird", com a participação de uma orquestra de 36 músicos.
– O *Top Of The Pops*, da BBC 1, exibe cenas dos Beatles durante as filmagens de "Let It Be", em janeiro de 1969.
6 de março
– *Morgan Sound Studios*. Após gravar Johnny Dankworth na bateria, no piano e no saxofone de "You Always Hurt The One You Love", Ringo mixa mais quatro faixas de *Sentimental Journey*. Finalmente, o álbum fica completo e pronto para ser lançado.
– O compacto *Let It Be/ You Know My Name (Look Up The Number)* é lançado no Reino Unido pela Apple (Parlophone R5833).
– O compacto *Govinda/ Govinda Jai Jai*, dos membros do Radha Krishna Temple, produzido por George Harrison, é lançado no Reino Unido pela Apple (25).
7 de março
– Uma entrevista gravada com Ringo, durante sua estada nos Estados Unidos, é exibida no programa *Get It Together* da rede de TV americana ABC.
8 de março
– *Trident Studios, no Soho*. Ringo e George voltam ao estúdio para regravar a base de "It Don't Come Easy".
9 de março
– George dá uma entrevista a Johnny Moran no Aeolian Hall, em New Bond Street, que seria exibida no especial de Páscoa *The Beatles Today*, da BBC Radio1.
– George ajuda Ringo a dar os toques finais a "I Don't Come Easy", que só viria a ser lançada em abril de 1971.
– O compacto *How The Web Was Woven/ I Fall Inside Your Eye*, de Jackie Lomax, produzido por George Harrison, é lançado nos Estados Unidos pela Apple (1819).

Paul e Linda caminhando em Londres.

— Yoko, acompanhada por John, tem alta da London Clinic.
11 de março
— O compacto *Let It Be/ You Know My Name (Look Up The Number)*, é lançado nos Estados Unidos pela Apple (Capitol 2764).
12 de março
— George e Patti mudam-se de Kinfauns, sua residência em Esher, Surrey para Friar Park, uma magnífica mansão vitoriana em Henley-on-Thames, em Oxfordshire, famosa por suas torres e pelos amplos jardins, com lagos e um pequeno monte que era uma cópia em tamanho reduzido de Mont Blanc, nos Alpes suíços.
14 de março
— *Vernissage* de Bag One na galeria Denise René Hans Mayer Gallery, em Dusseldorf. As litografias de John também foram exibidas na Lee Nordness Galery, em Nova York. Em ambas as ocasiões, nenhum dos trabalhos de John foi apreendido.
15 de março
— Ringo filma um videoclipe para a promoção de *Sentimental Journey*, no qual cantava a música título do álbum. As filmagens foram feitas na casa de shows Talk Of The Town, sob a direção de Neil Aspinall, e contaram com a participação da orquestra da casa, regida por George Martin.
— Parte da entrevista de Johnny Moran com George é transmitida no programa *Scene And Heard*, da BBC Radio 1.
16 de março
— *Abbey Road*. Sessão de gravação de *McCartney*, durante a qual Paul apenas ouviu os *playbacks* das gravações.
— O compacto *Ain't That Cute* (composta por Harrison e Troy), produzida por George Harrison/"Vaya Com Dios" (composta por Russel, Starkey/Ringo, James e Hoff – com George Harrison na guitarra), de Doris Troy, é lançado nos Estados Unidos pela Apple (1820).
17 de março
— Ringo e Maureen comparecem à festa de aniversário de Patti em Friar Park, a nova residência do casal Harrison.
19 de março
— O *Top Of The Pops*, da BBC1, exibe um filme de janeiro de 1969, com cenas dos Beatles gravando "Let It Be".
22 de março
— John dá uma entrevista à revista francesa *L'Express*, durante a qual disse que os Beatles haviam fumado maconha nos banheiros do Palácio de Buckingham antes de receberem seus MBEs, em 26 de outubro de 1965, o que foi um exagero: na realidade, os rapazes haviam saído de fininho para fumar um cigarro.
23 de março
— *Abbey Road*. Sessões de gravação de *McCartney*. Paul finaliza a matriz do álbum e, satisfeito com o resultado, vai embora do estúdio.
— *Abbey Road*, estúdio 4. Atendendo a um pedido de John e Allen Klein, Phil Spector começa a remixagem do álbum *Let It Be*, sem o conhecimento de Paul.
— O álbum *Leon Russel*, de Leon Russel, com George Harrison na guitarra e Ringo Starr na bateria, é lançado nos Estados Unidos pela Shelter (SHE 1001).
24 de março
— O compacto *Govinda/ Govinda Jai Jai*, dos membros do Radha Krishna Temple, produzido por George Harrison, é lançado nos Estados Unidos pela Apple (1821).
25 de março
— Abbey Road. Phil Spector remixa ou "Two Of Us" e "Teddy Boy", de Paul.
— Ringo é entrevistado nos escritórios da Apple por David Wigg do *Scene And Heard*, da BBC Radio1.
26 de março
— Abbey Road. Phil Spector continua a trabalhar na remixagem de *Let It Be*.
27 de março
— Abbey Road. Phil Spector continua a trabalhar na remixagem de Let It Be.
— O álbum *Sentimental Journey*, de Ringo Starr é lançado no Reino Unido pela Apple (PCS 7101).
Lado A: "Sentimental Journey", "Night And Day", "Whispering Grass (Don't Tell The Trees)", "Bye Bye Blackbird", "I'm A Fool To Care", "Star Dust";
Lado B: "Blue Turning Grey Over You", "Love Is A Many Splendoured Thing", "Dream", "You Always Hurt The One You Love", "Have I Told You Lately That I Love You?", "Let The Rest Of The World Go By".
28 de março
— Inspetores de polícia confiscam cinco litografias de John que faziam parte da exposição Bag One na Merrill Chase Gallery, em Oak Brook, próxima a Chicago, Illinois.
29 de março
— Ringo participa ao vivo do programa de David Frost, *Frost On Sunday*, da London Weekend Television, durante o qual divulga seu novo álbum e apresenta o videoclipe gravado na casa de shows Talk Of The Talk.

Enquanto a banda se desintegrava, George descobriu sua identidade como compositor e partidário de tudo que se relacionasse à Índia.

– John envia uma mensagem por telefone de apoio ao movimento pacifista "Campanha para o Desarmamento Nuclear", durante uma reunião do grupo, em East London. Ele aproveita a oportunidade para anunciar a gravidez de Yoko, que, infelizmente, viria a sofrer outro aborto espontâneo.
– A entrevista feita por David Wigg com Ringo vai ao ar no *Scene And Heard*, da BBC Radio1.
30 de março
– Abbey Road. Phil Spector continua a remixagem de *Let It Be*, acrescentando trechos de diálogos do filme, porém nenhum deles seria incluído na edição final do álbum.
31 de março
– Ringo é entrevistado ao vivo por Pete Murray, do programa *Open House*, da BBC Radio 2.
1º de abril
– Abbey Road. Spector faz uma gravação com uma orquestra de 50 músicos e um coro para criar uma "envolvente" base rítmica para as canções "Across The Universe", "The Long And Winding Road" e "I Me Mine". Spector, temperamental como sempre, conseguiu irritar e aborrecer todos ao redor, a ponto de os músicos largarem os instrumentos no chão. Os maestros e o pessoal da técnica estavam tão incomodados que Peter Brown, o engenheiro de som, em um acesso de raiva saiu do estúdio e foi para casa. Spector teve de telefonar para Peter desculpando-se e pedindo que voltasse. Ringo, o único Beatle presente, teve de exigir que o produtor se acalmasse, para que os músicos retomassem suas posições e a gravação pudesse ser concluída.
– Como era 1º de abril, John e Yoko resolvem pregar uma peça em todos, publicando uma nota na imprensa, dizendo que ambos haviam dado entrada na London Clinic para uma operação de mudança de sexo.
– Durante o processo contra a London Arts Gallery, os advogados de defesa comparam as litografias de John aos trabalhos da última fase de Picasso.
2 de abril
– Abbey Road. Spector fez a mixagem da orquestra de "Across The Universe", "The Long And Winding Road" e "I Me Mine", finalizando, assim, o álbum *Let It Be* – pelo menos no que lhe dizia respeito.
10 de abril
– *McCartney*, o álbum solo de Paul, fica pronto para ser lançado em 17 de abril, mas o músico não queria dar nenhuma entrevista a respeito.
– A última nota à imprensa sobre os Beatles, escrita por Derek Taylor e datilografada por Mavis Smith, dizia:
– 10 de abril de 1970
A primavera chegou e o Leeds vai jogar contra o Chelsea amanhã. Ringo, John, George e Paul estão vivos e passando bem, além de estarem muito otimistas.
O mundo continua a girar, assim como nós e você.
Quando tudo parar de girar, então é chegada a hora de nos preocuparmos. Mas não antes disso.
Até lá, os Beatles continuam vivos e passando bem e a música continua, e a música continua.
8 de maio
– O álbum *Let It Be* é lançado no Reino Unido pela Apple (Parlophone PCS 7096 somente em estéreo).

Lado A: "Two Of Us", "Dig A Pony", "Across The Universe", "I Me Mine", "Dig It", "Let It Be", "Maggie May";
Lado B: "I've Got A Feeling", "The One After 909", "The Long And Winding Road", "For You Blue", "Get Back".

George Martin: "Nosso objetivo sempre foi criar um álbum que fosse **totalmente diferente** de qualquer coisa que os Beatles já tivessem feito. Tinha de ser **honesto**, sem edições e *overdubs*, realmente **ao vivo**... quase 'amador'. Ao chamar Phil Spector, John contradisse tudo que afirmara anteriormente. Quando ouvi **o resultado final,** fiquei **chocado**. Ele não tinha nada a ver com os sons limpos que os Beatles sempre faziam. Na época, Spector era amigo, **parceiro** e **camarada de John...** acho que ainda é, não tenho certeza. Fiquei espantado, pois tinha certeza de que Paul **nunca teria concordado** com isso.

Na realidade, entrei em contato com Paul e ele me disse que **ninguém** estava mais **surpreso** do que ele".

– Glyn Johns havia editado e mixado todas as faixas do álbum em 5 de janeiro, mas nenhum dos Beatles ficara satisfeito com o resultado e, apesar de Glyn Johns ter produzido a maior parte do álbum, John não conseguia entender por que ele queria ser creditado como produtor do disco.

John: "Phil Spector veio ao estúdio, ouviu todos os *takes* gravados e trocou os que já haviam sido escolhidos. Ele ouviu aproximadamente centenas de milhões de quilômetros de fitas, nenhuma das quais havia sido catalogada. Por isso, os Beatles não conseguiam enfrentar o desafio de remixá-las, pois havia muita porcaria gravada e ninguém estava interessado em organizar a bagunça. Então, Phil apareceu, remixou e acrescentou um ou dois acordes aqui e ali. Eu não tinha por que me sentir incomodado, pois era uma tarefa e tanto, e nenhum de nós tinha condições de fazê-la. Spector veio, refez todo o trabalho e o resultado ficou fantástico".

– Em uma entrevista publicada no *Evening Standard* em 21 e 22 de abril, Paul declarou: "O álbum foi finalizado há um ano, mas alguns meses atrás John Lennon chamou o produtor americano Phil Spector para fazer os retoques finais em algumas das faixas, e, depois de algumas semanas, recebi uma versão remixada de minha canção "The Long And The Winding Road", à qual foram acrescentados harpas, trompas, uma orquestra e um coral feminino. Ninguém havia pedido minha opinião, não podia acreditar no que estava acontecendo. Nunca houvera vozes femininas em nenhum dos discos dos Beatles. A gravação chegou com uma mensagem de Allen Klein, dizendo que ele achava que aquelas mudanças eram necessárias. Eu não culpo Phil Spector pelo que aconteceu, mas isso serviu para me mostrar que não devo ficar aqui sentado achando que estou no controle da situação, pois é óbvio que não estou. Bem, enviei uma carta a Klein pedindo que fizessem algumas alterações, mas ainda não recebi nenhuma resposta".

11 de maio
– O compacto *The Long And Winding Road/ For You Blue*, é lançado nos Estados Unidos pela Apple (Capitol 2832).

13 de maio
– O filme *Let It Be* é lançado em Nova York.

18 de maio
– O álbum *Let It Be* é lançado nos Estados Unidos pela Apple (Capitol AR 34001), com as mesmas faixas da versão britânica.

20 de maio
– O filme *Let It Be* é lançado em Liverpool e Londres, mas nenhum dos Beatles vai assistir à estreia.

DAILY SKETCH Saturday, April 11, 1970   7

On the day the Beatles came apart after Paul said 'quit'

GEORGE SITS ALONE... WITH MEMORIES

MALCOLM STUART

GEORGE HARRISON took a lonely trip down Memory Lane last night... to recall an old British institution called The Beatles.

The "quiet one" sat alone watching newsreel after newsreel about the Beatles as they were before Paul McCartney's "I go alone" statement yesterday.

In a room at the Apple Organisation offices in Savile-row, Mayfair, George watched silently and impassively filmed record of the group's phenomenal eight-year existence.

He lived again the heady days of the Screaming teenagers, the Royal Command performance, Variety awards... meeting Harold Wilson... that memorable first tour of America, the MBE awards.

NO SECRET

But he would not be drawn into the present. One of the Apple said: "George doesn't want to talk about it. He wants to be left alone."

And it was left to Klein, the American accountant John Lennon called in to manage the Beatles a year ago, their Press officer, ex-sergeant, ex-Liverpool reporter Derek Taylor, to talk about the McCartney row.

Taylor said: "It is no secret that Klein and Paul have never hit it off. It has been into this building twice since Klein came here. He opposed the appointment of Klein. Paul wanted to make his father-in-law John Eastman, a New York lawyer, manager."

The crisis of independence has come over a very long playing record Paul McCartney, entirely composed and performed by Paul.

'DIVORCED'

He told the other Beatles nothing of what he was doing and even issued his own Press handouts since the four are contracted to be with the other until 1977 he has issued the record under the Apple label.

"McCartney and Lennon were the original Beatles, the original musical wonders. Each now married to an intelligent independently-minded girl."

"It is," says Taylor "almost as if they had divorced each other."

John Lennon said dramatically: "You can say I said jokingly he has quit, he was fired."

Ringo Starr said: "It is all news to me."

ANNE NIGHTINGALE writes: If the Beatles get together again it will be for purely nostalgic reasons. John, Paul, George and Ringo don't need each other any more.

No mash

Bread rolls are being given with school meals at Diss, Norfolk, because of the high price of potatoes.

McCartney with his wife Linda

Beatle Paul decides to quit

By Daily Mail Reporter

PAUL McCARTNEY wants to quit the Beatles. He is expected to give his reasons in a statement today.

But early today a friend of the three other Beatles said: "Paul is under contract until 1977 and no one can see how he can leave."

The threatened break comes after months of friction within the Beatles organisation Apple.

A year ago John Lennon, George Harrison and Ringo Starr quarrelled with Paul and engaged American 'whiz kid' Allen Klein to manage their business affairs.

Paul, 28, who married photographer Linda Eastman, made it known that he would have liked his American father-in-law lawyer Lee Eastman to have been given a job in the organisation.

A friend said last night: "Paul's fed up about this, but he felt there was no other way. It's all very sad..."

Paul plans to go solo—his first enterprise is a record of his own songs and music under the title McCartney.

DAILY MAIL, Saturday, April 11, 1970

As the Beatles sing their swan song...

How they changed and how they changed us

By PEARSON PHILLIPS

BEFORE them there was God Save the Queen at the cinema and a password to conformity which went: 'Just a short back and sides, please.'

After them there were Union 'Jack shopping bags and a quarter of a million people at a pop music concert in Hyde Park.

Heaven knows what they meant, what they symbolised or whether they were anything more than children of their times. Future historians will explain that in a footnote.

Fashion

From here all we know is that when they arrived things changed. Music changed, show business changed, society changed.

Didn't love change? That word hurt. Before them there were things called Romance and Glamour. They injected sincerity, realism, sex. They picked up a pass from D. H. Lawrence, and they ran the whole length of the field. They put the sugar on The Pill.

Your Royal Familee changed. The Middle Class got hip. The working classes disappeared in a flurry of silk neckerchiefs.

Footballers changed. The collar-stud industry collapsed. The Times changed. Liverpool arrived. The North invaded the South. Youth crystallised into an entity of its own. Nobody wanted to be grown up any more, even the grown - ups. Especially not the grown-ups. Votes came at 18.

Possibly it would have all happened without them. Discotheques would have rounded away, the King's Road, Carnaby Street. But it would not, could not, have happened with the same style.

They brought irreverence, humour, carefully nurtured individuality to it all. They pricked many wrinkled balloons.

And now, in the way of all the best meteorites, they have disintegrated.

This beats watching

By BRIAN DEAN and RICHARD HERD

PAUL McCARTNEY'S break with the Beatles may not be for ever.

He said yesterday: 'Temporary or permanent? I don't know. But of one thing he is sure he wants to build a solo career.

Yesterday he listed his reasons for quitting: 'Personal differences, business differences, musical differences.'

He added: 'But most of all because I have a better time with my family.'

The 27-year-old millionaire pop star made it quite clear that he does not get on with American Allen Klein, the show business doctor brought in to run Apple, the Beatles' business organisation.

Paul said: 'I am not in contact with him and he does not represent me in any way.

'Apple? It is the office of a company which I part-own with the three other Beatles.'

RUMOURS become fact

Paul is bringing out his first solo LP next week. That was the first sign that rumoured rift had become a fact.

His songwriting partner, John Lennon, has already gone it alone and made LPs with his wife, Yoko Ono.

Paul could not see the Lennon - McCartney writing team starting afresh. 'I love John, and respect what he does—but it doesn't give me any pleasure.'

Paul warned John Lennon of his decision on Thursday night at a house just 100 yards from his home in St. John's Wood, London, where he lives with photographer wife, Linda, her daughter, Heather, and their own baby, Mary.

All day yesterday there were top-level conferences at Apple headquarters—a Georgian house in Savile Row, London, W.

There Allen Klein admitted 'It's never pleasant when someone opens out to you. Paul's reasons are his own personal problem.

'Unfortunately, he is committed to Apple for a number of years. (The Beatles are under contract with Apple until 1977.) His disassociation from me has no effect.'

FEAR of going solo

It was Paul's open dislike for the Klein that helped bring matters to a head.

The Beatles decided to appoint a business adviser. Eventually they settled on Klein.

His appointment was strongly resisted by Paul, who suggested that the job should go to his father-in-law, American attorney Lee Eastman.

But he was outvoted by the other Beatles.

Mr Klein, 37-year-old New Yorker and president of the company which runs Apple, said: 'This is Paul's decision. He wants to do it himself. He wanted no advisers in. It don't make him.'

Derek Taylor, head of Apple publicity, said: 'There are arguments about money — there never has been.

'It is probably something to do with growing up. Once they were four Boys. Now they're four men with wives and children.

'One of the reasons for the split is that John has been going it alone for a long time and that has left Paul out on a limb. They have to work out a way of going solo after being reliant.

'There is no jealousy between them — but there may be fear of going it alone.'

Call for code to beat Big Brother

The Beatles: a diary — omnibus press

Paul deixa a banda

Paul pediu a Peter Brown, da Apple, que preparasse um questionário com as perguntas que os jornalistas provavelmente fariam sobre o lançamento de seu álbum solo. Obviamente, Peter Brown começou de mansinho, com um repertório de 28 perguntas básicas, antes de tocar no assunto que todos os repórteres estavam ávidos por saber há seis meses:

"Esse álbum é apenas umas férias dos Beatles ou o início de uma carreira solo?".

Paul: "Somente o tempo dirá. Por ser um álbum solo, significa 'o início de uma carreira solo'... e ser feito sem a participação de nenhum dos outros Beatles significa uma pausa. Portanto, são ambas as coisas".

Peter Brown: "Você tem planos para shows ao vivo?".
Paul: "Não".
Peter Brown: "Essa pausa dos Beatles é permanente ou temporária? É devida a diferenças pessoais ou musicais?".
Paul: "Diferenças pessoais, diferenças nos negócios; mas, principalmente, para eu poder passar mais tempo com a família. Temporária ou permanente? Não sei".
Peter Brown: "Você acha possível que você e Lennon voltem a compor juntos?".
Paul: "Não".

As cópias promocionais do álbum traziam um *press release* com a entrevista bombástica de Paul. A mídia ficou alvoroçada e manchetes anunciando "Os Beatles se separam" correram o mundo.

George com um grupo de cantores e instrumentistas indianos, incluindo Ravi Shankar, no Royal Festival Hall, em 17 de setembro.

O fim dos Beatles

O *press release* de Paul atraiu a atenção da mídia de todo o mundo. A maior banda de todos os tempos não mais existia. Nem mesmo o otimismo exagerado de Derek Taylor conseguiu esconder a terrível verdade: Os Beatles haviam se separado e agora havia dois lados; um com John, George e Ringo e outro com Paul. A ruptura era irreversível, não havia volta. Os Beatles não mais existiam.

Pouco se ouviu falar neles ao longo do ano. John, Paul e George trabalharam na produção de álbuns solos e, em outubro, Ringo lançou seu segundo disco solo, *Beaucoups Of Blues*. Em setembro, George participou de uma entrevista coletiva no Royal Albert Hall, durante a qual deu as boas-vindas a um grupo de músicos indianos que participariam de um festival de arte da Índia. Tanto George quanto Paul agora usavam uma barba descuidada, e o semblante abatido de todos os ex-Beatles mostrava as marcas que as aflições e as tribulações dos últimos 12 meses estamparam em seus rostos, envelhecendo-os prematuramente.

Nos Estados Unidos, não só a canção "The Long And Winding Road" (Apple 2832) chegou ao topo das paradas em junho, como também o álbum *Let It Be*, do qual fazia parte a música de Paul, que ficara chocado com os efeitos que Phil Spector havia acrescentado à balada. Esse fato constituiu um elemento chave do processo que Paul viria a instaurar para a dissolução da parceria do grupo.

Houve, certamente, muita especulação, e vários jornais publicaram histórias sobre uma possível volta dos Beatles, que não foram negadas pelos membros da equipe da Apple, cujos empregos estariam em risco no caso de dissolução definitiva da banda. A Apple fez questão de manter a tradição de lançar o álbum de Natal da banda e, no dia 18 de dezembro, foi lançado nos Estados Unidos o álbum de Natal do fã-clube americano da banda, *The Beatles' Christmas Album*, pela Apple (SBC 100), que era uma compilação de todos os *flexi-discs* de Natal anteriores.

Lado A: "The Beatles' Christmas Record" (dez, 1963), "Another Beatles' Christmas Record (dez, 1964), "The Beatles' Third Christmas Record" (dez, 1965), "The Beatles' Fourth Christmas Record" (dez, 1966);
Lado B: "Christmas Time Is Here Again!" (dez, 1967), "The Beatles' 1968 Christmas Record" (dez, 1968), "The Beatles' Seventh Christmas Record" (dez, 1969). O fã-clube dos Beatles no Reino Unido recebeu o álbum *From Them To Us*, com as mesmas faixas da versão americana *The Beatles' Christmas Album*, lançado pela Apple (LYN 2154). Em 31 de dezembro, Paul deu entrada no processo de dissolução da parceria dos Beatles na Alta Corte de Justiça de Londres.

Paul: "Estou muito orgulhoso de tudo o que os Beatles fizeram. Foi maravilhoso e concordo com todos os que encontro nas ruas e me dizem que conseguimos fazer muitas pessoas felizes... Não acho que isso seja piegas. Acredito que realmente conseguimos fazer deste um tempo mais feliz".

E... por fim

Todos os anos, vários grupos de música pop e rock recebem Grammys, Brits e discos de platina, mas os Beatles continuam a ser a referência pela qual o sucesso de todos é medido. Graças ao contínuo crescimento da indústria musical global, muitos dos recordes de venda estabelecidos pelos Beatles foram ultrapassados; contudo, nenhuma banda chegou a ser considerada "maior que os Beatles" ou mesmo "os novos Beatles", e isso nunca acontecerá, pois ser "maior que os Beatles" é um patamar inatingível. Suas conquistas nunca deixarão de ser excepcionais em virtude do contexto e da forma como foram atingidas.

A imprensa não tarda em comparar o sucesso de grupos de rock e pop com os dos Beatles, mesmo quando se trata de bandas que tiveram uma carreira efêmera, como, por exemplo, as Spice Girls; cinco garotas ousadas, cujo primeiro álbum e compactos lançados simultaneamente venderam milhões de cópias em vários países. Mesmo assim, nem elas ou qualquer outro grupo gostaria de ser comparado aos Beatles. Como poderiam elas ser igualadas aos Fab Four, tendo lançado apenas um álbum? Essa é uma comparação totalmente descabida. Certamente, "maior que os Beatles" é um chamariz que ajuda a aumentar as vendas dos tabloides, (apesar de que o uso constante da frase só faz crescer a aura de sucesso inabalável dos Beatles).

A maior parte dos que são brevemente igualados aos Beatles começa e termina sua carreira como "boy bands", grupos de rapazes que cantam e dançam música pop, que, em sua maioria, nem sequer sabem tocar um instrumento musical, quanto mais compor suas próprias músicas – seus shows ao vivo se resumem a danças atléticas, durante os quais cantam acompanhando *playbacks*. Normalmente, os catálogos dessas bandas ficam estagnados durante 12 meses até seu completo desaparecimento. Quanto valeria hoje o catálogo de The Monkees, The Osmonds, The Bay City Rollers, Duran Duran, Kajagoogoo, Wham!, A-Ha, Bros, New Kids On The Block, Brother Beyond ou mesmo Take That?

De nada vale, também, comparar o sucesso dos Beatles a bandas do calibre de R.E.M, U2 ou Bruce Springsteen, que, apesar de lotarem estádios, levaram anos para alcançar o sucesso. Muito embora esses artistas tenham produzido praticamente o mesmo número de álbuns que os Beatles e seus recordes de vendas de discos e ingressos se equipararem aos dos rapazes de Liverpool, eles demoraram pelo menos três vezes mais para chegar a esse ponto em sua carreira.

É verdade que se mantiveram íntegros dentro de uma indústria que só visa mais e mais ao lucro, mas nem o R.E.M., o U2 ou Bruce Springsteen jamais causaram nenhuma mudança significativa ou atraíram mais de algumas dezenas de fãs ao Heathrow Airport.

Hoje, parece-me que qualquer banda que se torne famosa rapidamente recebe o rótulo de "os novos Beatles", ignorando o fato de que pelo menos três deles tocaram juntos durante quase quatro anos antes de entrarem em um estúdio de gravação. Nesse meio-tempo, tiveram de dar duro para poder ganhar alguns trocados, apresentando-se ao vivo. É pouco provável que qualquer grupo atual, incluindo o R.E.M. e o U2, conseguisse tocar junto durante quatro anos antes de começar a gravar, apesar de Bruce Springsteen ter batalhado muito em New Jersey antes de atingir o sucesso. Entre as bandas contemporâneas dos Beatles, apenas três dos rapazes do The Who também conseguiram viver quatro anos à custa do que ganhavam com as apresentações ao vivo, antes de começarem a gravar – mesmo assim, eles lançaram somente quatro álbuns na década de 1960, ao passo que os Beatles lançaram 12. Em comparação, menos de seis meses se passaram entre a formação dos Rolling Stones, os principais rivais dos Beatles, e o início das sessões de gravação de seu primeiro compacto.

Sem sombra de dúvida, os Beatles produziram seus discos sob condições extraordinárias, que provavelmente nunca se repetirão. É inacreditável que, apesar de contarem com equipamentos de gravação ultrassofisticados, as gravadoras multinacionais atuais ainda não têm condições de gravar dois álbuns do mesmo artista no mesmo ano, e, também, não estão dispostas a gravar compactos que não contenham músicas que façam parte desses álbuns, que são normalmente lançados a cada três anos, pois eles não podem ser usados como material promocional. Ainda há mais um ponto que merece nossa atenção: atualmente os cinco compactos nos primeiros lugares das paradas de sucesso não alcançam o total de 100 mil cópias vendidas, ao passo que os Beatles, em seus dias de glória, atingiam mais de 1 milhão de cópias em pedidos antecipados, somente no Reino Unido!

A banda Oasis, de Manchester, tem feito muito sucesso, mas dificilmente conseguirá que mais de 2 mil artistas gravem qualquer uma de suas canções. Nenhuma banda moderna será capaz de ter uma influência tão abrangente quanto a dos Beatles. Voltando às versões gravadas por outros artistas, os Beatles tiveram suas canções interpretadas por ninguém menos que estrelas como Ella Fitzgerald, Sinatra, Ray Charles, Fats Domino e Peggy Lee e até pela banda Laibach, que criou uma versão *trash metal* do álbum *Let It Be*. Não podemos deixar de mencionar a cantora Cathy Berberian, que gravou *Beatles' Arias*, um álbum de canções dos Beatles com uma roupagem operística, que incluía bandas de metais, quartetos de cordas e callíopes.

Os Beatles ainda exercem tanta influência que muitas bandas nem percebem que estão sendo inspiradas por eles. No auge de sua fama, em 1965, influenciaram um grande número de artistas da época: de Brian Jones, em seu período Rolling Stones (em especial, no uso da cítara e no álbum *Satanic Majesties*, uma cópia de *Sgt Pepper*), passando por Donovan, The Kinks, até todos os grupos pop que passaram a produzir trabalhos mais elaborados e duradouros, motivados pelos progressos e experimentos feitos pelos Beatles. Antes do final da década de 1960, seus arranjos vocais inspiravam a todos, desde The Hollies aos Bee Gees e, no final dessa década, seu impacto musical foi disseminado pela banda ELO, Electric Light Orquestra, que usou as composições psicodélicas dos Beatles como base para seu trabalho. Outra faceta de sua obra, que é digna de nota, são as guitarras pesadas do *White Album*, muito usadas pelo Led Zeppelin, que possui um lado Beatle que poucos imaginam; e por Syd Barrett, no início da, então, excêntrica banda Pink Floyd. Não há ninguém que não fosse tocado por eles. Basta observar o trabalho de The Byrds, The Beach Boys e Buffalo Springfield – citando apenas as bandas cujo nome começa com "B" – para perceber o que significou a invasão britânica para os norte-americanos.

O interesse na obra dos Beatles permanece mais elevado do que a de qualquer de seus contemporâneos, tanto assim que seu catálogo completo ainda é editado e vendido a preços atuais, e os fãs sempre querem mais. O quarteto de Liverpool possui o maior número de colecionadores de todos os tempos e de discos pirata. Desde sua dissolução, os advogados e os empresários responsáveis por seus interesses têm controlado com mãos de ferro tudo o que foi produzido pelo grupo. Apesar de Paul e Yoko, a viúva de John, terem perdido o controle da editora musical, ambos (além de George e Ringo) conseguiram reverter a relação de amo e escravos que tinham com a EMI nos anos de 1960, e hoje os amos são eles.

Provavelmente, todos esses fatos expliquem por que a série *Anthology*, com três CDs duplos lançados em 1996, contendo gravações alternativas, algumas raras, outras não aproveitadas nos álbuns anteriores da banda, juntamente com a coleção de vídeos em oito volumes, tenha vendido tanto, alcançando a soma aproximada de 400 milhões de dólares. Esse valor foi dividido entre os três Beatles e Yoko, tornando-os, em 1996, quase 40 anos após o primeiro encontro de John com Paul na quermesse em Walton, parte do rol dos artistas mais bem pagos do mundo, perdendo apenas para Oprah Winfrey e Steven Spielberg.

Independentemente de suas conquistas musicais, esse numerário por si só mostra por que os Beatles continuam a ser a referência pela qual o sucesso de todos os outros músicos é e sempre será medido – e por que ninguém nunca será "maior que os Beatles".

Créditos Fotográficos

Advertising Archives: 106, 140(dir.), 163(ab.), 263(dir.), 267; Associated Press: 104, 125, 130, 137 (ab.), 150, 153, 160 (ab.), 166, 171 (ac.), 177, 181, 190 (ac.), 194 (ac.), 190, 200 (ac.), 214 (ac.), 259, 263 (esq.), 268 (dir.), 292; Jane Brown/Camera Press: 80, 81, 92 (ab.), 95, 242, 274, 278/279, 329; Tony Bramwell: 321; Peter Bruckman/Redferns: 28, 142; Leslie Bryce: 280, 291; Alec Byrne: 373; Cambridge Newspapers Ltd: 93; Camera Press: 131 (ab.), 132, 136 (ac.), 160 (ac.), 208, 213, 281, 294, 339, 363; Christie's Images: 225, 230(ab.), 231, 232 (ac.), 238; Clive Donald/Camera Press: 206; Robert Freeman/Camera Press: 187, 204; Harry Goodwin: 152, 376; Philip Gotlop/Camera Press: 83; Ray Green/Camera Press: 248; Ray Green/Redferns: 218/219; Wolf-Hinrich Groeneveld/Camera Press: 258 (ab.); Tom Hanley/Camera Press: 15, 18, 346, 365, 366; Tom Hanley/Redferns: 228/229, 342, 355, 356, 359; Frank Hermann/Camera Press: 272, 276/277, 285; Hulton Getty: 14, 16/17, 19, 31, 32, 43, 45, 53, 56, 61, 62, 73, 89 (ac.), 91, 94, 100, 105, 110 (dir.), 115, 117, 120, 121, 122 (dir.), 123, 124, 126, 128/129, 131, 136 (ac.), 142 (ac.), 145, 148 (ab.), 151 (ac.), 154, 155, 159 (ac. & ab.), 163 (esq.), 167 (ac. & ab.), 168/169, 170, 171 (ab.), 182, 190 (ab.), 193, 195, 196, 201 (ac. & ab.), 209 (ac. & ab.), 210 (ac.), 212 (ac. & ab.), 214 (ab.), 234/235, 240/241, 250, 253 (dir.), 255, 256, 261, 268 (esq.), 271 (ac.), 273, 283, 286, 287, 289, 296, 297 (ab.), 298, 299 (ac.), 300, 302/303, 304, 305, 306 (ac. & ab.), 307, 312/313, 315 (ac. & ab.), 320 (ac. & ab.), 330/331, 332, 348 (ab.), 351, 369 (ac. & ab.), 370, 372, 374, 381, 383; David Hurn/Magnum; 138/139, 140 (esq.), 143; Mail Newspapers: 379 sob autorização de *The British Library*; Jewish Chronicle: 88 (ab.); Philip Jones Griffiths/Magnum: 65, 66/67, 68, 69; Graham Keen: 271 (ab.); John Kelly/Camera Press: 297 (ac.), 326 (ab.), 348 (ac.), 352; Astrid Kirchherr/Redferns: 26, 34/35, 37, 39, 47, 48, 60; K & K Studios/Redferns: 36, 226/227; Kobal Collection: 25; LFI: 6, 21, 59, 64, 74, 76, 79, 88 (ac.), 101, 133, 172, 176, 180, 188, 224, 233, 236/237, 257, 264/265, 290, 314, 322, 353, 368, 371, 375; Bruce McBroom/Camera Press: 246/247, 361, 362; Don McCullin/Magnum: 244/245, 310, 317, 324/325, 326 (ac.), 327, 328; Albert Marrion: 55; Mirror Syndication International: 84, 89 (ab.), 82 (ac.), 109, 110 (esq.), 136 (ab.), 189 (ab.), 251, 252, 253 (esq.), 277 (dir.), 295, 299 (ab.), 319, 340/341, 344/345, 380 sob autorização de *The British Library*; David Nutter/Camera Press: 349; PA News: 75, 103, 108, 114, 116, 118 (ac. & ab.), 146/147, 148 (esq. & ac.), 151 (ab.), 161, 163 (dir.), 189 (ac.), 198, 200 (ab.), 205, 210 (ab.), 258 (ac.), 309, 358; Thomas Picton/Camera Press: 191; Pictorial Press: 44, 49, 173; Harry Prytherch: 22, 52; Ellen Piel/Redferns: 29, 40; David Redfern: 239, 377; Rex Features: 63, 122 (esq.), 137 (ac.), 142 (ab.), 194 (ab.), 269; S & G/Redferns: 222/223; Tony Robbins/Camera Press: 335; Sotheby's: 232 (dir.); Terence Spencer/Camera Press: 71 (ac. & ab.), 86/87, 90, 96/97, 112/113, 158, 164, 184, 202/203; David Steen/Camera Press: 88; Joseph Tandl/Camera Press: 334; Tracks: 220/221, 230 (ac.), 243; Stefan Tyszko/Camera Press: 338; Laureen Van Houten: 350.